LIMITACIONES A LA LIBERTAD DOMICILIARIA EN DERECHO ROMANO

Mª LUISA LÓPEZ HUGUET

LIMITACIONES A LA LIBERTAD DOMICILIARIA EN DERECHO ROMANO

Dykinson, S.L.

Colección "Monografías de Derecho Romano y Cultura Clásica"
Dirección del Prof. Dr. D. Antonio Fernández de Buján

Este libro ha sido sometido a evaluación por parte de nuestro Consejo Editorial
Para mayor información, véase *www.dykinson.com/quienes_somos*

Editorial DYKINSON, S.L.
Meléndez Valdés, 61 - 28015 Madrid
Teléfono (+34) 915442846 - (+34) 915442869
e-mail: info@dykinson.com
http://www.dykinson.es
http://www.dykinson.com

ISBN: 978-84-9085-970-4
Depósito Legal: M-36547-2016

Preimpresión:
Besing Servicios Gráficos, S.L.
besingsg@gmail.com

A mi maestro, el profesor
Antonio Fernández de Buján,
ejemplo de calidad académica y humana.

A mi hija Alexia,
razón de mi existencia.

ÍNDICE

PARTE SEGUNDA
SUPUESTOS DE DOMICILIO IMPUESTO POR EL DERECHO PENAL

PARTE SEGUNDA
SUPUESTOS DE DOMICILIO IMPUESTO POR EL DERECHO PENAL

PARTE TERCERA
LIMITACIONES A LA LIBERTAD DOMICILIARIA IMPUESTA POR LAS RELACIONES INTERPERSONALES

ABREVIATURAS*

A.F.D.U.C.:	Anuario de la Facultad de Derecho de la Universidad de Córdoba.
A.G.:	Archivio Giuridico Filippo Serafini (Módena).
A.H.D.E.:	Anuario de Historia del Derecho Español (Madrid).
A.N.A.:	Atti dell'Accademia di Scienze morali e politiche di Napoli (Nápoles).
A.N.R.W.:	Aufstieg und Niedergang der römischen Welt (Berlín-Nueva York).
A.J.A.:	The American Journal of Archaeology (New York).
A.J.Ph.:	The American Journal of Philology (Baltimore).
A.U.P.A.:	Annali del Seminario Giuridico dell'Università di Palermo.
B.I.D.R.:	Bullettino dell'Istituto de Diritto Romano "Vittorio Scialoja" (Milán).
B.R.U.N.S.:	Fontes Iuris Romani Antiqui (Tubinga 1909, reimpr. Aalen 1958).
B.S.A.F.:	Bulletin de la Société Nationale des Antiquaires de France (París).
C.E.:	Chronique d'Egypte. Bulletin périodique de la Fondation égyptologique Reine Elisabeth (Bruselas).
C.I.:	Codex Iustinianus (Corpus Iuris Civilis, ed. García del Corral, Barcelona, 1889).
C.I.L.:	Corpus Inscriptionum Latinarum.
C.I.S.:	Cahiers Internationales de Sociologie (París).
Cl.Q.:	The Classical Quarterly (Oxford).
COLL.:	Collatio legum mosaicorum et romanorum.
C.R.A.I.:	Académie des Iscriptions et Belles Letteres (París).

* Aquellas abreviaturas que no figuran en esta lista están explicadas en el texto.

C.Theod.:	Codex Theodosiani (TH. Mommsen - P.M. Meyer, Dublín-Zurich, 1971).
D.:	Digesta (Corpus Iuris Civilis, ed. García del Corral, Barcelona, 1889).
D.H.A.:	Dialoghes d'Histoire Ancienne (París).
D.S.:	Dictionnaire des Antiquités Grecques et Romaines (Daremberg, Saglio, París).
E.D.:	Enciclopedia del Diritto, Milán.
F.I.R.A.:	Fontes Iuris Romani Anteiustiniani.
HABIS.:	Genealogía andaluza e hispánica.
HERMES.:	Zeitschrift für Klassische Philologie (Berlín).
H.S.Ph.:	Hardvard Studies of Classical Philology (Londres).
INDEX.:	Quaderni camerti di studi romanistici (Nápoles).
I.:	Institutae Iustiniani (Corpus Iuris Civilis, ed. García del Corral, Barcelona, 1889).
IURA.:	Rivista Internazionale di Diritto Romano e Antico (Nápoles).
J.E.A.:	The Journal of Egyptian Archeology (Londres).
J.H.S.:	The Journal of Hellenic Studies (Londres).
J.R.S.:	The Journal Roman of Studies (Londres).
JUS.:	Jus. Rivista di Scienze Giuridiche (milán).
KLIO.:	Beiträge zur alten Geschichte (Leipzig).
KTÈMA.:	Civilisations de l'Orient, de la Grèce et de Rome antiques (Estrasbugo).
LABEO.:	Labeo. Rasegna di Diritto Romano (Nápoles).
LATOMUS.:	Latomus. Revue d'études latines (Bruselas).
M.E.F.R.A.:	Mélanges d'archeologie et d'histoire de l'École Français de Rome (París).
N.N.D.I.:	Novissimo Digesto Italiano (Turín).
P.L.R.E.:	Posopography of the Later Roman Empire.
P.W.R.E.:	Paulys Realenzyklopädie der Klassichen Altertumswissenschaft (Stuttgart-Munich).
Q.U.:	Quaderni Urbinati di cultura classica (Roma).
R.D.P.:	Revista de Derecho Privado (Madrid).
R.E.A.:	Revue des Études Anciennes (Burdeos).
R.E.D.U.R.:	Revista Electrónica del Departamento de Derecho de la Universidad de La Rioja.
R.E.L.:	Revue des Études Latines (París).
R.G.D.R.:	Revista General de Derecho Romano (iustel.com).

R.H.:	Revue Historique (París).
R.H.D.:	Revue Historique de Droit Français et Étranjer (París).
R.I.D.A.:	Revue International des Droits de l'Antiquité (Bruselas).
R.I.L.:	Istituto Lombardo di scienze e lettere (Milán).
R.I.D.R.O.M.:	Revista Internacional de Derecho Romano.
R.J.U.A.M.:	Revista Jurídica de la Universidad Autónoma de Madrid.
R.I.S.G.:	Rivista Italiana per le Scienze Giuridiche (Roma).
R.Ph.:	Revue de Philologie, de literature et d'histoire anciennes (París).
R.S.D.I.:	Rivista di storia del diritto italiano (Roma).
S.D. H.I.:	Studia et Documenta Historiae et Iuris (Roma).
S.U.:	Studi Urbinati. Rivista di scienze giuridiche (Milán).
T.R.:	Tijdschrift voor Rechtsgeschiedenis. (Haarlem).
Z.S.S.:	Zeitschrift der Savigny-Stiftung für Rechtsgeschichte. Romanistische Abteilung (Weimar).

PRÓLOGO

La obra que se presenta hoy ante la comunidad científica y que, con satisfacción, procedo a prologar, a petición de su A., mi discípula María Luisa López Huguet, constituye el resultado de un estudio reposado al que la doctora López Huguet ha dedicado años de reflexión intelectual. El germen de la materia objeto de estudio se encuentra en la excelente monografía de la A. intitulada *Régimen Jurídico del Domicilio en Derecho Romano*, publicada así mismo en esta Colección Dykinson de Monografías de Derecho Romano y Cultura Clásica, en el año 2008, en la que se aborda una reconstrucción dogmática de la institución del domicilio, con especial atención a su naturaleza y efectos jurídicos en los distintos ámbitos del ordenamiento romano, y que se corresponde con lo que podríamos considerar la parte general de su valiosa Tesis Doctoral, que realizada bajo la dirección del Profesor Alfonso Agudo y del autor de estas páginas prologales, mereció la máxima valoración, de Sobresaliente *cum laude* por unanimidad, por parte del Tribunal Juzgador.

En línea de continuidad con la mencionada obra de la A., la doctora López Huguet ha procedido a realizar, en la monografía que ahora ve la luz, con el habitual rigor que le caracteriza, una revisión y desarrollo de la parte especial de su amplia investigación doctoral, referida al análisis de las limitaciones a la libertad domiciliaria, mediante la crítica del conjunto de fuentes literarias, jurisprudenciales y doctrinales atinentes a la materia, en lo que constituye una relevante novedad en la literatura romanística hasta la fecha.

Se parte por la A. del principio general en virtud del cual cada individuo podía elegir libremente el lugar donde establecer su domicilio, para subrayar, a continuación que, en determinadas circunstancias, el domicilio podía venir determinado, en mayor o menor medida, sin tener en cuenta la voluntad del afectado. La A. agrupa estas limitaciones a la *summa libertas personae* en tres clases a las que dedica cada una de las partes en que está estructurado el libro:

a) Las impuestas por el desempeño de determinadas profesiones o cargos públicos
b) Las establecidas por el derecho penal con motivo de la comisión de algunos ilícitos y
c) Las derivadas de las relaciones interpersonales.

En la primera parte, la profesora López Huguet se centra en el estudio del domicilio de los senadores de Roma y Constantinopla, de los magistrados y decuriones locales y de los soldados, como supuestos paradigmáticos de domicilio legal u obligatorio por razón del cargo o empleo público.

En relación con los senadores, subraya la A. que hasta finales del periodo republicano no fue necesario sancionar legalmente la obligación formal de residir en la capital dado que la operatividad del Senado se articulaba sobre tal presupuesto y los senadores eran romanos, naturalizados domiciliados en Roma o municipales asentados en la capital.

El progresivo incremento de senadores provinciales habría comportado la necesidad de reforzar su presencia estable en la capital con la obligación de poseer inmuebles en Italia y la necesidad de autorización (*commeatus*) para salir de la misma. Por otra parte, el creciente número de provinciales provocó el incumplimiento fáctico de su domiciliación obligatoria, reduciendo el domicilio en la capital a un domicilio legal a los meros efectos de mantener vigentes los privilegios ligados a la dignidad senatorial para aquellos senadores que hubieran obtenido el derecho de libre desplazamiento, otorgado en el Bajo Imperio a *clarissimi* y *spectabiles*, al ser excluidos de la Asamblea que, a partir del siglo V sólo estuvo formada por los *illustres* a quienes se constreñía a residir en la capital respectiva si ejercían un cargo efectivo. Con Justiniano, la conversión del Senado en un órgano palatino supuso el restablecimiento del domicilio obligatorio de los senadores en la capital.

El capítulo segundo está dedicado al análisis del domicilio de magistrados y decuriones locales. En el mismo constata la A. cómo la implantación del modelo romano en las entidades locales condujo a introducir en sus estatutos la obligación domiciliaria prevista para los senadores, cuya observancia era competencia de los jefes locales.

Las gravosas cargas que desde época severiana conllevaba el desempeño de los cargos locales mencionados y la integración de los *incolae* en la comunidad política de su domicilio determinaron que, bajo el imperio de Caracalla, su cumplimiento fuese encomendado a los gobernadores provinciales, quienes debían prestar su consentimiento a los desplazamientos de quienes ostentaban los cargos referidos, fuera de la ciudad, pudiendo ser perseguidos si habían trasladado su domicilio o se habían retirado al campo.

Sin embargo, las medidas restrictivas establecidas no resultaron del todo eficaces para frenar el éxodo de los decuriones, lo que obligó a Constantino a dictar un conjunto de leyes con las que se inició un riguroso control de los desplazamientos, se extendió a toda la clase curial la obligación domiciliaria, se penó el traslado al campo, se prohibieron los patrocinios ilegales y se prescribió el ejercicio acumulativo de los cargos tanto en la ciudad de origen como en la de residencia.

El domicilio de los soldados es abordado en el capítulo tercero. En él, partiendo de un único fragmento de Hermogeniano, reconstruye la A. la evolución de su régimen jurídico poniendo de manifiesto que durante la Monarquía, la República y el Alto Imperio no se planteó, en sentido estricto, el problema de su domicilio en atención, en los primeros tiempos, a la limitación espacio-temporal de la guerra y, con posterioridad, al reclutamiento provincial y local en la zona de estacionamiento.

A juicio de la A., no será hasta los siglos III-IV d. C. cuando la necesidad de un ejército de maniobra ágil, así como la masiva barbarización del ejército y las abusivas solicitudes de *commeatus,* exijan reforzar el vínculo del soldado con su lugar de destino, estableciéndose la presunción *iuris tantum* de que en él tiene su domicilio, salvo que posea bienes en la ciudad de la que ha salido para prestar su servicio militar. Por tanto, sólo desde la óptica mencionada, puntualiza con acierto la A., se puede englobar al soldado entre los supuestos de domicilio legal.

En la segunda parte, correspondiente con el capítulo IV, se realiza un profundo examen de las limitaciones a la libertad domiciliaria impuestas con ocasión de la imposición de determinadas penas.

Entre las principales conclusiones a las que llega la A. procede destacar la práctica consuetudinaria en el periodo republicano, efectuada con el auxilio de los tribunos de la plebe, gracias a la cual el acusado por una causa capital podía eludir el proceso y, en su caso, la condena a través de un exilio voluntario que solía ir sancionado con la interdicción del agua y el fuego, a fin de impedir al exiliado el acceso en suelo romano a los elementos vitales indispensables, y la prohibición de regresar a territorio urbano, bajo amenaza de muerte.

La mencionada interdicción adquirió el carácter de pena capital con las Leyes Cornelia de Sila, al ser establecida como alternativa a la pena de muerte física, comportando la pérdida de la ciudadanía romana y, a partir de César, la confiscación de los bienes. Esta pena será sustituida por la deportación, surgida en época de Trajano, que añadía a los efectos descritos la designación para el condenado de un domicilio coactivo en una isla o en un oasis.

A diferencia de la deportación, la pena de relegación, de la que se tiene constancia en las fuentes de finales de la República, podía consistir en la determinación de un domicilio obligatorio o en la prohibición de residir en una concreta área geográfica y no provocaba ni la pérdida de la ciudadanía ni la confiscación de los bienes, pudiendo además ser impuesta con carácter temporal, lo que permitía al condenado conservar *iuris tantum* su primitivo domicilio. Ambas penas se fusionan avanzado el Imperio en la pena genérica de exilio cuyas consecuencias jurídicas se concretan en la ley o sentencia correspondiente, pero cuyos efectos domiciliarios se asemejan a los de la relegación, al poder ser impuesta con carácter temporal.

La tercera parte de la monografía está destinada al estudio de las limitaciones a la libertad domiciliaria derivadas de las relaciones entre las personas o entre las personas y sus bienes. En el capítulo V se analiza el domicilio relativo de la *uxor* derivado del carácter patriarcal, patrilocal y patrilineal de la familia romana y fundamentado en ritos religiosos como la *deductio in domum mariti*, que será provisto de soporte legal en el siglo II, y continuará vigente hasta el derecho justinianeo, como una expresión de la *auctoritas maritalis*.

En consonancia con lo expuesto, conforme subraya la A., la mujer casada en justas nupcias, asumía el rango social y el domicilio de su marido, siendo éste el lugar de cumplimiento de los *munera* compatibles con su condición, y el determinante de la jurisdicción a la que quedaba sujeta, efectos legales que se prolongaban a largo de su vida, salvo que habiendo enviudado, en su caso, contrajese nuevo matrimonio.

En los capítulos VI y VII se examinan respectivamente el domicilio del hijo legítimo y de la persona que sometida a esclavitud hubiese sido manumitida de modo solemne. En ambos casos la profesora López Huguet matiza la opinión de los autores que ubican tales sujetos entre los supuestos de domicilio necesario, en el sentido de que si bien tanto el hijo como el liberto asumían el *origo* y, como primer domicilio, el de su *paterfamilias* o patrono respectivo, nada impedía que, en un momento posterior, con su autorización pudieran establecerse en un domicilio independiente. A ello habría contribuido, en el primer caso, la atenuación de los poderes inherentes a la *patria potestas*, así como la mayor capacidad jurídica que fueron adquiriendo los *filii familiae* a través de los peculios y, en el segundo, la concreción en días de trabajo de los deberes integrados en el *officium* y la posibilidad de crear una sociedad patrono-liberto, en el supuesto de que el liberto no pudiese o no quisiese cumplir el *obsequium* cuya autonomía domiciliaria se potenció, posteriormente, con la sustitución de esta sociedad por una *bonorum possessio*.

El último de los capítulos está destinado al estudio del domicilio del colono privado bajo imperial. En el mismo, la A. pone de manifiesto que, pese a su heterogeneidad jurídica, el colonato se caracterizó por ser un grupo de personas sujeto al impuesto de la tierra, estuviera o no adscrito a ella y por ser una clase social que experimentó una progresiva degradación socio-política y económica.

Subraya la A. que la sustitución del contrato de arrendamiento por otros sistemas perpetuos de explotación, transformó la relación contractual en una relación de dependencia entre el colono y la tierra que cultivaba, para garantizar con ello la explotación de las tierras, sobre todo, cuando se extendió a todo el Imperio el *tributum capi-*

tis, se unificó el impuesto territorial y el personal, y se estableció un nexo entre la responsabilidad fiscal y los principales recursos de cada dominio censado, para lo cual se sujetó a los colonos a su lugar de procedencia (*origo*), en cuanto contribuyentes de la *capitatio,* al tiempo que se restringió legalmente su libertad de movimientos en aras de evitar la evasión fiscal.

En la segunda mitad del siglo IV, conforme pone de relieve la A., los *coloni originarii* serán vinculados perpetua y hereditariamente al suelo cultivado, favoreciendo que la base imponible de la capitación se establezca en proporción a las unidades de tierra y la responsabilidad fiscal se traslade a su propietario, quedando dicho ligamen sujeto, a partir del siglo V, a las reglas liberatorias de la prescripción. En la parte Oriental, en cambio, comienza a configurarse la condición adscripticia cuya regulación concluye Justiniano, estableciendo estrictos requisitos para decretar la validez contractual de la vinculación como *adscripticius* de una persona libre dado su carácter imprescriptible, hereditario y su incapacidad patrimonial.

De lo hasta aquí expuesto, puede ya vislumbrarse el interés y la novedad de la temática analizada, que la A. ha abordado de forma clara y sistemática, al propio tiempo que con rigor y honradez científica, por lo no cabe más que felicitarla por su relevante aportación a los estudios romanísticos, que constituye un nuevo eslabón en la investigación en la materia, y contribuye a la necesaria conexión entre la interpretación histórica y la dogmática moderna, tan necesaria para el progreso de la ciencia del Derecho.

Con ocasión de haber alcanzado las cien monografías la excepcional Colección Dykinson de Derecho Romano y Cultura Clásica, lo que la posiciona como una de las Colecciones europeas de referencia y la más amplia por número de originales publicados, y que me cabe el honor de haber fundado y de dirigir desde su inicio, no quiero concluir estas páginas sin expresar mi reconocimiento a la Editorial Dykinson por su apuesta y decidido apoyo en pro del Derecho Romano.

De forma especial es de justicia mencionar, y lo hago con profunda satisfacción, a D. Rafael Tijeras, Copresidente de la Editorial, y a Dª Diana Martín, Directora de Publicaciones, por su claividencia, generosidad, cordialidad y buen hacer en las tareas y funciones editoriales atinentes a la Colección, así como por su respeto por la labor científica ejercida por su Director.

Antonio Fernández de Buján y Fernández
Catedrático de Derecho Romano
de la Universidad Autónoma de Madrid
Académico de Número de la
Real Academia de Jurisprudencia y Legislación

PRESENTACIÓN

Pocas instituciones alcanzaron en el Derecho Romano la magnitud de implicaciones jurídicas que tuvo la institución del domicilio y que mi maestro, el profesor FERNÁNDEZ DE BUJÁN, A., tuvo la lucidez de vislumbrar cuando, consciente de la necesidad de un estudio profundo sobre la compleja problemática administrativa romana para el adecuado entendimiento de nuestro derecho positivo*, me propuso como tema de tesis.

Los primeros resultados de nuestra investigación fueron plasmados en la monografía *El Régimen Jurídico del Domicilio en Derecho Romano*, donde tratamos de ofrecer una visión de conjunto de la institución desde sus orígenes hasta la época justinianea, analizando los diversos aspectos de su naturaleza jurídica y su importante contri-

---

* La necesidad del estudio de la experiencia administrativa romana no sólo por su interés histórico, sino para el adecueado entendimiento del Derecho Administrativo vigente queda plasmada de modo patente, entre otras obras del Autor, en FERNÁNDEZ DE BUJÁN, A., "Perspectivas de estudio en temática de Derecho administrativo romano, surgidas a tenor del pensamiento y de la obra de Giambattista Impallomeni", en *Index*, 26, 1998, págs. 463-487; idem, *Derecho Público Romano*, 18ª edición, Madrid, 2015, págs. 272 ss.; idem, "Hacia un tratado de derecho administrativo y fiscal romano", en AA.VV. (Fernández de Buján, A., Gerez Kraemer, G., Malavé Osuna, B., Coed.), *Hacia un Derecho Administrativo y Fiscal Romano*, Ceu-Madrid, 2011, págs. 13 ss. Asimismo se debe resaltar que los meritorios esfuerzos e importantes contribuciones realizadas en esta materia por el profesor FERNÁNDEZ DE BUJÁN, A., y los miembros de la escuela que él dirige, han sido elogiados por autores como TRISCIUOGLIO, A., "Le concessioni di beni pubblici nell'esperienza romana", en *Labeo*, 1999, pág. 283.

bución en la configuración de los derechos del individuo, mediante el examen de sus diferentes consecuencias jurídicas en los distintos ámbitos del ordenamiento romano, a medida que el mismo, como tiene escrito mi maestro en su manual de Derecho Público Romano, "va aportando soluciones jurídicas a los problemas que se plantean en un contexto socio-político, económico e ideológico determinado y mutando, en atención a las cambiantes realidades por las que atraviesa la Sociedad romana".

En línea de continuidad, la presente contribución viene a completar los resultados anteriores con el examen de las limitaciones a la libertad domiciliaria y cuya trascendencia, escasamente atendida por los autores en su plenitud, les ha hecho, a nuestro juicio, merecedoras de un tratamiento unitario individualizado que hemos pretendido llevar a cabo de forma clara y honesta a través de la interpretación de las fuentes jurídicas y extrajurídicas, la consideración de las aportaciones doctrinales precedentes y teniendo siempre muy presentes los aspectos sociales, políticos y económicos que condicionaron su aparición y regulación jurídica en cada momento.

Con este método de trabajo, partiendo del principio general, unánimemente aceptado, que caracteriza la elección de la constitución del domicilio en un determinado lugar –y la vinculación jurídica local resultante– como una decisión libre del individuo, hemos ordenado nuestra exposición atendiendo a la triple tipología que presentan las excepciones al *domicilium liberum*, dividiendo la monografía en tres partes y ocho capítulos.

Conforme a esta estructura, en la Parte Inicial del libro, comprensiva de los tres primeros capítulos, hemos profundizado en las limitaciones motivadas por el desempeño de determinadas profesiones o cargos públicos, delineando el régimen jurídico domiciliario de los senadores de Roma y Constantinopla, de los magistrados y decuriones de las comunidades locales, tanto de la Parte Occidental del Imperio, como de la Parte Oriental y, por último, de los soldados.

En la Parte Segunda, compuesta por el capítulo IV, nos hemos detenido, en primer lugar, en el examen del recurso al exilio voluntario como mecanismo para eludir una posible condena capital. A continuación, se abordan los límites propiamente impuestos por la regulación penal, atendiendo a las efectos jurídicos que comportaron las penas de la interdicción del agua y el fuego, la deportación y la relegación.

Finalmente los capítulos V a VIII que integran la Parte Tercera del trabajo, están destinados, respectivamente, al estudio del domicilio de la mujer casada, del hijo legítimo, del esclavo manumitido y del colono privado bajoimperial que constituyeron los sujetos pasivos típicos de las limitaciones a la libertad domiciliaria derivadas de las relaciones entre las personas o entre las personas y sus bienes.

Parte primera

LIMITACIONES A LA LIBERTAD DOMICILIARIA IMPUESTAS POR EL DESEMPEÑO DE UN CARGO O EMPLEO PÚBLICO

INTRODUCCIÓN

Las fuentes jurídicas romanas configuran la determinación del lugar donde una persona quiere establecer su domicilio como una decisión libre, independiente de vínculos hereditarios e incondicional frente a las restricciones impuestas por el derecho privado. Así nos lo expone claramente Marcelo al afirmar que:

> *nihil est impedimento, quominus quis, ubi velit, habeat domicilium, quod ei interdictum non sit*[1].

Mientras el ligamen jurídico establecido con la ciudad en virtud del *origo* se transmite, normalmente, a través de la filiación legítima de un modo indisponible e imprescriptible, la vinculación local que nace con el *domicilium* depende, en exclusiva, de la *singularis voluntas*, de la *destinatio animi*. Por ello, la doctrina romanista ha aceptado de forma unánime, como elemento esencial en la constitución del domicilio, la *summa libertas personae* sobre la elección del lugar donde quiere domiciliarse[2].

---

[1] D. 50.1.31 (Marcellus *libro I. Digestorum*). En el mismo sentido, D. 50.1.27§2 (Ulpianus *libro II. ad Edictum*); D. 50.1.22§2 (Paulus *libro I. Sententiarum*).

[2] GLÜCK, C.F., *Ausführliche Erläuterung der Pandecten nach Hellfeld: ein Commentar*, VI, Erlangen, 1800, pág. 265 y pág. 277; GASPARD, A., *Recherches sur l'incolat, le droit de bourgeoisie et le domicile*, Paris, 1851, pág. 14; CHAVANES, H., *Du Domicile*, Paris, 1863, pág. 56 y pág. 60; ROUSSEL, F., *Du domicile, en droit romain. De la formation des conventions, en droit international privé*, Paris, 1878, pág. 27; DE RUGGIERO, E., *La patria nel diritto pubblico romano*,

No obstante, siendo éste el principio general, los autores han constatado que en determinadas ocasiones una persona, en virtud de su peculiar *status*, puede quedar sujeta a un domicilio necesario, impuesto, forzoso, relativo, legal u obligatorio, variada terminología con la que ponen de relieve que la fijación del domicilio se ha efectuado, en mayor o menor medida, sin tener en cuenta la voluntad o intención del afectado[3].

Estas excepciones al *domicilium liberum*, presentan una triple tipología: las motivadas por el desempeño de determinadas profe-

Roma, 1921, pág. 178; De Savigny, F., *Sistema de Derecho romano actual*, (trad. esp. de J. Mesía y M. Poley), 2ª edición, VI, Madrid, 1924, pág. 155; Brugi, B., *Istituzioni di Diritto Romano*, 3ª edición, Torino, 1926, págs. 70-71; Tedeschi, V., "Contributo allo studio del domicilio in Diritto romano", en *R.I.S.G.*, 7, 1932, págs. 213-214; D'Ors, A., *Epigrafía jurídica de la España romana*, Madrid, 1953, pág. 153; Santalucia, B., *I «Libri Opinionum» di Ulpiano II*, Milano, 1971, pág. 102; De Martino, F., *Storia della Costituzione romana*, 2ª edición, Napoli, 1972, III, pág. 292; Portillo Martín, R., *Incolae*, Córdoba, 1983, pág. 30; Thomas, Y., *«Origine» et «Commune Patrie». Étude de droit public romain (89 av. J.-C. - 212 ap. J.-C.)*, Paris-Rome, 1996, pág. 46; Baccari, M.P., *Cittadini popoli e comunione nella legislazione dei secoli IV-VI*, Torino, 1996, pág. 88 y pág. 111; Licandro, O., *Domicilium habere. Persona e territorio nella disciplina del domicilio romano*, Torino, 2004, pág. 370.

3 Glück, *Ausführliche...*, VI, cit., pág. 265, habla genéricamente de "domicilio necesario"; Gaspard, *Recherches sur l'incolat...*, cit., págs. 15-19, habla con carácter general de "domicile de dépendance"; Chavanes, *Du Domicile*, cit., págs. 65-66, de "domicile nécessaire"; Roussel, *Du domicile...*, cit., págs. 29-34, prefiere la expresión "domicile présumé ou imposé par la loi"; Savigny, *Sistema...*, VI, cit., págs. 156-157, distingue en materia de domicilio obligatorio, entre: el domicilio impuesto por el derecho público con ocasión de un empleo público o una pena y el domicilio relativo, aquél determinado por las relaciones existentes entre dos personas; Brugi, *Istituzioni...*, cit., pág. 71, habla de "domicilio necessario"; D'Ors, *Epigrafía...*, cit., pág. 153, emplea la noción de "domicilio necesario"; Plescia, J., "Conflict of Laws in the Roman Empire", en *Labeo*, 38, 1992, 1, pág. 37, habla de "domicile operation of law"; Thomas, *«Origine» et «Commune Patrie»...*, cit., págs. 49-52, se refiere al domicilio obligatorio como "domicile forcé"; Licandro, *Domicilium habere...*, cit., págs. 341 ss., habla genéricamente de "domicilium necessarium", si bien precisa que estamos ante una disputa terminológica carente de relieve sustancial y desconocida por los romanos.

siones o cargos públicos, las que nacen de las condenas penales y, en último lugar, aquéllas derivadas de las relaciones entre las personas o entre las personas y sus bienes.

En relación con la primera categoría, los autores a través de la pluralidad terminológica antes expuesta, hacen referencia a la obligación impuesta por el Derecho público a quienes desempeñaban cargos o empleos públicos de tener el domicilio en el lugar donde ejercían el mismo. Los sujetos típicos de este domicilio obligatorio son los senadores, los decuriones y los magistrados locales, constituyendo un supuesto *sui generis* el domicilio de los soldados.

En los capítulos siguientes trataremos de perfilar la regulación jurídica domiciliaria de cada uno de ellos analizando su origen, sus efectos y las razones que motivaron su posible evolución, transformación y cambio.

Capítulo I
EL DOMICILIO DE LOS SENADORES

1. NACIMIENTO DE LA OBLIGACIÓN DOMICILIARIA SENATORIAL

La tradición atribuye la creación del Senado a Rómulo en número de cien miembros, que habrían sido elegidos entre todos los *patres familiares seniores* de las familias patricias habitantes de Roma[4]. Sin

---

[4] Tito Livio, *Ab urbe condita*, 1.8.4; Zonaras, *Epitome historiarum*, 7.3; Justino, *Epitome*, 43.3; Cicerón, *De republica*, 2.8-14; *Princeps*, 12.2-3; Dionisio de Halicarnaso, *Antiquitates Romanae*, 2.12; Plutarco, *Vitae parallelae*, *Romulus*, 13.2. Por todos, Bloch, G., *Les origenes du Sénat romain. Recherches sur la formation et la dissolution du sénat patricien*, Paris, 1883, págs. 43 ss.; Willems, P., *Le sénat de la République romaine. Sa composition et ses attributions, I. La composition du Sénat,* Aalen, 1968 (reimpresión de la edición de Louvain 1878-1885), págs. 7 ss.; idem, *Le droit public romain*, Louvain, 1910, pág. 35 y págs. 159 ss.; Von Lübtow, U., *Das Römische Volk*, Frankfurt am Mein, 1955, págs. 142 ss.; Botsford, W., *The Roman Assemblies. From their origin to the end of the Republic*, New York, 1909 (reimpresión de 1968), págs. 16 ss., con interesantes referencias sobre el origen del término "*patres*"; Mancuso, G., s.v. «senato (Diritto romano)», en *E.D.*, XLI, Milano, 1989, págs. 1137 ss.; Amunátegui Perelló, C.F., "Rómulo y la primera organización de Roma", en *R.G.D.R.* (*www.iustel.com*), nº 16, julio, 2011, págs. 1 ss., puntualiza que la mayor parte de la organización primitiva monárquica que la tradición atribuye al legendario Rómulo se remonta a los reyes etruscos; Clemente Fernández, A.I., "La posición jurídica de los *patres* a la luz del significado etimológico del término" en *R.G.D.R.* (*www.iustel.com*), nº 18, 2012, págs. 1 ss., señala el carácter mitológico con la que los historiadores relatan la fundación de la ciudad.

embargo, en opinión de NICOLETTI, durante la monarquía latina, el Senado estuvo compuesto por la reunión de todos los *patres familiarum seniores* de las familias patricias. Sólo a partir de la monarquía etrusca, el incremento cuantitativo de estas familias[5], fruto del aumento natural de la población y de la naturalización de familias extranjeras, comportó la imposibilidad de admitir a todos ellos en el Consejo real, siendo los componentes del Senado elegidos, con la intervención del rey, entre aquellos *patres* que por su experiencia y edad ofreciesen mayores garantías[6].

---

[5] NICOLETTI, A., s.v. «senato (Diritto romano)», en *N.N.D.I.*, XVI, Torino, 1969, pág. 1009. De acuerdo con WILLEMS, *Le sénat...*, I, cit., págs. 19 ss., aunque es difícil decir si ya en época regia el senado estuvo constituido por un número fijo de miembros, las fuentes (cfr. Dionisio de Halicarnaso, *Antiquitates Romanae*, 3.67; Tito Livio, *Ab urbe condita*, 1.35-36; Zonaras, *Epitome historiarum*, 7.8) indican que el rey estrusco Tarquinio el Antiguo aumentó el número de senadores a 300 para admitir en el Senado a los representantes patricios de las gentes menores. Éstos que, según la tradición, eran plebeyos promovidos al patriciado por Tarquinio, fueron en realidad los jefes de las familias patricias originarios de las comunidades latinas, sabinas o etruscas vecinas de Roma que, después de la incorporación de sus ciudades en el "Estado" romano y de sus familias en el patriciado, fueron recibidos en el consejo real. Al respecto, GROSSO, G., *Lezioni di Storia del Diritto Romano*, Torino, 1965, pág. 40; DE MARTINO, F., *Storia della Costituzione romana*, 2ª edición, Napoli, 1972, I, págs. 144 ss.; BISCARDI, A., *«Auctoritas Patrum». Problemi di storia del diritto pubblico romano*, Napoli-Paris, 1987, págs. 11 ss.; OGILVIE, R.M., *Roma antigua y los etruscos*, (trad. esp. de A. Goldar), Madrid, 1982, pág. 55; MANCUSO, s.v. «senato (Diritto romano)», cit., págs. 1137 ss.; VIÑAS OTERO, A., *Instituciones políticas y sociales de Roma: Monarquía y República*, Madrid, 2007, págs. 89 ss.; AMUNÁTEGUI PERELLÓ, "Rómulo...", cit., págs. 1 ss.; FERNÁNDEZ DE BUJÁN, A., *Historia del Derecho Romano*, Thomson-Civitas, Madrid, 2010, págs. 45-46 y págs. 55 ss.; idem, *Derecho Público ...*, cit., pág. 89 y págs. 121 ss.; CLEMENTE FERNÁNDEZ, A.I., "La posición...", cit., págs. 1 ss.

[6] NICOLETTI, s.v. «senato (Diritto romano)», cit., págs. 1009-1010, para quien es probable que el acto de nominación por el rey no fuese otra cosa que la confirmación de una elección deliberada internamente por el senado mismo (*cooptatio*). Por su parte, DE MARTINO, *Storia...*, I, cit., págs. 144 ss., si bien acepta la elección regia para la época etrusca, niega la misma en la época sabina. OGILVIE, *Roma antigua y los etruscos*, cit., pág. 55, considera que "si hubo un número fijo en el senado bajo los etruscos, no todas las cabezas de todas

En cualquier caso, la composición del Senado a lo largo del periodo regio y en los albores de la República por senadores, bien originarios de Roma, bien naturalizados como romanos, determinó que el problema de su domicilio no se planteara debido a la coincidencia entre el lugar donde estaban domiciliados y el lugar donde debían desempeñar su cargo. Como indica WILLEMS, las conquistas romanas anteriores al siglo IV a. C., fueron de mínima importancia, reduciéndose a algunas comunidades latinas, sabinas o etruscas cuya organización era similar a la romana: allí la población también estaba dividida en gentes integradas por familias patricias y por familias de clientes, siendo tales familias patricias extranjeras admitidas, por efecto de la naturalización, entre las romanas viniendo a establecerse a Roma[7].

---

las ramas principales de los clanes pudieron sentarse en la asamblea y algún principio de selección se requería, como puede ser la nominación por las curias o la elección real"; MANCUSO, s.v. «senato (Diritto romano)», cit., págs. 1141-1143, acepta la elección regia a partir de Servio Tulio. También MARTÍNEZ-PINNA, J., *Los orígines de Roma,* Madrid, 1999, pág. 176, ha sostenido que este consejo de ancianos existiría incluso con anterioridad a la consolidación de la monarquía, quedando posteriormente sometido al rey. Sobre la intervención del rey en la elección de los senadores vid. Festo, *De verborum significatu* (dd. Lindsay), s.v. «*praeteriti senatores*», p. 290, afirma que la elección de los senadores era una competencia regia que fue atribuida a los cónsules al inicio de la República y, a partir de la ley Ovinia del año 312 a. C., a los censores; Dionisio de Halicarnaso, *Antiquitates Romanae,* 3.41.4; 67.1; Suetonio, *De vita Caesarum, Divus Augustus*, 2.1; Dión Casio, *Historiae Romanae*, 5.11; Zonaras, *Epitome historiarum,* 7.8; Tito Livio, *Ab urbe condita*, 1.49.6, 5.42.5. A favor de la misma se han pronunciado, entre otros, WILLEMS, *Le sénat...*, I, cit., pág. 25; idem, *Le droit public romain*, cit., pág. 35; GROSSO, *Lezioni...*, cit., págs. 39-40; ARANGIO-RUIZ, V., *Historia del Derecho Romano*, 4ª edición, (trad. esp. de F. de Pelsmaeker e Ivañez), Reus, 1980, págs. 27-28; TALAMANCA, M., *Lineamenti di Storia del Diritto Romano*, Milano, 1989, pág. 49; PEZZA, L. (a cura di), *Storia del Diritto Romano*, Roma, 1997, pág. 50; CIZEK, E., *Mentalités et institutions politiques romaines*, Paris, 1990, págs. 133-134; VIÑAS OTERO, *Instituciones...*, cit., págs. 89 ss. y 188 ss.; AMUNÁTEGUI PERELLÓ, "Rómulo...", cit., págs. 1 ss., acepta dicha intervención a partir de la monarquía etrusca.

[7] WILLEMS, *Le sénat...*, I, cit., págs. 11 ss., afirma que según Dionisio de Halicarnaso, *Antiquitates Romanae*, 2.50, después de la toma de *Camerium*,

Por lo tanto, aunque los *patres* de estas familias patricias extranjeras pudieran acceder al Senado, no se planteaban problemas relativos a su domiciliación puesto que, por efecto de la naturalización, estas familias estaban ya domiciliadas en Roma con carácter previo a su posible ingreso en la Asamblea, produciéndose la coincidencia entre el lugar donde estaban domiciliados y el lugar donde debían desempeñar su cargo, coincidencia que explica que, en este periodo, no existiera una formulación legal y directa de la obligación domiciliaria senatorial en Roma.

---

ciudad latina, por Rómulo, sus habitantes fueron recibidos en las curias y se establecieron en Roma. De allá vendrán los *Sulpicii Camerini*. Del mismo modo, cuando *Atta Clausus* vino de la villa sabina de *Regillea* para establecerse en Roma, se acompañó de un número considerable de clientes. Él y su familia fueron recibidos en el patriciado romano y sus clientes permanecieron como clientes de la *gens Claudia* (vid. Suetonio, *De vita Caesarum, Tiberius*, 3.1; Tácito, *Annales*, 11.24; Tito Livio, *Ab urbe condita*, 2.16.5). La naturalización de la *gens Claudia* no fue un hecho excepcional ni aislado. Constata el autor cómo después de la destrucción de Alba Longa numerosas *gentes* son acogidas en el patriciado romano: la *gens Curiatia, Cloetia, Gegania, Servilia* (Tito Livio, *Ab urbe condita*, 1.30.2: Dionisio de Halicarnaso, *Antiquitates Romanae*, 2.29), a la que añade Tito Livio, la *gens Tullia* y *Quinctia*, y Dionisio, la *Gens Julia, Metilia* y *Quinctilia*. Considera que los *cognomina* de algunas de las más ancianas familias patricias proporcionan a su tesis una prueba importante en la medida en que esos *cognomina* son derivados o de los nombres de localidades situadas en la propia villa de Roma, o de nombres de ancianas villas vecinas de Roma. Al respecto, BOTSFORD, *The Roman Assemblies...*, cit., pág. 37 n. 4; BONFANTE, P., *Storia del Diritto Romano*, I, 4ª edición, Roma, 1934, págs. 101 ss.; HOMO, L., *Les institutions politiques romaines. De la cité à l'état*, 2ª edición, Paris, 1950, pág. 12 y pág. 18; SYME, R., "Senators, tribes and Towns", en *Historia*, XIII, 1964, págs. 105 ss.; idem, *La revolución romana*, (trad. esp. de Blanco Freijeiro), Madrid, 1989, págs. 119 ss.; AMIRANTE, L., *Una storia giuridica di Roma. Sexto quaderno di Lezioni*, Napoli, 1987, págs. 111 ss.; FRANCIOSI, G., *Manuale di Storia del Diritto Romano*, 2ª edición, Napoli, 2001, págs. 65 ss. Cfr. BADIAN, E., "Notes on Roman Senators of the Republic", en *Historia*, XII, 1963, pág. 130; LAMBERTI, F., "Percorsi della cittadinanza romana dalle origini alla tarda repubblica", en AA.VV. (Coord. B. Periñán Gómez), *Derecho, persona y ciudadanía. Un experiencia jurídica comparada*, Madrid, Barcelona, Buenos Aires, 2010, pág. 19 ss.

Dicha formulación legal tampoco fue necesaria cuando, con el avanzar de la República, Roma inicia su política de organización descentralizada de la *civitas*, concediendo a las comunidades locales anexionadas, bien la ciudadanía incompleta (*municipia sine suffragio*), bien la ciudadanía completa (*municipia cum suffragio*).

Los ciudadanos de los municipios *sine suffragio* siendo, no obstante, ciudadanos romanos, estaban privados del derecho de elegir a las magistraturas romanas y del derecho de acceder al Senado romano: "*dignitas non capiebant*". Los ciudadanos de los *municipia cum suffragio*, igual que los ciudadanos de las *coloniae civium Romanorum* eran, en derecho, asimilados a los ciudadanos que habitaban la villa de Roma[8].

---

[8] Sobre los distintos tipos de comunidades locales, LEVY, I., "Études sur la vie municipale de l'Asie Minore", en *Revue des Études Grecques*, 1895, págs. 203-250; WILLEMS, *Le droit public romain*, cit., págs. 349 ss., págs. 351 ss. y págs. 508 ss.; HARPER, G.M., "Village administration in the roman province of Syria", en *Yale Classical Studies*, I, 1928, págs. 105 ss.; ELIACHEVITCH, B., *La personnalité juridique en droit privé romain*, Paris, 1942, págs. 57 ss.; DEGRASSI, A., *Guida allo studio della civiltà romana antica, vol. I, L'amministrazione della città*, Napoli, 1952, págs. 297-329; ABBOTT, F.F.-JOHNSON, A.C., *Municipal administration in the Roman Empire*, 2ª edición, New York, 1968, págs. 3 ss., págs. 10 ss. y págs.39 ss.; TANFANI, L., *Contributo alla storia del municipio romano*, Roma, 1971 (edición anastática invariada de la edición de Taranto, 1906), págs. 21-22 y págs. 35-36; LANGHAMMER, W., *Die rechtliche und soziale Stellung der Magistratus Municipales und der Decuriones in der Übergangsphase der Städte von sich selbstverwaltenden Gemeinden zu Vollzugsorganen des spätantiken Zwangsstaates (2.-4. Jahrhundert der römischen Kaiserzeit)*, Steiner-Wiesbaden, 1973, págs. 2 ss.; CAMPANILE, E.-LETTA, C., *Studi sulle magistrature indigene e municipale in area italica*, Pisa, 1979, *passim*; FERRARY, J.L., "La Lex Antonia de Termessibus", en *Athenaeum*, 73, 1985, págs. 419-457; GASCOU, J., "La Tabula Siarensis et le problème des municipes romains hors d'Italie", en *Latomus*, 3(45), 1986, págs. 541-554; GONZÁLEZ, J., "El *ius Latinii* y la *lex Irnitana*", en *Athenaeum*, 65, 1987, págs. 317-322; idem, "*Ius Latii, municipia Latina* e leggi municipali", AA.VV., *Filia. Scritti per Gennaro Franciosi*, II, Napoli, 2008, págs. 1125 ss.; MENTXAKA, R., *El Senado municipal en la Bética hispana a la luz de la Lex Irnitana*, Vitoria, 1993, págs. 25 ss.; idem, "Descripción de la organización municipal a la luz de la Tabula Irnitana", en *Estudios dedicados a la memoria del profesor L.M. Díez de Salazar Fernández. Estudios histórico-jurídicos*, I, Bilbao, 1992, págs. 65 ss.; HUMBERT, M., *Municipium et civitas sine*

Sin embargo, mientras tales habitantes permanecían en su municipio o colonia de origen no podían administrar las magistraturas en Roma, ni devenir senadores puesto que la naturaleza de las funciones senatoriales se apoyaba categóricamente sobre el presupuesto de que los senadores estuvieran domiciliados y establecidos en la misma Roma ya que, como indica MEYNIAL, el Senado en este periodo se reunía casi diariamente, estando el senador obligado a asistir a las sesiones, salvo que adujera una causa legal de ausencia[9].

---

suffragio. L'organisation de la conquête jusqu'à la guerre sociale, 2ª edición, Paris-Roma, 1993, *passim*; DAVID, J.M., *La romanisation de l'Italie*, Paris, 1994, págs.43 ss.; VITTINGHOFF, F., *Civitas Romana. Stadt und politisch-soziale Integration im Imperium Romanum der Kaiserzeit*, Stuttgart, 1994, págs. 11 ss.; SHERWIN-WHITE, A.N., *The Roman Citizenship*, Oxford, 1996 (reedición especial de la 2ª edición de Oxford, 1973), págs. 58 ss.; CAPOGROSSI COLOGNESI, L., "«Pagi», «Vici» e «Civitates» nell'Italia Romana", en *Iuris Vincula, Studi in onore di Mario Talamanca*, I, Napoli, 2001, págs. 391-431; LAMBERTI, "Percorsi...", cit., págs. 35 ss.; WOLF, J.G., "Irni vor der Irnitana", en *Iura*, 58, 2010, págs. 197-218. Vid., igualmente la bibliografía citada en la n. 150 del capítulo II relativo al domicilio de los decuriones y magistrados locales.

9 MEYNIAL, E., "Quelques réflections sur l'histoire de la noblesse romaine", en *Studi giuridici in onore di Fadda*, II, 1906, págs. 140-141. El domicilio romano como presupuesto de la vida senatorial ha sido defendido, entre otros, por MOMMSEN, T., *Le Droit public romain*, (traducción francesa de P.F. Girard), Paris, 1892 (reimpresión Paris, 1985), VII, págs. 90-91, para quien los senadores debían estar domiciliados en Roma, a fin de asegurar que pudieran ser convocados a la asamblea en todo momento, especialmente en circunstancias de eminente conflicto bélico o durante su desarrollo. También, MISPOULET, J.B., *La vie parlamentaire à Rome sous la République*, Paris, 1899, pág. 52; CHASTAGNOL, A., "Le problème du domicile légal des sénateurs à l'époque impériale", en *Mélanges offerts à Leopold Sedar Senghor*, 1977, págs. 43-54; BONNEFOND-COUDRY, M., *Le sénat de la république romaine*, Paris-Roma, 1989, págs. 224 ss., pág. 260 y págs. 357 ss., entre otras; LINTOTT, A., *The Constitution of the Roman Republic*, Oxford, 1999, págs. 73-74, consideran que siendo tan frecuentes las reuniones del Senado, los senadores no podían vivir en otro lugar que no fuese Roma. Por su parte, WILLEMS, *Le sénat...*, I, cit., pág. 178, quien analizando los requisitos exigidos por el *plebiscitum (lex) Ovidium* –otorgado entre el año 318 y el año 312 a. C.– y apoyándose en el pasaje de Cicerón, *Oratio pro Sestio*, 45.97, en el que el orador, analizando las clases de ciudadanos que suministraban afiliados al partido de los *optimates*, cita en primer lugar a las clases entre las cuales se

En consecuencia, constituyendo la domiciliación en Roma un presupuesto de la vida senatorial, es lógico pensar que esos ciudadanos de las comunidades locales conquistadas, para asegurar su acceso al Senado, estuvieran instalados en Roma con anterioridad.

En este sentido, Willems constata cómo el servicio militar en la legión y entre los *equites* estaba abierto tanto a los ciudadanos municipales como a los de Roma, siendo la carrera militar hasta Sila el modo principal de hacerse un nombre y de tener alguna posibilidad de ocupar una magistratura y cómo los municipales que se habían distinguido en las armas estaban generalmente establecidos en Roma, pudiendo así administrar las magistraturas y garantizarse el acceso al Senado, lo que determinó que el mismo deviniera en asamblea de representantes de la Italia central[10].

---

recrutaba al Senado y después de ellas a los habitantes de los municipios y del campo, considera que el senador romano estaba obligado por ley a tener su domicilio en Roma o en un radio determinado alrededor de la villa (*unde pignus ejus quot satis sit capi posset*). A nuestro juicio, como tendremos oportunidad de exponer *infra*, de los datos proporcionados por Cicerón no se puede deducir que en tiempos del plebiscito/ley Ovidia se había formulado ya la obligación legal del domicilio senatorial, sino que la misma seguía constituyendo un presupuesto del funcionamiento del Senado que adquirirá carácter legal más probablemente a partir del siglo II a. C.

[10] Tácito, *Annales*, 11.24, describe cómo hombres de todas las partes de Italia fueron entrando en el Senado. Willems, *Le sénat...*, I, cit. págs. 179 ss., afirma que a través del prestigio adquirido por los méritos demostrados en el servicio militar, numerosos municipales establecieron su domicilio en Roma y accedieron a las magistraturas, primero, y al Senado después. A la misma conclusión llegan, entre otros, Syme, R., "Caesar, The Senate and Italy", en *Papers of the British School at Rome*, XIV, 1938, págs. 5-6; Chastagnol, "Le problème...", cit., pág. 43, quien afirma que el presupuesto domiciliario no planteba problemas dado que los senadores "étaient tous des Italiens et que c'était dans la péninsule qu'ils possédaient leurs domaines fonciers". Conviene recordar que con el plebiscito/ley Ovinia del año 312 a. C., la *lectio senatu* pasó de los cónsules a los censores que debían elegir a los senadores de entre aquéllos que hubiesen desempeñado alguna magistratura. Sobre el desarrollo del senado en la época republicana y la *lectio senatu*, vid. Mispoulet, J.B., *Études d'Institutions Romaines*, Paris, 1887, págs. 81 ss.; Willems, *Le droit public romain*, cit., págs. 159 ss.; Hoffmann, F., *Der römische Senat zur Ziet der republik nach seiner Zusammensetzung und innern Verfassung betrachtet*,

Pero si hasta el momento la obligación del domicilio no había planteado problemas dado que los senadores o eran oriundos de Roma o naturalizados establecidos en Roma o habitantes de las comunidades ciudadanas locales que se habían instalado en Roma con carácter previo a su acceso al Senado, los hechos acaecidos en los últimos siglos de la República determinaron la necesidad de reforzar el domicilio romano de los senadores.

La política de expansión extraitálica permitió a los senadores romanos acrecentar sus propiedades a través de las adquisiciones efectuadas en las provincias produciéndose una diversidad geográfica de sus intereses económicos, para cuya gestión debían ausentarse con mayor frecuencia y, probablemente, durante más tiempo de Roma. Dicha extensión de las conquistas unido al acceso al Senado, aunque en número reducido, de los habitantes de las provincias[11], merced al

---

Berlin, 1847 (reimpresión Aalen, 1972), *passim*; COSTA, E., *Storia del Diritto Romano Pubblico*, 2º edición, Firenze, 1920, págs. 110 ss.; LÜBTOW, *Das Römische Volk*, cit., págs. 244 ss.; MANCUSO, s.v. «senato (Diritto romano)», cit., págs. 1141-1147; GREENIDGE, A.H.J., *Roman Public Life*, New York, 1970, págs. 261 ss.; BONNEFOND-COUDRY, *Le sénat…*, cit., *passim*; HACKL, U., *Senat und Magistratur in Rom von der Mitte des 2. Jahrhunderts v. Chr. bis zur Diktatur Sullas*, Kallmünz, 1982, págs. 1 ss.; VALMAÑA OCHAÍTA, A., *Las reformas políticas del censor Apio Claudio Ciego*, Universidad de Castilla-La Mancha, Murcia, 1995, págs. 91-117; GIANGRIECO PESSI, M.V., "Dalla *lex Aemilia* al plebiscito Ovinio: problema e riflessioni", en AA.VV. *Legge e Società nella Repubblica Romana (a cura di F. Serrao)*, II, Napoli, 2000, págs. 299 ss.; FERNÁNDEZ DE BUJÁN, A., *Historia…*, cit., págs. 55 ss.; idem, *Derecho Público…*, cit., págs. 121 ss.; VIÑAS OTERO, *Instituciones…*, cit., págs. 188 ss.

[11] Según SUETONIO (*De vita Caesarum, Divus Iulius*, 1.76.3), el reclutamiento se extendió más allá de los Alpes y españoles, galos e, incluso, algunos griegos de las islas y de Asia devinieron senadores, aunque no conviene exagerar su número; 1.80.2. Tales provinciales, afirma CHASTAGNOL, "Le problème…", cit., pág. 44, que por primera vez en la historia de Roma accedían al Senado, estaban con carácter general instalados en Italia en el momento de su promoción, habiendo adquirido propiedades allí.

Sobre los primeros accesos de provinciales al senado romano, vid. WILLEMS, *Le droit public romain*, cit., págs. 441 ss.; SYME, R., "Missing senators", en *Historia*, IV, 1955, págs. 52-71; idem, "Caesar, The Senate and Italy", cit., págs. 12 ss.; idem, *La revolución romana*, cit., págs. 113 ss.; CARCOPINO, J., *César*, Paris, 1968, págs. 485-488; WISEMAN, T.P., *New men in the Roman*

incremento cuantitativo[12] que a lo largo del siglo I a. C. experimentó el efectivo senatorial, hacen probable que, con objeto de asegurar la asistencia de los senadores a las reuniones regulares de la Asamblea, a partir del siglo II a. C. se formulara oficialmente la obligación del domicilio senatorial en Roma o en un radio delimitado. No en vano, conviene recordar que, conforme a la más fieles reconstrucciones, ya la *lex Acilia repetundarum* del año 123 a. C., en relación con la selección de los *iudices iurati*, efectuada por el pretor a la hora de la redacción de los *alba iudicium*, excluía para formar parte de una *quaestio de repetundis* a los *cives* que no tuvieran su domicilio en Roma o a mil pasos de la ciudad.

> *Lex Acilia repetundarum*, lns. 13-14: "*IIlui]rum a. d. a. siet fueritue, queiue in senatu fueritue, queiu[e mercede*

Senate 139 B.C.-14 D.C., Oxford, 1971, págs. 1-12 y págs. 19-24; FRIEDLÄENDER, L., *La sociedad romana*, Méjico-Buenos Aires, 1982, págs. 110-111; SHERWIN-WHITE, *The Roman Citizenship*, cit., pág. 234; MANCUSO, s.v. «senato (Diritto romano)», cit., pág. 1147; CABALLOS, A., "Los senadores de origen hispano durante la República romana", en *Estudios sobre Urso, Colonia Iulia Genetiva*, Sevilla, 1989, págs. 233-279. Cfr. GABBA, E., "Il senato nelle età dell'imperialismo e della rivoluzione", en AA.VV., *Il senato nella storia*, Roma, 1998, págs. 85 ss.

12 Sila amplió el Senado aumentando el número de sus miembros de 300 a 600. Los nuevos senadores fueron elegidos, según algunas fuentes, en el *ordo equestre*; según otras entre militares y libertos silanos (Tito Livio, *Periochae omnium librorum ab urbe condita*, 89; Dión Casio, *Historiae Romanae*, 7.5; Salustio, *De Coniuratione Catilinae*, 37.6. Cfr. HILL, H., "Sulla's new senatores in 81 b.C", en *Cl.Q.*, 1932, pág. 170. Algún decenio más tarde César incrementó el Senado a 900 para introducir en la asamblea a sus partidarios de condición inferior, centuriones, soldados, escribanos e hijos de libertos, y también a nuevos ciudadanos, convirtiendo el Senado en un instrumento de la política dictatorial. Cicerón, *Epistulae ad Atticum*, 9.10.7; 9.18.2; *Epistulae ad familiares*, 6.18.1; *De divinatione*, 2.23; *De officiis*, 2.29; Dión Casio, *Historiae Romanae*, 42.51.5; 43.20.1-3; 43.27.2-3; 48.22.3; Suetonio, *De vita Caesarum, Divus Augustus*, 2.35.1. Sobre la composición del Senado, por todos, WILLEMS, *Le droit public romain*, cit., pág. 168 y págs. 439 ss.; SYME, "Caesar, The Senate and Italy", cit., págs. 12 ss.; VIÑAS OTERO, *Instituciones...*, cit., págs. 188 ss.; FERNÁNDEZ DE BUJÁN, A., *Historia...*, cit., págs. 55 ss.; idem, *Derecho Público...*, cit., págs. 121 ss.

> *conductus depugnauit depugnauerit ... queiue quaestione ioudicioque publico conde]mnatus siet quod circa eum in senatum legei non liceat, queiue minor anneis XXX maiorue annos LX gnatus siet, queiue in urbem Roman propiusue u[rbem Roman p(assus) M domicilium non habeat, queiue eius mag(istratus), quei s(upra) s(criptus) e(st), pater / frater filiusue siet, queiue eius, quei in senatu siet fueritue, pater / frater filiusue siet, queiue trans mar] e erit...*"[13].

En esta línea, aunque no tenemos constancia directa del domicilio legal de los senadores hasta el Principado, ya la ley del municipio de Tarento del año 123 a. C. exigía a los miembros del senado local ser propietarios en el municipio o en sus límites de una casa con no menos de 1500 tejas [lns. 26 y ss.: "*intra eius municipi fineis aedificium quod non minus D M tegularum tectum sit*"]. La finalidad primordial de esta ley era establecer un indicador de la situación económico-patrimonial de los decuriones, lo que explica la omisión del término domicilio y la referencia directa al edificio que lo presupone puesto que se considera fraudulenta la mera adquisición de una casa con el fin de ponerse en las condiciones requeridas por la ley[14].

Y si tenemos en cuenta, como afirma SCIALOJA, la continua imitación de las leyes e instituciones de Roma que se observa en los estatutos municipales, convenimos con el autor en que es bastante verosímil que una disposición similar rigiese también para los senadores de Roma, los cuales estarían legalmente obligados en el siglo II a. C., a tener una casa de su propiedad en la capital que, además de constituir una garantía patrimonial, garantizaba su residencia en la misma[15].

---

[13] F.I.R.A., I², n. 7, lns. 17 ss.: "*maiorue a]nnos LX gnatus siet, queiue in urbe Romae propiusue urbem Roma]m p(assus) M domicilium non habeat, queiue eius mag(istratus), quei s(upra) s(criptus) e(st), pater frater filiusue siet,] queiue eius quei in senatu siet fueritue, pater frater filiusue siet queiue trans mare erit*".

[14] Al respecto, vid. ns. 161-165 del capítulo II.

[15] SCIALOJA, V., "Sulla garanzia patrimoniale richiesta ai Senatori romani durante la repubblica", en *B.I.D.R.*, 11, 1898, págs. 32-37; idem, "Le case dei decurioni di Tarento e dei senatori romani durante la repubblica", en *Stu-*

Asimismo, continuando con el parangón entre las leyes romanas y los estatutos locales, Scialoja señala cómo en el año 44 a. C., la *lex Coloniae Genetivae Iuliae* otorgada por César a la localidad de Urso, recoge expresamente la obligación domiciliaria de los decuriones sin ulteriores requisitos de propiedad, dentro de los límites de la ciudad o en el radio de una milla [cap. 91: "... *quicumque decurio augur pontifex huiusque col(oniae) domicilium in ea col(onia) oppido propiusve it oppidum p(assus) ∞ (milia)*"] y considera que una idéntica disposición sería también aplicada a los senadores de la capital, obligándoles a tener el domicilio con residencia efectiva en Roma, probablemente como consecuencia del incremento del efectivo senatorial con componentes de toda Italia y, extraordinariamente, de las provincias[16].

di Giuridici II, Roma, 1934, págs. 99-101. La copia de las leyes municipales de aquéllas romanas ha sido también señalada por García Fernández, E., *El municipio latino. Origen y desarrollo constitucional*, Madrid, 2001, pág. 140 n. 27 y pág. 152.

[16] Scialoja, "Sulla garanzia...", cit., págs. 32-37; idem, "Le case dei decurioni...", cit., págs. 99-101. En el mismo sentido Mommsen, *Le Droit public romain*, VII, cit., págs. 91-92; Mispoulet, *La vie parlamentaire...*, cit. pág. 52; Talbert, R.J.A., *Le senate of the imperial Rome*, Pricenton, 1984, pág. 39 y págs. 139 ss.; Gera, G.-Giglio, S., *La tassazine dei senatori nel tardo impero romano*, Roma, 1984, pág. 78; Lintott, A., *Imperium Romanum. Politics and administration*, London-New York, 1993, págs. 133 ss.; idem, *The Constitution...* cit., págs. 73-74; Licandro, *Domicilium habere...*, cit., págs. 111-116 y pág. 359; idem, "Pomponio e l'*incola*. Osservazioni su D. 50.16.239.2 (Pom. *L. sign. Ench.*) a la luce di *Lex Urs.* Cap. 98 e *Lex Irn.* Cap. 83", AA.VV., *Filia. Scritti per Gennaro Franciosi*, II, Napoli, 2008, págs. 1357 ss.; Fernández De Buján, A., *Historia...*, cit., pág. 57; idem, *Derecho Público...*, cit., pág. 121; Jurewicz, A.R., "La 'lex Coloniae Genetivae Iuliae seu Ursonensis'- rasegna della materia. Gli organi della colonia", en *R.I.D.A.*, 54, 2007, págs. 293 ss.; ídem, "Die «Tabulae Publicae» in der «lex Coloniae Genetivae Iuliae»", en *Index*, nº 41, 2013, págs. 117-131. Por su parte, Bonnefond-Coudry, *Le sénat...*, cit., págs. 357-358, afirma que a pesar del absentismo senatorial y de la escasa aplicación por parte de los magistrados de las sanciones pertinentes contra los senadores que no acudían a las reuniones, la obligación de asistir a las reuniones constituía, junto con la obligación de tener su residencia en Roma y de estar prestos a responder en todo momento a la convocatoria de los magistrados, un conjunto de imperativos que encuentran su fundamento

Además, como indica MOMMSEN, aunque con carácter general los senadores domiciliados en Roma no necesitaban autorización para salir de la capital, a partir del siglo II a. C., las fuentes constatan que, en "circunstancias militares graves" era llamados a Roma, mediante edicto consular, e "invitados" a permanecer en ella o en el radio de la primera milla[17], siendo probable que necesitasen el permiso del Senado, bajo forma de *libera legatio*, si querían salir de Italia para atender sus negocios privados, exigencia que fue extendida por César también a sus hijos[18].

---

en el principio general que caracterizaba al Senado republicano: el de su plena y total disponibilidad. Por su parte, COSTA, E., *Cicerone giurisconsulto*, I, Bologna, 1927 (edición anastática, Roma, 1964), págs. 344-345, defiende la normal estable permanencia en Roma de los miembros del Senado y la resistencia de su sentido civil (Cicerón, *De domo sua pontifices*, 4.5), lo que determinó que no existieran excesivos problemas de ausencias en las reuniones, a las que, en todo caso, se les podía obligar a acudir a través de distintas medidas coercitivas.

[17] MOMMSEN, *Le Droit public romain*, VII, cit., págs. 90-91 n. 1. El autor apoya su afirmación en los pasajes de Tito Livio, *Ab urbe condita*, 27.50.4, cuando la batalla con Asdrubal era inminente; *Ab urbe condita*, 36.3.3, a comienzos de la guerra contra Antíoco; *Ab urbe condita*, 43.11.4, durante la guerra de Persia. En el mismo sentido, WILLEMS, *Le droit public romain*, cit., pág. 172; BONNEFOND-COUDRY, *Le sénat...*, cit., págs. 224 ss., especialmente; LINTOTT, *The Constitution...*, cit., págs. 73-74.

[18] SUETONIO, *De vita Caesarum. Divus Iulius*, 1.42. Esta práctica fue tan abusiva que Cicerón, cónsul en el 63 a. C., trató de abolirla pero sólo pudo reducir el máximo de la ausencia a un año. MOMMSEN, *Le Droit public romain*, VII, cit., págs. 91-92 n. 3, en cuya opinión no sólo se exigió al senador estar domiciliado en Roma sino también estar a disposición del presidente el tiempo durante el cual el Senado podía ser convocado; LINTOTT, *The Constitution...*, cit., págs. 73-74 ns. 40 y 41, quien constata que los senadores podían ausentarse de Roma durante las regulares vacaciones de los asuntos públicos que, en tiempos de Cicerón, se dividían en dos periodos, uno en primavera (en torno al 5 de abril hasta mitad de mayo) y otro a finales de noviembre. No obstante, como el propio autor indica, los asuntos urgentes imponían al Senado ignorar tales periodos vacacionales, como ocurrió en el 63 a. C. con la conspiración de Catilina y en el 43 a. C. con la guerra de Mutina. Sobre el calendario de las reuniones y las causas de ausencia, BONNEFOND-COUDRY, *Le sénat...*, cit., págs. 199 ss. y págs. 357 ss.; TALBERT, *Le senate...*, cit., págs. 200 ss.

2. REFUERZO DE LA OBLIGACIÓN DOMICILIARIA Y EXTENSIÓN DEL *COMMEATUS* EN EL SIGLO I A.C.

Según Dión Casio, en la guerra de Octavio contra Antonio, fue impuesta una contribución extraordinaria del 4 % sobre el patrimonio y además los senadores pagaron una tasa de cuatro óbolos por cada teja de la casa que poseían en la ciudad o que habitaban aunque perteneciese a otros[19]. El hecho de que dicha tasa deba ser pagada incluso cuando la casa sea de propiedad ajena confirma, en opinión de SCIALOJA, la obligación senatorial de tener su domicilio en Roma, al margen de ser propietarios en la misma de una casa[20].

A comienzos del Principado, este domicilio legal de los senadores fue reforzado, gracias a las medidas restrictivas acometidas por Augusto, con ocasión de la aminoración progresiva de los más de 1000 componentes del Senado hasta su reducción final al efectivo de 600 miembros[21]. El emperador ambicionó crear un orden senatorial sobre el esquema de la antigua clase social de *nobiles* que constituyera la aristocracia de la magistratura de origen republicano, convirtiendo al Senado en un cuerpo puramente italiano. Por ello, limitó el reclutamiento de nuevos miembros a la Península y a la planicie del Po, esto es, al suelo itálico geográficamente redefinido, y a los que en las provincias eran asimilados a los itálicos por estar dotados del *ius adipiscendorum in urbe honorum*, o simplemente *ius honorum*[22].

---

[19] DIÓN CASIO, *Historiae Romanae*, 46.31.3; NONIO MARCELO, *Compendiosa doctrina*, 4 (ed. Lindsay 411).

[20] SCIALOJA, "Sulla garanzia...", cit., págs. 32-37; idem, "Le case dei decurioni...", cit., págs. 99-101; LICANDRO, *Domicilium habere...*, cit., pág. 113.

[21] Sobre las razones de la reducción del número de senadores y la reforma augustea, vid. MISPOULET, *Études...*, cit., págs. 180 ss.; WILLEMS, *Le droit public romain*, cit., págs. 441 ss.; TALBERT, *Le senate...*, cit., págs. 131 ss.; MANCUSO, s.v. «senato (Diritto romano)», cit., pág. 1147; BONNEFOND-COUDRY, *Le sénat...*, cit., pág. 257, pág. 412 y pág. 659, entre otras; CHASTAGNOL, A., *Le sénat romain à l'époque impériale*, Paris, 1992, págs. 31 ss.; RODA, S., "Il senato nell'alto impero romano", en AA.VV., *Il senato nella storia*, Roma, 1998, pág. 50; FANIZZA, L., *Senato e società politica tra Augusto e Traiano*, Roma-Bari, 2001, págs. 93 ss.

[22] TÁCITO, *Annales*, 11.24. SYME, "Caesar, The Senate and Italy", cit., págs. 4 ss. y págs. 25 ss.; CHASTAGNOL, *Le sénat...*, cit., págs. 43-48; RODA, "Il

Esta reforma, sin embargo, no erradicó la presencia de provinciales en el Senado. No obstante, como sintetiza RODA, los pocos que estuvieron presentes en el mismo o eran provinciales –y descendientes de provinciales– que ya ocupaban asiento en la asamblea en la fase precedente y habían pasado indemnes a través del filtro de las *lectiones*, o se trataba de provinciales que gozaban del derecho de ciudadanía en la época precedente a la reforma o que habían adquirido el rango ecuestre o, en fin, pertenecían, como nuevos *cives*, a las colonias romanas, municipios y *oppida* de ciudadanos romanos, asimilados así a los italianos[23].

---

senato…", cit., pág. 154, indica que el nuevo *ius honorium* fue una atribución exclusiva de los hijos de los senadores, de los caballeros, de los itálicos y de los provinciales equiparados a los itálicos.

[23] RODA, "Il senato…", cit., págs. 154-155, afirma que la inmisión en el Senado de personas provenientes de la aristocracia municipal provinciana llevó a Augusto a limitar la elección a las familias más ricas y conocidas de los municipios y de las colonias italianas. Tal restricción *de facto* del derecho de ciudadanía romana de los provinciales no aparece directamente atestiguada en las fuentes –salvo Dión Casio, *Historiae Romanae*, 56.17.3 que parece aludir a la limitación de las personas elegibles para las magistraturas a la *lectio senatus augustea* del 18–, pero se deduce con claridad de los testimonios de Tácito (*Annales*, 11.23) y de la Tabla de Lión cuando, en el 48 d. C., la decisión del emperador Claudio de consentir el acceso al Senado a los provinciales de la Galia Comata suscitó una fortísima reacción conservadora que es la base de su futura *damnatio memoriae*. Sobre el orden senatorial y la reducción del acceso al Senado exclusivamente a los provinciales dotados del *ius honorium* vid. LÉCRIVAIN, CH., *Le sénat romain depuis Dioclétien à Rome et à Constantinople*, Paris, 1888, págs. 61 ss.; BUCKLAND, W.W., *A Text-Book of roman Law from Augustus to Justinian*, 3ª edición, Cambridge, 1963, pág. 87; MEYNIAL, "Quelques réflections…", cit. págs. 139 ss.; NICOLETTI, s.v. «senato (Diritto romano)», cit., págs. 1013-1015; WILLEMS, *Le sénat…*, I, cit., págs. 308 ss. y págs. 427 ss.; CHASTAGNOL, A., "Les modes d'accès au Sénat romain au début de l'Empire: remarques à propos de la Table claudienne de Lyon", en *B.S.A.F.*, 1971, págs. 282-310; idem, "Le problème…", cit., pág. 44; idem, "Les sénateurs d'origine provinciale sous le règne d'Auguste", en *Mélanges Pierre Boyancé*, Roma, 1974, págs. 163-171; idem, "Considérations sur les municipes latins du premier siécle apr. J.-C.", en *L'Afrique dans l'occident romain, Ier siécle av. J.-C. - IVer siécle ap. J.-C.*, Paris, 1990, págs. 351 ss.; idem, *Le sénat…*, cit., págs. 41-48; NICOLET, CL., *Le métier de citoyen dans la Rome répu-*

Los propósitos del fundador del régimen imperial determinaron que mantuviera vigente tanto la obligación del domicilio legal de los senadores, registrado en las declaraciones del censo[24], como los libres

blicaine, 2ª edición, Paris, 1998, págs. 31 ss.; NICOLET, CL. (dir.), *Des ordres à Rome*, Paris, 1984, *passim*; SYME, *La revolución romana*, cit., págs. 452 ss.; idem, *The Augustan aristocracy*, Oxford, 1989, págs. 1-14; CIZEK, *Mentalités...*, cit. pág. 150; DE MARTINO, F., "Il senato romano", en AA.VV., *Il senato nella storia*, Roma, 1998, pág. 15, considera que en la época augustea la pertenencia al Senado alimentaba la formación de un verdadero y propio orden, puesto que la dignidad era hereditaria. Pero del examen de la composición del Senado a lo largo de las diversas dinastías y fases del Imperio, se observa cómo en el mismo estuvieron presentes personajes de origen provincial; SCHULZ, F., *Principios del Derecho Romano*, (trad. esp. de M. Abellán Velasco), 2ª edición, Madrid, 2000, pág. 135; FANIZZA, *Senato e società...*, cit., págs. 93 ss.

[24] Augusto exigió a los senadores la posesión de tierras sitas en Italia cuyo valor fuera, *ut minimus*, de un millón de sesterecios, vid. TÁCITO, *Annales*, 6.22.1 y 6. Sobre el censo senatorial, MISPOULET, *Études...*, cit., págs. 180 ss.; WILLEMS, *Le droit public romain*, cit., págs. 441 ss.; HOFFMANN, *Der römische Senat...*, cit., págs. 167 ss.; SYME, "Caesar, The Senate and Italy", cit., pág. 13; DE MARTINO, F., *Storia della Costituzione romana*, 2ª edición, Napoli, 1972, IV.1, pág. 557; LINTOTT, *The Constitution...*, cit., pág. 71; LÖHKEN, H., *Ordines Dignitatum*, Köln-Wien, 1982, pág. 25 y pág. 56 n. 40; RIBAS ALBA, J.M., *Democracia en Roma. Introducción al derecho electoral romano*, Granada, 2008, págs. 112 ss. Según NICOLET, CL., "Le cens sénatorial sous la république et sous Auguste", en *J.R.S.*, LXVI, 1976, págs. 20-38, en el periodo republicano los senadores estuvieron obligados a poseer la cualificación censitaria de los *equites*, fijada a finales de la República en 400.000 HS y fueron obligados a consevar un mínimo de capital fundiario cuando César les prohibió la venta de las propiedades fundiarias que servían de garantía a sus empréstitos (a. 48/47). Dión Casio (*Historiae Romanae*, 54.17.3), respecto a la *lectio* del año 18, por primera vez hace alusión a las cualificaciones censitarias para acceder a las magistraturas de un modo preciso. Según Nicolet, a comienzos del reino de Augusto el censo de los senadores fue mantenido en 400.000 HS (100.000 denarios) y sólo más tarde, entre los años 18 y 13 a. C., fue aumentado a 250.000 denarios (1.000.000 sestercios), como lo muestra claramente el relato de Dión Casio respecto a la *lectio* del año 13/12 (*Historiae Romanae*, 26.3-5; 30.2). Suetonio (*De vita Caesarum. Divus Augustus*, 2.41.3), indica que Augusto elevó el censo senatorial de 800.000 HS a 1.200.000. El autor pone de manifiesto cómo la primera de las cifras (800.000) no es atestiguada en ninguna otra fuente, las cuales hablan de 400.000 (censo ecuestre) o de 1.000.000 (censo de

desplazamientos de los senadores fuera de Roma a Italia y a Sicilia y la necesidad de solicitar al Senado una autorización expresa (*commeatus*[25]) para poder viajar fuera de Italia, al margen de las funciones y/o misiones que les confiaba el *princeps*, autorización que si bien era normalmente concedida, también podía ser igualmente denegada[26].

---

los senadores constatado durante todo el alto Imperio). Suetonio sólo vuelve a abordar la cuestión en un título que trata de la liberalidad del príncipe. Igualmente, Dión Casio (*Historiae Romanae*, 55.13.6), a propósito del censo del año 4 d. C., con relación a una medida excepcional, habla de 300.000 denarios que se corresponden con los 250.000 sestercios de Suetonio. Para Nicolet, en ambos casos se trata de una *largitio* excepcional del príncipe que sólo afecta a los senadores a quienes el emperador ha provisto del complemento necesario para atender el censo requerido (sin duda de 1.000.000 sestercios). Finalmente el autor considera que el desacuerdo entre el montante normal del censo indicado por Dión Casio (1.000.000) y por Suetonio (800.000) puede deberse a un error de la tradición manuscrita por Suetonio o, lo que parece la hipótesis más problable, que el aumento del censo de 400.000 a 1.000.000 se hiciera entre el año 18 y el 13 a. C. en varias etapas, siendo la primera de ellas el incremento a 800.000 que representa el doble del censo ecuestre. En el mismo sentido, CHASTAGNOL, A., "La naissance de l'ordo senatorius", en *M.E.F.R.A.*, 85, 1973, págs. 586-589; RODA, "Il senato…", cit., págs. 150 ss.

[25] Vid. ROSTOWZEW, M.I., s.v. «commeatus», en *P.W.R.E*, IV.1, Stuttgart, 1900, cols. 720 ss.; LÖHKEN, *Ordines Dignitatum*, cit., pág. 55 n. 39 y pág. 60; SCHLINKERT, D., *Ordo senatorius und nobilitas*, Stuttgart, 1996, pág. 133 n. 32. Sobre un levantamiento momentáneo de la regla, vid. DIÓN CASIO, *Historiae Romanae*, 55.26.1, año 6 d. C.

[26] Por todos, TALBERT, *Le senate…*, cit., pág. 139; LÖHKEN, *Ordines Dignitatum*, cit., pág. 55 n. 39 y pág. 60. Como acertadamente expone THOMAS, *«Origine» et «Commune Patrie»…*, cit., págs. 49-50, no se puede confundir el domicilio de los senadores con las propiedades inmobiliarias que, desde Augusto, los senadores debían poseer en Italia, porque las fuentes no califican aquélla obligación de domicilio y porque sólo el domicilio urbano es la habitación senatorial jurídicamente cualificada. No obstante, a nuestro jucio, deviene necesario realizar una mínima precisión. Como hemos tenido oportunidad de exponer *supra*, de acuerdo con el análisis comparativo de las fuentes, cabe remontar al siglo II a. C. la obligación domiciliaria senatorial. A su vez, convenimos con SCIALOJA, "Sulla garanzia…", cit., págs. 36-37, en que de la narración de DIÓN CASIO, *Historiae romanae*, 46.31.3, se desprende que los senadores estaban obligados a habitar en Roma aunque fuera en una casa de alquiler, de manera que en época cesariana ya contamos con una fuente directa relativa a su obligación domiciliaria. Por eso,

Esta regulación de colosal trascendencia nos es atestiguada, como posteriormente veremos, por Tácito y por Dión Casio[27].

No obstante, según indica CHASTAGNOL, desde el año 14 de nuestra era, el *ius honorum* fue otorgado a los galos de Narbona y, probablemente, a los españoles de la Bética; más tarde, en el 48, lo obtendrán los eduinos y, posteriormente, todos los ciudadanos de las tres Galias y de todo el Imperio, con la exclusión de Egipto[28]. Esta extensión del

---

aunque el domicilio de los senadores no puede confundirse con las propiedades que Augusto y los emperadores sucesivos les obligaron a adquirir en Italia, mientras la citada obligación domiciliaria estuvo en vigor y, en consecuencia, durante el tiempo en que sólo se reconoció un único domicilio senatorial en Roma coincidente con su residencia efectiva, la obligación de poseer tierras en Italia, no sólo supuso una garantía patrimonial, sino también un modo de asegurar su presencia en la capital para que pudieran atender las obligaciones de su cargo. Y en el mismo sentido deben enterderse las restricciones impuestas a los libres desplazamientos de los senadores por motivos privados.

[27] TÁCITO, *Annales*, 12.23.1; DIÓN CASIO, *Historiae Romanae*, 52.42.6-7. Esta legislación fue acompañada de medidas más drásticas para el caso particular de Egipto que, por una parte no podía suministrar senadores a Roma y, por otra, no debía ser visitado por los senadores, salvo permiso especial del emperador cuya obtención resultaba altamente dificultosa. Así nos lo indican Tácito, *Annales*, 2.59.3 y Dión Casio, *Historiae Romanae*, 51.17.1-2. Sobre la situación de Egipto, vid. ALBERTINI, E., *L'Empire romain*, Paris, 1970, pág. 30; LEVI, M.A., "La esclusione dei senatori romani dall'Egitto augusteo" en *Aegyptus*, V, 1924, págs. 213-235; PIGANIOL, A., "Le statut augustéen de l'Égypte et sa destruction", en *Scripta varia*, Bruselas, 1973, III, pág. 26, pág. 31 y pág. 37; FRIEDLÄENDER, *La sociedad romana*, cit., pág. 115; LÖHKEN, *Ordines Dignitatum*, cit., pág. 79; GERACI, G., *Genesi della provincia romana d'Egitto*, Bologna, 1983, págs. 137 ss.; TALAMANCA, *Lineamenti...*, cit., pág. 380 y pág. 492; CHASTAGNOL, "Le problème...", cit. pág. 45 n. 7, interpreta que los *equites Romani illustres* a los cuales, según Tácito, la entrada en Egipto les estaba prohibida del mismo modo que a los senadores no eran otros, hasta el reino de Calígula, que los hijos de senadores que no habían ejercido todavía magistratura y que pertenecían entonces al orden ecuestre pero formando ya parte del orden senatorial. Dión Casio no menciona más que a los senadores. Ver la discursión en NICOLET, CL., *L'ordre équestre à la époque républicaine*, I, Paris, 1974, págs. 225-230. Sobre el derecho alejandrino, necesario para obtener el derecho de ciudadano romano, vid. Plinio el Joven, *Epistulae*, 10.6. Cfr. SHERWIN-WHITE, *The Roman Citizenship*, cit., pág. 236 n. 2.

[28] CHASTAGNOL, "Le problème...", cit., pág. 45. Sobre la extensión de la ciudadanía romana y la concesión del *ius honorum*, NICOLET, *Le métier...*, cit.,

ius honorum propició, como prueba epigráficamente HAMMOND, que un número sustancial de provinciales, principalmente de Narbona y España, accedieran al Senado en el curso del siglo primero[29].

Sin embargo, la obligación del domicilio senatorial en Roma persistía como se desprende de las medidas adoptadas por los emperadores posteriores tendentes a garantizar su presencia efectiva en la capital. En efecto, como señala TALBERT, Suetonio nos indica que Tiberio dispuso que no convenía que los magistrados designados se ausentaran a fin de que se dedicasen personalmente a su cargo y llegó incluso a degradar a un senador, privándolo de la toga laticlavia, por haber abandonado Roma para irse a vivir al campo alrededor de las calendas de julio con el fin de alquilar a más bajo precio una vivienda en la capital después de esa fecha:

> SUETONIO, *De vita Caesarum, Tiberius*, 31 y 35: "*... Negante eo destinatos magistratus abesse oportere, ut praesentes honori adquiescerent, ... Senatori latum clauum ademit, cum cognosset sub Kal. Iul. demigrasse in hortos, quo uilius post diem aedes in urbe conduceret...*"[30].

págs. 31 ss.; RODA, "Il senato...", cit., págs. 172 ss. y la copiosa bibliografía que el autor cita al respecto.

[29] HAMMOND, M., "Composition of the Senat A.D. 68-235", en *J.R.S.*, XLVII, 1957, págs. 74-81. Sobre la presencia de provinciales en el Senado, SYME, "Caesar, The Senate and Italy", cit., págs. 6 ss.; PETIT, P., *Histoire générale de l'empire romain*, Paris, 1974, pág. 114 y pág. 128; ALFÖLDY, G., *Konsulat und Senatorenstand unter den Antoninen. Prosopogaphische Untersuchungen zur Senatorischen Führungsschicht*, Bonn, 1977, págs. 61 ss.; HALFMANN, H., *Die Senatoren aus dem östlichen Teil des Imperium Romanum bis zum Ende des 2. Jh. n. Chr.*, Göttingen, 1979, págs. 71 ss.; JONES, A.H.M., "La última crisis: el imperio romano hasta su ocaso", en *Los romanos* (ed. Balsdon), trad. esp. de Sánchez Gil, Madrid, 1987, pág. 93; JACQUES, F.-SCHEID, J., *Rome et l'integration de l'Empire. 44 av. J.-C. -260 ap. J.-C., T. I, Les structures de l'empire romain*, París, 1990, págs. 357 ss.; DE MARTINO, "Il senato romano", cit. pág. 17, afirma que en la época de los flavios se reforzó la presencia de caballeros y de ciudadanos de origen municipal y comienza a aparecer algún provincial de origen occidental; SCHULZ, *Principios...*, cit., pág. 135; GARCÍA FERNÁNDEZ, *El municipio latino...*, cit., pág. 170.

[30] TALBERT, *The senate...*, cit., pág. 141. Para SCIALOJA, "Sulla garanzia...", cit., págs. 36-37, en virtud de esta medida los senadores estuvieron

Una postura más drástica mantuvo Calígula quien, según el historiador, ordenó dar muerte a un antiguo pretor que desde su lugar de descanso en Antícira, a donde se había retirado por motivos de salud, le solicitaba con frecuencia la prorrogación del permiso:

> SUETONIO, *De vita Caesarum, Gaius Caligula*, 29: "*Praetorium uirum ex secessu Anticyrae, quam ualetudinis causa petierat, propagari sibi commeatum saepius desiderantem...*"[31].

Por su parte, el emperador Claudio en torno al año 45-46, convino que fuera el emperador y no el Senado, el competente para decidir la concesión o no del *commeatus* a los senadores que solicitaran salir de Italia por cuestiones personales:

> SUETONIO, *De vita Caesarum, Claudius*, 23: "*Commeatus a senatu peti solitos benefici sui fecit*"[32].

Además, en el año 49, incluyó a Narbona dentro de la zona de libre desplazamiento[33], extensión sobre la que nos suministra infor-

---

obligados a residir ininterrumpidamente en la ciudad. En nuestra opinión, la degradación del senador tuvo lugar por abandonar Roma antes del periodo vacacional que según Suetonio, *De vita Caesarum, Augustus*, 35, comprendía los meses de septiembre y octubre.

[31] TALBERT, *The senate...*, cit., pág. 140.

[32] DIÓN CASIO, *Historiae Romanae*, 60.25.6-7. Un ejemplo de la concesión del *commeatus* para pasar cuatro meses en provincia en CASIODORO, *Variae*, 3.21. ROSTOWZEW, s.v. «commeatus», cit., cols. 720 ss.; LÖHKEN, *Ordines Dignitatum*, cit., pág. 55 n. 39, pág. 60 y pág. 95; TALBERT, *The senate...*, cit., págs. 140-141; LICANDRO, *Domicilium habere...*, cit., pág. 362. Curioso es, en este sentido, otro pasaje de Suetonio (*De Vita Caesarum, Nero*, 42), en el que, según SCHULZ, *Principios...*, cit., pág. 114 n. 26, el cantante Nerón excusaba sus ausencias en el Senado alegando ronquera.

[33] Por todos, TALBERT, *The senate...*, cit., págs. 139 ss.; LÖHKEN, *Ordines Dignitatum*, cit., pág. 95; FANIZZA, *Senato e società...*, cit., pág. 95; LICANDRO, *Domicilium habere...*, cit., pág. 362; MOMMSEN, *Le Droit public romain*, VII, cit., pág. 90 n. 3, considera en base al relato de DIÓN CASIO, *Historiae Romanae*, 50.29, que Claudio reforzó las prescripciones relativas al domicilio.

mación un pasaje de Tácito, en el que se indica que este privilegio, reservado hasta el momento a Sicilia, se otorga a los senadores de Narbona en compensación por la deferencia que la provincia de la que son oriundos brinda al Senado romano:

> "*Galliae Narbonensi ob egregiam in patres reverentiam datum ut senatoribus eius provinciae non exquisita principis sententia, iure quo Sicilia haberetur, res suas invisere liceret*"[34].

La información de Tácito es corroborada por Dión Casio que alude al suceso a propósito de las medidas de Augusto en el 29-28, reiterando la prohibición de salir de Italia sin una autorización del emperador a excepción de Sicilia y de la Galia Narbonense debido a su proximidad geográfica y su carácter pacífico y añadiendo, detalle capital, que la situación nacida de la medida del 49 estaba todavía vigente, sin alteración alguna, en el momento en el que el historiador componía su obra, esto es, bajo el reinado de Caracalla[35].

Por tanto, la legislación de Augusto, con las modificaciones de Claudio, permaneció en vigor, en lo que respecta a la obligación domiciliaria de los senadores y a la necesidad de que éstos solicitaran al emperador la autorización para salir de Italia con las excepciones apuntadas, durante todo el periodo del Alto Imperio, al menos hasta la época de los Severos. Así se desprende de un pasaje de Modestino donde se establece que los emperadores Septimio Severo y Caracalla permitieron que los senadores removidos del Senado continuasen viviendo en Roma para no disminuir de cabeza:

> D. 1.9.3 (Modestinus *libro VI. Regularum*): *Senatorem remotum Senatu capite non minui, sed Romae morari Divus Severus et Antoninus permiserunt* [36].

---

[34] Tácito, *Annales*, 12.23.1.

[35] Dión Casio, *Historiae Romanae*, 52.42.6-7. Según Chastagnol, "Le problème...", cit., pág. 46 n. 10, para los detalles así como para lo concerniente a Egipto, Tácito y Dión Casio se remontan a una fuente común posterior a Claudio, que pudo ser Plinio el Viejo. Sobre la prohibición de salir de Italia impuesta por Augusto a los senadores, Bonnefond-Coudry, *Le sénat...*, cit., pág. 412.

[36] Talbert, *Le senate...*, cit., pág. 56 y pág. 152.

No obstante, dicha vigencia debió chocar con la copiosa presencia en el Senado de numerosos provinciales, cada vez procedentes de provincias más alejadas de Roma, que deseaban retornar con asiduidad a sus ciudades de origen[37]. Esta creciente composición provincial del Senado, unida al cambio introducido en la valoración del censo senatorial, para cuyo cómputo también se tuvieron en cuenta los dominios fundiarios en tierras provinciales, propiciaron el debilitamiento de la obligación domiciliaria de los senadores que demandaban con abusiva frecuencia las autorizaciones de ausencia, con el fin de poder regresar a sus casas y administrar las propiedades de las que eran titulares en las provincias.

En reacción a las solicitudes masivas del *commeatus*, Plinio el Joven comunica en una carta a su amigo Mecilio Nepote que el emperador Trajano exigió a los senadores la inversión de un tercio de su fortuna en tierras italianas, considerando infamante que los candidatos a los honores habitaran la Villa e Italia como una posada y no como una patria:

> PLINIO EL JOVEN, *Epistulae*, 6.19.4.: "*Eosdem (candidatos) patrimonii tertiam partem coferre iussit in ea quae solo continerentur, deforme arbitratus –et erat– honorem petituros urbem Italiamque non pro patria, sed pro hospitio aut stabulo quasi peregrinantes habere*"[38].

---

[37] HAMMOND, "Composition of the Senate A.D. 68-235", cit., págs. 74-81; PETIT, *Histoire...*, cit., pág. 130, pág. 166 n. 32 y págs. 235-236; ALFÖLDY, *Konsulat...*, cit., págs. 61 ss.; idem, *Historia social de Roma*, (trad. esp. de Alonso Troncoso), Madrid, 1988, págs. 158 ss.; HALFMANN, *Die Senatoren...*, cit., págs. 71 ss.; RODA, "Il senato...", cit., págs. 172 ss. Vid. Tácito, *Annales*, 3.55. Esta situación se vio agravada en el siglo II, momento en el cual, según las estadísticas de LAMBRECHTS, P., *La composition du Sénat romain de l'accession au trône d'Hadrien à la mort de Commode (117-192)*, Anveres, 1936, págs. 183 ss., los provinciales llegaron a constituir hasta el 45% del efectivo senatorial siendo, en su mayor parte, nativos de las provincias más alejadas de Italia: anatolianos, primordialmente, y africanos.

[38] WILLEMS, *Le droit pulic romain*, cit., pág. 442; ALFÖLDY, *Konsulat...*, cit., pág. 75; LÖHKEN, *Ordines Dignitatum...*, cit., pág. 95 n. 146. MOMMSEN, *Le Droit public romain*, VII, cit., pág. 76 n. 1, opina que el *patrimonium* del cual habla aquí Plinio consiste solamente en el valor fundiario del censo se-

Esta medida, dictada con el fin de reforzar el domicilio romano de los senadores provinciales, tuvo el resultado esperado tal y como se deduce de la carta de Plinio en la que indica a su amigo que es un buen momento para vender los dominios en Italia y para adquirirlos en las provincias puesto que los candidatos se apresuraban a malvender sus propiedades fundiarias provinciales para comprar en Italia todo lo que estuviera a la venta sin importar el precio:

> "*Concursant ergo candidati; certatim quidquid venale audiunt emptitant quoque sint plura venalia efficiunt. Proinde si paenitet te Italicorum praediorum, hoc vendendi tempus tam hercule quam in provinciis comparandi, dum idem candidati illuc vendunt, ut hic emant*"[39].

Esta resolución fue mantenida por Marco Aurelio aunque reduciendo, según un pasaje de la *Historia Augusta*, de un tercio a un cuarto la proporción mínima del capital fundiario que los senadores debían invertir en tierras italianas:

---

natorial de un millón de sestercios. No creemos que esta opinión sea acertada puesto que en su carta 7.11.1, Plinio parece hacer alusión a un incremento del valor de uno de sus dominios, que pasó prácticamente de 700.000 a 900.000 sestercios. Más bien, como entiende FRIEDLÄENDER, *La sociedad romana*, cit., págs. 129-130, la cantidad de un millón de sestercios no era más que un límite mínimo, que bastaría tal vez para colocar al individuo al nivel de vida de su clase, pero no para sostener su tren de vida. En el mismo sentido se manifiesta CHASTAGNOL, "Le problème...", cit., pág. 47 n. 12, quien, tras negar la tesis de Mommsen, expone el caso de Septimio Severo, el cual, antes de su consulado de 190, no poseía en Italia, según su biografía (*Historia Augusta. Severus*, 4.5) más que una pequeña *domus* y un solo *fundus*, posiblemente porque su fortuna no era considerable y no excedía, hasta esta fecha, del mínimo requerido; precisamente, devino más rico durante su consulado, adquiriendo grandes jardines; en el momento en que recibió la laticlavia, su padre seguía vivo, muriendo cuando él era designado cuestor, siendo la herencia paternal lo que justifica su enriquecimiento ulterior. Cfr. SCARANO USSANI, V., *Le forme del privilegio. Beneficia e privilegia tra Cesare e gli Antonini*, Napoli, 1992, pág. 121 n. 30 y la bibliografía por él citada. Sobre la fecha de la epístla 6.19, vid. SHERWIN-WHITE, A.N., *The Letters of Pliny*, Oxford, 1966, pág. 36 y pág. 376.

39 PLINIO EL JOVEN, *Epistulae*, 6.19.5-6.

> "*legem etiam... ut senatores peregrini quartam partem in Italia possiderent*"[40].

Posiblemente la razón de esta reducción haya de buscarse en la progresiva y creciente provincialización del Senado que ya en tiempos de Adriano alcanzaba, como indica RUGGINI, el 43% del efectivo senatorial[41]. Pero la presión generada por el constante acceso al Senado de provinciales no sólo propició que Marco Aurelio suavizara la medida legislativa de Trajano sino que, se hizo de tal magnitud, que los emperadores se vieron ante la imposibilidad de obligar a los senadores a acatar sus disposiciones legales, habida cuenta de que, según nos informan las estadísticas de LAMBRECHTS y BARBIERI[42], a partir de Septimio Severo, los provinciales superaron incluso en número a los italianos en el Senado, siendo muchos de ellos orientales y africanos[43] que preferían seguir viviendo en sus ciudades de origen.

---

40 *Historia Augusta, vita Marci Antonini Philosophi*, 11.8. TALBERT, *The senate...*, cit., pág. 142; ALFÖLDY, *Konsulat...*, cit., pág. 75; RUGGINI, L.C., "Il Senato fra due crisi (III-VI secolo)", en AA.VV., *Il senato nella storia*, Roma, 1998, págs. 253-254. CHASTAGNOL, "Le problème...", cit. pág. 47 n. 13, pone el ejemplo del bitinio Dión Casio, hijo de un *homo novus* que, aunque poseía la mayor parte de sus bienes en Bitinia (*Historiae Romanae*, 30.5.2), adquirió un dominio en Capua en el cual vivió habitualmente durante su carrera italiana (*Historiae Romanae*, 76.2.1).

41 RUGGINI, "Il Senato...", cit., pág. 253 n. 66.

42 LAMBRECHTS, P., *La composition du Sénat romain de Septime-Sévère à Dioclétien*, Budapest, 1937, *passim*; BARBIERI, G., *L'albo senatorio da Settimio Severo a Carino*, Roma, 1952, *passim*; HAMMOND, "Composition of the Senate A.D. 68-235", cit., págs. 74-81; ALFÖLDY, *Konsulat...*, cit., págs. 61 ss.; DE MARTINO, "Il senato romano", cit., págs. 18-19; RODA, "Il senato...", cit., págs. 199 ss.; CHASTAGNOL, "Le problème...", cit. pág. 48; RUGGINI, "Il Senato...", cit., pág. 253; PETIT, *Histoire...*, cit., pág. 346 y pág. 499.

43 Como señala ALFÖLDY, *Konsulat...*, cit., págs. 61 ss., desde los Antoninos, se favoreció el ingreso en el Senado de personajes de origen oriental y cultura helenística. LAMBRECHTS, *La composition du Sénat romain de l'accession au trône d'Hadrien à la mort de Commode (117-192)*, cit., págs. 191 ss., entiende que fue a partir del reinado de Trajano cuando se comenzaron a introducir un gran número de orientales en la asamblea senatorial. En el mismo sentido, CIZEK, *Mentalités...*, cit., pág. 159. Cfr. DE MARTINO, "Il senato romano", cit.,

3. NACIMIENTO FÁCTICO DE LA REGLA DEL "DOBLE DOMICILIO" DURANTE EL SIGLO III. D.C.

La progresiva provincialización de la Asamblea senatorial comportó que las ancianas leyes que obligaban a los senadores a vivir en Roma, si bien todavía vigentes, cayeran en desuso ante su sistemático incumplimiento. Prueba de ello es, como indica MEYNIAL, el aumento del absentismo senatorial hasta casi rozar el 50%[44] provocado porque la mayor parte de los senadores provinciales tendían a ejercer la propia función en su región de origen, viniendo a Roma en muy contadas ocasiones o renunciaban a la carrera senatorial[45], contentándose con el rango de *clarissimus*[46] obtenido que les permitía

pág. 17; RODA, "Il senato...", cit. págs. 191 ss., quien considera que ya desde Vespasiano se promovió la apertura del Senado a los orientales. Vid. asimismo, HALFMANN, *Die Senatoren...*, cit., págs. 71 ss.

44 MEYNIAL, "Quelques réflections...", cit., pág. 144. En el mismo sentido, LÉCRIVAIN, *Le sénat...*, cit., pág. 63; RUGGINI, "Il Senato...", cit., pág. 253. Ya Dión Casio, *Historiae Romanae*, 62.16, distinguía los senadores que ocupaban un escaño en el Senado, de los senadores provinciales que permanecían en sus villas.

45 ALBERTINI, *L'Empire romain*, cit., pág. 264, considera que en el siglo III, el senador o era un hombre rico que vivía en sus dominios hereditarios, en su patria, sin aparecer por Roma, o era un hombre sin ancestros, de la pequeña burguesía o del populacho, que el favor imperial había convertido en *clarissimus*. En el mismo sentido se manifiestan, LÉCRIVAIN, *Le sénat...*, cit., págs. 63-64; CHASTAGNOL, "Le problème...", cit., pág. 48; LÖHKEN, *Ordines Dignitatum*, cit., págs. 26 ss. y págs. 95 ss.; RUGGINI, "Il senato...", cit., pág. 254.

46 Con este superlativo se designaba al conjunto de los miembros del orden senatorial y a sus familias. Al respecto, WILLEMS, *Le droit public romain*, cit., págs. 390 ss.; MEYNIAL, "Quelques réflections...", cit. págs. 139 ss.; HOMO, *Les institutions...*, cit., págs. 435-437; ARNHEIM, M.T.W., *The senatorial aristocracy in the later roman empire*, Oxford, 1972, págs. 8 ss.; CHASTAGNOL, A., "«Latus clavus» et «adlectio». L'accès des hommes nouveaux au Sénat romain sous le Haut-Empire", en *R.H.D.*, 63, 1985, págs. 375 ss.; idem, "Le laticlave de Vespasien ", en *Historia*, 25, 1976, págs. 235-242; idem, "La naissance de l'*ordo senatorius*", cit. págs. 585 ss.; HOWE, L.L., *The pretorian prefect from Commodus to Diocletian*, Chicago, 1942, *passim*; CIZEK, *Mentalités...*, cit., págs. 151 ss. y págs. 160 ss.; LANÇON, B., *Rome dans l'Antiquité tardive, 312-604 après J.-C.*, Florencia, 1995, pág. 84; DE MARTINO, "Il senato romano", cit., págs. 24-25; RUGGINI, "Il Senato...", cit., págs. 224-375; RODA, "Il senato...", cit., pág. 153.

disfrutar en sus ciudades de origen de una amplia influencia sociopolítica y de los privilegios garantizados por su condición[47].

Ante estas circunstancias la necesidad de un cambio en el régimen domiciliario senatorial devino imperante[48]. Y es el jurisconsulto

---

[47] Para CHASTAGNOL, "Le problème...", cit., pág. 48, en las provincias se produjo un incremento de los *clarissimi* no senadores que, no habiendo ejercido la cuestura, no formaban parte de la asamblea romana pero que, sin embargo, eran beneficiarios de los privilegios garantizados por su condición. Entre estos privilegios, como posteriormente veremos, cabe citar la dispensa de los *munera* municipales que el autor –al igual que MOMMSEN, T., *Le Droit public romain,* VI.2, traducción francesa de P.F. Girard, Paris, 1889 (reimpresión Paris, 1985), pág. 65, hace remontar a Augusto, como una consecuencia del domicilio senatorial romano, enunciado desde comienzos del Imperio, a pesar de que la coexistencia de la dispensa de los *munera* y del ejercicio de los *honore*s solamente está atestiguada desde el siglo IV (Hermogenianus, D. 50.1.23). En nuestra opinión, tal vez sea posible remontar la obligación domiciliaria y, por ende, sus privilegios, al siglo II a. C. El carácter bastante remoto de esta esención de los *munera municipalia* como consecuencia de la residencia en la *urbs*, ha sido asimismo señalado por GERA-GIGLIO, *La tassazione...*, cit., pág. 48 n. 37, págs. 71 ss., pág. 104 y págs. 131-134, que le atribuye una naturaleza consuetudinaria. Sobre el *status* privilegiado de los senadores desde finales de la República hasta el siglo III d. C., vid. GARNSEY, P., *Social status and legal privilege in the roman Empire*, Oxford, 1970, *passim*. Algunas observaciones sobre los *clarissimi* no senadores se pueden consultar en, LAMBRECHTS, *La composition du Sénat romain de Septime-Sévère à Dioclétien*, cit., págs. 94-95, para quien las leyes de Trajano y Marco Aurelio sobre el tercio y la cuarta parte de los bienes en Italia no les aludían, al concernir las mismas únicamente a los que eran candidatos a las magistraturas y que, una vez elegidos, devenían senadores efectivos; RUGGINI, "Il Senato...", cit., pág. 244, considera que sólo en algunos casos el apelativo *clarissimus* será utilzados impropiamente para honrar a algún personaje no senador al cual le hubieran sido conferidos los «hornamentos consulares» pero que, en todo caso, tales hornamentos laticlavios no son más atestiguados desde Severo Alejandro, habiendo sido suprimidos cuando sujetos ecuestres de prestigio comenzaron a entrar en el Senado por *adlectio*, revistiendo el consulado sustitutivo u ordinario; KUHOFF, W., *Studien zur zivilen senatorischen Laufbahn im 4. Jahrhundert n. Chr. Ämter und Amtsinhaber in Clarissimat und Spektabilität*, Frankfurt am Mein-Bern, 1983, págs. 20 ss., con un interesante estudio sobre la carrera senatorial civil.

[48] Según Dión Casio, *Historiae Romanae*, 52.42.6-7, la obligación senatorial de tener el domicilio en Roma y la libertad de desplazamiento, exclusivamen-

Paulo quien, en su comentario al edicto del pretor, nos informa de esa modificación al enunciar *primum* la regla del "doble domicilio", en virtud de la cual los senadores, pese a estar obligados a tener su domicilio en Roma, podían conservar también su domicilio en la patria de origen:

> D. 1.9.11 (Paulus *libro XLI. ad Edictum*): *Senatores, licet in urbe domicilium habere videantur, tamen et ibi, unde oriundi sunt, habere domicilium intelliguntur, quia dignitas domicilii adietionem potius dedisse, quam permutasse videtur*[49].

De facto, conforme al texto de Paulo y como opina un importante sector doctrinal, el domicilio romano pasó de ser un establecimiento obligatorio, efectivo y único de los senadores en Roma a un domicilio ficticio, inherente a la dignidad senatorial, en la medida en que el mismo no les impidió mantener el domicilio que tenían antes de su nombramiento[50].

---

te, en el marco de Italia, Sicilia y Narbona, seguía siendo aplicable en tiempos de Caracalla por lo cual esta modificación legislativa debió producirse en la última fase del reinado de dicho emperador o en el periodo inmediatamente posterior. LÖHKEN, *Ordines Dignitatum*, cit., pág. 64 n. 80, afirma que en la época de Septimio Severo, los senadores continuaban siendo llamados a Roma.

[49] Cfr. LEVY, E.-RABEL, E., *Index Interpolationum*, I, Weimar, 1929, col. 11, quienes no señalan ninguna alteración en el texto.

[50] En este sentido se manifiestan WILLEMS, *Le droit public romain*, cit., pág. 442, para quien el doble domicilio se aplicaba a los senadores provinciales; MEYNIAL, "Quelques reflections...", cit., pág. 144, afirma que gracias a la extensión del orden senatorial, en las diversas provincias del Imperio, se forma una alta nobleza, romana de título, provincial de origen, fortuna y residencia; TEDESCHI, "Contributo...", cit., pág. 232; idem, *Del Domicilio*, Padua, 1936, pág. 8, quien, dudando de la genuinidad de "*quia... videtur*", considera que el "*domicilium in urbe*" no responde a los principios normales en materia de domicilio, siendo un domicilio que tiende a devenir ficticio porque, aunque ese domicilio *in urbe* se correspondía originariamente con un establecimiento efectivo de los senadores en Roma, con la obligación de tener una casa allí y de no alejarse, el mismo se fue separando progresivamente de tal obligación deviniendo un domicilio inherente a la dignidad senatorial

que no excluía la conservación del domicilio que el senador tuviera antes de su promoción; VISCONTI, A., "Note preliminari sul *«domicilium»* nelle fonti romane", en *Scritti Ferrini*, 1947, págs. 438-439, para quien el *domicilium dignitatis* es un domicilio inherente a la dignidad, de ahí que, en ciertos casos, tuviera un valor puramente simbólico como en el caso de los senadores que no iban al Senado en Roma pero que continuaban manteniendo los privilegios del orden senatorial y el derecho de asistir a las sesiones de Senado, formando una alta nobleza senatorial; LÖHKEN, *Ordines Dignitatum...*, cit., pág. 60 y pág. 95 n. 150; SIRKS, A.J.B., "Munera publica and exemptions (vacatio, excusatio and immunitas)", en *Studies in Roman Law and Legal History in Honour of Ramon D'Abadal*, Barcelona, 1989, pág. 87 y pág. 94; BACCARI, *Cittadini...*, cit., págs. 100-101; SCHILINKERT, *Ordo senatorius und nobilitas*, cit., pág. 72 n. 47; RUGGINI, "Il senato...", cit., pág. 254, indica que, como consecuencia de la provincialización del Senado, ya en tiempo de los Severos, los juriexpertos –asegurando un proceso evolutivo inmodificable– elaboraron la regla del doble domicilio, que en buena substancia autorizaba a los senadores a residir en la respectiva patria y a desplazarse líbremente por todo el Imperio, según placer o necesidad conservando, no obstante, un domicilio también en Roma; GAGLIARDI, L., *Mobilità e integrazione delle persone nei centri cittadini romani. Aspetti giuridici. I. La classificazione degli incolae*, Milano, 2006, págs. 495 ss. En este momento debe ubicarse la afirmación de THOMAS, *«Origo» et «Commune Patrie»...*, cit. pág. 51, de que el *domicilium in urbe* respondía a una exigencia política, abstracta y fictica de la domiciliación del oficio de senador en Roma que se duplica con otro, mantenido no menos ficticiamente, en la ciudad de origen. No creemos, en cambio, que el domicilio en la ciudad de origen sea un domicilio ficticio. Más bien, con esta expresión, el jurisconsulto hace alusión al domicilio que los senadores tenían con anterioridad a su acceso al Senado presuponiendo que, con carácter general, el mismo se encontraba en las ciudades de las cuales procedían, pero sin excluir la posibilidad de que dicho domicilio estuviera situado en otro lugar. Por su parte, DE RUGGIERO, *La patria...*, cit., pág. 165 n. 1, acepta la regla del doble domicilio pero parece indicar que el domicilio efectivo sería el romano y el domicilio dignatario el provincial al afirmar que el pasaje de Paulo "fa questione di dignità, anzichè di fatto, e il fatto è appunto il domicilio in Roma". Y LICANDRO, *Domicilium habere...*, cit., págs. 360 ss., prefiere no distinguir entre domicilio ficticio y domicilio real, considerando que Paulo en vía interpretativa admite, desde el punto de vista normativo, la dualidad de domicilios: aquél en el que efectivamente vivía y aquél en el que permanece de todos modos obligado por antiguas disposiciones legislativas por razón de su cargo. A este último alude BRUGI, *Istituzioni...*, cit., pág. 71 n. 4, sobre la base del pasaje analizado.

Podemos hablar, por todo ello, de una dualidad de domicilios: un domicilio voluntario atribuido a la propia persona del senador en el lugar donde vive y un domicilio obligatorio en Roma al que sigue sujeto legalmente por razón de su cargo y que no se corresponde necesariamente con un establecimiento efectivo y permanente en la Villa[51].

---

[51] Cfr. GIGLIO, S., *Il tardo impero d'occidente e il suo Senato: Privilegi fiscali, patrocinio, giurisdizione penale*, Napoli, 1990, págs. 249 ss., para quien este texto está interpolado por una mano postclásica. El autor apoya su afirmación en un fragmento de las *Pauli Sententiae* (1.1a.6) que, en su opinión, establece un régimen jurídico del domicilio senatorial cronológicamente anterior a D. 1.9.11, en virtud del cual los senadores estaban legalmente domiciliados sólo en Roma porque ellos perdían el vínculo con su ciudad de origen. A nuestro juicio, la interpretación del autor es incorrecta, porque el fragmento de las *Pauli Sentantiae* establece un régimen domiciliario senatorial perfectamente compatible con la regla del doble domicilio ya que en el mismo se afirma que un senador removido de la asamblea puede obtener la restitución en su ciudad de origen a través de una especial petición, por lo que cabe deducir que con carácter general mantendría dicho vínculo con su ciudad, salvo que fuese expulsado de su asamblea, lo cual podía solucionarse a través de un procedimento imperial especial. El pasaje, no obstante, ha sido objeto de diversas interpretaciones por la doctrina. En opinión de DE RUGGIERO, *La patria...*, cit., pág. 13 y pág. 166, el senador no perdía la ciudadanía local salvo que fuese expulsado del senado o del orden senatorial; SIRKS, "Munera publica...", cit., pág. 87, entiende que el senador removido no quedaba sometido a los *munera* de su ciudad de origen sin tal requerimiento; CHASTAGNOL, "Le problème...", cit., pág. 50, para quien el pasaje se refiere a los senadores provinciales que se instalaban permanentemente en Italia los cuales, al igual que en el periodo precedente, estaban totalmente desvinculados de su *origo* y, en consecuencia, a pesar de ser removidos de su orden, no podían ser llamados nuevamente por su consejo municipal; LEVY, E., *Pauli Sententiae. A palingenesia of the opening titles as a specimen of research in west roman vulgar law*, New York, 1945 (reimpresión de 1969), pág. 10 y pág. 12 n. 54, para quien D. 1.9.11 sufre una alteración postclásica tendente a dotar de permanencia al *domicilium* y, respecto al fragmento de las *Pauli Sententiae* (1.1a.6), afirma que como el senador removido de su rango no era reinstalado como ciudadano en su lugar de origen salvo por concesión del emperador, pierde las dignidades municipales que previamente había disfrutado "although he had given up residence"; THOMAS, *«Origine» et «Commune Patrie»...*, cit., págs. 51-52, estima que esta pérdida del *origo* respecto a las cargas locales, puede ser interpretada como la contrapartida de una especie de integración ficticia en el *origo* propiamente romano, es decir, en la *communis patria*. De ahí que los senadores tachados del Senado no recuperaran automáticamente su anciano origen, sin una orden imperial de

Esta regla del doble domicilio viene confirmada por en un fragmento de las *Pauli Sententiae*, inspirado en un pasaje del jurisconsulto, en el que se precisa que los senadores que han obtenido el derecho a desplazarse libremente por todo el Imperio y, por ende, la libertad de residir donde deseen, conservan, no obstante, su domicilio en la Villa:

> D. 50.1.22§6 (Paulus *libro I. Sententiarum*)=*Pauli Sententiae* 1.1a.8: *Senatores, qui liberum commeatum, id est ubi velint morandi arbitrium impetraverunt, domicilium in urbe retinent*[52].

Este pasaje, tal y como ha sido entendido por la doctrina, confirma el devenir del domicilio senatorial en Roma en una domiciliación ficticia, política y abstracta de la función senatorial que, si bien no altera la situación formal que continúa vinculando funcional y territorialmente el cargo de senador con la capital, sí otorga, en cierto modo, valor legal a la situación de hecho en la que se encontraban los senadores, sobre todo, de origen provincial[53].

---

reintegración. Por tanto, en opinión del autor, "a sa personne propre et à sa *dignitas* étaient attribués des domiciles distincts, sinon des patries successives"; Licandro, *Domicilium habere...*, cit., pág. 361 n. 159, considera que si el pasaje se interpreta como relativo a los decuriones, resulta difícil comprender por qué a los senadores se les aplicaba una norma todavía más restrictiva.

[52] Cfr. Levy, *Pauli Sententiae...*, cit., págs. 11-12; Elia, F., *Valentiniano III*, Catania, 2000, pág. 29, dudan de la autenticidad del texto considerando su contenido tardío. A nuestro juicio, si bien no se puede afirmar con certeza su carácter clásico, si que podemos entender con Chastagnol, "Le problème...", cit., pág. 49, que su contenido está inspirado en una pasaje auténtico del jurisconsulto. Vid., asimismo, Baccari, *Cittadini...*, cit., págs. 100-101; Gagliardi, *Mobilità...*, cit., págs. 495 ss. y la bibliografía por ellos citada.

[53] Al respecto, Tedeschi, "Contributo...", cit., pág. 232, ve en este pasaje una muestra más de la evolución del domicilio real de los senadores en Roma hacia un domicilio ficticio, legal allí; Visconti, "Note preliminari sul *«domicilium»*...", cit. pág. 439, para quien el *domicilium in urbe* es un domicilio simbólico; Chastagnol, "Le problème...", cit., pág. 49, que entiende que en lo sucesivo les era permitido a los senadores –al menos si se les habían concedido la solicitud de libre desplazamiento– residir, de hecho y de derecho, en su patria

La nueva regulación del domicilio de los senadores, sintetizada en la regla del doble domicilio y en una mayor libertad en los desplazamientos, debió mantener su vigencia en el periodo posterior a la dinastía de los Severos hasta Constantino, tal y como se deduce, a pesar de no disponer de testimonios documentales directos, del *status iuris* de los senadores a lo largo de la segunda mitad del siglo III, el cual no sería comprensible sin la vigencia y aplicación de la legislación descrita en la medida en que, a partir de Diocleciano, cada vez fueron más numerosos los senadores que habitaban en las provincias, donde explotaban ellos mismos sus bienes[54]. En efecto,

provincial y, en corolario, desplazarse a su voluntad por todo el Imperio, Egipto (salvo Alejandría) excluido, conservando los privilegios inherentes al domicilio romano. En cuanto a la situación egipcia, indica el autor, que desde el reino de Caracalla, Egipto suministró senadores residiendo los unos en Alejandría, los otros en Roma (Dión Casio, *Historiae Romanae*, 51.17.3); el primero fue *P. Aelius Coeranus*, que debía haber tenido con anterioridad el derecho de ciudadano alejandrino (Dión Casio, *Historiae Romanae*, 76.5.5); parece que, incluso entonces, los alejandrinos sólo disponían del *ius honorum*, una vez devenidos ciudadanos romanos; LÖHKEN, *Ordines Dignitatum*, cit., pág. 64 n. 80 y pág. 105 n. 193, para quien desde la época de los Severos los senadores que contasen con el "*liber commeatus*" podían establecerse por todo el Imperio; SALGADO, J., "Contribución al estudio del «domicilium» en el Derecho romano", en *R.D.P.*, LXIV (Enero-Diciembre), Madrid, 1980, pág. 503, para quien el domicilio en la capital devino en *domicilium dignitatis* pudiendo los senadores conservar el anterior a su designación o adquirir otro domicilio efectivo; THOMAS, *«Origo» et «Commune Patrie»...*, cit., pág. 51, que considera que este domicilio de la dignidad es ficticio en la medida en que, el mismo, es mantenido y conservado a pesar de que los senadores posean, efectivamente, una residencia permanente fuera de Roma; LICANDRO, *Domicilium habere...*, cit., págs. 362 ss., considera que no se puede afirmar con certeza que el *commeatus* concedido al senador contuviese también el reconocimiento del derecho de este último de añadir al domicilio en la capital un nuevo domicilio. Sin embargo, reconoce que no puede excluirse que la extensión de la admisibilidad del doble domicilio también a casos de tal índole en vía interpretativa y ya también en vía de derogación sea atribuible al jurista severiano. En todo caso, afirma el autor, Paulo aclara que la situación substancial no comportaba efectos sobre la formal del vínculo funciones-territorio de los senadores, los cuales mantenían el domicilio en la Urbe.

54 Afirma CHASTAGNOL, "Le problème...", cit., pág. 49, que a pesar de que la situación jurídica de los senadores en la segunda mitad del siglo III adolece de

de acuerdo con Paulo, los senadores y sus descendientes perdían el *origo* conservando, no obstante, la *dignitas municipalis*:

> D. 50.1.22§5 (Paulus *libro I. Sententiarum*)=*Sententiae Pauli*, 1.1a.7: *Senatores et eorum filii filiaeque quoquo tempore nati nataeve, itemque nepotes, pronepotes et proneptes ex filio origini eximuntur, licet municipalem retineant dignitatem*[55].

En época de este jurisconsulto, conforme a la interpretación de LICANDRO, la pérdida de la ciudadanía de origen y el mantenimiento de la dignidad municipal no tenían reflejo sobre el perfil del domicilio: al domicilio originario se añadía el *domicilium in urbe*[56]. Y la situación jurídica derivada del mismo, afirma CHASTAGNOL, era extensible a los descendientes senatoriales hasta la tercera generación en la línea agnaticia, incluidos los que, habiendo nacido antes de la promoción del progenitor en el orden senatorial, conservan la dignidad municipal, esto es, el rango de decuriones[57].

---

pruebas documentales directas, en la medida en que las fuentes de las que disponemos a partir de este momento datan del siglo IV, periodo en el cual las reformas acometidas por Constantino habían modificado sensiblemente las concesiones, la evolución propia del siglo III anunciaba ya, en una cierta medida, la del siglo subsiguiente. Por tanto, el autor defiende la existencia de una continuidad legislativa a lo largo de todo el siglo III, considerando que la situación generada por la aplicación de tal legislación apunta, en un cierto sentido, la evolución legislativa que se producirá en el siglo siguiente. Sobre el incremento de los senadores que habitaban en las provincias, vid. LÉCRIVAIN, *Le sénat...*, cit., pág. 63; LOT, F., *La fin du monde antique et le début du moyen âge*, Paris, 1968, págs. 134-135; MALCUS, B., *Le Sénat et l'ordre sénatorial au Bas-Empire. Études I*, Lund, 1970, pág. 27; SCHLINKERT, *Ordo senatorius und nobilitas*, cit., págs. 132 ss. y págs. 227-229, afirma que el domicilio en el lugar de procedencia constituía el núcleo central de las actividades personales, familiares y económicas de los senadores provinciales.

55 Cfr. LEVY, E.–RABEL, E., *Index Interpolationum*, III, Weimar, 1935, col. 571.

56 LICANDRO, *Domicilium habere...*, cit., págs. 363-364.

57 CHASTAGNOL, "Le problème...", cit., pág. 51; DE RUGGIERO, *La patria...*, cit., pág. 64 y pág. 165; RUGGINI, "Il Senato...", cit., págs. 259-260; CUENA BOY, F., "Nuevos significados de *origo* en las fuentes legislativas postclásicas", en *R.G.D.R.* (*www.iustel.com*), nº 10, 2008, págs. 3-4. Por su parte, BACCARI, *Cittadini...*, cit.,

Más concretamente, Hermogeniano, centrando la atención en la vinculación jurídica del senador con su ciudad de origen nos precisa en qué consistía esta situación jurídica senatorial:

> D. 50.1.23 (Hermogenianus *libro I. Iuris epitomarum*): *Municeps esse desinit senatoriam adeptus dignitatem, quantum ad munera; quantum vero ad honorem, retinere creditur originem*[58].

Según este pasaje, el que alcanza la dignidad senatorial conservaban su *origo* en materia de honores. Ello le permitía, a juicio de CHASTAGNOL, acceder al ejercicio de las magistraturas locales o ser nombrado patrón de su ciudad y determinaba que sus hijos permanecieran decuriones o prometidos a la curia, si habían nacido con anterioridad a su promoción como *clarissimi* o que fueran *clarissimi* por derecho de nacimiento, si habían nacido con posterioridad a la misma. Además sus manumitidos eran inscritos como ciudadanos de la ciudad, es decir, adquirían el *origo* del senador[59]. Pero aunque el senador conservaba su *origo* en materia de honores, perdía su *status* de *municeps* respecto a las cargas porque, como indica el autor, en virtud del *domicilium dignitatis*, los senadores seguían siendo consi-

pág. 91 n. 29, si bien admite la pérdida del *origo* familiar de los senadores y sus descendientes, considera más forzoso interpretar el texto en el sentido de que aquéllos adquirían automáticamente el *origo* de Roma.

[58] Por todos BIRKS, "Munera publica…", cit., pág. 94; SCHLINKERT, *Ordo senatorius und nobilitas*, cit., págs. 72-73; LICANDRO, *Domicilium habere…*, pág. 364; GAGLIARDI, *Mobilità…*, cit., págs. 495 ss.; CUENA BOY, "Nuevos…", cit., págs. 3-4.

[59] D. 50.1.23 (Hermogenianus. *libro I. Iuris epitomarum*). CHASTAGNOL, *Le sénat…*, cit., págs. 195 ss. y pág. 420 n. 120. Sobre esta conservación del *origo* y sus consecuencias vid. MOMMSEN, *Le Droit public romain*, VII, cit., págs. 75 ss.; DE RUGGIERO, *La patria…*, cit., pág. 13, pág. 64 y págs. 165 ss.; LEVY, *Pauli Sententiae…*, cit., págs. 10-12; LANGHAMMER, *Die rechtliche…*, cit., pág. 28 n. 13 y pág. 32 n. 33; BRUNT, P.A., "The Revenues of Rome", en *J.R.S.*, 71, 1981, págs. 161-172; MILLAR, F., "Empire and city, Augustus to Julian: obligations, excuses and status", en *J.R.S.*, 73, 1983, págs. 88 ss.; RUGGINI, "Il Senato…", cit., págs. 252 ss.; LICANDRO, *Domicilium habere…*, cit., pág. 364; GAGLIARDI, *Mobilità…*, cit., págs. 495 ss.; CUENA BOY, "Nuevos…", cit., págs. 3-4.

derados, políticamente, habitantes de Roma, al estar vinculados real o teóricamente a la asamblea senatorial: realmente, si habían revestido, al menos, la cuestura y ello, tanto si después de la magistratura hubieran visitado de vez en cuando Roma, como si no hubieran vuelto jamás a la Villa; y teóricamente, si no habían accedido efectivamente al Senado pero habían obtenido la laticlavia y el título de *clarissimus vir* al que la misma daba derecho[60].

Los senadores quedaban, por tanto, dispensados de los *munera civilia*, es decir, de las obligaciones municipales que todos los habitantes de posición elevada debían sostener en la propia ciudad, privilegio de naturaleza consuetudinaria cuya sanción expresa, a juicio de MOMMSEN, es posible remontar a Octavo Augusto[61]. Y esta dispensa, consecuencia obvia de la obligación de los senadores de residir en Roma abandonando su ciudad de origen, fue mantenida, en opinión de RUGGINI, como un privilegio social gracias al *domicilium dignitatis*, cuando los senadores fueron autorizados a permanecer en su tierra natal[62].

Además, como afirma CHASTAGNOL, si contra un senador residente en provincias era interpuesto un pleito civil, el *domicilium dig-*

[60] CHASTAGNOL, "Le problème...", cit., pág. 50; idem, *Le sénat...*, cit., pág. 195. Sobre la asunción del *origo* de los senadores por parte de los esclavos que emancipen, por todos, NÖRR, D., "Origo. Studien zur Orts-, Stadt- und Reichszugehörigkeit in der Antike", en *R.D.H.*, 31, 1963, págs. 528 ss.; idem, s.v. «origo», en *P.W.R.E.*, Suppl. Bnd., 10, Stuttgart, 1965, col. 433-473, quien precisa que, obviamente, han tenido que ser emancipados de modo solemne.

[61] D. 50.1.23 (Hermogenianus *libro I. Iuris epitomarum*). MOMMSEN, *Le Droit public romain*, VI.2, cit., pág. 65. Esta opinión parece ser acogida por CHASTAGNOL, "Le problème...", cit., pág. 48. Vid. asimismo, WILLEMS, *Le droit public romain*, cit., pág. 392 n. 3; CUENA BOY, "Nuevos...", cit., págs. 3-4. Por su parte Giglio, (vid. GERA-GIGLIO, *La tassazione...*, cit., pág. 48 n. 37, págs. 71 ss. pág. 104 y págs. 131-134), insiste en el origen remoto y la naturaleza consuetudinaria de tal privilegio derivada de la obligación que tenían los senadores de residir en la capital ya en época republicana.

[62] RUGGINI, "Il senato...", cit., pág. 259. En el mismo sentido, LÉCRIVAIN, *Le sénat...*, cit., pág. 38, indica cómo en el siglo III los curiales adquirían la dignidad senatorial para obtener la inmunidad municipal y escapar de la gravosa curia; THOMAS, *«Origine» et «Commune Patrie»...*, cit., pág. 51, afirma con referencia al pasaje de Hermogeniano que los senadores no estuvieron más obligados a soportar las cargas fiscales en su ciudad.

nitatis le permitía ser juzgado ante el tribunal del prefecto urbano de Roma y no ante el gobernador de la provincia dado que continuaba siendo censado como un habitante de Roma tal y como se desprende de un rescripto de Diocleciano en el que se indica que la cuestión sobre la libertad debe ventilarse allí donde reside la que es llamada esclava, aún cuando el actor esté revestido de la dignidad senatorial:

> C. I. 3.22.3 (*Impp. Diocletianus et Maximianus AA. et CC. Zenoniae*): ... *ibi causam liberalem agi oportet, ubi consistit, quae ancilla dicitur, licet senatoria dignitate actor decoretur*[63].

Conforme a esta regulación, se observa claramente la aplicación práctica del desdoblamiento domiciliario entre la persona del senador (*domicilium ibi unde oriundi sunt*) y su cargo (*domicilium dignitatis in urbe*), en virtud del cual, aunque estuviera establecido en provincias y conservara un cierto vínculo con su ciudad de origen *quantum ad honorem*, continuaba funcional y territorialmente vinculado al Senado romano, lo que le permitía seguir disfrutando de los privilegios de su *ordo* como si viviese en la capital[64].

---

[63] CHASTAGNOL, *Le sénat...*, cit., págs. 198-199, pág. 313 y pág. 323; BRUGI, *Istituzioni...*, cit., pág. 65; DE RUGGIERO, *La patria...*, cit., pág. 165 n. 1, señala también Dión Casio, *Historiae Romanae*, 60.29. Sobre la evolución de estos privilegios, LÉCRIVAIN, *Le sénat...*, cit., págs. 91 ss.; RUGGINI, "Il Senato...", cit., págs. 260; GIGLIO, *Il tardo impero...*, cit., págs. 117 ss. y págs. 191 ss.; JONES, A.H.M., *The Later Roman Empire 284-602: a social, economic, and administrative survey*, I, Oxford, 1990, pág. 536, quienes afirman, como veremos *supra*, que estos privilegios se mantuvieron en el siglo V, exclusivamente, para los *illustres*.

[64] Junto a la dispensa de los *munera* municipales y al privilegio del foro jurisdiccional, podemos también citar la reserva de asiento para asistir a los espectáculos públicos en Roma o fuera de ella, la exención de la obligación de acoger en la propia ciudad a huéspedes públicos en viaje y, sobre todo, a soldados o la autorización para intervenir, por medio de un hombre de confianza, en la acción de tutela en favor de huérfanos senadores residentes a más de 200 millas de Roma. Sobre estos privilegios y su evolución, vid. GASPARD, *Recherches sur l'incolat...*, cit., pág. 18; BRUGI, *Istituzioni...*, cit.,

4. CONFIGURACIÓN LEGAL DE LA REGLA DEL "DOBLE DOMICILIO" Y EXTENSIÓN DE LA MISMA AL SENADO DE CONSTANTINOPLA EN EL SIGLO IV D.C.

Las transformaciones que Constantino y sus sucesores realizaron durante el siglo IV, no sólo reforzaron la tendencia del domicilio provincial de los senadores, sino que dieron a la misma un acentuado carácter legal. Entre las reformas acometidas en este periodo cabe destacar, al objeto de nuestro estudio, el incremento del efectivo senatorial en el Senado de Roma y la creación del Senado de Constantinopla.

En concreto, como indica EVANS-GRUBBS, Constantino decidió aumentar el Senado de Roma al efectivo de dos mil hombres, cantidad que se estableció progresivamente, entre los años 312 y 326, por la promoción de jefes de familia de rango ecuestre nacidos en Roma y en las provincias occidentales, así como por el reclutamiento de los más ricos notables municipales[65].

El emperador no exigió la presencia de los *novi clarissimi* en Roma, empero permanecía la ficción de ubicar en la villa el domicilio de su dignidad política, su *domicilium* o *sedes dignitatis* conser-

pág. 65; LÉCRIVAIN, *Le sénat...*, cit., págs. 81-94; BRUNT, "The Revenues of Rome", cit., págs. 161 ss.; MILLAR, "Empire and city...", cit., págs. 85 ss.; MOMMSEN, *Le Droit public romain*, VII, cit., págs. 75 ss.; CHASTAGNOL, *Le sénat...*, cit., pág. 195; RUGGINI, "Il Senato...", cit., págs. 259 ss.; GIGLIO, *Il tardo impero...*, cit., págs. 47 ss.

[65] EVANS-GRUBBS, J., *"Munita coniugia": The Emperor Constantine's legislation on marriage and the family*, University of Stanford, 1987, pág. 13; LANÇON, *Rome...*, cit., pág. 70, indica que los originarios de Roma formaban la mayoría de los doscientos senadores cristianos recensados por Diehl en las I.L.C.V.; DE FRANCISCI, P., "Per la storia del senato romano e delle curie nei secoli V e VI", en *Rendiconti Pontificia Accademia Romana*, 1946-7, pág. 277, indica que en el 259 el número de los miembros del Senado de Constantinopla fue incrementado a 2000 por voluntad de Constancio, emperador que había encomendado a Temistio elevar el Senado de Constantinopla a la misma dignidad que el Senado de Roma; NICOLETTI, s.v. «senato (Diritto romano)», cit., pág. 1016; RUGGINI, "Il Senato...", cit., pág. 268.

vando con ello la excepción del foro[66] y la dispensa de los *munera* municipales[67].

La mayor parte de estos nuevos senadores permanecían en sus propias ciudades, sin aspirar al ejercicio de una función senatorial[68]:

---

[66] Constantino estableció la responsabilidad por calumnia del acusador cuando el acusado fuera absuelto (C. Theod., 9.10.3). En materia penal, aunque en un principio prohibió a los *clarissimi* oponer la *praescriptio fori* que resultaba de su *domicilium dignitatis* (C. Theod. 9.1.1), pocos años después juzgó oportuno rectificar su postura, reservando para sí o para el prefecto del pretor los casos más graves cuya instrucción competía a los gobernadores provinciales, en los límites de cuanto fuese materialmente posible contra personajes particularmente potentes (C. Theod. 1.16.4). Sobre la *praescriptio fori* en el siglo IV, GIGLIO, *Il tardo impero...*, cit., págs. 197 ss. y págs. 250 ss.

[67] Con Constantino los senadores romanos mantuvieron, en virtud del *mos* y la *iustitia*, la exención de los *munera curialia*, a pesar de no estar obligados a residir en la capital. Cuando al inicio del siglo IV, tal vez en los años del reino de Constantino, se determinó la reforma fiscal, los senadores gozaron de la exención de los *munera sordida* y *extraordinaria* en cuanto éstos eran a cargo de las curias municipales de las cuales ellos no formaban parte. Sobre la situación fiscal de los senadores con Constantino y su evolución hasta la abolición de sus privilegios fiscales, vid. RUGGINI, "Il Senato...", cit., págs. 265 ss.; BURGARELLA, F., "Il Senato di Costantinopoli", en AA.VV., *Il senato nella storia*, Roma, 1998, págs. 399 ss. Sobre su evolución a partir del siglo IV, LÉCRIVAIN, *Le sénat...*, cit., págs. 81 ss.; PIGANIOL, A., "L'impôt foncier des clarissimes et des curiales au Bas-Empire romain", en *M.E.F.R.A.*, XXVII, 1907, págs. 125-137; ARNHEIM, *The senatorial aristocracy...*, cit., págs. 143 ss. y págs. 155 ss.; GERA-GIGLIO, *La tassazione...*, cit., *passim*, especialmente, págs. 27-137; GIGLIO, *Il tardo impero...*, cit., págs. 47 ss., págs. 65 ss., págs. 105 ss. y págs. 117 ss.; DELMAIRE, R., *Les institutions du Bas-Empire romain de Constantin à Justinien*, Paris, 1995, págs. 14 ss.; SCHLINKERT, *Ordo senatorius und nobilitas*, cit., págs. 94 ss. y págs. 125 ss.

[68] CHASTAGNOL, "Le problème...", cit., pág. 51, afirma que todo hombre nuevo era cooptado por la asamblea antes de ser confirmado como *clarissimus adlectus* por el Príncipe, acentuándose su vínculo con el Senado aunque no viniera a Roma. A este respecto, indica el autor que si el senador era *adlectus inter consulares*, podía perfectamente ejercer sus funciones y hacer carrera en su propia región o en la Corte sin venir a Italia como hizo el retórico-poeta Ausonio de Burdeos que colmó sus cargos de conde, cuestor de palacio, prefecto del pretor y cónsul ordinario en Treveris, donde había sido llamado por Valentiniano I que residía en esta villa. Si era *adlectus inter praetorios* o hijo de *clarissimus*

se conformaban, en el plano local, con la situación de *honoratus*, cuyo estatuto y jerarquía había sido precisamente delimitado por Constantino, constituyendo, afirma MEYNIAL, una élite social que dominaba la curia[69].

---

provincial podía, aunque no era frecuente, internarse en la carrera senatorial viniendo a ejercer a Roma el *consulatus suffectus*, como hizo Paulino de Burdeos que devino en seguida cónsul de Campania antes de convertirse al ascepticismo y renunciar a la vida mundana. Sobre la evolución de la *adlectio* y los ejemplos citados vid. MEYNIAL, "Quelques réflections...", cit., págs. 144-145; NICOLET, CL. (Ed.), *Recherches sur les structures sociales dans l'Antiquité classique*, Paris, 1970, págs. 187-211; RUGGINI, "Il Senato...", cit. págs. 328-329. Cfr. JONES, A.H.M.-MARTINALDE, J.R.-MORRIS, J. (HSG.), *Posopography of the Later Roman Empire* (*P.L.R.E.*), vol. I, Cambridge University press, s.v. «Meropius Pontius Paulinus», págs. 681-683; GARBARINO, P., *Ricerche sulla procedura di ammisione al senato nel tardo impero romano*, Milano, 1988, págs. 43 ss., para quien el término *adlectio* fue reservado, durante el siglo III, al acto con el cual el Príncipe introducía directamente en el Senado a un *homo novus* sustrayéndole de la obligación de revestir las magistraturas tradicionales. Critica el derecho de cooptación del Senado defendido por Chastagnol indicando que tal derecho contaba con el fuerte límite negativo constituido por la confirmación imperial. En el mismo sentido, GIGLIO, *Il tardo impero...*, cit., págs. 25 ss.; SCHLINKERT, *Ordo senatorius und nobilitas*, cit., pág. 14 n. 23, págs. 105-106 y pág. 113. Para una visión global de la carrera senatorial civil en el siglo IV d. C., el origen provincial de los senadores y el problema de la *adlectio*, vid. LÖHKEN, *Ordines Dignitatum...*, cit., págs. 120 ss.; KUHOFF, *Studien...*, cit., págs. 20 ss., especialmente págs. 39 ss.

69 MEYNIAL, "Quelques réflections...", cit., págs. 144-145, considera que esta aristocracia prefirió quedarse en sus ciudades y provincias porque en ellas encontraban lo que antes buscaban en Roma. La novedad de la política constantiniana es exaltada por un retórico de Burdeos, Nazario, que en el *Panegirico a Constantino* del 321, en la prosopopeya de *Roma aeterna* (10-4-.35.2), se compadece de que el prestigio mundial del Senado se haya traducido en un efectiva representación de las élites provinciales. LÉCRIVIAN, *Le sénat...*, cit., págs. 63-64: "Dès l'époque de Constance, on se plaint que les clarissimes ne veuillent pas venir à Rome s'acquitter de leurs obligations, et le titre du code Théodosien sur la préture n'est que le récit des efforts faits par les empereurs pour saisir les sénateurs récalcitrants"; DE FRANCISCI, "Per la storia...", cit., pág. 276, constata cómo muchas de las constituciones del Código Teodosiano indican que un gran número de senadores residían en las provincias, tal vez con la esperanza de poder sustraerse de los honores a los que estaban sujetos (C. Theod. 6.4.2, de 6 de marzo del 327; 6.4.7, de 14 de marzo del

Como consecuencia de esta legislación domiciliaria, a lo largo del siglo IV, nace y se desarrolla una aristocracia de senadores regionales[70], en su mayor parte de origen curial establecidos por todo el imperio sin visitar nunca Roma, motivo por el cual, según ALBERTINI, tanto cuestores, pretores como cónsules se eligieron entre los *clarissimi* que residían o venían a Roma[71].

Este régimen determinó a su vez, que se incrementara el absentismo senatorial en la medida en que eran muy pocos los senadores que efectivamente participaban en las reuniones[72], situación que se vio agrava-

---

354; 6.4.11, de 12 de agosto del 357); BRÉHIER, L., *Les institutions de l'empire byzantin*, Paris, 1970, págs. 79-80, estima que los grandes terratenientes de las provincias pertenecientes al rango senatorial constituyeron una aristocracia de reyezuelos que gobernaban todo un pueblo de colonos, siervos y esclavos y ejercían, a veces, funciones públicas; CHASTAGNOL, "Le problème...", cit. págs. 51-52; LÖHKEN, *Ordines Dignitatum*..., cit., págs. 104-105 y pág. 127 n. 74; SCHLINKERT, *Ordo senatorius und nobilitas*, cit., págs. 132 ss. y págs. 227-229; RUGGINI, "Il Senato...", cit., pág. 269 y pág. 328.

[70] Sobre esta aristocracia senatorial, vid. MALCUS, B., "Senato e ordine senatorio nel tardo Impero", en *Index*, 2, 1971, págs. 219 ss.; PIGANIOL, A., *L'Empire Chrétien (325-395)*, Paris, 1972, págs. 380 ss., indica que Simmaco define al Senado de Roma como la "élite del género humano" (*Symmachus, Epistulae*, 1.52); EVANS-GRUBBS, *"Munita coniugia"*..., cit., págs. 12 ss.; MANCUSO, s.v. «senato (Diritto romano)», cit., págs. 1149-1150; CÀSSOLA, F.-LABRUNA, L., *Linee di una storia delle istituzioni repubblicane*, Napoli, 1991, págs. 176 ss.; RODA, S., "Nobilità burocratica, aristocrazia senatoria, mobilità provinciali", en AA.VV. *Storia di Roma* (Dir. A. Momigliano y A. Schiavone), *III, L'età tardoantica, Crisi e trasformazioni,* Torino, 1993, págs. 643-674; LANÇON, *Rome*..., cit., págs. 65 ss.; SCHLINKERT, *Ordo senatorius und nobilitas*, cit., págs. 157 ss.

[71] ALBERTINI, *L'Empire romain*, cit., pág. 335; CHASTAGNOL, "Le problème...", cit., pág. 52, indica cómo estos senadores provinciales se dispersaron por las capitales administrativas, las capitales de provincias, de diócesis y de prefecturas del pretor, principalmente en Occidente, Milán, Cartagena, Treveris, Burdeos y Mérida. Vid. asimismo al respecto, KUHOFF, *Studien*..., cit., págs. 20 ss.

[72] La tesis de que en las eventuales reuniones del Senado los presentes no debían ser muy numerosos viene confirmada por un Constitución de Constancio de 11 de abril del 356 (C. Theod. 6.4.9) en la que fijó el número de presentes requerido para la validez de las reuniones del Senado en cincuenta

da cuando Constancio II en una Constitución de 12 de agosto del 357, adscribió automáticamente al Senado de Roma a todos los *clarissimi* residentes en las provincias occidentales hasta Iliria[73]. Tales senadores, constata DRAGÓN, como en el periodo precedente, vivían de forma permanente en sus ciudades provinciales, cada vez más distantes de Roma, lo que propició su escasa participación en las deliberaciones de la Curia al no venir a la Villa sagrada, salvo en contadas ocasiones. Por ello, indica el autor, en un intento de combatir tal absentismo, Constancio II exigió a los senadores residentes en las provincias más lejanas (Acaya, Macedonia e Ilirico) que fijaran su residencia relativamente más cerca de Italia a fin de que la dureza del viaje no constituyera un impedimento para frecuentar la *sedes dignitatis propiae:*

> C. Theod. 6.4.11 (*idem A. scil. Imp. Constantius A. sed rectius Imp. Constantius A. et Iulianus C. ad Senatum*): *... Urbis autem Romae curiam callide declinantes (clar) issimo praeditos nomine per Achaiam, Macedoni(am to) tumque Illyricum iussimus quaeri raro vel num(quam) sedem dignitatis propriae frequentantes, quibus lo(coru) m grata confinia possint esse iucunda, ut carens mo(ra l) onginquae peregrinationis debea dignitas concu(pisc)i*[74].

---

clarissimi. Aunque esta constitución fue dictada para el Senado de Constantinopla, la doctrina entiende que la misma era también aplicable al Senado de Roma, en la medida en que en el siglo IV, las dificultades de funcionamiento de la asamblea eran comunes en Oriente y en Occidente. Por todos, DE FRANCISCI, "Per la storia...", cit., pág. 277; LÖHKEN, *Ordines Dignitatum...*, cit., pág. 105; GERA-GIGLIO, *La tassazione...*, cit., págs. 79-81; SCHLINKERT, *Ordo senatorius und nobilitas*, cit., págs. 135-136.

[73] CHASTAGNOL, A., *La préfecture urbaine à Rome sous le Bas-Empire*, Paris, 1960, pág. 38; idem, "Le problème...", cit., pág. 52; idem, *Le sénat...*, cit., págs. 260-261; PIGANIOL, *L'Empire Chrétien*, cit., pág. 105; JONES, *The Later Roman Empire*, I, cit., pág. 177; CIZEK, *Mentalités...*, cit., pág. 172.

[74] DRAGON, G., *Naissance d'une capitale. Constantinople et ses institutions de 330 à 451*, Paris, 1974, pág. 127 (= *Costantinopoli. Nascita di una capitale (330-451)*, Torino, 1991, pág. 125). En el mismo sentido, LÉCRIVAIN, *Le sénat...*, cit., pág. 23 n. 2; CIZEK, *Mentalités...*, cit., págs. 170 ss.; CHASTAGNOL, *Le sénat...*, cit., págs. 260-261, para quien la fijación de una residencia relativamente más próxima a Roma no constituyó una obligación sino una re-

El absentismo senatorial señalado en esta constitución[75] demuestra, a nuestro juicio, que los senadores conservaban en Roma su *sede dignitatis*, a pesar de residir efectivamente fuera de la capital y, en consecuencia, la vigencia legal de la regla del doble domicilio en la Parte Occidental del Imperio.

El mantenimiento de esta regla viene confirmado por otras dos constituciones de la segunda mitad del siglo IV d. C. La primera, del año 364 d. C., constata que los senadores continúan domiciliados legalmente en Roma, pese a residir de hecho en las provincias puesto que los emperadores Valentiniano y Valens mantienen su privilegio

---

comendación; LÖHKEN, *Ordines Dignitatum...*, cit., pág. 104 y pág. 127 n. 74; SCHLINKERT, *Ordo senatorius und nobilitas*, cit., pág. 72, pág. 132 n. 30 y págs. 135-136; OMBRETTA CUNEO, P., *La legislazione di Costantino II, Costanzo II e Constante (337-361)*, Milano, 1997, págs. 336-337; LICANDRO, *Domicilium habere...*, cit., pág. 365 n. 170, quien cita erróneamente esta constitución con C. Theod. 6.1.4. Cfr. C. Theod. 6.4.7, de 14 de marzo del 354.

75 De esta ley de Constancio II se ha deducido que las diócesis de Acaya, Macedonia e Ilirico eran las más alejadas de aquéllas en las que podían habitar los senadores de Roma pues, en esta fecha, la diócesis de Tracia en Europa y el conjunto de la prefectura del pretor de Oriente en Asia y en Egipto, habían devenido dominio del Senado de Constantinopla. Vid. DRAGON, *Naissance...*, cit., págs. 127-129 (= *Costantinopoli...*, cit., págs. 125-127); CIZEK, *Mentalités...*, cit., pág. 172; CHASTAGNOL, "Le problème...", cit., pág. 53; idem, *Le sénat...*, cit., págs. 261 ss.; idem, *La préfecture...*, cit., pág. 38; JONES, *The Later Roman Empire*, I, cit., pág. 177; OMBRETTA CUNEO, *La legislazione...*, cit., págs. 336-337; PIGANIOL, *L'Empire Chrétien*, cit., pág. 118 y pág. 387, el cual parece deducir que, en el año 357, Constancio decidió atribuir al Senado de Constantinopla todos los senadores romanos residentes en las diócesis VI y VII (*Macedonia* y *Dacia*). En convergencia, aquellos orientales que ya habían devenido miembros del Senado de Roma se encontraron transferidos de oficio al Senado de Constantinopla, suscitándose problemas importantes en cuanto al ajustamiento de su rango, estado y honores financieros como lo prueban las cartas del sofista LIBANIO, *Epistulae*, 70.251 y 252 a Temistio y a Honorato (359/360 d. C), a propósito de un cierto Olimpio residente en Antioquía, *clarissimus* por nacimiento y ya devenido senador de rango pretorio en Roma, con la exoneración de los gastos de la pretura (*atéleia*) y gobernador de Macedonia en el 356 (función pretoria), de súbito constreñido, un poco antes del 359 y en aplicación de la decisión imperial, a formar parte del Senado de Constantinopla, como *praetor Flavialis*, obligado a sostener las cargas de una costosa *choregía*. Libanio pide a Temistio que conmute su cago público por el de *praetor triumphalis*, cargo menos costoso.

del foro en la capital al establecer que la acción contra un senador debe interponerse ante el prefecto urbano de Roma mientras que el senador podía recurrir ante los tribunales provinciales para interponer una demanda contra un provincial:

> C. Theod. 2.1.4. (*Impp. Valentinianus et Valens AA. ad Terentium correctorem Tusciae*): *Actor rei forum sequatur, ita ut, si senatores aliquid a provincialibus poscunt, eo, qui provinciam reget, cognitore confligant. Si vero provincialis non suscipiat, sed inferat actiones, p(raefecto) u(rbi) disceptante deceret.*
>
> INTERPRETRATIO: *Si quis alium crediderit lite pulsandum, apud provinciae illius iudicem, ubi is habitat quem pulsat negotium suum noverit proponendum*[76].

La segunda, una ley de Graciano del año 383 d. C., reconoce la conformidad con el ordenamiento jurídico de la residencia efectiva fuera de la capital al disponer que el *adlectus inter consulares* estaba obligado, una vez adquirida su promoción, a informar sin demora al *comes sacrorum largitionum* del Senado (jefe del erario a partir de Constantino), sobre su propio estado patrimonial (*professio*), con indicación precisa del propio domicilio (los nombres de la villa y de la provincia) donde se encontraba y mantenía su residencia:

> C. Theod., 6.2.13 (*Imppp. Gratianus, Valentinianus et Theodosius AAA. ad Hypatium*): *Quiq(ue) consularitatis insignia fu[erit adsecutus, digni]tatis obeundae atq(ue) exercendae a[dministrationis] huius copiam non habeat, nisi prop[ria adnotatione] digesserit [se] senatorium nomen ag[noscere et larem] habitationemq(ue) vel sedes certas in [provincia atque oppido] conlocasse...* [77].

---

76 CHASTAGNOL, "Le problème...", cit., pág. 50 n. 23; GIGLIO, *Il tardo impero...*, cit., pág. 197 y págs. 250 ss.; VICENTI, U., "«Praescriptio fori» e senatori nel Tardo Impero romano d'Occidente", en *Index*, 19, 1991, pág. 433; LICANDRO, *Domicilium habere...*, cit., págs. 359-360.

77 CHASTAGNOL, "Le problème...", cit., pág. 52; LÖHKEN, *Ordines Dignitatum...*, cit., pág. 118 n. 22, pág. 122 n. 50 y pág. 138 n. 14; GARBARINO,

En opinión de CHASTAGNOL, de estas constituciones se deduce, tanto la derogación de la antigua obligación senatorial de residir en Roma, como la derogación de aquellas disposiciones que obligaban a los senadores a adquirir una cierta cantidad de propiedades fundiarias en Italia, sin perjuicio de que algunos nobles provinciales, sobre todo los que desearan hacer carrera en Italia, hubieran podido adquirir dominios allí[78].

A nuestro entender, tal derogación debe ser interpretada en el sentido de que la obligación domiciliaria de los senadores en la capital continuaba vigente desde el punto de vista funcional, pero distaba mucho de corresponderse con un establecimiento permanente en Roma ante la frecuente práctica, permitida legalmente, de fijar la sede fuera de ella.

La segunda reforma acometida por Constantino, como apuntábamos *supra*, fue la fundación de Constantinopla y la creación en esta villa de un segundo Senado[79], rival del Senado de Roma. Pero

---

Ricerche..., cit., págs. 349 ss. Un año antes, este emperador había puesto fin a los privilegios fiscales senatoriales, manteniendo solamente la exención de los *munera sordida* a los *palatini* (C. Theod. 11.16.15), lo que induce a pensar que, con esta norma, se pretendió combatir la evasión fiscal de los senadores no residentes en la capital, sobre todo si se tiene en cuenta que, conforme a un rescripto de Diocleciano (C. I. 10.39-40-.7) el domicilio era el lugar *ubi quis larem rerumque ac fortunarum suarum summam constituit, unde rursus non sit discessurus si nihil avocet, unde cum profectus est peregrinari videtur, quod si rediit peregrinari iam destitit*. En este sentido, SCHLINKERT, *Ordo senatorius und nobilitas*, cit., pág. 96 n. 26 y págs. 132 ss., entre otras; RUGGINI, "Il Senato...", cit. págs. 274-275; LICANDRO, *Domicilium habere...*, cit., pág. 365 n. 172. Cfr. GIGLIO, *Il tardo impero...*, cit., pág. 253.

[78] CHASTAGNOL, "Le problème...", cit., pág. 52, proporciona ejemplos de las dos conclusiones. Respecto a la derogación de las antiguas leyes indica cómo Ausonio tenía todos sus dominios fundiarios y sus villas en la provincia de Aquitania II y de Novempopulania, no poseyendo ninguna *domus* ni ningún *praedium* en Italia. Como ejemplo de aquellos nobles provinciales que, en su deseo de hacer carrera en Italia hubieran podido adquirir propiedades allí, señala a Paulino de Burdeos, cuyo padre era ya *clarissimus* y le había transmitido una propiedad en Fundi, en la Campaña, provincia de la cual Paulino fue gobernador y donde se retiró más tarde como obispo (vid. Paulino Nololano, *Epistulae*, 32.12).

[79] WILLEMS, *Le droit public romain*, cit., pág. 595; LÉCRIVAIN, *Le sénat...*, cit., pág. 218 n. 2; LÖHKEN, *Ordines Dignitatum...*, cit., págs. 101 ss. Sobre la

en un principio, afirma DRAGÓN, este Senado estuvo compuesto por el conjunto de senadores que habían seguido a Constantino en su nueva residencia, no pudiéndose hablar de dos instituciones sino de un Senado con sede en Roma que tiene, a lo sumo, parte de sus componentes en Constantinopla, cerca del emperador[80].

Debido a esta composición y circunstancias, tales senadores residían en Constantinopla, como se desprende de las palabras de Sozomeno, al afirmar que Constantino instaló en la nueva ciudad a las personas de fama que lo habían seguido desde Roma o desde otras regiones del Imperio[81] y confirma Zósimo, al declarar que el emperador hizo construir habitaciones para algunos miembros del Senado que lo habían seguido[82].

Posteriormente el Senado de Constantinopla representó a un Senado de segundo orden cuando se dio entrada a los notables de la ciudad, los cuales fueron equiparándose a los senadores de la corte imperial paulatinamente, a medida que los senadores se establecieron de modo definitivo en la ciudad y la asamblea perdió su carácter local. Texto revelador es un pasaje del Anónimo de Valois donde se habla de una verdadera y propia institución en los términos siguientes:

> "*Ibi* (en Constantinopla) *senatum constituit* (Constantino) *secundi ordinis, claros vocavit*"[83].

En opinión de DRAGON esto significa que los senadores de Constantinopla no tenían la dignidad de *clarissimi* como los de Roma, sino solamente la de *clari* no pudiendo tratarse, por lo tanto, de los senadores venidos de Roma, dado que la mayor parte eran altos funcionarios del *comitatus*, sino de los notables de la vieja asamblea curial refor-

---

fecha de la fundación, DRAGON, *Naissance...*, cit., págs. 13 ss. (= *Costantinopoli...*, cit., págs. 11 ss.). Cfr. MANCUSO, s.v. «senato (Diritto romano)», cit., pág. 1149, quien atribuye su creación a Constancio.

[80] DRAGON, *Naissance...*, cit., págs. 120 ss. (= *Costantinopoli...*, cit., págs. 120-121); LIEBS, D., "Privilegien und Ständezwang in den Gesetzen Konstantins", en *R.I.D.A.*, 24, 1977, pág. 346; LÖHKEN, *Ordines Dignitatum...*, cit., págs. 101 ss.

[81] SOZOMENO, *Historia ecclesiastica*, 2.3.4.

[82] ZÓSIMO, *Historia nova*, 2.31.3.

[83] *Anonymus Valesianus*, 1.6.30.

zada con nuevos miembros[84] que, poco a poco, se fusionaron con los senadores[85]. En este estado intermedio en el que el Senado era más bien una Asamblea de Corte ligada a la presencia del emperador, los senadores estuvieron obligados a residir en la capital.

La evolución definitiva de este Senado es emprendida por su hijo Constancio II quien, mediante las reformas efectuadas entre el 357 y el 361, elevó al Senado de Constantinopla a la misma dignidad que el Senado de Roma, incorporó a los senadores que residían en las otras villas de Oriente y lo abrió a la categoría de los funcionarios[86]. No obstante, tal vez para desarrollar y enriquecer su capital[87] y, posiblemente, para evitar que en la Parte Oriental se produjeran los mismos problemas de absentismo que experimentaba el Senado romano[88], Constan-

---

[84] DRAGON, *Naissance...*, cit., pág. 123 (= *Costantinopoli...*, cit., pág. 121); DE FRANCISCI, "Per la storia...", cit., pág. 276; LIEBS, "Privilegien...", cit., pág. 346; CHASTAGNOL, *Le sénat...*, cit., pág. 249; LÖHKEN, *Ordines Dignitatum*, cit., pág. 101 n. 176; GALLINA, M., *Potere e società a Bisanzio. Dalla fondazione di Costantinopoli al 1204*, Torino, 1995, págs. 18-22; DE MARTINO, "Il senato romano", cit., pág. 25, para quien, en un primer momento, el Senado de Constantinopla fue un Consejo municipal; RUGGINI, "Il Senato...", cit. págs. 278-289, quien afirma que en la era constantiniana coexistieron en la nueva capital tanto un grupo de *clarissimi*, pertenecientes al Senado de Roma, cuanto una Curia ciudadana que no se limitaba a desempeñar funciones de Asamblea municipal.

[85] DRAGON, *Naissance...*, cit., pág. 124 y n. 1 (= *Costantinopoli...*, cit., pág. 121 y n. 23); LÖHKEN, *Ordines Dignitatum*, cit., págs. 101 ss.

[86] Vid., entre otros, PIGANIOL, *L'Empire Chrétien*, cit., págs. 387-388 n. 3, quien además destaca la diferencia de carácter entre un Senado y otro; DE MARTINO, "Il senato romano", cit. pág. 25, considera que Constancio II lo elevó al rango de un verdadero Senado y aumentó su número a dos mil con propietarios y altas dignidades de la burocracia. Cfr. DRAGON, *Naissance...*, cit., págs. 154 ss. (= *Costantinopoli...*, cit., págs. 117 ss. y págs. 133-134).

[87] DRAGON, *Naissance...*, cit., págs. 164-165 (= *Costantinopoli...*, cit., pág. 163).

[88] Ya en el año 356, Constancio, preocupado por el absentismo senatorial, fijó en cincuenta *clarissimi* el número mínimo de presentes requerido para que las reuniones del Senado fueran válidas, lo que nos induce a pensar que la obligación de residir en Constantinopla se enmarcaba dentro de las medidas legislativas tendentes a acabar con dicho absentismo. C. Theod. 6.4.9 (*Imp. Constantius A. ad senatum*): *Placet, ne minus quinquaginta clarissimi veniant*

cio mantuvo la obligación senatorial de tener el domicilio efectivo en la nueva capital[89].

Así, como constata PETIT, en la carta que Constancio dirige al Senado con motivo del nombramiento como senador de Temistio, el emperador establece que el filósofo debe encomendarse a sus ciudadanos profesando su acatamiento a la ciudad y prometiendo residir allí definitivamente[90]. Por su parte, DRAGÓN recoge el caso del joven médico Cesario, hombre de gran fama en Constantinopla y hermano de Gregorio Nacianceno: en torno al 358-359, los senadores enviaron al emperador Constancio, que estaba en Occidente, una delegación para pedirle que obligara a Cesario a residir establemente en la capital y a tomar un asiento en el Senado[91]. Y esta exigencia domiciliaria fue requerida, igualmente, en palabras de Libanio, para los

in senatum: certum est namque hoc numero large abundare substantiam virtuti omnimodae. Sobre esta constitución y su relación con C. Theod. 6.4.8 y 6.4.10 vid. DE FRANCISCI, "Per la storia…", cit., pág. 277; LÖHKEN, *Ordines Dignitatum…*, cit., págs. 130 ss.; OMBRETTA CUNEO, *La legislazione…*, cit., págs. 295-296 y la bibliografía reseñada en los mismos.

[89] Consecuentemente, estos senadores estaban exentos de los *munera curialia*. Constancio extenderá a los senadores orientales los privilegios fiscales del Senado romano, eximiéndoles de los *munera sordida* y *extraordinaria*. C. I. 12.1.4; C. Theod. 1.6.1; C. Theod. 1.28.1; C. Theod. 6.4.12; C. Theod. 6.4.13; C. Theod. 7.8.1; C. Theod. 11.1.7; C. Theod. 11.15.1; C. Theod. 11.23.1; C. Theod. 12.1.48; C. Theod. 13.1.3; C. Theod. 15.1.7. Estos once fragmentos forman parte de una Constitución emanada por Constancio para Oriente el 3 de mayo del 361. BRUGI, *Istituzioni…*, cit., pág. 65; GERA-GIGLIO, *La tassazione…*, cit., págs. 27 ss., págs. 71 ss. y pág. 104; GIGLIO, *Il tardo impero…*, cit., págs. 48 ss.; LIEBS, "Privilegien…", cit., pág. 346 n. 206.

[90] Discurso del emperador Constancio al Senado en favor de Temistio (en *Themistii orationes*, ed. Dindorf, págs. 21-27), 21d-22b. Esta carta escrita en latín, viene fechada el primero de septiembre del 355 por el procónsul Justino ante el Senado. En ella Constacio II concede el clarisimado a Temistio y pide al Senado que lo coopte. Libanio felicita a Temistio por su nombramiento como senador en la *Epistula* 434 de noviembre del mismo año. PETIT, P., "Les sénateurs de Constatinople dans l'oeuvre de Libanius", en *L'Antiquité Classique*, XXVI, 1957, págs. 347 ss.

[91] DRAGON, *Naissance…*, cit., pág. 133 y ns. 2-3 (*Costantinopoli…*, cit., pág. 131 y ns. 66-67).

antioquitenses que Temistio llamó al Senado a lo largo de su misión de reclutamiento en el 358-359[92].

Pero la obligación de residir en Constantinopla, como pone de manifiesto RUGGINI[93], fue ampliamente desatendida, al igual que había ocurrido en el Senado romano, no sólo por parte de aquellos senadores que no ejercitando cargos públicos, preferían permanecer en su respectiva ciudad, sino también por aquéllos que haciendo carrera no permanecían en Constantinopla en los intervalos entre uno y otro cargo.

Tal incumplimiento es constatado porque el desinterés de los senadores por la actividad de su asamblea seguía preocupando a Constancio II como se desprende de una constitución dictada el 3 de mayo del 361 durante su campaña contra Persia en la que, intentado evitar que el senadoconsulto que designa a los pretores fuese votado por una asamblea en exceso reducida y compuesta por personajes de escasa competencia, exigió para la validez de la deliberación, la presencia de un cierto número de *illustres* y de *spectabiles*, la intervención del filósofo Temistio como primero de los *clarissimi* y la participación en la reunión de los ex-pretores:

> C.Theod.6.4.12(*Imp. Constantius A. ad Senatum*): *Praetores designentur senatus consulto legitime celebrato, ita ut adsint decem e procerum numero, qui ordinarii consules fuerint quique praefecturae gesserint dignitatem, proconsulari etiam honore sublimes, Themistius quoque philosophus,*

---

[92] Las cartas 251 y 252 hacen alusión a la vieja madre de Olimpio, quien tiene necesidad de su presencia en Antioquía. Libanio pide a Temistio que no obligue a Olimpio a abandonar Antioquía y a venir a vivir a Constantinopla, es decir, que le exonere de la obligación de residir en Constantinopla. La obligación del domicilio senatorial en Constantinopla también se constata en Libanio, *Epistula*, 265 (360 d. C.), dirigida al *praefectus urbi* de Constantinopla Honorato, siempre en favor del mismo personaje, el cual, por lo que parece, fue efectivamente exonerdo de las cargas de la pretura –o de la pretura misma– gracias a la intervención del emperador en persona y continuó viviendo en Antioquía, donde murió hacia el 388-389 d. C. Vid., PETIT, "Les sénateurs…", cit., págs. 367-369; CHASTAGNOL, "Le problème…", cit., pág. 53; JONES-MARTINDALE-MORRIS (Hsg.), *Pospography…*, I, cit., s.v. «olympius», págs. 643-644; RUGGINI, "Il Senato…", cit., págs. 285-287.

[93] RUGGINI, "Il Senato…", cit., pág. 287.

cuius auget scientia dignitatem, et iam his praesentibus qui praeturae insignia honoremque ante susceperint latis per ordinem sententiis disignentur, ita ut, si qui forte medio tempore humana sorte decesserint, alii in eorum locum, qui eandem dignitatem, ut utamur veterum verbis, subsortiti fuerant, subrogentur, scilicet ut, qui sequenti post eum anno eandem suscepturus praeturam fuerat, in demortui locum senatus consulto et sententiis substitutus praeturae insignia dignitatemque suscipiat[94].

---

[94] La constitución no indica el número concreto de presentes requeridos pero, De Francisci, "Per la storia...", cit., pág. 278 n. 11, relacionando esta constitución con la del 11 de abril del 356, considera que el número mínimo exigido no sería inferior a cincuenta; Löhken, *Ordines Dignitatum*, cit., págs. 129 ss. Este fragmento, según algunos autores, forma parte de una amplia constitución dictada por Constancio, de la cual sólo conservamos algunos fragmentos (vid. n. 89 del presente capítulo), en la que se fijaban los ordenamientos de la Asamblea y del Orden en la Parte Oriental. En este sentido, vid. Bouchery, H., *Themistius in Libanius Brieven*, Anvers, 1939, págs. 116 ss.; Petit, "Les sénateurs...", cit., págs. 355-357; Chastagnol, *Il sénat...*, cit., pág. 264; Ruggini, "Il Senato...", cit., pág. 287. Cfr., De Francisci, "Per la storia...", cit., págs. 277-279 y Ombretta Cuneo, *La legislazione...*, cit., pág. 410, para quienes la heterogeneidad de las materias tratadas induce a pensar que los fragmentos pertenecen a constituciones distintas emanadas el mismo día. Además, para ellos, del contenido y de la formulación de tales fragmentos se deduce que se trataba de disposiciones válidas para todo el Imperio y aplicables, por tanto, también a los senadores romanos. Entienden que, aunque en la constitución comentada se nombre a Temistio, senador de Constantinopla, ello no ofrece una prueba suficiente para limitar a la Parte Oriental la vigencia de estas normas. Por contra, si las reformas acometidas por Constancio pretendieron equilibrar en dignidad a los dos Senados y, como se ha visto, en las dos partes del Imperio el funcionamiento del Senado adolecía los mismos problemas, un tratamiento diferenciado entre las dos asambleas y sus respectivos miembros no sería justificado y habría provocado la reacción negativa en el Senado y en el ordo senatorial itálico. Una postura conciliadora la encontramos en Giglio, *Il tardo impero...*, cit., pág. 65 y pág. 104, quien tras afirmar que todos los fragmentos forman parte de una única constitución en la que se contienen "le disposizioni fiscali relative agli oneri gravanti sui senatori costantinopolitani", reconoce que la mayor parte de los mismos confirman derechos de los que ya gozaban los senadores de Roma. En el mismo sentido ya se había manifestado el autor en Gera-Giglio, *La tassazione...*, cit., págs. 27 ss. y

Esta similitud evolutiva de la obligación domiciliaria en las dos partes del Imperio, junto a la progresiva igualdad estatutaria de las dos Asambleas, gracias a las reformas de Constancio, llegando a equipararse en dignidad, prestigio e, incluso en número, determina que el mantenimiento de dos regímenes domiciliarios distintos –la posibilidad de que los senadores occidentales que habían obtenido el derecho de libre desplazamiento, residieran en las provincias conservando, no obstante, su *domicilium dignitatis* en Roma y la obligación de residir efectivamente en Constantinopla, para los senadores de la Parte Oriental–, careciera de justificación, habida cuenta, además, del frecuente incumplimiento de la obligación de residir en la capital oriental.

Ante estas circunstancias, una vez lograda dicha equiparación[95], debió producirse la unificación de legislaciones domiciliarias en las dos partes del Imperio que, según CHASTAGNOL, tuvo lugar un poco después de la misión de Temistio, cuando el efectivo del Senado de Constantinopla alcanzó los 2000 miembros, o, sin lugar a dudas, bajo el reinado de Valens[96].

Esta unificación viene atestiguada por una Ley de Valentiniano II, Teodosio y Arcadio del año 390 d. C., aplicable en ambas partes del Imperio, en la que se indica que los senadores tienen el domicilio de su dignidad en la sacratísima ciudad:

> C. I. 10.39(40).8 (*Imppp. Valentinianus, Theodosius et Arcadius AAA. ad Senatum*): *Senatores in sacratissima urbe domicilium dignitatis habere videntur*[97].

---

págs. 71 ss. Y la misma postura fue mantenida con anterioridad por LÉCRIVAIN, *Le sénat...*, cit., pág. 218.

[95] Esta equiparación entre los dos Senados, se observa claramente en LECRIVAIN, *Le sénat...*, cit., págs. 219 ss.

[96] CHASTAGNOL, *Le sénat...*, cit., pág. 313; LÉCRIVAIN, *Le sénat...*, cit., págs. 207 ss.

[97] Teodosio está entonces en Italia y legisla para las dos partes del Imperio. Al respecto, GLÜCK, *Ausführliche...*, VI, cit., pág. 266; DE RUGGIERO, *La patria...*, cit., pág. 165 n. 1; BRUGI, *Istituzioni...*, cit., pág. 70 n. 24; LEVY, *Pauli Sententiae...*, cit., pág. 12; CHASTAGNOL, "Le problème...", cit., pág. 54; SCHLINKERT, *Ordo senatorius und nobilitas*, cit., pág. 72; LICANDRO, *Domicilium habere...*, cit., pág. 359 y págs. 364-365. Cfr. DELMAIRE, R., *Largesses sacrées et*

El problema reside en concretar cuál fue el régimen domiciliario impuesto. En nuestra opinión, frente a las aisladas posturas que ven en esta norma un restablecimiento momentáneo del antiguo domicilio obligatorio y efectivo en ambas capitales[98], consideramos con la mayor parte de la doctrina que esta disposición pretendió conceder a los senadores de la Parte Oriental los privilegios vinculados al *domicilium dignitatis*, que ya disfrutaban los senadores occidentales, incluso habitando en provincias. De esta manera, la obligación del domicilio efectivo en Constantinopla fue suprimida, implantándose en ambas partes del Imperio la legislación del doble domicilio, extensión que, por otro lado, no venía sino a sancionar legalmente la situación en la que se encontraban de hecho los senadores orientales[99].

---

res privata. L'aerarium impérial et son administration du IVe au VIe siècle, Paris, 1989, pág. 50, quien parece limitar la vigencia de esta constitución a la Parte Oriental. Por su parte, BACCARI, *Cittadini*..., cit., pág. 101 y pág. 114, considera esta constitución como un claro ejemplo de la diferencia entre el domicilio y el *morari* transitoriamente.

[98] DELMAIRE, *Largesses sacrées*..., cit., pág. 50, afirma que teóricamente los senadores estaban obligados a residir en las dos capitales, aunque dicha obligación no fue respetada y podían establecerse en las provincias con el *commeatus* o consentimiento imperial. Indica cómo a través de constituciones posteriores se intentó reforzar esta obligación en ambas partes del Imperio y, entre ellas, considera que la constitución citada [C. I. 10.39(40).8], restablece la obligación domiciliaria para la Parte Oriental. LICANDRO, *Domicilium habere*..., cit., pág. 359 y págs. 364-365, también ha postulado que con dicha norma se revalidaba la obligación senatorial de establecer su domicilio en la capital que, aparentemente configurado como un privilegio, consistió en realidad en una verdadera y propia obligación.

[99] Vid. LEVY, *Pauli Sententiae*..., cit., pág. 12, para quien como la importancia política de los dos Senados se ha reducido, la residencia en la capital degenera en un meramente nominal *domicilium dignitatis*; PETIT, "Les sénateurs...", cit., pág. 357, para quien con Teodosio la residencia efectiva de los senadores en Constanopla no era ya exigida; DRAGON, *Naissance*..., cit., pág. 167 (= *Costantinopoli*..., cit., pág. 165), afirma que la obligación de residir en Constantinopla no debió permanecer en vigor más allá del reinado de Constancio II; CHASTAGNOL, "Le problème...", cit., pág. 54; idem, *Le sénat*..., cit., pág. 313, quien pone de manifiesto cómo ya con la ampliación del Senado oriental a 2000 miembros fue permitido a los senadores habitar en provincias y señala que en la época de Teodosio existía un grupo de senadores y de *cla-*

Por tanto, a partir de este momento, los senadores de las dos partes del Imperio que obtuvieran la libertad de desplazamiento, continuaban manteniendo su vinculación con la capital respectiva a través *domicilium dignitatis*, lo que les permitía seguir disfrutando de los privilegios inherentes a su cargo[100], a pesar de no asistir a las reuniones de sus correspondientes asambleas y de residir, efectivamente, fuera de las Villas sagradas.

5. AUTORIZACIÓN PARA RESIDIR EN LAS PROVINCIAS A *CLARISSIMI* Y *SPECTABILES* Y OBLIGACIÓN DE RESIDIR EN LA CAPITAL PARA LOS *ILLUSTRES* EFECTIVOS DURANTE EL SIGLO V D. C.

El régimen domiciliario en virtud del cual los senadores, habiendo obtenido el derecho de desplazarse libremente, podían residir donde quisieran conservando, no obstante, su *domicilium dignitatis* en las dos capitales del Imperio, continuaba vigente a comienzos del siglo V. A este respecto, observa San Agustín cómo en su tiempo en muchas partes del Imperio vivían senadores que no habían visto nunca Roma:

---

rissimi residentes en Antioquía, incluso en las villas egipcias, que disfrutaban de la dispensa de los *munera* municipales y del privilegio de la jurisdicción civil; SALGADO, "Contribución...", cit., pág. 503; JONES, *The Later Roman Empire*, I, cit., págs. 535-536, para quien Teodosio, con esta ley, extendió a la Parte Oriental los privilegios vinculados al domicilio *dignitatis*; GERA-GIGLIO, *La tassazione...*, cit., pág. 48 n. 37, tras afirmar que Constancio se limitó a extender a los senadores orientales los privilegios que ya disfrutaban los senadores occidentales, considera que esta constitución recordaba que el domicilio legal de los senadores era aquél de la ciudad en la que desempañaban la alta dignidad, la cual sólo podía ser actuada sobre la base de tal presupuesto; SCHLINKERT, *Ordo senatorius und nobilitas*, cit., pág. 72, afirma que la venerable curia en Roma o Constantinopla se mantuvo, por principio, como *sedes dignitatis propiae* de todos los senadores.

[100] No obstante, Graciano y los emperadores posteriores redujeron considerablemente los privilegios senatoriales. Vid. n. 77 y n. 104 del presente capítulo. LÉCRIVAIN, *Le sénat...*, cit., págs. 81 ss.; GERA-GIGLIO, *La tassazione...*, cit., págs. 43-137; GIGLIO, *Il tardo impero...*, cit., págs. 105 ss.

"*numquid non multi senatores sunt in aliis terris qui Romam ne facie quidem norunt?*" [101].

Pero esta regulación, como hemos visto, dio origen a la llamada aristocracia senatorial regional y propició una divergencia entre los senadores residentes en Roma o en Constantinopla, que efectivamente participaban en las reuniones y deliberaciones de su respectiva asamblea, y los senadores de provincia, caracterizados por su pasividad en los temas senatoriales.

Por ello, en la primera mitad del siglo V, en las dos partes del Imperio se adoptaron medidas para alejar del Senado a esa aristocracia provincial[102]. A tal efecto, la distinción entre los tres grados senatoriales[103], establecidos en el siglo precedente, comenzó a acentuarse

---

[101] San Agustín, *De Civitate Dei*, 5.17, C.C.L. 47, pág. 150 (415 d. C.). Jones, *The Later Roman Empire*, I, cit., págs. 552 ss.

[102] Por todos, Chastagnol, A., "Le fin du Sénat de Rome", en AA.VV., *La fin de la cité antique et le début de la cité médiévale. De la fin du IIIe siècle à l'avénement de Charlemagne*, Bari, 1996, págs. 345-354. Sobre las causas de la separación entre el Senado y la aristocracia provincial, Meynial, "Quelques réflections…", cit. págs. 149 ss.; Dragon, *Naissance…*, cit., pág. 167 (= *Costantinopoli…*, cit. pág. 165) considera que con las medidas también se pretendió eliminar a los curiales del Senado; Garbarino, *Ricerche…*, cit., págs. 384 ss., cree posible que la modificación fuera una reacción a la excesiva expansión del número de los senadores y que con la misma se perseguía una revalorización de los componentes del antiguo órgano. Sobre esta aristocracia senatorial y provincial en los siglos IV y V, Delmaire, *Largesses sacrées…*, cit., pág. 50; Roda, "Nobilità…", cit., págs. 643-674.

[103] Ya Constantino (C. Theod. 6.4.12), distinguió entre los senadores a los más ancianos prefectos y cónsules (*procederes*), los más ancianos procónsules y los más ancianos pretores. Posteriormente, en una ley de 5 de julio del 372, Valentiniano I instauró tres rangos dentro del clarisimado (C. Theod. 6.7.1; C. Theod. 9.1; C. Theod. 11.1; C. Theod. 14.1): los *illustres*, que pueden alcanzar las más altas magistraturas, los *spectabiles*, para los que han conseguido el rango de procónsul y los simples *clarissimi*, en los que se encuandran todos los demás. Por lo que respecta a los senadores de origen provincial, el título de *illustris* era reservado a los que alcanzaban el cargo de prefecto de pretor o cónsul ordinario, el de *spectabilis* para los que accedían a los cargos de conde de consistorio y el de *clarissimus* era asignado a los jefes de oficios. No obstante, Graciano (C. Theod. 6.9.2; C. Theod. 26.2) concedió a los jefes de oficios el rango de *spectabiles* y a

ante la imposible solución del absentismo y la *infrecuentia* del Senado[104], hasta separar de las Asambleas a los senadores de rango inferior, reservando los papeles activos a los *illustres* que normalmente residían en las capitales.

---

los condes del consistorio la dignidad de *illustres*. WILLEMS, *Le droit public romain*, cit., págs. 567 ss.; LÉCRIVAIN, *Le sénat...*, cit., págs. 64 ss. y págs. 220-221; MEYNIAL, "Quelques réflexions...", cit., pág. 149; HOMO, *Les institutions...*, cit., págs. 436-437; LOT, *La fin du monde antique...*, cit., págs. 95-98 y pág. 134; DE FRANCISCI, "Per la storia...", cit., pág. 279 n. 15; DE MARINI, F., *La politica legislativa di Valentiniano III e Teodosio II*, Torino, 1975, pág. 12; CHASTAGNOL, *Le sénat...*, cit., pág. 294; KUHOFF, *Studien...*, cit., págs. 20 ss.; DELMAIRE, *Les institutions...*, cit., págs. 14 ss.; idem, *Largesses sacrées...*, cit., pág. 50; CAMERON, A., *The Mediterranean World in Late antiquity ad 395-600*, New York, 1994, pág. 90; LANÇON, *Rome...*, cit., pág. 84; SCARCELLA, A.S., *La legislazione di Leone I*, Milano, 1997, pág. 428 n. 131; RUGGINI, "Il Senato...", cit., págs. 268-269. Sobre la evolución de los títulos usados en el siglo VI, BRÉHIER, *Les institutions...*, cit., págs. 89-90.

[104] Como indica Giglio en GERA-GIGLIO, *La tassazione...*, cit., págs. 49 ss., en la Parte Occidental, la distinción entre los tres grados de senadores comienza a ser constatable bajo el imperio de Graciano y Teodosio. En concreto, Graciano, en una constitución de 11 de febrero del 367, relativa al *forum* de los senadores, determinó que ni los *clarissimi* ni los *spectabiles* podían emitir sentencia contra un *caput senatorium*, esto es, contra un senador (C. Theod. 9.1.13). Asimismo dispuso que en las causas pecuniarias, el senador sería juzgado en Roma, si allí vivía, o en la provincia donde tuviera su domicilio o la mayor parte de sus bienes y residiera habitualmente (C. I. 3.24.2). En el 395, Teodosio distinguía, a propósito de ciertas prestaciones del Ordo y pago (*aurum oblaticium*) entre los senadores que, residiendo en Roma, tenían propiedades en provincias lejanas y los que residían establemente en las provincias (C. Theod. 6.2.16). Sobre la constitución 3.24.2 y sus críticas, cfr. FRANCIOSI, E., *Riforme istituzionali e funzioni giuridiszionali nelle Novelle di Giustiniano. Studi su Nov. 13 e Nov. 80*, Milano, 1998, pág. 25 n. 12, quien hace extensible esta constitución al Imperio de Oriente; LICANDRO, *Domicilium habere...*, cit., pág. 360 n. 155. Sobre la distinción entre los tres grados senatoriales, LÉCRIVAIN, *Le sénat...*, cit., págs. 64 ss. y págs. 217 ss.; ARNHEIM, *The senatorial aristocracy...*, cit., pág. 10; DRAGON, *Naissance...*, cit., pág. 148 (= *Costantinopoli...*, cit., pág. 146); DE MARINI, *La politica...*, cit., pág. 12; JONES, *The Later Roman Empire*, I, cit., págs. 535-536; CHASTAGNOL, *Le sénat...*, cit., págs. 349 ss.; SCHLINKERT, *Ordo senatorius und nobilitas*, cit., págs. 132 ss.; RUGGINI, "Il Senato...", cit., págs. 345 ss.

En la Parte Oriental, el hito legislativo más importante fue protagonizado por los emperadores Teodosio II y Valentiniano III quienes, en un intento de reconstruir la unidad originaria del orden y de la asamblea senatorial, permitieron a los *clarissimi* y *spectabiles* que residían en la capital, retornar, *sine commeatu,* a sus casas o fijar su domicilio libremente:

> C. I. 12.1.15 (*Impp. Theodosius et Valentinianus AA. ad Eustasium*): *Clarissimis vel spectabilibus universis ad genitale solum vel quolibet alio et sine commeatu proficiscendi, et, ubi voluerint, commorandi habitandive permittimus facultatem*[105].

Esta medida, manifiesta Giglio, debió surgir antes del 3 de abril del año 436, fecha de la constitución, recogida en el Código Teodosiano, 12.1.187 que precisa el régimen jurídico instituido por la anterior al disponer que sólo los decuriones que efectivamente hubieran ejercido una *dignitas inlustris* eran excluidos de la curia, debiendo los no efectivos encontrar sustituto en los órdenes curiales que atendiesen los *munera* o renunciar al Senado. No obstante, permitía a los *spectabiles* que habían obtenido la exención de los *munera curialia* con anterioridad a su promulgación, acceder al Senado, aunque los mismos se encontraban ya en un plano inferior a los *illustres*[106].

---

[105] Por todos, Lécrivain, *Le sénat...*, cit., pág. 68; Levy, *Pauli Sententiae...*, cit., pág. 12; Dragon, *Naissance...*, cit., pág. 165 n. 3 (= *Costantinopoli...*, cit., pág. 162 n. 112), la data entre el 426 y el 443; Löhken, *Ordines Dignitatum*, cit., pág. 106 y pág. 134 n. 114; Gera-Giglio, *La tassazione...*, cit., págs. 48-50 y pág. 78, para quien la norma es en realidad atribuible a Galla Placidia; Salgado, "Contribución...", cit., pág. 503; Schlinkert, *Ordo senatorius und nobilitas*, cit., pág. 72 n. 47 y pág. 133 n. 32; Delmaire, *Largesses sacrées...*, cit., pág. 50; Baccari, *Cittadini...*, cit., pág. 101 y pág. 114; Licandro, *Domicilium habere...*, cit., págs. 365-366.

[106] C. Theod. 12.1.187 (*Impp. Theodosius et Valentinianus AA. Isidoro P. P.*)= C. I. 10.31.60. Giglio, *Il tardo impero...*, cit., págs. 35 ss. y la bibliografía por él citada; Scarcella, *La legislazione di Leone I*, cit., pág. 431 n. 136, pág. 432 ns. 137-138, pág. 433 n. 140 y pág. 434 ns. 143-144. En el mismo sentido, C. Theod. 6.23.4, de 16 de marzo del 437 (confirma para Oriente una constitución de 24 de marzo del 432 dictada por Valentiniano III para Occidente), que

Pocos años después, se impedía la elección de los decuriones al Senado y se establecía una dualidad de jurisdicciones en las causas penales, cuyo conocimiento estaba reservado al emperador, si se trataba de *illustres*, o al prefecto del pretor, respecto a *clarissimi* y *spectabiles*[107].

En el año 444 se excluía definitivamente del Senado a los *spectabiles* residentes en las provincias[108] y correlativamente con Marciano, en el 450, se dispensó de la pretura a los dos grados más bajos del orden senatorial, reforzando la coincidencia entre *dignitas illustris* y *dignitas senatoria*, exhortando nuevamente a *clarissimi* y *spectabiles* a residir en las provincias:

> C. I. 12.2.1 (*Impp. Valentinianus et Marcianus AA. Tatiano P.P*): *Nemo ex clarissimis et spectabilibus, qui in provinciis degunt, ad praeturam postea devocetur. maneat unusquisque domi suae tutus atque securus, et sua dignitate laetetur*[109].

En la Parte Occidental *clarissimi* y *spectabiles* también fueron separados del Senado. En el año 412, Honorio limitó a los *illustres*

---

concede a *decurioni* y *silentiarii* de los *scrinia palatina post optatam quietem* la dignidad senatorial. Sobre el acceso de los curiales al senado en los siglo IV y V, vid., entre otros, Declareuil, J., *Quelques problèmes d'histoire des institutions municipales au temps de l'empire romain*, Aalen, 1973 (reimpresión de la edición de Paris, 1911), págs. 125-134; Gaudemet, J., "Constatin et les curies municipales", en *Études de Droit Romain*, II, Camerino, 1979, págs. 118 ss.

[107] *Novellae Theodosiani*, 15.1.1-3 (*Impp. Theodosius et Valentinianus AA. ad senatus urbis Constantinopolitanae*..., de 12 de septiembre del 439); C. I. 12.1.16 (*Impp. Theodosius et Valentinianus AA. Apollonio P.P.*, año 442-443 d. C.).

[108] *Novellae Theodosiani,* 15.2.2-4 (*Impp. Theodosius et Valentinianus AA. Zoilo P.P.*, de 20 de julio del 444).

[109] Löhken, *Ordines Dignitatum*, cit., pág. 106. Según Giglio, *Il tardo impero*..., cit., pág. 37, Marciano no excluye la posibilidad para los *clarissimi* y *spectabiles* residentes en Constantinopla de revestir la pretura, pero el acceso al Senado por tales dignatarios, que de hecho eran sólo funcionarios palatinos privados de una riqueza inmobiliaria considerable, era prácticamente imposible. De ahí que una exclusión formal de los *clarissimi* y *spectabiles* residentes en Constantinopla fuera innecesaria.

que efectivamente habían revestido un cargo de tal dignidad la exoneración de los *munera sordida et extraordinaria* y les impuso las multas más elevadas en ciertos delitos como el de herejía[110].

El 6 de agosto de 423, el mismo emperador, en opinión de GIGLIO, determinó que tanto en sede civil como en penal, el único foro donde citar a un senador, con exclusión de *clarissimi* y *spectabiles*, fuera Roma, de donde cabe deducir que a finales del reinado de Honorio, los mismos ya no formaban parte del Senado[111]. En todo caso, en el año 441, la Novela Valentiniana 10.2, daba por descontada una diferenciación entre los *illustres*, por un lado, y *clarissimi* y *spectabiles*, por otro[112]. Y aunque se permitió a los *clarissimi* y *spectabiles* domiciliados en Roma acudir a las deliberaciones de la asamblea,

---

[110] C. Theod. 11.16.23+11.18.1(*Impp. Honorius et Theodosius AA. Melitio P.P.*). *Post Alia: Ab inlustribus personis sordida munera et extraordinariae necessitatis damna removemus.* Sobre la pena por herejía C. Theod. 16.5.52 (*Impp. Arcadius et Honorius AA. ad Seleuco P.P.*). GERA-GIGLIO, *La tassazione...*, cit., págs. 49 ss., págs. 68-70, pág. 74, págs. 119-120 y pág. 156; GIGLIO, *Il tardo impero...*, cit., págs. 32-33; LÖHKEN, *Ordines Dignitatum*, cit., pág. 122 n. 50; SCHLINKERT, *Ordo senatorius und nobilitas*, cit., pág. 73 n. 53, pág. 96 n. 26, pág. 103 y pág. 125 n. 14, entre otras.

[111] C. Theod., 2.1.12+1.6.11 (*Impp. Honorius et Theodosius AA. consulibus, praetoribus, tribunis plebis, senatui suo salutem dicunt*). GIGLIO, *Il tardo impero...*, cit., págs. 40 ss. y pág. 113, considera que a finales del reinado de Honorio, los *clarissimi* y *spectabiles* ya no formaban parte del Senado y, por tanto, no se beneficiaban del foro romano. El autor pone de manifiesto que en tiempos de Aurelio Simmaco a las reuniones del Senado sólo asistían los *illustres*. Cfr. C. I. 12.16.3 (= C. Theod. 6.23.4), texto interpolado en el derecho justinianeo limitando a los *illustres* la exención de los *munera municipalia*.

[112] *Novellae Valentiniani*, 10.2 (*Impp. Theodosius et Valentinianus AA. Maximo II P.P.*). Esta novela, además, pone de manifiesto la eliminación de los privilegios fiscales de los senadores occidentales. Por todos, GERA-GIGLIO, *La tassazione...*, cit., págs. 60 ss. Sobre la exclusión de *clarissimi* y *spectabiles* del Senado de Roma, como consecuencia de que las debastaciones bárbaras propiciaron nuevos motivos para su absentismo, RUGGINI, "Il Senato...", cit., pág. 347; LÉCRIVAIN, *Le sénat...*, cit., pág. 65; DE FRANCISCI, "Per la storia...", cit., pág. 279; PIETRI, CH., "Aristocratie et société cléricales dans l'Italie chrétienne au temps d'Odoacre et de Théodosie", en *M.E.F.R.A.*, 93, 1981, págs. 417-467; CHASTAGNOL, *Le sénat...*, cit., pág. 355.

sólo los *illustres* disponían del *ius sententiae dicendae*, incluso bajo la dominación ostrogoda[113].

Con estas medidas, *clarissimi* y *spectabiles* perdieron todo contacto y vínculo sustancial con la capital y la Asamblea[114], quedando privados de los privilegios ligados al *domicilium dignitatis* dado que para ellos ya no resultaba aplicable la "ficción legal" de considerar que tenían en las Villas sagradas la domiciliación de su dignidad política[115].

---

[113] Esta medida también se aplicó a los *clarissimi pueri* que habían sido inscritos en el álbum del Senado tras haber revestido la toga viril. Chastagnol, "Le fin du Sénat de Rome", cit. págs. 347 ss., entiende que quedaron en Roma los que eran realmente originarios de la Villa y, por tanto, aptos a continuación para devenir *spectabiles* y después *illustres in situ*, por lo que la Asamblea sólo estuvo compuesta por *illustres* y sus hijos. La vigencia de estas medidas bajo Teodorico, es confirmada por Casiodoro, *Variae*, 7.37 (*formula spectabilitatis*), C.C.L. 96, p. 288, vid. Lécrivain, *Le sénat...*, cit., págs. 64-66 y págs. 220-221, quien afirma que, aunque bajo los Ostrogodos los clarísimos y respetables pudieron entrar en el recinto del Senado, ellos no tenía ni asiento ni voto, siendo los verdaderos senadores sólo los ilustres; De Martino, F., *Storia della Costituzione romana*, 2ª edición, Napoli, 1972, V, pág. 367 n. 41; De Francisci, "Per la storia...", cit., pág. 279 n. 17, para quien desde el siglo V, sólo los *illustres* disponían del *ius sententiae dicendae*; Giglio, *Il tardo impero...*, cit., pág. 42 n. 30; Ruggini, "Il Senato...", cit., pág. 347. Cfr. Pietri, "Aristocratie et société...", cit., págs. 418-444.

[114] Sobre la evolución de *clarissimi* y *spectabiles* hasta su desaparición, vid., Lécrivain, *Le sénat...*, cit., págs. 64-66 y págs. 220-221; Dragon, *Naissance...*, cit., pág. 165 (= *Costatinopoli...*, cit., págs. 162); Albertini, *L'Empire romain*, cit., pág. 417; Meynial, "Quelques réflections...", cit., pág. 149; Tedeschi, "Contributo...", cit., págs. 210-231; idem, *Del Domicilio*, cit., pág. 8; Gera-Giglio, *La tassazione...*, cit., págs. 49 ss. y pág. 78, especialmente; Chastagnol, *Le sénat...*, cit., pág. 355; Ruggini, "Il Senato...", cit., pág. 347; Lançon, *Rome...*, cit., pág. 70.

[115] Sólo conservaron el privilegio establecido por Graciano de no ser sometidos a tortura. C. Theod. 9.35.3 (*Imppp. Gratianus, Valentinianus et Theodosianus AAA. ad Gracchum P.U.*, año 377); C. I. 12.1.10, donde el término *senatorio* fue substituido por el de *clarissimo*. Lécrivain, *Le sénat...*, cit., págs. 92-93; Dragon, *Naissance...*, cit., págs. 153 ss. y págs. 164-165 (= *Costantinopoli...*, cit., págs. 151 ss. y pág. 162), para quien Teodosio II privó a los *spectabiles y clarissimi* de todo beneficio jurisdiccional y les invitó a volver a las provincias, donde ya sus privilegios se habían atenuado; Gera-Giglio,

Por tanto, a partir de este momento, como indica ALBERTINI, los *illustres* devinieron en los únicos miembros efectivos de la asamblea senatorial, debiendo residir respectivamente en Roma o en Constantinopla si querían acceder a cargos administrativos como la pretura[116].

Pero si de las disposiciones analizadas puede desprenderse, *a priori*, el restablecimiento para los *illustres* de la vieja obligación de residir efectivamente en la capital necesitando autorización para salir de ella, su presencia permanente en las provincias es señalada por los autores en ambas partes del Imperio[117].

A este respecto, las disposiciones de León y Anastasio permiten apuntar que, en la Parte Oriental, los *illustres* efectivos estuvieron, al menos formalmente, obligados a solicitar el *principali consensu* si

---

La tassazione..., cit., págs. 49 ss., pág. 78, págs. 119-120 y págs. 156-157; TALAMANCA, *Lineamenti...*, cit., pág. 576, quien afirma que en el siglo V los privilegios fiscales eran reconocidos solamente a los *illustres*; JONES, *The Later Roman Empire*, I, cit. pág. 536, que considera que los privilegios de jurisdicción civil y penal se mantuvieron para los *illustres* (C. Theod. 6.4.26; 6.4.13); CHASTAGNOL, *Le sénat...*, cit., pág. 355; LÖHKEN, *Ordines Dignitatum...*, cit., pág. 119; DELMAIRE, *Largesses sacrées...*, cit., págs. 51 ss.; RUGGINI, "Il Senato...", cit. pág. 259, considera que los *clarissimi* que retornaron a sus provincias de origen perdieron el privilegio de ser juzgados, en una causa criminal, ante el prefecto del pretor y de apelar al emperador.

116 Sobre la elección de pretor entre los *illustres* domiciliados en Constantinopla, C. I. 1.39.2 (*Impp. Valentinianus et Marcianus AA. Tatiano P.P.*). ALBERTINI, *L'Empire romain*, cit., pág. 417; DE FRANCISCI, "Per la storia...", cit., pág. 279 n. 16, para quienes esta medida fue ciertamente también aplicada en Occidente; BACCARI, *Cittadini...*, cit., pág. 104.

117 En este sentido, JONES, *The Later Roman Empire*, I, cit., pág. 554, reconoce que, aunque en principio parece que las disposiciones analizadas obligaban a los *illustres* a vivir en Constantinopla, necesitando un permiso especial en caso contrario, otras leyes de Zenón y de Anastasio hablan de *illustres* que normalmente vivían en las provincias. Respecto al senado de Roma, CHASTAGNOL, *Le sénat...*, cit. págs. 358-359, considera que la Asamblea romana agrupaba en este momento, esencialmente, a los *illustres* que habitaban en la capital pero reconoce, asimismo, la existencia de *illustres* en Rávena, en Italia del Norte o en la Galia. PIETRI, "Aristocratie et société...", cit., págs. 432 ss.; ALFÖLDY, *Historia social de Roma*, cit., pág. 262; DELMAIRE, *Largesses sacrées...*, cit., pág. 50.

querían salir de la capital por motivos privados[118], mientras que para los *illustres* sin cargo administrativo (*senatores in quiete degentibus*), siguió vigente la regla del libre desplazamiento[119].

En efecto, los *illustres* residentes en las provincias mencionados por Zenón al establecer la jurisdicción competente para conocer las causas criminales contra los senadores, son *illustres sine administratione honorariis codicillis decorati*, funcionarios de palacio cesados en su cargo o *illustres* efectivos asociados al orden senatorial *post depositam administrationem*[120]. Y las constituciones de Anastasio ponen

---

[118] DRAGON, *Naissance...*, cit., pág. 167 (= *Costantinopoli...*, cit., pág. 165), para quien el *commeatus* era sistemáticamente concedido; JONES, *The Later Roman Empire*, I, cit., pág. 537, afirma que desde que se autorizó a residir en las provincias, el *commeatus* fue regularmente acordado convirtiéndose en un tecnicismo formal, del que quedaron liberados los *clarissimi* y *spectabiles* con la legislación de Teodosio II; DELMAIRE, *Largesses sacrées...*, cit., pág. 50, considera que Anastasio autorizó a los ilustres a residir en la provincia o fuera de Constantinopla con la autorización imperial, pudiendo regresar a la capital sin solicitar un llamamiento (*sacra revocatoria*), lo cual era no obstante más honorable porque mostraba que el emperador tenía necesidad de los servicios de quien era llamado.

[119] Sobre los ilustres honorarios que no formaban parte del Senado, GARBARINO, P., *Contributo allo studio del senato in età giustinianea*, Napoli, 1992, págs. 68 ss., indica que con anterioridad a la Novela 62, en la que Justiniano estableció el régimen jurídico de los senadores, no todos los *illustres* honorarios formaban parte del Senado. Cfr. STEIN, E., *Histoire du Bas-Empire, T. II: De la disparition de l'Empire d'Occident à la mort de Justinien (476-565)*, Paris, 1949, págs. 429 ss.

[120] C. I. 3.24.3 (*Imp. Zeno A. Arcadio P.P.*), año 485/486. Zenón dispuso que el conocimiento de una causa criminal contra un ilustre correspondería a un *iudex delegatus* elegido personalmente por él, si el ilustre, cesado de sus funciones cuando se le atribuye el crimen, había efectivamente gestionado un cargo de tal rango o había sido asociado, después de terminar el mismo, al orden senatorial, residendo en la capital o en las provincias, aunque reservando a su parecer el castigo a imponer al ilustre condenado. Sin embargo, el conocimiento correspondía al prefecto del pretor, si el ilustre era honorario y residía en la ciudad; o al juez de provincia, si el ilustre honorario estaba establecido en la misma, con excepción de las provincias que entraban en la competencia del prefecto del pretor. Sobre esta constitución, vid., FRANCIOSI, *Riforme istituzionali...*, cit., pág. 26 y la bibliografía citada en su n. 13.

de manifiesto, que la salida lícita de la capital por parte de quienes ejercían potestades requería la formal concesión del *commeatus*, mientras que existía un permiso general para abandonar la capital para los ilustres asociados al cuerpo de senadores tras haber finalizado su cargo o para residir en las provincias respecto a los ilustres honorarios:

> C. I. 12.1.18 (*Imp. Anastasius A. Eusebio, Magistro officiorum*): *Iubemus, salvo honore, qui per evocationem sacrae revocatoriae defertur, durante, licere cunctis tam maiores quam minores potestates gerentibus, nec non etiam honorariis illustribus, sive ex hac regia urbe, principali videlicet praecedente consensu, profecti fuerint, sive in provinciis habitantes sacratissimum (suis scilicet poscentibus negotiis) petere maluerint comitatum, sine sacra quoque revocatoria ad hanc regiam urbem pervenire*[121].

No obstante, el ejercicio de funciones administrativas ya había ido acentuando su vinculación a la Corte palatina, por los que la mayor parte de los *illustres* efectivos se encontraban domiciliados en la capital o en sus proximidades con anterioridad a estas disposiciones, puesto que, como indica Bréhier, el palacio dominaba toda la organización administrativa de manera que cualquier función pública estaba vinculada con él[122].

---

[121] Vid., asimismo, C. I. 12.5.5 (*Imp. Anastasius A. Eusebio, Magistro officiorum*).

[122] Bréhier, *Les institutions...*, cit., págs. 80-81, constata que todo agente civil o militar hacía que la mención de su cargo estuviera precedida de una dignidad palatina que le proporcionaba un rango en la Corte o de un predicado honorífico, verdadero título nobiliario adscrito a la dignidad. Así, el emperador gobernaba el "Estado" por medio de agentes íntimamente enlazados a su persona por una función más o menos honorífica o por un título nobiliario que les asignaba un rango en la jerarquía. Recíprocamente, un agente de los servicios de palacio, fuera o no eunuco, podía ser encargado de una función administrativa. Por tanto, en opinión del autor, no se podía hablar propiamente de funcionarios sino de agentes subordinados por vínculo personal al emperador; Lot, *La fin du monde antique...*, cit., págs. 95-98 y pág. 134; Garbarino, *Contributo...*, cit., págs. 13-14 y págs. 74 ss.; Ruggini, "Il Senato...", cit., págs. 363-364, constata cómo Teodosio II y Valentiniano III, en su Novella

Respecto a la Parte Occidental, como señala De Francisci, tras la expulsión de *clarissimi* y *spectabiles* y las continuas deserciones, el Senado había quedado reducido a los pocos funcionarios o ex-funcionarios residentes en la capital, dado que Roma continuaba siendo la sede senatorial, la mayor parte de los *illustres* o, al menos los más influyentes, eran miembros integrantes del *consilium* y les eran aplicadas las mismas exigencias domiciliarias para acceder a los cargos administrativos[123], sobre todo, si se tiene en cuenta que, en palabras de Meynial, la dignidad de *illuster* sólo era concedida a los que estaban cerca del emperador[124].

Por ello, la presencia de *illustres* en las provincias occidentales, puede ser explicada sobre la base de que, también en esta parte del Imperio, se exigiera a los *illustres* efectivos la solicitud formal del *commeatus*, si querían abandonar la ciudad, pudiendo aquéllos que no desempeñaban un cargo administrativo habitar *sine commeatu* en las provincias y desplazarse a la capital para asistir a las regulares sesiones del Senado convocadas con suficiente antelación[125].

15.1, convirtieron al Senado de Oriente en un instrumento de la política imperial y cómo las élites provinciales se transformaron en aristocracia del Imperio integrándose con la Corte, participando en la Asamblea los más altos representantes de la burocracia palatina civil y militar. La distinción entre senadores de carrera tradicional y senadores de carrera burocrática es ya patente en el siglo IV. Vid. Chastagnol, *La préfecture...*, cit., págs. 382-399, págs. 405-426 y págs. 432-449; idem, "La carrière sénatoriale du Bas-Empire (depuis Dioclétien)", en *Epigrafia e ordine senatorio*, I, Roma, 1982, págs. 167-194; Petit, "Les sénateurs...", cit., págs. 358 ss.; Dragon, *Naissance...*, cit., págs. 154 ss. (= *Costantinopoli...*, cit., págs. 152 ss.); Roda, "Nobilità...", cit., págs. 650 ss. y págs. 670 ss.

[123] De Francisci, "Per la storia...", cit., págs. 279 ss.; Meynial, "Quelques réflections...", cit. págs. 149 ss., indica que los *illustres* habitaban, generalmente, en Roma o en Italia, convirtiéndose la Asamblea en un cuerpo urbano de la Villa.

[124] Meynial, "Quelques réflections...", cit., págs. 149 ss.; Malcus, "Senato...", cit., págs. 233-234, afirma que el emperador gobernaba el imperio con los *illustres*.

[125] Al respecto, Chastagnol, *Le sénat...*, cit., pág. 355 y pág. 359; idem, "Le fin du Sénat de Rome", cit., pág. 347.

6. RESTABLECIMIENTO DE LA OBLIGACIÓN DOMICILIARIA SENATORIAL PARA TODOS LOS COMPONENTES DEL SENADO CON JUSTINIANO

Las medidas adoptadas en la mitad del siglo V, conservaron su vigencia en la época ostrogoda[126] hasta Justiniano[127]. La composición

---

[126] LÉCRIVAIN, *Le sénat...*, cit., págs. 65-66, págs. 153 ss., págs. 207 ss. y págs. 225 ss.; CHASTAGNOL, "Le fin du Sénat de Rome", cit. pág. 348; RUGGNI, "Le Sénat...", cit., pág. 347. La desaparición de la función imperial en el 476 tuvo como consecuencia el aislamiento de los senadores provinciales y la acentuación de la composición romana del Senado. Odoacro buscó conciliarse con la alta nobleza de la Villa confiriéndoles privilegios, en un intento de utilizar al Senado para legitimizar su posición y regular sus relaciones con Oriente. Por su parte, Teodorico conservó el sistema senatorial y retomó el papel desempeñado no hace mucho por los emperadores. La larga guerra gótica durante los primeros treinta años del siglo VI arrastró al Senado a una ineluctable decadencia: numerosos senadores abandonaron Roma, otros fueron asesinados o deportados; su patrimonio se disgregó y las familias brillantes se eclipsaron. En el curso del último tercio del siglo VI y a principios del siglo VII, el Senado todavía se reunía, pero el más amplio orden de los siglos IV y V había devenido ya en una pequeña asamblea dominada por la figura del pontífice, no siendo más que el antecedente civil de la asamblea clerical que, habiendo perdido todas sus prerrogativas administrativas y políticas, rodea al papa. Vid. PIETRI, "Aristocratie et société...", cit., págs. 444 ss.; MANCUSO, s.v. «senato (Diritto romano)», cit., págs. 1149-1150; LANÇON, *Rome...*, cit., págs. 74-75.

[127] En efecto, en el concilio de Caledonia (año 451 d. C.), los comisarios del Senado eran todos *illustres*. Procopio de Cesarea, en un pasage de la *Historia Arcana* (c. 12-19) constata, con motivo de la represión de los senadores implicados en la gran sedición del 532, la presencia de ricos senadores tanto en Bizancio como en otras villas. En su proyecto de reunir las reglas jurídicas vigentes derivadas de la autoridad imperial, el Código Justinianeo (año 535 d. C.) recoge, entre las disposiciones relativas a la jurisdicción aplicable a los senadores, constituciones del emperador Zenón, en las que sólo se alude a los *illustres* efectivos u honorarios, residentes en la capital o en las provincias (C. I. 3.24.3; C. I. 9.35.11). En el título XII, se habla del clarisimado y de la respetabilidad con relación a los oficios de palacio, pero no se menciona su entrada en el Senado. Incluso el asedio gótico motivó que muchos senadores occidentales se exiliasen no sólo en la capital sino también en las provincias bizantinas.

exclusivamente por *illustres* fue mantenida por el emperador como lo prueba una interpolación del Digesto, detectada por la doctrina, en la que se afirma que sólo aquéllos disponían del *ius sententia dicendae*:

> D. 1.9.12 (Ulpianus *libro II. de Censibus*): *Senatores autem accipiendum est eos qui a patriciis et consulibus usque ad omnes illustres viros descendunt; quia et hi soli senatu sententiam dicere possunt*[128].

Asimismo la doctrina ha constatado que Triboniano, al elaborar el Código Justiniano, adaptó algunos pasajes del Código Teodosiano a esta composición del Senado exclusivamente por *illustres*[129]. Cohe-

Por todos, LÉCRIVAIN, *Le sénat*..., cit., págs. 65-66; BURGARELLA, "Il senato di Costantinopoli", cit., pág. 407; Zonaras, *Epitome historiarum*, 14. 6.

[128] Vid., DE FRANCISCI, "Per la storia...", cit., pág. 279, quien afirma que Justiniano en su Novela 62.2, estableció una tripartición de los *illustres*; ALBERTINI, *L'Empire romain*, cit., pág. 417; ARNHEIM, *The senatorial aristocracy*..., cit., pág. 10 n. 3; DRAGON, *Naissance*..., cit., pág. 165 (= *Costantinopoli*..., cit., pág. 162); TALAMANCA, *Lineamenti*..., cit., pág. 576; JONES, *The Later Roman Empire*, I, cit., pág. 529 y pág. 530 n. 17, que considera que *spectabiles* y *clarissimi* se convirtieron en títulos honoríficos pasivos con privilegios restringidos; GARBARINO, *Contributo*..., cit., pág. 65; LÖHKEN, *Ordines Dignitatum*, cit., pág. 106 n. 201; CHASTAGNOL, *Le sénat*..., cit., pág. 355 n. 47 y págs. 358 ss., quien tras constatar la mencionada interpolación justinianea, afirma que sólo el rango de ilustre permitía acceder a los más altos cargos; RUGGINI, "Il Senato...", cit., págs. 364 ss., respecto al Senado de Constantinopla, págs. 371 ss., en relación al Senado de Roma, quien afirma cómo en varias ciudades de la provincia bizantina, en la época de Justiniano, los notables ciudadanos a los que el emperador confiaba, junto con los obispos y el clero local, la elección de los gobernadores, constituían un grupo oligárquico de hecho, que prescindían ya de cargos y de jerarquías institucionales.

[129] LÉCRIVAIN, *Le sénat*..., cit., págs. 65-66, señala pasajes del Código Justinianeo en los que se afirma que desde el 415 el Senado se redujo a los ilustres (C. I. 12.16.1; C. I. 12.16 3), pero indicando que tales pasajes fueron interpolados por Triboniano para adaptarlos a su época (Cfr. C. Theod. 6.23.1; C. Theod. 6.23.4); ARNHEIM, *The senatorial aristocracy*..., cit., pág. 10 n. 3, añade otra interpolación en C. I. 12.1.10=C. Theod. 9.35.3; DRAGON, *Naissance*..., cit., pág. 165 n. 6 (= *Costantinopoli*..., cit., pág. 163 n. 115); GERA-GIGLIO, *La tassazione*..., cit., págs. 68-69 y págs. 156-157; GIGLIO, *Il tardo impero*..., cit., págs. 39 ss.

rentemente, el nuevo orden senatorial introducido por Justiniano en el 537, se basó en una tripartición de los senadores de tal rango[130].

Sin embargo, la legislación justinianea comportó que el domicilio de los senadores volviera a coincidir con su residencia efectiva en la capital, cerca del emperador. En el prefacio de la Novela 62, *De senatoribus*, se advierte el propósito imperial de recuperar la perdida preeminencia y centralidad institucional que habían caracterizado al Senado en el periodo republicano, época, conviene recordar, en la que los senadores estaban obligados a tener el domicilio en Roma:

> *Antiquissimis temporibus romani senatus auctoritas tanto vigore potestatis effulsit, ut eius gubernatione domi forisque habita iugo romano omnis mundus subiiceretur... communi etenim senatus consilio omnia agebantur...* [131].

En el capítulo I, dedicado a los *senatores in quiete degentibus*, Justiniano se lamenta de su excesiva *deminutio*, tanto cuantitativa como cualitativa, hecho que considera una grave injuria dada la antí-

---

[130] Justiniano llevó a cabo una tripartición de los *illustres* de Constantinopla, limitando a ellos el título de senadores por este orden: los patricios, los cónsules, excónsules y los funcionarios de grado *illuster* con cargo real, destinados a formar como *gloriosissimi* la nueva clase superior del orden senatorial. Vid. Novella 62, *De Senatoribus* (*Imp. Iustinianus A, Ioanni P.P*, año 537), cap. 2. Sobre la extensión de las medidas adoptadas a Italia, *Pragmatica sanctio Iustiniani* del 13 de agosto del 554. En este sentido, entre otros, Lécrivain, *Le sénat...*, cit., págs. 207 ss. y págs. 225 ss.; De Francisci, "Per la storia...", cit., pág. 279 y págs. 289 ss.; Garbarino, *Contributo...*, cit., pág. 72 y n. 53, tras un análisis de las fuentes, llega a la conclusión de que los senadores, en cuanto miembros del Senado, continuaron siendo calificados como *illustres*, mientras el apelativo de *gloriosus* fue usado, oficialmente, como atributo individual de aquellos senadores más elevados en rango. Por contra, en Occidente, durante el dominio bárbaro, los más altos dignatarios siguieron siendo calificados como *illustres*; Burgarella, "Il senato di Costantinopoli", cit., págs. 399 ss.

[131] *Novellae Iustiniani*, 62, *De senatoribus*, pr. El prefacio continúa afirmando que esta preeminencia y centralidad se perdió cuando el derecho del pueblo y del Senado fue transferido a la majestad imperial. En este sentido, Burgarella, "Il senato di Costantinopoli", cit., pág. 437. Una exégesis del prefacio la lleva a cabo Garbarino, *Contributo...*, cit., págs. 6 ss.

tesis entre la antigua grandeza del órgano senatorial y su actual condición de decadencia, en la que sus residuales competencias ordinarias eran de escaso relieve y no muy numerosas en comparación con las de los senadores-administradores[132]. GARBARINO entiende que su situación inoperativa (*vacans*) debía ser reputada de escaso prestigio, mientras el ejercicio de funciones administrativas debía ser juzgado signo de distinción y de importancia. A su juicio, la insatisfacción evidente de estos senadores, pudo conducir a Justiniano a aumentar el número de sus componentes y sus competencias, tratando así de evitar su situación *non curiosa* y de equipararlos en prestigio a los senadores-administradores[133].

A tal fin, la Novela dispone que se proceda a un reclutamiento extraordinario de senadores entre las élites funcionariales a fin de que una parte del Senado esté activamente implicada en la administración y la otra pueda exhibir de otro modo su ingenio al servicio de la República. Tal contribución consistió en que los *senatores in quiete degentibus* participasen en las reuniones judiciales de los *proceres*, (*silentium et conventus*), de las que estaban excluidos los *proceres non senatores*[134], permitiendo que continuaran reuniéndose

---

[132] GARBARINO, *Contributo*..., cit., pág. 59 n. 13 y págs. 78 ss., indica que antes de la emanación de la Novela 62, las competencias ordinarias del Senado estaban limitadas al nombramiento del *curator furiosi* en el caso en que el *furiosus* fuera una persona de noble origen, al nombramiento y control de la carrera de los profesores universitarios de Constantinopla y a la elección de los residuales pretores, competencia, esta última, que con la Novela 13 fue asignada al prefecto urbano. Vid. C. I. 5.70.7§6; C. I. 1.15.1; C. I. 1.39.2; Nov. 13.1.2.

[133] GARBARINO, *Contributo*..., cit., pág. 60.

[134] *Novellae Iustiniani*, 62, *De senatoribus*, cap. 1: *a solis senatoribus, sed ab utroque ordine, huismodi litibus exercendis*. Los *proceres* palatinos son los administradores que ejercían su cargo en la Corte y que formaban el grupo permanente de consejeros imperiales (*consistorium principis*). GARBARINO, *Contributo*..., cit., págs. 62-63 y pág. 77, indica cómo las fuentes ora los asimilan a los senadores, ora los diferencian. Para este autor, los más altos funcionarios de la Corte eran senadores y, a la vez, formaban parte del consistorio. Por tanto, el órgano técnico-consultivo del emperador estaba formado por senadores-administradores y por *illustres* que no formaban parte del Senado. En el mismo sentido, BRÉHIER, *Les institutions*..., cit., págs. 149-150; KUNKEL, W., "Die Funktion des Konsiliums in der magistratischen Strafjustiz und im Kaiserge-

solito more tanto en los juegos circenses, como *quando conventus fuerit nuntiatus*[135]. Igualmente reclama su participación en otras reuniones convocadas en la Corte, con un fin consultivo y deliberativo pero sin efecto vinculante para el soberano, reforzando su integración y colaboración paritaria en el seno de otros órganos colegiados de aquélla[136]. Además, para acabar con la situación de inoperatividad, Justiniano confió a los senadores pertenecientes a la *pars vacantium* del Senado funciones especiales[137].

A nuestro parecer, como ya fuera apuntado por LÉCRIVAIN, las reformas de Justiniano contribuyeron a desvanecer, desde un punto de vista fáctico que no formal, la distinción entre el Senado y el *Consistorium*, uno y otro llamados a desempeñar funciones prevalentemente judiciales en una relación de sistemática subordinación al emperador[138].

---

richt", en *Kleine Schriften*, Weimar, 1974, págs. 151-254. Sobre la terminología, DE BONFILS, G., "'Consistorium', 'Consilium' e Consiglieri imperiali in Ammiano Marcelino", en *Studi in onore di Arnaldo Biscardi*, Vol. III, 1982, págs. 263-275.

[135] *Novellae Iustiniani*, 62, *De Senatoribus*, cap. 1, *in fine*: *Eo certissimo constituto, quod et in ludis circensibus, et quando conventus fuerit nuntiatus, solito more et senatores colligi necesse est, et suum officium execere.* En estas reuniones del Senado (*conventus*) se admitía tanto a los *senatores in quiete degentes* como a los administradores de rango senatorial puesto que, de otro modo, no se comprendería el sentido de atribuirles el título senatorial. GARBARINO, *Contributo...*, cit., pág. 94; FRANCIOSI, *Riforme istituzionali...*, cit., pág. 55.

[136] BRÉHIER, *Les institutions...*, cit., págs. 149-151, afirma que el Senado no sólo fue una asamblea política sino también un órgano consultivo que podía ser invitado por el emperador para deliberar sobre asuntos de gran importancia que, a veces, se referían a política exterior como ocurrió en la guerra de África. Asimismo afirma que, conforme a la Novela 62, cap. 1, los senadores estuvieron obligados a asistir a los *silentia* y asambleas con fin consultivo; BURGARELLA, "Il senato di Costantinopoli", cit., págs. 417-418, indica la tendencia de equiparar a senadores y *proceres palatini* y la participación de ambos en el *Comitatus*, gabinete de los ministros.

[137] Procopio, en su *Historia de las guerras*, nos ofrece algunos ejemplos en los que los senadores fueron enviados fuera de la capital como embajadores o para reprimir revueltas o para investigar homicidios. Vid. *de bello Vandalico*, 2.16.1-2; *de bello Persico*, 1.25.40; *de bello Gothico*, 4.24.11.

[138] LÉCRIVAIN, *Le sénat...*, cit., pág. 226 y pág. 231, afirma que Senado y Consistorio formalmente continuaron formando cuerpos separados. En el mis-

El Senado se transformó así, en un órgano administrativo palatino hasta el punto de reunirse en el interior del palacio imperial[139], acentuándose su carácter de colegio de altos funcionarios y burócratas, adscritos por su dignidad a la *domus regia*, dóciles a la *voluntas* del soberano reinante, de manera que tanto los senadores administradores como los *senatores in quiete degentibus* estuvieron obligados a residir cerca del *princeps*, en el centro administrativo del imperio: Constantinopla[140].

Idéntica conclusión se desprende de las palabras de BURGARELLA para quien, con la promulgación de la Novela 62, Justiniano conexionó y subordinó el papel de los senadores a la autoridad imperial, pretendiendo equiparar y fundir Senado y *Consistorium*, los Colegios de Corte en los que se encuadraban ministros, altos funcionarios y dignatarios y todos aquéllos de los que, por norma o por praxis, el soberano solía valerse y rodearse[141]. Por ello, afirma RU-

---

mo sentido, DRAGON, *Naissance...*, cit., págs. 145-146 (= *Costantinopoli...*, cit., págs. 143-144), quien afirma que, bajo Justiniano, se asimilaron de modo más completo las dos instituciones en la medida en que los principales personajes del Senado no eran otros que los *proceres palatini* y los altos funcionarios.

139 BURGARELLA, "Il Senato di Costantinopoli", cit., pág. 431: "I senatori si riunivano all' interno del palazzo imperiale e non più nel Bouletérion, la loro storica sede urbana". Sobre el lugar de reunión del Senado, entre otros, DRAGON, *Naissance...*, cit., pág. 139 (= *Costantinopoli...*, cit., pág. 137); Procopio, *De aedificis*, 1.10.

140 LÉCRIVAIN, *Le sénat...*, cit., pág. 226 y pág. 231, considera que el Senado se redujo a una aristocracia de funcionarios civiles y militares residente en Constantinopla. En el mismo sentido, DRAGON, *Naissance...*, cit., págs. 145-146 (= *Costantinopoli...*, cit., págs. 143-144), para quien el Senado fue absorbido por el Palacio integrándose en su ritual; MANCUSO, s.v. «senato (Diritto romano)», cit., pág. 1149, para quien el Senado se convirtió en una aristocracia de Corte; RAVEGNANI, G., *La Corte di Giustiniano*, Rome, 1989, págs. 34 ss., para quien tanto Consistorio como Senado fueron transformados por Justiniano en órganos sujetos al emperador sin ninguna capacidad de decisión: "Il consistorio... si era transformato in una camera da ceremonia... il senato si limitava a ratificare le decisioni già prese dall'imperatore".

141 BURGARELLA, "Il senato di Costantinopli", cit. págs. 405-406. Por su parte BRÉHIER, *Les institutions...*, cit., págs. 150-151, considera que la Novela 62 señaló el comienzo de una evolución que iba a transformar el Senado en el único Consejo de Estado sucediendo al antiguo *Consistorium principis*.

GGINI, Senado y vida cortesana formaron un todo unido siendo las grandes decisiones del Imperio tomadas no tanto por la Asamblea senatorial cuanto por sus miembros que ocupaban asiento también en el Consistorio o desempeñaban funciones imperiales a los más altos niveles[142].

Cabría incluso afirmar, conforme a la opinión de STEIN, que la Novela 62 derogó la vieja norma en base a la cual las más altas dignidades en servicio no tenían que asistir a las reuniones del Senado[143]. Y dado que, como indica GARBARINO[144], no existe en las fuentes una norma de tal tipo, todo induce a pensar que STEIN se refiere a las normas que autorizaban a los senadores a residir fuera de la capital. Nuestra teoría es confirmada por Procopio quien en su *Anecdota* (*Historia Arcana*),

---

142 RUGGINI, "Il Senato...", cit., pág. 365.

143 STEIN, *Histoire du Bas-Empire*, II, cit., págs. 429 ss.; idem, "La disparition du sénat de Rome", en *VI Congrès International d'Études Byzantines*, Nedeln-Liechtenstein, 1978, págs. 24-25, donde afirma que hasta el 536 todos los *illustres* sin distinción habían formado parte del Senado y que desde tal fecha las disposiciones adoptadas por Justiniano excluyeron del Senado a los *illustres vacantes* y a los *illustres* honorarios, reduciendo al Senado, en vísperas de su desaparición a un órgano compuesto por patricios y excónsules. En contra, GARBARINO, *Contributo...*, cit., págs. 68 ss., acertadamente expone que la Novela no hace alusión al excesivo aumento de los *illustres* honorarios que habría inducido a excluirlos del Senado, siendo probable que antes de su emanación no todos los *illustres* honorarios accedieran al Senado. Constata una indicación en tal sentido contenida en la Novela 62.2, *in finem* donde se reduce a un tercio las *sportulae* a pagar por los beneficiarios de una digninad honoraria en el caso en que la misma haya sido concedida con el fin de permitirles entrar en el Senado: "Molto probabilmente questa misura è da porsi in collegamento con il reclutamento straordinario di senatori menzionato nel *caput I*. Essa dimostra che per l'ammissione al senato non era sufficiente la mera attribuzione di una *dignitas* honoraria sia pure di grado illustre, occorreva altresì che la *dignitas* fosse concessa a tale specifico scopo (e ciò dipendeva, ancora una volta, dalla *voluntas* imperiale)". Sobre la existencia de ilustres no senadores vid. Novela 74.4.1; 43, *praefatio*.

144 GARBARINO, *Contributo...*, cit., pág. 68 n. 43. Esta teoría es coherente con la obligación impuesta por el emperador a los funcionarios provinciales de residir en la provincia y no salir de ella hasta pasados cincuenta días del término de su mandato, bajo pena de ser condenados por el delito de lesa majestad (*Novellae Iustiniani*, 94, año 539).

critica la reducción del Senado justinianeo a una asamblea de funcionarios, cortesanos y súbditos, privados de toda autoridad y autonomía, lamentándose de la presencia continua en Palacio de los dignatarios y de todos los demás, en la medida en que eran obligados por Justiniano y Teodora a estar continuamente a su lado[145].

Por tanto, todo lo expuesto nos induce a pensar que los senadores justinianeos, al igual que en el periodo republicano, estuvieron domiciliados en la capital, en torno y en relación a la figura del emperador o bien porque formaban parte de los *proceres* palatinos, de los consejeros permanentes del soberano o asistían a las reuniones de otros órganos de consulta, siendo bastante probable que sus reuniones fueran frecuentes[146]; o bien porque muchos de ellos eran ex-funcionarios públicos en reposo[147] y su presencia cerca del emperador les permitía salir de su indignante inoperatividad al ser destinados a misiones especiales; o bien porque formaban parte de las reuniones judiciales de los *proceres*, pudiendo participar en una actividad decisiva de cierta importancia y continuidad[148].

---

[145] PROCOPIO, *Anecdota (Historia Arcana)*, 30.24-26, 27-30; 15.27. En este sentido BRÉHIER, *Les institutions...*, cit., págs. 71 ss., pone de manifiesto la presencia de los senadores en las continuas ceremonias que rodeaban la vida oficial del emperador y de la Corte.

[146] DIEHL, C., *Justinien et la civilisation byzantine au VIe siècle*, Paris, 1901, pág. 98, afirma que Justiniano ejercía su autoridad valiéndose de la estrecha colaboración de los más altos ministros; BRÉHIER, *Les institutions...*, cit., pág. 86; RAVEGNANI, *La Corte di Giustiniano*, cit., págs. 34 ss.; GARBARINO, *Contributo...*, cit., págs. 74 ss.; BURGARELLA, "Il senato di Costantinopoli", cit., pág. 418.

[147] La *Novellae Iustiniani*, 62, *De senatoribus*, cap. 2, dispuso que los funcionarios públicos en reposo o jubilados permanecieran en la *pars* vacante del Senado en respeto al principio de no penalización de los *honorati*. Por tanto, estos ex-funcionarios pasan a ser *senatores in quiete degentibus*. Sobre los componentes de esta parte del Senado vid., entre otros, RAVEGNANI, *La Corte de Giustiniano*, cit., págs. 43 ss.; GARBARINO, *Contributo...*, cit., págs. 56 ss. y págs. 115 ss.; BURGARELLA, "Il senato di Costantinopoli", cit., pág. 419.

[148] Por todos, GARBARINO, *Contributo...*, cit., pág. 80. Con la Pragmática sanción de 13 de agosto del 554, se extendieron a la Parte Occidental del Imperio las medidas adoptadas para Bizancio.

Capítulo II
EL DOMICILIO DE LOS DECURIONES Y MAGISTRADOS LOCALES

1. NACIMIENTO DE LA OBLIGACIÓN DOMICILIARIA

La política de expansión romana iniciada desde los primeros siglos de la República planteó el problema de organizar el territorio conquistado. Como señala FERNÁNDEZ DE BUJÁN, A., en un primer momento Roma no intentó uniformizar las comunidades locales sometidas a su control sino que otorgó a las mismas estatutos jurídicos variados mediante el sistema de tratados o alianzas con *civitates* que no participaban de la ciudadanía romana y el sistema de anexiones, en virtud del cual Roma incorporaba a su dominio las comunidades preexistentes (*municipia*) o las de nueva fundación (*coloniae*)[149].

Atendiendo a la división que desde un punto de vista político-constitucional realiza LAFFI, con anterioridad a la Guerra Social

[149] FERNÁNDEZ DE BUJÁN, A., *Derecho Público...*, cit., págs. 171 ss.; idem, "Hacia...", cit., págs. 24-25. Vid., asimismo, por todos, DE FRANCISCI, P., *Storia del Diritto Romano*, II.1, Roma, 1929, págs. 17 ss.; idem, *Sintesi Storica del Diritto Romano*, 4ª edición, Roma, 1968, págs. 190 ss. (= *Síntesis histórica del Derecho Romano*, trad. esp. de U. Álvarez, Madrid, 1954, págs. 219 ss. y págs. 392 ss); VALIÑO, A., "Ciudadanía y latinidad en la romanización de *Hispania* en el período republicano", en AA.VV. (Coord. B. Periñán Gómez), *Derecho, persona y ciudadanía. Una experiencia jurídica comparada*, Madrid, Barcelona, Buenos Aires, 2010, págs. 57 ss.

Italia se presenta dividida en tres grandes zonas: el *ager romanus* (*coloniae civium Romanorum*, *municipia sine suffragio* y *municipia optimo iure*); las *coloniae latinae* y las *civitates foederatae*[150].

[150] LAFFI, U., "I senati locali nell'Italia repubblicana", en AA.VV. (M. Cébeillac ed.), *Les «bourgeoisies» municipales italiennes aux IIe et Ier siècles av. J. C.*, Paris-Naples, 1983, pág. 59; idem, "I senati locali nello stato municipale e nel I sec. d. C.", en AA.VV., *Il senato nella storia*, Roma, 1998, págs. 377 ss. No obstante existían otras agrupaciones menores como los *fora* y *conciabula*, que eran centros de mercado o barrios de ciudadanos romanos que tenían un consejo de administración pero se encontraban bajo la jurisdicción de los magistrados del municipio o de la colonia a cuyo territorio eran agregados; los *vici* y *castelli*, aglomeraciones de habitantes que, siendo ciudadanos agregados a un municipio, tenían una administración local propia, *magistri*, *aediles* o *praefecti*, un consejo comunal y reuniones populares; y *prefecturae*, ciudades con su propia organización interna pero cuyos magistrados locales eran substituidos por un *praefectus iure dicundo* enviado por Roma que era el gobernador de la ciudad. En las conquistas extraitálicas Roma utilizó también el sistema de alianzas y el sistema de anexiones. Así, entre las comunidades locales provinciales provistas de un senado no sólo encontramos a municipios, colonias o agrupaciones menores, sino también las *civitates peregrinae* con diferentes situaciones jurídicas: *foederatae*, *stipendiariae*, *liberae et immunes* y *liberae*. Sobre los distintos tipos de comunidades locales, vid., entre otros, GLÜCK, F.C., *Ausführliche Erläuterung der Pandecten nach Hellfeld: ein Comentar*, II, Erlangen, 1800, págs. 181 ss.; GIRAUD, M.CH., *Histoire du Droit romain ou Introduction Historique a l'Étude de cette Législation*, Paris, 1847, págs. 94 ss.; MARQUARDT, J., *Römische Staatsverwaltung*, I, Leipzig, 1873, págs. 3 ss. y págs. 19 ss.; HUMBERT, G., s.v. «decurio», en *D.S.*, II.1, Paris, 1892, págs. 40-41; LEVY, "Études...", cit., págs. 203-250; BAVIERA, G., *Il diritto internazionale dei Romani*, Modena, 1898, págs. 84 ss.; WILLEMS, *Le droit public romain*, cit., págs. 349 ss., págs. 351 ss. y págs. 508 ss.; DE RUGGIERO, *La patria...*, cit., págs. 7 ss. y págs. 39 ss.; HARPER, "Village administration...", cit., págs. 105 ss.; BELOCH, J., *Römische Geschichte bis zum Beginn der punischen Kriege*, Berlin-Leipzig, 1926, págs. 488 ss.; ELIACHEVITCH, *La personnalité juridique...*, cit., págs. 57 ss.; DEGRASSI, *Guida...*, I, cit., págs. 297-329; LÜBTOW, *Das Römische Volk*, cit., págs. 635 ss.; ABBOTT-JOHNSON, *Municipal administration...*, cit., págs. 3 ss., págs. 10 ss. y págs. 39 ss.; TANFANI, *Contributo...*, cit., págs. 21-22 y págs. 35-36; HUMBERT, M., "L'incorporation de Caere dans la *civitas romana*", en *M.E.F.R.A.*, 84, 1972, págs. 231 ss.; LANGHAMMER, *Die rechtliche...*, cit., págs. 2 ss.; FREZZA, *Corso...*, cit., págs. 221 ss.; LURASCHI, G., *Foedus Ius Latii Civitas. Aspetti costituzionali della romanizzazione in Transpadana*, Padova, 1979, *passim*; CAMPANILE-LETTA, *Studi...*, cit., págs. 1 ss.; RICCO-

Las *coloniae civium Romanorum* y las *coloniae latinae* eran comunidades fundadas por el Estado romano dotadas, a imitación de Roma, de unos órganos constitucionales (magistrados, senado y asambleas) que funcionaban autónomamente según las normas respectivas dictadas por el gobierno central.

Aunque no tenemos datos sobre los requisitos domiciliarios exigidos a sus magistrados y senadores, es lícito suponer que ellos resi-

---

BONO JR., S., "Le «civitates» bell'unità dell'impero romano: autonomie locali e politica del territorio", en *La città antica come fatto di cultura. Atti del Convegno di Como e Bellagio 16/10 giugno 1979*, Como, 1983, págs. 215 ss.; FERRARY, "La Lex Antonia de Termessibus", cit., págs. 419-457; GASCOU, "La Tabula Siarensis...", cit., págs. 541-554; GONZÁLEZ, "El *ius Latii* y la *lex Irniana*", cit., págs. 317-322; idem, "*Ius Latii...*", cit., págs. 1125 ss.; KUNKEL, W., *Historia del Derecho Romano*, (trad. de la 4ª edición alemana por J. Miquel), Barcelona, 1989, págs. 45 ss.; CHASTAGNOL, "Considérations...", cit., págs. 351-365; MENTXAKA, *El Senado municipal...*, cit., págs. 25 ss.; idem, "Descripción...", cit., págs. 65 ss.; LINTOTT, *Imperium Romanum...*, cit., págs. 16 ss. y págs. 129 ss.; DAVID, *La romanisation de l'Italie*, cit., págs. 43 ss.; ídem, "Rome et l'Italie de la guerre sociale à la mort de César: une nouvelle citoyenneté. État de la recherche", en Pallas, nº, 96, 2014, págs. 35-52; VITTINGHOFF, *Civitas Romana...*, cit., págs. 11 ss.; SPAGNUOLO VIGORITA, T., *Città e Impero. Un seminario sul pluralismo cittadino nell'Impero romano*, Napoli, 1996, *passim*; SHERWIN-WHITE, *The Roman Citizenship*, cit., págs. 58 ss.; PETRUCCI, A., "Colonie romane e latine nel V e IV sec. A.C.", en AA.VV. *Legge e Società nella Repubblica Romana (a cura di F. Serrao)*, II, Napoli, 2000, págs. 1 ss.; SCHULZ, *Principios...*, cit., págs. 167 ss.; CAPOGROSSI COLOGNESI, "«Pagi»...", cit., págs. 391-431; MANGAS, J., *Leyes coloniales y municipales de la Hispania romana*, Madrid, 2001, págs. 9 ss.; GARCÍA FERNÁNDEZ, *El municipio latino...*, cit., *passim*; FERNÁNDEZ DE BUJÁN, A., "Observaciones a propósito del tránsito de la Iberia-griega y púnica a la Hispania romana", en *R.G.D.R.* (*www.iustel.com*), nº 2, 2004, págs. 1 ss.; idem, *Derecho Público...*, cit., págs. 171 ss. y pág. 277; RODRÍGUEZ-ENNES, L., *Gallaecia: Romanización y ordenación del territorio*, Madrid, 2004, págs. 26 ss.; ALBURQUERQUE, J.M., "La administración provincial, colonial, municipal y la justicia en la Hispania Romana (1): especial referencia a la Bética romana, su capital Corduba y los magistrados municipales y órganos con iurisdictio según la Lex Irnitana", en *R.G.D.R.* (*www.iustel.com*), nº 1, 2006, págs. 1-24; idem, "Concentración y ordenación urbanística del territorio romano: colonias, Conventos y Municipios de la Bética", en *R.G.D.R.* (*www.iustel.com*), nº 13, 2009, págs. 1 ss. (= AA.VV., *Hacia un Derecho Administrativo y Fiscal Romano*, Ceu-Dykinson, Madrid, 2011, págs. 77 ss.).

dirían de modo permanente en la colonia, siguiendo fielmente el modelo de Roma tal y como nos indica Gellio respecto a las *coloniae civium Romanorum*:

> AULO GELLIO, *Noctes Atticae*, 16.13.9: "*quasi effigies parvae simulacraque* (*i.e. populi Romani*)"[151].

Similar conclusión extrae GABBA respecto a las colonias latinas al afirmar que la clase dirigente debía habitar en la ciudad sobre todo si se tiene en cuenta, como indica BANDELLI, que la clase dirigente y la clase política tienden a coincidir en las colonias y municipios republicanos[152].

Por su parte, tanto los *municipia sine suffragio* y *optimo iure*, comunidades constitucionalmente definidas antes de su incorporación al Estado romano, como las *civitates* aliadas con Roma conservaban la autonomía y las características propias sus órganos de gobierno, obviamente dentro de los límites concedidos por la *lex municipi* o el *foedus* respectivo[153].

---

[151] RUPPRECHT, G., *Untersuchungen zum Dekurionenstand in den nordwestlichen Provinzen des römischen Reiches*, Kallmünz, 1975, pág. 32 n. 8; MANGAS, *Leyes coloniales...*, cit., pág. 52; SPAGNUOLO VIGORITA, *Città e Impero...*, cit., págs. 52 ss.; VALIÑO, "Ciudadanía…", cit., pág. 73. El único testimonio directo respecto a los órganos de gobierno de una colonia romana, seguramente anterior a la Guerra Social, se recoge en la *Lex parieti faciendo* de Puteoli del año 105 a. C. Con apoyo en la misma, LAFFI, "I senati locali nell'Italia repubblicana", cit., pág. 60, considera que, con las adaptaciones propias a las exigencias locales, en todas las colonias el senado local aparece modulado sobre el esquema del senado romano tanto en su composición, reclutamiento como en sus competencias. Sin embargo, a nuestro juicio, como ya apuntara SHERWIN-WHITE, *The Roman Citizenship*, cit., pág. 87, de los datos proporcionados por esta ley resulta precipitado extraer conclusiones generales.

[152] GABBA, E., "Strutture sociali e politica romana in Italia nel II sec. a. C", en AA.VV. (M. Cébeillac ed.), *Les «bourgeoisies» municipales italiennes aux IIe et Ier siecles av. J.-C.*, Paris-Naples, 1983, pág. 41; SPAGNUOLO VIGORITA, *Città e Impero...*, cit., págs. 52 ss.; BANDELLI, G., "Per una storia della classe dirigente di Aquilea repubblicana", en AA.VV. (M. Cébeillac ed.), *Les «bourgeoisies» municipales italiennes aux IIe et Ier siecles av. J.-C.*, Paris-Naples, 1983, pág. 178.

[153] Al respecto, vid. bibliografía citada en la n. 150. Sobre el empleo del término Estado, FERNÁNDEZ DE BUJÁN, A., *Historia…*, cit., págs. 48 ss.; idem, *Derecho Público...*, cit., págs. 175 ss.

Igualmente carecemos de datos sobre los requisitos domiciliarios exigidos a los magistrados y senadores de estas comunidades preexistentes pero es lógico suponer que el problema domiciliario tampoco se plantearía dado que residirían de modo permanente en las mismas, habida cuenta de que, en palabras de HUMBERT, hasta finales de la República los cargos locales eran reservados a los ciudadanos originarios de la comunidad[154] y, hasta dicho momento, el *origo* coincidía generalmente con el *domicilium*[155].

Sobre este mosaico de estatutos locales, tras la Guerra Social, el dominio romano opera un proceso de unificación estructural de las distintas comunidades itálicas. En el año 90 a. C. la *Lex Iulia de civitate latinis et sociis danda* concedió la ciudadanía romana al *Latium* y a las ciudades aliadas que hubiesen permanecido fieles o hubieran depuesto solícitamente las armas[156].

---

[154] HUMBERT, *Municipium et civitas*..., cit., pág. 332; KOLB, F., *La ciudad en la antigüedad*, (trad. esp. de E. Bombín), Madrid, 1992, págs. 171 ss.; MENTXAKA, *El Senado municipal*..., cit., pág. 94 recoge un pasaje de Plinio en el que se indica que en tiempos antiguos era necesario tener la ciudadanía del municipio para ser decurión: *Epistulae*, 10.114(115).

[155] Así se desprende del análisis que SHERWIN-WHITE, *The Roman Citizenship*, cit., pág. 152 o THOMAS, *«Origine» et «Commune Patrie»*..., cit., pág. 106, realizan de la concesión de la ciudadanía romana por la *Lex Iulia de civitate latinis et socii danda* y por la *Lex Plautia Papiria*. Aunque los autores realizan una interpretación distinta de las leyes ambos comparten la tesis de la general coincidencia entre el *origo* y el *domicilium*.

[156] CICERÓN, *Oratio pro Balbo*, 21; *Epistulae ad familiares*, 13.30; AULO GELLIO, *Noctes Atticae*, 4.4.3; I.L.S. 8888; APIANO, *Bella Civilia*, 1.49.212-214. Sobre esta ley vid., entre otros, DE RUGGIERO, *La patria*..., cit., pág. 17; DUMONT, F., *Manuel de Droit Romain*, I, Paris, 1947, pág. 240; SAUMAGNE, CH., *Le droit latine et les cités romaines sous l'Empire*, Sirey, 1965, págs. 8-9, págs. 26 ss. y págs. 55-57; LURASCHI, G., "Sulle «leges de civitate»", en *S.D.H.I.*, 44, 1978, págs. 267-277; idem, *Foedus Ius Latii Civitas*..., cit., págs. 142 ss.; CAMPANILE-LETTA, *Studi sulle magistrature*..., cit., págs. 72 ss. y págs. 78 ss.; DENIAUX, E., "Civitate donati: Naples, Héraclée, Côme", en *Ktéma*, 6, 1981, págs. 133-141; idem, "Le passage des citoyennetés locales à la citoyenneté romaine et la constitution de clienteles", en AA.VV. (M. Cébeillac ed.), *Les «bourgeoisies» municipales italiennes aux IIe et Ier siècles av. J.-C.*, Paris-Naples, 1983, págs. 267-277; MANCINETTI SANTAMARIA, G., "La concessione della cittadinanza a greci e orientali nell II e I sec. A.C.", en AA.VV. (M.

Un año después la *Lex Calpurnia de civitate sociorum* permitió a los jefes del ejército conceder *singillatim et virtutis causa* la ciudadanía no sólo a los *socii italici* sino también a los *socii exterarum nationum* y probablemente a los *peregrini stipendiarii*, en recompensa a los méritos demostrados en campaña[157] y la *Lex Plautia Papiria de civitate socii danda* ofreció la *civitas romana* a los *adscripti civitatae foederatae* a condición de que el día de la presentación de la ley se encontraran domiciliados en Italia y en el plazo de sesenta días presentaran una declaración al pretor urbano[158].

A través de este conjunto de leyes, como afirma FERNÁNDEZ DE BUJÁN, A., se concedió la ciudadanía romana a todos los pueblos de Italia[159] y se desarrolló un modelo de integración sobre el esquema

---

Cébeillac ed.), *Les «bourgeoisies» municipales italiennes aux IIe et Ier siècles av. J.-C.*, Paris-Naples, 1983, págs. 125-136; FERENCZY, E., "Zu Caesars Bürgerrechtspolitik", en *Studi Sanfilippo*, 4, 1983, págs. 207 ss.; SPAGNUOLO VIGORITA, *Città e Impero...*, cit., pág. 76 y pág. 89; SHERWIN-WHITE, *The Roman Citizenship*, cit., pág. 152. Cfr. THOMAS, *«Origine» et «Commune Patrie»...*, págs. 116-117. Sobre el significado de la palabra *fundi*, cfr. SESTON, W., "La lex Iulia de 90 av. J. C. et l'intégration de l'Italie dans la citoyenneté romaine", en *C.R.A.I.*, 1978, págs. 52 ss.

157 Las referencias a esta ley se limitan a un sintético y vago fragmento de SISENNA, frag. 120 P: "*Milites, ut lex Calpurnia concesserat, virtutis ergo civitate donari*". Sobre la existencia de dos leyes *Iuliae*, LURASCHI, "Sulle «leges de civitate»", cit., págs. 334 ss.; ROSS TAYLOR, L., *The voting districts of the Roman Republic*, Rome, 1965, pág. 101 n. 2. En contra, PAIS, E., *Dalle guerre puniche a Cesare Augusto*, I, Roma, 1918, págs. 204-219.

158 CICERÓN, *pro Archia*, 4, 7. Sobre esta ley, entre otros, DE RUGGIERO, *La patria...*, cit., pág. 17; COSTA, *Cicerone giurisconsulto*, I, cit., págs. 277 ss.; SAUMAGNE, *Le droit latine...*, cit., págs. 9-10, págs. 26 ss. y págs. 55-57; SESTON, "La lex Iulia de 90 av. J. C...", cit., pág. 534; BADIAN, A., "Marius Villas: the Testimony of the Slave and the Knave", en *J.R.S.*, 63, 1973, págs. 127 ss.; CAMPANILE-LETTA, *Studi sulle magistrature...*, cit., págs. 72 ss.; DENIAUX, "Civitate donati...", cit., págs. 133 ss.; LURASCHI, "Sulle «leges de civitate»", cit., pág. 369; idem, *Foedus Ius Latii Civitas...*, cit., págs. 142 ss.; FERENCZY, "Zu Caesars Bürgerrechtspolitik", cit., págs. 207 ss.; SHERWIN-WHITE, *The Roman Citizenship*, cit., págs. 151 ss.; THOMAS, *«Origine» et «Commune Patrie»...*, cit., págs. 109 ss.

159 FERNÁNDEZ DE BUJÁN, A., *Derecho Público...*, cit., pág. 176; idem, "Hacia...", cit., págs. 24-25. Los pasajes de Veleyo Patérculo, *Historiae*

de organizar todas las comunidades itálicas en colonias y municipios que fue aplicado restringidamente por César en Asia Menor, norte de África, Galia e Hispania, iniciándose un proceso de uniformización de las instituciones locales que toma como modelo la estructura de la capital: magistraturas, senado y asambleas populares[160].

Romanae, 2.17.1; 2.20.2 y de Apiano, *Bella civilia*, 1.53.231, hacen alusión a un proceso general de naturalización en virtud del cual se concedió la ciudadanía a todos los *socii Italici*. Sobre las disposiciones y los procedimientos a través de los cuales la misma se llevó a cabo vid, entre otros, SESTON, "La lex Iulia de 90 av. J. C...", cit., págs. 52 ss.; LURASCHI, "Sulle «leges de civitate»", cit., págs. 347 ss.; CAMPANILE-LETTA, *Studi sulle magistrature...*, cit., págs. 78 ss.; CALZADA GONZÁLEZ, A., "*Origo, incolae, municipes* y *civitas romana* a la luz de la *lex Irnitana*", en *R.I.D.O.M.*, 4, 2010, págs. 23 ss. y la bibliografía por ellos citada.

[160] HUMBERT, "L'incorporation...", cit., pág. 231. No obstante, en las provincias favorecidas por César se mantuvo la distinción entre comunidades de derecho romano y comunidades de derecho latino. LÉCRIVAIN, C., s.v. «magistratus municipales», en *D.S.*, 3.2, Paris, 1904, págs. 1540 ss.; WILLEMS, *Le droit public romain*, cit., págs. 366 ss.; DE RUGGIERO, *La patria...*, cit., pág. 17, págs. 23-25 y págs. 39 ss.; COSTA, *Cicerone giureconsulto*, I, cit., págs. 399 ss.; SAUMAGNE, *Le droit latine...*, cit., págs. 4 ss., págs. 22 ss. y págs. 58 ss., especialmente; GRELLE, F., s.v. «decuriones» en *N.N.D.I.*, V, Torino, 1960, págs. 309 ss.; DE MARTINO, *Storia...*, IV.2, cit., pág. 666; FERENCZY, "Zu Caesars Bürgerrechtspolitik", cit., págs. 207 ss.; LURASCHI, *Foedus Ius Latii Civitas...*, cit., págs. 379 ss., entre otras; RICCOBONO JR., "Le «civitates»...", cit., págs. 215 ss.; LAFFI, "I senati locali nell'Italia repubblicana", cit., pág. 70; ABASCAL, J.M.-ESPINOSA, U., *La ciudad hispano-romana: privilegio y poder*, Logroño, 1989, págs. 40 ss.; LURASCHI, G., "La questione della cittadinanza nell'ultimo secolo della repubblica", en AA.VV., *Res publica e princeps. Vicende politiche mutamenti istituzionali e ordinamento giuridico da Cesare ad Adriano. Atti del Convegno Internazionale di Diritto Romano, Copanello, 25-27 maggio 1994 (a cura di F. Milazzo)*, Napoli, 1996, págs. 52 ss.; SPAGNUOLO VIGORITA, *Città e Impero...*, págs. 79 ss.; MENTXAKA, *El Senado municipal...*, cit., pág. 30; DAVID, *La romanisation de l'Italie*, cit., págs. 187 ss.; GARCÍA FERNÁNDEZ, *El municipio latino...*, cit., págs. 1 ss.; BRAVO BOSCH, Mª.J., "El largo camino de los *hispani* hacia la condición de *cives*", en *R.G.D.R.* (*www.iustel.com*), nº 9, 2007, págs. 1 ss.; idem, *El largo camino de los hispani hacia la ciudadanía*, Madrid, 2008, *passim*; FERNÁNDEZ DE BUJÁN, F., "La Betica, cornice privilegiata della legislazione municipale e coloniale dell`Hispania

Este proceso de unificación administrativa se observa tempranamente, respecto al estatuto municipal, en la *Lex municipii Tarentini*. Tarento fue una colonia romana fundada por Graco en el año 123 a.C. que tras la Guerra Social obtuvo la *civitas romana* convirtiéndose en municipio[161].

Mediante esta *lex data*, emanada en consecuencia de un magistrado romano, se concretan las funciones de los magistrados locales y se les exigen cauciones suficientes (*praedes praediaque*) para garantizar la correcta gestión de los fondos públicos y sagrados[162].

Romana", en AA.VV., *Filia. Scritti per Gennaro Franciosi*, II, Napoli, 2008, págs. 621 ss. (= *R.G.D.R.* (*www.iustel.com*), nº 13, 2009, págs. 1 ss.); González, "*Ius Latii*...", cit., págs. 1125 ss.; Lamberti, "Percorsi...", cit., pág. 50; Valiño, "Ciudadanía...", cit., págs. 65 ss.; Calzada González, "*Origo*...", cit., págs. 23 ss. y pág. 47; Barbati, S., "Asc., *in pis*. 3 Clark: sulle cosidette «colonie latine fittizie» transpadane", en *R.G.D.R.* (*www.iustel.com*), nº 18, 2012, págs. 1 ss., entre otros.

161 La fecha de esta *lex data* no puede determinarse con exactitud. Abbott-Johnson, *Municipal administration*..., cit., págs. 283-284, creen que sería otorgada entre los años 88 a 62 a. C., momento en el que Cicerón ya se refiere a *Tarentum* como municipio (*pro Archia*, 5.10).

162 *Lex Municipii Tarentini*, lns. 1-6 y 7-25. Conforme a esta ley, los primeros *quattuorviri* y ediles debían dar garantías en los veinte días siguientes a su llegada al cargo. En las elecciones posteriores el magistrado-presidente debía exigir tales garantías antes de la *renuntiatio* de los candidatos elegidos en la mayoría de las curias. Sobre las distintas magistraturas locales durante la República y el alto Imperio, vid., entre otros, Lécrivain, s.v. «magistratus municipales», cit., págs. 1540 ss.; Harper, "Village administration...", cit., págs. 116 ss.; Stevenson, G.H., *Roman Provincial Administration till the age of the Antonines*, New York, 1939, págs. 172 ss.; Broughton, T.R.S., *The magistrates of the Roman Republic*, 2 volúmenes, Atlanta, 1951-1952 (reimpresión de 1986), *passim*; idem, "Municipal institutions of Roman Spain", en *Cahiers Histoire Mondiale*, 9, 1965, págs. 126-142; Degrassi, *Guida*..., I, cit., págs. 304 ss.; De Martino, *Storia*..., II, cit., págs. 704 ss.; Langhammer, *Die rechtliche*..., cit., págs. 42 ss.; Béchard, F., *Droit municipal dans l'antiquité*, Aalen, 1975 (reprodución facsímil de la edición de 1860), págs. 382 ss.; Campanile-Letta, *Studi sulle magistrature*..., cit., págs. 15 ss., págs. 29 ss. y págs. 33 ss.; Chevallier, R., *Ostie antique. Ville & Port*, Paris, 1986, págs. 162-168; Curchin, L.A., *The local magistrates of the Roman Spain*, Toronto-Buffalo-London, 1990, págs. 8 ss.; Ribas-Alba, J.,

Asimismo se requiere que los decuriones[163] y ciudadanos dotados del *ius sententiae dicendae* en el Senado sean propietarios en el municipio o en sus límites de un edificio techado (casa) con no menos de 1500 tejas:

"La Lex Irnitana: estructura política y aspectos jurisdiccionales", en *Estudios de derecho romano e historia del derecho comparado. Trabajos en homenaje a Ferrán Valls i Taberner*, XVIII, Barcelona, 1991, págs. 5419 ss.; MENTXAKA, *El Senado municipal...*, cit. págs. 69 ss.; idem, "Descripción...", cit., págs. 68 ss.; ROLDÁN, J.M., "La administración municipal romana en época imperial", en *El proceso de municipalización en la hispania romana*, Valladolid, 1998, págs. 39-55; DE CASTRO CAMERO, R., "Estudio sobre la responsabilidad derivada de la gestión del patrimonio público de municipios y colonia", en *Klio*, 96.2, 2014, págs. 539–586.

[163] El término colectivo *decuriones* es la denominación más común para designar a los miembros del consejo municipal. El vocablo según una antigua tradición recogida por Pomponio (D. 50.16.239§5) deriva de la costumbre existente al formar una nueva comunidad de constituir el Senado de la misma con una décima parte de los colonos que fundaban la colonia. Este término coexistió largo tiempo con los títulos locales (*patres*, *conscripti*, *senatores*, *patres vel conscripti*) en las comunidades de más antigua tradición urbana pero acaba por imponerse tanto en la terminología oficial como en el uso común, para ser substituido en el Bajo Imperio por el término *curiales* que, en sentido amplio, engloba también a los miembros de la clase curial que no entran a formar parte de la curia. Sobre las distintas denominaciones de los senadores locales, su equiparación o diferencias, vid., entre otros, DUMONT, *Manuel...*, I, cit., pág. 236; ORMANNI, A., s.v. «curia, curiales», en *N.N.D.I.*, V, Torino, 1960, págs. 56-68; GRELLE, s.v. «decuriones», cit., págs. 309-311; BRÓSZ, R., "Use and meaning of the terms «decurio» and «curialis» in the sources of Roman Law", en *Annales Universitatis Scientiarum Budapestinensis. Sectio Iuridica*, 3, 1962, pág. 134; NUYENS, M., *Le statut obligatoire des décurions dans le droit constantinien*, Louvain, 1964, págs. 16-17; TANFANI, *Contributo...*, cit., pág. 207; DECLAREUIL, *Quelques problèmes...*, cit., págs. 219 ss.; BÉCHARD, *Droit municipal...*, cit., pág. 268; LANGHAMMER, *Die rechtliche...*, cit., págs. 188 ss.; GAUDEMET, "Constantin et les curies municipales", cit., págs. 107 ss.; LAFFI, "I senati locali nell'Italia repubblicana", cit., pág. 59; NICOLS, J., "On the Standard Size of the Ordo Decurionum", en *Z.S.S.*, 105, 1988, págs. 712 ss.; MENTXAKA, *El Senado municipal...*, cit., págs. 78 ss., que realiza un exámen de las distintas teorías propuestas; SCARCELLA, *La legislazione di Leone I*, cit., pág. 426 n. 126; MANGAS, *Leyes coloniales...*, cit., págs. 45-46.

> *Lex municipii Tarentini*, líneas 26-31: "*Quei decurio municipi Tarentinei est erit queive in municipio Tarenti(no in) senatu sententiam deixerit, is in o(pp)ido Tarentei aut intra eius muni(cipi) fineis aedificium quod non minu(s) MD tegularum tectum sit habeto (sine) d(olo) m(alo). Quei eorum ita aedificium suom non habebit, seive quis eorum (eo) aedificium emerit mancupiove acceperit quo hoic legi fraudem f(axit), is in annos singulos HS n(ummum) ICC municipio Tarentino dare damnas esto*"[164].

Como hemos visto en el capítulo I, en opinión de Scialoja, esta disposición sería la reproducción de una obligación similar impuesta a los senadores romanos que, además de constituir una garantía patrimonial, contribuiría a asegurar la obligación de los senadores de residir en la capital[165].

Por tanto, imitando el régimen domiciliario del Senado romano, los componentes de la curia municipal, estuvieron obligados a residir en el municipio donde desempeñaban el cargo, identificándose en este primer momento, sólo en cuanto indicador de su situación

---

[164] F.I.R.A., I, Firenze, 1941, págs. 166-1669 n. 18.

[165] Scialoja, "Sulla garanzia…", cit., pág. 33. El autor parte de la ley de Tarento y deduce que en Roma debió existir una obligación similar, dada la continua imitación de las leyes y de las instituciones romanas que se verifican en los estatutos municipales. En su opinión, contra la postura de Willems, *Le sénat…*, I, cit., págs. 189 ss., la propiedad de la casa constituía una garantía patrimonial que garantizaba la presencia de los senadores en las reuniones del senado mediante la *pignoris capio*. En el mismo sentido sobre la copia de las leyes municipales de aquéllas establecidas en Roma se manifiesta García Fernández, *El municipio latino…*, cit., pág. 140 n. 27 y págs. 152, quien además señala (págs. 174-175), que las líneas 44-45 de la ley de Tarento exigen al munícipe que quiera abandonar Tarento no haber desempeñado en los años anteriores ni el cargo de *duumvir* ni la edilidad, no mencionándose el cargo de *quattuorvir*, puesto que, venidos de fuera no tenían probablemente su domicilio en Tarento y una vez cumplido su cometido debían regresar a Roma. Para la autora, por tanto, los *IVviri aediles primi Tarentum* no serían magistrados regulares, elegidos entre los comicios locales, sino una comisión de carácter transitorio, nombrada por el poder central y de origen foráneo, puesto que cuando la ley habla de magistrados regulares, sólo se refiere a los *IIviri* y *aediles*.

económico-patrimonial, su domicilio con la propiedad de un edificio techado en dicha localidad, pues se considera fraudulenta la adquisición del edificio con el fin de ponerse en las condiciones requeridas por la ley, prescripción que claramente evidencia que el legislador tenía presente la idea de domicilio fijo al implantar esta regulación y que explica la omisión del término domicilio y la referencia directa al edificio que lo presupone[166].

La misma obligación se establecía para los ciudadanos dotados del *ius sententiae dicendae*. Éstos, como indica LAFFI, eran los ex-magistrados que al término de su cargo habían adquirido el título para el ingreso en el Senado pero que debían esperar a la *lectio* para su nombramiento efectivo hasta cuyo momento se les permitía, no obstante, participar en las reuniones senatoriales[167].

---

[166] SCIALOJA, "Sulla garanzia...", cit., págs. 32-37; idem, "Le case dei decurioni...", cit., págs. 99-105; LÉCRIVAIN, C., s.v. «senatus municipalis», en *D.S.*, 4.2, Paris, 1877, págs. 1200 ss.; DE RUGGIERO, *La patria...*, cit., pág. 183; GRELLE, s.v. «decuriones», cit., págs. 309 ss.; D'ORS, *Epigrafía...*, cit., pág. 214; TANFANI, *Contributo...*, cit., pág. 225; LANGHAMMER, *Die rechtliche...*, cit., pág. 202; ABASCAL-ESPINOSA, *La ciudad...*, cit., pág. 120; RODRÍGUEZ NEILA, J.F., "Candidaturas «in absentia» y magistraturas municipales", en *Lucentum*, 5, 1986, pág. 103; GALSTERER, H., "La loi municipale des Romains: chimère ou réalité?", en *R.H.D.*, 65, 1987, pág. 185; LINTOTT, *Imperium Romanum...*, cit., pág. 139. Por su parte, THOMAS, *«Origine» et «Commune Patrie»...*, cit., pág. 52, afirma que tanto el domicilio de los senadores como el de los magistrados y decuriones es anormal y se aleja de su acepción regular porque viene impuesto y se confunde con la propiedad de un edificio. También recientemente RIBAS ALBA, *Democracia...*, cit., págs. 117 ss., parece interpretar el pasaje más como propiedad de un edificio y garantía de un determinado censo que como una obligación domiciliaria. Sin embargo, CRAWFORD, M. H., *Roman Statutes*, I, London, 1996, pág. 311, considera evidente la referencia al domicilio fijo, "profundamente enraizado en Roma". Y LICANDRO, *Domicilium habere...*, cit., págs. 111 ss. y pág. 181; idem, "Pomponio...", cit., págs. 1357 ss., con una postura similar, justifica la referencia al edificio y no al domicilio porque la *ratio* de la norma pretende en primer lugar establecer un indicador económico-patrimonial, asumiendo el concepto de domicilio un valor secundario. En su opinión, aunque la norma tarentina no haga referencia al domicilio, no cabe duda que la propiedad de la casa lo contiene.

[167] LAFFI, "I senati locali nell'Italia repubblicana", cit., págs. 72-73. En el mismo sentido, DE RUGGIERO, *La patria...*, cit., pág. 60, pág. 118 y pág. 184;

Atendiendo a esta identificación y dada la continua imitación de las leyes e instituciones romanas defendida por Scialoja, es posible que se exigiese también a los magistrados locales estar domiciliados en el municipio tarentino, tal y como exigía a los magistrados judiciales la *Lex repetundarum* de época graciana (a. 123-122 a. C.) que, como hemos visto, excluyó como componentes del tribunal a los que no tenían su domicilio en Roma o a mil pasos de la ciudad[168].

Si bien la ley tarentina pone de manifiesto el comienzo de la política uniformista, será César, como apuntábamos *supra*, y sobre todo Augusto quienes fijen de modo preciso las estructuras municipales y coloniales, mediante una regulación que acota entre límites bien definidos las características propias de cada comunidad.

Respecto a las condiciones domiciliarias de los magistrados y senadores locales, pieza importante en este proceso de uniformización es la *Tabula Heracleensis* del año 45 a. C., considerada por algunos autores como una *Lex iulia municipalis* de carácter general[169]. De

Bandelli, "Per una storia...", cit., pág. 184, para quien los senados locales estaban compuesto principalmente por ex-magistrados.

[168] F.I.R.A., I², n.7, lns. 13-14 y 17; C.I.L, I², 583, ls. 13, 17 y 23. Vid., texto correspondiente a n. 13. Como hemos visto en el capítulo precedente, aunque algunos autores como Thomas, *«Origine» et «Commune Patrie»...*, cit., pág. 53, pretende colmar las lagunas de la inscripción, considerando que la *lex repetundarum* más bien haría referencia al *aedificium* que al *domicilium*, convenimos con los autores que postulan la utilización del mismo no siendo aplicable el paralelismo con la ley tarentina en la medida en que su función principal es establecer un indicador económico. El empleo del término *domicilium* ha sido defendido, entre otros, por Venturini, C., *Studi sul «crimen repetundarum» nell'età repubblicana*, Milano, 1979, pág. 199 n. 167; Lintott, A., *Judicial Reform and Land Reform in the Roman Republic*, Cambridge, 1992, págs. 90 ss.; Crawford, *Roman Statutes*, I, cit., págs. 66 ss.; Nicolet, *Le métier...*, cit., pág. 95; Licandro, *Domicilium habere...*, cit., págs. 114 ss.; idem, "Pomponio...", cit., págs. 1357 ss.

[169] Una postura interesante es la defendida por D'Ors, A., "La ley flavia municipal", en *S.D.H.I.*, 52, 1986, págs. 13 ss., para quien la creación de una *lex municipalis* de carácter general no sería obra de César sino de Augusto. La misma teoría es defendida por Giménez-Candela, T., "La «Lex Irnitana». Une nouvelle loi municipale de la Bétique", en *R.I.D.A.*, 30, 1983, págs. 130 ss.; Muñiz Coello, J., "La política municipal de los Flavios en Hispania: el municipio

su contenido se deduce que los senadores eran reclutados en primer lugar entre los ex-magistrados los cuales se integraban al término de su año de gestión en el *ordo decurionis*, por lo que las exigencias impuestas a los candidatos a una magistratura debían corresponderse con las exigidas a aquéllos que eran integrados en el senado municipal:

> *Tabula Heracleensis*, l. 137: "*quam potestatem ex quo honore in eum ordinem perueniat...*"[170].

Irnitanum", en *Studia Historica*, 2-3, 1984-1985, pág. 159 y pág. 161; González, J., "The Lex Irnitana: a new copy of the flavian municipal law", en *J.R.S.*, 76, 1986, pág. 150; Ribas-Alba, "La Lex Irnitana...", cit., págs. 5419 ss.; Fernández De Buján, "Observaciones a propósito...", cit., pág. 7. Al respecto, cfr., entre otros, Legras, H., *La table latine d'Héraclée (la prétendue lex Iulia Municipalis)*, Paris, 1907, *passim*; Reid, J.S., "The so called Lex Iulia municipalis", en *J.R.S.*, 5, 1915, págs. 107-248; Elmore, J., "The professiones of the Heraclean Tablet", en *J.R.S.*, 5, 1915, págs. 125-137; De Ruggiero, *La patria...*, cit., pág. 56; Hardy, E.G., *Some problems in Roman History*, Oxford, 1924, págs. 239 ss.; Saumagne, *Le droit latine...*, cit., págs. 22 ss.; Abbott-Johnson, *Municipal administration...*, cit., págs. 180-181 y págs. 296 ss.; Laffi, "I senati locali nell'Italia repubblicana", cit., págs. 72 ss.; Gabba, E., "Le città italiche del I sec. A. C. e la politica", en *R.S.I.*, 98, 1986, págs. 653-663; Galsterer, "La loi municipale...", cit., págs. 181-203; Bonnefond-Coudry, *Le sénat...*, cit., págs. 724 ss.; Lo Cascio, E., "Le professiones della Tabula Heracleensis y le procedure del census in età cesariana", en *Athenaeum*, 78.2, 1990, págs. 287-318; Lamberti, F., *«Tabulae Irnitanae». Municipalità e «ius romanorum»*, Napoli, 1993, págs. 201 ss.; Crawford, *Roman Statutes*, I, cit., págs. 360 ss.; Lintott, *Imperium Romanum...*, cit., págs. 133 ss.; Spagnuolo Vigorita, *Città e Impero...*, cit., pág. 89; Camacho De Los Ríos, F., *La infamia en el Derecho Romano*, Valencia, 1997, págs. 114 ss.; Valiño, "Ciudadanía...", cit., pág. 79 y pág. 88; Calzada González, "*Origo...*", cit., págs. 23 ss.; De Britto, M.G., "Los municipios de Italia y de España: Ley general y Ley modelo. Reconstrucción dogmática. Precisión de los conceptos", en *R.G.D.R.* (*www.iustel.com*), nº 23, 2014, págs. 1 ss.; idem, *Los municipios de Italia y de España: Ley general y Ley modelo*, cit., págs. 93 ss., y la bibliografía por ellos citada.

170 Lécrivain, s.v. «senatus municipalis», cit., pág. 1201; Gabba, E., "Sui senati delle città siciliane nell'età di Verre", en *Athenaeum*. 37, 1959, pág. 319; Garnsey, P., "Honorarium decurionatus", en *Historia*, 20, 1971, pág. 316; Rup-

La *Tabula*, asimismo, establece la posibilidad para aquéllos que tuvieran el domicilio en más de un municipio, colonia o prefectura de censarse en Roma:

> *Tabula Heracleensis*, lns. 157-158: "*Qui pluribus in municipieis colon<i>eis praefectureis domicilium habebit, et is Romae census erit, quo magis in municipio colonia praefectura h(ac) l(ege) censeatur, e(ius) h(ac) l(ege) n(ihilum) r(ogatur)*"[171].

PRECHT, *Untersuchungen*..., cit., pág. 56 n. 4; LINTOTT, *Imperium Romanum*..., cit., págs. 133 ss.; LAFFI, "I senati locali nell'Italia repubblicana", cit., pág. 72, entre otros. Sobre las condiciones para ser decurión y magistrado y su coincidencia vid., LÉCRIVAIN, s.v. «magistratus municipales», cit., págs. 1543-1544; KÜBLER, B., s.v. «decurio», en *P.W.R.E.*, IV.2, Stuttgart, 1901 (reimpresión de 1992), págs. 2319 ss.; MANCINI, G., s.v. «decurio», en DE RUGGIERO, E., *Dizionario Epigrafico di Antichità Romanae*, II.2, Spoleto, 1910, págs. 1525-1528; WILLEMS, *Le droit public romain*, cit., págs. 521 ss.; KORNEMANN, E., s.v. «municipium», en *P.W.R.E.*, XVI.2, Stuttgart, 1933 (reimpresión de 1974), págs. 570 ss.; DEBBASCH, Y., "La vie et les Institutions municipales de la Carthage Romaine", en *R.H.D.*, 31, 1953, págs. 352-358; GRELLE, s.v. «decuriones», cit., págs. 310-311; SAUMAGNE, *Le droit latine*..., cit., pág. 32; NUYENS, *Le statut*..., cit., pág. 25; ABBOTT-JOHNSON, *Municipal administration*..., cit., págs. 65-66; LANGHAMMER, *Die rechtliche*..., cit., págs. 41 ss. y págs. 189 ss.; TANFANI, *Contributo*..., cit., pág. 217, pág. 222 y pág. 231; GARNSEY, "Honorarium decurionatus", cit., págs. 309-325; RUPPRECHT, *Untersuchungen*..., cit., págs. 63 ss.; RODRÍGUEZ NEILA, J.F., "Las elecciones municipales en la Bética romana. Una aproximación a la «Lex Flavia Malacitana»", en *Revista de Estudios de la vida local*, 199, julio-septiembre, 1978, págs. 586 ss. (= *Actas del I Congreso de Historia de Andalucía*, I, Córdoba, 1978, págs. 165 ss.); ABASCAL-ESPINOSA, *La ciudad*..., cit., págs. 117-119; LOZANO CORBÍ, E., *La legitimación popular en el proceso romano clásico*, Barcelona, 1982, págs. 311 ss.; LOVATO, A., "Sul'*honor decurionatus* nel I libro delle *Disputationes* Ulpianee", en *S.D.H.I.*, 56, 1990, págs. 198 ss.; CURCHIN, *The local magistrates*..., cit., págs. 25-27 y págs. 71-73; ídem, "The end of local magistrates in the Roman Empire", en *Gerión*, vol. 32, 2014, págs. 271-287; SPAGNUOLO VIGORITA, *Città e Impero*..., cit., pág. 91; MENTXAKA, *El Senado municipal*..., cit., págs. 90 ss.; ROLDÁN, "La administración...", cit., págs. 43 ss.; RIBAS ALBA, *Democracia*..., cit., págs. 83 ss.; VALIÑO, "Ciudadanía...", cit., pág. 73.

[171] CRAWFORD, *Roman Statutes*, I, cit., págs. 359-391 n. 24.

WISEMAN pone de manifiesto que esta disposición no está pensando en los ciudadanos que tienen propiedades en una pluralidad de ciudades, categoría que englobaría a una considerable multitud de personas, sino en aquéllos que viven con la misma frecuencia en dos ciudades de forma tal que pueden considerarse establecidos en ambos lugares[172].

Su teoría, encuentra apoyo en un pasaje de *bello civili*, relativo al primer enfrentamiento entre pompeyanos y cesarianos que se dirime con las operaciones militares de Ilerda en el año 49 a. C. En dicho pasaje se hace referencia a los licenciamientos pompeyanos que César realiza tras la victoria diferenciando, entre aquéllos que tienen el domicilio en Hispania de los que sólo tienen propiedades:

> CÉSAR, *Bellum Civile*, 1.86.3: "*Paucis cum esset in utramque partem verbis disputatum, res hunc deducitur, ut ii, qui habeant domicilium aut possessionem in Hispania, statim, reliqui ad Varum flumen dimittantur*"[173].

En este supuesto de personas establecidas en varios lugares, entiende CÉBEILLAC, se integrarían aquellos aristócratas locales, ciudadanos romanos, que revisten magistraturas en diversas ciudades[174]

---

[172] WISEMAN, T.P., "The census in the first century D. C.", en *J.R.S.*, 59, 1969, pág. 68, se apoya en la definición de Ulpiano relativa al doble domicilio (D. 50.1.27§2). En este sentido DE RUGGIERO, *La patria...*, cit., pág. 180; CRAWFORD, *Roman Statutes*, I, cit., págs. 389 ss.; LINTOTT, *Imperium Romanum...*, cit., pág. 135; LICANDRO, *Domicilium habere...*, cit., págs. 107-108, pág. 202, pág. 213 y pág. 216; idem, "Pomponio...", cit., págs. 1357 ss.

[173] GABBA, E., *Esercito e società nella tarda Repubblica romana*, Firenze, 1973, págs. 482 ss., para quien tanto el término *domicilium* como el de *possessio* tienen un preciso significado jurídico. En el mismo sentido, WISEMAN, "The census in the first century D.C", cit., pág. 68; MARÍN DÍAZ, M.A., *Emigración, colonización y municipalización en la Hispania republicana*, Granada, 1988, págs. 174-175; LICANDRO, *Domicilium habere...*, cit., pág. 26, pág. 89, pág. 120, pág. 126 y pág. 182; idem, "Pomponio...", cit., págs. 1357 ss.

[174] CÉBEILLAC GERVASONI, M., "Le notable local das l'épigraphie et les sources littéraires latines", en AA.VV. (M. Cébeillac ed.), *Les «bourgeoisies» municipales italiennes aux IIe et Ier siecles Av. J.-C.*, Paris-Naples, 1983, pág. 51; idem, *Les magistrats des cités italiennes. De la seconde guerre punique à Augus-*

los cuales, en consecuencia, estarían obligados a tener en cada una de ellas su domicilio.

La equiparación de las condiciones exigidas a magistrados y senadores locales se observa claramente en la *Lex coloniae Genetivae Iuliae seu Ursonensis* del año 44 a. C., en virtud de la cual el magistrado presidente de los comicios destinados a sacar y votar los nue-

---

te. Le latium et la campanie, Paris, 1998, págs. 50-51 ns. 21-23, quien considera que la Tabla Heraclense vendría a dar solución a los problemas censitarios que presentan estos dirigentes municipales que, al desempeñar magistraturas en distintas ciudades, poseen una pluralidad de domicilios. La autora menciona, entre otros, a Viselio Flaco que ocupó el cargo de *IIvir* en Telesia y de *praetor* en Benevento (C.I.L., I^2.1748=IX.2240=I.L.L.R.P., 676); Numerio Cluvio, magistrado en Capua, Caudio, Pouzzoles y Nola (C.I.L., I^2.1619 y 1620= C.I.L., X.1572 y 1573=I.L.L.R.P., 182 y 561=I.L.S., II^1.6345); o Cayo Quinto Valgo, que fue magistrado en Pompeya y Frigento, patrón de Aeclano y riquísimo propietario de tierras altamente fértiles en Casino (I.L.L.R.P., 526, 598, 645-6, Cicerón, *De lege agraria*, 3.13). Vid. referencias en LEGRAS, *La table d'Héraclée…*, cit., págs. 27-33; HUMBERT, *Municipium et civitas sine suffragio…*, cit., pág. 332, para quien a finales de la República comienza a decaer la reserva de los cargos municipales exclusivamente a los ciudadanos originarios; ANDREAU, J., "À propos de la vie financière à Pouzzoles", en AA.VV. (M. Cébeillac ed.), *Les «bourgeoisies» municipales italiennes aux IIe et Ier siecles av.J.-V*, Paris-Naples, 1983, pág. 17; CASTRÉN, P., "Cambiamenti nel gruppo dei notabili municipali", en AA.VV. (M. Cébeillac ed.), *Les «bourgeoisies» municipales italiennes aux IIe et Ier siécles av. J.-C.*, Paris-Naples, 1983 págs. 92-95; DEMOUGIN, S., "Notables municipaux et ordre équestre", en AA.VV. (M. Cébeillac ed.), *Les «bourgeoisies» municipales italiennes aux IIe et Ier siecles Av. J.-C.*, Paris-Naples, 1983, pág. 289; GABBA, "Le città italiche del I sec. a. C. e la politica", cit., pág. 657, n. 15, considera que se remonta a la época inmediatamente posterior a la Guerra Social la posibilidad de ser magistrado en diferentes municipios y colonias. Sin embargo, Plinio, *Epistulae*, 10.114(115) y Cicerón, *de officiis*, 1.34.125, aluden a la necesidad, exigida en tiempos antiguos, de tener la ciudadanía del municipio en el que se desempeñan los cargos y como indican MARQUARDT, *Römische Staatsverwaltung*, I, cit., pág. 136 n. 4; MOMMSEN, T.-MARQUARDT, J., *Manuel des Antiquités romaines. Le droit public romain*, Paris, 1892-1894, VIII, pág. 183 n. 2; o DE RUGGIERO, *La patria…*, cit., págs. 125 ss. y págs. 189 ss., los honores municipales eran reservados a los ciudadanos, por lo que el desempeño de un cargo en una ciudad distinta a la del *origo* tuvo que ser algo excepcional, producto de una concesión extraordinaria del orden decurional y tal vez precedida del otorgamiento de la ciudadanía local.

vos magistrados no debía proclamar ni autorizar que se proclamara ningún candidato que no reuniese las condiciones necesarias para ser decurión:

> *Lex coloniae Genetivae seu Ursonensis* cap. 100 (*in finem*) y 101: "*Quicumque comitia magistrat<ib>us creandis subrogandis habebit, is ne quem eis comitis pro tribu accipito neve renuntiato neve renuntiari iubeto, qui <in> earum qua«es» causa erit, <e> qua e«t»um h(ac) l(ege) in colon(ia) decurionem nominari creari inve decurionibus esse non oporteat non liceat*"[175].

En esta ley, además, como apuntara Scialoja, se recoge la obligación domiciliaria de los decuriones –y, por ende, de los magistrados–, sin ulteriores requisitos propietarios al exigirles expresamente tener el domicilio en la ciudad o en el radio de una milla, concediéndoles un plazo de cinco años a partir de su nombramiento para regular su situación, so pena de no poder seguir desempeñando el cargo puesto que si no cumplía con esta obligación en el plazo señalado, los duunviros debían borrarlos de la *tabula publica*[176]:

---

[175] Willems, *Le droit public romain*, cit., pág. 528; D'Ors, *Epigrafía...*, cit., págs. 230-231; Degrassi, *Guida...*, I, cit., pág. 315; Abbott-Johnson, *Municipal administration...*, cit., pág. 59; Rodríguez Neila, "Candidaturas «in absentia»...", cit., pág. 102; Langhammer, *Die rechtliche...*, cit., págs. 41 ss. y págs. 189 ss.; Jurewicz, A.R., "La 'lex Coloniae...'", cit., págs. 293 ss.; idem, "Die «Tabulae Publicae»...", cit., págs. 117-131.

[176] D. 50.3.1 (Ulpianus *libro III. de officio Proconsulis*). Sobre la inscripción de los decuriones en el álbum municipal, vid. entre otros, Willems, *Le droit public romain*, cit., págs. 522 ss.; Piganiol, A., "La signification de l'album municipal de Timgad", en *Mémoires de la Société nationale des antiquaires de France*, III, 1955, págs. 97-101; idem *L'Empire Chrétien*, cit., pág. 394 y n. 3; Abbott-Johnson, *Municipal administration...*, cit., pág. 65 y págs. 464 ss.; Tanfani, *Contributo...*, cit., págs. 242 ss.; Clavel, M.-Lévêque ,P., *Villes et structures urbaines dans l'occident romain*, Paris, 1971, págs. 176 ss.; Langhammer, *Die rechtliche...*, cit., págs. 196 ss.; PETIT, *Histoire...*, cit., págs. 185 ss.; Rupprecht, *Untersuchungen...*, cit., págs. 55 ss.; Béchard, *Droit municipal...*, cit., pág. 272; Talbert, R.J.A., "The decurions of colonia genetiva Iulia in session", en *Estudios sobre Urso, Colonia Iulia Genetiva* (J. González ed.), Sevilla, 1989,

Lex coloniae Genetiva Iuliae seu Ursonensis, cap. 91.: "... *tum quicumque decurio augur pontifex huiusque col(oniae) domicilium in ea col(onia) oppido propiusve it oppidum p(assus) M non habebit annis V proxumis, unde pignus eius quot satis sit capi possit, is in ea col(onia) augur pontif(ex) decurio ne esto, quique IIviri in es col(onia) erunt, eius nomen de decurionibus sacerdotibusque de tabulis publicis eximendum curanto, u(ti) q(uod) r(ecte) f(actum) e(sse) v(olet), idq(ue) eos IIvir(os) s(ine) f(raude) s(ua) f(acere) l(iceto)*"[177].

---

pág. 61; ABASCAL-ESPINOSA, *La ciudad...*, cit., pág. 120; CURCHIN, *The local magistrates...*, cit. pág. 26 y pág. 76; JONES, *The Later Roman Empire*, I, cit., págs. 730-731; VITTINGHOFF, *Civitas Romana...*, cit., pág. 225, págs. 228-230 y pág. 239.

[177] Reconstrucción tomada de GIRARD, P.F.-SENN, F., *Les lois des Romains*, Naples, 1977, págs. 200-222, n. 3. SCIALOJA, "Sulla garanzia...", cit., pág. 36; idem, "Le case dei decurioni...", cit., págs. 100-101; WILLEMS, *Le droit public romain*, cit., pág. 517; MOMMSEN, *Le Droit public romain*, VII, cit., pág. 90 n. 4; LÉCRIVAIN, s.v. «magistratus municipales», cit., págs. 1544; MANCINI, s.v. «decurio», cit., págs. 1526-1527; KÜBLER, s.v. «decurio», cit., págs. 2327-2328; DE RUGGIERO, *La patria...*, cit., pág. 184; DEGRASSI, *Guida...*, I, cit., pág. 311; GRELLE, s.v. «decuriones», cit., pág. 310; ORMANNI, s.v. «curia, curiales», cit., págs. 56-68; D'ORS, *Epigrafía...*, cit., págs. 214-215, para quien la extensión de la obligación domiciliaria a los sacerdotes constituye una interpolación; TANFANI, *Contributo...*, cit., pág. 225; LAFFI, "I senati locali nell'Italia repubblicana", cit., pág. 73; CHEVALLIER, *Ostie antique...*, cit., pág. 163; LANGHAMMER, *Die rechtliche...*, cit., pág. 193 y pág. 202; RUPPRECHT, *Untersuchungen...*, cit., págs. 63-64; RODRÍGUEZ NEILA, "Candidaturas «in absentia»...", cit., pág. 103 n. 27; idem, "Estructura municipal de las comunidades béticas en el marco administrativo de la Hispania Romana. I. Los órganos de gobierno", *en Axerquia. Revista de Estudios Cordobeses*, 10-junio, 1984, págs. 129-153; ABASCAL-ESPINOSA, *La ciudad...*, cit., pág. 120; TALBERT, "The decurions...", cit., pág. 61; CURCHIN, *The local magistrates...*, cit., pág. 120; MENTXAKA, *El Senado municipal...*, cit., pág. 94; WACHER, J., *The towns of roman Britain*, London, 1992, pág. 39; DAVID, *La romanisation de l'Italie*, cit., págs. 134-135; LINTOTT, *Imperium Romanum...*, cit., pág. 137; MANGAS, *Leyes coloniales...*, cit., pág. 35; LICANDRO, *Domicilium habere...*, cit., pág. 113 n. 148; idem, "Pomponio...", cit., págs. 1371 ss.; JUREWICZ, A.R., "La 'lex Coloniae...'", cit., págs. 293.

Ciertamente, afirma D'Ors, A., con este precepto se pretende facilitar la *pignoris capitio* de aquellos decuriones que incurrieran en delitos castigados con una pena pecuniaria[178] pero también asegurar, como indica Tanfani, la permanencia de los mismos en la ciudad donde desempeñan el cargo[179].

2. PAULATINO DEBILITAMIENTO DE LA OBLIGACIÓN DOMICILIARIA A PARTIR DE CARACALLA

La política uniformista cesariana fue continuada por Augusto y sus sucesores hasta culminar en el año 212 d. C. con la concesión de la ciudadanía romana a todos los habitantes libres del Imperio por Caracalla[180].

---

[178] D'Ors, *Epigrafía...*, cit., pág. 214. En el mismo sentido, entre otros, Rodríguez Neila, "Candidaturas «in absentia»...", cit., pág. 103 n. 27; Thomas, *«Origine» et «Commune Patrie»...*, cit., págs. 52-53; Mangas, *Leyes coloniales...*, cit., pág. 35; Ribas Alba, *Democracia...*, cit., págs. 117 ss.

[179] Tanfani, *Contributo...*, cit., pág. 223. En el mismo sentido, entre otros, De Ruggiero, *La patria...*, cit, pág. 184, afirma que si en Tarento vino exigido el domicilio en la ciudad para evitar la infrecuencia de los decuriones en las reuniones del senado, en Urso con esta medida se trataba de evitar su éxodo al campo; Scialoja, "Sulla garanzia...", cit., pág. 33; Langhammer, *Die rechtliche...*, cit., pág. 202; Rupprecht, *Untersuchungen...*, cit., págs. 63-64, considera que la medida respondía a motivos de seguridad y rapidez en la capacidad de trabajo del senado local; Abascal-Espinosa, *La ciudad...*, cit., pág. 120; Mentxaka, *El Senado municipal...*, cit., pág. 94; Lintott, *Imperium Romanum...*, cit., pág. 137; Wacher, *The towns of roman Britain*, cit., pág. 39.

[180] D. 50.1.17. Por todos, Glück, *Ausführliche...*, II, cit., pág. 183 y pág. 185; Baviera, *Il diritto internazionale dei Romani*, cit., págs. 27-28 y pág. 91; De Ruggiero, *La patria...*, cit., pág. 11, pág. 21 y págs. 149 ss.; Lot, *La fin du monde antique...*, cit., pág. 127; Dumont, *Manuel...*, I, cit., págs. 244-245; Bonfante, *Storia...*, I, cit., págs. 357-358; Jones, A.H.M., "The cities of the roman Empire. Political, Administrative and Judicial Institutions", en *La Ville (Recueils de la Société Jean Bodin pour l'histoire comparative des institutions), première partie, Institutions administratives et Judiciaires*, VI, Bruxelles, 1954, págs. 135 ss.; Buckland, *A Text-Book...*, cit., págs. 98 ss.;

No obstante, afirma LANGHAMMER, las diferencias jurídico-institucionales entre los municipios y las colonias comenzaron a disiparse en la segunda mitad del siglo II d. C., de tal forma que Aulo Ge-

---

SAUMAGNE, *Le droit latine...*, cit., págs. 49 ss.; RUSSOMANNO, M.C., *Curso de Instituciones de Derecho Romano*, I, Buenos Aires, 1970, pág. 31; RUPPRECHT, *Untersuchungen...*, cit., pág. 36; HOYOS, D., "*Civitas* and *Latium* in provincial Communities: Inclusion and Exclusion", en *R.I.D.A.*, 22, 1975, págs. 243 ss.; RICCOBONO JR., "Le «civitates»...", cit., págs. 215 ss.; LINTOTT, *Imperium Romanum...*, cit., págs. 154 ss.; SHERWIN-WHITE, *The Roman Citizenship*, cit., págs. 380 ss.; BUCCI, O., "Le province orientali dell'Impero romano. Una introduzione storico-giuridica", en *S.D.H.I.*, 64, 1998, págs. 112-144; RODRÍGUEZ-ENNES, *Gallaecia...*, cit., pág. 24 n. 50 y págs. 78-79. Las ciudades de constitución no romana, en cambio, subsisten durante algún tiempo en el Imperio, sobre todo en la parte Oriental, donde la evolución de la ciudad griega autónoma al régimen decurional se produce lentamente y no se consumará hasta el Bajo Imperio. Al respecto, vid., bibliografía citada en la n. 150. Sobre la concesión de la ciudadanía por Caracalla y su extensión o no a los peregrinos dedicticios, vid., entre otros, SHÖNBAUER, E., "Reichsrecht gegen Volksrecht", en *Z.S.S.*, 51, 1931, págs. 277-335; WILHEIM, A., "Die «Constitutio Antoniniana»", en *A.J.A.*, 38, 1934, págs. 178-180; HEICHELHEIM, F.M., "The Text of the «Constitutio Antoniniana» and three other Decrees of the Emperor Caracalla contained in Papyrus Gissensis 40", en *J.E.A.*, 26, 1940, págs. 10-22; SCHUBART, W., "Zur «Constitutio Antoniniana»", en *Aegyptus*, 20, 1940, págs. 31-38; D'ORS, A., "Estudios sobre la «Constitutio Antoniniana»", en *Emeritas*, 11, 1943, págs. 297-337; idem, "Nuevos estudios sobre la «Constitutio Antoniniana»", en *Atti del XI Congresso Internazionale di Papirologia*, 1966, págs. 409-432; OLIVER, J.H., "Free men and «dediticii»", en *A.J.Ph.*, 76, 1955, págs. 279-297; CONDURACCHI, E.M., "La «Constitutio Antoniniana» e la sua applicazione", en *Dacia*, 2, 1958, págs. 281 ss.; CARAMES FERRO, J.M., *Instituciones de Derecho Privado Romano*, I, 2ª edición, Buenos Aires, 1972, pág. 93, pág. 102 y págs. 113-114; LUZZATTO, G.I., *Roma e le Province*, Bologna, 1985, págs. 418 ss.; KUNKEL, *Historia...*, cit., págs. 70-72 y págs. 137-138; SPAGNUOLO VIGORITA, *Città e Impero...*, cit., págs. 98 ss. y págs. 136 ss.; THOMAS, *«Origine» et «Commune Patrie»...*, cit., págs. 1 ss.; SCHULZ, *Principios...*, cit., págs. 100 ss., págs. 144-145 y págs. 156-157; CUENA BOY, "Nuevos...", cit., pág. 2; VALIÑO, "Ciudadanía...", cit., pág. 77; MATTIANGELI, D., "La cittadinanza romana *erga omnes*. Una nuova analisi ragionata di un provvedimento discusso", en AA.VV. (Coord. B. Periñán Gómez), *Derecho, persona y ciudadanía. Una experiencia jurídica comparada*, Madrid, Barcelona, Buenos Aires, 2010, págs. 255 ss. y la bibliografía por ellos citada.

llio, en tiempos de Adriano, ignoraba "en qué aspecto real o jurídico las colonias se diferenciaban de los municipios"[181].

La fragmentación de los estatutos locales de los primeros siglos del Imperio respecto a las condiciones requeridas a magistrados y decuriones, plantea el problema de determinar si la obligación domiciliaria constatada en el periodo republicano fue mantenida con la instauración del nuevo régimen político.

El análisis efectuado de la *Lex Tarentina* y de la *Lex Coloniae Genetivae Iuliae seu Ursonensis*, permite afirmar que la obligación domiciliaria de las curias locales experimentó, durante la República, la misma evolución que la obligación domiciliaria del Senado romano la cual, conviene recordar, fue reforzada por Augusto y sus sucesores obligando a los senadores a invertir parte de su fortuna en Italia y a solicitar el *commeatus* si querían abandonar Italia por motivos privados.

Esta identidad evolutiva de la obligación domiciliaria, manifestada en estatutos jurídicos locales promulgados en distintas épocas, induce a pensar que la obligación domiciliaria de los componentes de las curias y, dada la equiparación de requisitos exigidos, de los magistrados locales, como opinan Abascal y Espinosa, pasó durante el Imperio a integrar el contenido "de ese acervo de legislación tradicional que se fue incorporando a las constituciones locales"[182], más

---

[181] Aulo Gellio, *Noctes Atticae*, 16.13.6. Langhammer, *Die rechtliche...*, cit., pág. 22; Willems, *Le droit public romain*, cit., pág. 509 y pág. 511; Saumagne, *Le droit latine...*, cit., pág. 49; Lepelley, C., *Les cités de l'Afrique romaine au Bas-Empire, Tome I, La permanence d'une civilisation municipale*, Paris, 1979, pág. 123; Abascal-Espinosa, *La ciudad...*, cit., pág. 41; Bucci, "Le provincie...", cit., pág. 123; Fernández De Buján, A., "Ciudadanía y Universalismo en la experiencia jurídica romana", en *R.G.D.R.* (*www.iustel.com*), nº 11, 2008, págs. 1 ss.; idem, *Derecho Público...*, cit., págs. 171 ss. La principal diferencia entre las colonias y los municipios se cifraba en la inmunidad fiscal de las primeras respecto a las cargas públicas a las que estaban sometidos los segundos (*munia capere*). Al respecto vid. bibliografía reseñada en la n. 150 del presente apartado.

[182] Abascal-Espinosa, *La ciudad...*, cit., pág. 120. En el mismo sentido, Scialoja, "Le case dei decurioni...", cit., págs. 99-105; Lécrivain, s.v. «magistratus municipales», cit., pág. 1544; Debbasch, "La vie et l'institutions...", cit., pág. 51; Petit, *Histoire...*, cit., pág. 184; Abbott-Johnson, *Municipal ad-*

aún si se tiene en cuenta que la *Lex Coloniae Genetivae Iuliae seu Ursonensis*, aunque redactada por César, fue promulgada por Marco Antonio y grabada en las tablas de bronce en el último tercio del siglo I d. C., siendo por tanto contemporánea a las leyes *Malacitana*, *Salpensana* e *Irnitana* de edad de Domiciano (a. 81-96 d.C.)[183].

Esta hipótesis cobra fuerza por la interpolación detectada por GRADENWITZ en el capítulo 91 de la *lex Coloniae Genetivae Iuliae seu Ursonensis* que originariamente se refería a los decuriones de manera exclusiva, en virtud de la cual se extendió a las magistraturas religiosas la obligación de tener el domicilio en la colonia o en el radio de una milla a la redonda[184], así como por las medidas adoptadas en la *lex Salpensana* que obligaban al duunviro a nombrar un prefecto que le sustituyese si pensaba ausentarse de la ciudad más de un día:

---

ministration..., cit., pág. 56; TANFANI, *Contributo...*, cit., págs. 224 ss.; LAFFI, "I senati locali nell'Italia repubblicana", cit., pág. 73 n. 92; GALSTERER, H., "*Municipium Flavium Irnitanum.* A latin town in Spain", en *J.R.S.*, 78, 1988, pág. 82; JONES, *The Later Roman Empire*, I, cit., pág. 721; LEPELLEY, C., "De la cité classique à la cité tardive: continuités et ruptures", en AA.VV., *La fin de la cité antique et le début de la cité médiévale. De la fin du IIIe siècle à l'avènement de Charlemagne*, Bari, 1996, págs. 5-13.

183 Por todos, D'ORS, *Epigrafía...*, cit., págs. 170-171; GABBA, E., "Riflessione sulla «Lex Coloniae Genetivae»", en *González-Arcé, Estudios sobre la "Tabula Siarensis"*, Madrid, 1988, pág. 158. Como indica MUÑIZ COELLO, "La política municipal...", cit., pág. 165, "la lex Malacitana se viene fechando en el 81/83, la lex Salpensana en 82/4 y la Lex Irnitana, a finales del 91". Sobre otras leyes de época flaviana, vid., GIMÉNEZ CANDELA, "La «Lex Irniana»...", cit., págs. 127 ss.; GONZÁLEZ, "The Lex Irnitana...", cit., pág. 150; idem, "*Ius Latii...*", cit., págs. 1125 ss.; idem, *Epigrafía jurídica de la Bética*, Roma, 2008, págs. 11 ss.; MENTXAKA, *El Senado municipal...*, cit., pág. 13, n. 6. y la bibliografía por ella citada; MANGAS, *Leyes coloniales...*, cit., págs. 19 ss.; GARCÍA FERNÁNDEZ, *El municipio latino..., passim*; CALZADA GONZÁLEZ, "*Origo...*", cit., págs. 18 ss.

184 GRADENWITZ, O., *Die Stadtrechte von Urso, Salpensa, Malaca in Urtext und Beischrift aufgelöst*, Heidelberg, 1920, texto citado por D'ORS, *Epigrafía...*, cit., pág. 170 y págs. 214-215, a quien dicha interpolación parece verosímil. La existencia de interpolaciones flavianas en la ley de Urso ha sido defendida también por REINOSO-BARBERO, F., "*Epistula epigrafica*: el segundo complemento de la Lex Irnitana", en *R.G.D.R.* (*www.iustel.com*), nº 16, 2011, págs. 1 ss.

Lex Salpensana, cap. 25, lns. 26 ss: "*Ex IIviris qui in eo municipio i(ure) d(icundo) p(raeerunt), uter postea ex eo municipio proficiscetur neque eo die in id municipium esse se rediturum arbitrabitur, quem praefectum municipi non minorem quam annorum XXXV ex decurionibus conscriptisque relinquere volet, facito ut is iuret per Iovem et divom Aug(ustum) et divom Claudium et divom Ves(pasianum) Aug(ustum) et divom Titum Aug(ustum) et genium imp(eratoris) Caesaris Domitiani Aug(usti) deosque Penates: quae IIvir(um) qui i(ure) d(icundo) p(raeest) h(ac) l(ege) facere oporteat, se, dum praefectus erit, d(um) t(axat) quae eo tempore fieri possint, facturum neque adversus ea [f]acturum scientem d(olo) m(alo); et cum ita iuraverit, praefectum eum eius municipi relinquito. Ei qui ita praefectus relictus erit, donec in id municipium alteruter ex IIviris adierit, in omnibus rebus id ius eaque potestas esto, praeterquam de praefecto relinquendo et de c(ivitate) R(omana) consequenda, quod ius quaeque potestas h(ac) l(ege) IIviris qui iure dicundo praeerunt datur. Isque dum praefectus erit quotiensque municipium egressus erit, ne plus quam singulis diebus abesto*"[185].

Esta designación de prefecto, reproducida en la *Lex Irnitana*[186], en opinión de De Martino, tiende a evitar la ausencia de los magistrados de la localidad donde ejercen el cargo como consecuencia del mantenimiento de la residencia obligatoria[187].

---

185 Reconstrucción tomada de Girard-Senn, *Les lois des Romains*, cit., págs. 223-228 n. 4. Willems, *Le droit public romain*, cit., págs. 535-536. Sobre las posibles alteraciones de este texto, vid. D'Ors, *Epigrafía...*, cit., págs. 291 ss.

186 *Lex Irnitana*, cap. 25. Al respecto, entre otros, Muñiz Coello, "La política municipal...", cit., pág. 170; Mentxaka, *El Senado municipal...*, cit., pág. 72; Lamberti, *«Tabulae Irnitanae»...*, cit., págs. 74 ss.

187 De Martino, F., "Nota storica sui decurioni", en *Rivista del Diritto della Navegazione*, XXIX, 1963, págs. 54-64 (= *Diritto economia e società nel mondo romano, II, Diritto pubblico*, Napoli-Paris, 1996, págs. 157 ss.).

Y a similares requisitos domiciliarios estarían sometidos los decuriones puesto que conforme a la *Lex municipii Malacitani*, se requería que el candidato a una magistratura no se encontrara en alguna de las circunstancias que le impidiera ser decurión:

> *Lex Malacitana*, cap. 54: "*... quique in earum qua causa erit, propter quam, si c(ivis) R(omanus) esset, in numero decurionum conscriptorumve eum esse non liceret*"[188].

A su vez, de acuerdo con la *Lex municipii Irnitani* los magistrados eran, por regla general, elegidos entre los decuriones:

> *Lex Irnitana*, Rúbrica 21: "*Qui ex senatoribus decurionibus conscriptisve municipii Flavi Irnitani magistratus uti h(ac) l(ege) comprehensum est creati sunt erunt...*"[189].

---

[188] Reconstrucción tomada de GIRARD-SENN, *Les lois des Romains*, cit., págs. 229-238 n. 5. Al respecto, WILLEMS, *Le droit public romain*, cit., pág. 528; D'ORS, *Epigrafía...*, cit., págs. 315 ss.; idem, *La ley Flavia Municipal (texto y comentario)*, Roma, 1986, págs. 131-132; GONZÁLEZ, "The Lex Irnitana...", cit., págs. 208-209 y pág. 215; MENTXAKA, *El Senado municipal...*, cit., pág. 91; LAMBERTI, «*Tabulae Irnitanae*»..., cit., págs. 33 ss. Otros autores como, RODRÍGUEZ NEILA, "Las elecciones...", cit., págs. 586 ss.; idem, "Candidaturas «in absentia»...", cit., págs. 95-117; JACQUES, F., *Les cités de l'occident romain. Du 1er siècle avant J.C. au VIe siècle après J.-C.*, Paris, 1990, págs. 109-110, relacionan la obligación domiciliaria con el deber impuesto a los magistrados electos de presentar fianzas en garantía de una correcta administración de los recursos públicos (*Lex Malacitana*, cap. 60). Sobre estas garantías, ARANGIO-RUIZ, V., "Tre rescritti in tema di diritto municipale", en *Athenaeum*, 30, 1942, págs. 1 ss.

[189] En este sentido, MUÑIZ COELLO, "La política municipal...", cit., pág. 167, que afirma que al término de su cargo, los ex-magistrados "pasaban a engrosar el *album decurionum*"; GONZÁLEZ, "The Lex Irnitana...", cit., pág. 215; idem, *Epigrafía...*, cit., págs. 11 ss.; GALSTERER, "*Municipium Flavium Irnitanum...*", cit., pág. 86; ABASCAL-ESPINOSA, *La ciudad...*, cit., pág. 122; JACQUES, *Les cités...*, cit., pág. 45 y pág. 96; MENTXAKA, *El Senado municipal...*, cit., pág. 92 n. 431; idem, "Descripción...", cit., pág. 84, que tras reconocer que ésta es la interpretación generalmente admitida, apunta la posibilidad de que la pertenencia a la curia municipal fuera un requisito exigido sólo "a los primeros magistrados a nombrar en Irni tras la «entrada en vigor» de la ley municipal". Cfr. HORSTKOTTE, H., "Dekurionat und

En este sentido se ha pronunciado RODRÍGUEZ NEILA en cuya opinión "considerando que la mayoría de los decuriones debían proceder de las filas de los ex-magistrados, resulta obvio que las condiciones de elegibilidad para una magistratura eran aplicables al nombramiento como miembros del consejo comunal o curia"[190].

Las fuentes epigráficas y literarias también parecen apoyar el mantenimiento de la obligación domiciliaria puesto que, como indica el autor, los numerosos testimonios epigráficos referentes a decretos decurionales nos indican que las reuniones de la curia debieron ser notablemente frecuentes[191]. Además estas fuentes constatan el acceso de *incolae*, esto es, de personas que residían de modo permanente en una localidad distinta a la de su *origo*, en los senados municipales[192].

---

römisches Bürgerrecht nach der «Lex Irnitana»", en *Zeitschrift für Papyrologie und Epigraphik*, 1989, 78, págs. 169-177, para quien el decurionato no era *condictio sine qua non* para el desempeño de las magistraturas. El reclutamiento natural de los decuriones entre los ex-magistrados respecto a la *lex Pompeia* es defendido, entre otros, por LEVY, "Études...", cit., pág. 220; GABBA, "Sui senati...", cit., pág. 306 y pág. 319; ABBOTT-JOHNSON, *Municipal administration...*, cit., pág. 72 y pág. 76; GARNSEY, "Honorarium decurionatus", cit., pág. 316, aunque reconocen, evidentemente, el posible acceso al cargo de decurión de personas que no habían revestido una magistratura. Pero en todo caso se trataba de ricos notables locales residentes en la ciudad; ALBURQUERQUE, "Concentración...", cit., págs. 1 ss. Cfr. Plinio, *Epistulae*, 10.79.

190 RODRÍGUEZ NEILA, "Estructura municipal...", cit., pág. 134.

191 RODRÍGUEZ NEILA, "Estructura municipal...", cit., pág. 137.

192 La presencia de *incolae* en el senado municipal nos es atestiguada por PLINIO, *Epistulae*, 10.114(115), en época de Trajano. C.I.L. II.1055=I.L.S., 6916. Vid., asimismo, C.I.L. XII.1585=I.L.S., 6992. Al respecto MARQUARDT, *Römische Staatsverwaltung*, I, cit., pág. 136 n. 5; MOMMSEN-MARQUARDT, *Manuel...*, VIII, cit., pág. 183 n. 3; WILLEMS, *Le droit public romain*, cit., pág. 517 n. 5; D'ORS, *Epigrafía...*, cit., pág. 153; DE RUGGIERO, *La patria...*, cit., págs. 125 ss. y págs. 189 ss.; LEVY, "Études...", cit., pág. 206 y pág. 220; SHERWIN-WHITE, *The Roman Citizenship*, cit., pág. 303; LANGHAMMER, *Die rechtliche...*, cit., pág. 32 n. 29, pág. 44 y pág. 191; RUPPRECHT, *Untersuchungen...*, cit., págs. 63-64, págs. 74-75, pág. 86 y págs. 177-178; RODRÍGUEZ NEILA, J.F., "La situación socio-política de los «incolae» en el mundo romano", en *Memorias de Historia antigua*, 1978, II, págs. 147-169; idem, "La estructura municipal...", cit., pág. 133; MENTXAKA, *El Senado municipal...*, cit., págs. 94-95; JACQUES, *Les ci-*

Este acceso, producido hasta los primeros siglos del Imperio como consecuencia de concesiones extraordinarias del orden decurional o del emperador y, en algunos casos, previa concesión de la ciudadanía local equiparándolos a los *cives*[193], no sólo indica la flexibilidad de los estatutos locales en cuanto a la plena integración de los *incolae* en la comunidad de residencia, como consecuencia del paulatino abandono del requisito de ser originario de la respectiva comunidad local para poder acceder a los cargos públicos[194], sino que constituye a su vez

---

tés..., cit., págs. 85-86; Lamberti, *«Tabulae Irnitanae»...*, cit., pág. 37; Vittinghoff, *Civitas Romana...*, cit., pág. 29 n. 17; Calzada González, "*Origo...*", cit., págs. 34 ss. Para un estudio en profundidad de las colonias y municipios en tiempos de Trajano y Adriano vid. Grelle, F., *L'autonomia cittadina fra Traiano e Adriano. Teoria e prassi dell'organizzazione municipale*, Napoli, 1972, *passim*.

193 En efecto, respecto a C.I.L. XII.1585=I.L.S., 6992, como indican Rupprecht, *Untersuchungen...*, cit., págs. 177-178 y Jacques, *Les cités...*, cit., págs. 85-86, en esta inscripción el acceso al orden decurional se justifica por la eminente liberalidad del *incola* en la organización de espectáculos públicos. Por su parte, el acceso al senado de los decuriones en época de Trajano señalado por Plinio, *Epistulae*, 10.114(115) se produce, como indica Levy, "Études...", cit., pág. 206 y pág. 220, previa concesión de la ciudadanía local. Y lo mismo cabe decir respecto a C.I.L. II.1055 puesto que, como indica Rodríguez Neila, "La situación...", cit., págs. 147-169; idem, "La estructura municipal...", cit., pág. 133, también Lucrecio fue considerado idóneo para acceder a los cargos locales y al *ordo*, previa recepción en la ciudadanía local, constituyendo una prueba de la flexibilidad de los estatutos municipales. Por otro lado, es dudosa la datación de ambas inscripciones la cual puede oscilar entre los siglos I a III d. C. Como indica D'Ors, *Epigrafía...*, cit., pág. 153, el término *incolatus* sólo aparece en la literatura jurídica desde Modestino (D. 50.1.34). Sin embargo, esto no es prueba suficiente para afirmar que se trate de inscripciones del siglo III d. C. puesto que el término *incola* ya era empleado por Plauto (*Aulularia*, 3.406-407; *Persa*, 4.554-555).

194 Como indicábamos *supra* la exigencia de ser orginario de la comunidad local es atestiguada por Plinio, *Epistulae*, 10.104(105) y Cicerón, *de officiis*, 1.34.125, parece reservar los cargos municipales a los ciudadanos. Sin embargo, las fuentes epigráficas de finales de la República ya confirman la posibilidad de desempeñar magistraturas en diferentes comunidades locales (cfr. n. 174 del presente trabajo). Ello puede interpretarse como una flexibilización en la costumbre de reservar los cargos municipales a los ciu-

dadanos originarios, iniciándose en algunas ciudades un cierto acceso a los mismos por parte de los *incolae*, como constantan las fuentes epigráficas mencionadas. Para la época imperial, MENTXAKA, *El Senado municipal...*, cit., págs. 94-95, apoyándose en C.I.L. II.1055, afirma que la presencia de un *incola* en el Senado de un municipio flaviano permite apuntar la hipótesis de que también en Irni, en cuanto municipio flaviano, dicha posibilidad estuviera prevista en la ley de modo que la integración de los *incolae* en la vida política municipal fuera "plena en el sentido no sólo de tomar parte en las elecciones como electores sino también como elegidos". En el mismo sentido parace encaminarse LAMBERTI, *«Tabulae Irnitanae»...*, cit., pág. 37 n. 74, quien menciona además una serie de inscripciones de época imperial (C.I.L. III.1100 y 1141; V. 5036 y 6955; XIV. 314), en las que se recoge la posibilidad de pertenecer al mismo tiempo a más de un senado municipal. Sin embargo, ello no puede conducir a pensar que desde finales de la República y en los primeros siglos del Imperio se produjo, con carácter general, la plena integración de los *incolae* en sus ciudades de residencia. Esta plena integración no tendrá lugar hasta el siglo II d. C. y, sin duda, con la concesión de la ciudadanía a todos los habitantes libres del Imperio revistiendo, hasta dicho momento, el acceso de los *incolae* a los cargos un carácter excepcional con el que se pretendía agradecer la labor que los beneficiados realizaban a favor de la comunidad donde residían o con el que se pretendía suplir los puntuales problemas de una administración local carente de candidatos oriundos, en muchos casos, mediante la integración como *cives* de tales *incolae* en las ciudades que les habían acogido. En este sentido, MARQUARDT, *Römische Staatsverwaltung*, I, cit., pág. 136 y MOMMSEN-MARQUARDT, *Manuel...*, VIII, cit., pág. 183; HUMBERT, G., s.v. «incola», en *D.S.*, III, 1900, págs. 457-458, consideran que sólo cuando los honores municipales devengan altamente gravosos se llamará a los *incolae*, con carácter general, a su desempeño, constituyendo con anterioridad su acceso a los mismos algo excepcional. También D'ORS, *Epigrafía...*, cit., pág. 153, consideraba que los accesos a los cargos por parte de los *incolae* eran casos excepcionales, efectuados por concesiones imperiales o por condescendencia de la misma ciudad. Asimismo, ZILLETTI, U., s.v. «incolato», en *N.N.D.I.*, VIII, Torino, 1962, pág. 541; ABBOTT-JOHNSON, *Municipal administration...*, cit., pág. 58, consideran que hasta bien entrado el Imperio el acceso de *incolae* a los cargos municipales fue excepcional. Y para LANGHAMMER, *Die rechtliche...*, cit., pág. 32, citado por RODRÍGUEZ NEILA, "La situación...", cit., págs. 147-169, así como para VITTINGHOFF, *Civitas Romana...*, cit., págs. 28-29, los *incolae* no tuvieron capacidad para ser elegidos miembros del senado o desempeñar alguna magistratura, al menos, hasta el siglo II d. C.

una prueba de la obligación domiciliaria exigida a magistrados y decuriones que se mantendrá sin modificaciones hasta Caracalla puesto que, como señala D'ORS, A., conforme a la reconstrucción que BORMANN realiza de un fragmento de la *Lex Lauriacensis*, en esta época se establecieron similares medidas a las adoptadas en la *Lex Salpensa* e *Irnitana* para impedir la ausencia de los magistrados:

> "[*Ex IIviris qui in eo municipio i(ure) d(icundo) p(raeerunt) uter postea municipes incolasque... causa armatos educe]t aliave qua causa et... [necessitate ex eo municipio profiscetur neque eo die in id municipium esse se rediturum] arbitrabitur quem p[raefectum municipii ex decurionibus conscriptisque relinquere volet non minorem quam] annorum XXXV praese[ntibus decurionibus conscriptisque non minus... facito, ut si... sicut hac lege cautum com]prehensumque est iu[ret per Iovem et divom Aug(ustum) ceterosque divos omnes et genium imp(eratoris Caesaris M(arci) Aureli Antonini] Pii Aug(usti) Part(hici) max(imi) Brit(annci) [maximi deosque Penates...]*"[195].

No obstante, al igual que la excesiva provincialización del Senado romano comportó la necesidad de un cambio legislativo que, *de facto*, tendría lugar en la última etapa del reino de Caracalla o en el periodo inmediatamente posterior, en virtud del cual la estricta obligación domiciliaria se flexibilizó y dio paso a la regla del doble domicilio, las considerables cargas que desde la época de los Severos comportaba el desempeño de los cargos locales y la plena integración de los *incolae* en la vida política de la comunidad donde establecían su domicilio[196], determinaron que fuera necesario adaptar la

[195] D'ORS, *Epigrafía...*, cit., págs. 291-292.

[196] Cfr., D. 50.1.29 (Gaius *libro I. ad Edictum provinciale*); C. I. 10.38(39).1(*Imp. Antoninus A. Silvano*); C. I. 10.39(40).1 (*Imp. Antoninus A. Paulo*). Las mismas medidas fueron mantenidas en tiempos de Diocleciano. Por todos, MARQUARDT, *Römische Staatsverwaltung*, I, cit., págs. 135 ss.; MOMMSEN-MARQUARDT, *Manuel...*, VIII, cit., págs. 181 ss.; HUMBERT, s.v. «incola», cit., págs. 457-458; DE RUGGIERO, *La patria...*, cit., págs. 186 ss.; SANTALUCIA, B., *I «Libri Opinionum» di Ulpiano*, Milano, 1971, vol. I, pág. 158 y

obligación domiciliaria para paliar los posibles intentos de sustraerse del ejercicio de aquéllos mediante el traslado del domicilio a otras ciudades, así como para obligar a los *incolae* a retornar a su patria de origen en el caso en que hubiesen sido en ella también llamados a cargos dado que, como indica LANGHAMMER sobre un pasaje de Papiniano, ante la imposibilidad del desempeño de los *honores* tanto en la ciudad de residencia como en la de origen, el *origo* primaba:

> D. 50.1.17§4 (Papinianus *libro I. Responsorum*): *Sed eodem tempore non sunt honores in duabus civitatibus ab eodem gerendi; quum simul igitur utrubique deferuntur, potior est originis causa*[197].

---

vol. II, pág. 102 n. 37 y págs. 108-109; RODRÍGUEZ NEILA, "La situación...", cit., pág. 147 y págs. 159 ss.; LANGHAMMER, *Die rechtliche...*, cit., pág. 29-33; GAUDEMET, "Constantin et les curies municipales", cit., págs. 112-113; BACCARI, *Cittadini...*, cit., págs. 87-88 y pág. 90 n. 28; CUENA BOY, "Nuevos...", cit., págs. 3-4.

[197] LANGHAMMER, *Die rechtliche...*, cit., pág. 27 n. 11. Lo mismo parece indicar Ulpiano, aunque el texto no permite afirmarlo con certeza, para los ciudadanos originarios de Roma pero domiciliados en otra ciudad (D. 50.4.3 pr). Al respecto, NÖRR, s.v. «origo», cit., col. 446; SANTALUCIA, *I «Libri Opinionum» di Ulpiano*, I, cit., pág. 32, pág. 113, pág. 134, pág. 160 y pág. 212 n. 49 y vol. II, cit., págs. 107 ss.; BACCARI, *Cittadini...*, cit., pág. 90 n. 28 y pág. 108 n. 70. En opinión de DE RUGGIERO, *La patria...*, cit., págs. 67 ss., pág. 71 y pág. 172, el pasaje permite afirmar que en Roma no se aplicabla el instituto del incolato. Vid., no obstante, las acertadas críticas de VAN BERCHEM, D., *Les distributions de blé et d'argent à la plebe romaine sous l'Empire*, Genéve, 1939, pág. 52; LICANDRO, *Domicilium habere...*, cit., pág. 270 n. 202. Algunos autores consideran que el pasaje de Papiniano establece la prohibición del desempeño simultáneo de los honores en ambas ciudades. Vid. entre otros, BÉCHARD, *Droit municipal...*, cit., pág. 281. A nuestro juicio, el pasaje sólo establece una priorización en el caso de que ese ejercicio simultáneo no sea posible, es decir, en este momento no se podría obligar al *incola* a desempeñar simultáneamente los cargos en ambas ciudades, pero voluntariamente podía realizarlo si cumplía los requisitos en las dos. Nuestra hipótesis es compatible con la obligación domiciliaria dado que, en este momento, los juristas ya habían admitido que una persona pudiera tener una pluralidad de domicilios (D. 50.1.6§2), siguiendo la línea evolutiva de finales de la República en la que dicha posibilidad es constatada por la Tabla de Heraclea. En este sentido se han manifestado, NUYENS, *Le*

En opinión del DECLAREUIL, estas circunstancias comportaron que los rígidos poderes que las leyes municipales otorgaban a los jefes de las ciudades para exigir el cumplimiento de la obligación domiciliaria de sus magistrados y decuriones fuera reemplazada por un proceder más simple en virtud del cual se concedió al gobernador de la provincia una *persecutio extraordinaria* para obligar a los miembros de la curia a cumplir sus funciones en su ciudad de origen y exigirles su residencia permanente en ella[198].

En este sentido ha sido interpretado un pasaje de Ulpiano en el que se indica que el presidente de la provincia debe llamar a suelo patrio a los decuriones que abandonen la residencia de la ciudad a la que pertenecen, emigrando a otras ciudades, y obligarles a desempeñar los cargos correspondientes:

> D. 50.2.1 (Ulpianus *libro II. Opinionum*): *Decuriones, quos sedibus civitatis, ad quam pertinent, relictis in alia loca transmigrasse probabitur, Praeses provinciae in patrium solum revocare, et muneribus congruentibus fungi curet*[199].

Por tanto, la obligación domiciliaria se mantuvo en el siglo III si bien encomendando su observancia al gobernador de la provincia.

---

statut..., cit., pág. 28 n. 47 y RODRÍGUEZ NEILA, "La situación…", cit., pág. 102 para quienes la acumulación obligatoria no se produjo hasta Constantino.

198 DECLAREUIL, *Quelques problèmes*..., cit., págs. 86-87.

199 En este sentido se han manifestado, entre otros, DE RUGGIERO, *La patria*..., cit., pág. 125 n. 2; VAN SICKLE, C.L., "Diocletian and the decline of the roman municipalities", en *J.R.S.*, 1938, 28, pág. 10 n. 5 y pág. 16; TANFANI, *Contributo*..., cit., págs. 251-252; BÉCHARD, *Droit municipal*..., cit., pág. 277; RUPPRECHT, *Untersuchungen*..., cit., pág. 65; SANTALUCIA, *I «Libri Opinionum» di Ulpiano*, I, cit., pág. 32, págs. 157 ss. y pág. 215 y vol. II, cit., págs. 91 ss.; VITTINGHOFF, *Civitas Romana*..., cit., pág. 239, que ven en estas medidas un intento de frenar la huida de los decuriones de las gravosas cargas que comporta su cargo. Para DECLAREUIL, *Quelques problèmes*..., cit., págs. 85 ss., este cambio en el titular encargado de observar el cumplimiento de la obligación domiciliaria supuso una flexibilización de la misma; CUENA BOY, "Nuevos…", cit., pág. 5 n. 64; idem, "«Causa originis»: Normas de procedimiento sobre la reclamación de colonos o curiales evadidos de su condición", en *R.E.H.J.*, nº 34, Valparaíso, Chile, 2012, p. 76.

En esta misma línea se ha manifestado DE MARTINO al afirmar que la residencia obligatoria continuó siendo la regla general. En efecto, aunque el autor pone en duda la autenticidad del texto, dado que la equiparación entre *honores* y *munera* no es propia del derecho clásico y la utilización del imperativo *curet* revela la mano de la cancillería imperial[200], estas alteraciones, a su juicio, sólo afectan al principio de la obligatoriedad de los cargos, que se produce con Constantino, no al principio de la obligatoriedad del domicilio: "il caso comunque non è quello della nomina coattiva, bensì della residenza, per la quale già norme dell'età antica avevano mirato ad impedire l'assenza dei magistrati"[201].

---

[200] DE MARTINO, "Nota storica sui decurioni", cit., págs. 153-154. Sobre las alteraciones del texto, SANTALUCIA, *I «Libri Opinionum» di Ulpiano*, I, cit., págs. 157 ss., acoge la postura de De Martino sobre el empleo del imperativo sin considerar, no obstante, por ello, que el texto no sea genuino y critica la censura de la frase "*muneribus congruentibus fungi*", señalada por ROTONDI, G., *Scritti giuridici. I. Studi sulla storia delle fonti e sul diritto pubblico romano* (a cura di V. Arangio-Ruiz), Pavia, 1922, pág. 475. Por su parte, SPAGNUOLO VIGORITA, *Città e Impero...*, cit., pág. 131, remonta al siglo II la confusión entre los cargos municipales y los *munera* debida a la gravosidad de los primeros.

[201] DE MARTINO, "Nota storica sui decurioni", cit., págs. 153-154, para quien, si bien en el derecho clásico se mantuvo la obligación domiciliaria, la obligatoriedad y carácter hereditario de los cargos municipales no se produce hasta Constantino. No obstante afirma que ya se habían establecido las bases de estos principios. En su opinión, el primer ejemplo de una posible candidatura coactiva nos lo proporciona la propia *Lex municipii Malacitani*, cap. 51, en virtud de la cual, si en el día de término para la *professio* no se hubiese presentado ningún candidato, los presentados resultasen incapaces o no fueran suficientes para cubrir los puestos honoríficos vacantes, el magistrado convocante debía proceder a la *nominatio* de personas legalmente idóneas hasta completar el número de cargos a elegir. Estas personas *nominati* sólo podían liberarse del cargo proponiendo el nombre de otra persona como candidato a la que, a su vez y en último término, se concedía la misma posibilidad, quedando, de este modo, finalmente configurada la lista definitiva de candidatos sobre los que se producía la votación. A su juicio, en este procedimiento de *nominatio* encontramos el primer precedente clásico de la obligatoriedad de los oficios municipales limitado al caso de que falten candidatos idóneos y esta tendencia será desarrollada por los emperadores posteriores reduciendo la elección de los comicios a una simple formalidad puesto que, de hecho, deberán limitarse a aprobar la designación realizada por el magistrado. La

PIGANIOL defiende la misma tesis a través de otro pasaje de Ulpiano en el que se nos indica que el decurión estaba obligado a residir en la ciudad donde despeñaba el cargo necesitando una autorización para salir de la misma y que si se ausentaba por más tiempo del concedido o por otro concepto distinto del que fuera el motivo de la licencia, podía ser llamado a cargos:

> D. 50.1.2§6 (Ulpianus *libro I. Disputationum*): *Is*, (decurión), *qui ultra commeatum abest, vel ultra formam commeatui datam, ad munera vocari potest*[202].

---

difusión del principio coactivo del oficio en ausencia de candidatos voluntarios e idóneos es demostrada por el autor a través de un pasaje de Calistrato de finales de la época clásica, referido a un rescripto de Adriano relativo a la interacción de los cargos, en virtud del cual el jurisconsulto afirma que si no hubiera quien desempeñase los cargos honoríficos debían ser compelidos los mismos que ya los hubiesen desempeñado (D. 50.4.14§6). Por otro lado, el sistema de garantías debidas para la buena administración del oficio, así como la responsabilidad solidaria por la elección del colega y del sucesor y por la gestión administrativa abrieron, en su opinión, el camino al principio hereditario. Sobre el cap. 51 de la *Lex Malacitana* como primer exponente del carácter coactivo de los cargos y la reducción del papel electoral de los comicios a una mera aprobación de la *nominatio* del magistrado, vid., entre otros, MARQUARDT, *Römische Staatsverwaltung*, I, cit., págs. 141 ss.; MOMMSEN-MARQUARDT, *Manuel...*, VIII, cit., págs. 191 ss.; D'ORS, *Epigrafía...*, cit., págs. 312 ss.; idem, *La Lex Flavia Municipal (texto y comentario)*, cit., págs. 129-130; TANFANI, *Contributo...*, cit., págs. 187 ss.; LIEBS, "Privilegien...", cit., págs. 344-345; RODRÍGUEZ NEILA, "Las elecciones municipales...", cit., págs. 169 ss.; GONZÁLEZ, "The Lex Irnitana...", cit., pág. 188 y págs. 214 ss.; MENTXAKA, "Descripción...", cit., pág. 81; idem, *El Senado municipal...*, cit., pág. 74; LAMBERTI, *«Tabulae Irnitanae»...*, cit., págs. 80 ss. Por su parte, MARTIN, V., "Recensement périodique et réintégration du domicile légal", en *Atti del IV Congresso Internazionale di Papirologia (Firenze, 28 aprile-2 maggio 1935)*, Milano, 1936, págs. 225-250, señala que para evitar la sustracción a los cargos, a partir del siglo I d. C., en Egipto se hacía censar a la población en su ciudad de origen, obligando a aquéllos que tenían su domicilio en otro lugar a volver y permanecer en ella, al menos, momentáneamente.

202 PIGANIOL, *L'Empire Chrétien*, cit., págs. 392 ss., que interpreta esta medida como un intento de paliar la fuga de los decuriones al campo para evitar las cargas que su cargo comportaba. Cfr. LEVY-RABEL, *Index Interpolationum*, III, cit., col. 569.

Más allá de que pudieran hacerse extensibles a este pasaje la objeciones de autenticidad formuladas para el precedente, en el mismo Ulpiano constata la obligación de los decuriones de residir de modo permanente en la ciudad donde ejercen el cargo necesitando una autorización del gobernador de la provincia para ausentarse de la misma[203].

Los magistrados también estaban sujetos a la obligación domiciliaria dado que, como indica Paulo, en el siglo III era necesario ser decurión para poder acceder a las magistraturas:

> D. 50.2.7§2 (Paulus *libro I. Sententiarum*): *Is, qui non sit decurio, duumviratu vel aliis honoribus fungi non potest, quia decurionum honoribus plebeii fungi prohibentur*[204].

---

[203] Asimismo, el mantenimiento de la obligación domiciliaria puede deducirse de otros pasajes de Ulpiano donde se indica que los decuriones condenados al exilio y a la relegación pierden su condición pero pueden volver a ingresar en las curias tras la expiración de sus penas. Cfr. D. 50.2.2 y 5; C. I. 10.59(60)2. Por todos, Vauthier, M., *Études sur les personnes morales dans le droit romain et dans le droit français*, Bruxelles-Paris, 1887, pág. 31; Humbert, G., voz «exsilium», en *D.S.*, vol. II.1, Paris, 1892, pág. 945; Béchard, *Droit municipal...*, cit., pág. 272 y pág. 277; Tanfani, *Contributo...*, cit., págs. 229-230; Langhammer, *Die rechtliche...*, cit., pág. 224.

[204] Al respecto, Marquardt, *Römische Staatsverwaltung*, I, cit., pág. 141; Mommsen-Marquardt, *Manuel...*, VIII, cit., pág. 191; Béchard, *Droit municipal...*, cit., pág. 280; Willems, *Le droit public romain*, cit., pág. 541; De Ruggiero, *La patria...*, cit., pág. 202 n. 2; Vittinghoff, *Civitas Romana...*, cit., págs. 238-240; Cuena Boy, "Nuevos...", cit., pág. 5. En opinión, Declareuil, *Quelques problèmes...*, cit., págs. 10 ss., esta transformación, ya apuntada en Irni, debió tener lugar en los primeros tiempos del reinado de Caracalla puesto que, con anterioridad, se constata que un plebeyo podía ser candidato a los honores (D. 50.4.14§4; D. 50.2.6§5). La única dificultad que subsiste es un pasaje del *De judiciis publicis* de Marciano (D. 50.4.7 pr) que continúa permitiendo el acceso de los plebeyos a los honores. Pero, para Declareuil, Marciano en este pasaje se ocupa de un rescripto de Severo y de constituciones anteriores a la época en la que él escribe. En el mismo sentido, entre otros, Abbott-Johnson, *Municipal administration...*, cit., pág. 85; Levy, *Pauli Sententiae...*, cit., págs. 14 ss.; idem, "Études...", cit., pág. 231, que ve en esta sentencia de Paulo el primer paso hacia un cambio radical en la constitución municipal al exigir que los candidatos a las magistraturas pertenecieran al orden decurional mientras que, a comien-

Esta afirmación encuentra apoyo en dos nuevos pasajes de Ulpiano. El primero hace referencia a un rescripto de los *divis frates* en el que se interpreta una constitución anterior que aplicaba a las magistraturas los requisitos exigidos para ser decurión. Los emperadores confirman tal constitución pero indican que sus postulados sólo serán aplicables cuando los elegidos sean idóneos y hábiles:

> D. 50.4.6 pr. (Ulpianus *libro IV. de officio Proconsulis*): *Rescripto Divorum Fratrum ad Rutilium Lupum ita declaratur:«Constitutio, qua cautum est, prout quisque decurio creatus est, ut ita et magistratum adipiscatur, toties servari debet, quoties idoneos et sufficientes omnes contingit... Sciant igitur locupletiores, non debere se hoc praetextu legis uti, et de tempore, quo quisque in curiam allectus sit, inter eos demum esse quaerendum, qui pro substantia sua capiant honoris dignitatem»*[205].

Con esta medida, afirma De Martino, se demuestra la urgente necesidad del Estado de asegurar la correcta administración ciudadana y el cumplimiento de los gravámenes que a la misma fueron

---

zos de la época clásica, la regla general era la contraria, es decir, el desempeño de un magistratura constituía, de ordinario, un requisito para la admisión en el *ordo decurionum*. Sin embargo, De Martino, "Nota storica sui decurioni", cit., págs. 151 ss., contrastando este pasaje con el testimonio de Marciano (D. 50.4.7 pr.) y teniendo en cuenta que Severo autorizó a los hijos de esclavos pero nacidos de madre libre y a los judíos a aceder al *ordo decurionum* (D. 50.2.9 pr.; 50.2.3§3), considera poco verosímil que Paulo excluyese a los plebeyos de los cargos honoríficos y del *ordo decurionum*. En su opinión, la sentencia de Paulo se refiere a un caso de elección del candidato por parte del *ordo decurionum* en el que, para evitar que la elección recayese sobre persona extranea, el jurista decide que la misma se restrinja al círculo de personas pertenecientes al *ordo*. La motivación no pertenecería a Paulo sino que sería obra de un glosador que no comprendió el valor de la decisión. Entendido el pasaje de este modo, concluye el autor, el mismo prueba que en la edad de los Severos los magistrados municipales, en ausencia de candidaturas voluntarias, serían elegidos en el seno del *ordo*.

205 C. I. 10.41(42).1 (*Imp. Antonius A. Filio*). Cfr. Levy-Rabel, *Index Interpolationum*, III, cit., col. 573, lo consideran genuino.

vinculados de modo creciente y que comportarán que, en el Bajo Imperio, los cargos locales devengan obligatorios y hereditarios[206].

Fines similares inspiran el segundo pasaje de Ulpiano conforme al cual los decuriones que en fraude del orden se retiren a los campos para quedar sujetos a los honores menores y escapar a las mayores cargas que comportan los primeros, no quedarán excusados de estos honores si pueden ser nombrados para desempeñarlos:

> D. 50.5.1 §2 (Ulpianus *libro II. Opinionum*): *Qui in fraudem ordinis in honoribus gerendis quum iter eos ad primos honores creari possint, qui in civitate munerabantur, evitandorum maiorum onerum gratia ad colonos praediorum se transtulerunt, ut minoribus subiiciantur, hanc excusationem sibi non paraverunt*[207].

Cuando esta emigración se producía, interpreta DECLAREUIL, el gobernador de la provincia, ante la apelación de los otros miembros del *ordo*, en fraude de los cuales aquéllos habían actuado, les imponía los *honores* de los que se intentaban sustraer. En su opinión, aunque tales maniobras pudieron darse tiempo atrás, sólo cuando los magistrados fueron elegidos entre los decuriones, siguiendo un cierto turno, los menos afortunados de entre ellos estuvieron más tentados de usar estas habilidades y los otros más interesados en vigilar sus artimañas que no podían producir efectos, como dice Ulpiano, más que *in fraudem ordinis*[208].

Sin embargo, aunque con estas medidas se pretendía combatir los posibles intentos de evasión de los cargos por parte de los magis-

---

206 DE MARTINO, "Nota storica sui decurioni", cit., pág. 154. En el mismo sentido VAUTHIER, *Études...*, cit., págs. 31 ss.; DECLAREUIL, *Quelques problèmes...*, cit., pág. 12 n. 2; SANTALUCIA, *I «Libri Opinionum» di Ulpiano*, II, cit., págs. 127 ss., para quien estos pasajes demuestran el interés porque los *munera* y *honores* sean repartidos entre los ciudadanos en función de su fortuna.

207 Cfr. LEVY-RABEL, *Index Interpolationum*, III, cit., col. 573.

208 DECLAREUIL, *Quelques problèmes...*, cit., págs. 87-88. Vid., asimismo, DE RUGGIERO, *La patria...*, cit., pág. 175 n.1 y pág. 184 n. 2; NUYENS, *Le statut...*, cit., pág. 30 n. 57; SANTALUCIA, *I «Libri Opinionum» di Ulpiano*, II, cit., págs. 135 ss.; LICANDRO, *Domicilium habere...*, cit., pág. 275 n. 208; CUENA BOY, "Nuevos...", cit., pág. 5.

trados y decuriones, mediante el traslado de su domicilio, así como regular el ejercicio de los mismos por los *incolae* para garantizar una correcta administración local y un reparto equitativo de las cargas, las mismas no tuvieron el resultado esperado puesto que, como indica el autor, su observancia quedaba al arbitrio del gobernador provincial sin ninguna ley imperial que dictara el sentido de sus decisiones lo que le permitía, según los casos, flexibilizar su exigencia[209].

Frente a esto, los emperadores Diocleciano y Maximiano, afirma GAUDEMET, intentaron limitar la arbitrariedad del gobernador de la provincia al establecer que el abandono de las curias no podía ser autorizado por su benevolencia:

> C. I. 10.31(32).13 (*Impp. Diocletianus et Maximianus AA. Proculo*): *A muneribus decurionatus nec sententia praesidis in perpetuum... praestat excusationem*[210].

Pero, en realidad, como reconoce el autor, la intervención de los gobernadores continuó siendo práctica corriente y las exenciones "de complaisance" se multiplicaron. Asimismo, constata VAN SICKLE, los emperadores reprodujeron muchos de los rescriptos de sus predecesores constriñendo a los *incolae* a desempeñar los cargos y a aceptar los honores de la ciudad donde establecen su domicilio sin perder, no obstante, su vinculación con la ciudad de origen, de la que nadie podía exonerarse por propia voluntad:

> C. I. 10.38(39).4 (*Impp. Diocletianus et Maximianus AA. Secundo*): *Origine propria neminem posse voluntate sua eximi, manifestum est*[211].

---

209 DECLAREUIL, *Quelques problèmes...*, cit., págs. 85 ss.

210 GAUDEMET, "Constantin et les curies municipales", cit., pág. 109. En el mismo sentido NUYENS, *Le statut...*, cit., pág. 45 n. 2; CUENA BOY, "Nuevos...", cit., pág. 5 n. 71.

211 C. I. 10.39(40).3 (*Impp. Diocletianus et Maximianus AA. Alexandro*); C. I. 10.39(40).4 (*Idem AA. et CC. Alexandro*); C. I. 10.39(40).5 (*Idem AA. et CC. Maximo*); C. I. 10.39(40).6 (*Idem AA. et CC. Marcellino*); C. I. 10.39(40).7. Respecto al mantenimiento del reparto equitativo de las cargas públicas y a la restricción de las exenciones cfr., entre otros, C. I. 10.31(32).2 y

Con estas medidas, afirma Portillo Martín, se pretendía evitar que aquéllos considerados *idonei* para el ejercicio de los cargos en su ciudad de origen intentaran sustraerse de sus obligaciones trasladando el domicilio a otra ciudad distinta, de la que se convertían en *incolae*[212].

Pero el mantenimiento de la regla en virtud de la cual, salvo especial privilegio de la ciudad, cada uno podía ser llamado a los cargos curiales tanto por razón de origen como por elección del domicilio[213] devino insuficiente puesto que, aunque el que trasladaba fraudulentamente su domicilio para escapar de los cargos de su ciudad de origen podía ser constreñido al desempeño de los mismos en su ciudad de residencia, al no existir la acumulación obligatoria de los cargos sino la primacía del *origo* defendida por Papiniano[214], su situación no era peor de la que le esperaba si permanecía en aquélla ya que, en el peor de los casos, sólo podía ser obligado al desempeño de los mismos en una ciudad y, en el mejor de aquéllos, podía conseguir eludirlos en ambas.

3. REFUERZO DE LA OBLIGACIÓN DOMICILIARIA Y EXTENSIÓN DE LA MISMA A TODOS LOS *CURIALES* Y *COLLEGIATI* EN EL SIGLO IV D.C.

La necesidad de la autorización del gobernador de la provincia para poder salir de la ciudad, la concesión al mismo de una *per-*

3; C. I. 10.40(41).3; C. I. 10.42(43).2, 3 y 4; C. I. 10.43(44).2; C. I. 10.46(47).1 y 2; C. I. 10.60(62).3 y 4; C. I. 12.33(34).2. Van Sickle, "Diocletian and the decline...", cit., págs. 12 ss.; Humbert, s.v. «incola», cit., págs. 457-458; De Ruggiero, *La patria...*, cit., págs. 12-13 y págs. 189 ss.; Vauthier, *Études...*, cit., págs. 31 ss.; Gaudemet, "Constantin et les curies municipales", cit., págs. 112 ss.; Declareuil, *Quelque problèmes...*, cit., pág. 56; Visconti, "Note preliminari sul «domicilium»...", cit., págs. 430-436; Ormanni, s.v. «curia, curiales», cit., pág. 64; Langhammer, *Die rechtliche...*, cit., págs. 27-33; Baccari, *Cittadini...*, cit., págs. 87 ss.; Licandro, *Domicilium habere...*, cit., pág. 284; Cuena Boy, "Nuevos...", cit., págs. 3-5.

[212] Portillo Martín, *Incolae*, cit., pág. 70.

[213] C. I. 10.39(40).6 (*Impp. Diocletianus et Maximianus AA. et CC. Marcellino*).

[214] D. 50.1.17§4 (Papinianus *libro I. Responsorum*). Vid. n. 197.

secutio extraordinaria para obligar a los que habían trasladado su domicilio a otra ciudad o se habían retirado al campo a cumplir la obligación domiciliaria y a asumir las obligaciones de su cargo, así como la posibilidad de que el *incola* fuesen obligado al desempeño de los honores en la ciudad de residencia, no fueron suficientes para paliar el éxodo masivo de los decuriones puesto que la flexibilidad del gobernador en la exigencia de la obligación domiciliaria, comportó que los traslados fraudulentos del domicilio a otras ciudades se incrementaran con el fin de escapar de las abrumadoras cargas a las que estuvieron sometidos desde el siglo III.

Junto a esto, en el siglo IV se agudizó el despoblamiento de las curias como consecuencia del creciente ingreso de los decuriones en la burocracia imperial, el clero, el ejército o la aristocracia imperial, otra nueva vía para escapar de sus obligaciones y de ascender de rango social[215]. Ante esta situación, el emperador Constantino prescribió el carácter hereditario de los cargos, la obligación perpetua del patrimonio de los curiales, la interdicción para librarse de aquéllos, la restitución a las curias de quienes habían desertado ingresando en los distintos órdenes o accediendo a los honores e inició una rigurosa política domiciliaria, limitando la arbitrariedad del gobernador y estableciendo importantes penas contra los infractores[216].

---

[215] Por todos, VAUTHIER, *Études*..., cit., págs. 31 ss.; LOT, *La fin du monde antique*..., cit., pág. 129; JONES, "The cities of the roman Empire", cit., págs. 150 ss.; LEPELLEY, *Les cités*..., I, cit., págs. 243-292; EVANS-GRUBBS, *"Munita coniugia"*..., cit., págs. 13 ss.; KOLB, *La ciudad en la antigüedad*, cit., págs. 197 ss.; WACHER, *The towns of roman Britain*, cit., pág. 428; DE MARTINO, "Nota storica sui decurioni", cit., págs. 147 ss.

[216] Centraremos nuestro estudio en las medidas relativas a la obligación domiciliaria. Sobre el resto de las disposiciones adoptadas a partir del siglo IV contra la fuga de los curiales en ambas partes del Imperio vid., entre otros, WILLEMS, *Le droit public romain*, cit., págs. 608 ss.; NUYENS, *Le statut*..., cit., págs. 45 ss., págs. 115 ss. y págs. 199 ss.; ABBOTT-JOHNSON, *Municipal administration*..., cit., págs. 197-231; LOT, *La fin du monde antique*..., cit., págs. 135-136; PIGANIOL, *L'Empire Chrétien*, cit., págs. 395-396; DECLAREUIL, *Quelques problèmes*..., cit., págs. 122 ss.; BÉCHARD, *Droit municipal*..., cit., págs. 273 ss.; GAUDEMET, "Constantin et les curies municipales", cit., págs. 98-130; LIEBS, "Privilegien...", cit., págs. 337 ss.; LEPELLEY, *Les cités*..., I, cit., págs. 243 ss.; EVANS-GRUBBS, *"Munita coniugia"*..., cit., págs. 13 ss.; idem, *Law and Family in Late Antiquity*, Oxford,

Es cierto, como indica LEPELLEY, que las amplias disparidades regionales del Imperio tardío impiden, con carácter general, extender a todo el mundo romano la información válida para una provincia o zona territorial particular[217]. No obstante, a pesar de la distinta situación de las villas y de las condiciones del servicio municipal en Occidente y en Oriente, respecto a la obligación domiciliaria de los cargos locales, la copiosa legislación a través de la cual los emperadores de ambas partes del Imperio tratarán de reforzar la sujeción de los decuriones y, posteriormente, de todos los curiales a la ciudad donde desempeñan los cargos nos permite extraer conclusiones aplicables a la mayoría de las ciudades del Bajo Imperio.

En este sentido se ha pronunciado DECLAREUIL al afirmar que, aunque las constituciones iban dirigidas a un solo gobernador o a un solo prefecto, las mismas hacían jurisprudencia y no tardaban en extenderse al conjunto de las provincias[218].

El endurecimiento de la política domiciliaria se observa tempranamente en la legislación constantiniana mediante una ley de 9 de

---

1995, págs. 21 ss.; GERA-GIGLIO, *La tassazione...*, cit., pág. 44 n. 30 y pág. 114; ALFÖLDY, *Historia social de Roma*, cit., págs. 266-267; JONES, *The Later Roman Empire*, I, cit., págs. 712 ss.; DE MARTINO, "Nota storica sui decurioni", cit., págs. 148 ss.; SCARCELLA, *La legislazione di Leone I*, cit., págs. 427 ss.; OMBRETTA CUNEO, *La legislazione...*, cit., especialmente, la bibliografía que cita en pág. 147 n. 1; CUENA BOY, "Nuevos...", cit., págs. 5-6; idem, "«Causa originis»...", cit., págs. 76 ss.

217 LEPELLEY, *Les cités...*, I, cit., pág. 20. En el mismo sentido, entre otros, MAZZARINO, S., *Aspetti sociali del quarto secolo. Ricerche di storia tardo romana*, Roma, 1951, págs. 169 ss.; JONES, "The cities of the roman Empire", cit., págs. 135 ss.; FERNÁNDEZ DE BUJÁN, A., *Jurisdicción voluntaria en Derecho Romano*, 3ª edición, Madrid, 1999, págs. 86 ss.; LICANDRO, *Domicilium habere...*, cit., pág. 267 n. 199.

218 DECLAREUIL, *Quelques problèmes...*, cit., pág. 183. En el mismo sentido, VAUTHIER, *Études...*, cit., págs. 33-34; VOLTERRA, E., "L'efficacia delle costituzioni imperiali emanate per le provincie e l'istituto dell'expositio", en *Studi in onore di Besta*, 1, 1939, págs. 449 ss.; SCARCELLA, *La legislazione di Leone I*, cit., págs. 425-426, afirma que a pesar de la diversas realidades regionales, el incremento de los factores de crisis debió profundamente marcar la vitalidad de las instituciones ciudadanas y en particular del *ordo decurionum*, frecuentemente abandonado por sus miembros.

julio del 324 dirigida al procónsul de África, a través de la cual sometió a la autorización previa del gobernador los viajes de los decuriones a la Corte por negocios personales o en interés de su ciudad, sancionando la violación de dicha norma con la deportación:

> C. Theod. 12.1.9 (*Imp. Constantinus A. ad Hilarianum Proconsulem Africae*): *Si quis decurio vel propriae rei causa vel rei publicae cogatur nostrum adire comitatum, is non ante discedat quam inaliquis hanc fecerit iussionem, deportationis exitum sortiatur*[219].

Con esta sanción contra los que por cualquier razón intentaran alejarse de la *civitas*, afirma GAUDEMET, el emperador pretendió reforzar el vínculo de los decuriones con la ciudad al objeto de su contribución en las cargas administrativas y financieras[220]. En el mismo sentido se manifiesta DECLAREUIL, para quien con esta agravación de la residencia obligatoria se quería evitar la aglomeración del palacio y las intrigas que allí se tramaban, a lo cual se unía el miedo de que el decurión aprovechara su ausencia para escapar al menos momentáneamente a sus obligaciones profesionales[221].

---

[219] Los compiladores justinianeos substituyeron la pena de deportación por una pena dejada a la libre apreciación del juez. Por todos, NUYENS, *Le statut...*, cit., pág. 45, págs. 68 ss. y págs. 97-99. El autor constata cómo ya desde el año 313, Constantino había reducido la arbitrariedad de los gobernadores respecto a la concesión de excepciones en materia de servicios municipales (C. Theod. 12.1.1=C. I. 10.31(32).14) y cómo desde el año 319 se había intentado evitar que los decuriones abandonaran su rango y sus cargas refugiándose en el campo bajo el patrocinio de *potentores* (C. Theod. 12.1.6=C. I. 5.5.3). Al respecto vid. también VAUTHIER, *Études...*, cit., págs. 34 ss.; LANGHAMMER, *Die rechtliche...*, cit., págs. 219 ss.; JONES, *The Later Roman Empire*, cit., pág. 1309 n. 81; LIEBS, "Privilegien...", cit., pág. 341 y pág. 343; EVANS-GRUBBS, *"Munita coniugia"...*, cit., pág. 15; SCHLINKERT, *Ordo senatorius und nobilitas*, cit., pág. 60 n. 13 y pág. 118 n. 4; SCARCELLA, *La Legislazione di Leone I*, cit., págs. 427 ss.; CUENA BOY, "Nuevos...", cit., pág. 6 n. 80.

[220] GAUDEMET, "Constatin et les curies municipales", cit., págs. 127-128. En el mismo sentido, entre otros, ORMANNI, s.v. «curia, curiales», cit., págs. 65-66; TANFANI, *Contributo...*, cit., pág. 252; EVANS-GRUBBS, *"Munita coniugia"...*, cit., pág. 15; BÉCHARD, *Droit municipal...*, cit. pág. 275.

[221] DECLAREUIL, *Quelques problèmes...*, cit., pág. 184.

Por tanto, los decuriones estaban obligados a residir en la ciudad y no podían ausentarse de la misma, aunque fuera por periodos cortos de tiempo, sin la autorización del gobernador cuya arbitrariedad se veía mermada por la hasta entonces inexistente disposición imperial.

La obligación domiciliaria también era aplicada a los magistrados que continuaban siendo nominados entre los decuriones como nos indica una ley emanada en Constantinopla en el año 323 dirigida a Florencio, prefecto del pretor:

> C. Theod. 12.1.8 (*Imp. Constantinus A. ad Florentium*)=C. I. 1.56.1: *Decuriones ad magistratum vel exactionem annonarum ante tres menses vel amplius nominari debent...* [222].

No obstante, la frecuente huida de los nombrados para el *duumviratus* comportó que seis años más tarde, Constantino se dirigiera al prefecto del pretor Evagrio en una ley dada en Sérdica, ordenando su búsqueda y autorizando que sus bienes fuesen entregados a los llamados en su lugar al duunvirato. Asimismo conforme a esta ley los refractarios hallados eran obligados a levantar las cargas del duunvirato durante dos años:

> C. Theod. 12.1.16 (*Idem A. ad Evagrium Praefectum Praetorio*): *Si ad magistratum nominati aufugerint, requirantur, et, si pertinaci animo latere potuerint, his ipsorum bona permittantur, qui praesenti tempore in locum eorum ad duumviratus munera vocabuntur, ita ut, si postea repperti fuerint, biennio integro onera duumviratus cogantur agnoscere. Omnes enim, qui obsequia publicorum munerum declinare tentaverint, simili condicione teneri oportet*[223].

[222] NUYENS, *Le statut...*, cit., págs. 94-95; DECLAREUIL, *Quelques problèmes...*, cit., pág. 255; LANGHAMMER, *Die rechtliche...*, cit., pág. 48 n. 41 y pág. 234 n. 381; CURCHIN, "The end of local...", cit., pág. 277 n. 4.

[223] VAUTHIER, *Études...*, cit., pág. 34; DE RUGGIERO, *La patria...*, cit., pág. 202 n. 2; NUYENS, *Le statut...*, cit., págs. 157-159, pág. 165 y pág. 173, quien precisa cómo en el último parágrafo el emperador aplica la sanción a todo el que trate de escapar de las funciones públicas en general y cómo la expresión *his... bona per-*

Esta obligación domiciliaria de los magistrados locales será mantenida por los sucesores de Constantino como se desprende de una constitución dirigida en el año 340 al orden de la ciudad de Constantina de Cirta en virtud de la cual los magistrados desertores debían ser llamados a su condición y obligados a rembolsar los gastos que por ellos hubiese anticipado la ciudad:

> C. Theod. 12.1.29 (*Impp. Constantius et Constans AA. Ordini Civitatis Constantinae Cirtensium*): *Magistratus desertores ad eam gravitas tua faciat necessitatem condicionis urgeri, ut, quascumque pro his expensas civitas prorogavit, refundere protinus ac repraesentare cogantur*[224].

A partir de la segunda mitad del siglo IV, como afirma DECLAREUIL, la mayor parte de las leyes restrictivas de la libertad que, en principio, iban destinadas exclusivamente a los decuriones, se harán extensibles a toda la clase curial[225]. Es cierto que con frecuencia el título de decurión y la calificación de curial eran utilizados como sinónimos en la medida en que, en sentido estricto, el término curial sólo comprendía a los decuriones. En materia domiciliaria podemos encontrar un ejemplo de este uso sinónimo en la disposición de Valentiniano y Valente del año 364 que confirma la disposición constantiniana del 324 al determinar que los agentes superiores no podía obligar a un curial (léase, decurión) a salir de los límites de su ciudad:

> C. Theod. 12.1.60 (*Impp. Valentinianus et Valens AA. ad Byzancenos*): *Sacerdotes vel curiales ultra terminos propriae civitatis non iubeantur sui exhibere praesentiam, in sacerdotibus creandis et in privilegiis, quae isdem deferebantur, veteri more servando*[226].

---

mittantur no permite concluir que se trate de una atribución definitiva y en plena propiedad; TANFANI, *Contributo*..., cit., pág. 351; DECLAREUIL, *Quelques problèmes*..., cit., pág. 256; EVANS-GRUBBS, *"Munita coniugia"*..., cit., pág. 15; idem, *Law and Family*..., cit., pág. 25; LIEBS, "Privilegien...", cit., pág. 347.

224 C. I. 10.31(32).20. Vid., CURCHIN, "The end of local...", cit., pág. 273 n. 10.

225 DECLAREUIL, *Quelques problèmes*..., cit., págs. 219 ss.

226 Algunos autores defienden la equiparación entre los términos *decurio* y curial. Al respecto vid., HUMBERT, s.v. «decurio», cit., pág. 40; KÜBLER, s.v.

En opinión de DECLAREUIL, con esta constitución dada en Aquilea y dirigida a los Bizancenos, los emperadores, en un intento de proteger a los curiales de los abusos de sus superiores, reforzaron la pertenencia del curial a la curia[227]. Además, esta constitución refuerza también el vínculo con la ciudad de los sacerdotes locales que, sin constituir magistraturas, eran asimilados a ellas e incluidos entre los honores[228].

Pero aunque la calificación de curial es utilizado con frecuencia como sinónimo de decurión y acabará por sustituir a este título en la legislación romano germánica y en las constituciones de la *pars Orientis*, donde el término *decurio* desaparece en la mitad del siglo V, como indica GRELLE, durante todo el siglo IV fue neta la distinción entre el ordo y la clase curial (*obnoxii curialibus muneribus*) de tal forma que el término curial, en sentido amplio, también abarcaba a los miembros de la clase curial que sin formar parte todavía de la curia soportaban los *munera*[229].

«decurio», cit., pág. 2322; PETIT, P., *Libanus et la vie municipal à Antioche au VIe siècle après J.-C.*, Paris, 1955, págs. 29 ss.; NUYENS, *Le statut...*, cit., págs. 16-17; PIGANIOL, *L'Empire Chrétien*, cit., pág. 394; RUPPRECHT, *Untersuchungen...*, cit., págs. 54-55; GAUDEMET, "Constantin et les curies municipales", cit., págs. 107-108; SCARCELLA, *La legislazione di Leone I*, cit., pág. 426 n. 127; CUENA BOY, "Nuevos...", cit., pág. 6 n. 80.

227 DECLAREUIL, *Quelques problèmes...*, cit., pág. 184.

228 DECLAREUIL, *Quelques problèmes...*, cit., pág. 137. Vid. C. Theod. 12.1.75, del año 371. En el mismo sentido JONES, *The Later Roman Empire*, cit., págs. 760 ss.; LÖHKEN, *Ordines Dignitatum*, cit., pág. 100 n. 72 y pág. 144; SCHLINKERT, *Ordo senatorius und nobilitas*, cit., pág. 96 n. 25, pág. 108 n. 53 y pág. 113.

229 GRELLE, s.v. «decuriones», cit., pág. 311, afirma que el valor del término curial debe ser determinado caso por caso. Entre los autores que defienden la distinción entre ambos términos en el siglo IV, vid. DUMONT, *Manuel...*, I, cit., pág. 240; BONFANTE, *Storia...*, I, cit., pág. 17; ORMANNI, s.v. «curia, curiales», cit., pág. 65; DECLAREUIL, *Quelques problèmes...*, cit., págs. 219 ss., para quien los decuriones eran los componentes del senado y los curiales los hombres que, no estando comprendidos en el colegio municipal, tenían medios suficientes para ser gravados con los *munera municipalia*. Por tanto, concluye el autor, todo decurión era curial pero no todo curial era decurión; LEPELLEY, *Les cités...*, I, cit., pág. 205, considera que la disposición de Honorio del año 414 que opone los *decemprimi curiales* y los *reliqui decuriones*, sometiendo a los primeros a una pena más grave (C. Theod. 16.5.54) es significativa cuanto a la pretendida sinonimia

A estos últimos Valentiniano y Valente extienden la obligación domiciliaria en el año 367 a través de una disposición dirigida a Tatiano, prefecto de Egipto, en la que se evocan, respecto a todo el *consortium curialium*, las leyes anteriores en virtud de las cuales se imponía a los decuriones la obligación de residir de forma continua en la ciudad donde desempeñaban los cargos:

> *Iudiciario omnes vigore constringes, ne vacuatis urbibus ad agros magis, quod frequenti lege prohibetur, larem curiales transferant familiarem*[230].

Por tanto, la obligación domiciliaria fue exigida, a partir de este momento, a todos los curiales. Del mismo modo, estos emperadores, pretendieron frenar la proliferación de los patrocinios ilegales a cuyo amparo recurrían los curiales para escapar de las cargas fiscales. Con este propósito, en una constitución del 371 dirigida al prefecto del pretor de Oriente, Modesto, sancionaron con la confiscación de los bienes a quienes habían concedido patrocinio a los curiales fugitivos:

> C. Theod. 12.1.76 (*Imppp. Valentinianus, Valens et Gratianus AAA. ad Modestum Praefectum Praetorio*): *ex omnibus domibus producti, qui origine sunt curiali, ad subeundam publicorum munerum functionem protrahantur, quippe cum occultatoribus talium praeter iacturam existimationis etiam rerum discrimen incumbat, si ulterius progressi, utilitatem publicam privatis studiis et patrociniis postponant*[231].

---

de curiales y decuriones en el Bajo Imperio; BRÓSZ, "Use and meaning...", cit., págs. 133 ss., para quien el término curial surgen como sustantivo en el siglo IV, a partir del cual el término decurión desaparece, salvo rara excepción, de las fuentes legales y dicha substitución implica un profundo cambio sustancial como fue la transformación del "*honor*" en "*munus*"; NICOLS, "On the Standard...", cit., págs. 712 ss.; ALFÖLDY, *Historia social de Roma*, cit., pág. 253; LICANDRO, *Domicilium habere...*, cit., pág. 259 n. 178.

[230] C. Theod. 12.18.1 (*Impp. Valentinianus et Valens AA. ad Tatianum praefectum Aegypti*).

[231] VAUTHIER, *Études...*, cit., pág. 33; LEPELLEY, *Les cités...*, I, cit., pág. 290 n. 164; GERA-GIGLIO, *La tassazione...*, cit., pág. 44 n. 30 y págs. 105 ss., especial-

Tres años más tarde permiten a quienes son agregados al servicio de las ciudades denunciar los patrocinios que sobre los curiales realizan los *principales*, grupo dirigente de la curia, para dispensarlos ilegalmente de tales oficios:

> C. Theod. 12.1.79 (*Idem AAA. Modesto Praefecto Praetorio*): *Damus sane licentiam tam patribus eorum quam ipsis, qui huius legis auctoritate civitatum obsequio adgregantur, ut, si quos curiales patrocinio principalium invenerint excusari, in medium proferant, ut et ipsi similibus officiis deputati pareant imperatis*[232].

A finales del siglo IV las constantes disposiciones de Arcadio y Honorio contra el abandono de las ciudades y el éxodo de los curiales al campo para evadirse de sus deberes ocultándose *sub umbra potentium* constatan el mantenimiento de la obligación domiciliaria en ambas partes del Imperio.

En la Parte Occidental, al observar que los grandes terratenientes seguían proporcionando asilo a los curiales fugitivos, se dirigen en el año 395 a Destro, prefecto del pretor de Italia, para asegurar su retorno a sus ciudades mediante la imposición de graves sanciones contra los latifundistas recalcitrantes que les concedieran hospitalidad:

> C. Theod. 12.1.146 (*Impp. Arcadius et Honorius AA. Dextro Praefecto Praetorio*): *Multos animadvertimus, ut debita praestatione patriam defraudarent, sub umbra potentium latitare. Oportet igitur statui multam, ut, quisquis in praescribti iuris formam inciderit, pro curiali quinque auri libras fisco nostro cogatur inferre, pro collegiato unam. Omnes igitur quos tegunt expellant,*

---

mente pág. 115; GIGLIO, *Il tardo imperio...*, cit., pág. 150; JONES, *The Later Roman Empire*, cit., pág. 1309 n. 81. Cfr. tambien C. Theod. 12.1.50, del año 362.

[232] Sobre los principales y otros notables locales, LEPELLEY, *Les cités...*, I, cit., págs. 201 ss., que cita erróneamente en la página 202 n. 30 la fuente del Código Justiniano donde se recoge esta disposición; DECLAREUIL, *Quelques problèmes...*, cit., págs. 234 ss.; CURCHIN, "The end of local...", cit., págs. 271 ss.

ne clementia nostra ob contumaciam dissimulantium in maiorem indignationem exurgat[233].

Esta ley también sancionaba a los terratenientes que concedieran asilo a los *collegiati* que, en palabras de DECLAREUIL, habían dejado de ser asociaciones libres y voluntarias que trataban con el "Estado" o que soportaban ciertas prestaciones por él impuestas para constituir verdaderos mecanismos administrativos que, bajo las órdenes de la curia, se encargaban de cumplir un cierto número de servicios públicos[234]. Un año más tarde, reforzaron la obligación domiciliaria de los

---

[233] ORMANNI, s.v. «curia, curiales», cit., pág. 65; WALTZING, J.P., *Étude historique sur les corporations professionnelles chez les romain depuis les origines jusqu'à la chute de l'Empire d'Occident*, II, Roma, 1968 (edición anastática de Bruxelles, 1895), pág. 340 n. 3 y pág. 342 n. 3; DECLAREUIL, *Quelques problèmes...*, cit., pág. 182; GERA-GIGLIO, *La tassazione...*, cit., pág. 115; GIGLIO, *Il tardo impero...*, cit., pág. 150; JONES, *The Later Roman Empire*, I, cit., pág. 762; DE ROBERTIS, F.M., *Il diritto associativo romano. Dai collegi della Repubblica alle corporazioni del Basso Impero*, Bari, 1938, pág. 440; idem, *Storia delle corporazioni e del regime associativo nel mondo romano*, II, Bari, 1971, págs. 159-160, pág. 200 n. 2 y pág. 202 n. 10; idem, *Il fenomeno associativo nel mondo romano. Dai collegi della Repubblica alle corporazione del Basso imperio*, Roma, 1981 (reimpresión de la edición de 1955), págs. 182-183, pág. 221 n. 2 y pág. 224 n. 1; LICANDRO, *Domicilium habere...*, cit., pág. 276 n. 209. Como señala, CECCONI, G.A., *Governo imperiale e élites dirigenti nell'Italia tardoantica. Problemi di storia politico-amministrativa (270-476 d.C.)*, 1994, págs. 134 ss., a finales del siglo IV, los patrocinios ilegales para eludir la presión fiscal se multiplicaron en Italia como consecuencia del nombramiento de gobernadores originarios de las provincias, los cuales no sólo consintieron sino que realizaron tales patrocinios a favor de amigos importantes y familias de curiales influyentes. Sólo en época más tardía, tal vez justinianea, se prohibió a los gobernadores o administradores de alto nivel ejercer el cargo en la provincia de origen sin una autorización especial. Cfr. C. I. 1.41.1.

[234] DECLAREUIL, *Quelques problèmes...*, cit., págs. 143 ss. El autor afirma que, sobre todo en la Parte Occidental, aunque de rango inferior, los *collegiati* constituían junto a los curiales los *ministeria urba*. Es más, los propios curiales constituyeron una suerte de colegio que siguió el destino de los demás. Sobre los *collegiati* en el Bajo Imperio, WALTZING, *Étude...*, II, cit., págs. 160 ss.; LO BIANCO, F.G., *Storia dei collegi artigiani dell'impero*, Bologna, 1934,

miembros de la curia y de los *collegiati* a través de una ley dirigida al pretor urbano de Roma en la que prohibían su huida de la ciudad:

> C. Theod. 7.21.3 (*Idem AA. Florentino Praefecto Urbi*): *... neque municeps curiam, neque collegiatus obsequium propriae urbis effugiant...* [235].

El análisis de estas disposiciones demuestra que los *collegiati* estaban sujetos, al igual que los curiales, a la obligación domiciliaria y que, del mismo modo, los emperadores se esforzaron en evitar su salida de la ciudad, su sometimiento a patrocinios ilegales, así como en garantizar el retorno de los fugitivos a sus ciudades. En este sentido, Jones constata cómo en el año 397 Honorio ordenó a los gobernadores provinciales en Italia que recuperaran para sus ciudades a los *collegiati* que se habían fugado junto con sus descendientes:

> C. Theod. 14.7.1 (*Idem AA. Graccho Consulari Campaniae*): *de retrahendis collegiis vel collegiatis iudices competentes dabunt operam, ut ad proprias civitates eos, qui longius abierunt, retrahi iubeant cum omnibus, quae eorum erunt, ne desiderio rerum suarum loco originario non valeant adtineri. De quorum agnatione haec forma servabitur, ut, ubi non est aequale coniugium, matrem sequatur agnatio, ubi vero iustum erit, patri cedat ingenua successio*[236].

págs. 89 ss.; Bandini, V., *Appunti sulle corporazioni romane*, Milano, 1937, págs. 129 ss. y págs. 135 ss.; De Robertis, *Storia delle corporazioni...*, II, cit., págs. 183 ss.; idem, *Il fenomeno associativo...*, cit., págs. 187 ss.; Pendón Meléndez, E., *Régimen jurídico de la prestación de servicios públicos en Derecho romano*, Madrid, 2002, págs. 273-302 y la bibliografía por ellos citada.

[235] Cuena Boy, "Nuevos...", cit., pág. 7 n. 92 y pág. 8 n. 114. Sobre la política legislativa de Honorio, vid. junto a la bibliografía citada en la nota anterior, Soraci, R., "Il curialato nella legislazione di Onorio", en *Atti dell'Accademia Romanistica Costantiniana. XIII Convegno Internazionale in memoria di A. Chastagnol*, Napoli, 2001, págs. 537 ss.

[236] Jones, *The Later Roman Empire*, I, cit., págs. 762 n. 112 recoge otras disposiciones destinadas a la Parte Occidental del Imperio con las que se pretende evitar la huida de los *collegiati*: C. Theod. 12.1.156, a. 397; 1.12.

En la Parte Oriental, la lucha contra el "éxodo impío" de los curiales al campo y, por ende, el mantenimiento de la obligación domiciliaria, vienen constatados en una constitución del 396 dirigida al prefecto del pretor de Oriente, Eutiquiano, a través de la cual Arcadio y Honorio sancionaron que los curiales fuesen prevenidos con conminación a fin de que no huyeran o desertaran de las ciudades para habitar en el campo puesto que, si así lo hacían, sería adjudicado al fisco el fundo que hubiesen preferido a la ciudad, quedando privados de los campos por los que se hubiesen mostrados impíos huyendo de su patria:

> C. Theod. 12.18.2 (*Idem AA. ad Eutychiano Praefecto Praetorio*): *Curiales omnes iubemus interminatione moneri, ne civitates fugiant aut deserant rus habitandi causa, fundum, quem civitati praetulerint, scientes fisco esse sociandum, eoque rure se carituros, cuius causa impios se vitando patriam demonstrarint*[237].

En palabras de DECLAREUIL, todo lo que suponía un alejamiento, aunque fuese momentáneo, del hombre de la curia parecía incompatible con su funcionamiento por lo que se tomaban todas las precauciones para retener sobre el suelo patrio a los curiales[238].

6, a. 398; 6.30.16 y 17, a. 399. Vid., asimismo, VAUTHIER, *Études...*, cit., págs. 33 ss.; LO BIANCO, *Storia dei collegi...*, cit., pág. 90; BRUGUIÈRE, M.B., "Le domicile dans les droits antiques", en *Mélanges dédiès à Gabriel Marty*, Tolouse, 1978, pág. 209 n. 53; WALTZING, *Étude...*, II, cit., pág. 163 n. 1, 210, págs. 307-310, pág. 316 y págs. 338-341, entre otras; DE ROBERTIS, *Il diritto associativo...*, cit., pág. 440; idem, *Storia delle corporazioni...*, II cit., págs. 159-160, pág. 199 n. 1 y pág. 202 n. 10; idem, *Il fenomeno associativo...*, cit., págs. 182-183, pág. 221 n. 1 y pág. 224 n. 1; CUENA BOY, "Nuevos...", cit., pág. 8 n. 113; idem, "«Causa originis»...", cit., págs. 76 ss.

[237] LOT, *La fin du monde antique...*, cit., pág. 136; BRUGUIÈRE, "Le domicile...", cit., pág. 209 n. 53; VITTINGHOFF, *Civitas Romana...*, cit., pág. 246 n. 140; LICANDRO, *Domicilium habere...*, cit., pág. 274.

[238] DECLAREUIL, *Quelques problèmes...*, cit., pág. 185; WILLEMS, *Le droit public romain*, cit., pág. 648; ALFÖLDY, *Historia social de Roma*, cit. págs. 266 ss., describe concisamente la situación en la que quedaron los curiales a partir del siglo IV: "La libertad de los curiales se vio enormemente recortada. Sólo con permiso del gobernador podían abandonar sus comunidades, incluso cuando por asuntos de la ciudad deseaban visitar al emperador; caso

La obligación domiciliaria también conservaba su vigencia respecto a los magistrados. En efecto, Cecconi recoge una constitución del año 372 aplicable en Italia en la que se establecía la obligación de desempeñar todas las magistraturas locales antes de acceder al cargo del gobernador provincial como consecuencia del vínculo que el domicilio crea con la patria:

> C. Theod. 12.1.77 (*Imppp. Valentinianus, Valens et Gratianus AAA. ad Probum Vicarium Urbis*): *Nemo originis suae oblitus et patrie, cui domicilii iure devinctus est, ad gubernacula provinciae nitatur ascendere, priusquam decursis gradatim curia muniribus subvehantur...* [239].

Arcadio y Honorio mantuvieron esta obligación domiciliaria de los magistrados puesto que, en una constitución emanada en Milán el 4 de octubre del 395 dirigida a Teodoro, prefecto del pretor, dispusieron que los mismos fueran nominados entre los curiales con riqueza suficiente para poder satisfacer las gravosas cargas que comportaba el desempeño de la magistratura:

> C. Theod. 12.1.140 y 148 (*Impp. Arcadius et Honorius AA. Theodoro Praefecto Praetorio*)=C. I. 10.31.46(45): *Ad subeunda patriae munera dignissimi et meritis et facultatibus [curiales] eligantur, ne tales forte nominentur, qui functiones publicas implere non possint*[240].

Si los magistrados debían ser elegidos entre los curiales y éstos estaban sujetos a la obligación domiciliaria, consecuentemente los

---

de que se ausentasen más de cinco años, les eran confiscadas sus propiedades; les fue asimismo prohibido instalarse con carácter permanente en sus fincas rurales fuera de la ciudad; hasta para vender el propio fundo necesitaban una autorización del gobernador".

239 Cercconi, *Governo imperiale...*, cit., pág. 174. Vid., asimismo Langhammer, *Die rechtliche...*, cit., pág. 254; Löhken, *Ordines Dignitatum*, cit., págs. 144-145; Gera-Giglio, *La tassazione...*, cit., pág. 44 n. 30; Licandro, *Domicilium habere...*, cit., págs. 287-288; Cuena Boy, "Nuevos...", cit., pág. 6 n. 79; Curchin, "The end of local...", cit., pág. 276 n. 40.

240 Declareuil, *Quelques problèmes...*, cit., pág. 255; Humbert, s.v. «incola», cit., pág. 458.

magistrados estaban sometidos al mismo requisito domiciliario. No obstante, la cuestura y la edilidad revisten ya en muchas villas la fisonomía de un *munus*. Sus atribuciones esenciales se irán desvaneciendo ante la intervención cada vez más efectiva y dominante del *curato rei publicae*, del *defensor civitatis* y, más tarde en Oriente, del *pater* que se convertirán en jefes de la ciudad al asumir todas las competencias administrativas, fiscales, judiciales y de policía. Sólo el duunvirato subsiste hasta tiempos de Justiniano como una institución viva que concurre con aquéllos en algunas funciones[241].

Los mismos principios domiciliarios inspiran las disposiciones de este siglo relativas a los *incolae* que ejercen cargos locales. A este respecto, en el año 317, como indica Portillo Martín, en una constitución dirigida a los habitantes de Bitinia, Licinio establece que son obligados a asumir las funciones civiles quienes son susceptibles de

---

[241] Al respecto, Declareuil, *Quelques problèmes...*, cit., págs. 254 ss. y págs. 269 ss., para quien ni el *curator* ni el *defensor* fueron jamás asimilados a los magistrados ni absorbidos por la curia. Por contra, Eliachevitch, *La personnalité juridique...*, cit., págs. 135 ss., considera que el *curator* llegó a devenir magistrado municipal superior; Lepelley, *Les cités...*, I, cit., págs. 149 ss., afirma que la curatela se integró en el *cursus* municipal y tanto el *curator* como el *defensor* fueron generalmente reclutados en la curia local. Cfr. C. Theod. 12.1.20, del año 331 y C. I. 8.12.1, del año 485-486, de las cuales se deduce, a juicio de Scarcella, *La legislazione di Leone I*, cit., pág. 443 n. 161, que el *curator* era un decurión que después de haber cumplido con todos sus deberes venía nombrado por el emperador su "designazione della curia", en cambio, el título de *pater civitatis* era conferido a quien hubiese asumido voluntariamente las funciones de decurión y, deseando dicho título, lo aceptase. La decadencia de las funciones de los ediles y cuestores en el siglo IV es también constatada, entre otros, por Langhammer, *Die rechtliche...*, cit., págs. 149-161; Cecconi, *Governo imperiale...*, cit., págs. 173 ss. Sobre el *defensor civitatis*, Mannino, V., *Ricerche sul defensor civitatis*, Roma, 1984, *passim*; Pergami, F., "Sulla istituzione del defensor civitatis", en *S.D.H.I.*, 61, 1995, págs. 413 ss.; Fernández De Buján, A., "Testigos y documentos en la práctica negocial y judicial romana", en *R.J.U.A.M.*, 2005, págs. 121 ss. (= *R.G.D.R.*, *www.iustel.com*, nº 4, 2005, págs. 1 ss.); Agudo Ruiz, A., "Notas sobre C.J. 8.17.11", en *R.G.D.R.* (*www.iustel.com*), nº 7, 2006, págs. 1 ss.; Varela Gil, C., "Los administradores de Roma", en *R.G.D.R.* (*www.iustel.com*), nº 7, 2006, págs. 1 ss.; Curchin, "The end of local...", cit., págs. 271 ss.

ser nombrados decuriones, bien en su calidad de ciudadanos o *incolae*, bien en razón de sus bienes personales:

> C. Theod. 12.1.5 (*Idem. A. ad Bithynos*): ...*Eum quoque, qui originis gratia, vel incolatus, vel ex possidendi condicione vocatur ad curiam, prefectissimatus suffragio impetrati dignitas non defendit*[242].

Encontramos en esta constitución una aplicación de los principios establecidos por la política legislativa de Diocleciano y Máximo que, como indicábamos *supra*, fueron insuficientes para acabar con los traslados fraudulentos de domicilio lo que condujo a Constantino a endurecer la legislación anterior prescribiendo la acumulación de los cargos en varias ciudades. En efecto, el 25 de diciembre del 325 en una constitución a Máximo, vicario de Oriente, obligó a quienes siendo originarios de una ciudad trasladaran su domicilio a otra para liberarse mediante súplicas o por fraude de las obligaciones resultantes de su *origo*, a soportar el cargo de decurión en las dos ciudades, en una, porque ellos quisieron fijar allí su domicilio, en otra, porque ellos son oriundos:

> C. Theod. 12.1.12 (*Imp. Constantinus A. ad Maximum Vicarium Orientis*): *Si quis vel ex maiore vel ex minore civitate originem ducit, si eandem evitare studens ad alienam se civitatem incolatus occasione contulerit, et super hoc vel preces dare temptaverit vel qualibet fraude niti, ut originem propriae civitatis eludat, duarum civitatum decurionatus onera sustineat, in una voluntatis, in una originis gratia*[243].

---

242 Portillo Martín, *Incolae*, cit., pág. 70; Humbert, s.v. «incola», cit., pág. 458; Nuyens, *Le statut...*, cit., págs. 57 ss.; Liebs, "Privilegien...", cit., pág. 340. Cfr. Vauthier, *Études...*, cit., pág. 33; Declareuil, *Quelques problèmes...*, cit., pág. 165 n. 5; Baccari, *Cittadini...*, cit., pág. 89 n. 27; Licandro, *Domicilium habere...*, cit., pág. 273 n. 207, que atribuyen esta constitución a Constantino.

243 Nuyens, *Le statut...*, cit., págs. 121-122 y pág. 178: "Constantin ne blâme pas tous les citoyens qui changent de domicile, mais bien ceux qui le font dans l'intention d'éluder leurs devoirs civils... Ces véritables déserteurs, au sens de la

El sometimiento al doble vínculo del *origo* y del *domicilium* será una constante a lo largo del siglo IV. El 27 de junio del 358, en una constitución dirigida a Martiniano, vicario de África, Constancio y Constante con ocasión de la elección entre los abogados del *sacerdos provinciae*, cargo que no comportaba la exoneración de los *munera* curiales, establecen que:

> C. Theod. 12.1.46 (*Imp. Constantius A. ad Martinianum Vicarium Africae*): ... *Nullum igitur advocatum a curia, cui tenetur obnoxius, patimur excusari, videlicet si civico nomine aut vinculo incolatus oppidanea necessitas eum detinet obligatum. Itaque aput alios etiam iudices operam dantes negotiis perorandis obnoxios esse decernimus sacerdotio, sic videlicet, ut intra eam provinciam huiusmodi honoribus mancipentur, ubi eso necessitas curialis detinet obligatos*[244].

En el año 362, constata DECLAREUIL, Juliano se dirige al cónsul de los fenicios para confirmar las viejas disposiciones sobre los efec-

loi, ne peuvent être que des décurions en exercice et des hommes dont la nomination est imminente ou, du moins, certaine dans le futur. Cette restriction a été parfaitement comprise par l'auteur de l'*Interpretatio*, lequel n'applique la sanction d'une double désignation qu'aux seuls *curiales*, ce mot englobant probablement toutes les classes mobilisables por la Curie... L'imposition normale de prestations aux *originales* est complétée par une obligation des résidents..."; HUMBERT, s.v. «incola», cit., págs. 457-458; RODRÍGUEZ NEILA, "La situación...", cit., pág. 162 n. 107; DECLAREUIL, *Quelques problèmes...*, cit., pág. 165; LEPELLEY, *Les cités...*, I, cit., pág. 99; GAUDEMET, "Constantin et les curies municipales", cit., págs. 112-113, para quien la acumulación impuesta por Constantino simplemente desarrolla principios anteriores, que encontraron más tarde nuevas aplicaciones (C. Theod. 12.1.52, del 361; 12.1.101, del 383). En el mismo sentido, LICANDRO, *Domicilium habere...*, cit., pág. 122 n. 169, pág. 216, págs. 266 ss. y pág. 276 n. 207; CUENA BOY, "Nuevos...", cit., pág. 6.

244 HUMBERT, s.v. «incola», cit., pág. 458; DECLAREUIL, *Quelques problèmes...*, cit., pág. 165 n. 1; OMBRETTA CUNEO, *La legislazione...*, cit., pág. 364; CECCONI, *Governo imperiale...*, cit., pág. 85 n. 10, indica que esta ley fue abolida por C. Theod. 12.1.152; LICANDRO, *Domicilium habere...*, cit., pág. 273 n. 207; CUENA BOY, "Nuevos...", cit., pág. 6 n. 79.

tos del domicilio puesto que afirma que la mera posesión de bienes inmuebles en el territorio de una ciudad no constituye domicilio y, por tanto, sólo obliga a las cargas territoriales pero no a los honores a los que están sometidos los que en ella son ciudadanos de pleno derecho o *incolae*:

> C. Theod. 12.1.52 (*Imp. Iulianus A. ad Iulianum Consularem Foenices*): *Non obstat curialium petitioni, quod ii, quos incolas dixerunt, alibi decuriones esse dicuntur; poterunt enim et aput eos detineri, si eorum patitur substantia et ante conventionem incolatui renuntiare noluerunt. Sola vero possessione sine laris conlocatione praedictos onerari iuris ratio non patitur, quamvis res decurionum comparasse dicantur...* [245].

Y como señala Visconti, en el año 395 los emperadores Arcadio y Honorio, dirigiéndose al procónsul de África, confirmaron con una expresión genérica todas las normas que sobre los *incolae* habían sido emanadas por sus predecesores:

> C. Theod. 12.1.141 (*Impp. Arcadius et Honorius AA. Ennoio Proconsuli Africae*): *Inconcussa volumus permanere, quae de incolatus iure antiquitus sunt constituta*[246].

---

[245] Declareuil, *Quelques problèbles...*, cit., págs. 165-166. En el mismo sentido, entre otros, Humbert, s.v. «incola», cit., pág. 458; Visconti, "Note preliminari sul «domicilium»...", cit., pág. 438; Gaudemet, "Constantin et les curies municipales", cit., pág. 113 n. 67, que data la constitución en el 361; Baccari, *Cittadini...*, cit., pág. 104 n. 60; Licandro, *Domicilium habere...*, cit., pág. 122 n. 169 y págs. 216-218 quien, siguiendo a Houdoy, R.J.A., *Le droit municipal. I. De la condition et de l'administration des villes che les Romains*, paris, 1876, pág. 162, centra su atención en la exaltación de la *laris collocatio* como elemento constitutivo del domicilio; Cuena Boy, "Nuevos...", cit., pág. 6 n. 79.

[246] Visconti, "Note preliminari sul «domicilium»...", cit., pág. 436; Humbert, s.v. «incola», cit., pág. 458; Declareuil, *Quelques problèmes...*, cit., pág. 165 ns. 1 y 3; Baccari, *Cittadini...*, cit., pág. 89 n. 27; Cuena Boy, "Nuevos...", cit., pág. 6 n. 79. Vid. también a este respecto la constitución de Teodosio, Arcadio y Honorio del año 393 recogida en el C. Theod. 12.1.137.

4. CONTINUACIÓN DE LA POLÍTICA DOMICILARIA INICIADA EN EL SIGLO IV D. C. BAJO LAS INVASIONES BÁRBARAS Y CON JUSTINIANO

Si a lo largo del siglo IV la preocupación del gobierno imperial se centró en evitar la fuga de los decuriones de las obligaciones inherentes a su cargo mediante una rigurosa política domiciliaria, a través del control de sus desplazamientos fuera de sus ciudades, la extensión de la obligación domiciliaria a todos los curiales y *collegiati*, la lucha contra su éxodo al campo, la prohibición de los patrocinios fraudulentos y la prescripción del ejercicio acumulativo de los cargos en la ciudad de origen y en la ciudad de residencia, los emperadores sucesivos fueron continuadores de estas medidas[247].

En la Parte Occidental, los emperadores reforzaron el vínculo local de los curiales y *collegi* locales encomendando a los jefes locales la observancia de las leyes sobre el domicilio. En el año 400, Arcadio y Honorio se dirigen al prefecto del pretor de las Galias lamentando que las ciudades hayan perdido el esplendor con el que una vez brillaron porque un gran número de *collegiati* han abandonado la civilización urbana y se han refugiado en una vida rural:

> C. Theod. 12.19.1 (*Impp. Arcadius et Honorius AA. Vicentio Praefecto Praetorio Galliarum*): *Destitutae ministeriis civitates splendorem, quo pridem nituerant, amiserunt: plurimi siquidem collegati cultum urbium deserentes agrestem vitam secuti in secreta sese et devia contulerunt*[248].

---

[247] Sobre las medidas adoptadas para evitar la huida de los curiales, vid. bibliografía reseñada en n. 216 del presente apartado.

[248] WALTZING, *Étude*..., II, cit., pág. 161 n. 2, págs. 209-210, pág. 307, pág. 326 y págs. 338-340, entre otras; LO BIANCO, *Storia dei collegi*..., cit., pág. 90; BANDINI, *Appunti sulle corporazioni romane*, cit., pág. 124 n. 35; DECLAREUIL, *Quelques problèmes*..., cit., pág. 156 n. 4; DE ROBERTIS, *Il diritto associativo*..., cit., pág. 440; idem, *Storia delle corporazioni*..., II, cit., págs. 159-160, pág. 199 n. 1 y pág. 210 n. 149; idem, *Il fenomeno associativo*..., cit., pág. 161 n. 1, págs. 182-183, pág. 221 n. 1 y pág. 227 n. 4; JONES, *The Later Roman Empire*, I, cit., pág. 762; PENDÓN MELÉNDEZ, *Régimen Jurídico*..., cit., pág. 297 n. 1020; CUENA BOY, "Nuevos...", cit., pág 8 n. 113.

Para evitar esta emigración a los campos, amenazaron con la pena de relegación a los *defensores* y a los jefes de la curia que no impidiesen o que resultasen negligentes en las denuncias de las deserciones de los curiales y de los *collegiati*:

> C. Theod. 12.19.3 (*Idem AA. Vicentio Praefecto Praetorio Galliarum*): ... *Primates sane ordinum defensoresque civitatum poenae denuntiatione constringimus, ne passim vagari curiae vel collegii defugas in publica damna patiantur. Quod si per gratiam tacuisse detegentur, poenam relegationis excipiant*[249].

Mayoriano continuó luchando contra el éxodo masivo al campo motivado por la enorme presión fiscal a la que estuvieron sometidos los curiales. El 8 de mayo del 458 en un rescripto dirigido a todos los gobernadores de las provincias, encomienda al *defensor civitatis* la protección de los habitantes de la villa que se hubiesen refugiado en los campos a fin de que los mismos restablezcan sus domicilios en las villas:

> ... *et ii, qui per iniuriam compulsorum rurales habitationes et solitudines expetunt, sub defensorum tuitione degentes publicis se urbiumque conspectibus repetiti domicilii habitatione restituant*[250].

En opinión de Declareuil, los que habían huido a los campos eran, evidentemente, aquéllos que estaban sujetos en las villas a los cargos y a las cargas municipales[251].

---

249 Waltzing, *Étude*..., II, cit., pág. 167 n. 1, pág. 321 n. 2 y págs. 338-339, entre otras; Lo Bianco, *Storia dei collegi*..., cit., pág. 90; De Robertis, *Storia delle corporazioni*..., II, cit., pág. 199 n. 1 y pág. 202 n. 10; idem, *Il fenomeno associativo*..., cit., pág. 182 n. 6 y pág. 221 n.1; Declareuil, *Quelques problèmes*..., cit., pág. 157 y pág. 294; Curchin, "The end of local...", cit., pág. 277 n. 56.

250 *Novellae Maioriani*, 3 (*Impp. Leo et Maiorianus AA. Universis Rectoribus Provinciarum*).

251 Declareuil, *Quelques problèmes*..., cit., págs. 297-298. En el mismo sentido Cecconi, *Governo imperiale*..., cit., pág. 165.

En noviembre del mismo año, como nos indica GAUDEMET, el emperador en su Novela 7, lamenta que los curiales, nervio de la *res publicae*, motivados por la presión fiscal, abandonen su ciudad, olvidando el esplendor de su nacimiento para ocultarse en el refugio de tierras ajenas y buscar la ayuda de los potentes mediante uniones con sus *colonae* o esclavas:

> *Novellae Maioriani*, 7 pr. (*Impp. Leo et Maiorianus AA. Basilio Praefecto Praetorio*): *Curiales nervos esse rei publicae ac viscera civitatum nullus ignorat; quorum coetum recte appellavit antiquitas minorem senatum. Sed id egit iniquitas iudicum exactorumque plectenda venalitas, ut multi patrias deserentes natalium splendore neglecto occultas latebras et habitationem eligerent ruris alieni, illud quoque sibi dedecoris addentes, ut, dum uti volunt patrociniis inpotentum, colonarum se ancillarumque coniunctione polluerent. Itaque factum est, ut et urbibus ordines deperirent et prope libertatis suae statum nonnulli per contagionem consortii deterioris amitterent*[252].

Frente a los curiales que actuaban de este modo para escapar de la presión fiscal, afirma JONES, el emperador ordenó que los mismos fueran buscados y devueltos con sus mujeres a la curia porque la condición de colono se adquirían por la prescripción de treinta años y hasta ese momento el curial podía ser recuperado por la curia:

---

[252] GAUDEMET, J., "Justum matrimonium", en *Études de Droit Romain*, vol. III, Camerino, 1979, págs. 148-149. Al respecto, WILLEMS, *Le droit public romain*, cit., pág. 609; WALTZING, *Étude...*, II, cit., págs. 210-211 y pág. 340; CASTELLO, C., "Tre norme speciali romane in tema di filiazione", en *Annali Genova*, 2, 1963, págs. 348 ss.; LICANDRO, *Domicilium habere...*, cit., pág. 277. Sobre la presión fiscal, vid. DELMAIRE, R., "Cités et fiscalité au Bas-Empire à propos du rôle des curiales dans la levée des impôts", en AA.VV., *La fin de la cité antique et le début de la cité médiévale. De la fin du IIIe siècle à l'avènement de Charlemagne*, Bari, 1996, págs. 59 ss.; CECCONI, *Governo imperiale...* cit., pág. 164, afirma que la presión fiscal condujo a los pequeños propietarios a vincularse al patrocinio de los potentes para buscar así la inmunidad fiscal. Sobre la esclavitud vid. capítulo VII relativo al domicilio del liberto.

Novellae Maioriani, 7 pr. y 1 (*Impp. Leo et Maiorianus AA. Basilio Praefecto Praetorio*): *Quod ne ulterius possit licere, saluberrima lege sancimus praeteritae praesumptionis supplicium relaxantes, ut praeter illos, qui patrias suas aliqua munerum conlatione iuverunt ac propterea nulla ordinibus praescriptione depereunt, ubicumque intra triginta abhinc retro annos inventi fuerint curiales, constrictis procuratoribus vel conductoribus praediorum dominisque conventis ad urbes, quas deseruerant, cum uxoribus reducantur...* [253].

Esta novela reproduce además la obligación domiciliaria de los *collegiati* que permanecían estrechamente unidos a la curia, prohibiéndoles habitar fuera del territorio de la ciudad:

Novellae Maioriani, 7.3 (*Impp. Leo et Maiorianus AA. Basilio Praefecto Praetorio*): *De collegiatis vero illa*

---

[253] En caso de recuperación, los hijos varones eran atribuidos a la curia o a los colegios según la condición social de la madre, las hijas al señor de aquélla. Jones, *The Later Roman Empire*, I, cit., pág. 747. En el mismo sentido, Waltzing, *Étude*..., II, cit., pág. 210 y pág. 335; Declareuil, *Quelques problèmes*..., cit., pág. 182 y pág. 185; Gaudemet, "Justum matrimonium", cit., pág. 149; Castello, "Tre norme speciale in tema di filiazione", cit., págs. 348 ss.; Evans Grubbs, *Law and Family*..., cit., pág. 104. El colonato del Bajo Imperio, como tendremos oportunidad de exponer en el capítulo VIII, supuso una verdadera restricción a la libertad domiciliaria en la medida en que el colono estaba adscrito a la tierra y no podía abandonarla. Al respecto, Willems, *Le droit public romain*, cit., págs. 645 ss.; Dumont, *Manuel*..., I, cit., págs. 315 ss.; Buckland, *A Text-Book*..., cit., págs. 90 ss.; Russomanno, *Curso*..., I, cit., págs. 27 ss.; Evans-Grubss, *"Munita coniugia"*..., cit., págs. 16 ss.; Carames Ferro, *Instituciones*..., I, cit., págs. 107-112; Frezza, *Corso*..., cit., págs. 356 ss.; Gera-Giglio, *La tassazione*..., cit., pág. 15 n. 44; De Neeve, P.W., *Colonus*, Amsterdam, 1984, *passim*; Macorne, A., *Il colonato tardoantico nella storiografia moderna (da Fustel de Coulanges ai nostri giorni)*, Como, 1988, *passim*; Gonzalo, B., *El colonato bajoimperial*, Madrid, 1991, *passim*; Banaji, J., "Lavori liberi e residenza coatta: il colonato romano in prospettiva storica", en AA.VV. (a cura de Elio Lo Cascio), *Terre, proprietari e contadini dell'impero romano. Dall'affitto agrario al colonato tardoantico*, Roma, 1997, págs. 253 ss.; Mirkovic, M., *The Later Roman Colonate ande Freedom*, Philadelphia, 1997, *passim*; Giliberti, G., *Servi della terra. Ricerche per una storia del colonato*, Torino, 2002, *passim*.

> *servanda sunt, quae praecendentium legum praecepit auctoritas. Quibus illud provisio nostrae serenitatis adiungit, ut collegiatis operas patriae alternis vicibus pro curialium dispositione praebentibus, extra territorium civitatis suae habitare non liceat*[254].

Tras las invasiones bárbaras el refugio de los curiales en el campo persistió. Esta huida al campo nos es atestiguada por una carta de Sidonio Apolinar para la Galia del Sur en la que reprocha a su amigo Syagrio que se deje absorber por los trabajos del campo hasta el punto de menospreciar los de la ciudad y le pide que regrese a la misma:

> SIDONIO APOLINAR, *Epistolae*, 8.8: "*Dic, Gallicanae flos iuventutis, quousque tandem ruralium operum negotiosus urbana fastidis? Quamdiu attritas tesserarum quondam iactibus manus cotra ius fasque sibi vindicant instrumenta cerealia? Quousque tua te Taionnacus patriciae stirpis lassabit agricolam? Quousque prati comantis exuvias hibernis novalibus non ut eques sed ut bubulcus abscondis? Quousque pondus ligonis obtusi nec perfossis antibus ponis?... Redde te patri, redde te patriae, redde te etiam fidelibus amicis, qui iure ponuntur inter affectus...*"[255].

El abandono de la ciudad por parte de los curiales determinó que los reyes bárbaros mantuvieron la obligación domiciliaria así como

---

[254] WALTZING, *Étude...*, II, cit., págs. 161 n. 2, págs. 208-211, pág. 335, pág. 338 n. 2, pág. 340 y pág. 344; BANDINI, *Appunti sulle corporazioni* romane, cit., pág. 124 n. 35; DECLAREUIL, *Quelques problèmes...*, cit., pág. 157; CASTELLO, "Tre norme speciali romane in tema di filiazione", cit., págs. 348 ss.; DE ROBERTIS, *Storia delle corporazioni...*, II, cit., págs. 159-160 y pág. 200 n. 2; idem, *Il fenomeno associativo...*, cit., págs. 182-183 y pág. 221 n. 2; PENDÓN MELÉNDEZ, *Régimen Jurídico...*, cit., pág. 298; CUENA BOY, "Nuevos...", cit., pág. 8 n. 113.

[255] Al respecto RICHÉ, P., "La répresentation de la ville dans les textes littéraires du Ve au IXe siècle", en AA.VV., *La fin de la cité antique et le début de la cité médiévale. De la fin du IIIe siècle à l'avènement de Charlemagne*, Bari, 1996, pág. 183. Por su parte, DECLAREUIL, *Quelques problèmes...*, cit., págs. 213-232, ve la misma crítica contra el absentismo en otra carta de Sidonio dirigida a su amigo Pastor en la que intenta convencerle de que acepte la legación para la que lo ha nominado la curia en su ausencia (*Epistulae*, 5.20).

las medidas tendentes a restituir a las ciudades a los curiales y *collegiati* que se habían refugiado en el campo. En efecto, JONES indica que Alarico recogió en su Breviario tanto la Novela Mayoriana 7, como la disposición de Arcadio y Honorio que ordenaba a los gobernadores de Italia restituir a sus ciudades a los *collegiati* y a sus descendientes huidos, cuanto la disposición de Constantino que imponía al *incola* el ejercicio acumulativo de los cargos en su ciudad de origen y en su ciudad de residencia para evitar que los llamados a los cargos en su ciudad de origen intentasen eludirlos con el traslado de su domicilio[256].

En la Italia ostrogoda, Casiodoro afirma que Teodorico mantuvo todas las estructuras romanas (*Gothorum laus est ciuilitas custodia*[257]), así como el carácter hereditario y obligatorio de las cargas municipales que pesaban sobre los curiales y los principios restrictivos de la inmunidad curial:

> "*Quod si eos vel ad honores transire iura vetuerunt, quam videtur esse contrarium curionem rei publicae amissa turpiter libertate servire et usque ad condicionem*

---

[256] JONES, *The Later Roman Empire*, I, cit., pág. 1313, n. 110. La recepción en el Brevario de la disposición constantiniana también es constatada por VISCONTI, "Note preliminari sul «domicilium»...", cit., págs. 436-437. Vid. C. Theod. 12.1.12=Brev. 12.1.2; C. Theod. 14.7.1=Brev. 14.1.1; *Novellae Maioriani*, 7=Brev. 1.

[257] CASIODORO, *Variae*, 9.14.8; 1.1.3; 3.43.3; 5.26.2. Sobre las instituciones locales en el siglo V, vid., entre otros, LOT, *La fin du monde antique...*, cit., págs. 267 ss.; TANFANI, *Contributo...*, cit., págs. 288 ss.; DECLAREUIL, *Quelques problèmes...*, cit., págs. 232 ss.; CHASTAGNOL, A., *La fin du monde antique*, Paris, 1976, págs. 15 ss.; JONES, "The cities of the roman Empire", cit., págs. 154 ss.; idem, *The Later Roman Empire*, I, cit., págs. 713 ss.; LEPELLEY, C., "Permanences de la cité classique et archaïsmes municipaux en Italie au Bas-Empire", en AA.VV., *Institutions, société et vie politique dans l'empire romain au IVe siècle ap. J.-C.*, Paris-Roma, 1992, págs. 353-371; idem, "La survie de l'idée de cité républicaine en Italie au début du VIe siècle, dans un édit d'Athalaric rédigé par Cassiodore (*Variae*, IX, 2)", en AA.VV., *La fin de la cité antique et le début de la cité medievale. De la fin du IIIe siècle à l'avènement de Charlemagne*, Bari, 1996, págs. 71 ss.; SAITTA, B., *La civilitas di Teoderico. Rigore amministrativo, "tolleranza" religiosa e recupero dell'antico nell'Italia ostrogota*, Roma, 1994, págs. 7 ss.

> *pervenisse postremam, quem vocavit antiquitas minorem senatum?*"[258].

Igualmente conservó la perpetua sujeción de los curiales a su *origo*. En este sentido, afirma SAITTA, Casiodoro nos relata que en el año 510 los curiales del municipio de Sarsina comunicaron a Teodorico que algunos de sus colegas habían sido reducidos a esclavos por los eclesiásticos arianos pertenecientes a la iglesia del obispo godo Gudila. El soberano, reafirmando la *priscarum legum auctoritas* en virtud de la cual los curiales estaban vinculados perpetuamente a la curia, ordenó al obispo que los mismos fuesen restituidos a la curia:

> CASIODORO, *Variae*, 2.18: "*Priscarum legum reverenda dictat auctoritas, ut nascendo curialis nullo modo possit ab originis sua muniis discrepare, nec in aliud rei publicae officium trahi, qui tali praeventus fuerit sorte nescendi … Noverit itaque reverentia vestra Sarsenates municipes collegas suos asseruisse ecclesiam vestram irrationabiliter sibi velle defendere. Unde prudentia vestra pro integritatis suae proposito examinata veritate discutiat quae veniunt in querelam et, si desideria petitorum veritate subsistunt, pro implendis muniis eos ad curiam suam remeare permittat*"[259].

Del mismo modo, Atalarico insistió en la obligación moral de que se participase en la vida pública con equidad y de que no se acentuase la degradación de las ciudades huyendo al campo. Significativas son a este respecto dos cartas que Casiodoro, entre el 526 y el 527, en su condición de maestro de los oficios escribe en nombre del rey.

La primera, conforme al análisis que de la misma realiza LEPELLEY, encierra una disposición general dirigida a todos los gobernadores. Atalarico pretende poner fin a los abusos de poder protagonizados por quienes lo detentan, sean romanos o godos, para impedir

---

[258] CASIODORO, *Variae*, 2.18.

[259] SAITTA, *La civilitas de Teoderico*, cit., pág. 22 y bibliografía citada en su n. 41; VASINA, A., "Teoderico e le città italiche", en AA.VV., *Teoderico e i Goti tra Oriente e Occidente (a cura de A. Carile)*, Ravenna, 1995, págs. 127-130.

que continúen sometiendo a los curiales de las ciudades a múltiples *munera* que les obligaban a vender sus tierras para pagar las cargas financieras. Siendo consciente de que esta situación podía incitar a los curiales a buscar el modo de evadirse de su condición, Atalarico prescribe que los opresores fuesen sancionados con la pena de diez libras de oro o, si el culpable no disponía de suficiente riqueza, con el suplicio del látigo:

> CASIODORO, *Variae*, 9.2.2: "*Quocirca edictali programmate definimus, ut si quis versatus fuerit aut in iniuria aut in dispendio curialis vel aliquid ei, praeterquam iussum fuerit a nobis vel ab aulicis quorum interest potestatibus, imponere fortasse praesumpserit, aut decem librarum auri dispendio feriatur, ipsi qui aliquid tale pertulit nihilominus profuturarum, aut, si facultas vindictae non sufficit, per fustuaria supplicia laceretur, et reddat debitum poenis, quod non potuit compensare pecuniis, ita tamen, ut, quae pro publica utilitate fuerint delegata, ingenua sollicitudine compleantur, quando plus incipiunt debere, quos alienas iniquitates non permittimus sustinere*"[260].

No obstante, afirma LEPELLEY, Casiodoro nos revela una doble cara de los curiales a la vez víctimas y duros exactores[261]. Por ello

---

[260] LEPELLEY, "La survie de l'idée de cité…", cit., pág. 74. El edicto, afirma el autor, recuerda que estas ventas eran prohibidas por la ley. De hecho, la legislación del Bajo Imperio, que sigue vigente en la Italia ostrogoda, controlaba estrictamente la venta de tierras de los curiales ya que eran la garantía de un buen cumplimiento de sus cargas públicas. Vid. C. Theod. 12.1.49; 12.1.59; 16.2.17; 12.1.63.

[261] LEPELLEY, C., "Quot curiales, tot tyranni: l'image du décurion oppresseur au Bas-Empire", en AA.VV (Ed. Edmond Frézouls), *Crise et redressement dans les provinces européenes de l'Empire (milieu du IIIe-milieu du IVe siècle ap. J.-C)*, Strasbourg, 1983, págs. 143-156, indica que ya Salviano, *De gubernatione Dei*, 5.17-18, acusaba a los curiales más potentes (*principales*) de ser unos tiranos debido a la gran opresión fiscal que ejercieron puesto que, si la carga de la percepción de los impuestos les colocaba en una temible situación, la misma les permitía multiplicar las injusticias haciendo recaer el

exhorta a los curiales de su tiempo para que reine en las ciudades la equidad de la justicia fiscal:

> CASIODORO, *Variae*, 9.2.4: "*Erigite colla, depressi: sublevate animos, malorum sarcinis ingravati: date studium recuperare quae vos male cognoscitis amisisse. Unicuique civi urbs sua res publicae est. Administrate civitatum sub consentanea voluntate iustitiam. Ordines vestri aequabiliter vivant. Nolite gravare mediocres, ne vos merito possint opprimere potiores. Poena ista peccati est, ut unusquisque in se recipere possit quod in alterum protervus exercuit. Vivite iuste, vivite continenter, qui vix audet quisquam in illos excedere, quibus culpas non potest invenire*"[262].

En las últimas líneas de la carta Casiodoro resalta la importancia de los curiales y de las ciudades puesto que el Estado es un mosaico de ciudades en el que la prosperidad del conjunto no es más que la adición de la prosperidad de cada uno de sus componentes. Ellos son los nervios del "Estado" y los componentes del *minor senatus*, el cual participa de la grandeza del Senado de Roma:

> CASIODORO, *Variae*, 9.2.6: "*Non enim in cassum vobis curiam concessit antiquitas, non inaniter appellavit senatum minorem, nervos quoque vocitans ac viscera civitatum. Quid in ista appellatione non habeatis vel potentiae vel honoris? Nam qui senatui comparatur, a nullo genio claritatis excluditur*"[263].

Esta concepción de los curiales y de las ciudades condujo a Atalarico a intentar paliar la degradación de las ciudades como conse-

---

peso fiscal sobre los más pobres y pequeños curiales con el fin de exonorarse ellos mismos.

262 Sobre el tema, LICANDRO, *Domicilium habere*..., cit., pág. 277 n. 211.

263 LEPELLEY, "La survie de l'idée de cité…", cit., pág. 7 n. 17 y pág. 79 n. 26, indica que Mayoriano en su Novela 7, había descrito a los curiales con idénticas palabras; SAITTA, *La civilitas di Teoderico*, cit., pág. 33 n. 70, afirma sobre *Variae* 6.3.5, que Teodorico ya se había referido a la curia como *minor senatus*.

cuencia de la huida al campo. Su preocupación se constata, en opinión de SAITTA, en la carta que Casiodoro dirige en nombre del rey al gobernador de Bruttio y Lucania donde lamentaba el hecho de que los curiales y los *possessores* residieran de modo permanente en sus tierras y se desinteresaran de sus ciudades:

> CASIODORO, *Variae*, 8.31.3 *in finem* y 6 pr.: "*Ambiunt enim aliquid soli agere, qui praedam cum altero non desiderant invenire. Sic mortalium voluntas plerumque detestabilis est, quae conspectum hominum probatur effugere, nec potest de illo aliqvid boni veraciter credi, cuius vitae testis non potest inveniri... Hanc ergo provinciam civitatibus nolunt incolere, quam vel in agris suis se fatentur omnino diligere?*"[264].

Atalarico trata de restituir a cuantos se han refugiado en el ambiente tranquilo del campo y encomienda al gobernador que ponga fin a esta situación con la imposición de multas contra los propietarios fundiarios y los curiales que no permanezcan la mayor parte del año en las ciudades donde decidieron habitar:

> CASIODORO, *Variae*, 8.31.4 pr., 7 y 9: "*Redeant possessores et curiales Bruttii: in civitatibus suis coloni sunt, qui in agros iugiter colunt... redeant igitur civitates in pristinum decus... Sed ne ulterius in eandem consuetudinem mens aliter inbuta relabatur, datis fideiussoribus tam possessores quam curiales sub aestimatione virium poena interposita, promittant anni parte maiore in civitatibus se manare, quas habitare delegerint*"[265].

---

[264] SAITTA, *La civilitas di Teoderico*, cit., pág. 126 y la bibliografía citada en su n. 379; LEPELLEY, "Permanences de la cité classique...", cit., pág. 370; idem "Un éloge nostalgique de la cité classique dans les «Variae» de Cassiodore", en AA.VV., *Haut Moyen Age. Études offertes à Pierre Richè*, Paris, 1990, págs. 33-47; idem, "La survie de l'idée de cité...", cit., pág. 73.

[265] LEPELLEY, "Un éloge nostalgique de la cité...", cit., págs. 37 ss.; idem, "La survie de l'idée de cité...", cit., pág. 73.

En este texto, indica LEPELLEY, Casiodoro expone con una magnífica retórica las razones por las cuales los curiales y los *possessores* deben volver a la ciudad: recuerda la necesidad de los hombres de vivir en grupo y no aislados en sus tierras como aves de rapiña solitarias y describe a las ciudades como el lugar de la cultura y del derecho, algo de lo que está privado el campo donde no existen escuelas y los conflictos se solucionan en función de una relación de fuerza[266].

Si esto ocurría en la Parte Occidental, en Oriente también se mantuvo la obligación domiciliaria cuya vigencia presuponen Honorio y Teodosio en el año 416 al mandar que todos los curiales residentes en la ciudad se reúnan en el local de la curia cuando de la ciudad de Alejandría se envíe una legación:

> *Quoties ab Alexandrina civitate legatio destinatur, universos curiales praecipimus, qui intra urbem consistunt... in locum curiae covenire...* [267].

No obstante los emperadores continuaron reforzando dicha obligación a través de disposiciones contra el patrocinio de los *potentes* que perjudicaran el interés general del "Estado". Entre estas disposiciones JONES incluye la Novela Teodosiana 9 del año 439 donde el emperador prescribe que "*nullus curialium in fiscali vel in privato agro conductor accedat nec pro aliquo conductore fideiussor existat*"[268] y CAMERON recoge la disposición de León del año 468 a través de la cual el emperador prohíbe con carácter general todo contrato de patrocinio realizado en defraudación y perjuicio de la contribución pública:

---

[266] CASIODORO, *Variae*, 8.31.1, 3 y 4. LEPELLEY, "Un éloge nostalgiche de la cité...", cit., págs. 37 ss.; idem, "La survie de l'idée de cité...", cit., pág. 73; RICHÉ, "La représentation de la ville...", cit., pág. 184; SAITTA, *La civilitas di Teoderico*, cit., pág. 126 n. 379, apunta otro motivo para volver a la ciudad: la potencialidad de una región próxima al mar y, gracias a su puertos, abierta a todo desarrollo (*Variae*, 8.31.2).

[267] C. I. 10.63(65).6 (*Impp. Honorius et Theodosius AA. Moxaxio Praefecto Praetorio*).

[268] *Novellae Theodosiani II*, 9 (*Impp. Theodosius et Valentinianus AA. Florentio Praefecto Praetorio*)=Brev. 5, *Interpretatio*. JONES, *The Later Roman Empire*, I, cit., pág. 1309 n. 81.

C. I. 11.53(54).1 (*Imp. Leo et Anthemius AA. Nicostrato, P.P.*): *Si quis post hanc nostri numinis sanctionem in fraudem circumscriptionemque publicae functionis ad patrocinium cuiuscunque confugerit, id, quod huius rei gratia geritur sub praetextu donationis vel venditionis seu conductionis aut cuiuslibet alterius contractus, nullam habeat firmitatem*[269].

Asimismo se continuaron adoptando medidas para evitar su fuga hacia los distintos órdenes[270]. En el año 410 Arcadio volvió a imponer la cesión completa del patrimonio a los curiales que ingresaban en el clero[271] y en respuesta al ingreso fraudulento de los decuriones en el ejército, Teodosio y Valentiniano III ordenaron en el año 436 la restitución en su condición a los decuriones que habían ingresado en la milicia para eludir sus deberes con la patria sin prescripción de tiempo[272]. En el año 439 Teodosio II impidió la elección de los decuriones al Senado si bien confirmando las situaciones ya adquiridas y cinco años más tarde les prohibió acceder al rango de *illustres*, únicos miembros efectivos del Senado[273].

Pero estas medidas no fueron suficientes porque, como reconoce Justiniano en su Novela 38, cuanto más se esforzaban los emperadores por remediar la fuga de los curiales, más artificios hallaban éstos contra sus disposiciones y contra el fisco:

Haec nos saepe perscrutantes aestimavimus oportere medelam rei adhibere, et quantum nos in hoc laboramus,

[269] Cameron, *The Mediterranean World...*, cit., pág. 93. En esta disposición el emperador nos indica que Marciano había adoptado la misma medida para la Tracia treinta años antes.

[270] Sobre estas medidas, vid., entre otros, Vauthier, *Études...*, cit., págs. 33 ss.; Declareuil, *Quelques problèmes...*, cit., págs. 130 ss.; Gaudemet, "Constantin et les curies municipales", cit., pág. 119; Jones, *The Later Roman Empire*, I, cit., págs. 712 ss., así como la bibliografía reseñada en la n. 216.

[271] C. Theod. 12.1.172 (*Idem AA. Herculio Praefecto Praetorio Illyrici*).

[272] C. Theod. 2.1.188 (*Impp. Theodosius et Valentinianus AA. Isidoro Praefecto Praetorio*)=C. I. 10.31(32).55.

[273] *Novellae Theodosiani II*, 15.1; 15.2.2. Por todos, Baccari, *Cittadini...*, cit., pág. 65. Del mismo modo se continuó con la política restrictiva en la concesión de la inmunidad fiscal. Vid. C. Theod. 6. 35.14; C. I. 10.21.64; C. I. 10.31(32).65.

tantum omnem adinvenerunt curiales artem adversus ea, quae recte iusteque sancita sunt, et contra fiscum... [274].

Sus abusos habían dado lugar, afirma el emperador, a unas curias altamente debilitadas cuantitativa y económicamente:

Denique si quis dinumerat nostrae reipublicae curias, attenuatas inveniet, alias quidem neque virorum neque rerum copias habentes, alias paucorum forsan hominum, rerum autem nihil penitus[275].

Frente a esto, el emperador restableció el carácter hereditario indeclinable del nexo curial, definió restrictivamente las causas de exención de los *munera curalia*, reafirmó las prohibiciones de refugiarse en la milicia, en el clero o en las corporaciones artesanales, concedió al hijo natural del decurión la posibilidad de que se ofreciese voluntario a la curia tras la muerte del padre, adquiriendo la condición de *legitimus* y *curialis* e, igualmente, dictó toda una serie de limitaciones reales de la disponibilidad de los patrimonios curiales[276].

A su vez los compiladores justinianeos mantuvieron la obligación domiciliaria de los curiales y magistrados al insertar en el Código Justinianeo las disposiciones de los emperadores precedentes que de modo más riguroso exigían su observancia.

---

[274] *Novellae Iustiniani*, 38.1 (*Imp. Iustinianus Aug. Ioanni, Pf. P. per Orientem*).

[275] *Novellae Iustiniani*, 38 pr. y 1.

[276] Sobre las exenciones C. I. 10.31(32).66; *Novellae Iustiniani*, 38.3; *Novellae Iustiniani*, 70. Sobre el carácter hereditario, C. I. 5.27.9. Respecto a la huida hacia la milicia, C. I. 1.3.53(52). Respecto al ingreso en el clero, *Novellae Iustiniani*, 123; *Novellae Iustiniani*, 137; C. I. 1.3.53(52). En materia de hijos naturales de decuriones, C. I. 5.27.9; C. I. 5.27.3; *Novellae Iustiniani*, 38. En lo concerniente a las medidas patrimoniales, *Novellae Iustiniani*, 38; *Novellae Iustiniani*, 87.1; *Novellae Iustiniani*, 101; C. I. 10.34(35).3. Sobre la administración local bajo Justiniano, vid., entre otros, BRÉHIER, *Les institutions...*, cit., págs. 205 ss.; JONES, *The Later Roman Empire*, I, cit., págs. 710 ss.; LIEBESCHUETZ, W., "Administation and Politics in the cities of the 5th and 6th centuries with special reference to the circus factions", en AA.VV., *La fin de la cité antique et le début de la cité médiévale. De la fin du IIIe siècle à l'avènement de Charlemagne*, Bari, 1996, págs. 161-182; CAMERON, *The Mediterranean World...*, cit., págs. 166 ss.; SCARCELLA, *La legislazione di Leone I*, cit., pág. 440 n. 154 y pág. 444.

Respecto a los curiales, reprodujeron la disposición constantiniana que sometía a previa autorización los viajes de los decuriones a la Corte por negocios personales o en interés de la ciudad, si bien sustituyendo la pena de deportación por una pena arbitraria dejada a libre apreciación del juez:

> C. I. 10.31(32).16 (*Imp. Constantinus A. ad Hilarianum, Proconsulem Africae*): *Si quis decurio vel propriae rei causa vel rei publicae cogatur nostrum adire comitatum, is non ante discedat, quam insinuato iudici desiderio proficiscendi licentiam consequatur. Quodsi pro sua audacia parvi aliquis hanc fecerit iussionem, indignationem competentem sortiatur*[277].

Con este cambio de pena se pretendía lograr una mayor eficacia dado que, como indica Gaudemet, resultaba poco efectivo pretender luchar contra el despoblamiento masivo de las curias sancionando la huida de los curiales con una pena que, en realidad, conducía a la misma situación que se pretendía solucionar: el debilitamiento cuantitativo de las curias[278].

Con igual fin los compiladores recogieron en el Código la disposición de Valentiniano y Valens con la que, pretendiendo proteger a los curiales de los abusos de sus superiores, en realidad, confirmaron la disposición anterior. Así lo debió entender Triboniano, afirma Ormanni, dado que añadió a la prohibición de que los gobernadores provinciales llamaran a los curiales fuera de los límites de la ciudad la excepción de utilidad pública:

> C. I. 10.31(32).25 (*Impp. Valentinianus et Valens AA. ad Byzancenos*): *Curiales ultra terminos propriae civitatis non iubeantur a moderatoribus provinciarum exhibere sui praesentiam, nisi publica necessitas exegerit*[279].

---

[277] Cuena Boy, "Nuevos…", cit., pág. 6 n. 80. Cfr. C. Theod. 12.1.9, en n. 219.

[278] Gaudemet, "Constantin et les curies municipales", cit., págs. 127-128.

[279] Ormanni, s.v. «curia, curiales», cit., pág. 65; Tanfani, *Contributo…*, cit., pág. 239; Declareuil, *Quelques problèmes…*, cit., pág. 184 n. 4; Cuena Boy, "Nuevos…", cit., pág. 6 n. 80. Cfr. C. Theod. 12.1.60, en n. 226.

Esta obligación domiciliaria fue reforzada nuevamente por los compiladores al insertar en su compilación la disposición de Valentiniano y Valente que sancionaban con la confiscación de los bienes a quienes habían concedido patrocinio a los curiales fugitivos[280], así como la disposición de Arcadio y Honorio prohibiendo el éxodo impío de los curiales al campo, so pena de que los campos que hubiesen preferido a la ciudad fueran confiscados[281].

El propio Justiniano al establecer en su Novela 45 que ninguna religión exonera de los cargos curiales evoca las antiguas leyes en virtud de las cuales los curiales no podían ser conducidos a otra provincia, limitando este y otros privilegios a los curiales católicos:

> *Novellae Iustiniani*, 45 pr. (*Imp. Iustinianus Aug. Ioanni, Praefecto Praetorio, iterum, Exconsuli et Patricio*): *Et quoniam leges plurima curialibus praebent privilegia, et ut non caedantur, neque ad aliam ducantur provinciam, et alia plurima, honorum nullo fruantur*[282].

Asimismo el emperador muestra aversión a los desplazamientos de los curiales de una a otra región o a la propia capital como se constata en su Novela 151 en la que prohíbe a los magistrados que conduzcan a Constantinopla a los curiales, salvo expresa sacra disposición:

> *Nos igitur omnem quidem deductionem et exhibitionem aversamur, si vero aliquid tale fieri necesse sit, nulli ex magistratibus nostris, praeterquam throno tuo, permittimus cohortalem vel curialem ad felicem hanc urbem ducere, nisi id sacra iussione expresse permittente fiat*[283].

---

280 C. I. 10.31(32).31. Cfr. C. Theod. 12.1.76, n. 231 del presente capítulo. También recogieron la disposición que exhortaba a las denuncias de los patrocinios ilegales efectuados por los *principales*. C. I. 12.58.5. Cfr. C. Theod. 12.1.79, en n. 232.

281 C. I. 10.37.1. Cfr. C. Theod. 12.18.2, en n. 237 del presente capítulo.

282 Sobre esta Novela, Puliatti, S., *Ricerche sulle Novelle di Giustino II. La legislazione imperiale di Giustiniano I a Giustino II. II, Problema di diritto privato e di legislazione e politica religiosa*, Milano, 1991, págs. 295 ss. y págs. 307 ss.; Baccari, *Cittadini...*, cit., pág. 259 y pág. 289.

283 *Novellae Iustiniani*, 151, cap. 1 (*Idem Imperator Ioanni, gloriosissimo Praefecto Praetorio*).

El motivo de tal decisión es muy significativo porque con ella pretende evitar que los curiales que desempeñen cargos administrativos no aprovechen dicho llamamiento para eludir sus obligaciones:

> *Novellae Iustiniani*, 151 (*Idem Imperator Ioanni, gloriosissimo Praefecto Praetorio*), cap. 1 *in finem*: *ne forte inde qui publica gerunt evocati hanc reipublicae laedendae occasionem sumant*[284].

La obligación domiciliaria también se mantuvo para los duunviros, última de las antiguas magistraturas que seguía participando activamente en la administración local, al recoger en el Código, tanto la disposición constantiniana que ordenaba la búsqueda de los *nominati* fugitivos obligándoles, si eran hallados, a soportar las cargas del duunvirato durante dos años y, si no eran hallados, autorizaba que sus bienes fuesen entregados a los llamados en su lugar al duunvirato[285], cuanto la disposición de sus sucesores en virtud de la cual los magistrados desertores debían ser apremiados a la necesidad de su condición y obligados a rembolsar los gastos que por ellos hubiera anticipado la ciudad[286]. De igual modo, los compiladores reforzaron esta obligación al reproducir la norma costantiniana que imponía al *incola* el ejercicio acumulativo de los cargos locales tanto en su ciudad de origen como en su ciudad de residencia[287].

El emperador Justiniano también pretendió reforzar el vínculo local de los defensores de las ciudades y de los sacerdotes locales, exigiendo a los mismos la residencia permanente en sus ciudades. Respecto a los primeros, su obligación domiciliaria se presupone desde finales del siglo IV ya que Valentiniano, Teodosio y Arcadio, en el año 392, les ordenaron presidir diariamente todos los actos de la ciudad. Por su parte, Teodosio y Valentiniano en el año 441 habían intentado sin éxito evitar sus deserciones, prohibiendo que renun-

---

[284] La obligación domiciliaria también se desprende de la Novela 8, cap. 1§49, donde encomienda al prefecto del pretor el cuidado respecto a los curiales de cada ciudad.

[285] C. I. 10.31(32).18. Cfr. C. Theod. 12.1.16, en n. 223.

[286] C. I. 10.31(32).20. Cfr. C. Theod. 12.1.29, en n. 224.

[287] C. I. 10.38(39).5. Cfr. C. Theod. 12.1.12, en n. 243.

ciaran a su cargo sin la aprobación del emperador ratificada por el prefecto del pretor[288]. Justiniano prescribe claramente su obligación domiciliaria como se desprende de su Novela 15 en la que, tras disponer que los defensores desempeñarán en las ciudades el cargo de los jueces, añade "*ipsos* (defensores) *quoque in omnibus diligentiam adhibere civitatibus, in quibus sunt*"[289]. El motivo que el emperador aduce en esta constitución para justificar el carácter obligatorio de la magistratura no deja lugar a dudas ya que considera que es conveniente que cada uno de los nobles desempeñe siempre el cargo en las ciudades en que habita como compensación por dicha habitación:

> *Convenit enim unmquemque nobilium semper functionem agere civitatum, quas inhabitat, et hanc eis conferre habitationis repensationem*[290].

Respecto a los sacerdotes y obispos locales, en el año 528 les prohibió salir de la ciudad en la que gobernaban la Iglesia para ir a Constantinopla sin mandato especial del emperador so pena de ser separados de la Iglesia:

> *Per quos ipsi iubemus, fieri manifestum omnibus sacerdotibus, per singulas metropoles uniuscuiusque provinciae ipsi subiectis, non decere aliquem ipsorum aut eorum, qui in aliis provinciarum civitatibus sub metropolitano ordinati sunt, episcoporum secundum propriam voluntatem, absque divina nostra speciali*

---

288 C. I. 1.55.6 (*Imppp. Valentinianus, Theodosius et Arcadius AAA. Tatiano Praefecto Praetorio*); 1.55.10 (*Impp. Theodosius et Valentinianus AA. Cyro Praefecto Praetorio*).

289 *Novellae Iustiniani*, 15 cap. 2. Sobre el asentamiento real de los defensores y el efectivo desarrollo de sus funciones imperiales, vid., las observaciones de Goria, F., "La giustizia nell'impero romano d'Oriente: organizzazione giudiziaria. parte I: i secoli V-VI", en AA.VV., *La giustizia nell'Alto Medioevo (secoli V-VIII). Settimane di studio del Centro Italiano di Studi sull'Alto Medioevo*, XLII, 7-13 aprile 1994, Spoleto, 1995, págs. 271-271 y ns. 31, 36 y 37, Franciosi, *Riforme istituzionali...*, cit., págs. 33 ss.

290 *Novellae Iustiniani*, 15 cap. 6, *in finem*.

iussione, relinquere quidem gubernatam a se sanctisssimam ecclesiam et in hanc felicem commeare civitatem... [291].

El fundamento de esta obligación puede encontrarse en el peso que bajo el reinado de Justiniano tuvo el clero en la administración local[292]. No en vano, el propio emperador califica a la Iglesia como el sostén del Imperio y atribuye a la "gracia de Dios" el afianzamiento del bien común:

Omnem semper adhibentes providentiam circa sanctissimas ecclesias, per quas et nostrum imperium sustineri, et communes res clementissimi Dei gratia muniri credidimus... [293].

En el año 546 Justiniano volvió a reiterar la prohibición de los obispos y clérigos de abandonar su iglesia para ir a otras regiones o a Constantinopla salvo con una carta de su patriarca o metropolitano o por mandato imperial, limitando la ausencia realizada conforme a esta disposición al plazo de un año:

Interdicimus autem deo amabilibus episcopis proprias relinquere ecclesias, et ad alias regiones venire. Si vero necessitas faciendi hoc contigerit, non aliter, nisi cum litteris beatissimi eorum patriarchae aut metropolitae, aut per imperialem videlicet iussionem hoc faciant... Si vero etiam secundum hunc modum episcopus cuiuscunque loci

---

[291] C. I. 1.3.43(42)§1 y 2 (*Idem A. Epiphanio archiepiscopo Constantinopolitano et patriarchae*).

[292] DECLAREUIL, *Quelques problèmes...*, cit., págs. 269 ss.; MODÉRAN, Y., "La renaissance des cités dans l'Afrique du VIe siècle d'après une inscription récemment publiée", en AA.VV., *La fin de la cité antique et le début de la cité médiévale. De la fin du IIIe siècle à l'avènement de Charlemagne*, Bari, 1996, págs. 85-114; LIEBESCHUETZ, "Administration and politics...", cit., págs. 108 y 111; DURLIAT, J., "'Evêque et administration municipale au VIIe siècle", en AA.VV., *La fin de la cité antique et le début de la cité médiévale. De la fin du IIIe siècle à l'avènement de Charlemagne*, Bari, 1996, págs. 275-276; CAMERON, *The Mediterranean World...*, cit., págs. 166 ss.

[293] C. I. 1.3.43(42) pr.

profestus fuerit, non amplius uno anno suam relinquat ecclesiam[294].

Por tanto, en el derecho justinianeo, se mantuvo la obligación de domiciliación de los curiales, debiendo solicitar la autorización del gobernador para abandonar la ciudad, aunque fuese por un espacio breve de tiempo. Esta exigencia se vio reforzada al impedir que los gobernadores provinciales les compelieran a salir de la ciudad –algo que sólo podían exigir cuando así lo requiriese la utilidad pública– y con la prohibición del éxodo impío a los campos bajo pena de confiscación. Asimismo, la sujeción a la ciudad continuaba siendo exigible a los *IIviri* y a los *defensores civitatis* y la misma se hizo extensible a los sacerdotes y obispos, los cuales tampoco podían abandonar la ciudad y dirigirse a Constantinopla, salvo mandato especial del emperador o con carta de su arzobispo o patriarca.

---

[294] *Novellae Iustiniani*, 124 cap. 9 (*Imp. Iustinianus Aug. Petro, gloriosissimo Magistro sacrorum nostrorum Officiorum*). Justiniano sancionó a los que partieran en contra de la disposición o se demoraran más tiempo del permitido con el no reembolso de los gastos y con la expulsión si no volvían a sus iglesias dentro del periodo fijado.

Capítulo III
EL DOMICILIO DE LOS SOLDADOS

Si como hemos visto, conforme al Derecho público podía quedar anulada la libre voluntad domiciliaria del individuo que desempeñara cargos públicos, obligándole a establecerse en el lugar donde ejercía el cargo, también a todo empleado público, a juicio de SAVIGNY, era atribuido un domicilio[295].

El propio hecho de la atribución indica, a primera vista, una limitación de la *singularis voluntas*. Ello no significa, empero, que el Derecho público romano suplantara siempre la voluntad del empleado sino que, en ocasiones, se limitaba a asignar un domicilio ante la

---

[295] SAVIGNY, *Sistema...*, VI, cit., pág. 156. En el mismo sentido, BRUGI, *Istituzioni...*, cit., pág. 71; D'ORS, *Epigrafía...*, cit., pág. 153; SALGADO, "Contribución...", cit., pág. 503. Cfr. MISPOULET, *La vie parlamentaire...*, cit., pág. 51, sobre la imposibilidad de los tribunos de la plebe de ausentarse un solo día de Roma; SUOLAHTI, J., *The Roman Censors. A study on social structure*, Helsinki, 1963, págs. 521-540, en relación con el domicilio de los censores; ROSSI, R., "El abogado en el Derecho romano", en *Studi in onore di Giuseppe Grosso*, III, Torino, 1968, págs. 195-196; AGUDO RUIZ, A., *Abogacía y abogados. Un estudio histórico-jurídico*, Logroño-Zaragoza, 1997, págs. 227-228; idem, *El advocatus fisci en Derecho romano*, Madrid, 2006, respecto al "deber de residencia" de los abogados del Tribunal del *praefectus urbi* de Constantinopla y del *praefectus praetorio* de Iliria; FABBRINI, F., s.v. «tribuni plebis», en *N.N.D.I.*, XIX, 1973, pág. 798, sobre la obligación de presencia en Roma de los tribunos de la plebe; DELMAIRE, *Largesses sacrées...*, cit., pág. 50, sobre la obligación domiciliaria del *comes rerum privatarum* y del *comes sacrum largitationum*.

ausencia de otro libremente elegido. Más aún, en nuestra opinión, no todo cargo público comportaba una obligación domiciliaria, limitándose el Estado, en ocasiones, a designar un deber de residencia, sobre todo, cuando el cargo era temporal.

En este contexto merece una especial atención el domicilio del soldado en la medida en que, normalmente, sirve a los autores como ejemplo de tal asignación domiciliaria a los empleados públicos por el Derecho público.

1. CONSERVACIÓN DEL DOMICILIO PRIMITIVO DURANTE EL PERIODO MONÁRQUICO Y REPUBLICANO

Sabido es, como señala De Martino, que la condición jurídica de los militares durante el tiempo de su servicio estuvo sujeta a normas particulares que constituyeron un verdadero y propio "derecho especial"[296]. Instituciones como el *testamentum militis*[297], el

---

[296] Arangio-Ruiz, V., "L'origine del «testamentum militis» e la sua posizione nel diritto romano classico", en *B.I.D.R.*, 18, 1906, pág. 170, habla de la construcción de un verdadero y propio *ius militare* "come sistema di diritto per sè stante"; Hernández-Gil, A., *El testamento militar (En torno a un sistema hereditario militar romano)*, Madrid, 1946, pág. 109 y págs. 173 ss., habla de "trato jurídico excepcional" y, en relación con el sistema hereditario militar, tras analizar si se trata de un *privilegium* o de un *ius singulare*, el autor postula por este último; Vendrand-Voyer, J., "Origine et développement du «droit militaire» romain", en *Labeo*, 28, 1982, págs. 259 ss., habla de derecho especial; Le Bohec, Y., *L'Armée romaine sous le Haut-Empire*, 1990, pág. 236 (= *The imperial roman army*, London, 1994, pág. 220); Alston, R., *Soldier and Society in roman Egypt. A social history*, London-New York, 1995, págs. 53 ss.

[297] Al respecto, Arangio-Ruiz, "L'origine del «testamentum militis»...", cit., págs. 156 ss.; Hernández-Gil, *El testamento militar...*, cit., págs. 23 ss.; Vendrand-Voyer, "Origine et développement...", cit., págs. 259 ss.; Scarano Ussani, *Le forme del privilegio...*, cit., págs. 81 ss. y la bibliografía por él citada; Scherillo, G., *Corso di Diritto Romano, Il testamento*, Milano, 1995, págs. 249 ss.; Marlasca Martínez, O., "Estudio histórico del testamento militar", en *R.G.D.R.* (*www.iustel.com*), nº 18, 2012, págs. 1 ss.; Stagl, J.F., "Das

peculium castrense[298] o el *ius postliminii*[299], son buena prueba del mismo.

---

testamentum militare in seiner Eigenschaft als ius singulare", en *Revista de Estudios Histórico-Jurídicos*, Valparaíso, nº 36, 2014, págs. 129-157.

298 Sobre el mismo vid. la bibliografía citada en n. 736.

299 Al respecto, vid., entre otros, BECHMANN, A., *Das ius postliminii und die Lex Cornelia*, Erlangen, 1872, *passim*; MITTEIS, L., *Römisches Privatrecht bis auf die Zeit Diokletians*, I, Leipzig, 1908 (reimpresión Aalen, 1994), págs. 125 ss.; SERTORIO, L., *La prigionia di guerra e il diritto di postliminio*, Torino, 1915 (edición anastática Roma, 1971), *passim*; COSTA, *Cicerone giurisconsulto*, I, cit., págs. 276 ss.; ALBERTARIO, E., "«Postliminium» e «possessio»", en *S.D.H.I.*, 6, 1940, págs. 384 ss.; GUARINO, A., "Sul «ius singulare postliminii»", en *Z.S.S.*, 61, 1941, págs. 58 ss.; SOLAZZI, S., "Il concepto dell'«ius postliminii»", en *Scritti Ferriri*, II, Milano, págs. 288 ss.; idem, "Il «ius postliminii» in Gai. 1, 129", en *S.D.H.I.*, 20, 1954, págs. 318-320; RASI, P., *Consensus facit nuptias*, Milano, 1946, págs. 106-123; AMIRANTE, L., *«Captivitas» e «Postliminium»*, Napoli, 1950, *passim*; idem, "Ancora sulla *captivitas* e il *postliminium*", en *Studi in onore di Pietro De Francisci*, I, 1956, págs. 571 ss.; idem, *Prigionia di guerra riscatto e postliminium, Lezioni II*, Napoli, 1970, *passim*; GIOFFREDI, C., "Sul «ius postliminii», 1, La struttura dell'istituto", en *S.D.H.I.*, 16, 1950, págs. 13 ss.; FUENTESECA, P., "Orígenes y perfiles clásicos del «postliminium»", en *A.H.D.E.*, 21-22, 1951-2, págs. 300 ss.; KRELLER, H., "Juristenarbeit am postliminium", en *Z.S.S.*, 69, 1952, págs. 172 ss.; KORHARDT, H., "«Postliminium» in republikanischer Zeit", en *S.D.H.I.*, 19, 1953, págs. 1 ss.; BONA, F., "«Postliminium in pace»", en *S.D.H.I.*, 21, 1955, págs. 249 ss.; DE VISSCHER, F., "Droit de capture et «postliminium in pace»", en *R.I.D.A.*, 3, 1956, págs. 197 ss.; LONGO, G., "Postille critiche in tema di «captivitas»", en *I.U.R.A.*, 8, 1987, págs. 29 ss.; RATTI, U., *Studi sulla "captivitas"*, Napoli, 1980, *passim*; KOLENDO, J., "Les Romains prisonnier de guerre des Barbares au Ier et au IIe siècles", en *Index*, 15, 1987, págs. 227-234; MAFFI, A., *Ricerche sul «postliminium»*, Milano, 1992, *passim*; CARINI, A.M., *La situación jurídica de los hijos de los cautivos de guerra*, Valencia, 1995, *passim*; CURSI, M.F., *La struttura del «postliminium» nella Repubblica e nel Principato*, Napoli, 1996, *passim*; SANNA, M.V., *Nuove ricerche in tema di postliminium e redemptio ab hostibus*, Cagliari, 2001, *passim*; D'AMATI, L., *Civis ab hostibus captus. Profili del regime classico*, Milano, 2004, *passim*; PERIÑÁN GÓMEZ, B., *Un estudio sobre la ausencia: Absentia y postliminium*, Madrid, 2008, *passim*; ÁLVAREZ, M. B.-SUÁREZ, M.A., "En torno a *Captivi*: *captivitas*, *postliminium* y *redemptio ab hostibus*", en *R.G.D.R.* (*www.iustel.com*), nº 12, 2009, págs. 1 ss.; DÍAZ GONZÁLEZ,

Pero si tales instituciones fueron objeto de numerosos comentarios por parte de los juristas y dieron origen a una copiosa legislación, escasas son las fuentes relativas al régimen domiciliario del soldado. En concreto, la mayor parte de la doctrina se limita a señalar un texto de Hermogeniano en el que se establece que el soldado tendrá su domicilio allí donde sirva en armas salvo que posea bienes en su patria:

> D. 50.1.23§1 (Hermogenianus *libro I. Iuris epitomarum*): *Miles ibi domicilium habere videtur, ubi moret, si nihil in patria possideat*[300].

Admitido que se trata de un texto genuino, como afirmara TEDESCHI, de la mera lectura del mismo se observan las dificultades de su

---

F.J., "La base jurídica romana en la regulación del cautivo en las Partidas", en *R.G.D.R.* (*www.iustel.com*), nº 14, 2010, págs. 1 ss.; MONTAÑA CASANI, A., "«Postliminium receptum Gallus Aelius in libro significationum, quae ad ius pertinent...»", en *R.G.D.R.* (*www.iustel.com*), nº 17, 2011, págs. 1 ss.; MURONI, A., "Sull'origine della *libertas* in Roma antica: storiografia annalistica ed elaborazioni giurisprudenziali", en *Diritto @ Storia*, nº 13, 2013.

[300] *Pauli Sententiae*, 1.1a.7. LEVY-RABEL, *Index Interpolationum*, III, cit., col. 571, consideran el texto genuino. GLÜCK, *Ausführliche...*, VI, cit., pág. 266; GASPARD, *Recherches sur l'incolat...*, cit., pág. 18; CHAVANES, *Du Domicile*, cit., pág. 65; ANCELLE, *Du Domicile*, cit., pág. 53; ROUSSEL, *Du domicile...*, cit., pág. 33; DE RUGGIERO, *La patria...*, cit., pág. 185; BRUGI, *Istituzioni...*, cit., pág. 71 n. 24; SAVIGNY, *Sistema...*, VI, cit., pág. 156; TEDESCHI, "Contributo...", cit., pág. 231; idem, *Del Domicilio*, cit., págs. 7-8; VISCONTI, "Note preliminari sul «domicilium»...", cit., pág. 431; BURDESE, A., s.v. «domicilio (Diritto romano)», en *E.D.*, XIII, Milano, 1964, pág. 838; LIEBS, D., *Hermogenians Iuris Epitomae. Zum Stand der römischen Jurisprudenz im Zeitalter Diokletians*, Göttingen, 1964, pág. 118; SALGADO, "Contribución...", cit., pág. 503; VENDRAND-VOYER, J., *Normes civiques et métier militaire à Rome sous le Principat*, Clermont, 1983, p. 160 n. 31; PLESCIA, "Conflict...", cit., pág. 37; BACCARI, *Cittadini...*, cit., pág. 102 n. 55; GUZMÁN BRITO, A., *Derecho Privado Romano, Tomo I, Síntesis histórica del Derecho romano. Las acciones y el proceso. El derecho de las personas y de la familia. El derecho de las cosas y de su dominio, posesión, uso y goce. El derecho de las obligaciones*, Barcelona-Buenos Aires-México D.F.-Santiago de Chile, 1997, pág. 287; LICANDRO, *Domicilium habere...*, cit., págs. 357-358; GAGLIARDI, *Mobilità...*, cit., pág. 501.

interpretación relativas a si nos encontramos ante un supuesto de domicilio legal y a si la posesión de bienes en la patria deviene en este caso, no un indicio, sino un elemento constitutivo del domicilio[301].

A nuestro juicio, sin embargo, la pregunta esencial que cabría formularse, *a priori*, es qué razones determinaron que fuera en este momento, finales siglo III d. C., y no con anterioridad cuando se regula el domicilio de los soldados[302].

La ausencia de regulación domiciliaria en el ejército gentilicio de la primitiva monarquía, puede justificarse sobre el hecho de en que esta milicia cívica, como indica ROLDÁN HERVÁS, el ciudadano-soldado se limitaba a prestar auxilio a su patria en caso de conflicto y retornaba a su hogar cuando éste concluía puesto que las guerras, principalmente de carácter defensivo contra los pueblos vecinos, se resolvían en breves enfrentamientos[303].

---

[301] TEDESCHI, "Contributo...", cit., pág. 231. Por su parte, LICANDRO, *Domicilium habere...*, cit., pág. 358 y GAGLIARDI, *Mobilità...*, cit., pág. 501, también reconocen que la dificultad del texto impide dar una solución. Sobre los elementos constitutivos del domicilio nos remitimos a lo expuesto en LÓPEZ HUGUET, Mª.L., *Régimen Jurídico del Domicilio en Derecho Romano*, Madrid, 2008, págs. 50 ss. y 100 ss.

[302] Aunque la doctrina más antigua tendía a aceptar como *terminus post quem* el año 365 d. C. (así, entre otros, RUDORFF, A.F., *Römische Rechtsgeschitche*, I, 2ª edición, Leipzig, 1857, pág. 276), en la actualidad es admitido que el Código Hermogeniano fue publicado en el año 295 d. C. Por todos, JÖRS, P., s.v. «Codex Hermogenianus», en *P.W.R.E.*, IV.1, Stuttgart, 1900 (reimpresión de 1992), cols. 164-167; ROTONDI, G., "Studi sulle fonti del Codice Giustinianeo", en *Scritti*, I, Milano, 1922, págs. 110 ss.; SCHERILLO, G., s.v. «Codex Hermogenianus», en *N.N.D.I.*, III, Torino, 1964, pág. 380; LIEBS, *Hermogenians Iuris Epitomae...*, cit., pág. 23; CENDERELLI, A., *Ricerche sul "Codex Hermogenianus"*, Milano, 1965, págs. 7-10; WOLODKIEWICZ, W., "La prescription de l'action pénale à Rome", en *R.H.D.*, 63, 1985, pág. 10 y la copiosa bibliografía por ellos citada. Cfr. GAUDEMET, J., *La formation du droit séculier et du droit de l'Eglise aux IVe et Ve siècles*, Paris, 1957, págs. 42-43, que con una postura prácticamente aislada en la doctrina contemporánea se acoge a la teoría anterior.

[303] ROLDÁN HERVÁS, J.M., *El ejército de la República romana*, Madrid, 1996, pág. 10; HEURGON, J., "La guerre romaine aux 4e-3e siècles et la «Fides Romana»", en AA.VV., *Problèmes de la guerre à Rome (J.P. Brisson dir.)*, Paris-La Haye, 1969, pág. 23; MILAN, A., *Le forze armate nella storia di Roma*

Las mismas razones pueden argumentar su ausencia en los primeros siglos del ejército ciudadano de base timocrática instaurado según la tradición por Servio Tulio[304] dado que, como señala el propio autor, la guerra era condicionada, espacial y temporalmente a las necesidades del ciudadano-soldado para permitirle compaginar sus obligaciones militares con sus actividades económicas, fundamentalmente de carácter agrícola: "El ejército cívico supone un tipo de guerra rigurosamente limitada en el espacio –para permitir al soldado trasladarse del campo de batalla al escenario de sus ocupaciones– y en el tiempo, dándole margen para compaginar ambas actividades", ya que la guerra se desarrollaba en los meses estivales, de marzo a octubre, coincidiendo generalmente con el periodo de obligado reposo en la agricultura[305].

Sin embargo, la política expansionista romana, trajo consigo una ampliación espacio-temporal de la guerra y, a partir de la Segunda Guerra Púnica, como apunta MILAN, la obligación del soldado de permanecer durante años fuera de su domicilio en el lugar, cada vez más distante de aquél, donde su ejército estaba levantado en armas[306]. Pero tampoco en este periodo se estableció una regulación domiciliaria.

---

antica, Roma, 1993, págs. 24 ss.; KEPPIE, L., *The making of the roman army from Republic to Empire*, Oklahoma, 1998, pág. 14; BLANCH NOUGUÉS, J. Mª., "Una visión histórico-jurídica sobre el ejército romano", en *R.G.D.R.* (*www.iustel.com*), nº 17, 2011, págs. 1 ss.

304 Sobre la reforma de Servio Tulio, vid., entre otros, BRAND, C.E., *Roman Military Law*, London, 1968, págs. 8 ss.; GABBA, *Esercito e società...*, cit., págs. 2 ss. y págs. 528 ss.; ROLDÁN HERVÁS, J.M., *Ejército y Sociedad en la Hispania romana*, Granada, 1989, págs. 20 ss.; idem, *El ejército...*, cit., págs. 12 ss. MILAN, *Le forze armate...*, cit., págs. 11 ss. y págs. 212 ss.; KEPPIE, *The making...*, cit., págs. 15 ss.

305 ROLDÁN HERVÁS, *El ejército...*, cit., págs. 15 ss.; BRISSON, J.P., "Les mutations de la deuxième guerre punique", en AA.VV., *Problèmes de la guerre à Rome (J.P. Brisson dir.)*, Paris-La Haye, 1969, pág. 39; LE BONNIEC, H., "Aspects religieux de la guerre à Rome", en AA.VV., *Problèmes de la guerre à Rome (J.P. Brisson dir.)*, Paris-La Haye, 1969, págs. 101 ss.; MILAN, *Le forze armate...*, cit., págs. 24 ss.; BLANCH NOUGUÉS, J. Mª., "Una visión...", cit., págs. 1 ss.

306 MILAN, *Le forze armate...*, cit., pág. 48; GABBA, *Esercito e società...*, cit., pág. 48; idem, *Per la storia dell'esercito romano in età imperiale*, Bologna, 1974,

Es cierto que el soldado estaba obligado a permanecer junto a su ejército, bajo pena de ser condenado por un delito de deserción o transfuguismo[307] pero, a pesar de tales delitos y de la progresiva profesionalización del ejército[308], hasta Augusto siguió primando

pág. 45; ROLDÁN HERVÁS, *Ejército y Sociedad...*, cit., págs. 34 ss. y págs. 43 ss.; idem, *El ejército...*, cit., págs. 25 ss. y págs. 46 ss.; idem, *Los hispanos en el ejército de época republicana*, Salamanca, 1993, págs. 34-35; BLANCH NOUGUÉS, J. Mª., "Una visión...", cit., págs. 1 ss.

[307] Sobre tales delitos, ARANGIO-RUIZ, V., "Sul reato di diserzione in diritto romano", en *Rivista di diritto e procedura penale*, 10, 1919, págs. 138-147 (=*Scritti di Diritto Romano*, II, Camerino, 1974, págs. 1-12); CARCANI, M., *Dei reati, delle pene e dei giudici militari presso i romani*, Napoli, 1981, págs. 71 ss.; VALLEJO GIRVÉS, M., "Sobre la persecución y el castigo a los desertores en el ejército de Roma", en *Polis. Revista de ideas y formas políticas de la Antigüedad clásica*, 5, 1993, págs. 241-251; idem, "«Transfugae» en el ejército de Roma", en *Hispania Antigua. Revista de Historia Antigua*, XX, 1996, págs. 399-408; GIUFFRÉ, V., *Letture e ricerche sulle "Res Militaris"*, I, Napoli, 1996, págs. 83 ss.; GUEYE, M., "Délits et peines militaires à Rome sous la République: *desertio* et *transfugium* pendant les guerres civiles", en *Gerión*, nº 31, 2013, págs. 221-238.

[308] Ya en la época republicana asistimos a un proceso de proletarización del ejército como consecuencia de las reducciones del censo mínimo de la V clase, que será culminada por Gayo Mario en el año 107 a. C. cuando, junto al tradicional método del *dilectus*, recurrió al alistamiento de voluntarios *non more maiorum neque ex classibus, sed uti cuiusque libido erat, capite censos plerosque* para hacer frente a la guerra contra Yugurta (Salustio, *Jugurtha*, 86.2; Valerio Máximo, *Facta et dicta memorabilia*, 2.7.6). A partir de esta medida los soldados proletarios voluntarios, carentes de recursos económicos, consideraron el ejército como una profesión de duración indefinida y el mejor modo de recibir como recompensa una porción de tierra donde acabar su vida como pequeños propietarios agrícolas. Sobre esta evolución CARLE, G., *Le Origini del Diritto Romano*, Palermo-Napoli-Catania, 1888, pág. 366 n. 1; BOTSFORD, *The Roman Assemblies...*, cit., págs. 393 ss.; COSTA, *Cicerone giurisconsulto*, I, cit., pág. 290; GÖHLER, J., *Rom und Italiem. Die römische Bundesgenossenpolitik von den Anfängen bis zum Bundesgenossenkrieg*, Breslau, 1939, págs. 195 ss.; BRAND, *Roman Military Law*, cit., págs. 112-113; HARMAND, J., "Le prolétariat dans la légion de Marius à la veille du second «bellum civile»", en AA.VV., *Problèmes de la guerre à Rome (J.P. Brisson dir.)*, Paris-La Haye, 1969, págs. 61 ss.; PARETI, L., *Storia di Roma*, III, Torino, 1953, págs. 446 ss.; GABBA, *Esercito e società...*, cit., págs. 3-45, págs. 47 ss. y págs. 95 ss.; FREZ-

el carácter ciudadano de su composición, situación que le permitía conservar la vinculación con su domicilio primitivo hasta el momento de su licenciamiento.

Prueba de ello, es la introducción a principios del siglo II a. C. de la *Lex Porcia* en virtud de la cual, si bien son conocidos sus incumplimientos y su escasa vigencia[309], como nos indica RODRÍGUEZ-ENNES, "cuando un legionario en posesión del *status civitatis* cometía un delito por el que –caso de ser juzgado en Roma– debería concedérsele la *provocatio*, el comandante del ejército estaba obligado a enviar al reo ante los magistrados ordinarios de la *civitas* frente a cuya sentencia podía ejercitarse el *ius provocationis*"[310].

Asimismo son significativas las referencias literarias que nos indican el retorno a su primitivo hogar de los soldados tras su licenciamiento. En efecto, la promesa del descanso, la vuelta a casa y la gloria en el futuro fueron los alicientes que Pulio Cornelio Escipión, el

---

ZA, *Corso...*, cit., pág. 243; ARANGIO-RUIZ, *Historia...*, cit., págs. 235 ss.; CRAWFORD, Mª.A., *La República Romana* (trad. esp. de A. Goldar), Madrid, 1981, págs. 126 ss.; MARÍN DÍAZ, *Emigración...*, cit., pág. 49, págs. 169 ss., págs. 179-180 y págs. 191 ss.; MILAN, *Le forze armate...*, cit., págs. 53 ss., págs. 70 ss. y pág. 101; WULFF ALONSO, F., *Romanos e Itálicos en la Baja República*, Bruxelles, 1991, págs. 278 ss.; ROLDÁN HERVÁS, *El ejército...*, cit., págs. 26 ss. y págs. 47-59; idem, *Los hispanos...*, cit., págs. 43 ss.; KEPPIE, *The making...*, cit., págs. 57 ss.

309 VALLEJO GIRVÉS, "«Transfugae»...", cit., pág. 407, quien recoge ejemplos en los que se constata que esta ley no se respetó siempre ante los tránsfugas dado que generalmente eran tratados como "traidores" a Roma.

310 RODRÍGUEZ-ENNES, L., "La «provocatio ad populum» como garantía fundamental del ciudadano romano frente al poder coercitivo del magistrado en la época republicana", en *Studi in onore di Arnaldo Biscardi*, IV, Milano, 1983, pág. 108. Sobre esta ley, ZUMPT, A.W., *Das kriminalrecht der römischen Republik*, I.1, Berlin, 1865 (reimpresión Aalen, 1993), pág. 16; MOMMSEN, T., *Le Droit pénal romain* (traducción francesa de J. Duquesne), I, Paris, 1907, pág. 34; MARTIN, J., "Die Provokation in der klassischen und späten Republik", en *Hermes*, 98, 1970, págs. 87 ss.; GREENIDGE, A.H.J., *The legal procedure of Cicero's time*, Oxford, 1901 (reimpresión New Jersey, 1971), págs. 321 ss.; FERNÁNDEZ DE BUJÁN, *Derecho Público...*, cit., págs. 257 ss. Vid., asimismo la bibliografía señalada en la n. 361 del capítulo IV correspondiente a las limitaciones/condiciones domiciliarias impuestas por el Derecho penal. Cfr. BRAND, *Roman Military Law*, cit., págs. 67 ss.

Africano Viejo, ofreció a sus soldados, según nos relata Apiano, para vencer a Aníbal[311]. Los contingentes militares de Q. Cecilio Materlo y Pompeyo, conforme al relato de Salustio, regresaron a Italia con sus jefes tras la victoria en las guerras sertorias y lo mismo hicieron los contingentes de César tras la batalla de Munda puesto que, como afirma MARÍN DÍAZ, Dión Casio nos indica que regresó a Italia dejando en la Ulterior un ejército poco considerable[312].

Pero donde con mayor claridad se observa el mantenimiento del domicilio primitivo es en un pasaje de la Guerra Civil, recogido por GABBA, respecto a los licenciamientos que César realiza tras la batalla de Ilerda, en el que se utiliza dicho domicilio como *ratio* del licenciamiento ya que se nos indica que fueron licenciados inmediatamente aquellos legionarios que tenían el domicilio o que disponían de propiedades en Hispania:

> CÉSAR, *Bellum Civile*, 1.86.3: "*Paucis cum esset in utramque partem verbis disputatum, res huc deducitur, ut ei, qui habeant domicilium aut possessionem in Hispania, statim, reliqui ad Varum flumen dimittantur*"[313].

---

[311] APIANO, *Africae*, 42.

[312] SALUSTIO, *Historiae*, 4.9; APIANO, *Bella Civilia*, 1.121; DIÓN CASIO, *Historiae Romanae*, 45.10.1. MARÍN DÍAZ, *Emigración...*, cit., pág. 183.

[313] Estos licenciados constituyeron una tercera parte de las tropas (César, *Bellum Civile,* 1.87.4). GABBA, *Esercito e società...*, cit., págs. 481 ss., para quien el término *domicilium* hace referencia a ciudadanos romanos que han puesto su domicilio en la provincia desarrollando una actividad económica, principalmente agrícola. Por contra, el término *possessiones* hace referencia al régimen propietario del suelo provincial. Para el autor, es seguro que los ciudadanos romanos tendrían en España propiedades fundiarias pero admite la posibilidad de que con dicho término César indicara a los no-ciudadanos (*peregrini*), esto es, a los indígenas hispanos propietarios de pequeñas explotaciones agrarias. En el mismo sentido, MARÍN DÍAZ, *Emigración...*, cit., págs. 174 ss., para quien, sin negar la posible presencia de *peregrini*, probablemente se trate de ciudadanos romanos o itálicos domiciliados o con posesiones en Hispania; ROLDÁN HERVÁS, *Ejército y Sociedad...*, cit., págs. 72 ss., págs. 171 ss. y págs. 302 ss.; idem, *Los hispanos...*, cit., págs. 100 ss. y págs. 110 ss., para quien se trata de ciudadanos romanos de origen hispano o asentados en Hispania; LICANDRO, *Domicilium habere...*, cit., pág. 26, pág. 89, pág. 120, pág. 126 y pág. 182, que ve en este pasaje una diferencia entre la pose-

Por tanto, conforme a este texto, los soldados conservaban el domicilio anterior al enrolamiento puesto que, tras la derrota, aquél fue uno de los criterios determinantes para concretar el tiempo y lugar de su licenciamiento[314]. Esto no significa, obvio es, que todos los soldados regresaran a su primitivo domicilio tras su licenciamiento dado que los mismos podían decidir permanecer de forma estable en el lugar de destino[315] convirtiéndose en colonos de las tierras recién

---

sión de bienes y el domicilio. A nuestro juicio es posible que entre estos licenciados se encontraran antiguos veteranos que al término de su servicio hubiesen preferido trasladar su domicilio a Hispania y desarrollar aquí su vida como colonos, los cuales, se habrían incorporado nuevamente a las armas ante las necesidades militares de la guerra hispánica ya que, como indica Roldán Hervás, J.M., "«Legio Vernacula, iusta legio»", en *Zephyrus*, XXV, 1974, págs. 457-471, fue amplia la utilización de las reservas de ciudadanos romanos, nacidos en Hispania o asentados en ella, para completar o aumentar los efectivos de los ejércitos en lucha.

[314] En otros pasajes de *Bellum civile* se alude al regreso a sus casas de los soldados desertores. Vid., por ejemplo, 1.12.2, donde Termo, ante la llegada de César a Iguvio decide evacuar a sus cohortes y se da a la fuga; 1.13.4, donde Atio Varo, ante la llegada de César a Áuximo, se da a la fuga pero es alcanzado por unos cuantos soldados de la vanguardia de César y entablan combate. Varo se ve desamparado de los suyos porque "*nonnulla pars militum domum discedit; reliqui ad Caesarem perveniunt...*".

[315] *Hispania* es un claro ejemplo del traslado domiciliario de los soldados al lugar donde habían servido en armas. Prueba de ello son los asentamientos de itálicos procedentes de las filas del ejército, que sin constituir propiamente colonias, se atestiguan desde el siglo II a. C. Entre tales asentamientos se encuentra *Italica* donde Escipión tras la batalla de Ilipa instaló en el 206 a. C. a los muchos heridos del combate; *Carteia*, antigua fundación púnica que en el año 171 a. C. recibe un contingente de cuatro mil antiguos soldados romanos casados con indígenas, con su hijos cuya condición de peregrinos –por tener una madre indígena– fue la causa de que a su ruego se llevara a cabo este asentamiento, manumitiéndolos y dándoles tierras; *Corduba* fundada en el año 152 a. C, según Estrabón con ciudadanos romanos e indígenas selectos entre los que se encuentran, respectivamente, antiguos legionarios y auxiliares; *Valentia* fundada en el 138 a. C. que debió recibir en el curso de dicho siglo contingentes de soldados licenciados. Sobre estos y otros asentamientos, así como sobre la emigración y el asentamiento militar en la época republicana e imperial, vid., Gabba, *Esercito e società...*, cit., pág. 54, págs. 105-106, págs. 289 ss. y págs. 491 ss.; Saumagne, *Le droit latine...*, cit., págs. 49 ss.; Garnsey, *Social status...*, cit., págs. 249 ss.; Roldán Hervás, *Ejército y Sociedad...*, cit., pág. 74, págs. 110-111 y págs. 152 ss.; idem,

conquistadas que les eran entregadas como compensación, en virtud de distribuciones individuales o a través de colonias de veteranos fundadas para controlar o repoblar determinados territorios[316], o que ellos compraban personalmente con sus ahorros o arrebataban a los indígenas por la fuerza de las armas[317].

Las razones de dicha permanencia son claramente sintetizadas por ROLDÁN HERVÁS: "tanto para el soldado legionario romano, como, aún más, para el aliado itálico, obligado a permanecer en servicio conti-

---

Los hispanos..., cit., págs. 84-85, pág. 94 y pág. 97; MARÍN DÍAZ, *Emigración...*, cit., págs. 47 ss., págs. 82 ss. y págs. 118 ss.; KEPPIE, L., *Colonisation and veteran settlement in Italy 47-14 B.C.*, London, 1983, págs. 23 ss.; idem, *The making...*, cit., pág. 182; LE BOHEC, *L'Armée romaine...*, cit., págs. 239-249; CAMPBELL, B., *The roman army 31 BC-AD 337*, London-New York, 1994, págs. 210 ss.; ALSTON, *Soldier...*, cit., págs. 39 ss.; WEBSTER, G., *The roman imperial army*, London, 1996, págs. 277 ss.; FERNÁNDEZ DE BUJÁN, A., "Observaciones...", cit., págs. 1 ss.; RODRÍGUEZ-ENNES, *Gallaecia...*, cit., págs. 58-60; FERNÁNDEZ DE BUJÁN, F., "La Betica...", cit., págs. 621 ss.; ALBURQUERQUE, "La administración...", cit., págs. 1 ss.; idem, "Concentración...", cit., págs. 1 ss.

316 La finalidad militar de la colonización nos es atestiguada por Cicerón, *De lege agraria*, 2.73, donde califica a la colonia de *propugnacula imperii*. Al respecto, GABBA, *Esercito e società...*, cit., pág. 351. Por su parte, CASTELLO, C., "Il cosidetto *ius migrandi* dei latini a Roma. Ricerche in tema di concessione e accertamento degli *status civitatis et familiae* dal 338 al 95 av. C.", en *B.I.D.R.*, 51-52, 1958, págs. 221-222, señala el carácter defensivo de las mismas. Sobre ésta y otras razones de la política colonial, SAUMAGNE, *Le droit latine...*, cit., págs. 49 ss.; LURASCHI, *Foedus Ius Latii Civitas...*, cit., págs. 7 ss. y págs. 60-61; RICCOBONO JR., "Le «civitates»...", cit., pág. 219; SPAGNUOLO VIGORITA, *Città e Impero...*, cit., pág. 53 y págs. 83 ss.

317 La práctica de que los soldados veteranos recibieran tierras en el lugar donde habían servido no era un hecho generalizado hasta Sila. No obstante, cuando este reparto no sucedía, los propios soldados podían adquirirlas mediante su compra, alquiler o a través de las armas. Así, por ejemplo, Tácito (*Annales*, 14.31), nos relata el odio que Prasutago, rey de los icenos, tenía contra los veteranos que llevados a la colonia de Camuloduno, los echaban de sus casas y los expulsaban de sus campos llamándoles cautivos y esclavos. Al respecto, GABBA, *Esercito e società...*, cit., págs. 40-41, págs. 100 ss. y págs. 117 ss.; ROLDÁN HERVÁS, *Ejército y Sociedad...*, cit., págs. 34 ss. y págs. 156 ss.; MARÍN DÍAZ, *Emigración...*, cit., pág. 171; LE BOHEC, *L'Armée romaine...*, cit., pág. 240 y pág. 250; CAMPBELL, *The roman army...*, cit., págs. 221-222.

nuado durante un largo periodo –como mínimo seis años– en las lejanas provincias occidentales, y ante la perspectiva del regreso a Italia, abandonando sus campos, si es que los tenía, y constreñido a competir con el creciente latifundio, es completamente lógico que la alternativa de regreso fuera desechada frente a la posibilidad de establecimiento en unas nuevas tierras que ya no le eran extrañas y con enormes ventajas para rehacer su vida como civil, donde, por otro lado, no es improbable que hubiese ya atado lazos de tipo familiar"[318].

En consecuencia, de los pasajes citados se observa la primacía del carácter cívico en la composición del ejército y que el soldado conservaba su vinculación con el domicilio primitivo hasta su reintegración a la vida civil, momento en el cual o bien podía regresar o bien permanecer de modo estable en el lugar donde había cumplido servicio.

2. CONFIGURACIÓN DEL DOMICILIO NECESARIO DURANTE EL IMPERIO Y HASTA JUSTINIANO: ANÁLISIS DE LA POSESIÓN DE BIENES EN LA PATRIA

Con Augusto, en palabras de MILAN, sin abolir el principio de conscripción obligatoria, se culmina el proceso de profesionalización del ejército al fundar, bajo una rígida regulación, el servicio vo-

---

[318] ROLDÁN HERVÁS, *Ejército y Sociedad...*, cit., pág. 74. En el mismo sentido GABBA, *Esercito e società...*, cit., págs. 105-106 y págs. 289 ss.: "Molti militari finivano, dopo lunghi anni di servizio, per stabilirsi nella provincia ove avevano militato e ove si erano creati o amicizie o addirittura famiglie"; MARÍN DIAZ, *Emigración...*, cit., págs. 47 ss., afirma que la presencia ininterrumpida de contingentes armados en la Península se atestigua desde el año 218 a. C., muchos de los cuales, sobre todo aliados itálicos, no volverían a Italia tras su licenciamiento sino que se asentarían de una manera estable en Hispania convirtiéndose en agricultores. Asimismo, la autora pone de manifiesto que el flujo migratorio que se proyecta a Hispania en el siglo II a. C. tuvo un doble componente: los contingentes militares licenciados que prefirieron permanecer en la Península antes de regresar a Italia, sobre la que se proyectó de forma creciente a partir de las grandes guerras de conquista del siglo II a. C. una profunda crisis agraria; y los componentes civiles que tuvieron como objeto la explotación de los recursos naturales, especialmente mineros; KEPPIE, *Colonisation...*, cit., págs. 101 ss.

luntario profesional y transformar el ejército en guarnición permanente de la que él era el comandante supremo[319].

Podría pensarse, por tanto, que esta profesionalización comportó una obligación domiciliaria del soldado en el lugar de destino, sancionada por el delito de deserción y el delito de transfuguismo, si el soldado acababa por pasarse al enemigo, sobre todo, si se tiene en cuenta, como recoge GIUFFRÈ, el rígido criterio de la común denominada *disciplina Augusti* referida por Paterno y recogida por Emilio Macer, en virtud del cual, los que estaban al frente de un cuerpo armado debían dar muy parcamente licencias:

> D. 49.16.12§1 (Marcer *libro I. de re militari*):... *debere eum, qui se meminerit armato praeesse, parcissime commeatum dare*[320].

---

[319] MILAN, *Le forze armate...*, cit., págs. 111 ss.; BRAND, *Roman Military Law*, cit., págs. 117 ss.; DE MARTINO, *Storia...*, IV, cit., págs. 933 ss.; GABBA, *Per la storia...*, cit., págs. 45 ss.; MONTERO, S.-BRAVO, G.-MARTÍNEZ-PINA, J., *El Imperio romano*, Madrid, 1982, págs. 30 ss.; ROLDÁN HERVÁS, *Ejército y Sociedad...*, cit., págs. 76 ss., págs. 122 ss. y págs. 243 ss.; idem, *El ejército...*, cit., págs. 61 ss.; LE BOHEC, *L'Armée romaine...*, cit., págs. 194 ss. (= *The imperial roman army*, cit., págs. 82 ss.); KEPPIE, *The making...*, cit., págs. 145 ss.

[320] GIUFFRÈ, V., *Letture e ricerche sulla "Res militaris"*, II, Napoli, 1996, págs. 294-295 y pág. 414 n. 77; DAVIES, R.W., "The daily life of the roman soldier", en *A.N.R.W.*, I.2, 1974, pág. 333 (=BREEZE, D.-MAXFIEL, V., Ed., *Service in the roman Army*, Durham, 1989, pág. 67). En favor de un domicilio legal de los soldados, se podría aducir un pasaje de Suetonio (*De vita dvodecim Caesarvm. Nero*, 9), en el que se nos indica que Nerón fundó una colonia en Ancio asignando a la misma a los veteranos de la guardia pretoria y completando su número, por traslado de su domicilio, con los más ricos primipilarios: "*Antium coloniam deduxit ascriptis veteranis e praetorio additisque per domicilii translationem ditissimis primipilarium*". Pero, en realidad, como se desprende del propio pasaje no se trata de soldados sino de veteranos y su traslado de domicilio no presenta un régimen domiciliario particular al del resto de ciudadanos que como señala GALLI, F., "Cambio di tribù 'per domicilii traslationem' nelle regioni augustee VI, VII e VIII", en *Quaderni Urbinati di Cultura Classica*, 18, 1974, págs. 133-134, en virtud de una disposición imperial, en la época del Principado, eran destinados a constituir una nueva ciudad o a incrementar demográficamente una ya existente perdiendo su ciudadanía local y la tribu originaria para adquirir las de la nueva ciudad. El autor recoge así el caso de

Sin embargo, tales delitos, como ocurría en el periodo precedente, no tipificaban el incumplimiento de una obligación domiciliaria sino faltas máximas a la disciplina militar, a su juramento militar (*sacramentum*) que, como indica VALLEJO GIRVÉS, dado el grave perjuicio económico, social y político que podían causar al ejército, en muchas ocasiones eran consideradas como "un delito de carácter de Estado, esto es de traición"[321].

---

los veteranos pertenecientes a las legiones *VIII Augusta* y *XV Apollinaris* deducidos por el emperador Claudio a Savaria, adscrita a la tribu Claudia, algunos de los cuales se establecieron definitivamente en Savaria y otros retornaron a *Carnuntum*, donde habían servido. Lo mismo pasó con Ancio, como nos relata Tácito (*Annales*, 14.27) que, si bien afirma que Tarento y Ancio fueron pobladas con legionarios veteranos de distintas unidades desconocidos entre sí sin hacer referencia a los pretorianos, nos indica a su vez que los mismos abandonaban sus casas y acababan dispersándose por las provincias en las que habían cumplido su servicio. Sobre el pasaje de Suetonio, TEDESCHI, "Contributo...", cit., pág. 231, se limita a señalar que es curioso que sólo respecto a los "*ditissimi primipilarium*" se hable de traslado de domicilio y retiene que las posibles coincidencias con D. 50.1.23§1 son fortuitas y explicables de otro modo, con lo cual niega que se trate de un domicilio legal; LE BOHEC, *L'Armée romaine...*, cit., pág. 240 n. 20 (= *The imperial roman army*, cit., pág. 225 n. 20), para quien este relato es un ejemplo de que los veteranos podían regresar a su patria o instalarse lejos de ella, junto al lugar en el que habían servido; CAMPBELL, *The roman army...*, cit., pág. 215, que completa el pasaje de Suetonio con el de Tácito.

321 VALLEJO GIRVÉS, "Sobre la persecución...", cit., págs. 241-242; idem, "«Transfugae»...", cit., pág. 404. En el mismo sentido, GARNSEY, *Social status...*, cit., pág. 142; JONES, H., "L'ordre pénal de la Rome antique: contexture et limites", en *Latomus*, 4.51, 1992, p. 756. Sobre los delitos militares, REIN, W., *Das Kriminalrecht der Römer von Romulus bis auf Justinian*, Lepizig 1844 (reimpresión Aalen, 1962), págs. 698 ss.; COGNAT, R., s.v. «militum poenae», en *D.S.*, III.2, Paris, 1904, págs. 1895 ss.; MOMMSEN, T., *Le Droit pénal romain*, (traducción francesa de J. Duquesne), Paris, 1907, T. II, págs. 262 ss.; FERRUCCIO FALCHI, G., *Diritto Penale Romano. II. I singoli reati*, Padova, 1932, págs. 248 ss.; CARCANI, *Dei reati...*, cit., *passim*; CARNAZZA-RAMETTA, G., *Studio sul diritto penale dei romani*, Roma, 1972 (edición anastática invariada de la edición de Messina 1883), págs. 220 ss.; MENTXAKA, R., "De la penalización en Derecho romano de la tentativa de suicidio de los militares y la permanencia histórica de su regulación", en *VII Congreso Internacional y X Iberoamericano de Derecho Romano. El Derecho penal: De Roma al Derecho actual*, Madrid,

Además, a pesar de esa rígida disciplina, la vinculación con el primitivo domicilio se constata en los problemas de reclutamiento señalados por GABBA ante el deseo de los soldados de no alejarse de la propia sede. Como afirma el autor, la incapacidad de mantener el principio de que en las legiones pudieran entrar sólo ciudadanos de origen itálico, ante la dificultad de encontrar elementos itálicos dispuestos a abandonar los propios campos o la propia ocupación y andar a servir en las lejanas fronteras, determinó la necesidad de alargar el área de reclutamiento a las provincias de tal forma que, al inicio del siglo II d. C., las áreas de reclutamiento vinieron a coincidir con aquéllas de estacionamiento de las legiones y con el otorgamiento de la ciudadanía a los peregrinos en el momento de su enrolamiento[322].

Se establecen así las premisas para la futura "barbarización" del ejército y se permite a los soldados mantener su primitivo domicilio, haciéndolo coincidir con el lugar de levantamiento en armas. Pero, incluso en los supuestos en que tal coincidencia no fuera posible, la conservación del primitivo domicilio se deduce de un rescripto del año 224, recogida por HERNÁNDEZ-GIL, en la que el emperador Alejandro contesta al veterano Venuleyo que el tiempo de una expedición no produce la *longi temporis praescriptio* contra las peticiones que justamente le competieron:

2005, págs. 381-400. Sobre el *sacramentum*, VENDRAND-VOYER, "Origine et développement...", cit., págs. 259 ss.; BRAND, *Roman Military Law*, cit., pág. 47 y págs. 91 ss.; MILAN, *Le forze armate...*, cit., pág. 108; LE BONNIEC, "Aspects religieux de la guerre à Rome", cit., págs. 105 ss.; WATSON, G.R., *The roman soldier*, New York, 1995, págs. 44 ss.; GUEYE, "Délits et peines militaires à Rome sous la République: *desertio* et *transfugium* pendant les guerres civiles", cit., págs. 221-238

[322] GABBA, *Esercito e società...*, cit., pág. 95; idem, *Per la storia...*, cit., pág. 46; DE MARTINO, *Storia...*, IV, cit., págs. 936 ss. y pág. 947; DEMOUGEOT, E., "Le «conubium» et la citoyenneté coonféreé aux soldats barbares du Bas-Empire", en *Sodalitas. Scritti in onore di Antonio Guarino*, IV, Napoli, 1984, págs. 1633 ss.; LE BOHEC, *L'Armée romaine...*, cit., págs. 72 ss. y págs. 249-250 (= *The imperial roman army*, cit., págs. 68 ss.), califica al ejército como "máquina de fabricar ciudadanos romanos"; MILAN, *Le forze armate...*, cit., pág. 113 y págs. 153 ss.; CAMPBELL, *The roman army...*, cit., págs. 9 ss.; WATSON, *The roman soldier*, cit., págs. 137 ss.; WEBSTER, *The roman imperial army*, cit., págs. 107 ss.; KEPPIE, *The making...*, cit., pág. 148 y págs. 180 ss.; RICHARDOT, P., *La fin de l'armée romaine (284-476)*, Paris, 1998, págs. 62 ss.

> C. I. 7.35.1 (*Imp. Alexander A. Venuleio, veterano*): *Tempus expeditionis adversus petitiones, si quae competiisse iuste probari possunt, praescriptionem non parit*[323].

Del mismo modo, dicha vinculación se desprende de la *restitutio in integrum* que, como indica DE MARTINO, se concede a los soldados *per absentia rei publicae causa*[324]. A este respecto, en el año 223 d. C. el emperador Alejandro, dirigiéndose al militar Flavio Aristodemo, le indica que está permitido reivindicar la posesión de los bienes que durante el tiempo de la milicia fueron poseídos por otro:

> *Quod tempore militiae de bonis alicuius possessum ab aliquo est, posteaquam is reipublicae causa abesse desiit, intra annum utilem, amota praescriptione temporis medii, possessionem vindicare permissum est; ultra autem ius possessoris laedere contra eum institutum non oportet*[325].

Y, posteriormente, Valeriano y Galieno, dirigiéndose al centurión Germano, afirman que si ocupado en el servicio los herederos de su acreedor vendían las posesiones a su favor obligadas, él podría impetrar la restitución por entero y anular la venta para recobrar sus posesiones:

> *Si, quum militaribus laboribus operam dares, creditoris tui heredes possessiones sibi obligatas distraxerunt, poteris adito praeside provinciae in integrum re titutionem impetrare, retractataque venditione recipies possessiones, oblato ante debito vel pretio, si minus debito fuisset*[326].

Igualmente, se observa en la suspensión temporal de exenciones a los *munera* locales señala por SIRKS, durante el tiempo en que el soldado en virtud de un permiso estuviera en casa dado que durante el mismo no

---

[323] HERNÁNDEZ-GIL, *El testamento militar...*, cit., pág. 112; BRUGI, *Istituzioni...*, cit., pág. 65; AMELOTTI, M., *La prescrizione delle azioni in Diritto romano*, Milano, 1958, págs. 191-192.

[324] DE MARTINO, *Storia...*, IV, cit., pág. 944; AMELOTTI, *La prescrizione...*, cit., pág. 16 n. 38, págs. 95-96 y pág. 192; ALSTON, *Soldier...*, cit., págs. 57 ss.

[325] C. I. 2.51(50).3 (*Imp. Alexander A. Flavio Aristodemo, militi*).

[326] C. I. 2.51(50).6 (*Impp. Valerianus et Gallienus AA. Germano, Centurioni*).

se considera que está ausente *rei publica causa*. En efecto, conforme a un pasaje de Ulpiano, los soldados no pueden ser llamados a los cargos locales mientras están en el campamento prestando su servicio:

> D. 50.4.3§1 (Ulpianus *libro II. Opinionum*): *His, qui castris operam per militiam dant, nullum municipale munus iniungi potest*[327].

Tampoco mientras van y regresan al mismo o mientras van y regresan a su casa con licencia, dado que conforme a un texto de Paulo, durante este tiempo también se considera que están ausentes *rei publicae causa*:

> D. 4.6.35§9 (Paulus *libro III. ad legem Iuliam et Papiam*): *Et dum eat in castra et redeat, Reipublicae causa abest; quod et eundum sit in castra militaturo, et redeundum. Vivianus scribit Proculum respondisse, militem, qui commeatu absit, dum vadit aut redit, Reipublicae causa abesse; dum domi sit, non abesse*[328].

Pero, como se observa en la parte final del pasaje, en la que Paulo recoge la respuesta de Próculo, el soldado no se considera ausente *rei publicae causa* durante el tiempo que está en casa en virtud de un permiso. Y en el mismo sentido se pronuncia Javoleno:

> D. 4.6.34 (Iavolenus *libro XV. ex Cassio*): *Miles commeatu accepto si domo sua est, Reipublicae causa abesse non videtur*[329].

---

[327] Vid. D. 50.5.10§2 respecto a la exención de la obligación de bagaje y de recibir alojados; D. 50.6.7, donde se enumera el personal militar exento de los *graviora munera*. Sirks, "Munera publica...", cit., pág. 93 y pág. 95. Al respecto, De Ruggiero, *La patria...*, cit., pág. 64; Santalucia, *I «Libri Opinionum» di Ulpiano*, cit., vol. I, pág. 84 n. 21, págs. 113 ss. y pág. 160 y vol. II, págs. 109-110, pág. 118 n. 82, pág. 149 y pág. 156; Campbell, *The roman army...*, cit., pág. 30; Watson, *The roman soldier*, cit., págs. 75 ss.

[328] Sirks, "Munera publica...", cit., pág. 95; Alston, *Soldier...*, cit., pág. 57; Giuffrè, *Letture...*, II, cit., pág. 247 n. 38.

[329] Sirks, "Munera publica...", cit., pág. 95; Alston, *Soldier...*, cit., pág. 57; Giuffrè, *Leturre...*, II, cit., pág. 247 n. 38.

Por tanto, durante este tiempo, a juicio de SIRKS, la inmunidad de los soldados es temporalmente suspendida y los mismos pueden ser llamados a los cargos locales, al igual que ocurre cuando están ausentes por más tiempo del de su licencia o en otra forma que la dada en la misma como apunta Ulpiano:

> D. 50.1.2§6 (Ulpianus *libro I. Disputationum*): *Is, qui ultra commeatum abest, vel ultra formam commeatui datam, ad munera vocari potest*[330].

En consecuencia, el análisis de estos textos nos permite afirmar que el soldado conservaba su primitivo domicilio bien porque el mismo coincidía con la zona de reclutamiento, bien porque a falta de tal coincidencia, teniendo en cuenta que el soldado podían estar durante largo tiempo alejado del mismo, se arbitran una serie de disposiciones tendentes a garantizar y proteger sus intereses.

No obstante, los problemas relativos al régimen domiciliario se incrementaron ante la creciente necesidad, constatada por GABBA, de un ejército de maniobra móvil y la incomodidad de las tropas, reclutadas localmente, de dejar indefensa la propia casa para ir a combatir a otras zonas alejadas del Imperio, situación que se agravó cuando Septimio Severo reconoció los matrimonios de los soldados puesto que, ese reconocimiento reforzó los vínculos entre los soldados y la zona de estacionamiento y provocó una progresiva compenetración entre el ejército y la vida civil que incrementó el recelo de los soldados por alejarse[331]. Esta situación, como indica el autor, comportó una extensión del componente bárbaro en las filas del ejército, a través de la formación de tropas auxiliares orientales, reclutadas en sus zonas de origen, y la creciente introducción en el ejército de elementos góticos y germánicos a partir del siglo III d. C. derogando, respecto a los mismos, el principio de enrolamiento local en la zona de estacionamiento en la

[330] SIRKS, "Munera publica…", cit., pág. 95.

[331] GABBA, *Per la storia…*, cit., págs. 54 ss. Al respecto, MISPOULET, *Études…*, cit., págs. 230 ss.; PFLAUM, H.G., "Forces et faiblesses de l'armée romaine du Haut-Empire", en AA.VV., *Problèmes de la guerre à Rome (J.P. Brisson dir.)*, Paris-La Haye, 1969, págs. 86 ss.; DE MARTINO, *Storia…*, IV, cit., pág. 940; CAMPBELL, *The roman army…*, cit., págs. 140 ss. y págs. 151-152.

medida en que podían haber sido admitidos en el suelo romano para repoblar determinadas zonas depresivas o ser reclutados "más allá de los confines" de tal forma que, en el siglo IV d. C., el fenómeno de la "barbarización" era ya irreversible y la proporción de bárbaros, sobre todo germánicos, fue creciendo tanto en el ejército de frontera como en el de maniobra ante la insuficiencia de voluntarios ciudadanos, así como de la conscripción forzosa a través del sistema hereditario y de la exacción fiscal (*praebitio tironum*)[332].

Es en el marco de estas circunstancias y en el contexto de guerra permanente en el que, como indica RICHARDOT[333], el Imperio vive acosado por las invasiones exteriores y las propias rebeliones militares internas que justifican la primacía del ejército en este momento, donde debemos ubicar las palabras de Hermogeniano en virtud de las cuales, el soldado tenía su domicilio en el lugar donde servía en armas salvo que poseyera bienes en su patria:

> *Miles ibi domicilium habere videtur, ubi moret, si nihil in patria possideat*[334].

---

[332] GABBA, *Per la storia...*, cit., págs. 54 ss.; GAUDEMET, J., "L'étranger au Bas-Empire (1)", en AA.VV., *L'Étranger*, I, Bruxelles, 1985, págs. 209 ss.; PFLAUM, "Forces...", cit., págs. 96 ss.; MONTERO-BRAVO-MARTÍNEZ-PINNA, *El Imperio romano*, cit., pág. 163, págs. 329 ss. y págs. 430 ss.; ROLDÁN HERVÁS, *Ejército y Sociedad...*, cit., pág. 78; DEMOUGEOT, "Le «conubium»...", cit., págs. 1633 ss.; JONES, *The Later Roman Empire*, I, cit., págs. 611 ss.; LE BOHEC, *L'Armée romaine...*, cit., págs. 72 ss.; AA.VV, *L'armée romaine et les barbares du IIIe au VIIe siècle (Textes réunis par F. Vallet et M. Kazanski)*, Condé-sur-Noireau, 1993, *passim*; MILAN, *Le forze armate...*, cit., págs. 175 ss.; GIUFFRÈ, *Letture...*, II, cit., págs. 324 ss.; BRULET, R., "Les transformations du Bas-Empire", en REDDÉ, M. (Dir.), *L'armée romaine en Gaule*, Paris, 1996, págs. 262 ss.; ELTON, H., *Warfare in roman Europe AD 350-425*, Oxford, 1996, págs. 128 ss.; RICHARDOT, *La fin de l'armée...*, cit., págs. 267 ss.

[333] RICHARDOT, *La fin de l'armée...*, cit., pág. 15; MONTERO-BRAVO-MARTÍNEZ-PINNA, *El Imperio romano*, cit., pág. 329, afirman que ante las dramáticas circunstancias por las que atraviesa el Imperio a partir del siglo III d. C., continuamente amenazado por las invasiones exteriores y por las frecuentes usurpaciones, el ejército adquiere una importancia que lejos estaba de conseguir durante el Principado.

[334] D. 50.1.23§1 (Hermogenianus *libro I. Iuris epitomarum*).

Convenimos, en consecuencia con VISCONTI[335], en que su fundamento se corresponde con la importancia del elemento militar en esta época y con la necesidad de regular una situación bastante frecuente, ante el reclutamiento de las tropas de origen bárbaro y el declive del criterio de reclutamiento en la propia zona de estacionamiento en la que el soldado sirve en armas, bien en el ejército de maniobras, bien en un destino alejado de su primitivo domicilio, estableciéndose la presunción de que sólo continúa vinculado al mismo si posee bienes en su patria.

Esta posesión no creemos que devenga en elemento constitutivo del domicilio del soldado sino que, como indica TEDESCHI, es "un indicio de una relación de fijación del soldado respecto a aquel lugar, el cual permanece como punto de apoyo en su vida"[336]. Por este motivo, no compartimos la opinión del autor relativa a atribuir un significado restrictivo al término *patria* como lugar de origen sino que, a nuestro juicio, con el mismo Hermogeniano hace referencia al lugar de donde ha salido el soldado para prestar sus servicios militares y en el que tenía establecido su domicilio, el cual, si bien coincide normalmente con el lugar de su *origo*, en ocasiones, también puede ser distinto al mismo si el soldado era un *incola*, es decir, habitante de una ciudad diferente a la de su *origo*, dado que no encontramos ninguna razón para que la regla descrita no pueda ser aplicada también en este supuesto[337].

---

[335] VISCONTI, "Note preliminari sul «domicilium»...", cit., pág. 431. Cfr. VENDRAND-VOYER, *Normes civiques...*, cit., pág. 160, relaciona esta disposición con el intento de evitar una aplicación abusiva del *ius domum revocandi* que era concedido a los soldados.

[336] TEDESCHI, "Contributo...", cit., pág. 231; idem, *Del Domicilio*, cit., pág. 8. Por su parte, LICANDRO, *Domicilium habere...*, cit., pág. 358, no se atreve a dar una solución limitándose a opinar que la subordinación del domicilio a la posesión de bienes en la patria no es coherente con el "*se instructus*" en un lugar que constituye el criterio general para individualizar el domicilio de una persona. No obstante, deja abierta la posibilidad y señala la ausencia de referencia al elemento intencional así como a la fuerza que parece tener el particular vínculo con la patria. En cualquier caso, el autor considera que no es posible admitir una dualidad de domicilios a favor del soldado.

[337] LICANDRO, *Domicilium habere...*, cit., pág. 358 n. 152, ya consideraba que si el militar podía tener algún vínculo en un lugar distinto era donde tuviese propiedades inmobiliarias, no quedándole claro por qué dicho principio no debía

El carácter de mero indicio del centro de los intereses y negocios ha sido también defendido por CARNELUTTI, para quien si aquél hubiera sido realmente la base del domicilio, afirma el autor, ninguna dificultad hubiera existido para reconocer que la morada en el lugar de la milicia no "eliminaba el domicilio primitivo"[338].

En consecuencia, la posesión de bienes en la patria, entendida en el sentido expuesto, sólo sirve como indicio o presunción de que el soldado conserva su domicilio primitivo y sólo cuando dicha presunción se destruye, el Derecho público le atribuye un domicilio en el lugar donde sirve en armas.

A esta conclusión llega CHAVANES, sobre el criterio de la *destinatio animi* del soldado al afirmar que, si nada le vincula al lugar del que ha salido para prestar sus servicios militares, "su intención debía descansar en el lugar donde él permanecía para combatir, donde él recibía la paga"[339]. Similar solución plantea ANCELLE, aunque desde el punto de vista del centro de sus intereses, para quien el soldado, cuando no posee bienes en su patria, tiene su domicilio en el lugar donde le retiene el servicio puesto que, no teniendo ningún interés en aquel lugar, se presume que el centro de sus negocios o fortuna se encuentra donde él sirve en armas. Por el contrario, si posee bienes en su patria, allí conserva su domicilio primitivo[340]. Y, de acuerdo con la opinión de BRUGUIÈRE, el domicilio en el lugar de armas no existiría *de facto* más que para los soldados que no tuvieran ya uno[341].

Por tanto, aunque a través de distintos criterios, el análisis de estas posturas nos conduce a afirmar que, en relación con el soldado,

---

valer cuando dichas propiedades se encontrasen en un lugar diverso al de la patria entendida como lugar de origen. Sobre los significados del término *patria*, DE RUGGIERO, *La patria...*, cit., págs. 12 ss.; LÜBTOW, *Das Römische Volk*, cit., pág. 648; GAUDEMET, J., "L'étranger dans le monde romain", en *Studii Clasice*, 7, 1965, pág. 46 (= *Étude de Droit Romain*, vol. III, Camerino, 1979, pág. 430); BONJOUR, M., *Terre natale. Études sur le patriotisme romain*, Paris, 1975, págs. 41 ss.

338 CARNELUTTI, F., "Note critiche intorno ai concetti di domicilio, residenza e dimora", en *A.G.*, 1905, págs. 402 ss.

339 CHAVANES, *Du Domicile*, cit., pág. 65.

340 ANCELLE, *Du Domicile*, cit., pág. 53.

341 BRUGUIÈRE, "Le domicile...", cit., pág. 207.

sólo cabe hablar de domicilio legal bajo ciertas reservas dado que, a diferencia de lo que ocurría con el domicilio de los senadores o decuriones, en este caso el Derecho público no elimina la libre *voluntas* del soldado, sino que se limita a atribuirle un domicilio en el lugar donde sirve en armas cuando se destruya la presunción de que conserva el domicilio primitivo[342].

Esta interpretación, pudo servir a su vez al Derecho público para reforzar el vínculo del soldado con su cuerpo militar y con su lugar de destino, al limitar sus solicitudes de ausencias a los supuestos en que el soldado tuviera tales bienes. En efecto, las abusivas solicitudes de *commeatus*, a través de las cuales los soldados, con el pretexto de regresar a sus domicilios para atender sus propios intereses, se ausentaban masivamente de sus zonas de destino, llevará a Constantino, como señala GIUFFRÈ, incluso a prohibir en el año 323 d. C. que los *praepositi*, *decuriones* y *tribuni* de las cohortes de cualquier tipo concedieran a los militares licencia para alejarse de los campamentos y de sus puestos, bajo amenaza de graves sanciones que podían alcanzar incluso la pena capital:

> C. Theod. 7.12.1 (*Imp. Constantinus A. et C.*): *Nec cui liceat praepositorum vel decurionum vel tribunorum cohortium quocumque genere cuiquam de militibus a castris atque signis vel his etiam locis, quibus praetendant, discedendi commeatum dare. Si quis vero contra legem facere ausus fuerit et militem contra interdictum commeatu dimiserit atque id temporis nulla eruptio erit, tunc deportatione cum amissione bonorum adficiatur; sin vero aliqua barbarorum incursio extiterit et tunc, cum praesentes in castris atque apud signa milites esse debeant, quisquam afuerit, capite vindicetur*[343].

---

342 Interpretación que, a nuestro juicio, no resulta arbitraria dado que, a falta de un indicio relativo a la vinculación con el lugar de su primitivo domicilio, convenimos con LE BOHEC, *L'Armée romaine...*, cit., pág. 92 (= *The imperial roman army*, cit., pág. 88), en que probablemente tras los largos años de servicio el sentimiento del soldado fuera el de "appartenir au camp et non à la ville ou à la campagne".

343 GIUFFRÈ, *Letture...*, II, cit., págs. 400 ss., págs. 413 ss. y págs. 424 ss., donde se recogen a su vez las penas con que eran sancionados los *occultatores*. Pero,

Asimismo, el régimen domiciliario de Hermogeniano estrechaba el vínculo del soldado con su cuerpo militar al atribuir un domicilio, en el lugar donde se sirve en armas, a los sujetos que carecían de una morada estable, como los vagabundos que fueron admitidos en la milicia a partir del siglo IV:

> C.Theod. 7.13.6§1 (*Impp. Valentinianus et Valens AA. ad Modestum P.P.*, año 370): ... *Nullus vero tironem vagum aut veteranum possit offerre, cum ad spontaneam singuli militiam propositae inmunitatis commodis invitentur. Circa eos enim legis iubemus valere beneficium, qui indigenas atque ipsius provinciae finibus innutritos vel adfixos censibus vel adcrescentibus suis obtulerint iuniones; neque enim convenit illum inmunitate gaudere, qui vana oblatione vagi atque fugitivi vel veterani filii statum futurae conventionis inviserit*[344].

En esta línea parece apuntar GUZMÁN BRITO, el cual interpreta el pasaje de Hermogeniano en el sentido de que "el soldado que no tenga establecimiento posee el domicilio allí donde more"[345], es decir, donde presta servicio. No obstante, tales sujetos, como señala GIUFFRÈ, fueron excluidos por Justiniano, como se observa en la no recepción en su Código de las constituciones anteriores que los ad-

---

como reconoce el autor, estas medidas fueron ineficaces dado que para eludir las sanciones bastaba que los oficiales no concediesen el permiso pero tolerasen la ausencia. Además, como se desprende de una constitución de Honorio y Teodosio del año 413 (C. Theod. 7.18.16), el militar no era considerado desertor hasta los tres años y su alejamiento era castigado solamente con la perdida de antigüedad. Al respecto, vid. también, VALLEJO GIRVÉS, "Sobre la persecución...", cit., págs. 246 ss., quien señala la creación de oficiales encargados de la captura de estos soldados vagos; JONES, *The Later Roman Empire*, I, cit., pág. 633; RICHARDOT, *La fin de l'armée...*, cit., págs. 267 ss., que analiza el grave problema de la deserción en el ejército del siglo IV d. C.

[344] Vid. asimismo C. Theod. 7.18.10, del año 400; C. Theod. 7.18.7, del año 422; C. Theod. 7.20.2, del año 400, entre otras. Al respecto, GIUFFRÈ, *Letture...*, II, cit., págs. 400 ss.; CUENA BOY, "Nuevos...", cit., pág. 8 n. 115.

[345] GUZMÁN BRITO, *Derecho Privado Romano*, I, cit., pág. 287.

mitían o en sus modificaciones en sentido negativo[346]. Sin embargo, sí se recogen aquellas disposiciones relativas a la concesión restrictiva del *commeatus* y las que regulaban los delitos de deserción y transfuguismo[347], de donde se desprende el mantenimiento de la preocupación porque el soldado no se alejara del lugar de destino.

Al mismo tiempo, también se mantiene la vinculación con el domicilio primitivo como se deduce, no sólo de la recepción en el Digesto del mencionado pasaje de Hermogeniano, sino también de una constitución de Justiniano del año 529 d. C., recogida por AMELOTTI, en la que el emperador afirmaba que los que se hallasen en una expedición y durante el tiempo de la misma, podrían pedir la restitución por entero, privilegio que cesaba cuando fuera del servicio de la expedición habitaban en otros lugares o en sus casas:

> C. I. 2.51(50).8 (*Imp. Iustinianus A. Mennae P.P.*): *Sancimus, his solis, qui in expeditionibus occupati sunt, ea tantummodo tempora, quae in eadem expeditione percurrunt, tam in exceptionibus declinandis, quam in petendis in integrum restitutionibus eis opitulari; illis temporibus, per quae citra expeditionis necessitatem in aliis locis vel in suis aedibus degunt, minime eos ad vindicanda memorata privilegia adiuvantibus*[348].

Y la misma constitución es reproducida, con idénticos términos, en el Capítulo XXXV, *Quibus non obiicitur longi temporis praescriptio*, del Libro VII, para insistir, como señala HERNÁNDEZ-GIL, en que los soldados no se hallaban exentos de esta *praescriptio* durante el tiempo que permanecieran en sus sedes o en otros lugares[349].

A la vista de esta situación podemos afirmar que también con Justiniano sólo cuando se destruyera la presunción *iuris tantum* de

---

[346] Cfr. C. I. 12.43.1 respecto a C. Theod. 7.13.6. GIUFFRÉ, *Letture...*, II, cit., pág. 421 n. 90.

[347] Recogidas, respectivamente, en el título 43(42), *De Commeatu*, y en el 46(45), *De Desertoribus et occultatoribus eorum*, del libro 12. Vid., asimismo, C. I. 7.13.4.

[348] AMELOTTI, *La prescrizione...*, cit., pág. 92 n. 256.

[349] C. I. 7.35.8. HERNÁNDEZ-GIL, *El testamento militar...*, cit., pág. 112; AMELOTTI, *La prescrizione...*, cit., pág. 17 n. 42 y pág. 192 n. 256.

que el soldado conservaba el domicilio primitivo, se ubicaba el mismo en el lugar en que estuviera levantado en armas, reforzando de este modo su ligamen con aquel lugar y con su cuerpo militar[350].

Por tanto, como indicábamos al inicio de este apartado, parece posible que no siempre la atribución de un domicilio a los empleados públicos afirmada por Savigny, anulaba su *singularis voluntas* (domicilio legal *strictus sensus*) sino que, en ocasiones, el Derecho público se limitaba a señalar un domicilio ante la ausencia de uno elegido libremente, como ocurre con el domicilio del soldado. Podríamos, en consecuencia, calificar este supuesto como "domicilio legal condicionado".

3. LA NO REINTEGRACIÓN DEL *DOMICILIUM IURE POSTLIMINII*

Conforme a las leyes romanas, el ciudadano romano que era capturado por el enemigo no se encontraba, en puridad, en una situación de esclavitud, puesto que no perdía totalmente sus derechos, ni se producía una cesación absoluta de su capacidad, sino que sus relaciones jurídicas (tutela, patria potestad, propiedad, obligaciones, derechos económicos) quedaban en suspenso. Si el cautivo volvía a Roma o a una ciudad aliada[351], teniendo la intención de permanecer en ella[352], en virtud del *ius postliminii*, readquiría la libertad y se reintegraba en todos sus derechos pendientes o en suspenso.

---

[350] Sobre las presunciones como medio de prueba, por todos, GUILLÉN, E.-FABRÉ, M.C., "La prueba de presunciones en el proceso civil romano y su recepción en el Derecho Civil argentivo", en *La prueba y medios de prueba: de Roma al Derecho moderno, Actas del VI Congreso Iberoamericano y III Congreso Internacional de Derecho Romano*, Madrid, 2000, págs. 221 ss.; RASCÓN, C., "La presunción como punto de partida del litigio", en *La prueba y medios de prueba: de Roma al Derecho moderno, Actas del VI Congreso Iberoamericano y III Congreso Internacional de Derecho romano*, Madrid, 2000, págs. 629 ss.; SURGIK, A., "Das presunçoes como meios de prova (De Roma à atualidade)", en *La prueba y medios de prueba: de Roma al Derecho moderno, Actas del VI Congreso Iberoamericano y III Congreso Internacional de Derecho romano*, Madrid, 2000, págs. 739 ss.

[351] D. 49.15.5§1 (Pomponius *libro XXXVII. ad Quintum*).

[352] D. 49.15.5§3 (Pomponius *libro XXXVII. ad Quintum*). En el mismo sentido, D. 49.15.26. Cfr. Cicerón, *pro Balbo*, 11.28; *de orat.*, 1.40.182, en los

> *Regulae Ulpiani*, 10.4: *cum reversus fuerit, omnia pristina iura recepit iure postliminii*[353].

Sólo las situaciones de hecho, que no podían interrumpirse, como el matrimonio o la posesión, quedaban extinguidas por la *captivitas* y no se recuperaban *iure postliminii*:

> D. 49.15.14§1 (Pomponius *libro III. ad Sabinum*): *Non ut pater filium, ita uxorem maritus iure postliminii recipit, sed consensu redintegratur matrimonium*[354].

> D. 4.6.19 (Papinianus *libro III. Quaestionum*): *Denique si emtor, priusquam per usum sibi acquireret, ab hostibus captus sit, placet interruptam possessionem postliminio non restitui, quia haec sine possessione non consistit, possessio autem plurimum facti habet, causa vero facti non continetur postliminio*[355].

En este contexto, cabe plantearse si el domicilio que tuviera el *captivus* antes de caer prisionero también quedaba en suspenso y podía recuperarlo a su regreso o si, por el contrario, el mismo se extinguía en situación de cautividad de modo que, en la eventualidad de un posible retorno, debía volver a constituirlo.

Ante la falta de fuentes al respecto, y sin perjuicio de ulteriores estudios, la pérdida del domicilio primitivo nos parece, *a priori*, la opción más factible puesto que, si bien el domicilio era compatible con ausencias temporales del lugar de establecimiento, el mismo no llegó en ninguna de las etapas del Derecho romano a un grado tal de

---

que algunos autores se han apoyado para afirmar que el *animus remanendi* fue introducido con posterioridad.

[353] No obstante, el *ius postliminii* no se aplicaba cuando el ciudadano romano era un desertor (D. 49.16.3§21), un tránsfuga (D. 49.15.19§4), cuando era capturado por piratas o ladrones (D. 49.15.19§2) o en el supuesto de guerra civil o motín (D. 49.15.21§1). Por todos, DÍAZ GONZÁLEZ, "La base…", cit., págs. 1 ss. Sobre el *ius postliminii*, vid. la bibliografía citada en la nota 299.

[354] D. 49.15.8 (Paulus *libro III. ad legem Iuliam et Papiam*).

[355] D. 41.3.15 (Paulus *libro XV. ad Plautium*); D. 49.15.29 (Labeo *libro VI. Pithanon a Paulo epitomatorum*).

abstracción que permitiera su conservación indefinida *solo animo*, exigiéndose en todo momento, tanto para su constitución, como para su conservación y traslado, la residencia material efectiva y la intención actual de permanencia:

> C. I. 10.39(40).7 pr.-1 (*Impp. Diocletianus et Maximianus AA. et CC. Aurelio*): *Cives quidem origo, manumissio, allectio vel adoptio, incolas vero, sicut et divus Hadrianus edicto suo manifestissime declaravit, domicilium facit. Et in eodem loco singulos habere domicilium non ambigitur, ubi quis larem rerumque ac fortunarum suarum summam constituit, unde rursus non sit discessurus, si nihil avocet, unde quum profectus est, peregrinari videtur, quod si rediit, peregrinari iam destitit.*
>
> D. 50.1.20 (Paulus *libro XXIV. Quaestionum*): *Domicilium re et facto transfertur, non nuda constestatione*[356].

En este sentido, el domicilio se aproxima al matrimonio clásico, cuyo mantenimiento (*matrimonium in facto esse*) requería un consentimiento continuo o *affectio maritalis*, que sólo cobraba sentido a través de su exteriorización (*honor matrimonii*), por lo que dicho consentimiento no podía desligarse con carácter absoluto de la convivencia (*consuetudo individuae vitae*)[357]. En caso de cautividad del

---

[356] En este sentido nos remitimos a lo expuesto en, López Huguet, Mª.L., "Un estudio sobre la configuración jurídica del término *domicilium* en Derecho romano", en *RGDR* (*www.iustel.com*), nº 8, junio, 2007, págs. 1 ss.; idem, *Régimen...*, cit., págs. 100 ss.

[357] Tras las aportaciones de Manenti, C., *Della inapponibilità di condizioni ai negozi giuridici, ed in specie delle condizioni apposte al matrimonio*, Siena, 1889, págs. 40 ss., fueron muchos los autores que consideraron a la convivencia como un requisito esencial, si bien entendida por algunos en sentido material y por otros en sentido ético. Sin embargo, tras los escritos de Volterra, E., *La conception du mariage d'aprés les juristes romains*, Padua, 1940, págs. 33 ss. y Orestano, R., *La struttura giuridica del matrimonio romano*, Milano, 1951, págs. 85 ss., págs. 149 ss. y págs. 187 ss., creció el sector doctrinal que consideraba al *consensus* como el único requisito esencial. Al respecto, vid. la bibliografía citada en n. 690.

esposo, al no existir esa comunidad de vida exteriormente apreciable, en que se traducía el matrimonio, éste no podía subsistir aunque, como nos indica Trifonino, la esposa permaneciera en casa del marido cautivo como domicilio del matrimonio:

> D. 49.15.12§4 (Thyphoninus *libro IV. Disputationum*): *sed captivi uxor, tametsi maxime velit, et in domo eius sit, non tamen in matrimonio est*[358].

Y la misma conexión encontramos entre el domicilio y la *possessio* que también requería para su adquisición y conservación la concurrencia del *corpus* (tenencia material de la cosa) y del *animus* (intención de tener la cosa para sí con exclusión de los demás):

> D. 41.2.3§1 (Paulus *libro LIV. ad Edictum*): *Et adipiscimur possessionem corpore et animo, neque per se animo, aut per se corpore. Quod autem diximus, et corpore, et animo acquirere nos debere possessionem, non utique ita accipiendum est, ut, qui fundum possidere velit, omnes glebas circumambulet; sed sufficit, quamlibet partem eius fundi introire, dum mente et cogitatione hac sit, uti totum fundum usque ad terminum velit possidere.*

---

[358] Sobre la disolución del matrimonio del *captivus*, entre otros, DUMONT, *Manuel...*, I, cit., pág. 294, afirma que sólo en el Bajo Imperio se mantendrá salvo que transcurran cinco años sin tener noticias del capturado; ORESTANO, *La struttura...*, cit., págs. 138 ss.; LONGO, "Postille critiche...", cit., págs. 33 ss.; ARIAS BONET, J.A., "La no reintegración *iure postliminii* del matrimonio romano", en *A.H.D.E.*, 25, 1955, págs. 567 ss.; AMIRANTE, *Prigionia...*, cit., pág. 70; CARAMES FERRO, *Instituciones...*, I, cit., pág. 59, para quien sólo con Justiniano se permite recuperarlo por postliminio; RATTI, *Studi sulla "captivitas"*, cit., págs. 150 ss.; URSO, P., *Il matrimonio del prigioniere in Diritto romano*, Roma, 1992, págs. 5 ss.; CURSI, *La struttura...*, cit., págs. 37 ss., págs. 308 y pág. 333; GIUNTI, P., *Consors Vitae. Matrimonio e ripudio in Roma antica*, Milano, 2004, págs. 149 ss.; DÍAZ GONZÁLEZ, "La base...", cit., págs. 1 ss.; MCCLINTON, A., *Servi della pena. Condannati a morte nella Roma imperiale*, Napoli, 2010, págs. 64 ss.; RAVIZZA, M., "Sui rapporti tra matrimonio e *deportatio* in età imperiale", en *Rivista di Diritto Romano* (*http://leonline.it/rivistadirittoromano*), nº 14, 2014, págs. 1 ss.

D. 41.2.8 (Paulus *libro LXV. ad Edictum*): *Quemadmodum nulla possessio acquiri, nisi animo et corpore potest, ita nulla amittitur, nisi in qua utrumque in contrarium actum est*[359].

La *captivitas* en manos de los enemigos provocaba la interrupción de la posesión, dado que el prisionero no podía cumplir ninguno de los dos requisitos. Por ello, como afirma Papiniano, durante el estado de cautividad no se podía completar la usucapión sobre una cosa, ya que se entendía que el capturado no la había poseído, ni se consideraba adquirida por el postliminio:

D. 41.3.44.7 (Papinianus *libro XXII. Quaestionum*): *Si, quum apud hostes dominus aut pater agat, servus aut filius emat, an et tenere incipiat? Si quidem ex causa peculii possedit, usucapionem inchoari, nec impedimento domini captivitatem esse, cuius scientia non esset in civitate necessaria; si vero non ex causa peculii comparetur, usu non capi, nec iure postliminii quaesitum intelligi, quum prius esset, ut, quod usucaptum diceretur, possessum foret; sin autem pater ibi decesserit, quia tempora captivitatis ex die, quo capitur, morti iungerentur, potest filium dici et possedisse sibi, et usucepisse intelligi*[360].

---

[359] Sólo en casos excepcionales la posesión pudo conservarse con carácter temporal sólo por el ánimo. Sobre la posesión, Cannata, C.A. *Possessio, possessor, possidere nelle fonti giuridiche del basso impero romano*, Milano, 1962, pág. 141; idem, s.v. «possessio (Diritto romano)», en *N.N.D.I.*, XIII, Torino, 1966, págs. 323 ss.; Carcaterra, A., *Possessio. Ricerche di storia e di dommatica*, Roma, 1967, *passim*; Fabi, B., *Aspetti del possesso romano*, Roma, 1972, *passim*; Lambrini, P., *L'elemento soggettivo nelle situazioni possessorie del Diritto romano*, Padova, 1998, *passim*; Nicosia, G., *Problemi possessori*, Catania, 1997, págs. 190-193 y pág. 205; Ihering, R., *La teoría de la posesión: el fundamento de la protección posesoria*, trad. esp. de A. Posada, Madrid, 2004, *passim*; Savigny, F., *Tratado de la posesión según los principios del Derecho romano*, trad. esp. de J.L. Moreno Pérez, Granada, 2005, págs. 135 ss. y págas. 211 ss. y la bibliografía por ellos citada.

[360] Sólo la posesión del esclavo o hijo *ex causa peculari* permitía al cautivo adquirir la cosa si lograba retornar. En otro caso, la cautividad por guerra

En conclusión, las similitudes apuntadas entre estas situaciones de hecho y el domicilio, que no podía desligarse absolutamente de su elemento material, nos conducen a pensar que tampoco éste podría recuperarse *iure postliminii* puesto que, si bien era compatible con ausencias transitorias, incluso si éstas eran prolongadas en el tiempo, durante las cuales se podía conservar el mismo, *iuris tantum*, si se mantenía la intención de retorno, esa eventual conservación se basó siempre en el carácter transitorio de la ausencia y en una posibilidad fáctica, cierta y real de regreso. Sin embargo, el grado de absoluta indeterminación e incertidumbre en el que se encuentra el prisionero del enemigo respecto a su situación futura nos parece incompatible con la posible conservación del domicilio dado que, al igual que ocurría con el matrimonio o la posesión, el prisionero no podía, desde un punto de vista jurídico válido, exteriorizar ni mantener ninguno de los requisitos exigidos al efecto.

impedía la uscapión al interrumpir la posesión que no se recuperaba por postliminio. Vid., en este sentido D. 49.15.29; D. 49.15.22§3; D. 41.3.15. ALBERTARIO, E., *Possesso e quasi possesso*, Milano, 1940, págs. 113 ss.; AMIRANTE, s.v. «postliminio (Diritto romano)», cit., págs. 432; CURSI, *La struttura...*, cit., págs. 243 ss.; CASANI, *La situación jurídica...*, cit., págs. 130 ss.; NICOSIA, *Problemi possessori*, cit., págs. 193 ss.; SAVIGNY, *Tratado de la posesión...*, cit., págs. 229 ss.

Parte segunda

SUPUESTOS DE DOMICILIO IMPUESTO POR EL DERECHO PENAL

INTRODUCCIÓN

Si como hemos visto, el desempeño de funciones o cargos públicos, podía comportar una limitación de la libertad domiciliaria que podía anular la autonomía del individuo sujetándolo a un domicilio obligatorio, también la comisión de algunos delitos pudo dar origen a la imposición de determinadas penas que comportaban límites a la voluntad domiciliaria del afectado.

Estos límites presentaban un doble carácter dado que el derecho penal podía impedir al reo establecerse en un determinado lugar o dentro de un radio territorial fluctuable según las épocas, permitiéndole fuera del mismo establecer sus *lares* donde desease o, en cambio, podían fijar un domicilio obligatorio durante el tiempo de vigencia de la pena, planteándose el problema de la conservación o no del domicilio primitivo.

No obstante, las primeras implicaciones domiciliarias que encontramos en este ámbito penal, tienen como protagonista al propio individuo que, acusado de un delito, pretendía evitar los efectos de una posible sentencia condenatoria a través de un exilio voluntario fuera de Roma, estableciéndose en otra comunidad ciudadana independiente.

Capítulo IV
EL DOMICILIO DEL INTERDICTADO, DEL DEPORTADO Y DEL RELEGADO

1. EL EXILIO VOLUNTARIO Y LA INTERDICCIÓN DEL AGUA Y EL FUEGO

1.1. El exilio en el ámbito penal: origen de esta práctica convencional, funcionamiento y surgimiento de la interdicción de agua y el fuego como posible medida accesoria a su ejercicio

En el periodo republicano, la limitación de la potestad coercitiva del magistrado operada, como afirma FERNÁNDEZ DE BUJÁN, A., por la *provocatio ad populum*[361] atribuyó a las asambleas populares

[361] FERNÁNDEZ DE BUJÁN, *Derecho Público...*, cit., págs. 257 ss. Sobre la *provocatio ad populum*, vid., entre otros, REIN, *Das Kriminalrecht...*, cit., págs. 53 ss.; LABOULAYE, É., *Essai sur les lois criminelles des Romains*, Leipzig, 1845 (reimpresión Aalen, 1973), págs. 85 ss.; ZUMPT, *Das Kriminalrecht...*, I.1., cit., págs. 79 ss., págs. 151 ss., págs. 166 ss., págs. 183 ss. y págs. 360 ss., entre otras y vol. I.2, Berlin, 1865 (reimpresión Aalen, 1993), págs. 1 ss. y *passim*; MOMMSEN, *Le Droit pénal romain*, I, cit., págs. 38 ss. y págs. 173 ss. y II, cit., págs. 159 ss.; STRACHAN-DAVIDSON, J.M., *Problems of the roman criminal law*, I, Oxford, 1916 (reimpresión, Littleton, Colorado, 1991), págs. 127 ss.; PUGLIESE, G., *Appunti sui limiti dell'imperium nella re-*

pressione penale, Torino, 1939, págs. 6 ss.; Staveley, E.S., "Provocatio During the Fifth and Fourth Centuries B.C.", en *Historia*, 3, 1954/55, págs. 412 ss.; Lübtow, *Das Römische Volk*, cit., págs. 250 ss.; Grosso, G., "«Provocatio» per la «perduellio», «provocatio», «sacramento» e «ordalia»", en *B.I.D.R.*, 63, 1960, págs. 214-218; idem, "Monarchia, provocatio e processo populare", en *Studi in onore di Pietro De Francisci*, II, Milano, 1956, págs. 6 ss.; Garnsey, P., "The *Lex Iulia* and appel under the Empire", en *J.R.S.*, 56, 1966, págs. 167 ss.; Bauman, R., "The Duumviri in the Roman Criminal Law and in the Horatius Legend", en *Historia*, 12, 1969, pág. 131; Martin, "Die Provokation…", cit., págs. 72 ss.; Carnazza-Rametta, *Studio*..., cit., págs. 34 ss.; Bianchini, M., "Sui rapporti fra 'provocatio' ed 'intercessio'", en *Studi in onore di Gaetano Scherillo*, I, Milano, 1972, págs. 93 ss.; Cloud, J.D., "«Provocatio». Two cases of possible fabrication in the annalistic sources", en *Sodalitas. Scritti in onore di Antonio Guarino*, III, Napoli, 1984, págs. 1365 ss.; Garofalo, L., "In tema di «provocatio ad populum»", en *S.D.H.I.*, 53, 1987, págs. 356 ss.; idem, *Appunti sul diritto criminale nella Roma monarchica e repubblicana*, Verona, 1997, págs. 43 ss. y págs. 165 ss.; Humbert, G., "Le tribunat de la plèbe et le tribunal du peuple: remarques sur l'histoire de la «provocatio ad populum»", en *M.E.F.R.A.*, 100, 1988, págs. 435 ss.; Magdelain, A., "De la coercition capitale du magistrat supérieur au tribunal du peuple", en *Labeo*, 33, 1987, págs. 139-166; idem, "«Provocatio ad populum»", en *Ius imperium auctoritas. Études de droit romain*, Paris-Roma, 1990, págs. 567-588; Rodríguez-Ennes, "La «provocatio ad populum»…", cit., págs. 73 ss.; idem, "Algunas cuestiones en torno a la «verberatio»", en *R.G.D.R.* (*www.iustel.com*), nº 18, 2012, págs. 1 ss.; Giuffrè, V., *La 'repressione criminale' nell'esperienza romana*, Napoli, 1993, págs. 21 ss., págs. 33 ss., págs. 49 ss. y págs. 60 ss., entre otras; Bassanelli Sommariva, G., *Lezioni di diritto penale romano*, Bologna, 1996, págs. 186 ss.; Venturini, C., *Processo penale e società politica nella Roma repubblicana*, Pisa, 1996, págs. 13 ss. y págs. 289 ss.; idem, "Pomponio, Cicerone e la «provocatio»", en AA.VV, *Nozione, formazione e interpretazione del diritto dall'età romana alle esperienze moderne. Ricerche dedicate al professor Filippo Gallo*, II, Napoli, 1997, págs. 527 ss.; idem, "Nota introductoria: la jurisdicción criminal en Italia y en las provincias en el primer siglo del Imperio", en *El proceso contra Jesús (a cargo de F. Amarelli y F. Lucrezi)*, traducción española de A. Fernández de Buján, Madrid, 2002, págs. 1 ss.; Santalucia, B., *Diritto e processo penale nell'antica Roma*, 2ª edición, Milano, 1998, págs. 23 ss., págs. 31 ss., págs. 36 ss., págs. 52 ss. y págs. 70 ss.; Louvisi, C., *Contribution à l'étude de la peine de mort sous la République romaine (509-149 av. J.-C.)*, Paris, 1999, págs. 187 ss. y págs. 263 ss.; DE Castro-Camero, R., *El Crimen Maiestatis a la luz del Senatus Consultum de Cn. Pisone Patre*, Sevilla, 2000, págs. 28-29 y págs. 59 ss.; Tassi Scandone, E., *Leges Valeriae*

competencia en el conocimiento de determinadas causas penales, capitales o patrimoniales. Este conocimiento se realizaba a través de un proceso que requería una forma determinada y concluía con una absolución o con una condena[362]. No obstante, en este ámbito de los *iudicia populi*, el ciudadano romano acusado de un ilícito penal podía sustraerse del proceso a través del exilio voluntario, en virtud del cual trasladaba su domicilio fuera de Roma[363].

---

de provocatione: repressione criminale e garanzie costituzionali nella Roma repubblicana, Napoli, 2008, *passim*; LAMBERTI, "Percorsi...", cit., págs. 29-30; DE LUCA, N., "«Praesidium libertatis»: le «lege Valeriae de provocatione»", en *Index*, 30, 2010, págs. 89-99.

[362] FERNÁNDEZ DE BUJÁN, A., *Derecho Público...*, cit., págs. 257 ss. Sobre estos juicios, vid. REIN, *Das Kriminalrecht...*, cit., págs. 53 ss.; VON HOLTZENDORFF, F., *Die Deportationsstrafe im römischen Altertum*, Leipzig, 1859 (reimpresión Aalen, 1975), págs. 14 ss.; ZUMPT, *Das Kriminalrecht...*, I.1, cit., págs. 151 ss.; MOMMSEN, *Le Droit pénal romain*, I, cit., págs. 208 ss.; LABOULAYE, *Essai...*, cit., págs. 96 ss.; STRACHAN-DAVIDSON, *Problems...*, I, cit., págs. 152 ss.; CARNAZZA-RAMETTA, *Studio...*, cit., págs. 34 ss.; SCAPINI, N., *Diritto e procedura penale nell'esperienza giuridica romana*, Modena, 1992, págs. 121 ss.; BAUMAN, R.A., *Crime and punishment in ancient Rome*, London-New York, 1996, págs. 21 ss.

[363] Sobre el exilio, con carácter general, ANTONINUS, N., "De exilio, sive de exilii poena antiqua et nova, exulumque conditione et iuribus, libri tres", en MEERMANN, G., *Novus Thesaurus*, 3, Haage-Comitum, 1752, págs. 45-190; HARTMANN, L.M., *De exilio apud romanos inde ab initio bellorum civilium usque ad Severi Alexandri principatum*, Berolini, 1887, *passim*; HUMBERT, s.v. «exsilium», cit., págs. 940 ss., con unas interesantes referencias al exilio griego; MOMMSEN, *Le Droit pénal romain*, I, cit., págs. 78 ss.; idem, *Le Droit pénal romain* (traducción francesa de J. Duquesne), Paris, 1907, T. III, págs. 299 ss.; MITTEIS, *Römisches...*, I, cit., págs. 125 ss.; STRACHAN-DAVIDSON, *Problems...*, I, cit., págs. 160 ss. y II, Oxford, 1916 (reimpresión, Littleton, Colorado, 1991), págs. 1 ss.; KLEINFELLER, G., s.v. «exilium», en *P.W.R.E.*, VI.2, Stuttgart, 1909, cols. 1683 ss.; SIBER, H., "Analogie, Amstrecht und Rückwirkung im Strafrecht des römischen Freistaates", en *Abhandlungen der philosophisch-historischen Klasse der sächsonischen Akademie der Wissensachaften*, Leipzig, 1936, págs. 55 ss.; BRASIELLO, U., *La repressione penale in diritto romano*, Napoli, 1937, *passim*; DE VILLA, V., "«Exilium perpetuum»", en *Studi in memoria di Emilio Albertario*, I, Milano, 1953, págs. 295-314; SABATINI, G., s.v. «esilio», en *N.N.D.I.*, VI, Torino, 1960, pág. 850; CRIFÒ, G., *Ricerche sull'«exilium» nel periodo repubblicano*, Milano, 1961, *passim*; idem, "Ricerche sull'«exilium».

Aunque los orígenes del exilio son difusos, Crifò trata de buscarlos en el régimen gentilicio y en los vínculos entre gentes de diferentes ciudades. Al inicio, en su opinión, "era una migración en sí incolora que constituía no un derecho reconocido sino sólo un aspecto de la solidaridad gentilicia", lo que le conduce a afirmar su primigenio carácter esencialmente patricio. Sólo posteriormente, continúa el autor, en virtud de los tratados que facilitaban los desplazamientos de ciudad en ciudad, el exilio se institucionaliza, viniendo la continuidad con el pasado asegurada por las afinidades familiares entre Roma y las ciudades que se vinculan con ella en virtud de los *foedera*. Se observa entonces un paralelismo histórico: el exilio intergentilicio, reservado a los patricios, da lugar a un verdadero exilio de derecho público abierto a todos los ciudadanos[364].

L'origine dell'instituto e gli elementi della sua evoluzione", en *Studi in onore di Emilio Betti*, II, 1962, págs. 229 ss.; idem, s.v. «esilio (parte storica)», en *E.D.*, XV, Milano, 1966, págs. 713-722; idem, "«Exilica causa, quae adversus exulem agitur». Problemi dell'«aqua et igni interdictio»", en AA.VV. *Du châtiment dans la cité. Supplices corporels et peine de mort dans le monde antique*, Paris-Roma, 1984, págs. 483-484; idem, *L'esclusione dalla città. Altri studi sull'exilium romano*, Perugia, 1985, *passim*; Grasmück, L., *Exilium. Untersuchungen zur Verbannung in der Antike*, Paderborn-München-Wien-Zürich, 1978, págs. 62 ss., con referencias al exilio en otras civilizaciones; Monaco, L., "Nota critica sul carattere gentilizio dell'antico exilium", en AA.VV., *Ricerche sulla organizzazione gentilicia romana (a cura de G. Franciosi)*, II, Napoli, 1984-95, págs. 89 ss.; Berger, A., *Encyclopedie Dictionary of Roman Law*, 2 ª reimpresión, Philadelphia, 1991, s.v. «exilium (exsilium)», pág. 463; Bauman, *Crime...*, cit., págs. 14 ss.; Mcclinton, *Servi della pena...*, cit., *passim*; Ravizza, "Sui rapporti...", cit., págs. 1 ss.; Bueno Delgado, J.A., "El exilio: de la punición doméstica a la punición estatal", en *R.G.D.R.* (*www.iustel.com*), nº 24, 2015, págs. 1 ss.

[364] Crifò, *Ricerche...*, cit., págs. 77-109 y 125-135; idem, "Ricerche sull'«exilium»...", cit., págs. 229 ss.; idem, s.v. «esilio (parte storica)», cit., págs. 716 ss.; idem, "«Exilica causa...»", cit., págs. 483-484; idem, *L'esclusione...*, cit., pág. 18. Para Gioffredi, G., "In tema di 'iniuria' (Sui fattori di formazione del diritto romano in età preclassica)", en *Nuovi studi di diritto greco e romano*, Roma, 1980, pág. 162, al igual que en Grecia, en Roma el exilio fue desde el principio un medio con el que el reo huía a escondidas de una pena; más tarde la ciudad consentirá abiertamente su salida del propio territorio hasta que el instituto prácticamente se transforme en una pena.

Nos encontramos, sin duda, ante una sugerente reconstrucción. Sin embargo, mientras el origen intergentilicio del exilio, concepción propia de Crifò, ha sido aceptado como probable sólo por algunos autores[365], la doctrina, antes y después de él, se ha mostrado conforme en ver en los *foedera* que vinculaban a Roma con otras ciudades, la fuente del exilio propiamente jurídico[366].

En efecto, como señala De Martino, las ciudades unidas a Roma en virtud de *foedera*, conservaban en mayor o menor medida su autonomía, constituyendo una muestra de la misma el *ius exilii*, es decir, el derecho de acoger a un exiliado romano y conferirle la ciudadanía, derecho que en el *foedus aequum* o tratado en pie de igualdad fue inicialmente recíproco para devenir posteriormente unilateral[367].

Esta protección surgida inicialmente, como señala Magdelain, para favorecer en la Italia primitiva, la libre circulación en interés del comercio y de la vida internacional, fue aprovechada en una concepción totalmente diferente, para escapar de la justicia o de la venganza política[368].

---

[365] Este origen intergentilicio del exilio es aceptado como probablemente correcto, entre otros por, Gabba, E., "Recensión a Crifò, *Ricerche sull'«exilium» nel periodo repubblicano*", en *B.I.D.R.*, 64, 1961, págs. 327 ss.; Villers, R., "Recensión a Crifò, *Ricerche sull'«exilium» nel periodo repubblicano*", en *R.H.D.*, 40, 1962, pág. 412; Staveley, E.S., "Recensión a Crifò, *Ricerche sull'«exilium» nel periodo repubblicano*", en *J.R.S.*, 1963, págs. 200 ss.; Thomas, J.A., "Recensión a Crifò, *Ricerche sull'«exilium» nel periodo repubbblicano*", en *T.R.*, Haarlem, 1965, pág. 97; Càssola, F., "Recensión a Crifò, *Ricerche sull'«exilium» nel periodo repubblicano*", en *Labeo*, 11, (1965) 1, págs. 75 ss.; De Castro-Camero, *El Crimen Maiestatis*..., cit., pág. 62 n. 108.

[366] Kleinfeller, s.v. «exilium», cit., cols. 1683 ss.; De Martino, *Storia*..., II, cit., pág. 111; Magdelain, A., "Recensión a Crifò, *Richerche sull'exilium nel periodo repubblicano*", en *S.D.H.I.*, 28, 1962, pág. 466; Bauman, *Crime*..., cit., pág. 16; Mcclinton, *Servi della pena*..., cit., págs. 76 ss.

[367] De martino, *Storia*..., II, cit., pág. 111; Marquardt, *Römische Staatsverwaltung*, I, cit., pág. 45; Baviera, *Il diritto internazionale dei Romani*, cit., págs. 40-41; Bueno Delgado, "El exilio...", cit., pág. 6, para quien "el papel desepeñado por la *gens* en el orden interno es actuado por los tratados (*foedera*) en el orden internacional".

[368] Magdelain, "Recensión a Crifò...", cit., pág. 466.

Reconstruir la evolución de este cambio de concepción es difícil, dada la ausencia de una etimología segura sobre el exilio[369], pero las

---

[369] Para Mommsen, *Le Droit pénal romain*, III, cit., págs. 309 ss., etimológicamente *exilium* es el «acte de sauter hors de quelque chose», por ello considera que el exilio republicano es el hecho de salir para el ciudadano romano de la comunidad, junto al cambio de domicilio. Esta etimología ha sido aceptada por autores como Sabatini, s.v. «esilio», cit., pág. 850, para quien, por su raíz (*ex solum*, fuera del suelo), el exilio consiste en el alejamiento del ciudadano de la patria. No obstante, Walde, A.-Hofmann, J.B., *Lateinisches Etymologisches Wörterbuch*, 5 ª edición, Heidelberg, 1982 (reimpresión de la edición de Heidelberg, 1892), I, s.v. «ex(s)ul», pág. 432, niegan que se pueda apreciar en *exulare* el diminutivo de *exire*, dada la inexistencia de una formación *exulus*. Aceptan, en cambio, las críticas contra la antigua etimología que hace derivar *ex(s)ul* de *solum* (Cfr. Casiodoro, *Grammatica*, 7.152.6; Isidoro, *Origines*, 1.27.5; 5.27.28; Prisciano, *Institutiones grammaticae*, 3.42.18). El error de tal etimología, basado sobre un vínculo de *ex(s)ul* y *extorris*, proveniente de *terra*, radica en la imposibilidad de que *exsilire* sea intransitivo, ya que en tal caso adquiriría un significado que sólo asume en el latín tardío. Y aceptan cautamente que el uso, sobre todo de Cicerón (*Paradoxa*, 4.31; *pro Quinctio*, 19.60; 28.86; *pro Caecina*, 34.100; *Philippicae*, 5.5.14; *pro Balbo*, 11, 28; Tito Livio, *Ab urbe condita*, 3.13.9; 58.10) de *solum vetere exilii causa* ha sido influenciado por esa falsa etimología. Asimismo excluyen una raíz *sal-* de *exulo* (cfr. Plauto, *Casina*, 360; Terencio, *Heauton*, 657), a pesar del valor de movimiento presente en el término en cuestión (cfr. Plauto, *Persa*, 555; *Mostellaria*, 596; *Rudens*, 35; Terencio, *Eunuchus*, 610; Salustio, *Iugurta*, 14.17). No obstante, la etimología del *exilium* es discutida. Vid., al respecto, Kleinfeller, s.v. «exilium», cit., col. 1683; Forcellini, A., *Lexicon Totius Latinitatis*, II, Patavaii, 1940 (2ª reimpresión anastática de 1965), s.v. «exsilium», págs. 381 ss.; Ernout, A.-Meillet, A., *Dictionnaire Etimologique de la Langue Latine. Histoire des Mots*, 5ª ª edición, Paris, 1967, s.v. «exul(exsul)», pág. 207; Crifò, *Ricerche*..., cit., pág. 77 n. 1; Grasmück, *Exilium*..., cit., págs. 62 ss.; Monaco, "Nota critica...", cit., págs. 112-113; Leighi, M., *Comedy and the Rise of Rome*, Oxford, 2004, pág. 62 n. 16. Magdelain, "Recensión a Crifò...", cit., pág. 466, considera que, en ausencia de una etimología segura sobre el exilio, es interesante saber en qué medida se autorizó, como por una costumbre de hecho, a desprender de esta palabra la simple voluntad de ir y venir establecida contractualmente entre ciudades, el simple cambio de residencia sin evasión de la justicia, la *migratio* pura y simple. En defecto de una etimología segura, una investigación filológica, en su opinión, será bienvenida sobre esta significación primordial que se presta a la palabra y sobre el valor derivado que no se

fuentes literarias remontan a la más antigua República el empleo del exilio bajo este nuevo aspecto con una predilección insistente[370].

Se trataba, en opinión de Siber, de una evasión permitida en vía de gracia por el magistrado patricio dado que el mismo podía discrecionalmente decidir someter al acusado a prisión preventiva hasta la fecha del juicio o dejarlo en libertad, a cambio de presentar una fianza (*vades*) para el caso de que no compareciera, circunstancia que podía ser aprovechada para exiliarse fuera de Roma antes de la fecha señalada para el juicio[371].

---

le otorga más que en segunda posición, en el sentido de huida ante el cambio o la inseguridad política: "Plauto, en el *Mercator*, es favorable a esta variación semántica y retiene todavía su primer aspecto. Igualmente Terencio (*Phormio*, 243). Cuando Séneca, exiliado en Córcega con motivo de un proceso escandaloso escribe «*videamus quid sit exilium. Nempe loci commutatio*» (*De consolatione. ad Helv*., 6.1), ¿quiere atenuar su mal humor con un eufemismo o juega con un doble sentido de la palabra? En el caso de los *tibicies* que salen de Roma para Tibur en el 311 a. C., a fin de protestar contra una violación de sus privilegios, se verifica la libertad de circulación establecida entre las dos ciudades por tratado (Polibio, *Historiae*, 6.14). La palabra exilio no es empleada aquí por Tito Livio (*Ab urbe condita*, 9.30), sino por Ovidio (*Fasti*, 6.665-666) y Quintiliano (*Institutio oratoria*, 5.11.9) y tampoco la menciona en la partida de C. Claudio hacia Régila, cuna de su familia (*Ab urbe condita*, 3.58.1)". Todo ello le lleva a preguntarse si el problema filológico se complica por las preferencias estilísticas propias de cada autor.

370 Polibio, *Historiae*, 6.14; Tito Livio, *Ab urbe condita*, 3.13; 25.4.7 ss.; 26.3.9-12.

371 Siber, "Analogie...", cit., págs. 55 ss., considera que en los primeros tiempos el exilio era una voluntaria emigración con cambio de ciudadanía que podía servir a fines inocuos, en ocasiones estatales, como la colonización de las colonias latinas, o la atenuación de un juicio o la ejecución de una sentencia ya emanada a través de una evasión permitida en vía de gracia por el magistrado que devendrá un derecho consuetudinario del delincuente en tiempos de Polibio gracias al desarrollo en sentido limitativo del imperio de los magistrados. La discrecionalidad del magistrado sobre el arresto preventivo y, en consecuencia, la posibilidad de eludir una condena a muerte mediante el exilio voluntario ha sido defendida entre otros por, Rein, *Das Kriminalrecht...*, cit., pág. 231, para quien la mutación de penas no la realiza el juez sino que es el acusador el que cambia su petición; Kunkel, W., *Untersuchungen zur entwicklung des römischen Kriminalverfahrens in vorsullanischer Zeit*, München, 1962, pág. 67

Pero, como indica Viñas, la recepción de la *intercessio* tribunicia en el ordenamiento de la *civitas* constituyó un límite al desarrollo del *imperium* del magistrado patricio en el ámbito ciudadano[372].

A partir de ese momento, convenimos con Strachan-Davidson, en que la facultad de exiliarse se actuó siempre gracias al *auxilium* de los tribunos[373] o, como precisa Crifò, siempre que los mismos no se opusieran: "Los tribunos, en efecto, pueden no oponerse a la iniciativa de gracia del magistrado o, ellos mismos, ejercitando el *ius auxilii*, invocar la gracia, que no corresponde sólo al magistrado; o pueden oponerse a la concesión de la gracia o provocar ellos mismos el proceso"[374].

En palabras de Bauman, no se trataba de algo dispuesto por la legislación, sino de una costumbre, de un *ethos*, de la primera aplicación significante de la *humanitas* en la esfera penal: "la gente comienza usando los tratados como medio de escape. Esto hizo que gradualmente se fueran haciendo más estrictos para mejorar el desa-

---

n. 253 y pág. 78; idem s.v. «Quaestio», en *P.W.R.E.*, XXIV, Stuttgart, 1963, col. 767, para quien el exilio era una concesión del magistrado reservada a los *honestiores*; Pugliese, G., "Le garanzie dell'imputato nella storia del processo penale romano", en *Temi Romana*, 18, 1969, pág. 610.

372 Viñas Otero, A., "Tribunos de la plebe. Ediles", en *Lecciones de la asignatura de Derecho romano integradas en la Base de Conocimiento Jurídico de www.iustel.com*, 2002-2004, págs. 1 ss. En en mismo sentido, Venturini, *Processo...*, cit., págs. 103-104.

373 Strachan-Davison, *Problems...*, I, cit., pág. 112 y págs. 160 ss. Sobre el *ius auxilii*, la *intercessio* y la influencia de los tribunos en los procesos capitales, Zumpt, *Das Kriminalrecht...*, I.1., cit., págs. 198 ss. y págs. 211 ss.; Mommsen, *Le Droit pénal romain,* II, págs. 146 ss.; Coccochia, N., *Il tribunato della plebe e la sua autorità giudiziaria*, Napoli, 1917 (edición anastática Roma, 1971), *passim*; Bonfante, *Storia...*, I, cit., págs. 103 ss.; Fabbrini, s.v. «tribuni plebis», cit., págs. 778 ss.; Grasmück, *Exilium...*, cit., págs. 83 ss.; Louvisi, *Contribution...*, cit., págs. 178 ss. y pág. 221; Viñas Otero, "Tribunos de la plebe. Ediles", cit., págs. 1 ss.; idem, *Instituciones...*, cit., págs. 165 ss.; Tafaro, S., "La herencia de los *tribuni plebis*", en *R.G.D.R.* (*www.iustel.com*), nº 11, 2008, págs. 1 ss.

374 Crifò, *Ricerche...*, cit., págs. 125 ss. y págs. 157-158; idem, "Ricerche sull'«exilium»...", cit., págs. 263 ss.; idem, "«Exilica causa...»", cit., pág. 483, para quien la presentación de garantías fue la consecuencia del compromiso entre patricios y plebeyos de consentir este instituto de origen gentilicio.

rrollo de las libertades y que cualquier disputa tuviera que ser llevada ante los campeones de la libertad, los tribunos"[375].

El importante papel de los tribunos en el ejercicio y límites del exilio voluntario viene constatado analizando las fuentes literarias que nos relatan las primeras manifestaciones del mismo con motivo de los procesos capitales iniciados en el ámbito de la lucha política patricio-plebeya.

De acuerdo con MONACO, la primera referencia del empleo en un proceso de la garantía pecuniaria que evitaba la prisión preventiva del acusado y, en consecuencia, que le otorgaba la posibilidad fáctica de exiliarse, la encontramos en el caso del patricio Cesón Quincio del año 462 a. C. que, conforme al testimonio de Livio, fue acusado por el tribuno de la plebe Virginio de haber violado la ley sagrada y los tribunos, dejando a salvo su derecho de interceder, no le sometieron a prisión preventiva pero le obligaron a presentar fianza para el caso de que no compareciera. Tras presentar los fiadores, se permitió a Cesón abandonar el foro y la noche siguiente se exilió a Etruria. El día del juicio, Virginio insistía en reunir a la asamblea pero sus colegas, considerando justificada la falta de comparecencia por haber abandonado el territorio para exiliarse, la disolvieron, exigiendo al padre de Cesón el dinero de la fianza:

> "... *T. Quinctius clamitat, ciu rei capitalis dies dicta sit et de quo futurum propediem iudicium, eum indemnatum indicta causa non debere violari. Tribunus supplicium negat sumpturum se de indemnato; servaturum tamen in vinculis esse ad iudicii diem ut, qui hominem necaverit, de eo supplicii sumendi copia populo Romano fiat. Appellati tribuni medio decreto ius auxilii sui expediunt: in vincla conici vetant; sisti reum pecuniamque ni sistatur populo promitti placere pronuntiam... Dimissus e foro nocte proxima in Tuscos in exsilium abiit. Iudicii die cum excusaretur solum vertisse exsilii causa, nihilo minus Verginio comitia habente, collegae appellati*

[375] BAUMAN, *Crime...*, cit., págs. 14 ss. STRACHAN-DAVIDSON, *Problems...*, I., cit., págs. 160-164.

dimisere concilium. Pecunia a patre exacta crudeliter ...”[376].

En este caso, indica MONACO, nos encontramos ante una fuga implícitamente autorizada del acusado y la interrupción del proceso sobre la base del hecho del exilio equivale a reconocer su validez jurídica puesto que el exilio fue considerado como una causa justificada de la no comparecencia en virtud de la cual se conseguía el alejamiento del acusado de la comunidad ciudadana[377].

---

[376] TITO LIVIO, *Ab urbe condita*, 3.13.4 ss.; DIONISIO DE HALICARNASO, *Antiquitates Romanae*, 10.5-8; 10.10; CICERÓN, *pro Sesto*, 79; VALERIO MÁXIMO, *Facta et dicta memorabilia*, 4.4.7. Convenimos con MONACO, “Nota critica...”, cit., pág. 118 n. 117, en que este proceso sería una inducción de la analística basada sobre la crónica gentilicia de lo Quincios e ilustrante de la institución jurídica del *vadimonium*. Pero, como indica la autora, no creemos que un ligamen entre un elemento jurídico técnico como el *vadimonium* y las leyendas heroicas de una *gens* pueda efectuarse simplemente en ausencia de elementos concretos en tal sentido. En el mismo sentido, FABBRINI, s.v. «tribuni plebis», cit., pág. 793; FIORI, R., *Homo sacer. Dinamica politico-costituzionale di una sanzione giuridico-religiosa*, Napoli, 1996, pág. 372; SANTALUCIA, B., “I tribuni e le centurie”, en AA.VV., *Studi economico-giuridico, Vol. LIV, 1991-92. Il problema della pena criminale tra filosofia greca e diritto romano*, Napoli, 1993, pág. 24, para quien esta persecución es indubitadamente auténtica en la substancia. Por su parte, STRACHAN-DAVIDSON, *Problems...*, I, cit., pág. 160, afirma que “es obvio que la marcha sólo puede tener lugar cuando el criminal se encuentra en una libertad física, tanto si se ha dado fianza como si no y en el caso de C. Quincio, encontramos que su preventivo arresto es incitado sobre la base de que sólo así puede el pueblo tener la oportunidad de imponerle una pena”.

[377] MONACO, “Note critica...”, cit., pág. 119, que afirma que un sutil hilo ligaba a los Quincios con los Tarquinos. En el mismo sentido se manifiesta CRIFÒ, *Ricerche...*, cit., págs. 137 ss.; idem, “Ricerche sull’«exilium»...”, cit., págs. 268 ss., para quien la *excusatio* habría configurado el exilio como jurídicamente lícito y por tanto no se habría podido continuar el proceso, produciéndose la *dimissio concilii,* si bien el autor considera que en este caso el exilio no estaría vinculado a ningún *foedus*. Por su parte, REIN, *Das Kriminalrecht...*, cit., pág. 486, con abundantes ejemplos sobre el exilio en causa capitales señala cómo a través de la garantía pecuniaria Quincio evitó la prisión y pudo exiliarse; ZUMPT, *Das Kriminalrecht...*, I.1, cit., págs. 218-219, págs. 236-237, págs. 270-275, pág. 293 y págs. 400-401 y vol. I.2, cit., pág. 153, págs. 155-

No obstante, aunque en abstracto la posibilidad del exilio a través de la presentación de garantías podía ser ejercitada por cualquier ciudadano acusado de la comisión de un delito, si se tiene en cuenta la *communis opinio*[378] de que los delincuentes comunes difícilmente podían valerse de la *intercessio* tribunicia es evidente, como apunta DÜLL, la naturaleza política que esta fuga autorizada presentó en sus orígenes[379].

---

158 y pág. 165, afirma que la introducción del *vades* en los procesos criminales constituye el inicio de un derecho del pueblo obtenido con la lucha contra los magistrados, siendo el caso de Cesón relatado por Livio paradigma de esa lucha y, analizando las diversas versiones de Dionisio (*Antiquitates Romanae*, 10.8.2 ss.), considera que los tribunos habrían convalidado la acción contra Cesón y habrían cobrado el dinero garantizado; VILLERS, "Recensión a Crifò...", cit., pág. 412, para quien la introducción del *vades* tuvo como fin permitir el exilio del acusado, inagurándose el *justum exilium*, fundado en derecho y autentificado por un plebiscito. Sobre la tecnicidad de la *excusatio soli vertendi exilii causa*, STRACHAN-DAVIDSON, *Problems...*, II, cit., pág. 60. La suspensión del proceso se confronta así con la afirmación de MOMMSEN, *Le Droit pénal romain*, I, cit., pág. 82 y pág. 384 n. 1, de que el proceso continuaba hasta la condena, aunque restringida a la confiscación de bienes, en el caso en que estuviera prevista en razón del delito.

378 Vid., entre otros, MOMMSEN, *Le Droit pénal romain*, I, cit., págs. 382 ss.; MONACO, "Nota critica...", cit., págs. 120 ss.; SANTALUCIA, B., "Note sulla repressione dei reati comuni in età repubblicana", en AA.VV., *Idee vecchie e nuove sul diritto criminale romano* (a cura del prof. A. Burdese), Padova, 1988, págs. 5 ss.; idem, *Diritto e processo...*, cit., pág. 85 y págs. 94-95; idem, "La carcerazione di Nevio", en AA.VV., *Carcer. Prision et privation de liberté dans l'Antiquité classique. Actes du colloque de Strasbourg (5 et 6 décembre 1997)*, Paris, 1999, págs. 27 ss.; LOUVISI, *Contribution...*, cit., págs. 105-106 y págs. 261-262.

379 DÜLL, R., "Reccusione a Levy, *Die römische Kapitalstrafe*", en *Kritische Vierteljahresschrift für Gesetzgeburng und Rechtswissenchaft*, 51, 1933, págs. 118 ss., defiende que el exilio habría devenido una pena en la época postsilana a través de los delitos políticos. Con similar postura HOLTZENDORFF, *Die Deportationsstrafe...*, cit., pág. 15 y pág. 24, quien ubica el nacimiento del exilio voluntario en las políticas acusaciones públicas que se produjeron en el marco de la lucha por la organización de los tribunos, precisando que en las fuentes no se observa una clara distinción enter delitos políticos y públicos; SIBER, "Analogie...", cit., pág. 58, para quien el exilio no pudo haber sido concedido a todo delincuente; STRACHAN-DAVIDSON, *Problems...*, I, cit.,

Esta naturaleza política se observa claramente en el caso de Gneo Fulvio Centumalo que, según el testimonio de Livio, en el año 211 a. C. fue acusado por el tribuno de la plebe Gayo Sempronio Bleso de alta traición pidiendo al pretor urbano Gayo Calpurnio que fijase la fecha de los *comitia centuriata*. Al acercarse la fecha, Gneo Fulvio se exilió a Tarquinios y un plebiscito declaró cumplida la ley con aquel exilio:

> "*Tum Sempronius perduellionis se iudicare Cn. Fulvio dixit, diemque comitiis ab C. Calpurnio praetore urbano petir. Inde alia spes ab reo temptata est, si adesse in iudicio Q. Fulvius frater posset, florens tum et fama rerum gestarum et propinqua spe Capuae potiundae. Id cum per litteras miserabiliter pro fratris capite scriptas petisset Fulvius negassentque patres e re publica esse abscedi a Capua, postquam dies comitiorum aderat, cn. Fulvius exsulatum Tarquinios abiit. Id ei iustum exsilium esse sciuit plebs*"[380].

---

pág. 163, considera posible que en un primer momento el *auxilium* tribunicio fuese concedido a los delincuentes políticos y personas de alto rango y denegado a los delincuentes comunes; PUGLIESE, "Le garanzie…", cit., págs. 610-611, el cual, si bien sobre la base de la discrecionalidad del magistrado a la hora de no decretar la prisión preventiva, considera que en un primer momento este privilegio sería reservado a los acusados de delitos políticos; MONACO, "Nota critica…", cit., pág. 119, defiende también la naturaleza política del exilio en sus orígenes; BAUMAN, *Crime…*, cit., págs. 16 ss., (siguiendo a KUNKEL, *Untersuchungen…*, cit., págs. 34-36, págs. 51-70 y págs. 91-130) afirma que los *iudicia publica* fueron usados para crímenes políticos o para crímenes comunes que atentaban los intereses del Estado. Para el resto, el primer remedio fue el juicio privado en el que no hay cabida para el exilio voluntario, como tampoco hay rastro del mismo en la jurisdicción de cónsules y pretores en los juicios en masa; GRASMÜCK, *Exilium…*, cit., págs. 62 ss., se acoge plenamente a la postura de Kunkel. Cfr. CRIFÒ, *Ricerche…*, cit., pág. 162 n. 129.

380 TITO LIVIO, *Ab urbe condita*, 26.3.9-12. REIN, *Das Kriminalrecht…*, cit., pág. 483; HOLTZENDORFF, *Die Deportationsstrafe…*, cit., pág. 25; ZUMPT, *Das Kriminalrecht…*, I.2., cit., págs. 232-235, págs. 281-282, págs. 313-314 y págs. 340-341; ROTONDI, G., *Leges publicae populi romani*, Milano, 1912 (reimpresión Hildesheim-Zürich-New York, 1990), pág. 256; SIBER, "Analogie…",

El plebiscito de *iustum exilium* ha dado origen a las más variadas interpretaciones. En opinión de MOMMSEN, se producía para declarar legalmente válido el exilio efectuado a una comunidad no ligada a Roma en virtud de un *foedus*[381]. A juicio de GIOFFREDI, la declaración de *iustum exilium* sigue en ocasiones al exilio voluntario precisamente porque el exilio sirve para evitar condenas injustas, de tal modo que el pueblo, si bien considera que el acusado es culpable, quiere que su exilio no parezca una dolorosa e inmerecida necesidad, sino, aunque sucedánea, una justa pena de su culpa[382]. Para HARDY, no era más que un decreto administrativo con el que se registraba el exilio efectuado[383]. Y según HOLTZENDORFF, su función era confirmar el exilio voluntario en un destierro impuesto[384].

---

cit., págs. 59-60; LOUVISI, *Contribution...*, cit., pág. 259 n. 317 y pág. 242. Sobre la competencia de los tribunos para promover las causas capitales y pedir la fijación de un día para los comicios, vid. asimismo, GREENIDGE, *The legal...*, cit., págs. 328-331; FABBRINI, s.v. «tribuni plebis», cit., pág. 803; SANTALUCIA, "I tribuni...", cit., págs. 18 ss.; GRASMÜCK, *Exilium...*, cit., pág. 91; BAUMAN, *Crime...*, cit., pág. 16.

381 Según MOMMSEN, *Le Droit pénal romain*, cit., I, págs. 78 ss. y III, págs. 309 ss., cuando faltase un *foedus*, la ciudadanía podía ser perdida como consecuencia del exilio en virtud de un favor especial de la asamblea si se declaraba ese exilio como «legalmente válido». Ya con anterioridad, ANTONINUS, "De exilio...", cit., págs. 45-190, distinguía entre un exilio sujeto al *ius civile* y apoyado en los tratados internacionales y un exilio fundado en el *ius gentium*. Por su parte HUMBERT, s.v. «exsilium», cit., pág. 943, insiste en que el exilio era *justum* cuando tenía lugar en una villa aliada o libre que disfrutase de esta prerrogativa. Con similar criterio, otros autores como WALTER, F., *Geschichte des römischen Rechts bis auf Justinian*, Bonn, 1840, págs. 450 ss.; CARNAZZA-RAMETTA, *Studio...*, cit., pág. 235, consideran que con este plebiscito se evitaba el riesgo de una posible extradición.

382 GIOFFREDI, C., "L'«aqua et igni interdictio» e il concorso privato alla repressione penale", en *Archivio Penale*, 1947, III.1, pág. 430. Por su parte, ROTONDI, *Leges publicae...*, cit., pág. 256, considera que no se trataba de una pena sino del reconocimiento y confirmación de la sanción penal previamene infligida por el magistrado.

383 HARDY, *Some problems...*, cit., págs. 9 ss.

384 HOLTZENDORFF, *Die Deportationsstrafe...*, cit., pág. 15. En el mismo sentido, MOREAU, P., "La lex Clodia sur le bannissement de Cicéron", en *Athenaeum*, 65, 1987, pág. 474, quien no distingue entre plebiscito de justo exilio e

Realizando una feroz crítica a las teorías anteriores CRIFÒ, considera que el plebiscito de *iustum exilium* era el equivalente plebeyo de la función desempeñada en el ámbito patricio por la interdicción del agua y el fuego. En su opinión, el plebiscito de *iustum exilium* significa que "el exilado se ha servido, de modo conforme a derecho, de un medio para sustraerse al juicio de la plebe en relación con un determinado delito que la asamblea de la plebe tenía competencia o interés en conocer". A su entender, el calificativo *iustum*, postula la existencia de un *ius exilii* y sólo desde el punto de vista del profano del derecho, el plebiscito de *iustum exilium* podría considerarse como una medida de carácter sancionador[385].

En nuestra opinión, si bien compartimos con el autor que, a través del plebiscito *iustum exilium*, la asamblea declaraba al acusado *in exilium esse* y calificaba como *iustum*, esto es, como conforme a la ley, la fuga del ciudadano romano acusado de la comisión de un delito de claro carácter político, no creemos que pueda hablarse de un *ius exilii* en este ámbito, sino sólo de una mera convención puesto que su ejercicio podía o no ser permitido por el magistrado y/o los tribunos y su conformidad con el derecho podía o no ser reconocida por la asamblea sin que existiera, además, obstáculo legal alguno que impidiera al gobierno evitar su realización definitiva.

Consideramos más acertadas, en consecuencia, las precisiones de BAUMAN para quien, en este tiempo, el exilio voluntario no era un derecho legalmente reconocido sino una convención de manera que, para estar completamente a salvo, el exiliado debía dirigirse a un Estado con el que Roma hubiese pactado mediante un tratado esta contingencia y adquirir su nueva ciudadanía, por lo que no existía

---

interdicción del agua y el fuego, a la que atribuye la misma función. Esta identificación se observa también en FERRINI, C., *Diritto Penale Romano. Esposizione storica e dottrinale*, reimpresión anastática, Roma, 1976, pág. 151, para quien este plebiscito, que iba acompañado de la *interdictio aquae et ignis*, abstraía al reo en vía de gracia de la pena a la que se sometía si infringía el bando; BERGER, *Encyclopedie Dictionary of Roman Law*, cit., s.v. «exilium (exsilium)», pág. 463 y s.v. «interdicere aqua et igni», pág. 507.

[385] CRIFÒ, *Ricerche...*, cit., págs. 167 ss. y págs. 183 ss., para quien ni el plebiscito ni la interdicción comportarían la pérdida de la ciudadanía romana. En el mismo sentido, GABBA, "Recensión a Crifò...", cit., pág. 329.

ninguna barrera legal para la frustración del exilio "*in itinere*", como confirma el caso de Q. Pleminio que, acusado en el año 204 a. C. de actos bárbaros contra los provinciales y de haber torturado hasta la muerte a dos tribunos militares, trató de exiliarse en Nápoles pero fue arrestado en el camino y muerto en prisión:

> "*Ceterum duplex fama est quod ad Pleminium attinet. Alli auditis quae Romae acta essent in exsilium Neapolim euntem forte in Q. Metellum unum ex legatis incidisse et ab eo Regium ui retractum; alii ab ipso Scipione legatum cum triginta nobilissimis equitum missum qui Q. Pleminium in catenas et cum eo seditionis principes conicerent. Ii omnes seu ante Scipionis seu tum praetoris iussu traditi in custodiam Reginis sunt*"[386].

Por otro lado, tampoco creemos que la única diferencia entre el plebiscito de justo exilio y la interdicción del agua y el fuego sea su respectiva naturaleza plebeya o patricia, dado que las fuentes nos constatan tanto su posible acumulación, como la competencia de la asamblea de la plebe para irrogarlas[387]. En este sentido VENTURINI, tras afirmar que el plebiscito de *iustum exilium* pretendía sancionar el exilio del imputado con un procedimiento formalmente legislativo pero judicial desde el punto de vista sustancial, pone de manifiesto la distinta situación entre el plebiscito y la irrogación de la interdicción del agua y el fuego, con la que podía acumularse[388].

---

[386] TITO LIVIO, *Ab urbe condicta*, 29.21.1-2. Sobre los actos cometidos por Pleminio, Tito Livio, *Ab urbe condita*, 29.9.9-10 y 34.44.6. Por todos, FABBRINI, s.v. «tribuni plebis», cit., pág. 803. Sobre su muerte en prisión, Tito Livio, *Ab urbe condita*, 29.22.9. BAUMAN, *Crime*..., cit., pág. 15 y pág. 17; STRACHAN-DAVIDSON, *Problems*..., I, cit., pág. 162, págs. 164-165 y pág. 228 n. 2, afirma también que Pleminio fue apresado cuando se retiraba a Nápoles para exiliarse y metido en prisión, de la que no salió con vida. Cfr. LOUVISI, *Contribution*..., cit., pág. 243 n. 177.

[387] Cfr. TITO LIVIO, *Ab urbe condita*, 25.4.7 ss.

[388] VENTURINI, *Processo*..., cit., pág. 143 n. 183 y pág. 316 n. 76. Por su parte DE CASTRO-CAMERO, *El Crimen Maiestatis*..., cit., pág. 63 n. 111, afirma que la equiparación del *iustum exilium* con la interdicción del agua y el fuego no es adecuada porque la interdicción es una medida dirigida a evitar el retorno

A nuestro entender, dado que la fuga del acusado podía ser interpretada como una confesión implícita de culpabilidad y frente a la posibilidad de su eventual regreso[389], la asamblea podía acompañar al plebiscito que declaraba al acusado *in exilium esse* y con el que se ponía fin al proceso capital[390], de medidas accesorias tendentes a garantizar su alejamiento, atribuyendo determinados efectos al abusivo regreso. Y una de estas medidas era la *aquae et ignis interdictio*, también conocida como *aquae et ignis et tecti interdictio* que, heredera de la antigua la antigua *exsecratio*[391], consistía en una especie de excomunión política que colocaba al interdictado fuera de la protección de las leyes romanas, privándole de la prestación de hospitalidad y asistencia y prohibiéndole, bajo pena de muerte, regresar al territorio ciudadano, transformando, *de facto*, el exilio voluntario en irreversible[392].

---

del exiliado y el plebiscito es una declaración de conformidad con el Derecho y esta diferente naturaleza impide que pueda establecerse entre ambas una equiparación.

389 La posibilidad de regreso se desprende de CICERÓN, *de domo*, 32.86. Al respecto, CRIFÒ, *Ricerche...*, cit., pág. 175 n. 172; idem, "Ricerche sull'«exilium»...", cit., pág. 306.

390 La no continuación del proceso es clara en el caso de Cesón Quincio (Tito Livio, *Ab urbe condita*, 3.13.4 ss.). CRIFÒ, *Ricerche...*, cit., págs. 137 ss.

391 CATÓN, *Origines*, 90 (*apud* PRISCIANO, *Institutiones grammaticae*, 8.4.16): "*duo exules lege publica execrari (o execrati)*". Sobre el origen religioso de la interdicción del agua y el fuego, MOMMSEN, *Le Droit pénal romain*, I, cit., pág. 82 n. 3; REIN, *Das Kriminalrecht...*, cit., págs. 54-55 y pág. 137; HOLTZENDORFF, *Die Deportationsstrafe...*, cit., pág. 14; STRACHAN-DAVIDSON, *Problems...*, II, cit., págs. 30 ss.; GIOFFREDI, "L'«aqua et igni interdictio»...", cit., págs. 426 ss.; idem, "Ancora su l'*aqua et igni interdictio*", en *S.D.H.I.*, 12, 1946, págs. 191 ss.; CRIFÒ, *Ricerche...*, cit., págs. 167 ss.; GREENIDGE, *The legal...*, cit., pág. 301; idem, *Roman Public Life*, cit., pág. 55; GRASMÜCK, *Exilium...*, cit., pág. 98; DE CASTRO-CAMERO, *El Crimen Maiestatis...*, cit., págs. 61-62; DÍAZ-MELIÁN DE HANISCH, M.V., "Algunas observaciones sobre la historia del Derecho Penal Romano", en *El Derecho Penal: de Roma al Derecho actual, VII Congreso Internacional y X Iberoamericano de Derecho Romano*, Madrid, 2005, pág. 193.

392 FERNÁNDEZ DE BUJÁN, *Derecho Público...*, cit., pág. 259. Al respecto, Apiano, *Bella Civilia*, 1.31; Juvenal, *Sat urae*, 3.1; Varrón, *De lingua latina*, 5.61; Cicerón, *De domo*, 30.78. MOMMSEN, *Le Droit pénal romain*, I, cit., pág. 82

n.3, II, cit., pág. 247 y III, cit., pág. 240, págs. 275 ss., pág. 283, págs. 309-310 y pág. 313; LÉCRIVAIN, CH., s.v. «poena», en *D.S.*, IV.1, Paris, 1907, pág. 540, afirma que la ejecución popular era autorizada, al menos teóricamente, contra el exiliado que rompía su bando; ZUMPT, *Das Kriminalrecht...*, I.1, cit., pág. 400, ve en el procedimiento que impide el retorno a Roma un indicio de que el exilio era una subespecie de pena capital inferior; STRACHAN-DAVIDSON, *Problems*, II, cit., págs. 30 ss.; REIN, *Das Kriminalrecht...*, cit., pág. 55 y pág. 137; HARTMANN, L.M., s.v. «aquae et ignis interdictio», en *P.W.R.E.*, II.1, München, 1895, col. 308; HUMBERT, G., *Des conséquences des condamnations pénales, relativement à la capacité des personnes, en droit romain et en droit français*, Paris, 1855, págs. 99 ss.; idem, s.v. «exsilium», cit., pág. 943; BRASIELLO, *La repressione...*, cit., págs. 97 ss.; idem, s.v. «pena (diritto romano)», *N.N.D.I.*, XII, Torino, 1965, pág. 811; LEVY, E., *Die römische Kapitalstrafe*, Heidelberg, 1930-31, págs. 5 ss. (= *Gesammelte Schriften*, 2, 1963, págs. 325 ss.), especialmente, pág. 20 n 4; DÜLL, "Reccusione a Levy...", cit., págs. 126 ss.; SIBER, "Analogie...", cit., págs. 62 ss.; CRIFÒ, *Ricerche...*, cit., págs. 27 ss. y págs. 167 ss.; idem, "Ricerche sull'«exilium»...", cit., págs. 299 ss., especialmente pág. 310; idem, s.v. «exilio (parte storica)», cit., págs. 717-718 y 720, así como la bibliografía señala en sus ns. 53-57; idem, *L'esclusione...*, cit., págs. 19 ss., afirma que, verificándose la falta de juicio, en el concurso de un exilio voluntario, de una *excusatio soli vertendi exilii causa*, y de un consiguiente plebiscito de justo exilio, la asamblea no renunciaba a expresar su propio parecer sobre el problema político así resuelto sino que, dada la posibilidad de retorno del exiliado, el plebiscito que reconoce la conformidad de tal comportamiento, tiene además la función de notificar el hecho a la plebe: la sanción en caso de regreso estaría implícita en dicha notificación ya que el retorno configuraría un comportamiento de desprecio hacia la asamblea, además de constituir un *venere contra factum proprium*, proponente de un criterio de autorresponsabilidad y legitimante de la soportación de las consecuencias perjudiciales del propio comportamiento; SANTALUCIA, s.v. «pena criminale (diritto romano)», en *E.D.*, XXXII, Milano, 1982, pág. 737; idem, *Diritto e processo...*, cit., pág. 88; idem, "La situazione patrimoniale dei *deportati in insulam*", en *Iuris Vincula. Studi in onore di Mario Talamanca*, VII, Napoli, 2001, págs. 176-178; ÁLVAREZ RAMOS, F., "Crimen maiestatis y pena de muerte en Tácito y Suetonio", en *Estudios humanísticos*, 10, 1988, pág. 119; idem, "La aplicación de la pena de muerte durante el alto imperio romano", en *Estudios humanísticos*, 12, 1990, pág. 78; BERGER, *Encyclopedie Dictionary of Roman Law*, cit., s.v. «interdicere aqua et igni», pág. 507; BAUMAN, *Crime...*, cit., págs. 12 ss., califica la interdicción como la condicional sentencia de muerte; LOUVISI, *Contribution...*, cit., pág. 259 n. 317, afirma que la interdicción no era una pena sino una medida legislativa destinada a evitar el retorno del exiliado prohibiéndole penetrar en el territorio romano, bajo pena de muerte; DE CASTRO-CAMERO, *El*

Significativo al respecto es el caso de Marco Postumio Pirgense que, conforme al testimonio de Livio, fue acusado en el año 212 a.C. por los Carvilios tribunos de la plebe de pena capital por un acto de violencia contra el Estado. Tras depositar fianza Postumio no compareció y se aprobó un plebiscito en el que se dispuso que si no comparecía antes de las calendas de mayo y si cuando ese día se le llamase por su nombre no contestaba ni tenía justificada su ausencia, se le consideraría desterrado, decidiendo que sus bienes fuesen vendidos y le fuese negado el agua y el fuego:

> "*Haec cum ab optimo quoque pro atrocitate rei accepta essent vimque eam contra rem publicam et pernicioso exemplo factam senatus decresset, confestim Carvilii tribuni lebis omissa multae certatione rei capitalis diem Postumio dixerunt ac ni vades daret prendi a viatore atque in carcerem duci iusserunt. Postumius vadibus datis non adfuit. Tribuni plebem rogaverunt plebesque ita scivit, si M. Postumius ante calendas Maias non prodisset citatusque eo die non respondisset neque excusatus esset, videri eum in exsilio esse bonaque eius venire, ipsi aqua et igni placere interdici*"[393].

Crimen Maiestatis..., cit., págs. 61 ss., considera que, aunque existen diferencias, la interdicción encuentra su antecedente más remoto en la declaración de *homo sacer* y que ambas dos implicaban una salida de la comunidad de los derechos, con todas las connotaciones que esto tenía en el mundo antiguo, como la posibilidad de dar muerte al interdictado que regresa; DÍAZ-MELIÁN DE HANISCH, "Algunas observaciones…", cit., pág. 193. Cfr. GIOFFREDI, C., s.v. «aqua et igni interdicitio», en *N.N.D.I.*, I.2, Torino, 1964, pág. 817; idem, "Ancora su l'«aqua et igni interdictio»", cit., pág. 192, para quien la interdicción se presenta como una manifestación secundaria de la sacerdad o devolución del reo a los dioses, que se persigue no con su muerte sino con su exclusión de la comunidad de vida con sus conciudadanos y que surge cuando se concedió al ya condenado la posibilidad de exiliarse. Recientemente BUENO DELGADO, "El exilio…", cit., pág 8, considera la interdicción como un eslabón intermedio entre la punición doméstica y la punición estatal.

393 TITO LIVIO, *Ab urbe condita*, 25.4.7 ss. Sobre este proceso, REIN, *Das Kriminalrecht*..., cit., pág. 491 y págs. 679-680; ZUMPT, *Das Kriminalrecht*..., I.2, cit., pág. 94, págs. 273-275, págs. 281-282, págs. 313-314 y págs. 340-

Del testimonio de Livio se desprende, por tanto, como indica LEVY, que el *concilio plebis* era competente para acompañar al plebiscito que declara al acusado *in exilium esse*, de la interdicción del agua y el fuego, ante la situación de contumacia interpretada como una implícita admisión de culpabilidad[394].

Esta circunstancia es compatible con la incompetencia de la asamblea a decidir *de capite civis*[395] puesto que, como ha sido am-

---

341; HARTMANN, s.v. «aquae et ignis interdictio», cit., col. 308; MOMMSEN, *Le Droit pénal romain*, I, cit., pág. 82 n. 1; STRACHAN-DAVIDSON, *Problems*..., I, cit., pág. 161; ROTONDI, *Leges publicae*..., cit., pág. 255; SIBER, "Analogie...", cit., pág. 60; GRASMÜCK, *Exilium*..., cit., págs. 90-91; BAUMAN, *Crime*..., cit., págs. 6 ss. y págs. 12 ss.; LOUVISI, *Contribution*..., cit., pág. 245 y la bibliografía señalada en su n. 184; DE CASTRO-CAMERO, *El Crimen Maiestatis*..., cit., págs. 63-64.

[394] LEVY, *Die römische Kapitalstrafe*, cit., págs. 5 ss. (= *Gesammelte Schriften*, 2, cit., págs. 325 ss.). Sobre la competencia del *concilium* para irrogar el plebiscito, REIN, *Das Kriminalrecht*..., cit., págs. 479-480, que ve en la interdicción más que una pena, una medida política dirigida a evitar el retorno del delincuente fugitivo y adoptada sobre el fundamento de una mala conciencia del delincuente revelada por la fuga; HARTMANN, s.v. «aquae et ignis interdictio», cit., col. 308; GREENIDGE, *The legal*..., cit., pág. 329 y pág. 361; VENTURINI, *Processo*..., cit., págs. 311 ss. El mismo CRIFÒ, *Ricerche*..., cit., págs. 183 ss.; idem, "Ricerche sull'«exilium»...", cit., pág. 316, justifica la competencia de la asamblea de la plebe, a nuestro juicio de un modo excesivamente forzado, por el carácter legislativo del procedimiento de la interdicción del agua y el fuego, carácter al que va ligado el movimiento de *exaequatio* de las leges y plebiscitos, así como por el particular aspecto político del proceso.

[395] Según nos indica Cicerón, los *decemviri legibus scribundis* dispusieron que aquellos procesos en los que estuviera en juego la vida o la muerte de un ciudadano (*de capite civis*) serían competencia del máximo comicio de todo el pueblo (Cicerón, *Opera philosophica, de legibus*, 3.4.11; 3.19.44; *de re publica*, 2.61). A partir de esta norma, el conocimiento de los delitos capitales fue sustraído a los supremos magistrados de la ciudad deviniendo competencia de la asamblea centuriada. En este sentido es clarificador el pasaje de Polibio, *Historiae*, 6.14.6, en el que afirma que solamente el pueblo juzga de las causas capitales. Asimismo abolió los procesos capitales revolucionarios conducidos por los tribunos ante los *concilia plebis* al prohibir que una persona fuese ejecutada si no había sido regularmente condenada (Salviano, *De gubernatione Dei*, 8.5). La identificación del *comitatus maximus* con los comicios centuriados es constatada solidamente en las fuentes. Cicerón, *pro Sestio*, 30.65; *de le-*

pliamente admitido por la doctrina, la interdicción del agua y el fuego, en este periodo histórico, no constituye una pena sino una medida de carácter administrativo operada por el magistrado, normalmente un cónsul, subsiguiente a la fuga del acusado y al reconocimiento de su cualidad de exiliado (*in exilium esse*) por parte de la asamblea que incluye en el plebiscito de justo exilio una provisión dirigida al magistrado para tal efecto[396].

---

gibus, 3.19.44; *de re publica*, 2.36.61. Al respecto, REIN, *Das Kriminalrecht...*, cit, págs. 53-54; STRACHAN-DAVIDSON, *Problems...*, I, cit., págs. 156 ss. y II, cit., págs. 18 ss.; NOCERA, G., *Il potere dei comizi e i suoi limiti*, Milano, 1940, págs. 18 ss.; COLI, U., "Tribù e centurie dell'antica repubblica romana", en *S.D.H.I.*, 21, 1955, págs. 181-222; FABBRINI, s.v. «tribuni plebis», cit., pág. 793; RODRÍGUEZ-ENNES, "La «provocatio ad populum»...", cit., pág. 89; MAGDELAIN, "De la coercition...", cit., págs. 539 ss.; idem, "«Praetor maximus» et «comitatus maximus»", en *Ius imperium auctoritas. Études de droit romain*, Paris-Roma, 1990, págs. 313-339; ALBANESE, B., "«Maximus comitatus»", en *Estudios en Homenaje al profesor Juan Iglesias*, I, Madrid, 1988, págs. 13 ss.; SANTALUCIA, "I tribuni...", cit., págs. 19 ss.; idem, *Diritto e processo...*, cit., págs. 44 ss. y págs. 47 ss.; BAUMAN, *Crime...*, cit., pág. 7; SCHULZ, *Principios...*, cit., pág. 198 n. 60. No obstante, la interpretación de los pasajes ciceronianos atribuyendo al *comitatus maximus* la competencia en las causas de muerte no es pacífica en la doctrina. Así, por ejemplo, GABBA, E., "«Maximus Comitatus»", en *Athenaeum* 65, 1987, págs. 203 ss, considera que las XII Tablas no establecieron una competencia de la asamblea centuriada en las causas de muerte sino que se limitaron a prescribir que en tales procesos se debía asegurar la máxima participación ciudadana y BRASIELLO, *La repressione...*, cit., págs. 20-21, identifica el *comitatus maximus* con los *comitia curiata*.

396 Apiano, *Bella Civilia*, 1.3; 1.31; Plutarco, *Marius*, 29.7; Livio, *Periodichae*, 69; Cicerón, *In Verrem*, 2.2.41 y 100. MOMMSEN, *Le Droit pénal romain*, I, cit., pág. 82 n. 3, II, cit., pág. 247 y III, cit., pág. 240, págs. 275 ss., pág. 283, págs. 309-310 y pág. 313; HARTMANN, s.v. «aquae et ignis interdictio», cit., col. 308; STRACHAN-DAVIDSON, *Problems...*, II, cit., págs. 30 ss. y pág. 63; LEVY, *Die römische Kapitalstrafe*, cit., págs. 5 ss., págs. 15 ss., págs. 23 ss. y págs. 31 ss. (= *Gesammelte Schriften*, 2, cit., págs. 325 ss.); GREENIDGE, *The legal...*, cit., pág. 329 y pág. 361; idem, *Roman Public Life*, cit., pág. 140; SIBER, "Analogie...", cit., págs. 62 ss.; GRUEN, E.S., "The Exile of Metellus Numidicus", en *Latomus*, XXIV, 1965, pág. 577 n. 5, señala cómo en algunas fuentes se indica que la misma era impuesta por el magistrado, aunque cree más correcto interpretar, conforme a otras, que en el plebiscito ya había una provisión a tal efecto. La propia provisión en el plebiscito dirigida al magistrado para la irro-

Ciertamente, desde finales de la época republicana, como indica FERNÁNDEZ DE BUJÁN, A., "el exilio conllevaba como penas accesorias la pérdida de la ciudadanía romana, la confiscación de los bienes y la conminación de que si pisaba territorio romano, cualquier persona podía darle muerte, concretándose en estas sanciones la interdicción del agua y el fuego que pronunciaba el magistrado"[397].

Sin embargo, no existe consenso doctrinal sobre las singulares consecuencias que, en este momento histórico, esa privación de los elementos vitales esenciales en que se traducía la interdicción, comportaba respecto a la *publicatio* de los bienes del interdictado, así como en relación a la pérdida de su ciudadanía romana[398].

---

gación de la interdicción ha llevado a algunos autores a calificarla como una medida legislativa. A juicio de DÜLL, "Reccusione a Levy...", cit., págs. 119-120, era la propia asamblea la que determinaba las consecuencias del exilio. Para CRIFÒ, *Ricerche*..., cit., págs. 183 ss.; idem, "Ricerche sull'«exilium»...", cit., pág. 316, debe tenerse en cuenta que el *concilum plebis* no está conociendo una causa capital porque la misma había concluido con el *exilium*, situación que le permite atribuir determinados efectos al exilio, pero que no constituye un elemento del proceso capital. De medida legislativa, hablan también, entre otros, VENTURINI, *Processo*..., cit., pág. 143 n. 183 y pág. 316 n. 76; LOUVISI, *Contribution*..., cit., pág. 259 n. 317. De declaración formal del magistrado (acto de *dicere*) habla DE CASTRO-CAMERO, *El Crimen Maiestatis*..., cit., pág. 59, pág. 63 y pág. 68.

397 FERNÁNDEZ DE BUJÁN, *Derecho Público*..., cit., pág. 258; BUENO DELGADO, "El exilio...", cit., págs. 4 ss.

398 Sobre el tema, MOMMSEN, *Le Droit pénal romain*, I, cit., pág. 82 n. 3, II, cit., pág. 247 y III, cit., pág. 240, págs. 275 ss., pág. 283, págs. 309-310 y pág. 313, considera que se trataba de un acto administrativo aplicable en el anciano derecho sólo a los extranjeros para privarles de la protección jurídica que recibían en el suelo romano. Posteriormente se aplicó también a los ciudadanos romanos que se habían exiliado voluntariamente para eludir una pena capital, la cual les era remitida pero se les prohibía volver, bajo pena de muerte, al territorio romano. Esta interdicción fue agravada en tiempos de Tiberio con la confiscación de los bienes y la pérdida de la ciudadanía romana; STRACHAN-DAVIDSON, *Problems*..., II, cit., págs. 30 ss., atenúa el pensamiento mommseniano para los tiempos históricos en los que limita la *interdictio* a los que una vez fueron ciudadanos y afirma que el efecto legal de la *interdictio aquae et ignis* a partir de las leyes de Sila es el mismo que el de la *sacratio* o *proscriptio*: "*proscriptio* e *interdictio* son ambas sentencias de muerte que en el último siglo de la República se aplican directamente a los ciudadanos,

los que para salvar su vidas, renuncian a la ciudadanía en exilio"; Humbert, *Des conséquences...*, cit, págs. 99 ss., considera que los comicios centuriados sancionaban el exilio pero no lo imponían, es decir, sólo podían forzar al acusado a exiliarse privándole de las cosas necesarias para la vida, obligándole así a salir de Italia y ser recibido en una nueva ciudad, hecho por el cual perdía *ipso facto*, en apariencia, el título de ciudadano y salvando el principio en virtud del cual la *civitas* sólo podía ser renunciada por propia voluntad; Levy, *Die römische Kapitalstrafe*, cit., pág. 20 n 4; idem, "Libertas und Civitas", en *Z.S.S.*, 78, 1961, págs. 149 ss., considera que la pérdida de la ciudadanía fue siempre un efecto de la interdicción; Düll, "Reccusione a Levy...", cit., págs. 126 ss., afirma que la propia asamblea establecería como consecuencias del exilio la muerte civil, la pérdida de la libertad, de la posición jurídica de ciudadano y del patrimonio; Siber, "Analogie...", cit., págs. 62 ss., considera que la interdicción surge con el caso de Postumio, como una medida administrativa tendente a prohibir el regreso al exiliado fugitivo, impidiéndole la entrada, bajo pena de muerte en el territorio romano que, en un primer momento, sólo fue aplicada a los extranjeros y posteriormente también a los ciudadanos, privándoles de la pertenencia a la *civitas*; Crifò, *Ricerche...*, cit., págs. 27 ss. y págs. 167 ss.; idem, "Ricerche sull'«exilium»...", cit., págs. 299 ss., especialmente pág. 310; idem, s.v. «exilio (parte storica)», cit., págs. 717-718 y pág. 720, así como la bibliografía señala en sus ns. 53-57; idem, *L'esclusione...*, cit., págs. 19 ss., estima que en el periodo republicano la interdicción no comportaría la pérdida de la ciudadanía, siendo necesario a tal efecto la adquisición de una nueva en una comunidad independiente; Santalucia, s.v. «pena criminale (diritto romano)», cit., pág. 737; idem, *Diritto e processo...*, cit., pág. 88, opina que los efectos de la interdicción eran la pérdida de la ciudadanía, la confiscación de los bienes y la prohibición, bajo pena de muerte, de regresar al territorio urbano. No obstante en "La situazione...", cit., págs. 176-178, el autor ha precisado que sólo a finales de la República se estableció como efecto de la interdicción la confiscación de los bienes y considera que en la última fase de aquélla ya provocaba la pérdida de la ciudadanía; Berger, *Encyclopedie Dictionary of Roman Law*, cit., s.v. «interdicere aqua et igni», cit., pág. 507, afirma que era la exclusión de la ciudad pronunciada por el senado o el magistrado cuando el acusado se marchaba en un exilio voluntario que prácticamente significaba la privación de la ciudadanía y de los bienes y la posibilidad de darle muerte si regresaba; De Castro-Camero, *El Crimen Maiestatis...*, cit., págs. 62-63 y pág. 70, afirma que hasta Sila la interdicción trajo consigo un alejamiento del interdictado de la comunidad ya que la prohibición de regresar a Roma, bajo amenaza de sufrir la pena de muerte, suponía su expulsión de la ciudad y, además, la adquisición de una nueva ciudadanía suponía la pérdida de la ciudadanía romana, pero que cuando se transformó en pena, la pérdida de la *civitas* y la *publicatio bonorum* se convirtieron en sus efectos principales. Por su parte Bueno Delgado, "El exilio...", cit., págs. 4 ss., parece compartir la opinión

Respecto a la *publicatio bonorum*, no creemos que las fuentes permitan afirmar que la misma fuera un efecto de la interdicción. De los tres procesos analizados, observamos que sólo en el caso de Postumio, acusado de alta traición (*perduellio*), la misma viene expresamente prevista, tal vez, como indica STRACHAN-DAVIDSON, al interpretar la huida como una confesión implícita de culpabilidad[399]. Pero del tenor literal del pasaje se desprende que esta *publicatio* es declarada por el propio plebiscito de justo exilio, como una medida más y diferente de la interdicción, de tal modo que no se puede decir que sea consecuencia directa de ésta, ni incluso que se aplique en todo supuesto de exilio como un efecto del mismo[400].

---

de los autores que consideran que la ciudadanía se pierde por la adquisición de otra y no por el exilio.

[399] TITO LIVIO, *Ab urbe condita*, 25.4.7 ss. STRACHAN-DAVIDSON, *Problems*..., I, cit., pág. 184 n. 2 y pág. 185, sobre este pasaje, justifica la confiscación en el supuesto de un criminal convicto "by failing to answer or otherwise", indicando que la falta de contestación puede ser equivalente a la confesión. MONACO, "Nota critica...", cit., págs. 122-123 n. 132, considera a este respecto que no se puede afirmar que la confiscación sea la consecuencia normal del exilio. No obstante apunta que una interesante línea de investigación podía ser ofrecida por la semejanza entre la situación del exiliado y aquélla del *incensus*. En este último caso la venta de los bienes en beneficio del Estado presenta dos aspectos: uno "civilístico", en cuanto el *incensus* es considerado deudor del Estado y como tal sometido a la ejecución; y otro "penalístico" contra el *civis* que se sustrae al acto base de su inserción en la comunidad. Sobre el *incensus*, POLO TORIBIO, G., "Algunas puntualizaciones en torno a la figura jurídica del *incensus*", en *R.G.D.R.* (*www.iustel.com*), nº 12, 2009, págs. 1 ss.

[400] El propio STRACHAN-DAVIDSON, *Problems*..., I, cit., págs. 184-185, como veremos *infra*, afirma que si el caso de Postumio indica la existencia de la confiscación en la época de la Segunda Guerra Púnica, es casi seguro que la misma no se aplicó contra C. Graco el siglo siguiente. En este sentido, la opinión de Plutarco (*Caius Cracchus*, 17.5), es contradicha por Javoleno (D. 24.3.66). Parece, al menos, en el periodo inmediatamente anterior a Sila, haber afectado a algunos casos de alta traición solamente. Y bajo el sistema de los *iudicia populi* antes del establecimiento de las *quaestiones* la confiscación debió desaparecer enteramente para que Suetonio (*De vita Caesarum. Julius*, 42), nos diga que hasta la dictadura de César los convictos *integris patrimoniis exulabant*. Según, HUMBERT, s.v. «exsilium», cit., pág. 943, la confiscación sólo se producía en caso de *perduellio* o *majestas*. No obstante, convenimos con HOLTZENDORFF, *Die Deportationsstrafe*..., cit., pág. 25

Y en relación con la ciudadanía romana, tampoco podemos afirmar que, en este momento, el interdictado la perdiese como un efecto directo de su irrogación. En efecto, de acuerdo con Cicerón, un ciudadano romano no podía quedar privado de la ciudadanía romana en contra de su voluntad, siendo necesaria la asunción de otra en una comunidad extranjera independiente[401].

Ahora bien, como indica MONACO, no es menos cierto que las circunstancias descritas necesariamente no podían dejar inalterado el vínculo estado-individuo en un momento en el que el ejercicio de la misma requería la presencia efectiva del ciudadano sobre el territorio, por lo que dicho vínculo debía venir modificado en la realidad fáctica[402].

En este sentido, la práctica del exilio voluntario comportaba que el exiliado trasladara su domicilio a la ciudad de destino pudiendo, en función de los tratados internacionales y de la propia voluntad del exiliado, asumir la ciudadanía de la nueva comunidad extranjera con la consiguiente pérdida de la ciudadanía romana[403]. La interdicción

---

y pág. 28 y SANTALUCIA, "La situazione…", cit., págs. 177 ss., en que hasta César la interdicción no comportó la confiscación de los bienes. Sobre la *publicatio* como ceremonia en virtud de la cual un bien se transformaba en público y se destinaba a la utilización colectiva o se atribuyen al erario los bienes de algunos condenados, por todos, FERNÁNDEZ DE BUJÁN, *Derecho Público…*, cit., pág. 290; idem, "Hacia…", cit., págs. 47-48; ALBURQUERQUE, J.M., *La protección o defensa del uso colectivo de las cosas de domicilio público: Especial referencia a los interdictos de publicis locis (loca, itinere, viae, flumine, ripae)*, Madrid, 2002, págs. 44 ss.; PONTE, V., *Régimen jurídico de las vías públicas en Derecho Romano*, Madrid, 2007, págs. 53 ss. y págs. 251 ss.; idem, "La regulación de las vías públicas en el seno del Derecho Administrativo Romano", en AA.VV., *Hacia un Derecho Administrativo y Fiscal Romano*, Ceu-Dykinson, Madrid, 2011, págs. 375 ss. y la bibliografía por ellos citada.

401 CICERÓN, *pro Caecina*, 34.100; *De domo*, 30, 78.

402 MONACO, "Nota critica…", cit., págs. 120 ss.

403 A este respecto HARTMANN, s.v. «aquae et ignis interdictio», cit., col. 309, consideraba probable que en el periodo republicano la ciudadanía se perdiese por la asunción de una nueva en la comunidad de destino del exilio; KLEINFELLER, s.v. «exilium», cit., col. 1683, entiende que el desterrado conserva su ciudadanía romana en la comunidad extranjera que ha elegido como residencia segura, mientras no renuncie a la misma, aceptando la de dicha comunidad; COSTA, *Ci-*

ciertamente contribuía a ello al privarle de los elementos esenciales para la vida y forzar su salida[404].

Pero aunque esa pérdida de la ciudadanía romana no se produjera, como en el caso de que el acusado huyera a una comunidad en la que sólo podía recibir asilo pero no una posición jurídica garantizada por acuerdos bilaterales, necesariamente la ciudadanía romana también debía quedar mermada por efecto de la interdicción del agua y el fuego, dada la imposibilidad de regresar al territorio ciudadano y, por ende, de restablecer en el mismo el domicilio, ante la citada privación de los elementos vitales esenciales y el temor de una posible muerte.

En síntesis, gracias a la introducción en el siglo V a. C. de la garantía pecuniaria con la que se evitaba la prisión preventiva y a la no oposición tribunicia, se proporcionó al acusado de un delito político la posibilidad fáctica de sustraerse a un proceso capital, mediante su exilio fuera de Roma. De manera convencional, mediante el plebiscito *de iustum exilium*, se podía declarar la conformidad con el derecho de este exilio voluntario que, en ocasiones, era acompañado de la interdicción del agua y el fuego, una especie de excomunión política que privaba al interdictado de la prestación de hospitalidad y asistencia, prohibiéndole regresar, bajo amenaza de muerte, al territorio romano.

---

cerone giurisconsulto, I, cit., págs. 279-280 y pág. 284; CRIFÒ, *Ricerche...*, cit., págs. 27 ss. y págs. 167 ss.; idem, "Ricerche sull'«exilium»...", cit., págs. 299 ss., especialmente pág. 310; idem, s.v. «exilio (parte storica)», cit., págs. 717-718 y pág. 720, así como la bibliografía señala en sus ns. 53-57; idem, *L'esclusione...*, cit., págs. 19 ss., quien también subordina la pérdida de la ciudadanía a la adquisición de una nueva hasta Tiberio; SANTALUCIA, "La situazione...", cit., pág. 176, admite la tesis de Crifò para los primeros siglos de la República; DE CASTRO-CAMERO, *El Crimen Maiestatis...*, cit., págs. 63-64 y págs. 70-71, para quien, hasta Sila, la pérdida de la ciudadanía romana se producía por la asunción de una nueva. En el mismo sentido, BUENO DELGADO, "El exilio...", cit., págs. 4 ss.

404 HUMBERT, *Des conséquences...*, cit., págs. 100-101; idem, s.v. «exsilium», cit., pág. 943: "Con la interdicción se privaba al condenado de los elementos necesarios para la vida y forzando su salida de Italia, él perdía, por su recepción en una nueva ciudad, la condición de ciudadano romano"; BUENO DELGADO, "El exilio...", cit., págs. 4 ss.

1.2. El ejercicio del exilio en un juicio capital ya iniciado

La configuración del exilio como un *ethos* ejercitable en el marco de las comunidades ligadas con Roma en virtud de *foedera* es constatada en el siglo II a. C. por Polibio. En palabras del historiador, el exilio previo al proceso, apoyado sobre una ley consuetudinaria digna de elogio y recuerdo, fue permitido al reo que *de facto* no se hubiera alejado de Roma si antes de que se hubiese pronunciado el último voto decisivo para la condena, aquél comunicaba al pueblo la intención de irse a un destierro voluntario[405]. Así, según Polibio, los exiliados gozaban de seguridad en Nápoles, en Preneste, en Tíbur y en "*aliis urbibus quibus hoc iure foedus intercedit cum Romanis*"[406].

---

[405] POLIBIO, *Historiae*, 6.14.7. Sobre este pasaje vid., entre otros, MOMMSEN, *Le Droit pénal romain*, I, cit., págs. 82 ss.; HARTMANN, *De exilio...*, cit., págs. 1 ss.; idem, s.v. «aquae et ignis interdictio», cit., col. 309; ZUMPT, *Das Kriminalrecht...*, I.2, cit., pág. 282 y pág. 290; STRACHAN-DAVIDSON, *Problems...*, I, cit., págs. 160 ss.; HUMBERT, s.v. «exsilium», cit., pág. 943; COLI, "Tribù e centurie...", cit., págs. 569 ss.; SIBER, "Analogie...", cit., pág. 57; WABANK, F.W., *A historical commentary on Polybius*, I, Oxford, 1957, págs. 682 ss.; CRIFÒ, *Ricerche...*, cit., págs. 1 ss., pág. 44 y pág. 156, entre otras; idem, "«Exilica causa...»", cit., págs. 487-488; GREENIDGE, *The legal...*, cit., págs. 510-511; KUNKEL, *Untersuchungen...*, cit., pág. 67 n. 253 y pág. 78; idem s.v. «Quaestio», cit., pág. 767; GRASMÜCK, *Exilium...*, cit., págs. 96-97; BAUMAN, *Crime...*, cit., pág. 14 y pág. 163; SHERWIN-WHITE, *The Roman Citizenship*, cit., págs. 126-127; SANTALUCIA, *Diritto e processo...*, cit., pág. 88; LOUVISI, *Contribution...*, cit., pág. 259.

[406] POLIBIO, *Historiae*, 6.14.8. STRACHAN-DAVIDSON, *Problems...*, I, cit., págs. 160 ss. y II, cit., págs. 35 ss.; WALBANK, *A Historical...*, cit., pág. 683; SHERWIN-WHITE, *The Roman Citizenship*, cit., pág. 126 n. 2. Sobre los lugares de exilio, HARTMANN, *De exilio...*, cit., págs. 4 ss.; idem, s.v. «aquae et ignis interdictio», cit., col. 308; KLEINFELLER, s.v. «exilium», cit., cols. 1683 ss.; DE RUGGIERO, *La patria...*, Roma, 1921, págs. 116-117; BALDSON, P.V.D., *Romans and Aliens*, London, 1979, págs. 97 ss., págs. 102 ss. y págs. 113 ss.; CRIFÒ, *Ricerche...*, cit., págs. 252 ss., para quien la referencia a la seguridad en estas ciudades federadas confirma que el exilio por sí mismo no es suficiente para sustraerse de la jurisdicción romana y que tal acto no hace perder en sí y *per se* la ciudadanía sino que es necesario la adquisición de una nueva en una comunidad independiente; GARCÍA FERNÁNDEZ, *El municipio latino...*, cit., pág. 80 n. 2.

En opinión de Crifò, nos encontramos ante un verdadero derecho[407]. Sin embargo, convenimos con Grasmück en que sigue tratándose de una convención, de una emigración que, si bien se podía efectuar conforme a las condiciones jurídicas y constitucionales, no constituía un derecho[408]. Prueba de ello, entiende Bauman, es el mantenimiento de la ausencia de barrera legal para frustrar el exilio antes de su perfección como ocurrió con Hostilio Tubulo que, en el año 141 a. C., tras ser acusado de condenar a muerte a gente inocente, dejó Roma, pero fue capturado y encarcelado, envenenándose para no someterse al proceso:

> "*Tubulus... propter multa fugintia cum de exilio accersitus esset, ne in carcere necaretur, venenum bibit*"[409].

Ahora bien, como señala Strachan-Davidson, si en un primer momento el *auxilium* tribunicio fue ampliamente concedido a delin-

---

[407] Crifò, *Ricerche...*, cit., págs. 1 ss., pág. 44 y pág. 156, entre otras; idem, "«Exilica causa...»", cit., págs. 487-488, donde reconoce que son muy numerosas las situaciones jurídicas que pueden calificarse como derechos y que en Roma se han sustanciado sobre praxis o usos. De un derecho al exilio voluntario consagrado por la Ley Porcia habla también, Humbert, s.v. «exsilium», cit., pág. 943. Por su parte Siber, "Analogie...", cit., págs. 57 ss., lo califica como derecho consuetudinario.

[408] Grasmück, *Exilium...*, cit., págs. 96-99. En el mismo sentido, Levy, *Die römische Kapitalstrafe*, cit., págs. 5 ss.; Strachan-Davidson, *Problems...*, I, cit., págs. 160 ss.; Bauman, *Crime...*, cit., pág. 6 y págs. 12 ss.; De Castro-Camero, *El Crimen Maiestatis...*, cit., pág. 59.

[409] Asconio, *Oratium Cicerones Quinque Enarratio. Pro M. Scauro*, p. 25; Cicerón, *De Finibus*, 2.16.54; Bauman, *Crime...*, cit., pág. 15 n. 21, donde critica la interpretación de Mommsen, *Le Droit pénal romain*, I, pág. 81 n. 1, de que Tubulo fue atrapado por delitos posteriores dado que, si hubiese perfeccionado su exilio, ya no estaría sujeto a las leyes romanas. Al respecto, Rein, *Das Kriminalrecht...*, cit., pág. 405 y págs. 602-603; Zumpt, *Das Kriminalrecht...*, I.2, cit., pág. 106, págs. 157 ss., pág. 208 y pág. 215, que inciden en la culpabilidad manifiesta de Tubulo; Strachan-Davidson, *Problems...*, I, cit., págs. 227-228 n. 2, para quien, al igual que Pleminio, Tubulo fue arrrestado cuando estaba camino de su refugio; Crifò, *Ricerche...*, cit., págs. 255 ss., para quien Tubulo pudo ser atrapado porque no había adquirido una nueva ciudadanía.

cuentes políticos o personas de alto rango y con frecuencia negado al criminal común que, sometido a preventivo arresto, podía ser condenado a pena capital, en la época de Polibio, todo ciudadano podía escapar de la muerte mediante el exilio, puesto que el historiador describe esta costumbre de permitir el exilio como algo universal[410].

---

[410] STRACHAN-DAVIDSON, *Problems...*, I, cit., págs. 163-164 y pág. 168 y II, cit., págs. 19-20. Ciertamente, a partir de este momento, las fuentes constatan que la práctica del exilio no se circunscribe al ámbito penal y dentro de éste a los procesos por causas capitales, como un medio habilitado por el derecho para eludir la pena de muerte. CRIFÒ, *Ricerche...*, cit., págs. 193 ss., recoge algunos supuestos de exilio con relación al proceso por multas en los que los exiliados pagaban la multa en todo caso. SANTALUCIA, *Diritto e processo...*, cit., págs. 106-108, recoge un supuesto de exilio por causa patrimonial en las *quaestiones extra ordinem* en virtud del cual, conforme al testimonio de Livio (*Ab urbe condita*, 43.2), en el año 171 a. C. una legación de las provincias ibéricas presentó al Senado importantes quejas por la expoliación cometida por tres gobernadores sin escrúpulos. Ante tal acusación el Senado encomendó a L. Canuleyo, pretor al que había sido encomendada Hispania, constituir para cada uno de los acusados un colegio compuesto por cinco *recuperatores*, elegidos entre los senadores, con el fin de admitir los hechos y de condenar a los responsables a la restitución de cuanto habían extorsionado. Uno de los imputados fue absuelto y el proceso contra los otros dos, después de aplazarse varias veces, quedó sobreseído dado que los acusados se exiliaron a ciudades federadas y adquirieron su ciudadanía. Santalucia explica este exilio en un proceso *de repetundis* por el hecho de que las sustracciones cometidas fueron de tal entidad que la simple restitución habría podido comportar a los imputados la bancarrota, con el consiguiente riesgo de la ejecución sobre la persona en la medida en que la *bonorum venditio* fue introducida entorno al 118 a. C. por obra del pretor P. Rutilio Rufo. Sobre el exilio en los casos de penas pecuniarias y *de repetundis*, vid., entre otros, MOMMSEN, *Le Droit pénal romain*, I, cit., págs. 80-81 y III, cit., págs. 1 ss.; REIN, *Das Kriminalrecht...*, cit., págs. 601 ss. y págs. 646 ss.; ZUMPT, *Das Kriminalrecht...*, II.1, cit., págs. 12 ss., quien no cree que los exiliados del 171 a. C. pagasen en todo caso; STRACHAN-DAVIDSON, *Problems...*, II, cit., págs. 1 ss., para quien tampoco esos exiliados pagaron; SIBER, "Analogie...", cit., págs. 58-59; PONTENAY DE FONTETTE, F., *Leges Repetundarum. Essai sur la répression des actes illicites commis par les magistrats romains au détriment de leurs administrés*, Paris, 1954, págs. 68 ss.; VENTURINI, *Studi sul «crimen repetundarum»...*, cit., *passim*; BAUMAN, *Crime...*, cit., pág. 15 y pág. 22, para quien dos de los acusados en el año 171 a. C. evitaron el pago con el exilio; GONZÁLEZ ROMANILLOS, J.A., *La*

Junto a esta pérdida de su primigenio carácter político, la principal novedad que nos proporciona Polibio viene dada por la posibilidad de efectuar el exilio, no en el periodo que media entre la acusación y la fecha del juicio, sino cuando éste ya ha sido iniciado y antes de que se pronuncie la sentencia condenatoria.

A este respecto resulta interesante el caso de P. Popilio Lenate que, acusado de pena capital en virtud de la *lex Sempronia*[411] y tras estar pre-

---

corrupción política en época de Julio César: un estudio sobre la "Lex Iulia De Repetundis", Granada, 2009, págs. 125 ss.

[411] De acuerdo con Cicerón (*Orationes, pro Rabirio perduellionis reo*, 4.12), Cayo Graco promulgó una ley con la que se prescribía que ningún tribunal podría juzgar sobre la vida y la muerte de un ciudadano sin la autorización del pueblo, considerando ilícita toda corte de justicia no instituida por ley o plebiscito. La finalidad de esta ley era poner fin a la difusión de las *quaestiones ex senatus consulto*, en virtud de las cuales, se dispensaba al magistrado de la observancia de todas las leyes en aras de la *salus rei publicae* y se le permitía actuar en vía sumaria, sin proceso y con las armas, contra todos los ciudadanos declarados *hostes rei publicae* (vid. RODRÍGUEZ-ENNES, "La «provocatio ad populum»...", cit., págs. 96 ss.; VENTURINI, *Processo*..., cit., págs. 87 ss.) y castigar a los que habían tomado parte en los procesos instaurados nueve años antes contra los partidarios de Tiberio Graco, procesos promovidos principalmente por el cónsul P. Popilio Lenate. Sobre la *lex Sempronia*, por todos, REIN, *Das Kriminalrecht*..., cit., pág. 411 y pág. 475; ZUMPT, *Das Kriminalrecht*..., II.1, cit., pág. 57 y págs. 68 ss.; HARTMANN, *De exilio*..., cit., pág. 3; idem, s.v. «aquae et ignis interdictio», cit., col. 309; LABOULAYE, *Essai*..., cit., págs. 209 ss.; STRACHAN-DAVIDSON, *Problems*..., I, cit., págs. 243 ss.; ROTONDI, *Leges publicae*..., cit., págs. 309-310; LÜBTOW, *Das Römische Volk*, cit., págs. 218 ss.; GREENIDGE, *The legal*..., cit., págs. 325 ss.; DÜLL, "Reccusione a Levy...", cit., pág. 134; PUGLIESE, G., "Aspetti giuridici della «pro Cluentio» di Cicerone", en *I.U.R.A.*, 21, 1970, pág. 178 (= *Scritti giuridici scelti*, II, Napoli, 1985, pág. 646); idem, "Linee generali dell'evoluzione del diritto penale pubblico durante il principato", en *A.N.R.W.*, XIV.2, Berlin-New York, 1982, pág. 729 (= *Scritti giuridici scelti*, II, Napoli, 1985, pág. 660); GRASMÜCK, *Exilium*..., cit., pág. 72, pág. 78 y págs. 88-89; BASSANELLI SOMMARIVA, *Lezioni*..., cit., págs. 187 ss.; GIUFFRÈ, *La 'repressione criminale'*..., cit., pág. 74; BAUMAN, *Crime*..., cit., pág. 45 y pág. 47; SANTALUCIA, *Diritto e processo*..., cit, págs. 122-123; VENTURINI, *Processo*..., cit., págs. 145 ss.; idem, "Nota introductoria...", cit., págs. 1 ss.; DE CASTRO-CAMERO, *El Crimen Maiestatis*..., cit., pág. 64; WILLIAMSON, C., *The Law of the Roman People*, Michigan, 2005, pág. 384.

sente en algunas fases del proceso[412], se exilió antes del pronunciamiento de la condena de forma voluntaria a Nuceria en el año 125 a. C.[413], exilió que fue acompañado de la interdicción del agua y el fuego:

> "*Ubi enim tuleras ut mihi aqua et igni interdiceretur? Quod C. Gracchus de P. Popilio ... tulit?*"[414].

Algunos autores van más allá y consideran que, a partir de este periodo, el exilio voluntario no sólo se concedió al reo que hubiese manifestado al pueblo la intención de irse a un destierro voluntario antes de que el magistrado, presidente de la asamblea, recibiese el voto de la última centuria para lograr la mayoría de los votos condenatorios sino que, en virtud de una de las tres *Leges Porciae*[415] de

---

[412] Tal y como se desprende de CICERÓN, *post reditum in Senatum*, 15.37-38; VELEYO PATÉRCULO, *Historiae Romanae*, 2.7.4. En este sentido CRIFÒ, *Ricerche*..., cit., págs. 263 ss.; GAROFALO, *Appunti*..., cit., pág. 113. Cfr. VENTURINI, *Processo*..., cit., págs. 263 ss. y págs. 314-315, para quien Popilio se exilió tras la aprobación de la *lex Sempronia* de Cayo Craco y antes de que se iniciara un proceso contra él.

[413] Cfr., no obstante, DIODORO DE SICILIA, *Bibliotheca historica*, 34-35.26. Sobre el lugar de exilio CICERÓN, *pro Balbo*, 11.28. GRASMÜCK, *Exilium*..., cit., págs. 92-93.

[414] CICERÓN, *de domo sua ad Pontifices*, 31.82; *pro Cluentio*, 35.95; *de legibus*, 3.11; *de re publica*, 1.3; PLUTARCO, *C. Gracchus*, 3.4.2. Al respecto, REIN, *Das Kriminalrecht*..., cit., pág. 266 y pág. 492; ZUMPT, *Das Kriminalrecht*..., I.2, cit., pág. 76, pág. 105 y págs. 346 ss.; STRACHAN-DAVIDSON, *Problems*..., I, cit., pág. 240; GREENIDGE, *The legal*..., cit., pág. 325 y pág. 330; CRIFÒ, *Ricerche*..., cit., págs. 263 ss.; VENTURINI, *Processo*..., cit., págs. 259 ss., págs. 268 ss. y págs. 311 ss.

[415] Con las *leges Porciae* se pretendió reforzar el *ius provocationis* extendiéndolo a personas y situaciones anteriormente no previstas. Estas leyes, según nos indica Cicerón, *de re publica*, 2.31.54, fueron tres. La primera, probablemente atribuida a Catón el Viejo, cónsul en 195 a. C., habría concedido el recurso al pueblo contra la fustigación como procedimiento autónomo (Cicerón, *pro Rabirio perduellinis reo*, 12; *In Verrem II*, 5.163; Salustio, *Catilina*, 51.21-22; Tito Livio, *Ab urbe condita*, 10.9.4). La segunda, propuesta por P. Porcio Leca, tribuno de la plebe en el 199 y pretor en el 195 a. C., habría extendido el *ius provocationis* a los ciudadanos que se encontraban fuera de Roma y a los soldados frente a su comandante (Cicerón, *In Verrem*

principios del siglo II a. C., se permitió el ejercicio de este derecho incluso frente a una condena ya emanada[416].

Estos autores apoyan su afirmación en dos pasajes de Salustio relativos al debate sobre la represión de los conspiradores de la conjura de Catilina, en los que el historiador nos relata que César fue representado diciendo:

> "*Sed, per deos immortalis, quam ob rem in sententiam non addidisti uti prius verberibus in eos animadvorteretur? An quia lex Porcia vetat? At aliae leges item condemnatis civibus non animam eripi, sed exsilium permitti iubent... sed eodem illo tempore Graeciae morem imitati verberibus animadvortebant in civis, de condemnatis summum supplicium sumebant. Postquam res publica adolevit et multitudine civium factiones valuere, circumveniri innocentes, alia huiusce modi fieri coepere, tum lex Porcia*

II, 5.163; *pro Rabirio perduellionis reo*, 3.8; Salustio, *Iugurta*, 9.4). La tercera, de la que se ignora el proponente y la fecha, habría introducido una nueva y más severa sanción contra el magistrado que no atendiera a la *provocatio* (Tito Livio, *Ab urbe condita*, 10.9.4; Cicerón, *de re publica*, 2.54). Sobre estas leyes, Zumpt, *Das Kriminalrecht...*, I.2, cit., págs. 48 ss.; Rotondi, *Leges publicae...*, cit., págs. 268-269; Lübtow, *Das Römische Volk*, cit., págs. 291 ss.; Rodríguez-Ennes, "La «provocatio ad populum»...", cit., págs. 90-92; Santalucia, *Diritto e processo...*, cit., págs. 72-74; Louvisi, *Contribution...*, cit., págs. 209 ss.; Venturini, "Nota introductoria...", cit., págs. 1 ss.; De Castro-Camero, *El Crimen Maiestatis...*, cit., pág. 60; Álvarez, M.B.-Alonsopérez, G.M., "*Salustio, De coniuratione Catlinae.* La polémica de la pena de muerte y un interrogante. ¿Quién atenta contra las leyes puede servirse de ellas?", en *El Derecho Penal: De Roma al Derecho actual. VII Congreso Internacional y X Iberoamericano de Derecho Romano*, Madrid, 2005, págs. 49-50 y pág. 52.

[416] En este sentido, entre otros, Roby, H.J., *Roman Private Law in the times of Cicero and the Antonines I*, Cambridge, 1902, pág. 45 n. 1; Gioffredi, "Ancora su l'«aqua et igni interdictio»", cit., págs. 192 ss.; idem, s.v. «aqua et igni interdictio», cit., pág. 817; Greenidge, *The legal...*, cit., pág. 320; Álvarez, M.B., "Salustio, «De Coniuratione Catilinae»: la polémica acerca de la pena de muerte", en *R.G.D.R.* (*www.iustel.com*), nº 10, 2008, págs. 1 ss.

aliaeque leges paratae sunt, quibus legibus exsilium damnatis permissum est"[417].

GIOFFREDI defiende esta extensión del exilio al condenado en virtud de una *lex Porcia* en el hecho de que la ininterrumpida costumbre de solicitar el exilio, comportó que se diera por supuesta la voluntad del acusado en cuanto a su ejercicio de tal forma que los comicios no esperarían a que el acusado evitase la pena manifestando su voluntad sino que habrían pronunciado la condena concediendo después al condenado la facultad de alejarse, lo que comportaría que una condena de culpabilidad, *de facto*, no equivaldría ya a una condena capital sino al exilio. En este caso, continúa el autor, al ser la propia asamblea la que toma la iniciativa de alejar al condenado, el exilio iría seguido de la *interdictio aquae et ignis*, para garantizar que el mismo efectivamente tuviera lugar[418].

No obstante, conforme a esta argumentación, nada hace suponer que la posibilidad de conceder el exilio con posterioridad a la

---

[417] SALUSTIO, *Catilina*, 51.21 y 40. Por su parte REIN, *Das Kriminalrecht...*, cit., pág. 55, considera que con las Leyes Porcia y Sempronia los castigos corporales y la pena de muerte fueron abolidos para los ciudadanos libres de alta condición. Se vuelve cada vez menos aplicable la *sacratio* y florece la interdicción que impide el regreso al que se ha marchado en un exilio voluntario anticipándose (*zuvorkommen*) a la condena. SIBER, "Analogie...", cit., págs. 57 ss., para quien la contradicción entre ambas fuentes es sólo aparente: "la ley Porcia del primero es la ley de Catón, que del derecho al propio destierro no trata; la ley Porcia del segundo pertenence a las «*ceterae leges*» del primero y no es sin embargo tampoco la ley de Leca, sino la documentada por Cicerón como tercera ley Porcia, cuyo promotor no consta". En su opinión, el derecho del criminal al propio destierro "ging jedoch nicht darauf, unbedingt auf freiem Fuße das Recht belassen zu werden". RODRÍGUEZ-ENNES, "La «provocatio ad populum»...", cit., pág. 91, vincula la extensión de la práctica del exilio a una ley Porcia, pero precisa que su ejercicio debía llevarse a cabo "antes de que el magistrado, presidente de la asamblea, recibiese el último voto de la centuria precisa para lograr la mayoría de los votos condenatorios"; ÁLVAREZ-ALONSO-PÉREZ, "*Salustio...*", cit., págs. 49-50 y pág. 52; ÁLVAREZ, "Salustio...", cit., págs. 1 ss.

[418] GIOFFREDI, "Ancora su l'«aqua et igni interdictio»", cit., pág. 191; idem, s.v. «aqua et igni interdictio», cit., pág. 817.

condena tuviera una previsión legal en una ley Porcia. Más bien, la exposición del autor avala la tesis de que se trataba de una práctica consuetudinaria. En efecto, convenimos con DÜLL en que el texto de Polibio y los textos de Salustio se corresponden con dos fases distintas de la evolución del *ius exilii*[419]:

— Polibio lo califica como un derecho consuetudinario ejercitable con anterioridad al pronunciamiento de la sentencia, no como un derecho reconocido en una ley positiva (supuestamente una *Lex Porcia*).
— Salustio, por su parte, lo califica como un derecho positivo ejercitable por el ya condenado, pero de sus pasajes no se desprende que esta configuración fuese obra de una *Lex Porcia*. El autor hace referencia a una *Lex Porcia* que impidió la fustigación del reo y afirma que otras leyes concedieron al condenado el derecho a exiliarse, pero no indica que este derecho fuese reconocido por esa ley.

En este sentido se ha pronunciado MARTIN, cuyo análisis de los pasajes de Salustio le lleva a afirmar: "Die *lex Porcia* als Verbot der Prügelstrafe steht hier ebenfalls neben *aliae leges*, die das Exil erlauben; für eine *lex Porcia* mit dieser Bestimmung gibt es also keine Belege"[420].

---

419 DÜLL, "Reccusione a Levy…", cit., págs. 137 ss., para quien la *ecousios fugadeia* de Polibio y el exilio al que alude Salustio son realidades diferentes que no se pueden poner sobre la misma línea de evolución. Su diferencia radica en el hecho de que los procedimientos que realizan los dos tipos de exilio serían, respectivamente, declarativos en la etapa presilana y constitutivos desde Sila. La referencia de ambos pasajes a cosas diversas ha sido también puesta de manifiesto por SANTALUCIA, *Diritto e processo…*, cit., pág. 88.

420 MARTIN, "Die Provokation…", cit., págs. 87-88. Por su parte HOLTZENDORFF, *Die Deportationsstrafe…*, cit., pág. 24, considera que esas otras leyes deben ubicarse en época cesariana; BAUMAN, *Crime…*, cit., pág. 26 n. 22, considera que cuando Salustio habla de otras leyes que permitieron el exilio, tales leyes no son de *provocatio*, ya que la Ley Porcia fue la última a este respecto. Las otras leyes son posteriores y se refieren a las leyes de Sila, pero Salustio prefiere no identificarlas. Dudosa nos resulta, DE CASTRO-CAMERO, *El Crimen Maiestatis…*, cit., pág. 59, quien considera que Polibio habla de práctica consuetudinaria, mientra Salustio lo hace de exilio y le da un origen legal. Las leyes a las que alude son, en su opinión, las Leyes Valeria. Sin embargo, la autora afirma que la

Sólo a partir de las *Leges Corneliae* de Sila, con las que el procedimiento de las *quaestiones perpetuae* alcanza su plena y definitiva aplicación, adquiere configuración legal la posibilidad atribuida al condenado de eludir la pena de muerte mediante el exilio voluntario a través de la previsión expresa de la interdicción del agua y el fuego.

Hasta ese momento, la evolución del derecho criminal romano inspirada, conforme a MOMMSEN[421], en una reducción de la pena de muerte, se efectuará en vía consuetudinaria a través del destierro voluntario descrito por Polibio al que normalmente acompañará la interdicción del agua y el fuego.

Ello no significa, como precisa CRIFÒ, que la solicitud del exilio con anterioridad a la condena comportara en todo caso la suspensión del proceso[422]. En efecto, el mismo podría continuar hasta la *damnatio*, cuya ejecución sería eludida mediante el ejercicio del exilio

---

interdicción no adquirió carácter de pena hasta Sila (Cfr. pág. 40, pág. 56, pág. 59 y págs. 63-64, entre otras).

[421] MOMMSEN, *Le Droit pénal romain*, I, cit., pág. 82; HOLTZENDORFF, *Die Deportationsstrafe*..., cit., pág. 15, para quien la muerte, con el incremento del exilio voluntario, desaparece como una regular pena; STRACHAN-DAVIDSON, *Problems*..., I, cit., págs. 160 ss. y II, cit., págs. 19-20, insiste en que la desaparición de la pena de muerte se debe al hecho de que, gracias al abuso del *auxilium* de los tribunos, el arresto preventivo devino cada vez más dificultoso, de tal forma que el obstáculo para la marcha no fue prácticamente interpuesto; LÉCRIVAIN, s.v. «poena», cit., pág. 538; FERRUCCIO FALCHI, G., *Diritto Penale Romano. I, Dottrine Generali*, 2ª edición, Padova, 1937, págs. 69-70; BAUMAN, *Crime*..., cit, pág. 6; SCHULZ, *Principios*..., cit., pág. 224.

[422] CRIFÒ, *Ricerche*..., cit., págs. 247 ss. Sobre la continuación del proceso, por ejemplo, en los casos de crímenes de majestad y concusión cuando el reo hubiera muerto o marchado al exilio antes de que se hubiera pronunciado la sentencia, *Lex Acilia*, ln. 29; FERRUCCIO FALCHI, *Diritto Penale Romano*, I, cit., pág. 223; VOLTERRA, E., "Processi penali contro i difunti in Diritto romano", en *R.I.D.A.*, 3, 1949, págs. 485-489; FANIZZA, L., "Il crimine e la morte del reo", en *M.E.F.R.A.*, 96, 1984, pág. 671 ss.; LAFFI, U., "La morte nel procedimento «de repetundis»", en *Studi in onore di Albino Garzetti*, Brescia, 1996, págs. 231-256; DE CASTRO-CAMERO, *El Crimen Maiestatis*..., cit., págs. 35 ss. Sobre un profundo análisis de los casos de exilio en el siglo II a. C., REIN, *Das Kriminalrecht*..., cit., págs. 491 ss.; ALEXANDER, M.C., *Trials in the Later Roman Republic*, 149 BC to 50 BC, Toronto-Buffalo-London, 1990, *passim*; GAROFALO, *Appunti*..., cit., págs. 96 ss.

voluntario previamente manifestado al pueblo. Pero se trata una vez más de una práctica consuetudinaria y no de un derecho reconocido al condenado a través de una disposición legal.

Un ejemplo de tal proceder para esta época nos lo ofrece Livio con relación al proceso capital de *perduellio* intentado en el año 169 a. C. por el tribuno de la plebe P. Rutilio contra los censores C. Claudio y Tiberio Sempronio Graco. El proceso se afrontó primero contra C. Claudio y, como constata GAROFALO, cuando su suerte parecía ya fijada como consecuencia del voto desfavorable emitido por ocho centurias de caballeros y numerosas otras de la primera clase, dos circunstancias imprevisibles lo salvaron: por un lado, las súplicas a su favor efectuadas por los *principes civitatis* y, por otro, el juramento de Tiberio Graco de acompañar en el exilio a su colega si era condenado sin esperar su propio juicio:

> "*Maxime tamen sententiam vertisse dicitur Ti. Gracchus, quod, cum clamor undique plebis esset periculum Graccho non esse, conceptis verbis iuravit, si collega damnatus esset, non expectato de se iudicio comitem exilii eius futurum*"[423].

De las palabras atribuidas a Graco, entiende CRIFÒ, C. Claudio habría ejercitado el exilio voluntario con anterioridad a la condena, lo que no habría evitado que el proceso continuara hasta su pronunciamiento, pero sí hubiera eliminado su ejecución y el mismo resultado hubiera tenido el eventual proceso contra Graco[424].

Por lo que respecta a la *publicatio bonorum*, como indica STRACHAN-DAVIDSON, en la época inmediatamente anterior a Sila, la misma es sólo prevista para algunos casos de alta traición, debiendo

---

[423] TITO LIVIO, *Ab urbe condita*, 43.16.15. Cfr. VALERIO MÁXIMO, *Facta et dicta memorabilia*, 6.5.3. GAROFALO, *Appunti*..., cit., págs. 109-110. Sobre este proceso, REIN, *Das Kriminalrecht*..., cit., págs. 483-484; ZUMPT, *Das Kriminalrecht*..., I.2, cit., pág. 70, pág. 203, págs. 223-224 y págs. 343-344; STRACHAN-DAVIDSON, *Problems*..., I, cit., pág. 186; LOUVISI, *Contribution*..., cit., pág. 263.

[424] CRIFÒ, *Ricerche*..., cit., págs. 253-254, quien insiste, a nuetro juicio erróneamente, en hablar de un *ius exilii* en materia de derecho criminal.

desaparecer con posterioridad para que Suetonio nos diga, sobre la autoridad de Cicerón, que hasta la dictadura de César los convictos *integris patrimoniis exulabant*[425]. En consecuencia, no podemos afirmar que, en esta época, la *publicatio bonorum* sea una consecuencia automática, ni del exilio, ni de la interdicción del agua y el fuego.

Mayores novedades encontramos en relación a la ciudadanía romana porque, si hasta el momento su pérdida no era consecuencia directa de la interdicción, siendo necesaria la asunción de una nueva en la comunidad de destino del exilio, en opinión de FIORI, su pérdida por efecto de la interdicción viene confirmada, para finales del siglo II a. C., gracias a un pasaje de Pomponio en el que se recoge la opinión de P. Mucio Escévola respecto a que el *dilectus non receptus* no podía ser considerado *civis* porque había sido *expulsus ex civitate*, igual que ocurría cuando había sido irrogada una *interdictio aquae et ignis*:

> D. 50.7.18(17) (Pomponius *libro XXXVII. ad Quintum Mucium*): ... *quem hostes si non recepissent, quaesitum est, an civis Romanus maneret: quibusdam existimantibus manere, aliis contra, quia quem semel populus iussisset dedi, ex civitate expulsisse videretur, sicut faceret, quum aqua et igni interdiceret, in qua sententia videtur Publius Mucis fuisse*[426].

---

[425] SUETONIO, *De vita Caesarum. Julius*, 42. STRACHAN-DAVIDSON, *Problems...*, I, cit., págs. 184-185. Niegan que la confiscación de los bienes sea una consecuencia de la interdicción en este momento, entre otros, HARTMANN, s.v. «aquae et ignis interdictio», cit., col. 309; KLEINFELLER, s.v. «exilium», cit., col. 1685, para quien sólo si el exiliado se retira a un estado que tiene reconocido el derecho de asilio, puede conservar sus derechos de ciudadano romano e *integris patrimoniis exulere*; HOLTZENDORFF, *Die Deportationsstrafe...*, cit., pág. 25 y pág. 28; SANTALUCIA, "La situazione...", cit., págs. 177 ss.; RAVIZZA, "Sui rapporti...", cit., págs. 1 ss.

[426] FIORI, *Homo sacer...*, cit., pág. 270; BRASIELLO, *La repressione...*, cit., págs. 108 ss.; DE VILLA, "«Exilium perpetuum»", cit., pág. 299 n. 1; MAGDELAIN, "Recensión a Crifò...", cit., pág. 469; SANTALUCIA, "La situazione...", cit., pág. 176 n. 14. LEVY-RABEL, *Index Interpolationum*, III, cit., col. 575, donde no se señala ninguna alteración en esta parte del pasaje.

De este pasaje intuye SANTALUCIA que los principios republicanos transmitidos por Cicerón de que ningún ciudadano romano podía ser privado de la ciudadanía contra la propia voluntad y de que la ciudadanía romana se perdía por la adquisición de una extranjera, están superados o en vías de superación[427]. Y en la misma línea, ya con anterioridad, autores como BRASIELLO o MAGDELAIN, habían señalado que el propio jurisconsulto aporta variaciones a su pensamiento en otros pasajes en los que concibe incluso un exilio sin cambio de suelo y con los que se confirma el pensamiento de Publio Mucio[428].

---

[427] SANTALUCIA, "La situazione...", cit., pág. 176 n. 5. El autor critica así la postura de CRIFÒ, *Ricerche...*, cit., págs. 263 ss.; idem, s.v., «esilio (parte storica)», cit., pág. 719; idem, *L'esclusione...*, cit., págs. 120 ss., para quien la pérdida de la ciudadanía no se produjo hasta Tiberio. El autor considera que los principios enunciados en Cicerón, *pro domo*, 30.78; *pro Caecina*, 34.100; y *pro Balbo*, 27-31, de que la ciudadanía se perdía sólo por la asunción de otra y de que *civitas non adimitur*, reflejan una concepción que en la última fase de la República está ya superada o en vías de superación. De estos textos y de Cornelio Nepote (*Vitae. Atticus*, 3.3), afirma el autor, "observamos que en su época eran muy pocos los que conocían la regla de que no se podía ser al mismo tiempo ciudadano de dos ciudades y, respecto al principio de que ningún ciudadano romano podía ser privado de la ciudadanía contra la propia voluntad, esto no era mínimamente observado por Publio Mucio cuando en los últimos decenios del siglo II sostenía que la *deditio* del *civis* al enemigo comportaba la pérdida de la ciudadanía, incluso si la comunidad extranjera se había negado a recibirlo (D. 50.7.18; cfr. Cicerón, *Topica*, 37)".

[428] BRASIELLO, *La repressione...*, cit., págs. 108 ss., donde critica la opinión de MOMMSEN, *Le Droit pénale romain*, I, cit., pág. 82 n. 3, II, cit., pág. 247 y III, cit., pág. 240, págs. 275 ss., pág. 283, págs. 309-310 y pág. 313, para quien la interdicción no comporta la pérdida de la ciudadanía hasta Tiberio y la opinión de STRACHAN-DAVIDSON, *Problems...*, I, cit., pág. 20 n. 2 y II, cit., pág. 58 n. 2, para quien el "*sicut ... interdiceret*" probablemente sea un añadido del propio Pomponio en cuya época (reino de Adriano), el interdictado perdía la ciudadanía *ipso facto*. A su juicio, el pasaje *pro domo*, 30.78, muestra claramente la conexión con la condena capital; la expectativa de adquirir una ciudadanía extranjera debía servir sólo en una época remota y el propio Cicerón no hace mención al respecto en *Caecina*, 34.100; y en *Paradoxa*, 4.31, concibe un exilio sin cambio de suelo. Por su parte, MAGDELAIN, "Recesión a Crifò...", cit., pág. 469, critica la tesis de Crifò, considerando que estos textos ciceronianos que subordinan la pérdida de la ciudadanía romana por parte del exiliado

Por tanto, en el siglo II a. C., el exilio voluntario deviene una convención "universal" conforme a derecho de eludir una sanción penal ejercitable en el curso de un proceso ya iniciado pero con anterioridad a la condena. Su ejercicio no impedía, sin embargo, la continuación del mismo hasta la *damnatus*, cuya ejecución quedaba en suspenso por efecto del mismo. En los procesos capitales, solía ir acompañado la interdicción del agua y el fuego que, aunque continuaba sin revestir el carácter legal de pena, comienza a configurarse ya claramente como la alternativa a la pena capital quebrando los principios hasta entonces vigentes respecto a la pérdida de la ciudadanía, privando al interdictado de los elementos esenciales de la comunidad ciudadana, negándole la hospitalidad y asistencia y conminándole de muerte en caso de regreso.

1.3. Configuración legal del exilio-interdicción como pena alternativa a la pena capital en las *quaestiones perpetuae* e introducción del exilio decenal

Con el emperador Sila las *quaestiones perpetuae* alcanzan su configuración definitiva. Conforme a la síntesis efectuada por SANTALUCIA, este emperador estableció *ex novo* o reestructuró seis *quaestiones perpetuae*: *de repetundis* (para las extorsiones de los magistrados), *de maiestate* (para los casos de alta traición y de insubordinación contra los supremos órganos de la república), *de ambitu* (para la corrupción electoral), *de peculatu* (para la sustracción de dinero público), *de sicariis et veneficiis* (para los homicidios y otros delitos similares) y *de falsis* (para el falso testamento)[429].

---

a la adquisición de otra son inexactos e indica cómo el propio Cicerón aporta variaciones a su pensamiento en *Paradoxa*, 4.31. Vid., asimismo, GRASMÜCK, *Exilium...*, cit., págs. 124 ss. Cfr. CRIFÒ, *L'esclusione...*, cit., págs. 23-24, donde expresa sus reservas sobre la genuidad del "*sicut-interdiceret*" y estima que todo lo más sería la opinión de un único jurisconsulto.

[429] SANTALUCIA, *Diritto e processo...*, cit., págs. 103 ss. Sobre las *quaestiones perpetuae*, vid., entre otros, REIN, *Das Kriminalrecht...*, cit., págs. 63 ss.; HOLTZENDORFF, *Die Deportationsstrafe...*, cit., págs. 18 ss.; COSTA, E., *Cicerone giurisconsulto*, II, Bologna, 1927 (edición anastática, Roma, 1964), págs. 133 ss.; MOMMSEN, *Le Droit pénal romain*, I, cit., págs. 220 ss.; FERRI-

De las leyes que regularon la composición de los tribunales permanentes respectivos, la *lex Cornelia de maiestatis*, la *lex Cornelia de sicariis et veneficiis* y la *lex Cornelia de falsis*, ambas tres del año 81 a. C., sancionaron formalmente con la pena de muerte los ilícitos en ellas previstos si bien, como indica SCAPINI[430], concedieron al condenado la posibilidad de salvar la vida a través del exilio

NI, *Diritto Penale Romano*, cit., pág. 145, pág. 151, pág. 350, págs. 383-384, pág. 386 y pág. 401; GREENIDGE, *The legal...*, cit., págs. 423 ss.; CARNAZZA-RAMETTA, *Studio...*, cit., págs. 41 ss.; LABOULAYE, *Essai...*, cit., págs. 183 ss.; PUGLIESE, "Aspetti giuridici...", cit., págs. 726 ss. (= *Scritti giuridici scelti*, II, cit., págs. 657 ss.); SCAPINI, *Diritto e procedura...*, cit., págs. 131 ss.; GIUFFRÈ, *La 'repressione criminale'...*, cit., págs. 71 ss.; BAUMAN, *Crime...*, cit., págs. 22 ss.; ROBINSON, O.F., *The criminal law of ancient Rome*, Baltimore, Maryland, 1996, págs. 1 ss.; VENTURINI, C., "Quaestio ex senatus consulto", en AA.VV. *Legge e Società nella Repubblica Romana (a cura di F. Serrao)*, II, Napoli, 2000, págs. 211 ss.; idem, "Nota introductoria...", cit., págs. 1 ss.; SCHULZ, *Principios...*, cit., págs. 116 ss.; DE CASTRO-CAMERO, *El Crimen Maiestatis...*, cit., pág. 64; NÚÑEZ MARTÍ, A., "*Quaestiones Perpetuae*. Un paso haca el principio de legalidad", en *El Derecho Penal: de Roma al Derecho actual. VII Congreso Internacional y X Iberoamericano de Derecho romano*, Madrid, 2005, págs. 421-428; GONZÁLEZ ROMANILLOS, J.A., "La corrupción electoral en la «quaestiones perpetuae»", en *Index*, 38, 2010, págs. 100-112; CASTÁN, S., "Corrupción electoral en la República romana: interés del *populus* y la *nobilitas* en la lucha política", en *A.F.D.U.C.*, nº 16, 2012, págs. 752-804; ALBURQUERQUE, J.M., "Fundamento, evolución y aspectos más significativos de la *quaestio perpetua de repetundis*. Concusión y corrupción", en *R.G.D.R.* (*www.iustel.com*), nº 24, 2015, págs. 1 ss.; FERNÁNDEZ DE BUJÁN, *Derecho Público...*, cit., págs. 260 ss.

430 SCAPINI, *Diritto e procedura...*, cit., pág. 38 y pág. 84. En el mismo sentido, GIOFFREDI, "L'«aqua et igni interdictio»...", cit., pág. 434; idem, s.v. «aqua et igni interdictio», cit., pág. 817; GREENIDGE, *The legal...*, cit., pág. 513, quienes, no obstante, consideran que el exilio posterior a la condena ya había sido permitido en virtud de una ley Porcia; RUSSOMANNO, *Curso...*, I, cit., págs. 34-35; BAUMAN, *Crime...*, cit., pág. 6, pág. 18, págs. 26 ss., pág. 34 y pág. 162, entre otras; CAMACHO DE LOS RÍOS, *La infamia...*, cit., pág. 109; DÍAZ-MELIÁN DE HANISCH, "Algunas observaciones...", cit., pág. 194. Por su parte, DE CASTRO-CAMERO, *El Crimen Maiestatis...*, cit., pág. 40, pág. 56, pág. 59 y pág. 64, considera que la pena de muerte ya no se aplicaba y que la interdicción del agua y el fuego fue la pena establecida en estas leyes.

voluntario mediante la ordenación expresa del instrumento apto para llevarlo a cabo, esto es, la interdicción del agua y el fuego.

Se observa, en consecuencia, un cambio de concepción porque, si en las épocas precedentes, era el propio acusado el que tomaba la iniciativa de huir a través del exilio sustrayéndose a la represión penal, con las leyes de Sila, es la propia comunidad la que impulsa el efectivo alejamiento, configurando la interdicción del agua y el fuego como una pena alternativa a la muerte.

Por tanto, convenimos con De Villa en que, a partir de este momento, la *aquae et ignis interdictio* y el *exilium* serán considerados como expresiones equivalentes en la media en que la prohibición domiciliaria derivada de la imposibilidad de permanecer en el territorio urbano bajo pena de muerte, conducirá al interdictado a asumir otro domicilio a través del exilio[431].

Con esta previsión legal de la interdicción del agua y el fuego, fundada a juicio de Grasmück, en las limitaciones del poder tribunicio (*proscriptiones*)[432], se inicia, en palabras de Zilletti, la configuración del concepto de pena capital como alternativa muerte-exilio (interdicción), cuya consolidación estabilizó la praxis por la cual la condena

[431] De Villa, "«Exilium perpetuum»", cit., pág. 297; Holtzendorff, *Die Deportationsstrafe...*, cit., págs. 22 ss., cosidera que las leyes Cornelias sólo establecieron dos penas: la pecuniaria y el destierro bajo la forma de la interdicción del agua y el fuego; Sabatini, s.v. «esilio», cit., pág. 850, afirma que exilio equivale a la pena de muerte asumiendo la forma de interdicción; Russomanno, *Curso...*, I, cit., págs. 34-35; Scapini, *Diritto e procedura...*, cit., pág. 38; Bauman, *Crime...*, cit., págs. 26 ss., para quien la interdicción puede describirse como un compulsorio exilio; De Castro-Camero, *El Crimen Maiestatis...*, cit., pág. 40, pág. 56, pág. 59 y pág. 64, para quien, como hemos visto en la nota precedente, la interdicción no era una alternativa a la pena de muerte sino la penal legal establecida, aunque aún no se tenía una idea clara sobre el exilio.

[432] Grasmück, *Exilium...*, cit., págs. 104-105, pág. 107 n. 300; Holtzendorff, *Die Deportationsstrafe...*, cit., págs. 27 ss.; Strachan-Davidson, *Problems...*, II, cit., págs. 30 ss.; Brasiello, *La repressione...*, cit., págs. 97 ss.; idem, s.v. «pena (diritto romano)», cit., pág. 811; Bauman, *Crime...*, cit., págs. 26 ss. y pág. 42; De Castro-Camero, *El Crimen Maiestatis...*, cit., pág. 40, pág. 56, pág. 59 y pág. 64.

para el ciudadano romano se resolvía en el exilio-interdicción[433], lo que condujo a los juristas clásicos a identificar a ésta como la pena de las leyes Cornelias[434].

---

433 Zilletti, U., "In tema di 'servitus poenae'", en *S.D.H.I.*, 34, 1968, págs. 56-57; idem, "Note sulla «restitutio in integrum damnatorum»", en *Studi in onore di Giuseppe Grosso*, II, Torino, 1968, págs. 48-49; Ferrini, *Diritto Penale Romano*, cit., pág. 145, pág. 151, pág. 350, págs. 383-384, pág. 386 y pág. 401; Ferruccio Falchi, *Diritto Penale Romano*, II, cit., pág. 106, pág. 143, pág. 176, págs. 187-188; Greenidge, *The legal*..., cit., págs. 506 ss.; Sabatini, s.v. «esilio», cit., pág. 850; Bauman, *Crime*..., cit., págs. 26 ss.; Díaz-Melián De Hanisch, "Algunas observaciones...", cit., pág. 194. Cfr. Mommsen, *Le Droit pénal romain*, III, cit., pág. 241, pág. 311 n. 4 y pág. 319, quien afirma que si la legislación de Sila designa también la interdicción como pena capital, es porque la ruptura del bando era sancionada con la muerte y, en consecuencia, la interdicción podía ser considerada como una pena de muerte condicional. Ahora bien, en su opinión, la interdicción silana es una mera relegación. Esta postura, sin embargo, ha sido critica por De Castro-Camero, *El Crimen Maiestatis*..., cit., pág. 40, pág. 56, pág. 59 y pág. 64, para quien la pena de muerte ya no se aplicaba.

434 Así, por ejemplo, Gayo, *Institutae*, 1.128; Coll. 12.5.1 (*Ulpianus*); D. 48.10.33 (Modestinus *libro III. de Poenis*); D. 48.13.3 (Ulpianus *libro I. de Adulteriis*). La configuración de la interdicción del agua y el fuego como *poena legis* por Sila es defendida entre otros por, Hartmann, *De exilio*..., cit., págs. 1 ss. y págs. 10 ss.; idem, s.v. «aquae et ignis interdictio», cit., col. 309; Humbert, *Des conséquences*..., cit., págs. 101 ss.; idem, s.v. «exsilium», cit., pág. 943, para quien la *interdictio aquae et ignis* habría devenido una pena tras la ley gracana *ne de capite civium Romanorum in iussu populi iudicaretur* y habría sido después sancionada por las leyes Cornelias; Willems, *Le droit public romain*, cit., pág. 102; Rein, *Das Kriminalrecht*..., cit., pág. 65, págs. 413-414, págs. 455-457, pág. 514 y pág. 915; Rotondi, *Leges publicae*..., cit., págs. 356-358 y pág. 360; Costa, E., *Crimini e pene da Romulo a Giustiniano*, Bologna, 1921, pág. 94 (reimpresión facsímil, Pamplona, 2009); idem, *Cicerone giurisconsulto*, I, cit., pág. 280; Brasiello, *La repressione*..., cit., págs. 61 ss.; Strachan-Davidson, *Problems*..., II, cit., págs. 23 ss.; Düll, "Reccusione a Levy...", cit., págs. 139 ss.; Ferruccio Falchi, *Diritto Penale Romano*, II, cit., pág. 106, pág. 143, pág. 176, págs. 187-188; De Villa, "«Exilium perpetuum»", cit., págs. 295 ss.; Ferrini, *Diritto Penale Romano*, cit., pág. 145 y pág. 151; Gnoli, F., *Ricerche sul crimen peculatus*, Milano, 1979, pág. 74, pág. 138, págs. 176-181 y pág. 187; Grasmück, *Exilium*..., cit., pág. 104; Vicenti, U., "«Falsum testimonium dicere» (XII Tab. 8.23) e il pro-

La interdicción del agua y el fuego devino así en una verdadera y propia pena consistente en la expulsión del reo de una parte del territorio, normalmente de Roma o Italia[435], bajo amenaza de muerte en el caso de un abusivo regreso que comportaba la pérdida automática de la ciudadanía romana[436].

---

cesso di Marco Volscio Fittore (Liv. 3.29.6)", en AA.VV. *Idee vecchie e nuove sul diritto criminale romano* (a cura del prof. A. Burdese), Padova, 1988, págs. 23 ss.; SCAPINI, *Diritto e procedura...*, cit., pág. 37, pág. 41 y págs. 75-76, para quien la pena capital debe entenderse como *interdictio aquae et ignis*; BAUMAN, *Crime...*, cit., págs. 26 ss.; DE CASTRO-CAMERO, *El Crimen Maiestatis...*, cit., pág. 40, pág. 49, pág. 50 n. 76, pág. 53, pág. 56, pág. 59, págs. 64-66 y págs. 72-73; CAMACHO DE LOS RÍOS, *La infamia...*, cit., pág. 109, para quien la *Lex Cornelia de sicariis* estableció la pena capital salvo recurso a la interdicción; DÍAZ-MELIÁN DE HANISCH, "Algunas observaciones...", cit., pág. 194, en cuya opinión la *interdictio aquae et ignis* es la pena general de las *quaestiones*; BUENO DELGADO, "El exilio...", cit., pág. 9.

435 Cfr. *Tabula Heracleensis*, lns. 118 ss., donde se prohíbe el acceso a los cargos locales a quienes han sido expulsados de Italia. Al respecto, vid. las observaciones de HOLTZENDORFF, *Die Deportationsstrafe...*, cit., págs. 28 ss., quien señala cómo ya desde la Guerra Social el entorno geográfico de Roma había ganado significación, debiéndose por eso ampliar las fronteras del desterrado para evitar empresas hostiles; STRACHAN-DAVIDSON, *Problems...*, II, cit., págs. 35 ss.; BRASIELLO, *La repressione...*, cit., pág. 110.

436 Respecto de la pérdida de la ciudadanía, REIN, *Das Kriminalrecht...*, cit., pág. 55, pág. 137, pág. 240 y pág. 286; HOLTZENDORFF, *Die Deportationsstrafe...*, cit., pág. 25; DE RUGGIERO, *La patria...*, cit., pág. 7 y pág. 63; BRASIELLO, *La repressione...*, cit., págs. 108 ss.; COSTA, *Cicerone giurisconsulto*, I, cit., pág. 280; DUMONT, *Manuel...*, I, cit., pág. 240; CASTELLO, C., *L'acquisto della cittadinanza e i suoi riflessi familiari nel diritto romano*, Milano-Varese, 1951, págs. 13 ss.; GIOFFREDI, s.v. «aqua et igni interdictio», cit., pág. 817, afirma con relación a las leyes Cornelias, que Gayo (*Institutae*, 1.128) atribuía al interdictado los efectos de la *capitis deminutio media*; MAGDELAIN, "Recensión a Crifò...", cit., pág. 469; RUSSOMANNO, *Curso...*, I, cit., págs. 34-35; CARAMES FERRO, *Instituciones...*, I, cit., pág. 122; ÁLVAREZ RAMOS, "Crimen maiestatis...", cit., pág. 119; idem, "La aplicación...", cit., pág. 78; GRASMÜCK, *Exilium...*, cit., pág. 111; SANTALUCIA, "La situazione...", cit., pág. 176 n. 5; DE CASTRO-CAMERO, *El Crimen Maiestatis...*, cit., págs. 70-71 y pág. 79; DÍAZ-MELIÁN DE HANISCH, "Algunas observaciones...", cit., pág. 193 y pág. 198; RAVIZZA, "Sui rapporti...", cit., págs. 1 ss. Cfr. CRIFÒ, *Ricerche...*, cit., pág. 310.

No obstante, algunos autores han afirmado que hasta el año 63 a. C. faltó una pena de exilio reconocida legislativamente, dado que la pena establecida por las leyes Cornelia fue formalmente la pena de muerte, de tal forma que la interdicción continuaba siendo una medida administrativa[437].

Su afirmación se apoya en dos pasajes de Cicerón, *pro Caecina*, 34.100 y *pro L. Murena*, 41.89. En el primero, del año 69 a. C., el orador indica que el exilio no era un castigo sino un refugio, un puerto para salvarse del mismo:

> "*exsilium enim non supplicium est, sed perfugium portusque supplici*".

En el segundo, califica como *nova poena*, el exilio decenal introducido por la *Lex Tulia de ambitu* del año 63 a. C.:

> "*Sed quid eius matrem aut domum appello quem nova poena legis et domo et parente et omnium suorum consuetudine conspectuque privat? Ibi igitur in exsilium miser?...*"[438].

---

[437] En este sentido, entre otros, Levy, *Die römische Kapitalstrafe*, cit., págs. 5 ss., págs. 15 ss., págs. 23 ss. y págs. 30 ss.; Kunkel, s.v. «Quaestio», cit., pág. 768; idem, *Kleine Schriften*, Weimar, 1974, págs. 87-90, si bien considera que la legislación de Sila no modificó el régimen anterior, reconoce que dado que la interdicción forzaba al interesado a marcharse en exilio, es plausible que ya en la época republicana se comenzase a considerar la interdicción como exilio y el exilio, no ya como una huida frente a una amenaza de muerte, sino como una pena en sí. E igualmente en edad republicana podría ser constituida la doctrina que ve la pérdida de la ciudadanía romana como consecuencia de la interdicción; Siber, "Analogie...", cit., págs. 61-67, también duda de su carácter como *poena legis*; Crifò, "«Exilica causa...»", cit., págs. 492-493; idem, *L'esclusione...*, cit., págs. 24 ss. y págs. 78 ss., quien niega asimismo que la interdicción fuese prevista como pena por las leyes Cornelia. La falta de configuración penal del exilio hasta este momento ha sido señalada también, por Gómez-Iglesias Casal, A., *Citación y comparecencia en el procedimiento formulario romano*, Santiago de Compostela, 1984, págs. 172 ss.; Ravizza, "Sui rapporti tra matrimonio e *deportatio* in età imperiale", cit., págs. 1 ss.

[438] Cfr. Cicerón, *pro Cn. Plancio*, 34.83.

A nuestro juicio, sin embargo, estos pasajes no son suficientes para negar el carácter legal de la interdicción desde Sila. El primero porque, como señala KLEINFELLER, el exilio podía ser calificado como un refugio en la medida en que permitía al interdictado eludir las consecuencias de la interdicción, principalmente, la muerte si permanecía en territorio romano[439]. Además, como afirma DÜLL, el propio Cicerón en otro pasaje, hace referencia a que Sila decretó en sus leyes como pena el "*exulem esse*":

> CICERÓN, *Paradoxa*, 4.30-31: "*Caedem in foro fecisti: armatis latronibus templa tenuisti: privatorum domo aedes sacras incendisti... Potes autem esse tu civis propter quem aliquando civitas non fuit?... Nescis exilium scelerum esse poenam?... Omnes scelerati... quorum tu te ducem esse profiteris, quos leges exilio adfici volunt, exules sunt, etsi solum non mutarunt. An cum omnes leges te exulem esse iubeant non eris tu exul?... Quid ego communes leges profero, quibus omnibus es exul?... Tot legibus in exsilium eiectus nomen exulis non perhorrescis...?*"[440].

A todo ello, debemos añadir, como indica BAUMAN, que los juristas describen la pena en términos claros respecto a su regulada sanción, afirmando que fue instituida por Sila y recordándola en lugar de la pena actual, por lo que no hay, a su juicio, base suficiente para afirmar que las distintas fuentes describan la acción de un magistrado. Esto no significa en su opinión que el magistrado no emitiera un edicto dando efectos a la interdicción. Pero esto no era diferente de otras acciones administrativas para dar efecto a la sentencia. En substancia, el magistrado emplea la misma acción que él tenía antes que Sila: deja al culpable en libertad y emite un edicto. La diferencia radica en que ahora lo hace porque una ley le ordena hacerlo y no meramente a causa de una convención[441].

---

[439] KLEINFELLER, s.v. «exilium», cit., col. 1684.

[440] DÜLL, "Reccusione a Levy...", cit., págs. 139 ss.; COSTA, *Cicerone giurisconsulto*, I, cit., pág. 284.

[441] BAUMAN, *Crime...*, cit., págs. 27 ss. y pág. 115, Cfr. Coll. 12.5.1; Coll. 15.2.1; Coll. 12.4.1; Gayo, *Institutae*, 1.128; D. 48.13.3; D. 48.19.2§1; *Pauli*

Asimismo, tampoco creemos que el segundo pasaje de Cicerón impida afirma el carácter de *poena legis* de la interdicción del agua y el fuego desde Sila, porque la introducción del exilio decenal a través de la *lex Tullia de ambitu* propuesta por Cicerón en el año 63 a. C., como complemento de las medidas establecidas en la *Lex Calpurnia* del 171 a. C.[442], dio origen ciertamente a una nueva pena diferenciada de la interdicción del agua y el fuego de carácter siempre permanente y con consecuencias jurídicas diversas dado que, como indica CRIFÒ, el carácter temporal del exilio impide considerar que el mismo produzca la pérdida de la ciudadanía romana, efecto que tampoco se desprende del tenor literal del pasaje[443].

Nos encontramos, en realidad, como indica SCAPINI, ante la primera previsión legal del exilio como pena bajo la forma de relegación[444] que alcanza su pleno desarrollo en época imperial y que,

---

Sententiae, 5.29.1; D. 48.1.2; D. 48.10.3. Vid., asimismo, DE CASTRO-CAMERO, *El Crimen Maiestatis*..., cit., pág. 40, pág. 56, pág. 59, págs. 63-65, pág. 68 y pág. 70.

[442] DIÓN CASIO, *Historiae Romanae*, 37.29. Sobre la ley *Tullia de ambitu*, con carácter general, MOMMSEN, *Le Droit pénal romain*, III, cit., pág. 197 ss. y pág. 205; REIN, *Das Kriminalrecht*..., cit., págs. 711 ss. y págs. 728-729; ZUMPT, *Das Kriminalrecht*..., cit., II.2, págs. 251 ss.; HUMBERT, G., s.v. «ambitus», en *D.S.*, I, Paris, 1877, págs. 223-224; HARTMANN, *De exilio*..., cit., págs. 28 ss.; idem, s.v. «ambitus», en *P.W.R.E.*, I, München, 1873, cols. 1800 ss.; ROTONDI, *Leges publicae*..., cit., pág. 379; FERRINI, *Diritto Penale Romano*, cit., págs. 420 ss.; SIBER, "Analogie...", cit., págs. 147 ss.; COLI, U., s.v. «ambitu», en *N.N.D.I.*, I.1, Torino, 1957, págs. 534 ss.; ROBINSON, *The criminal*..., cit., págs. 84 ss.; CAMACHO DE LOS RÍOS, *La infamia*..., cit., pág. 114.

[443] CRIFÒ, *Ricerche*..., cit., pág. 305 n. 268; HARTMANN, *De exilio*..., cit., págs. 28-29; GREENIDGE, *The legal*..., cit., pág. 508; BAUMAN, *Crime*..., cit., págs. 29-30.

[444] SCAPINI, *Diritto e procedura*..., cit., pág. 32 y pág. 41. En el mismo sentido, entre otros, HARTMANN, *De exilio*..., cit., págs. 28-29; FERRINI, *Diritto Penale Romano*, cit., págs. 423-424; GREENIDGE, *The legal*..., cit., pág. 508; STRACHAN-DAVIDSON, *Problems*..., II, cit., pág. 66; ROBINSON, *The criminal*..., cit., pág. 86; CAMACHO DE LOS RÍOS, *La infamia*..., cit., pág. 114. Cfr. BRASIELLO, *La repressione*..., cit., págs. 84 ss., para quien, no admitiendo que la naturaleza de pena capital de la interdicción del agua y el fuego pudiera revestir carácter no permanente y entendiendo que la relegación es una pena *extraordinem*, considera que la sanción prevista no consiste ni en un exilio ni en una relegación sino en

desde el punto de vista domiciliario, como veremos *infra*, permitía gracias a su carácter temporal que el exiliado pudiese conservar su primitivo domicilio, si bien no podía retornar al mismo hasta pasado el periodo decenal.

Confirmado, por tanto, el carácter legal de la interdicción del agua y el fuego como penal capital a partir de las leyes Cornelias, como precisa HOLTZENDORFF[445], aunque el interdictado perdía la ciudadanía romana, la interdicción no comportaba la *publicatio bonorum* por lo que podía transferir legítimamente todas sus posesiones al lugar que había elegido como sede de su exilio y disponer allí de ellas como si se encontrase en la patria. Sólo a finales de la República, el fenómeno del éxodo de patrimonios hacia los lugares de exilio había asumido tal relieve que deviene necesario adoptar procedimientos a tal efecto. Así, de acuerdo con Suetonio, que trae noticia de Cicerón, para evitar que el rico vuelva a delinquir sin remordimiento porque simplemente se va en exilio con sus propiedades intactas, Julio César, durante su dictadura, estableció que los reos de parricidio fuesen expoliados de todos sus bienes y los otros criminales de la mitad:

> SUETONIO, *De vita Caesarum. Julius*, 42.5: "*Poenas facinorum auxit et quum locupletes eo facilius scelere se obligarent quod integris patrimonus exsulabant, parricidas, ut Cicero scribit, bonis omnibus, reliquos dimidia parte multavit*"[446].

La *publicatio bonorum* se convierte, por ende, en una consecuencia automática de la interdicción y el condenado no tiene ya la posibilidad de transferirse en tierra extraña portando consigo todos sus haberes.

---

una pena *sui generis*; GIUFFRÈ, *La 'repressione criminale'...*, cit., pág. 96, habla de interdicción decenal.

[445] HOLTZENDORFF, *Die Deportationsstrafe...*, cit., pág. 25.

[446] HOLTZENDORFF, *Die Deportationsstrafe...*, cit., pág. 28. Sobre este pasaje, STRACHAN-DAVIDSON, *Problems...*, I, cit., págs. 184-185; KLEINFELLER, s.v. «exilium», cit., col. 1685; BAUMAN, *Crime...*, cit., pág. 28 y pág. 159 n. 58; SANTALUCIA, "La situazione...", cit., págs. 177 ss.; RAVIZZA, "Sui rapporti...", cit., págs. 1 ss.

Posteriormente, afirma SANTALUCIA, la medida fue agravada: la distinción entre *publicatio bonorum* total y parcial establecida por César en relación a la gravedad del crimen cometido fue eliminada y se sancionó la privación total independientemente del delito por el cual el reo había sufrido la interdicción[447]. Y aunque no se puede precisar cuándo este cambio se produjo, esta nueva disciplina ya era conocida por Alfeno Varo, cónsul en el 39 a. C., el cual afirma que la pérdida de la ciudadanía excluye a los hijos del condenado de lo que les hubiese correspondido si el padre hubiese muerto, *intestatus in civitate*[448]. Y ciertamente encontraba aplicación en el año 26 a. C. cuando Cornelio Gallo, el primer prefecto de Egipto, fue acusado de graves crímenes ante el Senado y, según Dión Casio, sólo con el suicidio pudo sustraerse al exilio y a la expropiación de sus bienes a favor del Estado[449].

No obstante, si bien consideramos correctas las precisiones expuestas sobre los efectos que normalmente comportaba la interdicción, no es menos cierto que, su configuración como sanción criminal, abrió la posibilidad de graduar sus efectos en función de las circunstancias políticas y en relación a la ofensa que debía sancionar.

Singular en este sentido es el exilio-interdicción previsto por la *Lex Clodia de capite civis romani* del año 58 a. C, propuesta por P. Clodio Pulcro a través de un plebiscito para sancionar de este modo a los que habían mandado dar muerte a un ciudadano sin un previo proceso. Así nos lo indica Veleyo Patérculo:

> VELEYO PATÉRCULO, *Historiae Romanae*, 2.45.1: "*Per idem tempus, P. Clodius... legem in tribunatu tulit, qui ciuem Romanum indemnatum interemisset, ei aqua et igni interdiceretur*"[450].

---

[447] SANTALUCIA, "La situazione...", cit., págs. 177 ss.

[448] D. 48.22.3 (Alphenus *libro I. Epitomarum*). SANTALUCIA, "La situazione...", cit., págs. 177 ss. En este sentido, BRASIELLO, *La repressione...*, cit., pág. 115; DE CASTRO-CAMERO, *El Crimen Maiestatis...*, cit., pág. 76 n. 150.

[449] DIÓN CASIO, *Historiae Romanae*, 55.23.5-7; cfr. Suetonio, *De vita Caesarum. Augustus*, 66.2-4. SANTALUCIA, "La situazione...", cit., págs. 177 ss.; DE CASTRO-CAMERO, *El Crimen Maiestatis...*, cit., pág. 45 n. 53.

[450] Al respecto, REIN, *Das Kriminalrecht...*, cit., págs. 497-498; ROTONDI, *Leges publicae...*, cit., págs. 394-395; GRASMÜCK, *Exilium...*, cit., págs. 113 ss.;

Esta ley, con apariencia general, como se desprende de las palabras de Patérculo solo tenía como fin la incriminación de Cicerón por haber mandado a la muerte a los catilinarios:

> VELEYO PATÉRCULO, *Historiae Romanae*, 2.45.1 y 2: "*Cuius uerbis etsi non nominabatur Cicero, tamen solus petebatur. Ita uir optime meritus de re publica conseruatae patriae pretium calamitatem exilii tulit*"[451].

Ante tal ley, Cicerón salió secretamente en un exilio voluntario para Sicilia, lo que condujo a Clodio a proponer otro plebiscito, en este caso sí directa y expresamente dirigido contra Cicerón, para aprobar la *lex Clodia de exilio Ciceronis* que, conforme al análisis de MOREAU, tuvo por objeto confirmar el exilio voluntario de Cicerón en un destierro impuesto (*interdictio aquae et ignis*) sin iniciar ningún proceso judicial, ordenar la *publicatio* de sus bienes e impedir el establecimiento de su domicilio en el radio de quinientas millas a partir de los límites costeros de Italia para evitar su establecimiento en Sicilia o Malta, prohibirle la prestación de asilo en dicha zona y prescribir de modo expreso la pena de muerte, ejecutable por cualquiera con plena impunidad, tanto para Cicerón, si retornaba dentro de tales límites, cuanto para las personas, ciudadanos o socios, que le prestaran asistencia cuyos bienes, además, serían confiscados en provecho del *populus*[452].

VENTURINI, *Processo...*, cit., págs. 244 ss. y la bibliografía por él citada; BAUMAN, *Crime...*, cit., págs. 48 ss.

[451] La misma finalidad es reconocida por Dión Casio, *Historiae Romanae*, 38.14.4. Aunque en principio el historiador considera que la ley no iba dirigida contra Cicerón, pues no contenía su nombre, sino contra todo aquél que hubiera ordenado la muerte de un ciudadano no condenado sin excepción, acaba por reconocer que en realidad la misma fue redactada con especial referencia al orador. Vid., también, Plutarco, *Vitae parallelae. Cicero*, 30.31; Apiano, *Bella Civilia*, 2.15. Al respecto, REIN, *Das Kriminalrecht...*, cit., págs. 497-498; ROTONDI, *Leges publicae...*, cit., págs. 394-395; COSTA, *Cicerone giurisconsulto*, I, cit., págs. 281 ss. y II, cit., págs. 78-81; GRASMÜCK, *Exilium...*, cit., págs. 113 ss.; VENTURINI, *Processo...*, cit., págs. 244 ss.; BAUMAN, *Crime...*, cit., págs. 48 ss.

[452] Cicerón, *ad Atticus*, 3.4, 3.15.6; *de domo*, 18.47-51, 19.50-51, 20.51, 31.82-83. MOUREAU, "La lex Clodia...", cit., págs. 465 ss., corrige la opinión de los auto-

Junto a tales efectos, la pérdida de la ciudadanía romana se desprende, en opinión de Grasmück, de un pasaje del propio orador en el que se recogen los insultos que Clodio le profesa tras su regreso:

> Cicerón, *De haruspicum responsis*, 8.17: "... *Cum ab hoc eodem impurissimo parricida rogarer, cuius essem civitatis, respondi me probantibus et vobis et equitibus Romanis eius esse, quae carere me non potuisset. Ille, ut opinor, ingemuit. Quid igitur responderem (quaero ex eo ipso, qui ferre me non postest) me civem esse Romanum? Litterate respondiessem. An tacuissem? Desertum*

res que con base en Dión Casio, *Historiae Romanae*, 38.17.7, consideran que las quinientas millas eran computables desde Roma y estima que las cuatrocientas millas a las que alude Cicerón en *ad Atticus*, 3.4, se deben a un error de la tradición manuscrita. De quinientas millas habla Plutarco, *Cicero*, 32.1 y esta distancia también se aprecia en el pasaje *ad Atticus*, 3.7.1, dado que Atenas dista cerca de quinientas millas y notablemente más de cuatrocientas. Sobre el exilio de Cicerón y sus efectos, Rein, *Das Kriminalrecht...*, cit., pág. 267 y págs. 497-498; Holtzendorff, *Die Deportationsstrafe...*, cit., pág. 29; Zumpt, *Das Kriminalrecht...*, I.2, cit., págs. 417 ss.; Mommsen, *Le Droit pénal romain*, III, cit., pág. 326; Mispoulet, *La vie parlamentaire...*, cit., págs. 249 ss.; Kleinfeller, s.v. «exilium», cit., col. 1684; Rotondi, *Leges publicae...*, cit., págs. 395-396 y págs. 400-402; Costa, *Cicerone giurisconsulto*, I, cit., págs. 281 ss. y II, cit., págs. 78-81; Siber, "Analogie...", cit., págs. 53-55 y págs. 72-77; Strachan-Davidson, *Problems...*, I, cit., pág. 187; Greenidge, *The legal...*, cit., págs. 316-317 y págs. 359-366; Gioffredi, "Ancora su l'«aqua et igni interdictio»", cit., pág. 193, para quien la posibilidad de dar muerte a Cicerón es del todo excepcional; Herescu, N.J., "Les trois exils de Cicéron", en *Atti del I Congresso Internazionale di Studi Ciceroniani*, I, 1961, págs. 137 ss.; Seager, R., "Clodius, Pompeius and the exile of Cicero", en *Latomus*, 24, 1965, págs. 519-531; Lacey, W.K., "Clodius and Cicero: a question of dignitas", en *Antichthon*, 8, 1974, págs. 85 ss.; Grasmück, *Exilium...*, cit., págs. 110 ss., donde recoge otros casos de exilio-interdicción en la literatura ciceroniana; Borsacchi, S., "«Sanctio» e attività collegiale tribunizia in Cic., Att. 3,23,4", en AA.VV. *Legge e Società nella Repubblica Romana (a cura di F. Serrao)*, I, Napoli, 1981, págs. 439 ss.; Venturini, *Processo...*, cit., págs. 244 ss., págs. 268 ss. y págs. 332 ss.; Bauman, *Crime...*, cit., pág. 49; Fiori, *Homo sacer...*, cit., págs. 445 ss.; Santalucia, *Diritto e processo...*, cit., págs. 160-161; idem, "La situazione...", cit., págs. 179-180; Díaz-Melián De Hanisch, "Algunas observaciones...", cit., pág. 197.

negotium. Potest quisquam vir in rebus magnis cum invidia versatus satis graviter inimici contumeliis sine sua laude respondere?"[453].

En síntesis, a partir de la época de Sila, la *interdictio aquae et ignis* adquiere configuración legal como pena que comporta la pérdida de la ciudadanía y la prohibición, bajo pena de muerte, de regresar a Roma o a ciertos límites del territorio romano, efectos a los que a partir de César se añadió la *publicatio bonorum* para evitar el éxodo masivo de patrimonios hacia los lugares de exilio. En ocasiones, estos efectos podían verse agravados con la ampliación de los límites territoriales vetados al interdictado, con la extensión de la pena de muerte a quienes le auxiliaran y con la *publicatio* de sus propios bienes.

2. LIMITACIONES Y/O PROHIBICIONES DOMICILIARIAS IMPUESTAS EN EL ALTO IMPERIO

2.1. Supervivencia de la interdicción del agua y el fuego

Si en el periodo republicano se configuró el concepto de pena capital como alternativa muerte-exilio (interdicción), en el Imperio se mantiene esta calificación de la interdicción como pena capital[454].

---

[453] GRASMÜCK, *Exilium...*, cit., págs. 99-100, pág. 102, pág. 120 y n. 405; COSTA, *Cicerone giurisconsulto*, I, cit., pág. 282, pág. 310 y págs. 320-321; FIORI, *Homo sacer...*, cit., pág. 446 y n. 915; STRACHAN-DAVIDSON, *Problems...*, II, cit., págs. 53 ss.; VILLERS, "Recensión a Crifò...", cit., págs. 413;. Cfr. MOMMSEN, *Le Droit pénal romain*, III, cit., pág. 317 n. 2 y págs. 326-327; CRIFÒ, *Ricerche...*, cit., pág. 293; idem, "«Exilica causa...»", cit., págs. 493 ss., para quienes Cicerón no perdió la ciudadanía siendo tal efecto vinculado a la interdicción con Tiberio. Sobre la *restitutio in integrum* en materia de interdicción, REIN, *Das Kriminalrecht...*, cit., págs. 264 ss.

[454] Así por ejemplo, según Cicerón (*Philippicae*, 1.21-23), la interdicción fue la pena prevista por César para la violencia y la traición; según Marciano (D. 48.9.1), la *lex Pompeia de parricidiis* aplicará a este delito la pena prevista para el homicidio simple que, como hemos visto, era la pena de muerte o la interdicción. Y esta pena, según Ulpiano (D. 48.6.10§2), fue prevista por Augusto en la *Lex Iulia de vi publica*. De igual modo, la misma pena fue establecida

La opinión de Labeón en este sentido es recogida por Terencio Clemente al indicar que para el primero la acusación de delito capital era tanto aquélla cuya pena fuese la muerte como aquélla cuya pena fuese el destierro:

> D. 37.14.10 (Terentius Clemens *libro IX. ad legem Iuliam et Papiam*): *Labeo existimabat capitis accusationem eam esse, cuius poena mors aut exilium esset*[455].

La misma calificación se aprecia en Africano:

> D. 37.1.13 (Africanus *libro V. Quaestionum*): *... rei autem capitalis damnatus intelligitur is, cui poena mors, aut aquae et ignis interdictio sit*[456].

---

por Adriano para el delito de castración (D. 48.8.4§2). Para una enumeración detallada de los ilícitos sancionados con esta pena, vid., entre otros, REIN, *Das Kriminalrecht...*, cit., pág. 243, pág. 265, pág. 348, pág. 404, págs. 413-414, págs. 455-457, pág. 477, págs. 514-515, pág. 527, pág. 569, pág. 677, pág. 694, pág. 741, págs. 749-750, págs. 767-768, pág. 782, pág. 848 y pág. 904; HUMBERT, *Des conséquences...*, cit., págs. 101-102; idem, s.v. «exsilium», cit., pág. 943; ROTONDI, *Leges publicae...*, cit., págs. 450-451 y pág. 454; FERRINI, *Diritto Penale Romano*, cit., pág. 145, pág. 151, pág. 350, pág. 366, pág. 374, págs. 383-384, pág. 386, pág. 389, pág. 401, pág. 419 y pág. 424; FERRUCCIO FALCHI, *Diritto Penale Romano*, II, cit., pág. 106, pág. 143, pág. 176 y págs. 187-188; GRASMÜCK, *Exilium...*, cit., pág. 107 n. 299; SCAPINI, *Diritto e procedura...*, cit., págs. 47 ss.; SANTALUCIA, *Diritto e processo...*, cit., págs. 153 ss.; GIUFFRÈ, *La 'repressione criminale'...*, cit., págs. 91 ss. y págs. 111 ss.; BAUMAN, *Crime...*, cit., pág. 28, pág. 67 y pág. 94; DE CASTRO-CAMERO, *El Crimen Maiestatis...*, cit., pág. 41 y págs. 66-67.

455 Cfr. LEVY-RABEL, *Index Interpolationum*, III, cit., col. 51. REIN, *Das Kriminalrecht...*, cit., págs. 286-287; MOMMSEN, *Le Droit pénal romain*, III, cit., págs. 242-243; BRASIELLO, *La repressione...*, cit., pág. 100; FERRUCCIO FALCHI, *Diritto Penale Romano*, I, cit., pág. 71; DE VILLA, "«Exilium perpetuum»", cit., págs. 296; ZILLETTI, "In tema di 'servitus poenae'", cit., pág. 62; GARNSEY, *Social status...*, cit., págs. 112; FIORI, *Homo sacer...*, cit., pág. 58; DE CASTRO-CAMERO, *El Crimen Maiestatis...*, cit., pág. 53. Cfr. SIBER, "Analogie...", cit., pág. 69 n. 2, para quien el término *exilium* equivale a *deportatio*.

456 REIN, *Das Kriminalrecht...*, cit., págs. 286-287; MOMMSEN, *Le Droit pénal romain*, III, cit., págs. 242-243; BRASIELLO, *La repressione...*, cit., pág. 100;

Y significativo es un pasaje de Paulo en el que el jurisconsulto motiva la inclusión de la interdicción en los procesos capitales porque comporta la pérdida de la ciudadanía y pone de manifiesto la equivalencia entre tal interdicción y el exilio:

> D. 48.1.2 (Paulus *libro XV. ad Edictum Praetoris*): *Capitalia sunt, ex quibus poena mors, aut exilium est, hoc est aquae et ignis interdictio, per has enim poenas eximitur caput de civitate*[457].

Del mismo modo, la pérdida de la ciudadanía por efecto de la interdicción, como indica GIOFFREDI, es afirmada por Modestino al

---

FERRUCCIO FALCHI, *Diritto Penale Romano*, I, cit., pág. 71; LEVY, *Die römische Kapitalstrafe*, cit., págs. 43 ss.; idem, "Libertas und Civitas", cit., págs. 149 ss.; ZILLETTI, "In tema di 'servitus poenae'", cit., pág. 62 n. 92; idem, "Note sulla...", cit., pág. 48; GARNSEY, *Social status...*, cit., pág. 112 n. 3; FIORI, *Homo sacer...*, cit., pág. 57 n. 122 y pág. 58, quien recoge la definición que en el ámbito privado realizan Paulo Diácono y Festo de la *deminutio capite* afirmando que la misma es producida por la interdicción del agua y el fuego. Paulo-Festo, *De verborum significatu* (ed. Lindsay, 61), s.v. «*capite deminutio*»: "*deminutus capite appellatur, qui civitate mutatus est; et ex alia familia, in aliam adoptatus; et qui liber alteri mancipio datus est; et qui in hostium potestatem venit; et cui aqua et igni interdictum est*"; DE CASTRO-CAMERO, *El Crimen Maiestatis...*, cit., pág. 53 y págs. 72-75. Cfr. HOLTZENDORFF, *Die Deportationsstrafe...*, cit., pág. 63, para quien el pasaje se refiere a la deportación.

457 Al respecto, REIN, *Das Kriminalrecht...*, cit., págs. 286-287; MOMMSEN, *Le Droit pénal romain*, III, cit., págs. 242-243; STRACHAN-DAVIDSON, *Problems...*, II, cit., págs. 60 ss.; BRASIELLO, *La repressione...*, cit., pág. 100; DÜLL, "Reccusione a Levy...", cit., pág. 120; FERRUCCIO FALCHI, *Diritto Penale Romano*, I, cit., pág. 71; ZILLETTI, "In tema di 'servitus poenae'", cit., pág. 62; PUGLIESE, "Aspetti giuridici...", cit., pág. 766 n. 106 (= *Scritti giuridici scelti*, II, cit., pág. 697 n. 106); BAUMAN, *Crime...*, cit., pág. 27; FIORI, *Homo sacer...*, cit., pág. 57 n. 122; DE CASTRO-CAMERO, *El Crimen Maiestatis...*, cit., pág. 53, pág. 57 y pág. 67; BUENO DELGADO, "El exilio...", cit., págs. 4 ss. Cfr. SIBER, "Analogie...", cit., pág. 69 n. 2, para quienes '*hoc... interdictio*' es una glosa. Sin embargo, para DE VILLA, "«Exilium perpetuum»", cit., pág. 295 n. 2, la frase puede considerarse genuina en cuanto mira a dar relieve a la pena de exilio que implica la pérdida de la ciudadanía romana, como sucede con la interdicción. El propio Cicerón (*Rethorica. Ad Herennium*, 28), confirma el punto de vista de Paulo al llamar exiliados a todos los que sufren la *interdictio*.

atribuirle, al igual que hiciera Gayo, los efectos de la *capitis deminutio media*:

> D. 38.10.4§11 (Modestinus *libro XII. Pandectarum*): *Is, cui aqua et igni interdictum est, aut aliquo modo capite deminutus est, ita ut libertatem et civitatem amitteret, et cognationes, et affinitates omnes, quas ante habuit, amittit*[458].

Desde el punto de vista domiciliario la interdicción comportaba, como en el periodo anterior, la pérdida del domicilio primitivo y la imposibilidad de establecerlo en el territorio de la ciudadanía romana o dentro de un determinado radio a partir de las fronteras italianas fijado por ley. Fuera de estos límites, el interdictado podía establecer su domicilio con plena libertad dado que la *interdictio aquae et ignis* no imponía al condenado un domicilio coactivo en un determinado lugar sino una prohibición domiciliaria concretada por la ley o el senadoconsulto respectivos.

En este sentido, a nuestro juicio, debe interpretarse el polémico procedimiento de Augusto, transmitido por Dión Casio, conforme al cual, en el año 12 d. C., siendo consciente de que, entre los que habían sido desterrados, algunos vivían fuera de las localidades asignadas y otros, permaneciendo en el lugar al que habían sido destinados, llevaban una vida excesivamente lujosa, ordenó que ninguno de los que hubieran sufrido la *interdictio aquae et ignis*, residiera sobre el continente o en una isla que no distase del continente por lo menos cincuenta millas, a excepción de Cos, Rodas, Cerdeña y Lesbos, no pudiendo establecerse en ningún otro lugar[459].

A primera vista, la afirmación de Dión sobre el motivo que impulsó a Augusto a adoptar tal procedimiento resulta sorprendente dado

---

[458] Cfr. Levy-Rabel, *Index Interpolationum*, III, cit., col. 69; Gayo, *Institutae*, 1.128. Gioffredi, s.v. «aqua et igni interdictio», cit., pág. 817; idem, "Libertà e Cittadinanza", en *Studi Betti*, 2, 1962, pág. 529; De Villa, "«Exilium perpetuum»", cit., pág. 299 n. 1 y pág. 300, con referencia a otros pasajes que confirman la vigencia de la interdicción hasta la época de los Severos; Carames Ferro, *Instituciones*..., I, cit., pág. 122; De Castro-Camero, *El Crimen Maiestatis*..., cit., págs. 72-73. Cfr. Siber, "Analogie...", cit., pág. 69 n. 2.

[459] Dión Casio, *Historiae Romanae*, 56.27.2.

que, de acuerdo con las fuentes, la interdicción del agua y el fuego no tenía como consecuencia la asignación de un domicilio coactivo. Este hecho ha conducido a algunos autores a postular que bajo el reinado de Augusto había ya surgido la pena de deportación[460].

Sin embargo, esta opinión ha sido criticada por HOLTZENDORFF, para quien Augusto aplicó la relegación unida a la interdicción, relegación que puede consistir tanto en el alejamiento de un lugar como en la designación de un determinado lugar. No es posible hablar de deportación, a su juicio, porque ésta implica la designación de un domicilio coactivo y Augusto permite al desterrado la elección del lugar donde quiera establecerse, si bien procurando por motivos políticos que no estén cerca del continente[461].

En esta misma línea, recientemente SANTALUCIA ha considerado que, cuando Dión afirma que el motivo que habría inducido a Augusto a regular la materia era que muchos de los exiliados residían fuera de los lugares en los que habrían debido residir, probablemente el escritor está actualizando inconscientemente la fuente de la que toma la información y en la que se hablaba de personas que habían establecido su residencia en lugares en los que les estaba prohibido residir. Dión, entiende el autor, tenía en mente la deportación que, en su época, había ya definitivamente substituido a la interdicción y ello le lleva a confundir la que era una simple limitación de los lugares en los que el reo podía establecerse con la imposición de un lugar determinado como domicilio coactivo[462].

---

460 WALTER, *Geschichte...*, cit., págs. 450 ss.; HUMBERT, *Des conséquences...*, cit., págs. 101-102; idem, s.v. «exsilium», cit., págs. 943-944; idem, «deportatio», en *D.S.*, II.2, Paris, 1892, pág. 83 (con remisión a la voz *exsilium*); BUCKLAND, *A Text-Book...*, cit., pág. 97 n. 7; PEDIO, T., s.v. «deportazione», en *E.D.*, XII, Milano, 1964, pág. 211; RUSSOMANNO, *Curso...*, I, cit., págs. 34-35; BAUMAN, *Crime...*, cit., pág. 27 y pág. 52 n. 13, consideran que la *deportatio* habría sido instituida por Augusto, en opinión de Humbert, por consejo de la emperatriz Livia. Pero no hay ninguna razón por la cual la medida coercitiva que según Dión Casio, 55.14-22, Livia aconsejó a Augusto, se deba considerar *deportatio* y no la consuetudinaria *relegatio* en uso desde tiempo, como señala, HOLTZENDORFF, *Die Deportationsstrafe ...*, cit., págs. 28 ss.

461 HOLTZENDORFF, *Die Deportationsstrafe...*, cit., págs. 28 ss. y págs. 36 ss.

462 SANTALUCIA, "La situazione...", cit., págs. 179-181, considera que con esta medida Augusto trataba de contrarrestar la actividad de los exiliados políticos. Siendo consciente que la interdicción de determinados lugares era des-

Respecto a los efectos de la interdicción en materia de bienes, en el mismo procedimiento del año 12 d. C., siempre según Dión Casio, Augusto determinó que ninguno de los exiliados pudiese tener más de tres naves –una mercantil con capacidad para mil ánforas y dos destinadas al transporte de personas–, ni más de veinte esclavos o libertos, ni dinero en cantidad superior a medio millón de sestercios[463].

Augusto, por tanto, somete a los interdictados a un régimen más severo fijando con precisión el número de esclavos, naves y la cantidad de dinero contante que pueden llevarse consigo. Con ello, estima SANTALUCIA, trataba de poner fin a los abusos de la práctica que permitía al interdictado, con el beneplácito imperial, conservar una pequeña parte de sus bienes con la que cubrir sus necesidades básicas en el lugar del destierro (*viaticum*), pero que los interdictados aprovechaban para transferir a la localidad donde pretendían fijar su domicilio todo cuanto les pudiese servir para llevar una vida cómoda y lujosa[464].

Y probablemente con la misma finalidad de reforzar la regulación sobre la *publicatio bonorum*, frecuentemente mermada por la praxis del *viaticum*, en el año 23 d. C. Tiberio estableció, según Dión Casio, que aquéllos que habían sufrido la interdicción del agua y el fuego no pudiesen hacer testamento, disposición que estaba todavía en vigor en su época[465].

MOMMSEN ve en esta medida el nacimiento de la deportación. En su opinión, dado que la facultad de testar era un derecho propio

---

atendida y que la extensión del Imperio hacía imposible controlar que los interdictados no conspirasen contra él, dispone que los mismos no puedan residir en una localidad del continente, sino que deben elegir como sede una isla que diste de tierra firme un determinado número de millas o unas más cercanas pero probablemente bien vigiladas y de las cuales era difícil alejarse a escondidas. Cfr. GARNSEY, *Social status...*, cit., pág. 112 n. 5, para quien el texto comprende una amalgama de regulaciones establecidas en distintos periodos.

463 DIÓN CASIO, *Historiae Romanae*, 56.27.3. HOLTZENDORFF, *Die Deportationsstrafe...*, cit., págs. 31-32.

464 SANTALUCIA, "La situazione...", cit., págs. 181-182. Sobre el *viaticum*, LÉCRIVAIN, CH., s.v. «viaticum», en *D.S.*, V, Paris, 1919, pág. 817; BRASIELLO, *La repressione...*, cit., págs. 112 ss.; BERGER, *Encyclopedie Dictionary of Roman Law*, cit., su voz «viaticum», pág. 763.

465 DIÓN CASIO, *Historiae Romanae*, 57.22.5.

y exclusivo de los ciudadanos romanos, el emperador habría hecho derivar la pérdida de la ciudadanía de la interdicción del agua y el fuego concebida como pena autónoma y que comienza a ser designada como deportación[466].

Sin embargo, la disposición se refiere a la interdicción, cuya configuración como verdadera y propia pena es posible remontar, como hemos visto, a las leyes Cornelias de Sila, a partir de las cuales el interdictado perdía automáticamente la ciudadanía romana. Por ello, nos parece más acertada la opinión de los autores que, como LEVY, interpretan la medida de Tiberio como la privación al interdictado de la posibilidad de testar *quasi peregrinus*[467].

En efecto, aunque a partir de Sila el interdictado perdía la ciudadanía romana, conservaba su condición de hombre libre, por lo que si, como normalmente pasaba, devenía ciudadano de otra comunidad, le era reconocida la facultad de testar como *peregrinus*, del mismo modo que al resto de sus nuevos con-ciudadanos.

A este respecto, SANTALUCIA recoge el valioso testimonio conservado en una carta de Cicerón del año 46 a. C., dirigida a Servio

---

[466] MOMMSEN, *Le Droit pénal romain*, II, cit., pág. 300 y III, cit., pág. 292, págs. 301 ss. y pág. 322. El nacimiento de la deportación con Tiberio ha sido también apuntado por HARTMANN, *De exilio...*, cit., págs. 24 ss.; idem, s.v. «aquae et ignis interdictio», cit., col. 309; KLEINFELLER, s.v. «deportatio in insulam», en *P.W.R.E.*, V.1, München, 1903, col. 231; STRACHAN-DAVIDSON, *Problems...*, II, cit., pág. 23 y págs. 56 ss.; SIBER, "Analogie...", cit., pág. 68; CARNAZZA-RAMETTA, *Studio...*, cit., pág. 325; DE VILLA, "«Exilium perpetuum»", cit., págs. 297 ss. A juicio de KOESTERMANN, H.K., "Die Majestätprozesse unter Tiberius", en *Historia*, 4, 1955, pág. 100 n. 66, más que de una transformación de penas, se trataba de una adición: a partir de este momento la interdicción estuvo acompañada de la obligación de residir en el lugar que la condena estableciera.

[467] LEVY, *Die römische Kapitalstrafe*, cit., pág. 20 n. 4.; idem, "Libertas und Civitas", cit., págs. 149-150. En este sentido, FERRINI, *Diritto Penale Romano*, cit., pág. 155, ya había manifestado sus dudas sobre la interpretación mommseniana; BRASIELLO, *La repressione...*, cit., págs. 110 ss.; ZILLETTI, "In tema di 'servitus poenae'", cit., pág. 57; SANTALUCIA, "La situazione...", cit., págs. 183 ss. Cuestiona asimismo la interpretación de Mommsen, PUGLIESE, "Linee generali...", cit., pág. 765 y pág. 766 n. 3 (*Scritti giuridici scelti*, II, cit., pág. 696 y pág. 697 n. 103). Cfr. GARNSEY, *Social status...*, cit., pág. 112 n. 5, quien se muestra excesivamente crítico.

Sulpicio Rufo, en la que se indica que su cliente Manio Gemelo, durante su doloroso exilio asumió la ciudadanía de Patros y, de acuerdo con las leyes locales, adoptó a un joven al que pudo dejar sin problemas los propios bienes en herencia:

> CICERÓN, *Epistulae. Ad familiares*, 13.19.2: "... *Quae ne singula enumerem, totam tibi domum commendo, in his adolescentem filium eius, quem C. Maenius Gemellus, cliens meus, quum in calamitate exsilii sui Patrensis ciuis factus esset, Patrensium legibus adoptauit, ut eius ipsius hereditatis ius causamque tueare*"[468].

Pero la situación debió complicarse cuando a finales de la República la *publicatio bonorum* devino consecuencia necesaria de la interdicción. Con ello los interdictados fueron privados de la posibilidad de dejar algo por testamento, incluso según las leyes peregrinas, dado que sus bienes pasaban al erario. No obstante, afirma SANTALUCIA, el obstáculo era superado a través de la difusa y abusiva práctica del *viaticum* que les permitía reconstruir, al menos en parte, el patrimonio perdido con la consiguiente posibilidad de transmitirlo a su muerte a sus familiares o amigos. Ya los abusos del *viaticum* indujeron a Augusto a tratar de limitarlo[469], pero resultaba intolerable que estos bienes, que por ley debían pertenecer al erario, no sólo pudiesen ser directamente utilizados por los desterrados sino que, además, pasaran tras su muerte a sus herederos. Tiberio, por tanto, concluye el autor, no trató

---

468 SANTALUCIA, "La situazione...", cit., pág. 183. Sobre este caso, vid., asimismo, BAVIERA, *Il diritto internazionale dei Romani*, cit., pág. 130.

469 SANTALUCIA, "La situazione...", cit., pág. 182, para quien la medida debió de ser infructuosa ya que en el año 42-43 d. C., Séneca (*De Consolatione. Ad Helviam*, 12.4), tiene ocasión de manifestar que el lujo del tiempo ha llegado a tal punto que el *viaticum* de los exiliados llega a superar el patrimonio que una vez tenían los hombres más notables. Además debía ser bastante fácil eludir las prescripciones imperiales si podían contar con sus parientes y amigos, como se desprende, en su opinión, del suceso contado por Epíteto (*Dissertationes*, 2.7.8), relativo a una mujer que bajo el reino de Domiciano hizo preparar una nave cargada de provisiones para una amiga exiliada y, a quien le advertía que el emperador confiscaría todo, le respondía que prefería perderlo todo antes que renunciar al envío de los bienes.

de impedir a los interdictados testar según el derecho romano, efecto que producía la interdicción al privarles de la ciudadanía romana. El emperador trataba de negarles la facultad, que hasta el momento les era reconocida, de hacer testamento como peregrinos[470].

Esta medida, conforme a Dión, estaba en vigor en el momento en el que escribe y la misma era conocida por Ulpiano quien afirma que los sujetos a la pena de interdicción del agua y el fuego, al igual que los deportados, no pueden dejar un fideicomiso porque no les es reconocido el derecho de testar, estando privados de ciudadanía:

> D. 32.1.2 (Ulpianus *libro I. Fideicommissorum*): *Hi, quibus aqua et igni interdictum est, item deportati, fideicommissum relinquere non possunt, quia nec testamenti faciendi ius habent, quum sint apolides*[471].

Por ello, convenimos con SANTALUCIA, en que Tiberio redujo a los interdictados a la condición de apólitos, de sujetos privados de cualquier ciudadanía, pasando de ser considerados como *peregrini alicuius civitatis* –esto es, extranjeros a los que les es reconocida la titularidad de un propio derecho civil– a ser degradados a la condición de *peregrini nullius civitatis* –es decir, al *status* de extranjeros dedicticios a los que era negada toda capacidad de derecho privado nacional–, pudiendo sólo valerse del *ius gentium*. Esta diferente situación es, a su juicio, claramente señalada por Ulpiano al indicar que los dedicticios no pueden hacer testamento ni como ciudadanos romanos, al ser extranjeros, ni como extranjeros, al no ser ciudadanos de ninguna ciudad según cuyas leyes puedan hacer testamento:

> *Tituli ex corpore Ulpiani*, 20.14: ... *is qui dediticiorum numero est testamentum facere non potest... quoniam nec quasi civis Romanus testari potest, cum sit peregrins, nec*

---

[470] SANTALUCIA, "La situazione...", cit., págs. 183-184.

[471] SANTALUCIA, "La situazione...", cit., pág. 184; DE CASTRO-CAMERO, *El Crimen Maiestatis*..., cit., págs. 73-74; RAVIZZA, "Sui rapporti...", cit., págs. 1 ss. Cfr. LEVY, E.-RABEL, E., *Index Interpolationum*, II, Weimar, 1931, col. 259, sobre la posible interpolación de "*item deportati*".

quasi peregrinus, quoniam nullius certae civitatis civis est, ut secundum leges civitatis suae testetur[472].

En conclusión, a través de las disposiciones analizadas, podemos afirmar que durante el Imperio la *interdictio aquae et ignis* mantuvo su configuración como pena capital hasta su paulatina desaparición, al ser substituida por la deportación[473]. Su irrogación comportaba la *capitis deminutio media*, la *publicatio bonorum*, la pérdida del domicilio primitivo y la imposibilidad, bajo pena de muerte, de establecerlo en el territorio de la ciudadanía romana o dentro de un determinado radio a partir de las fronteras italianas fijado por ley, más allá de las cuales, el interdictado podía establecer su domicilio con plena libertad dado que la *interdictio aquae et ignis* no imponía al condenado un domicilio coactivo en un determinado lugar.

2.2. Régimen jurídico de la deportación

Durante el Imperio, concreta ZILLETTI[474], el concepto de pena capital no se limitó a la alternancia muerte (*summa suplicia*)-exilio (*interdictio aquae et ignis*) sino que englobó en su seno otras penas que comportaban la pérdida de la ciudadanía o de la libertad.

Así se desprende de un pasaje de Ulpiano en el que el jurisconsulto considera que:

---

472 SANTALUCIA, "La situazione...", cit., pág. 185, para quien las consecuencias del nuevo régimen son evidentes: los interdictados durante su destierro pueden usar el *viaticum* y reconstruir un patrimonio pero, no teniendo la posibilidad de hacer un testamento válido, a su muerte, los bienes pasan automáticamente al *aerarium*, del cual habían sido temporalmente sustraídos. Sobre la incapacidad de testar conforme al derecho romano, vid., asimismo D. 28.1.8§4 (Gaius *libro XVII. ad Edictum provinciale*). BAVIERA, *Il diritto internazionale dei Romani*, cit., págs. 99-100; ORESTANO, R., "Gli editti imperiali. Contributo alla teoria della loro validità ed efficacia nel diritto romano classico", *B.I.D.R.*, 44, 1936-1937, pág. 248 (= *Scritti*, I, Napoli, 1998, pág. 130).

473 Al respecto vid. el apartado siguiente, IV.2.2. relativo al régimen jurídico de la deportación.

474 ZILLETTI, "In tema di 'servitus poenae'", cit., págs. 62 ss.; FALCHI, *Diritto Penale Romano*, I, cit., págs. 70-71.

D. 48.19.2 pr. (Ulpianus *libro XLVIII. ad Edictum*): *Rei capitalis damnatum sic accipere debemus, ex qua causa damnato vel mors vel etiam civitatis amissio [vel servitus] contingit*[475].

Y de un pasaje de Modestino para quien el término "capital" no sólo indica la muerte sino también la pérdida de la ciudadanía:

D. 50.16.103 (Modestinus *libro VIII. Regularum*): *Licet «capitalis» latine loquentibus omnis causa existimationis videatur, tamen appellatio capitalis, mortis vel amissionis civitatis intelligenda est*[476].

Por tanto, la nueva área de la pena capital se expresa, en palabra de ZILLETTI, en la "tricotomía *'adimere vitam-civitatem-libertatem'*"[477] y entre estas penas capitales, se incluye la deportación. Así se constata, de acuerdo con el autor, en el hecho de que el mismo jurisconsulto sólo incluya a la deportación en el elenco de penas capitales que nos ofrece en otro de sus pasajes:

D. 48.19.28 pr. (Callistratus *libro VI. de Cognitionibus*): *Capitalium poenarum fere isti gradus sunt: summum*

---

[475] ZILLETTI, "In tema di 'servitus poenae'", cit., pág. 64 y pág. 67, donde observa la misma configuración del término capital en Calistrato (D. 48.20.1 pr.) y en Ulpiano (D. 48.19.6§2). En el mismo sentido, REIN, *Das Kriminalrecht...*, cit., pág. 286; MOMMSEN, *Le Droit pénal romain*, III, cit., pág. 242; LÉCRIVAIN, s.v. «poena», cit., pág. 539 n. 10; FERRUCCIO FALCHI, *Diritto Penale Romano*, I, cit., pág. 71; FIORI, *Homo sacer...*, cit., pág. 57; BUENO DELGADO, "El exilio...", cit., págs. 10 ss. Cfr. BRASIELLO, *La repressione...*, cit., pág. 100, pág. 116, págs. 436 ss., pág. 540 y págs. 579 ss., quien considera interpolados estos textos. Sin embargo, ninguna alteración consta en LEVY-RABEL, *Index Interpolationum*, III, cit., col. 544.

[476] REIN, *Das Kriminalrecht...*, cit., pág. 286; MOMMSEN, *Le Droit pénal romain*, III, cit., pág. 242; LÉCRIVAIN, s.v. «poena», cit., pág. 539 n. 10; FERRUCCIO FALCHI, *Diritto Penale Romano*, I, cit., pág. 71; GIOFFREDI, s.v. «aqua et igni interdictio», cit., pág. 817; ZILLETTI, "In tema di 'servitus poenae'", cit., pág. 64; FIORI, *Homo sacer...*, cit., pág. 56. Sobre las posibles alteraciones del texto, cfr. LEVY-RABEL, *Index Interpolationum*, III, cit., col. 585.

[477] ZILLETTI, "In tema di 'servitus poenae'", cit., pág. 69.

> *supplicium esse videtur ad furcam damnatio, item vivi crematio...; item capitis amputatio. Deinde proxima morti poena metalli coercitio. Post deinde in insulam deportatio*[478].

Y a la deportación se refiere Ulpiano, en opinión de SIBER, al afirmar que dentro de los procesos capitales se incluyen tanto los sancionados con la muerte como los sancionados con el destierro:

> D. 2.11.4 pr. (Ulpianus *libro LXXIV. ad Edictum*): *rei capitalis condemnatum eum accipere debemus, qui morte exiliove coercitus est*[479].

---

[478] ZILLETTI, "In tema di 'servitus poenae'", cit., pág. 65, afirma que este elenco de penas capitales coincide con el que resulta de la aplicación de la doctrina clásica prevalente reflejada también en las Instituciones de Justiniano, 4.18.2. LÉCRIVAIN, s.v. «poena», cit., pág. 539; FERRINI, *Diritto Penale Romano*, cit., pág. 145; BAUMAN, *Crime...*, cit., pág. 142 y pág. 151; DE CASTRO-CAMERO, *El Crimen Maiestatis...*, cit., pág. 55; BUENO DELGADO, "El exilio...", cit., págs. 4 ss. Cfr., BRASIELLO, *La repressione...*, cit., pág. 10, págs. 542-543 y págs. 558 ss., para quien los compiladores habría alterado este pasaje de Calistrato incluyendo la deportación y el *metallum*. Asimismo habrían alterado el pasaje de las Instituciones de Paulo. No obstante, si tal intervención se hubiese efectuado, los compiladores hubieran eliminado del pasaje la ya obsoleta *interdictio aquae et ignis*. Las alteraciones al pasaje de Calistrato supuestas por Brasiello han sido consideradas inatendibles por BONINO, R., *Il libri 'de cognitionibus' di Callistrato*, Milano, 1964, págs. 89, dada la relación y recíproca integración entre la distinción operada por el jurisconsulto en D. 48.19.28 pr-1 y la efectuada en D. 50.13.5§1-3 respecto a las sanciones relativas a la *existimatio*.

[479] SIBER, "Analogie...", cit., pág. 69 n. 2, el autor señala los diversos empleos del término exilio, en ocasiones englobante también de la relegación que no comporta la pérdida de la ciudadanía romana. Sobre el significado del término *exilium*, HOLTZENDORFF, *Die Deportationsstrafe...*, cit., págs. 58 ss., con un minucioso estudio sobre la terminología empleada en las fuentes, afirma que si bien en algunas se menciona al exilio incluyendo a la relegación, ésta no es capital; MOMMSEN, *Le Droit pénal romain*, III, cit., págs. 310 ss., afirma que aunque en sentido genérico el *exilium* incluye a todas las penas del destierro, como pena capital éste excluye a la relegación; HUMBERT, s.v. «exsilium», cit., pág. 943, afirma que la palabra *exsilium*, en su acepción más amplia, comprende cinco especies de penas, utilizadas en diferentes etapas de la legislación

Sin embargo, el origen de esta nueva pena es confuso por lo que buena parte de la doctrina se ha limitado a indicar que surgió en el Imperio y acabó por sustituir a la interdicción del agua y el fuego a lo largo del mismo[480].

Para algunos autores, en cambio, la *deportatio* fue introducida en el sistema de penas por Augusto o Tiberio. No obstante, como hemos visto, se trata de una interpretación errónea puesto que el primero agravó los efectos de la interdicción ampliando los límites territoriales dentro de los cuales el interdictado no podía establecerse y trató de corregir la práctica abusiva del *viaticum* precisando el número de bienes y el dinero que podía llevarse el destierro. Por su parte, el segundo trató asimismo de evitar el éxodo de patrimonios, impidiéndole testar *quasi peregrinus*.

Ello no significa, como ha precisado SANTALUCIA, que Tiberio no estableciera las bases de la misma, al iniciar una práctica, hasta entonces desconocida, que conectaba, en los supuestos de delitos especialmente graves, los efectos de la interdicción con los de la *relegatio in insulam*[481]. Pero su origen como pena autónoma es, sin

romana: interdicción, deportación en isla, deportación, relegación en isla y relegación temporal o perpetua; no obstante precisa que, en sentido jurídico, la palabra *exsilio* se aplica especialmente a las tres primeras que comportan la *media capitis deminutio*. Cfr. BRASIELLO, *La repressione...*, cit., págs. 272 ss., el cual reconoce la pluralidad de penas encuadrables en el concepto exilio pero limita la identificación de éste con la pena capital a la interdicción del agua y el fuego. Y para DE VILLA, "«Exilium perpetuum»", cit., págs. 300-301, el término exilio engloba la pena de interdicción y la deportación, siendo la inclusión de la relegación en el mismo una alteración postclásica. Sobre las posibles alteraciones del texto, LEVY-RABEL, *Index Interpolationum*, I, cit., col. 20

480 REIN, *Das Kriminalrecht...*, cit., pág. 915, no incluye a la interdicción en el concepto de exilio clásico; FERRINI, *Diritto Penale Romano*, cit., pág. 155; BONFANTE, P., *Corso di Diritto Romano, Volume Primo,* Milano 1963 (reimpresión corregida de la primera edición de Milano, 1925), pág. 331; D'ORS, A., *Derecho Privado Romano*, 9ª edición, Pamplona, 1997, pág. 426; LICANDRO, *Domicilium habere...*, cit., pág. 367, mencionan genéricamente que la deportación substituyó a la interdicción.

481 SANTALUCIA, "La situazione...", cit., págs. 185-187, con apoyo en Tácito, *Annales*, 3.38.2; 4.13.2; 4.21.3; 6.30.1, considera que, con esta práctica, el emperador continuaba la línea marcada por Augusto en su procedimiento del

duda, posterior a Sila y probablemente atribuible, en su opinión, a Trajano[482].

Más crítico se muestra GARNSEY para quien los escritores de la época de Trajano y de los primeros años del principado de Adriano, Plinio el Joven, Tácito y Suetonio, ignoraban el término técnico de

---

año 12, reconfirmando que el interdictado debía cumplir la pena en una isla, pero con la diferencia de que, de acuerdo con el régimen de la relegación, la elección de la isla no se dejaba al condenado sino al emperador y al consenso de los senadores. Ya con anterioridad, HOLTZENDORFF, *Die Deportationsstrafe ...*, cit., págs. 36 ss. y págs. 47 ss., para quien no es posible determinar el inicio de la deportación como pena que se produce por la fusión de interdicción y relegación, lo cual no significa que en el siglo I d. C., no existiese una deportación ejecutiva en el sentido de "*transportare*" o "*demovere*"; BRASIELLO, *La repressione...*, cit., págs. 110 ss. y págs. 296 ss., especialmente, pág. 303 n. 73, siguiendo a Holtzendorff, también considera que era absurdo pensar que la deportación hubiera substituido a la interdicción con Augusto o con Tiberio, lo cual no supone la ausencia de una deportación ejecutiva de la pena ordinaria de interdicción dado que para el interdictado no debía ser siempre fácil llegar con medios propios a los confines de Italia, justificando de este modo la referencia a la deportación o al traslado a una isla, previa interdicción, que se recogen en algunos pasajes de Tácito. Por su parte PUGLIESE, "Linee generali...", cit., pág. 765 y pág. 766 n. 103 (= *Scritti giuridici scelti*, II, cit., pág. 696 y pág. 697 n. 103), negando la atribución del nacimiento de la deportación a Tiberio afirmaba, no obstante, que la misma debe retenerse operada por la práctica, en la que desde los tiempos de este emperador, la interdicción era a veces acompañada del internamiento en una isla.

482 SANTALUCIA, "La situazione...", cit., págs. 178 ss., considera que la misma ya era conocida por Dión Casio cuando actualiza el procedimiento de Augusto del año 12 d. C. Además en s.v., «pena criminale (diritto romano)», cit., pág. 738, considera que comienza a substituir a la interdicción en tiempos de Trajano. Significativo en este sentido es un pasaje de Arrio Menandro (D. 49.16.4§12) señalado, entre otros, por FALCHI, *Diritto Penale Romano*, II, cit., pág. 235 o DE VILLA, "«Exilium perpetuum»", cit., pág. 303 n. 3, en el que se indica que Trajano impuso la pena de deportación al padre que debilitó a su hijo en tiempos de leva militar. No obstante, como indica GIUFFRÈ, *Letture...*, II, cit., pág. 372, el jurista parece citar a menudo de memoria y genéricamente las disposiciones imperiales de periodos precedentes, por lo que la referencia a la deportación puede deberse a un anacronismo motivada por el proceso de sustitución que se estaba produciendo en la época en la que él escribe.

deportatio[483]. El autor pone de relieve que el jurista Juliano, que sirvió tanto a Adriano como a Pío, parece haber discutido los efectos de la deportación y señala, a su vez, cómo el propio Pío realiza algunas declaraciones sobre la condición de los deportados, lo cual permite considerar que el término había sido recientemente introducido[484]. Por ello, afirma que la deportación adquirió carácter penal bajo Adriano y apoya su afirmación en un pasaje de Calistrato en el que el jurisconsulto indica que este emperador estableció diferentes grados de pena para los desterrados que incumplieran su condena, determinando que el relegado temporal, lo fuese perpetuo, éste relegado en isla, éste deportado, éste deportado en isla y éste condenado a muerte:

> D. 48.19.28§13 (Callistratus *libro VI. de Cognitionibus*): [*in exulibus*] *gradus poenarum constituti edicto divi Hadriani, ut qui ad tempus relegatus est, si redeat, <in perpetuum relegatur, qui in perpetuum relegatus est, si redeat, in insulam relegatur>, qui relegatus in insulam excesserit, in insulam deportetur, qui deportatus evaserit capite puniatur*[485].

---

[483] Garnsey, *Social status...*, cit., págs. 113 ss. En su opinión, Plinio el Joven no utiliza este término en sus *Epistulae* sino los de *exsilium*, *interdictio aquae et ignis* o *relegatio*, que son en muchos casos intercambiables (*Epistulae*, 4.11.3; 3.11.3; 7.19.4 y 6; 1.5.5 y 13; 9.13.5; 2.11.20; 3.9.17); Tácito, que escribe aún en los primeros años de Adriano, utiliza el verbo *deportare* para indicar el proceso de trasladar a un criminal a una isla, fuera de Italia o de su patria de origen, pero su uso no parece ser más técnico que la utilización de *relegare* con el mismo significado (*Annales*, 3.68; 4.1; 6.48; 14.45; 16.9); y del mismo modo Suetonio utiliza el término *deportare* con un significado más literal que técnico, "for the carrying of goods of different kinds, or bodies, dead or sleeping" (*De vita Caesarum. Julius*, 43.2; *Augustus*, 78.2, 100.2; *Tiberius*, 18.1; 75.3; *Gaius*, 39.1; *Nero*, 31.3). Sobre el carácter técnico de *deportatio* y sus diversos significados, cfr. Holtzendoff, *Die Deportationsstrafe...*, cit., págs. 47 ss., págs. 59 ss. y págs. 70 ss. Sobre las fuentes literarias que hablan del destierro vid., asimismo, Grasmück, *Exilium...*, cit., págs. 127 ss.

[484] D. 46.1.47 pr.; D. 48.18.9§2; D 48.22.2; C. I. 9.47.1. Garnsey, *Social status...*, cit., págs. 113 ss.

[485] Garnsey, *Social status...*, cit., pág. 115. El texto no aparece en Levy-Rabel, *Index Interpolationum*, III, cit., col. 546.

No obstante, si bien los pasajes expuestos configuran como dos subespecies distintas de exilio a las penas de relegación y de deportación, incluyendo sólo a ésta entre las penas que privan de la vida o la ponen directamente en cuestión[486], los mismos sólo indican que se está produciendo una reflexión sobre la deportación concebida como pena autónoma, pero no permiten excluir que ya con anterioridad a Adriano, la frecuencia de vincular interdicción y relegación hiciera, como señala SANTALUCIA, que en el nuevo tipo de sanción dejara de apreciarse la asociación entre dos penas distintas, sino una única sanción con propia identidad a la que no resultaba difícil trasladar los efectos de aquélla, puesto que no se trataba de una pena substancialmente nueva, sino de una interdicción agravada con la designación de un domicilio coactivo[487].

Por ello, con la deportación, no sólo fueron sancionadas las nuevas figuras delictuales, sino también aquéllas que anteriormente lo eran con la interdicción del agua y el fuego, dados los inconvenientes que comportaba su ejecución tras la extensión de la ciudadanía romana a todos los habitantes del Imperio, hasta acabar por sustituirla definitivamente, de acuerdo con ORESTANO, en tiempos de Ulpiano[488].

---

[486] La inclusión de la deportación en el concepto de pena capital ha sido defendida entre otros por REIN, *Das Kriminalrecht...*, cit., pág. 69, pág. 240, págs. 242-243, págs. 286-287; HOLTZENDORFF, *Die Deportationsstrafe...*, cit., págs. 72 ss.; MOMMSEN, *Le Droit pénal romain*, III, cit., pág. 241 n. 2 y págs. 242-243; KLEINFELLER, s.v. «deportatio in insulam», cit., col. 231; FERRINI, *Diritto Penale Romano*, cit., pág. 145; LEVY, *Die römische Kapitalstrafe*, cit., págs. 45 ss.; idem, "Libertas und Civitas", cit., págs. 149 ss.; DÜLL, "Reccusione a Levy...", cit., pág. 120; FERRUCCIO FALCHI, *Diritto Penale Romano*, I, cit., págs. 77 ss.; GARNSEY, *Social status...*, cit., págs. 111 ss.; SANTALUCIA, s.v. «pena criminale (diritto romano)», cit., págs. 737-738; DE VILLA, "«Exilium perpetuum»", cit., págs. 296 ss.; ZILLETTI, "In tema di 'servitus poenae'", cit., pág. 65 n. 101. Cfr. BRASIELLO, *La repressione...*, cit., págs. 272 ss., quien considera que la deportación era una pena aplicable sólo en la represión extraordinaria que comportaba la pérdida de la dignidad pero no de la ciudadanía.

[487] SANTALUCIA, "La situazione...", cit., págs. 175 ss., especialmente, pág. 187, para quien Garnsey se muestra infundadamente crítico respecto a algunas fuentes.

[488] ORESTANO, "Gli editti imperiali...", cit., pág. 248 n. 97 y pág. 249 n. 98 (= *Scritti*, I, cit., pág. 130 n. 97 y pág. 131 n. 98); HOLTZENDORFF, *Die Depor-*

Esta sustitución se observa en el hecho de que en las Sentencias de Paulo se considere a la deportación como la *poena legis Corneliae*[489] y en la ausencia de referencias a la interdicción en las consti-

tationsstrafe..., cit., págs. 63 ss., para quien la interdicción con Caracalla ha perdido su significado; HUMBERT, *Des conséquences*..., cit., pág. 103; idem, s.v. «exsilium», cit., pág. 943, reconoce que en las fuentes se menciona hasta Trajano sin negar que las mismas se refieran a la deportación, aplicando su nombre antiguo de interdicción por costumbre; COLI, s.v. «ambitu», cit., págs. 534-536, afirma que todavía se encuentran ejemplos de interdicción bajo Trajano; DE VILLA, "«Exilium perpetuum»", cit., págs. 298 ss., para quien si bien la deportación surge a comienzos del Imperio, no sustituirá definitivamente a la interdicción hasta la época de los Severos; SANTALUCIA, s.v. «pena criminale (diritto romano)», cit., pág. 738; GIUFFRÈ, *La 'repressione criminale'*..., cit., pág. 141; FERNÁNDEZ DE BUJÁN, A., *Derecho Público*..., cit., pág. 259, consideran que la deportación sustituyó a la antigua interdicción a partir de la edad de Trajano; SCAPINI, *Diritto e procedura*..., cit., págs. 77-78, pone de manifiesto que la sustitución de la *interdictio aqua et ignis* por la deportación comienza en el Principado, pero considera que durante todo este periodo aquélla fue la pena de la falsificación de documento y que la misma fue impuesta por Adriano para el delito de castración. Un posición intermedia es defendida por BRASIELLO, *La repressione*..., cit., págs. 297 ss.; PUGLIESE, "Linee generali...", cit., págs. 765 ss. (= *Scritti giuridici scelti*, II, cit., págs. 696 ss.), para quienes la interdicción del agua y el fuego mantendrá su vigencia hasta la época clásica en el ámbito de la represión ordinaria. Sin embargo, la diferenciación de penas aplicables ordinaria o extraordinariamente es, a nuestro juicio, errónea. En este sentido, entre otros, ZILLETTI, "In tema di 'servitus poenae'", cit., págs. 60 ss.; GARNSEY, *Social status*..., cit., pág. 115 n. 3; GUARINO, A., "Studi sull'«incestum»", en *Z.S.S.*, 63, 1943, págs. 43 ss. (= *Pagine di Diritto Romano*, VII, Napoli, 1995, págs. 180 ss.).

489 Esta sustitución se observa, por ejemplo, en el homicidio (*Pauli Sententiae*, 5.23.1=Coll. 1.2.1 y *Pauli Sententiae*, 5.23.2=Coll. 8.2. Cfr. D. 48.8.3§5; *Pauli Sententiae*, 5.23.18; *Pauli Sententiae*, 5.21.2; *Pauli Sententiae*, 5.25.12), en materia de falso testamento (*Pauli Sententiae*, 4.7.1. Cfr. D. 48.10.1§13; *Pauli Sententiae*, 5.23.13) o en el supuesto de *ambitu* cuando se utilizaba un conjunto de personas para intimidar a los votantes (*Pauli Sententiae*, 5.30a). Por todos, FERRINI, *Diritto Penale Romano*, cit., pág. 349, pág. 366, pág. 374, pág. 383, pág. 401 y pág. 419; BRASIELLO, *La repressione*..., cit., págs. 200 ss.; FERRUCCIO FALCHI, *Diritto Penale Romano*, II, cit., pág. 106, pág. 143, pág. 176 y págs. 187-188; PUGLIESE, "Linee generali...", cit., pág. 767 n. 109 y pág. 768 n. 111 (= *Scritti giuridici scelti, II,* cit., pág. 698 n. 109 y pág. 699

tuciones imperiales a partir de Constantino[490], situación que llevó a los compiladores justinianeos a introducir en las fuentes clásicas la

---

n. 111); ORESTANO, "Gli editti imperiali...", cit., pág. 248 n. 97 y pág. 249 n. 98 (= *Scritti*, I, cit., pág. 103 n. 97 y pág. 131 n. 98); BAUMAN, *Crime...*, cit., págs. 26 ss.; DE CASTRO-CAMERO, *El Crimen Maiestatis...*, cit., págs. 55-56.

[490] A la interdicción del agua y el fuego, seguida de la deportación, se refiere en materia matrimonial una constitución de Alejandro del año 229 (C. I. 5.17.1) y una constitución de Constantino del año 321 (C. I. 5.16.24§2=C. Theod. 9.42.1), ambas dos interpoladas para adaptarlas al nuevo régimen instaurado por Justiniano, en virtud del cual, la deportación, pena en la que se convirtió la antigua interdicción del agua y el fuego, no disolvía el matrimonio. *Novellae Iustiniani*, 22.13. En este sentido, entre otros, DESSERTEAUX, F., *Étude sur la formation historique de la capitis deminutio, II, Evolution et effets de la capitis deminutio*, Paris, 1919, pág. 472; HUMBERT, *Des conséquences...*, cit., pág. 109; idem, s.v. «exilium», cit., pág. 944; COLI, U., *Saggi critici sulle fonti del diritto romano, I. Capitis deminutio*, Firenze, 1922, págs. 30 ss.; DUMONT, *Manuel...*, I, cit., pág. 294; DUPONT, C., *Le droit criminal dans les constitutions de Constantin. Les peines*, Lille, 1955, pág. 48; WATSON, A., *The Law of Persons in the Later Roman Republic*, Oxford, 1967, pág. 237; BONFANTE, *Corso...*, I, cit., págs. 331-332; DI MARZO, S., *Lezioni sul matrimonio romano*, Palermo, 1919 (= Roma, 1972), págs. 94 ss.; DE VILLA, "«Exilium perpetuum»", cit., pág. 302 n. 2; ZILLETTI, "In tema di 'servitus poenae'", cit., pág. 57; FRANCIOSI, G., *Famiglia e persone in Roma antica. Dall'età arcaica al Principato*, Torino, 1992, págs. 172-173; URSO, *Il matrimonio...*, cit., págs. 5 ss. y págs. 39 ss.; RAVIZZA, "Sui rapporti...", cit., págs. 1 ss. Cfr. HOLTZENDORFF, *Die Deportationsstrafe ...*, cit., págs. 74 ss., para quien, si bien la forma del matrimonio civil se rompe, el consentimiento duradero puede permitir que el matrimonio roto continúe como un matrimonio libre de forma y sin los efectos del derecho civil; FERRUCCIO FALCHI, *Diritto Penale Romano*, I, cit., pág. 71 n. 1 y pág. 78, considera que con Constantino, la pérdida de la ciudadanía no comportaba la disolución del matrimonio, sino que el mismo devenía *iure gentium*; BRASIELLO, *La repressione...*, cit., pág. 311 n. 86; BUCKLAND, *A Text-Book...*, cit., pág. 138, afirman que el matrimonio se transformaba en una *nuptia non iustiae*; SCHIAVONE, A., "«Matrimonium» e «deportatio»", en *Atti dell'Accademia di scienze morali e politiche della Società Nazionale di Scienze*, Napoli, 78, 1967, págs. 424 ss.; OLÍS ROBLEDA, S.J., *El matrimonio en derecho romano. Esencia, requisitos de validez, efectos, disolubilidad*, Roma, 1970, pág. 130, pág. 133 y págs. 246-248, para quienes la *deportatio* no privó de la ciudadanía hasta los Severos y tampoco disolvió el matrimonio hasta finales del siglo III d. C. Frente a esta situación, en su opinión, reaccionó Constantino a partir del cual y hasta

afirmación de tal sustitución[491], a mantener el recuerdo de la interdicción pero insertando la referencia a la deportación considerándolas como penas equivalentes a través de un *vel*[492] o a sustituir directamente una por otra[493].

Así, fueron sancionados con la deportación, entre otros, el incendio en la ciudad provocado por *honestiores* frente al arrojo a las fieras con el que eran penados los *humiliores*[494], el que hubiere recibido dinero

---

Justiniano la no disolución del matrimonio por efecto de la deportación se mantendrá. Esta afirmación se apoya, a su juicio, en considerar que la constitución de Alejandro es una reacción a la opinión de Paulo (D. 24.3.36) favorable a dicha disolución y que la fuente justinianea que recoge la constitución de Constantino no está interpolada, erradicando las alteraciones en el pasaje del Código Teodosiano. Para BUENO DELGADO, "El exilio…", cit., págs. 4 ss., el matrimonio tampoco se disolvía sino que pasaba a ser regido por el *ius gentium*.

491 Como se desprende de las interpolaciones detectadas en dos pasajes de Ulpiano D. 48.19.2§1 y D. 48.13.3. Al respecto, MOMMSEN, *Le Droit pénal romain*, III, cit., pág. 319 n. 1; HARTMANN, *De exilio…*, cit., pág. 24 y pág. 33; idem, s.v. «aquae et ignis interdictio», cit., col. 309; GIOFFREDI, s.v. «aqua et igni interdictio», cit., pág. 817; SIBER, "Analogie…", cit., pág. 69 n. 2; FERRUCCIO FALCHI, *Diritto Penale Romano*, II, cit., págs. 187-188 y pág. 143; DE VILLA, "«Exilium perpetuum»", cit., pág. 299; ZILLETTI, "In tema di 'servitus poenae'", cit., pág. 75 n. 146. Cfr. KLEINFELLER, s.v. «deportatio in insulam», cit., col. 231; PUGLIESE, "Linee generali…", cit., pág. 767 n. 109 y 768 n. 111 (= *Scritti giuridici scelti*, II, cit., pág. 698 n. 109 y pág. 699 n. 111); ORESTANO, "Gli editti imperiali…", cit., pág. 248 n. 97 (= *Scritti*, I, cit., pág. 130 n. 97); DE CASTRO-CAMERO, *El Crimen Maiestatis…*, cit., pág. 55, quienes defienden su carácter genuino, al afirmar que los juristas clásicos más fieles a la tradición como Ulpiano o Paulo han continuado mencionando correctamente tal interdicción del agua y el fuego.

492 C. I. 5.16.24§2. Cfr. C. Theod. 9.42.1, donde no existe referencia a la deportación. Sobre la interpolación de esta constitución vid. bibliografía señala en n. 490 del presente apartado.

493 GAYO, *Institutae*, 1.128 en confrontación con *Institutae Iustiniani*, 1.12.1. Al respecto, DE VILLA, "«Exilium perpetuum»", cit., pág. 298. Cfr. SIBER, "Analogie…", cit., pág. 69 n. 2.

494 D. 47.9.12§1 (Ulpianus *libro VIII. de officio Proconsulis*); Coll. 12.5.1. MOMMSEN, *Le Droit pénal romain*, III, cit., pág. 165; REIN, *Das Kriminalrecht…*, cit., pág. 771; HARTMANN, *De exilio…*, cit., pág. 59; HOLTZENDORFF, *Die Deportationsstrafe…*, cit., pág. 123; STRACHAN-DAVIDSON, *Problems…*, II, cit., pág. 173 n. 3; FERRUCCIO FALCHI, *Diritto Penale Romano*, II, cit., pág. 159; BAUMAN, *Crime…*, cit., pág. 127. El término *certe* del fragmento no es clásico

para matar a un hombre o el que, aun sin recibirlo hubiera dado muerte a un inocente llevado de su acaloramiento[495], el joven que reincidiera en la provocación de turbulencias ciudadanas[496], el desertor que se presentara[497] o el dignatario que hurtara metales del emperador[498].

---

pretendiendo dar carácter de norma general a lo que ocurría en la aplicación práctica. Cfr. LEVY-RABEL, *Index Interpolationum*, III, cit., col. 513.

[495] D. 48.11.7§3 (Marcer *libro I. Iudiciorum publicorum*). MOMMSEN, *Le Droit pénal romain*, III, cit., pág. 31 n. 4; STRACHAN-DAVIDSON, *Problems...*, II, cit., pág. 161 n. 2; FERRINI, *Diritto Penale Romano*, cit., pág. 410 n. 7. Como señala DE VILLA, "«Exilium perpetuum»", cit., pág. 302 n. 1, es probable que "*quid enim...debuerant*", se trate de una glosa, pero eso no afecta a nuestra exposición. Asimismo encontramos en el texto el término *certe* que, al igual que en el pasaje precedente, pretende dar el carácter de norma general a lo que sucedía en la aplicación práctica. Cfr. LEVY-RABEL, *Index Interpolationum*, III, cit., col. 539.

[496] D. 48.19.28§3 (Callistratus *libro VI. de Cognitionibus*). REIN, *Das Kriminalrecht...*, cit., págs. 523-524; FERRINI, *Diritto Penale Romano*, cit., págs. 339 ss.; STRACHAN-DAVIDSON, *Problems...*, II, cit., pág. 161 n. 9. Como indica DE VILLA, "«Exilium perpetuum»", cit., pág. 302 con el término *exilium* Calistrato se refiere a la *deportatio* ya que para él constituía una graduación más leve de las penas capitales. Esta graduación se observa asimismo en el pasaje: quien provoca una turbulencia es fustigado, si reincide deportado y si vuelve a reincidir condenado a la pena capital. Compartimos con BRASIELLO, *La repressione...*, cit., págs. 224 ss., que se trata de una sedición extraordinaria no encuadrable en la *Lex Iulia maiestatis* (D. 48.4.1§1). El carácter extraordinario viene confirmado, a su vez, por la referencia a la reincidencia, no concebible en la represión ordinaria donde el juez no podía variar la pena. Además, continúa el autor "si parla del preside, e tutta la procedura si svolge, per dire così, bonariamente: vi è prima un avvertimento, poi una correzione con mezzi semplici, e finalmente l'esilio o, in casi gravissimi, la morte, misure applicate tutte dallo stesso funzionario, di competenza indifferenziata". No obstante, en su opinión, la parte final del pasaje es probablemente una glosa. Sobre las alteraciones del texto, cfr. LEVY-RABEL, *Index Interpolationum*, III, cit., col. 546.

[497] D. 49.16.5§4 (Arrius Menander *libro II. de re militari*). Al respecto, DE VILLA, "«Exilium perpetuum»", cit., pág. 303 n. 3; ARANGIO-RUIZ, "Sul reato di diserzione in diritto romano", cit., págs. 138-147; BRAND, *Roman Military Law*, cit., págs. 180-181.

[498] D. 48.13.6§2 (Ulpianus *libro VII. de officio Proconsulis*). A este pasaje se refiere BRASIELLO, *La repressione...*, cit., pág. 290, aunque con distinta re-

Esta paulatina sustitución de la *interdictio aquae et ignis* por la *deportatio* fue posible dada la similitud de consecuencias que sobre la condición del condenado comportaban ambas penas, radicando su única diferencia en los efectos domiciliarios coactivos de la deportación en la medida en que, si bien la interdicción del agua y el fuego suponía la prohibición permanente, bajo pena de muerte, de retornar a Roma o a unos determinados límites del territorio de la ciudadanía romana con la consiguiente pérdida del domicilio primitivo, la deportación señalaba al condenado un domicilio coactivo en una isla o en un oasis[499] tam-

ferencia (D. 48.13.8§1), indicando que este supuesto "è un caso speciale, no rientrante sotto la *lex Iulia peculatus*, represso ex novo mediante un editto di Antonino Pio: si trattava infatti di furto non di pecunia pubblica, come era preveduto dalla legge, ma di metallo delle maniere dell'imperatore". Vid. el mismo caso y la misma pena en D. 48.19.38 pr. Con la misma referencia, MOMMSEN, *Le Droit pénal romain*, III, cit., pág. 79 n. 4, considera que en el supuesto descrito la deportación reemplaza, siguiendo la evolución ordinaria, a la interdicción; SIBER, "Analogie…", cit., pág. 69 n. 2; FERRUCCIO FALCHI, *Diritto Penale Romano*, II, cit., págs. 187-188; DE VILLA, "«Exilium perpetuum»", cit., págs. 302-303, también consideran que la pena de exilio allí mencionada se refiere a la deportación. Sobre estos y otros supuestos de aplicación de esta pena REIN, *Das Kriminalrecht…*, cit., pág. 189, pág. 233, págs. 249 ss., págs. 343 ss., págs. 395 ss., págs. 420 ss., pág. 524, pág. 537, pág. 677, pág. 726, pág. 750, pág. 771, pág. 787, pág. 792, pág. 813, págs. 848 ss., pág. 895, pág. 900 y págs. 914-915; HARTMANN, *De exilio…*, cit., págs. 24 ss.; HOLTZENDORFF, *Die Deportationsstrafe…*, cit., págs. 123 ss.; HUMBERT, *Des conséquences…*, cit., págs. 103-104; idem, s.v. «exslium», pág. 944; LÉCRIVAIN, s.v. «poena», cit., pág. 541; FERRINI, *Diritto Penale Romano*, cit., pág. 145, págs. 151 ss., págs. 349 ss., pág. 359, págs. 366 ss., págs. 383 ss. y págs. 410, entre otras.

499 Las condiciones climáticas, geográficas, de comunicación, etc., de los lugares de deportación comportaban que su cumplimiento fuese más o menos severo. Se han señalado, entre otros, Gyarus, Cerdeña, Creta, Chipre, Citera, Naxos, Rodas, las islas Baleares, Cos, Lesbos, Amorgos, Seriphe, Cosyra, Schiate, Pathmos, el oasis y el desierto. No obstante, la indicación de algunos de ellos es producto de una errónea interpretación de las fuentes en las que se confunde la deportación con la interdicción acompañada de la relegación. Al respecto, HOLTZENDORFF, *Die Deportationsstrafe…*, cit., págs. 29 ss. y págs. 113 ss., HARTMANN, *De exilio…*, cit., págs. 24 ss. y págs. 106 ss.; KLEINFELLER, s.v. «deportatio in insulam», cit., cols. 231 ss., niegan que existieran dos penas: la *deportatio* y la *deportatio in insulam* como, en cambio,

bién de modo permanente[500], sancionado la huida del mismo con la muerte[501].

---

defienden HUMBERT, s.v. «exsilium», pág. 944 y REIN, *Das Kriminalrecht...*, cit., pág. 915, para quienes la deportación en isla supone el grado más severo; BERGER, *Encyclopedie Dictionary of Roman Law*, cit., s.v. «deportatio», pág. 432; BUCKLAND, *A Text-Book...*, cit., pág. 97 n. 7; BAUMAN, *Crime...*, cit., págs. 50 ss.

[500] D. 48.22.18§1 (Pomponius): *deportatio autem non fit ad tempus*; D. 48.22.7§2 (Ulpianus *libro X. de officio Proconsulis*). Por todos, MOMMSEN, *Le Droit pénal romain*, III, cit., pág. 302; HOLTZENDORFF, *Die Deportationsstrafe...*, cit., pág. 95; KLEINFELLER, s.v. «deportatio in insulam», cit., cols. 231 ss.; WILLEMS, *Le droit public romain*, cit., pág. 398; DE RUGGIERO, *La patria...*, cit., pág. 168; FERRINI, *Diritto Penale Romano*, cit., pág. 155; DE VILLA, "«Exilium perpetuum»", cit., pág. 304; BERGER, s.v. «deportatio», cit., pág. 432; BUCKLAND, *A Text-Book...*, cit., pág. 97 n. 7; GIUFFRÈ, *La 'repressione criminale'...*, cit., pág. 141; DE CASTRO-CAMERO, *El Crimen Maiestatis...*, cit., pág. 69; LICANDRO, *Domicilium habere...*, cit., pág. 367. La pérdida del domicilio primitivo sería aplicable, a nuestro juicio, a la condena a las minas, dada la similitud de consecuencias jurídicas con la deportación en cuanto a su integración en el concepto de pena capital con la consiguiente pérdida de ciudadanía y de los bienes, su carácter siempre perpetuo y el confinamiento del condenado en un lugar donde fuera posible la extracción minera. Esta similitud dará lugar en el derecho postclásico a que el *metallum* sea considerado un supuesto agravado de deportación, integrándose en el concepto general de *exilium*. Sobre esta pena, REIN, *Das Kriminalrecht...*, cit., pág. 914; MOMMSEN, *Le droit pénal romain*, III, cit., págs. 292 ss.; HUMBERT, *Des conséquences...*, cit., págs. 87 ss.; ZILLETTI, "In tema di 'servitus poenae'", cit., págs. 32 ss.; BRASIELLO, *La repressione...*, cit., págs. 360 ss. y págs. 471 ss.; FERRINI, *Diritto Penale Romano*, cit., pág. 152; FERRUCCIO FALCHI, *Diritto Penale Romano*, I, cit., págs. 74 ss.; CHAUVOT, A., "La détention sous Tibère", en AA.VV., *Carcer. Prision et privation de liberté dans l'Antiquité classique. Actes du colloque de Strasbourg (5 et 6 décembre 1997)*, Paris, 1999, págs. 162 ss.

[501] D. 48.19.28§13; D. 48.19.14. HOLTZENDORFF, *Die Deportationsstrafe...*, cit., pág. 97. En este sentido, REIN, *Das Kriminalrecht...*, cit., pág. 69; MOMMSEN, *Le Droit pénal romain*, III, cit., pág. 325; HUMBERT, *Des conséquences...*, cit., pág. 105; KLEINFELLER, s.v. «deportatio in insulam», cit., col. 232; FERRUCCIO FALCHI, *Diritto Penale Romano*, I, cit., págs. 80-81 y ZILLETTI, "In tema di 'servitus poenae'", cit., pág. 65 n. 101, observan en el pasaje de Calistrato una graduación de las penas de relegación, deportación y muerte; BUENO

Se trataba de una pena preferentemente aplicada a los *honestiores* (pertenecientes a la *nobilitas*, el orden de los decuriones o a la burguesía comercial y agrícola) frente a la pena de muerte o la condena a las minas aplicada a los *humiliores* (proletarios o personas pertenecientes al más bajo grupo social)[502] y debido a su gravedad, como precisa BRASIELLO, eran limitados los funcionarios imperiales

---

DELGADO, "El exilio…", cit., págs. 4 ss. Cfr. BRASIELLO, *La repressione…*, cit., págs. 277 ss., para quien, en coherencia con su teoría (a nuestro juicio errónea) de distinguir entre un exilio ordinario y uno extraordinario considera que al inicio del pasaje debía existir una frase aclarando que se hablaba del exilio seguido al pronunciamiento del funcionario imperial; DE VILLA, "«Exilium perpetuum»", cit., pág. 309, para quien la referencia a la relegación como una subespecie de *exilium* es una alteración postclásica.

[502] Así, por ejemplo, en D. 48.13.6§2; D. 47.12.11; D. 48.29.28§9; Coll. 8.4.5; Coll. 12.5.1. En el mismo sentido, REIN, *Das Kriminalrecht…*, cit., pág. 69; HARTMANN, *De exilio…*, cit., págs. 36-37 y págs. 56 ss., con un interesante cuadro sinóptico; HOLTZENDORFF, *Die Deportationsstrafe…*, cit., págs. 108 ss.; STRACHAN-DAVIDSON, *Problems…*, II, cit., pág. 173; KLEINFELLER, s.v. «deportatio in insulam», cit., col. 232; FERRINI, *Diritto Penale Romano*, cit., pág. 155; BRASIELLO, *La repressione…*, cit., pág. 300; DE ROBERTIS, F., *La variazione della pena nel diritto romano*, Bari, 1954, págs. 59 ss. y págs. 82 ss.; SIBER, "Analogie…", cit., pág. 68; GARNSEY, *Social status…*, cit., pág. 118, para quien en los textos legales de la época de los Antoninos y de los Severos, así como en los textos postclásicos, la deportación aparece reservada como pena aplicable a los *honestiores* frente a la pena de muerte o a la condena a las minas aplicada a los reos de bajo origen; PUGLIESE, "Linee generali…", cit., pág. 767 (= *Scritti giuridici scelti*, II, cit., pág. 698); SCAPINI, *Diritto e procedura…*, cit., pág. 85; MARLASCA MARTÍNEZ, O., "Desigualdades legales en la imposición de las penas a través de los textos jurídicos", en *R.G.D.R.* (*www.iustel.com*), nº 8, 2007, págs. 1 ss.; VALPUESTA BERMÚDEZ, M., "El *civis* frente al proceso criminal romano: una reflexión sobre las garantías procesales en la *cognitio extra ordinem*", en AA.VV. (Coord. B. Periñán Gómez), *Derecho, persona y ciudadanía. Una experiencia jurídica comparada*, Madrid, Barcelona, Buenos Aires, 2010, pág. 243. Por su parte, MOMMSEN, *Le Droit pénal romain*, III, cit., pág. 315, justifica este ámbito personal de aplicación, en el hecho de que el traslado domiciliario que la pena comportaba era a cargo del condenado y no del Estado. De ahí que su aplicación se reservara a las personas con patrimonio suficiente para que su ejecución se llevara a cabo sin gravar al Estado.

que tenían jurisdicción para imponerla[503]. Según Calistrato los procuradores del César no tenía derecho para deportar:

> D. 1.19.3 pr. (Callistratus *libro VI. de Cognitionibus*): *Curatores Caesaris ius deportandi non habent...* [504].

Y de acuerdo con una epístola de Septimio Severo dirigida al prefecto de la ciudad Fabio Cilón recogida por Ulpiano, al menos a partir de este momento, los gobernadores provinciales requerían la previa autorización del emperador, permaneciendo entretanto aquél a quien se quiere infligir la pena en la cárcel:

> D. 48.22.6§1 (Ulpianus *libro IX. de officio Proconsulis*): *Deportandi autem in insulam ius praesidibus provinciae non est datum, licet preafecto urbi detur: hoc enim epistula divi Severi ad Fabium Cilonem praefectum urbi expressum est. Praesides itaque provinciae quoties aliquem in insulam deportandum putent, hoc ipsum adnotare debeant, nomen eius vero scribendum Principi, ut in insulam deportetur sic deinde Principi scribere missa opinione, ut Princeps aestimet, an sequenda sit eius sententia deportarique in insulam debeant. Medio autem tempore, dum scribitur, iubere eum debet in carcere esse*[505].

---

503 BRASIELLO, *La repressione...*, cit., págs. 300 ss.; HARTMANN, *De exilio...*, cit., págs. 33 ss.; FERRUCCIO FALCHI, *Diritto Penale Romano*, I, cit., pág. 79.

504 BRASIELLO, *La repressione...*, cit., pág. 301. Cfr. LEVY-RABEL, *Index Interpolationum*, I, cit., col. 13.

505 D. 48.19.2.1. MOMMSEN, *Le Droit pénal romain*, III, cit., pág. 323; HARTMANN, *De exilio...*, cit., págs. 41; HUMBERT, *Des conséquences...*, cit., pág. 104; ROBY, *Roman Private Law...*, cit., pág. 45; KLEINFELLER, s.v. «deportatio in insulam», cit., col. 232; STRACHAN-DAVIDSON, *Problems...*, II, cit., pág. 58 n. 3 y pág. 173; BRASIELLO, *La repressione...*, cit., págs. 300-301; BUCKLAND, *A Text-Book...*, cit., pág. 97 n. 7; PUGLIESE, "Linee generali...", cit., pág. 766 n. 104 y pág. 786 n. 160 (= *Scritti giuridici scelti*, II, cit., pág. 697 n. 104 y pág. 717 n. 160), se pregunta si esta limitación también sería aplicable a los gobernadores de los que Ulpiano (D. 1.18.6§8), dice *qui universas provincias regunt, ius gladii habent et in metallum dandi potestas iis permissa est*; MANTOVANI, D.,

Por su parte, conforme a esa misma epístola, el *praefectus urbi* sí podía imponer la deportación pero era el emperador el que fijaba la isla:

> D. 1.12.1§3 (Ulpianus *libro singulari de officio Praefecti Urbi*): *Relegandi deportandique in insulam, quam Imperator assignavit, licentiam habet*[506].

En todo caso, como nos indica Marciano, el emperador era el único competente para permitir al deportado salir del lugar destinado para cumplir la pena:

> D. 48.19.4 *in finem* (Marcianus *libro XIII. Institutionum*): *... et nemo potest commeatum remeatumve dare exuli, nisi Imperator ex aliqua causa*[507].

"Sulla competenza penale del «praefectus urbi» attraverso il 'liber singularis' di Ulpiano", en AA.VV., *Idee vecchie e nuove sul diritto criminale romano* (a cura del prof. A. Burdese), Padova, pág. 200 n. 86; SANTALUCIA, *Diritto e processo...*, cit., pág. 251 n. 226; BUENO DELGADO, "El exilio...", cit., pág. 17. No obstante, como señalan HOLTZENDORFF, *Die Deportationsstrafe...*, cit., págs. 65-67 y págs. 99 ss. y FRANCIOSI, *Riforme istituzionale...*, cit., pág. 32 n. 31, es posible que las limitaciones de los goberandores provinciales para imponer determinadas penas desaparezcan en el derecho justinianeo. Cfr. D. 48.22.15§1.

506 MOMMSEN, *Le Droit pénal romain*, III, cit., pág. 323; HARTMANN, *De exilio...*, cit., pág. 42; HOLTZENDORFF, *Die Deportationsstrafe...*, cit., págs. 65-67, pág. 99 y pág. 105; ROBY, *Roman Private Law...*, cit., pág. 45; KLEINFELLER, s.v. «deportatio in insulam», cit., col. 232; STRACHAN-DAVIDSON, *Problems...*, II, cit., págs. 58 ss. y pág. 173; BRASIELLO, *La repressione...*, cit., pág. 301; BUCKLAND, *A Text-Book...*, cit., pág. 97 n. 7; PUGLIESE, "Linee generali...", cit., pág. 766 n. 104 (= *Scritti giuridici scelti*, II, cit., pág. 697 n. 104); BAUMAN, *Crime...*, cit., pág. 105.

507 MOMMSEN, *Le Droit pénal romain*, III, cit., pág. 324; HOLTZENDORFF, *Die Deportationsstrafe...*, cit., pág. 98; HARTMANN, *De exilio...*, cit., pág. 49; KLEINFELLER, s.v. «deportatio in insulam», cit., col. 233; FERRINI, *Diritto Penale Romano*, cit., pág. 157 n. 2; BUENO DELGADO, "El exilio...", cit., pág. 25. Cfr. SIBER, "Analogie...", cit., pág. 69 n. 2. Respecto a las posibles alteraciones del fragmento, no se recoge en la parte del texto transcrita ninguna alteración en LEVY-RABEL, *Index Interpolationum*, III, cit., col. 544.

Y como la pena subsistía después de la muerte, Severo y Antonino exigieron este consentimiento incluso para trasladar al deportado muerto de allí a otra parte con el fin de enterrarlo:

> D. 48.24.2 (Marcianus *libro II. Publicorum*): *Si quis in insula deportatus... fuerit, poena etiam post mortem manet; nec licet eum inde transferre alicubi, et sepeliere inconsulto Principe, ut saepissime Severus et Antoninus rescripserunt, et multis petentibus hoc ipsum indulserunt*[508].

Al igual que la interdicción del agua y el fuego, la deportación llevaba implícita la *publicatio bonorum*. Esta similitud, como recoge ZILLETTI, es apuntada por Gayo al indicar que si bien al interdictado se le confiscan los bienes que tenía cuando fue condenado, en la misma situación están los deportados a una isla:

> D. 28.1.8§1 y §2 (Gaius *libro XVII. ad Edictum provinciale*): *Si cui aqua et igni interdictum sit... bona quoque, quae tunc habuit, quum damnaretur, publicabuntur... in insulam deportati in eadem causa sunt*[509].

---

[508] HOLTZENDORFF, *Die Deportationsstrafe...*, cit., pág. 96, que recoge a su vez la postura más moderada de Paulo (D. 48.24.3); KLEINFELLER, s.v. «deportatio in insulam», cit., col. 23; BUENO DELGADO, "El exilio...", cit., pág. 23.

[509] ZILLETTI, "In tema di 'servitus poenae'", cit., pág. 57 n. 75, quien considera excesiva la crítica textual efectuada por BRASIELLO, *La repressione...*, cit., pág. 320 n. 87, para quien la deportación comportaría la confiscación de los bienes pero no la pérdida de la ciudadanía. La pérdida de los bienes por efecto de la *deportatio* ha sido defendida, entre otros, por MOMMSEN, *Le Droit pénal romain*, III, cit., pág. 322 n. 2, pág. 327 y págs. 363 ss.; HOLTZENDORFF, *Die Deportationsstrafe...*, cit., págs. 79 ss.; REIN, *Das Kriminalrecht...*, cit., pág. 915; HUMBERT, *Des conséquences...*, cit., págs. 106 ss. y págs. 115 ss.; idem, s.v. «exsilium», pág. 944; ROBY, *Roman Private Law...*, cit., pág. 45; KLEINFELLER, s.v. «deportatio in insulam», cit., col. 232; WILLEMS, *Le droit public romain*, cit., pág. 398; DE RUGGIERO, *La patria...*, cit., pág. 168; FERRINI, *Diritto Penale Romano*, cit., pág. 155, pág. 157, págs. 160-161 y pág. 383; FERRUCCIO FALCHI, *Diritto Penale Romano*, I, cit., págs. 77-78; DE VILLA, "«Exilium perpetuum»", cit., pág. 300; COSTA, *Crimini e pene...*, cit., pág. 95; BUCKLAND, *A Text-Book...*, cit., pág. 97 n. 7; LEVY, "Libertas und Civitas", cit.,

Asimismo, la *publicatio* es señalada por el emperador Alejandro quien, diferenciando a la deportación de la *relegatio*, nos indica que, si bien los bienes de los deportados a una isla son reivindicados para el fisco, los del relegado no, salvo que especialmente hubieran sido quitados por la sentencia:

> C. I. 9.47.8 (*Imp. Alexander A. Victorino*): *Deportatorum in insulam ab eo, cui id faciendi ius erat, bona fisco vindicantur, relegatorum autem non, nisi sententia specialiter ademta fuerint*[510].

Por tanto, convenimos con BRASIELLO en que mientras la *publicatio bonorum* era implícita a la deportación, la misma requería una sentencia expresa en el caso de la relegación[511].

En opinión de WILLEMS, este diferente régimen confiscatorio es constatado en los mismos términos por Ulpiano al afirmar que, si bien la

---

pág. 155; FERRINI, *Diritto Penale Romano*, cit., pág. 155, pág. 157, págs. 160-161 y pág. 383, quien señala que se podía conceder al condenado un subsidio (*viaticum*) o pensión (*annuum*) proporcional a su patrimonio; SCAPINI, *Diritto e procedura ...*, cit., pág. 84; BERGER, s.v. «deportatio», cit., pág. 432; GIUFFRÈ, *La 'repressione criminale'...*, cit., pág. 141; SANTALUCIA, "La situazione...", cit., págs. 188 ss.; FUSCO, S.A., "«In una insulam congregare»: «corruzione» e strategie preventive nel IV secolo D. C.", en *Atti del Convengo Internazionale su Corruzione, repressione e rivolta morale nella tarda antichità (Catania, 11-13 dicembre 1995)*, Catania, 1999, pág. 140; DE CASTRO-CAMERO, *El Crimen Maiestatis...*, cit., págs. 79-81; LICANDRO, *Domicilium habere...*, cit., pág. 367; FERNÁNDEZ DE BUJÁN, A., *Derecho Público...*, cit., pág. 259; BUENO DELGADO, "El exilio...", cit, pág. 17. Cfr. LEVY-RABEL, *Index Interpolationum*, II, cit., col. 177; RAVIZZA, "Sui rapporti...", cit., págs. 1 ss.

510 Por todos MOMMSEN, *Le Droit pénal romain*, III, cit., pág. 364 n. 2; KLEINFELLER, s.v. «deportatio in insulam», cit., col. 232.

511 BRASIELLO, *La repressione ...*, cit., pág. 304. A este respecto, MOMMSEN, *Le Droit pénal romain*, III, cit., pág. 326 y págs. 364-365, para quien la relegación perpetua comportaba normalmente la confiscación de una parte del patrimonio; FERRUCCIO FALCHI, *Diritto Penale Romano*, I, cit., págs. 78-80, para quien la relegación llevó aparejada la confiscación de los bienes hasta Trajano; SANTALUCIA, "La situazione...", cit., pág. 181 y pág. 188, afirma que a pesar de los intentos de extender la confiscación de los bienes a la relegación, ésta no hacía perder los bienes salvo que así se hubiera dispuesto expresamente.

deportación priva de la ciudadanía y de los bienes, la relegación no quita ni una ni otra, a no ser que especialmente sean confiscados los bienes:

> D. 48.22.14§1 (Ulpianus): *Magna differentia est inter deportationem et relegationem; nam deportatio civitatem et bona adimit, relegatio neutrum tollit, nisi specialiter bona publicentur*[512].

Y en el mismo sentido aclara Modestino las consecuencias que en materia de bienes comportan la deportación y la relegación:

> Modestino, *frag.* 2: *Inter eum qui in insulam relegatur et eum qui deportatur magna est differentia, ut ait Herennius: primo quia relegatum bona sequuntur, nisi fuerint sententia adempta, deportatum non sequuntur, nisi palam ei fuerint concessa: ita fit, ut relegato mentionem bonorum in sententia non haberi prosit, deportatio noceat*[513].

---

[512] Willems, *Le droit public romain*, cit., pág. 398 n. 7; De Villa, "«Exilium perpetuum»", cit., pág. 300 n. 1; De Castro-Camero, *El Crimen Maiestatis...*, cit., pág. 69 y pág. 79; Bueno Delgado, "El exilio...", cit., págs. 12 ss. Cfr. Brasiello, *La repressione...*, cit., pág. 320 n. 87, para quien la referencia a la pérdida de la ciudadanía es un alteración de los glosadores. Vid. asimismo, Levy-Rabel, *Index Interpolationum*, III, cit., col. 552.

[513] Sobre más pasajes del Digesto o del Código Justinianeo relativos a la confiscación de los bienes, vid., entre otros, Holtzendorff, *Die Deportationsstrafe...*, cit., págs. 79 ss.; Kleinfeller, s.v. «deportatio in insulam», cit., col. 232; Ferrini, *Diritto Penale Romano*, cit., pág. 155, pág. 157, págs. 160-161 y pág. 383; Ferruccio Falchi, *Diritto Penale Romano*, I, cit., págs. 77-78; De Villa, "«Exilium perpetuum»", cit., pág. 300 n. 1; Zilletti, "In tema di 'servitus poenae'", cit., pág. 57 n. 76; Santalucia, "La situazione...", cit., págs. 188 ss.; Bueno Delgado, "El exilio...", cit., págs. 12 ss. Así, por ejemplo, era permitido al deportado quedarse con los *pannicularia*, consistentes en ropa y objetos de escaso valor. Con el emperador Alejandro, la confiscación alcanzaba incluso los bienes que el deportado tuviera después de impuesta la condena, no pudiendo, por tanto, tener herederos. Sin embargo, el padre cuyo hijo en potestad fuese deportado a una isla no era privado de su peculio castrense ni del que le hubiera dado para ser militar (C. I. 9.49.2 y 3). El jurista Marciano nos dice que el deportado pierde la ciudadanía y se sirve del derecho de gentes pero no podrá obligar lo adquirido en fraude del fisco, que habrá de

Junto a la confiscación de los bienes la deportación, al igual que la interdicción del agua y el fuego, comportaba la pérdida de la ciudadanía. Así se desprende de los pasajes analizados *supra* que la integran dentro de las penas capitales. Y la misma es constatada por numerosos pasajes de Paulo, Ulpiano y Marciano que confirman, además, la reducción del deportado a la condición de apátrida, esto es, de extranjero desprovisto de cualquier ciudadanía, restringido a la mera capacidad del *ius gentium*[514].

---

sucederle cuando muera (D. 48.22.15). La confiscación de los bienes era también absoluta bajo Diocleciano y Maximiano, privando a los hijos de cualquier derecho sobre los bienes de la madre deportada (C. I. 9.49.6).

[514] D. 25.1.104 (Paulus *libro XIV. Responsorum*); D. 2.4.10§6 (Ulpianus *libro V. ad Edictum*); D. 48.22.6 pr. (Ulpianus *libro IX. de officio Proconsulis*); D. 48.19.17§1 (Marcianus *libro I. Institutionum*); D. 48.22.15 pr. (Marcianus, *rest. ex Bas.*). Como indica Zilletti, "In tema di 'servitus poenae'", cit., pág. 57 n. 76, estos pasajes pueden contener alguna alteración pero no son impugnables respecto a la pérdida de la ciudadanía. El autor considera excesiva la crítica textual que, sobre estos y otros pasajes que afirman la pérdida de la ciudadanía, realiza Brasiello, *La repressione...*, cit., pág. 320 n. 87. La perdida de la ciudadanía ha sido defendida entre otros por, Holtzendorff, *Die Deportationsstrafe...*, cit., págs. 72 ss.; Rein, *Das Kriminalrecht...*, cit., pág. 915; Czyhlarz, K.R., *Lehrbuch der Institutionem des römischen Rechten*, Prag-Wien-Leipzig, 1902, pág. 70; Mommsen, *Le Droit pénal romain*, III, cit., págs. 301 ss., pág. 322 y pág. 327; Humbert, *Des conséquences...*, cit., págs. 106 ss.; idem, s.v. «exsilium», cit., pág. 944; Lécrivain, s.v. «poena», cit., págs. 539-540; Roby, *Roman Private Law...*, cit., pág. 45; Kleinfeller, s.v. «deportatio in insulam», cit., cols. 231 ss.; Strachan-Davidson, *Problems...*, I, cit., págs. 166 ss. y II, cit., págs. 58 ss.; Willems, *Le droit public romain*, cit., pág. 398; De Ruggiero, *La patria...*, cit., pág. 168; Brugi, *Istituzioni...*, cit., pág. 49; Ferruccio Falchi, *Diritto Penale Romano*, I, cit., págs. 77-79; Archi, G.G., *L'«Epitome Gai»*, Milano, 1937 (reimpresión Napoli, 1991), págs. 105 ss.; Dumont, *Manuel...*, I, cit., pág. 240; Siber, "Analogie...", cit., pág. 68; De Villa, "«Exilium perpetuum»", cit., pág. 300, quien en su n. 1 recoge otros fragmentos que la mencionan; Costa, *Crimini e pene...*, cit., pág. 95; Levy, "Libertas und Civitas", cit., págs. 149 ss.; Carames Ferro, *Instituciones...*, I, cit., pág. 122; Buckland, *A Text-Book...*, cit., pág. 97 n. 7, pág. 135 y pág. 138; Ferrini, *Diritto Penale Romano*, cit., pág. 155; Grasmück, *Exilium...*, cit., pág. 129; Pugliese, "Linee generali...", cit., pág. 767 (= *Scritti giuridici scelti*, II, cit., pág. 698); Gioffredi, *I principi...*, cit., págs. 50;

No obstante, como precisa Ulpiano en coherencia con la competencia del *ius deportandi*, debemos entender por deportados aquéllos a quienes el Príncipe destinó a las islas o respecto de los que escribió que debían ser deportados, autorizando la sanción solicitada por el presidente de la provincia. Antes de esta aprobación, en consecuencia, el deportado no pierde la ciudadanía:

> D. 32.1.3 (Ulpianus *libro I. Fideicommissorum*): *Deportatos autem eos accipere debemus, quibus Princeps insulas adnotavit, vel de quibus deportandis scripsit. Ceterum, priusquam factum Praesidis comprobet, nondum amisisse quis civitatem videtur*[515].

En cambio si la deportación es impuesta por el Prefecto del pretorio, o por el que en su lugar conociera en virtud de mandatos del Príncipe, o por el Prefecto de la ciudad, el condenado se ve privado inmediatamente de la ciudadanía:

> D. 32.1.4 (Ulpianus *libro I. Fideicommissorum*): *A Praefectis vero praetorio, vel eo, qui vice Praefecti ex mandatis*

COLI, s.v. «ambitu», cit., págs. 534-536; CARNAZZA-RAMETTA, *Studio...*, cit., pág. 235; GARNSEY, *Social status...*, cit., págs. 111 ss.; DI MARZO, *Lezioni...*, cit., pág. 94; BERGER, s.v. «deportatio», cit., pág. 432; RUSSOMANNO, *Curso...*, I, cit., pág. 16 y págs. 34-35; SCAPINI, *Diritto e procedura...*, cit., pág. 84; GIUFFRÈ, *La 'repressione criminale'...*, cit., pág. 141; SANTALUCIA, s.v. «pena (diritto romano)», cit., pág. 378; idem, *Diritto e processo...*, cit., pág. 251; D'ORS, *Derecho Privado Romano*, cit., pág. 426; FUSCO, "«In una insulam congregare»...", cit., pág. 140; DE CASTRO-CAMERO, *El Crimen Maiestatis...*, cit., págs. 69-70 y pág. 73; LICANDRO, *Domicilium habere...*, cit., pág. 367; DÍAZ-MELIÁN DE HANISCH, "Algunas observaciones...", cit., pág. 198; RAVIZZA, "Sui rapporti...", cit., págs. 1 ss.; FERNÁNDEZ DE BUJÁN, A., *Derecho Público...*, cit., pág. 259; BUENO DELGADO, "El exilio...", cit., págs. 16 ss.

515 Al respecto HOLTZENDORFF, *Die Deportationsstrafe...*, cit., pág. 99; HUMBERT, s.v. «exsilium», cit., pág. 944; FERRUCCIO FALCHI, *Diritto Penale Romano*, I, cit., pág. 79; DE VILLA, "«Exilium perpetuum»", cit., pág. 300 n. 1; ZILLETTI, "Note sulla...", cit., pág. 78 n. 140. Cfr. BRASIELLO, *La repressione...*, cit., pág. 313 n. 86 y pág. 320 n. 87. Por su parte, LEVY-RABEL, *Index Interpolationum*, II, cit., col. 260, consideran genuino el pasaje.

Principis cognoscet, item Praefecto urbis deportatos, quia ei quoque epistola Divi Severi et Imperatoris nostri ius deportandi datum est, statim amittere civitatem...[516].

Como consecuencia de tales efectos el deportado perdía la *testamentifactio* activa y pasiva[517], sus potestades familiares y las re-

---

[516] En el mismo sentido, D. 48.19.2§1 (Ulpianus *libro XLVIII. ad Edictum*). Y ello, como indica MOMMSEN, *Le Droit pénal romain*, III, cit., pág. 323, aunque todavía no se haya asignado un domicilio coactivo, dada la competencia de estas autoridades para imponerla, aunque la designación del lugar de cumplimiento corresponda al Príncipe. Sobre estos pasajes, HARTMANN, *De exilio...*, cit., pág. 33; HUMBERT, *Des conséquences...*, cit., págs. 112-113; idem, s.v. «exsilium», cit., pág. 944, para quienes los efectos de la deportación se producían definitivamente cuando el Príncipe o el prefecto de Roma habían fijado el lugar de exilio pero que, si contrariamente a las reglas precedentes, un presidente de provincia pronunciaba la deportación, ella era tachada de nulidad radical y no comportaba ninguna pérdida de ciudadanía. Vid., asimismo, HOLTZENDORFF, *Die Deportationsstrafe...*, cit., págs. 65-67 y pág. 99; ROBY, *Roman Private Law...*, cit., págs. 45; STRACHAN-DAVIDSON, *Problems...*, II, cit., págs. 58-59; FERRINI, *Diritto Penale Romano*, cit., pág. 157; FERRUCCIO FALCHI, *Diritto Penale Romano*, I, cit., pág. 79; SIBER, "Analogie...", cit., pág. 69 n. 2; ZILLETTI, "Note sulla...", cit., pág. 78 n. 140; MANTOVANI, "Sulla competenza..." pág. 200 n. 86, págs. 214-215 y págs. 220 ss., afirma sobre D. 1.12.1§3; D. 32.1.4; y D. 48.22.6§1, que la concesión del *ius deportandi* al *praefectus urbi* es atribuible a Septimio Severo y Caracalla; BAUMAN, *Crime...*, cit., pág. 112. Cfr. LEVY-RABEL, *Index Interpolationum*, II, cit., col. 260.

[517] D. 48.22.16; 18.1.8§2 y 3; 18.3.6§7; 32.1.3 y 4, entre otros. Al respecto, HOLTZENDORFF, *Die Deportationsstrafe...*, cit., págs. 86 ss.; MOMMSEN, *Le Droit pénal romain*, III, cit., pág. 303; HUMBERT, *Des conséquences...*, cit., págs. 106 ss.; idem, s.v. «exsilium», cit., pág. 944, con precisiones en materia de testamento militar; ROBY, *Roman Private Law...*, cit., pág. 45; KLEINFELLER, s.v. «deportatio in insulam», cit., col. 232; STRACHAN-DAVIDSON, *Problems...*, II, cit., pág. 59; FERRUCCIO FALCHI, *Diritto Penale Romano*, I, cit., págs. 77-79; ZILLETTI, "In tema di 'servitus poenae'", cit., págs. 57 ss. y págs. 96 ss.; DE VILLA, "«Exilium perpetuum»", cit., pág. 300 n. 1; BUCKLAND, *A Text-Book...*, cit., pág. 97 n. 7 y págs. 138-139; VOLTERRA, E., *Instituciones de Derecho Privado Romano*, (trad. esp. de J. Daza Martínez), Madrid, 1986, pág. 697; GUZMÁN BRITO, A., *Derecho privado romano, T. II, El derecho de las obligaciones. El derecho de las sucesiones por causa de muerte. El derecho de las liberalidades*, Barcelona-Buenos Aires-México D.F.-Santo Domingo de Chile, 1997, pág. 430;

laciones agnaticias[518] o se extinguían sus obligaciones[519] y el matrimonio[520]; derechos y obligaciones que, si a caso, podía readquirir

---

SANTALUCIA, B., *Diritto ereditario romano. Le fonti*, Bologna, 1999, págs. 12-13 y págs. 22-23; DE CASTRO-CAMERO, *El Crimen Maiestatis...*, cit., págs. 75-76. Cfr. BRASIELLO, *La represssione...*, cit., pág. 311 n. 86 para quien la falta de *testamentifactio* activa se debe a la pérdida de los bienes y la pasiva a la pérdida de la dignidad. Es controvertido si en el *testamentum militaris*, dado su régimen especial, el deportado, a pesar de carecer de *testamentifactio pasiva*, podría ser instituido heredero. En sentido afirmativo se manifiestan HERNÁNDEZ-GIL, *El testamento militar...*, cit., pág. 74; AMELOTTI, M., *Le forme classiche di testamento*, Torino, 1966, págs. 54-55, con apoyo en D. 29.1.13§2 y C. I. 6.21.5.

518 Así por ejemplo, conforme a Marciano, no podía manumitir (D. 48.22.2) y conforme a Ulpiano se pierde la patria potestad (D. 15.2.1§4) y la deportación del pupilo pone fin a la tutela (D. 26.1.14); GAYO, *Institutae*, 1.128. MOMMSEN, *Le Droit pénal romain*, III, cit., págs. 302-303; HOLTZENDORFF, *Die Deportationsstrafe...*, cit., págs. 73 ss., señala que las potestades familiares sólo pueden continuar *iure gentium*; ROBY, *Roman Private Law...*, cit., pág. 45; HUMBERT, *Des conséquences...*, cit., págs. 106 ss.; idem, s.v. «exsilium», cit., pág. 944; KLEINFELLER, s.v. «deportatio in insulam», cit., col. 232; FERRUCCIO FALCHI, *Diritto Penale Romano*, I, cit., pág. 78; ARCHI, *L'«Epitome Gai»*, cit., págs. 105 ss.; CASTELLO, *L'acquisto...*, cit., págs. 13 ss.; LEVY, "Libertas und Civitas", cit., págs. 149 ss.; BUCKLAND, *A Text-Book...*, cit., pág. 97 n. 7, pág. 135 y págs. 138-140; BONFANTE, *Corso...*, I, cit., pág. 179; ZILLETTI, "In tema di 'servitus poenae'", cit., pág. 57 y págs. 100 ss.; DE VILLA "«Exilium perpetuum»", cit., pág. 300 n. 1; FRANCIOSI, *Famiglia...*, cit., pág. 68; DE CASTRO-CAMERO, *El Crimen Maiestatis...*, cit., págs. 77-78.

519 D. 46.1.47; D. 46.2.14§2. HUMBERT, *Des conséquences...*, cit., págs. 106 ss.; ROBY, *Roman Private Law...*, cit., pág. 45; GARNSEY, *Social status...*, cit., pág. 114; BRASIELLO, *La repressione...*, cit., pág. 311 n. 86, si bien justifica la extensión por la pérdida de los bienes; BUCKLAND, *A Text-Book...*, cit., págs. 138-140. Vid., asimismo, DE CASTRO-CAMERO, *El Crimen Maiestatis...*, cit., págs. 77-78, para quien, tanto en la interdicción como en la deportación, las obligaciones civiles dejaban de ser exigibles subsistiendo sólo las naturales (D. 4.5.8) o transformándose en éstas (D. 4.5.2§2). A su vez, el interdictado/deportado quedaba liberado de las obligaciones solidarias (D. 45.2.19) y de las nacidas de una estipulación (D. 46.3.38 pr.), no podía obligarse conforme al derecho civil pero sí de acuerdo al *ius gentium* (D. 48.22.15 pr.) y las sociedades a las que pertenecía se disolvían (Gayo, *Institutae*, 3.153).

520 D. 24.2.1; D. 24.1.13§1; D. 24.1.43, que admite donaciones entre los cónyuges porque ve en la deportación una causa de disolución del matrimonio;

con la *restitutio in integrum* o con la *restitutio* operada *indulgentia principis*[521].

D. 24.3.56 (itp.); D. 48.20.5§1(itp.); C. I. 5.17.1 (itp.). Sobre la disolución del matrimonio por la deportación en cuanto que hace perder la ciudadanía y devenir apátrida vid. la bibliografía citada en n. 490 del presente apartado.

[521] Como especifica ZILLETTI, "Note sulla...", cit., págs. 35 ss., la *restitutio in integrum* era un procedimiento de clemencia, competencia del Senado o del Príncipe (D. 3.1.1§10), tipificado unitariamente por el efecto global reintegrativo. A la *restitutio in integrum* en materia de deportación se refieren por ejemplo *Pauli Sententiae*, 4.8.22(24); D. 48.23.1; D. 37.4.1§9; D. 38.2.3§7; D. 2.4.10§6: El procedimiento de *indulgentia principis*, en cambio, suponía la remisión de la pena (*indulgentia generalis*), a la cual se podían añadir otros efectos reintegrativos limitados, concretados en las específicas disposiciones (*indulgentia especialis*). Así, por ejemplo, para Ulpiano comportaba la recuperación de la dignidad y de los bienes (D. 48.23.2). Más extensa es la interpretación de Papiniano que añade a los efectos anteriores la recuperación de la patria potestad (D. 48.23.3 en relación con C. Theod. 9.43.1 pr.=C. I. 9.51.13 pr.). Con Antonino la *indulgentia principis*, denominada *restitutio*, representaba la suma –y no la síntesis– de singulares efectos reintegrativos: *honoribus et ordini tuo et omnibus ceteris* (C. I. 9.51.1). Bajo Alejandro se concedía al agraciado, a su propia instancia, sólo la restitución de un *aliquid ex boni* tan reducido que *aeris tamen alieni ex praecedente tempore poena liberatus est* (C. I. 9.51.3 pr.) El emperador Gordiano amplió la *indulgentia generalis* también a la reintegración en la dignidad, pero los efectos no eran suficientes para considerar reintegrada la patria potestad (C. I. 9.51.6). Bajo Filipo el único efecto de la *indulgentia generalis* volvió a ser la extinción de la pena por lo que no se producía, ni la reintegración en los *loca militia*, ni la reconstitución de *integra atque illibata existimatio* (C. I. 9.51.7). Con Diocleciano la patria potestad tampoco se recuperaba con la *indulgentia generalis*, a menos que el agraciado, mal llamado *restitutus*, la solicitara especialmente (C. I. 9.51.9) y como el efecto de esa indulgencia era la remisión de la pena, se abolían los efectos de la *adnotatio praesidis* (C. I. 9.51.10). Sobre la *restitutio in integrum* y la *indulgentia principis* en materia de deportación vid., al respecto, REIN, *Das Kriminalrecht*..., cit., págs. 264 ss.; HOLTZENDORFF, *Die Deportationsstrafe*..., cit., págs. 97 ss.; MOMMSEN, *Le Droit pénal romain*, II, cit., págs. 166 ss.; MORIAUD, P., *De la simple famille paternelle en droit romain*, I, Genéve, 1910, págs. 72 ss.; KLEINFELLER, s.v. «deportatio in insulam», cit., col. 233; WILLEMS, *Le droit public romain*, cit., pág. 398; FERRINI, *Diritto Penale Romano*, cit., págs. 107 ss.; FERRUCCIO FALCHI, *Diritto Penale Romano*, I, cit., págs. 229 ss.; BONFANTE, *Corso*..., I, cit., págs. 179; DE VILLA, "«Exilium perpetuum»", cit., pág. 300 n. 1; RAGGI, L., *La restitutio in integrum nella cognitio*

2.3. Régimen jurídico de la relegación

Al margen de las penas capitales, se podía imponer al condenado por algunos delitos limitaciones a la libertad domiciliaria a través de penas que no comportaban las inherentes consecuencias de aquéllas en materia de ciudadanía y de los bienes. Nos referimos a la pena de relegación que, en ocasiones aparece mencionada en las fuentes como *exilium temporarium* (*ad tempus*) y *exilium perpetuum* en contraposición con la *deportatio* y, en otras, es considerada como pena distinta al *exilium*[522].

El origen de la relegación, afirma MOMMSEN, se encuentra en el ámbito de la disciplina doméstica, como medida coercitiva infligida

---

extra ordinem, Milano, 1965, *passim*; CERVENCA, G., *Studi vari sulla restitutio in integrum*, Milano, 1965 (reimpresión Milano, 1990), *passim*; KASER, M., "Studi sulla «restitutio in integrum»", en *Labeo*, 12, 1966, págs. 242 ss.; SARGENTI, M., "Studi sulla «restitutio in integrum»", en *B.I.D.R.*, 69, 1966, págs. 193 ss.; FABBRINI, F., "Per la storia della «restitutio in integrum»", en *Labeo*, 13, 1967, págs. 200 ss.; WIEACKER, F., "Textufen Klassischer Juristen", en *Abhandlungen der Akademie der Wissenschaften in Göttingen*, 1975, pág. 359 n. 138; GAUDEMET, J., "«Indulgentia principis»", en *Conferenze Romanistiche*, II, Milano, 1967 págs. 3-45(= *Études de Droit Romain*, II, Camerino, 1979, págs. 249-250); WALDSTEIN, W., *El derecho de gracia en Roma. Abolitio. Indulgentia. Venia* (trad. esp. de la edición de Innsbruck, 1964 por Björn Arp), Oviedo, 2000, *passim*; VALPUESTA BERMÚDEZ, "El *civis*...", cit., pág. 246.

522 De acuerdo con DE VILLA "«Exilium perpetuum»", cit., págs. 304 ss., a la relegación como un *exilium* diferente de la deportación se refieren, por ejemplo, D. 48.12.4; D. 48.19.6§2; D. 48.22.5; D. 48.10.13§1(*exilio temporario*); D. 48.19.39 (*temporali exilio*). Por contra, es considerada como pena distinta al *exilium* en D. 48.1.2 *in finem*; Coll. 8.3.1=*Pauli Sententiae*, 5.15.5=D. 22.5.15; *Pauli Sententiae*, 5.28.5; *Pauli Sententiae*, 5.22.2; *Pauli Sententiae*, 5.22.5, entre otros. Sobre la inclusión o no de la relegación en el concepto de exilio y las posibles interpolaciones de los textos citados, vid., HOLTZENDORFF, *Die Deportationsstrafe*..., cit., págs. 58 ss.; MOMMSEN, *Le Droit pénal romain*, III, cit., págs. 310 ss.; HARTMANN, *De exilio*..., cit., págs. 28 ss. y págs. 33 ss.; KLEINFELLER, G., s.v. «relegatio», en *P.W.R.E.*, I.A.1, Stuttgart, 1914, col. 564; BRASIELLO, *La repressione*..., cit., págs. 277 ss. y págs. 281 ss.; FERRUCCIO FALCHI, *Diritto Penale Romano*, I, cit., pág. 79; SIBER, "Analogie...", cit., pág. 69 n. 2; GARNSEY, *Social status*..., cit., pág. 115; CRIFÒ, *L'esclusione*..., cit., pág. 25; DE CASTRO-CAMERO, *El Crimen Maiestatis*..., cit., pág. 69.

por el padre contra su esposa y familia, por el patrón contra el liberto o por el *dominus* contra el esclavo. Asimismo fue aplicada por los magistrados romanos contra los no ciudadanos y contra los *cives* en virtud de la potestad coercitiva de su *imperium*, configurándose como una medida administrativa más que como una pena prescrita por las leyes[523].

Su primera configuración legal, si bien como pena accesoria se produce en el año 63 a. C. con la *lex Tulia de ambitu*, en virtud de la cual se prescribió el exilio decenal[524]. No obstante, será con Augusto cuando la relegación adquiera el carácter de pena autónoma en materia de adulterio[525]. A partir de este momento, su ámbito sancionador

---

[523] MOMMSEN, *Le Droit pénal romain*, I, cit., págs. 18 ss. y pág. 53 y III, cit., págs. 313-314. En su opinión, los magistrados tenían el deber de relegar de la capital a los soldados destituidos, a los culpables condenados por un crimen y a catergorías similares de ciudadanos. Asimismo, tenían el derecho de restringir la libertad domiciliaria, normalmente expulsándolos de la capital, de ciudadanos con reputación intachable, lo cual podía constituir un abuso de poder pero no una violación de la ley. Este origen de la relegación en el ámbito doméstico y en la *coercitio* de los magistrados ha sido defendido, entre otro, por HOLTZENDORFF, *Die Deportationsstrafe...*, cit., págs. 29 ss., afirma que el primer caso de relegación es el de Lucio Lamia al que el cónsul Gabino indicó un lugar determinado en virtud de su imperio consular (Cicerón, *Epistulae. Ad familiares*, 11.16); STRACHAN-DAVIDSON, *Problems...*, I, pág. 109 y II, cit., págs. 66 ss.; HARTMANN, *De exilio...*, cit., pág. 29; KLEINFELLER, s.v. «relegatio», cit., col. 564; DE RUGGIERO, *La patria...*, cit., págs. 163 ss.; FERRINI, *Diritto Penale Romano*, cit., pág. 156; BRASIELLO, *La repressione...*, cit., págs. 292 ss.; GARNSEY, *Social status...*, cit., págs. 115-116 y pág. 119; DÜLL, "Reccusione a Levy...", cit., pág. 138; SANTALUCIA, "La situazione...", cit., págs. 180 ss. Por su parte, WILLEMS, *Le droit public romain*, cit., pág. 398, afirma que esta pena era aplicada excepcionalmente en la República por magistrados y senadores contra *peregrini* y ciudadanos.

[524] Al respecto, vid. el apartado IV.1.3. relativo a la introducción del exilio decenal.

[525] *Pauli Sententiae*, 2.16.24. MOMMSEN, *Le Droit pénal romain*, II, cit., pág. 426; HARTMANN, *De exilio...*, cit., pág. 29; HOLTZENDORFF, *Die Deportationsstrafe...*, cit., págs. 32-34; HUMBERT, *Des conséquences...*, cit., págs. 119-120; idem, s.v. «exsilium», cit., pág. 945; HUMBERT, G.-CAILLEMER, E., s.v. «adulterio», en *D.S.*, I, Paris, 1877, pág. 87; ESMEIN, A., *Le délit d'adultère à Rome. Mélanges d'histoire du droit et de critique. Droit Romain*, Paris, 1886,

se extenderá a nuevas figuras criminales surgidas en el Principado. Así, por ejemplo, con ella serán sancionados los *honestiores* que hayan cometido abigeato[526], los *illustres* que movieran los mojones

pág. 29; ROTONDI, *Leges publicae...*, cit., pág. 446; FERRINI, *Diritto Penale Romano*, cit., págs. 365 ss.; GUARINO, "Studi sull'«incestum»", cit., págs. 180 ss.; GARNSEY, *Social status...*, cit., pág. 116; CHIAZZESE, L., s.v. «adulterio (diritto romano)», en *N.N.D.I.*, I.1, Torino, 1957, pág. 322; PUGLIESE, "Linee generali...", cit., pág. 766 (= *Scritti giuridici scelti*, II, cit., pág. 697); BIONDI, B., "La «poena adulteriis» da Augusto a Giustiniano", en *Scritti giuridici*, II, Milano, 1965, pág. 48; SCAPINI, *Diritto e procedura...*, cit., págs. 78-79; ÁLVAREZ CIENFUEGOS, F.J., "Algunas observaciones a propósito de la represión del «lenocinium» en la «lex Iulia de adulteriis»", en *Estudios en homenaje al profesor Juan Iglesias*, II, Madrid, 1988, pág. 565 n. 3 y pág. 572 n. 14; BAUMAN, *Crime...*, cit., pág. 32, pág. 54 y pág. 60. Cfr. REIN, *Das Kriminalrecht...*, cit., pág. 848, sostiene que la pena de adulterio fue la interdicción del agua y el fuego, sustituida por la deportación en isla y, en algunos casos, por la relegación; BRASIELLO, *La repressione...*, cit., págs. 93 ss., para quien la pena fue exclusivamente la *publicatio bonorum*; FERRUCCIO FALCHI, *Diritto Penale Romano*, II, cit., págs. 107 ss., entiende que la pena prevista para la mujer adúltera fue la muerte aunque el magistrado podía imponer a los *honestiores* la deportación; GIUFFRÈ, *La 'repressione criminale'...*, cit., pág. 113, para quien mientras la pena de estupro y lenocinio fue la relegación y la *publicatio dimidiam partem*, la pena para el incesto y el adulterio fue la interdicción sustituida por la *deportatio in insulam*; BRANCA, G., s.v. «adulerio», en *E.D.*, I, Milano, 1958, págs. 620-621 y ROBINSON, *The criminal...*, cit., pág. 66, consideran que la pena originaria del adulterio fue pecuniaria a la que se añadieron posteriormente otras como la relegación.

[526] D. 47.14.1§3 (Ulpianus *libro VIII. Officio Proconsulis*). Por todos, MOMMSEN, *Le Droit pénal romain*, III, cit., págs. 84 ss.; HARTMANN, *De exilio...*, cit., pág. 59; STRACHAN-DAVIDSON, *Problems...*, II, cit., pág. 161 n. 8; FERRINI, *Diritto Penale Romano*, cit., págs. 224-225 y pág. 227; REIN, *Das Kriminalrecht...*, cit., págs. 323-325; FERRUCCIO FALCHI, *Diritto Penale Romano*, II, cit., págs. 227 ss.; CARNAZZA-RAMETTA, *Studio...*, cit., págs. 195-196; PUGLIESE, "Linee generali...", cit., pág. 776 (= *Scritti giuridici scelti*, II, cit., pág. 707); SCAPINI, *Diritto e procedura...*, cit., pág. 83; ROBINSON, *The criminal...*, cit., págs. 25 ss.; AGUDO RUIZ, A., "Una aproximación al abigeato en el derecho penal romano", en *Anuario del Centro de la Universidad de Educación a Distancia de Calatayud*, III, 1995, págs. 253-272: "Se pueden establecer las siguientes equivalencias entre las penas de los *honestiores* y *humiliores*: la pena del *metallum* equivale para los *honestiores* a la *relegatio in*

para apropiarse de linderos ajenos[527], los embaucadores o sacularios que ostenten alguna dignidad[528], los despojadores de clase elevada o los ladrones de la misma condición que roben con armas o con fractura sin herir a nadie[529].

---

insulam a perpetuidad; la pena *in opus metalli* de los *humiliores* equivale para los *honestiores* a la *relegatio in insulam* temporal o a la *motio ab ordine*; la *damnatio in opus publicum*, temporal o perpetua, corresponde para los *honestiores* a la *relegatio*, temporal o perpetua, o bien a la *motio ab ordine*".

[527] D. 47.21.2 (Callistratus *libro III. de Cognitionibus*). Cfr. Coll. 13.3.2. MOMMSEN, *Le Droit pénal romain*, III, cit., pág. 141; REIN, *Das Kriminalrecht...*, cit., págs. 822 ss.; FERRINI, *Diritto Penale Romano*, cit., pág. 335; FERRUCCIO FALCHI, *Diritto Penale Romano*, II, cit., págs. 207 ss.; CARNAZZA-RAMETTA, *Studio...*, cit., pág. 197; PUGLIESE, "Linee generali...", cit., págs. 781 ss. (= *Scritti giuridici scelti*, II, cit., págs. 712 ss.); ROBINSON, *The criminal law...*, cit., pág. 40; BAUMAN, *Crime...*, cit., pág. 127; AGUDO RUIZ, A., "Breves consideraciones sobre el título «De moto» (D. 47.21)", en *R.G.D.R.* (*www.iustel.com*), nº 4, Madrid, 2005, págs. 1 ss.

[528] D. 47.11.7 (Ulpianus *libro IX. De officio Proconsulis*). MOMMSEN, *Le Droit pénal romain*, III, cit., pág. 86; REIN, *Das Kriminalrecht...*, cit., pág. 321; FERRINI, *Diritto Penale Romano*, cit., pág. 226 n. 2; FERRUCCIO FALCHI, *Diritto Penale Romano*, II, cit., pág. 235; PUGLIESE, "Linee generali...", cit., pág. 775 (= *Scritti giuridici scelti*, II, cit., pág. 706); ROBINSON, *The criminal...*, cit., págs. 27 ss. Cfr. LEVY-RABEL, *Index Interpolationum*, III, cit., col. 521.

[529] D. 47.18.1§1 (Ulpianus *libro VIII. de officio Proconsulis*); D. 47.7.1§1. Cfr. Coll. 7.4.2; LEVY-RABEL, *Index Interpolationum*, III, cit., col. 524. Asimismo son sancionados a la relegación con *ademptio bonorum* los *honestiores* que daban bebidas para abortar o amatorias, mientras que los *humiliores* eran condenados *al metallum* (*Pauli Sententiae*, 5.23.14=D. 48.19.38§5); o el caballero romano que roba quebrantando y perforando una pared (D. 47.1.1§7). Sobre el ámbito de aplicación de la relegación vid., entre otros, HOLTZENDORFF, *Die Deportationsstrafe...*, cit., págs. 123 ss.; HUMBERT, *Des conséquences...*, cit., pág. 120; idem, s.v. «exsilium», cit., pág. 945; REIN, *Das Kriminalrecht...*, cit., pág. 183, págs. 319 ss., pág. 337 ss., pág. 389, pág. 395, págs. 418 ss., págs. 447-448, pág. 537, pág. 726, págs. 753 ss., págs. 770-771, pág. 787, págs. 820 ss., págs. 848 ss. y págs. 914-915; HARTMANN, *De exilio...*, cit., págs. 24 ss.; LÉCRIVAIN, s.v. «poena», cit., pág. 541; KLEINFELLER, s.v. «relegatio», cit., col. 565; WILLEMS, *Le droit public romain*, cit., pág. 398 n. 6; FERRINI, *Diritto Penale Romano*, cit., pág. 142, págs. 156-157, págs. 225-226, págs. 334-335, pág. 365, pág. 376, pág. 386, pág. 401, pág. 404, pág. 410, pág. 424 y pág. 427; FERRUCCIO FALCHI, *Diritto Penale Romano*, II, cit., pág. 116, pág. 120, pág. 146,

Se trata por tanto, al igual que ocurría con la deportación, de una pena preferiblemente aplicada a los *honestiores* o personas de clase elevada[530].

Sin embargo, a diferencia de aquélla, siempre permanente, la relegación podía revestir carácter temporal[531] y podía consistir tan-

págs. 157-158, pág. 168, págs. 178-179, pág. 185, págs. 207 ss., págs. 227 ss., págs. 231-231, pág. 239, pág. 247 y pág. 253; Garnsey, *Social status*..., cit., págs. 118-122; Scapini, *Diritto e procedura*..., cit., págs. 74 ss.

[530] Por todos, Hartmann, *De exilio*..., cit., págs. 36-37 y págs. 56 ss., con un interesante cuadro sinóptico al respecto; Brasiello, *La repressione*..., cit., pág. 293; Garnsey, *Social status*..., cit., pág. 118. Sobre la dicotomía penal entre *honestiores* y *humiliores* que se mantendrá en el derecho postclásico y justinianeo, vid., Rein, *Das Kriminalrecht*..., cit., pág. 59, pág. 183 y pág. 421; Mommsen, *Le Droit pénal romain*, III, cit., pág. 315 y págs. 391 ss., justifica la reserva de esta pena a los *honestiores* porque la asignación de un domicilio coactivo a personas sin recursos no podía llevarse a cabo sin gravar al Estado; Lécrivain, s.v. «poena», cit., pág. 538; Ferruccio Falchi, *Diritto Penale Romano*, I, cit., págs. 70 ss. y pág. 145; Dumont, *Manuel*..., I, cit., págs. 235 ss.; De Robertis, *La variazione*..., cit., págs. 59 ss. y págs. 82 ss., para quien esta distinción tiende a desaparecer en el derecho postclásico; Cardascia, G., "L'apparition dans le droit der classes d'honestiores et d'humiliores", en *R.H.D.*, 28, 1950, págs. 305-337 y págs. 461-481, para quien esta distinción aparece con los últimos Antoninos, a finales del siglo II d. C., pero se trata de una dicotomía social no legal; Carames Ferro, *Instituciones*..., I, cit., págs. 123-124; Balzarini, M., "Nuove prospettive sulla dicotomia «honestiores-humiliores»", en AA.VV., *Idee vecchie e nuove sul diritto criminale romano* (a cura del prof. A. Burdese), Padova, 1988, págs. 159 ss.; Agudo Ruiz, "Una aproximación...", cit., págs. 266-267; Scapini, *Diritto e procedura*..., cit., pág. 100; Spagnuolo Vigorita, *Città e Impero*..., cit., págs. 135 ss.; Bauman, *Crime*..., cit., págs. 125 ss., aunque considera que las clases de *honestiores* y *humiliores* no son claras; Venturini, "Nota introductoria...", cit., pág. 36; Marlasca Martínez, "Desigualdades...", cit., págs. 1 ss.; Puliatti, S., "Il Diritto Penale dell ultima legislazione Giustinianea", en *R.G.D.R.* (*www.iustel.com*), nº 10, 2008, págs. 1 ss. (= AA.VV., *Filia. Scritti per Gennaro Franciosi*, III, Napoli, 2008, págs. 2111 ss.); Valpuesta Bermúdez, "El *civis*...", cit., pág. 243.

[531] Sobre el carácter perpetuo o temporal D. 48.19.28§11; D. 48.22.7§2; D. 48.22.14 pr. Por todos, Hartmann, *De exilio*..., cit., págs. 31-32; Humbert, *Des conséquences*..., cit., págs. 120-121; idem, s.v. «exsilium», cit., pág. 944; Ferrini, *Diritto Penale Romano*, cit., págs. 155-156; De Ruggiero, *La pa-*

to en el confinamiento con domicilio coactivo en un lugar determinado[532], normalmente una isla[533], como en el alejamiento de un lugar[534]. Así nos lo indica claramente Ulpiano:

---

tria..., cit., pág. 164; BRASIELLO, *La repressione...*, cit., págs. 281 ss.; DE VILLA, "«Exilium perpetuum»", cit., pág. 306; PUGLIESE, "Linee generali...", cit., pág. 766 (= *Scritti giuridici scelti*, II, cit., pág. 697); SANTALUCIA, "La situazione...", cit., pág. 181; BUENO DELGADO, "El exilio...", cit., págs. 12 ss. En opinión de HOLTZENDORFF, *Die Deportationsstrafe...*, cit., pág. 65 y pág. 121 y KLEINFELLER, s.v. «relegatio», cit., col. 564, la relegación temporal podía durar entre medio año y diez años. Y LICANDRO, *Domicilium habere...*, cit., pág. 367, parece atribuirle, erróneamente, en todo caso una naturaleza temporal.

532 Así, por ejemplo, la interdicción puede consistir en impedir al interdictado que salga de su patria u obligarle a morar en alguna de sus aldeas (D. 48.22.7§19). Un caso particular es el destierro en Roma impuesto por Claudio, SUETONIO, *De vita Caesarum. Claudius*, 23: "*quosdam novo exemplo relegavit, ut ultra lapidem tertium vetaret egredi ab urbe*". Incluso se puede condenar a alguien a que no salga de su casa (D. 48.22.9). Asimismo, como indica Ulpiano (D. 48.22.7§5), en la provincia de Egipto es una especie de relegación a una isla, el relegar al oasis, considerada por algunos autores como un supuesto agravado de relegación. Entre los lugares de destierro cabe citar Regio, Masilia, Lión, Viena, Surrento, Sidón, Tarento o Tréveres. Al respecto MOMMSEN, *Le Droit pénal romain*, III, cit., págs. 310 ss. y págs. 320-321; HOLTZENDORFF, *Die Deportationsstrafe...*, cit., págs. 29 ss. y págs. 113 ss.; HARTMANN, *De exilio...*, cit., pág. 31 y pág. 37; HUMBERT, *Des conséquences...*, cit., págs. 120-121; idem, s.v. «exsilium», cit., pág. 944; KLEINFELLER, s.v. «relegatio», cit., col. 564; DE RUGGIERO, *La patria...*, cit., pág. 164; FERRINI, *Diritto Penale Romano*, cit., pág. 156; BRASIELLO, *La repressione...*, cit., págs. 281 ss. y págs. 291 ss.; FERRUCCIO FALCHI, *Diritto Penale Romano*, I, cit., págs. 79-80; SCHWARTZ, J., "In oasin relegare", en *Mélanges d'archéologie et d'histoire offerts à André Piganiol*, III, 1966, págs. 1481 ss.: "L'oasis dont parle le Digeste est la grande oasis, actuellement el-Khargeh" egipcio. En su opinión, en las fuentes del derecho postclásico "*deportare* semble prendre le pas sur *relegare*"; PUGLIESE, "Linee generali...", cit., pág. 766 (= *Scritti giuridici scelti*, II, cit., pág. 697); BAUMAN, *Crime...*, cit., págs. 50 ss. y pág. 74; SANTALUCIA, "La situazione...", cit., pág. 181; DÍAZ-MELIÁN DE HANISCH, "Algunas observaciones...", cit., págs. 197-198.

533 Así, por ejemplo, Augusto relegó a las dos Julias –hija y nieta– a Pandataria y a Trimero (Tácito, *Annales*, 1.53.1; 4.71.4) y a sus numerosos amantes a otras islas inóspitas (Tácito, *Annales*, 1.53.3; Dión Casio, *Historiae Romanae*, 55.10.15); Agripa Postumio fue relegado a Planasia (Suetonio, *De vita Cesarum. Augustus*, 65.3; Tácito, *Annales*, 1.3.4); en el

año 21 d. C., Antistio Vetere, notable macedonio, acusado de lesa majestad, fue sancionado por el Senado con la interdicción y la relegación en una isla lejana (Tácito, *Annales*, 3.38.2); en el año siguiente Lucio Pisón, procónsul de Asia, imputado de concusión y de lesa majestad fue interdictado y relegado a la isla de Citno, más confortable que la isla de Giaro, propuesta por el cónsul designado (Tácito, *Annales*, 3.48-49); en el año 23, el procónsul de la Hispania Citerior, Vibio Sereno, acusado de *vis publica*, fue condenado a la interdicción y a la relegación en la isla de Amorgos (Tácito, *Annales*, 4.13.2); un año después, Casio Severo, notorio orador del templo de Augusto y que había sido relegado a Creta por sus insolencias contra los notables del Imperio, no cesando en su actitud, fue juzgado por segunda vez y transferido a la inóspita isla de Serifo, irrogándole la interdicción y confiscando sus bienes (Tácito, *Annales*, 4.21.3); en el año 36, los delatores Servilio y Cornelio fueron relegados en islas, previa interdicción, por haber aceptado dinero para dejar caer una de sus acusaciones (Táctico, *Annales*, 4.30.1). Asimismo entre las islas que podían ser utilizadas para el cumplimiento de esta pena, cabe citar Creta, Cercina, Rodas, Chipre, Lesbos, Capri, Sicilia o Lipara. Al respecto, vid., HARTMANN, *De exilio...*, cit., págs. 24 ss.; HOLTZENDORFF, *Die Deportationsstrafe...*, cit., págs. 29 ss. y págs. 113 ss.; KLEINFELLER, s.v. «relegatio», cit., col. 564; LAFON, X., "Les îsles de la mer Tyrrhénienne", en AA.VV., *Carcer. Prision et privation de liberté dans l'Antiquité classique. Actes du colloque de Strasbourg (5 et 6 décembre 1997)*, Paris, 1999, págs. 149 ss.; PUGLIESE, "Linee generali...", cit., págs. 765 ss. (= *Scritti giuridici scelti*, II, cit., págs. 609 ss.); SANTALUCIA, "La situazione...", cit., págs. 186 ss.

534 Así, por ejemplo, Apuleya Varila, acusada de adulterio, fue alejada de Roma un radio de doscientas millas y su amante de Italia y África (Tácito, *Annales*, 2.50.4-5); a los despojadores de condición elevada se les mandaba salir temporalmente de su patria (D. 47.18.1§1) o se establecía la interdicción quinquenal de la provincia de África, Roma e Italia al caballero romano que robara quebrantando o perforando una pared (D. 47.1.1§7). FERRUCCIO FALCHI, *Diritto Penale Romano*, II, cit., págs. 231-232. Otro ejemplo lo constituye la interdicción de Roma, Italia y la Bética por cinco años de Mario Evaristo por el homicidio involuntario de Claudio, supuesto en el que no se aplicó la *Lex Cornelia de sicariis et veneficiis*, por no haber intención de matar (Coll. 1.11.1). Sobre este caso, PUGLIESE, "Linee generali...", cit., pág. 766 (= *Scritti giuridici scelti*, II, cit., pág. 697); SCAPINI, *Diritto e procedura...*, cit., pág. 51; GUARINO, A., "La punizione di Evaristo", en *A.N.A.*, 99, 1988, págs. 270 ss. (= *Pagine di Diritto Romano*, VII, Napoli, 1995, págs. 299 ss.); SCHULZ, *Principios...*, cit., págs. 197-199.

> D. 48.22.7 pr. (Ulpianus *libro X. de officio Proconsulis*): *Relegatorum duo genera sunt: quidam, qui in insulam relegantur; sunt qui simpliciter, ut provinciis iis interdicatur, non etiam insula assignetur*[535].

En otras ocasiones, sin embargo, los jurisconsultos se limitan a identificar al relegado con el interdictado de un lugar, bien con carácter temporal o de modo permanente. Así lo hace el propio Ulpiano al decir que el relegado es aquél a quien a perpetuidad o temporalmente se le impone interdicción respecto a la provincia, o a Roma, o a sus arrabales:

> D. 48.22.14 pr. (Ulpianus): *Relegatus est is, cui interdicitur provincia, vel Roma, vel continentibus eius perpetuo vel ad tempus interdicitur*[536].

Y el mismo significado de alejamiento atribuye Calistrato a la relegación, al indicar que el relegado no puede morar en Roma ni en la ciudad en la que reside el Príncipe o por la que pasa:

---

535 Cfr. LEVY-RABEL, *Index Interpolationum*, III, cit., col. 550. Al respecto, MOMMSEN, *Le Droit pénal romain*, III, cit., pág. 310, quien destaca los dos aspectos de la relegación, como alejamiento e internamento, considerando, a nuestro juicio erróneamente, que en el derecho posterior el término relegación será la designación genérica para esta pena, aunque sus diferentes formas, sobre todo la más grave, deportación, le son opuestas y el término genérico se empleará para designar los casos menos graves. A su juicio el término exilio también se emplea en este sentido pero sin tener un verdadero valor técnico; GLÜCK, *Ausführliche...*, VI, cit., pág. 265; HARTMANN, *De exilio...*, cit., pág. 38; HUMBERT, *Des conséquences...*, cit., págs. 119 ss.; idem, s.v. «exsilium», cit., pág. 944; KLEINFELLER, s.v. «relegatio», cit., col. 564; HOLTZENDORFF, *Die Deportationsstrafe...*, cit., págs. 121 ss.; FERRINI, *Diritto Penale Romano*, cit., pág. 156; DE RUGGIERO, *La patria...*, cit., pág. 164; FERRUCCIO FALCHI, *Diritto Penale Romano*, I, cit., pág. 79; BRASIELLO, *La repressione...*, cit., págs. 281 ss.; GRASMÜCK, *Exilium...*, cit., pág. 128; MANTOVANI, "Sulla competenza...", cit., págs. 199 ss.; SANTALUCIA, "La situazione...", cit., pág. 181; BUENO DELGADO, "El exilio...", cit., págs. 12 ss.

536 HARTMANN, *De exilio...*, cit., pág. 32 n. 4; HUMBERT, *Des conséquences...*, cit., págs. 119 ss.; idem, s.v. «exsilium», cit., pág. 944; KLEINFELLER, s.v. «relegatio», cit., col. 564; DE RUGGIERO, *La patria...*, cit., pág. 164; BRASIELLO, *La repressione...*, cit., págs. 281 ss.; BUENO DELGADO, "El exilio...", cit., págs. 12 ss. Cfr. LEVY-RABEL, *Index Interpolationum*, III, cit., col. 550.

D. 48.22.19 pr. (Callistratus): *Relegatus morari non potest Romae, etsi id sententia comprehensum non est, quia communis patria est: neque in ea civitate, in qua moratur Princeps vel per quam transit, iis enim solis permisum est Principem intueri, qui Romam ingredi possunt, quia Princeps pater patriae est*[537].

En tiempos de Ulpiano, como indica MOMMSEN, las autoridades competentes para imponer la pena de relegación eran el Príncipe, el Senado, es decir, el tribunal consular-senatorial, los prefectos del pretor y de la villa y los gobernadores provinciales pero no los cónsules salvo en su condición de presidentes del Senado:

---

[537] HUMBERT, s.v. «exsilium», cit., pág. 944, recoge asimismo la prohibición de venir a Roma por parte del liberto de un relegado señalada por Paulo (D. 48.22.13); DE CASTRO-CAMERO, *El Crimen Maiestatis...*, cit., págs. 69-70; BUENO DELGADO, "El exilio...", cit., págs. 12 ss. También BRASIELLO, *La repressione...*, cit., pág. 282 y LICANDRO, *Domicilium habere...*, cit., pág. 373 n. 193, parecen referirse al mismo aunque lo designan como D. 48.22.18 pr. Éste último autor, en su pág. 325 n. 66, alude a su vez al complicado pasaje de las Instituciones de Gayo, 1.160, en el que parece ser que se prohibe a los *dediticii aeliani* domiciliarse en Roma. Sin embargo, para BACCARI, *Cittadini...*, cit., pág. 100 y págs. 1141-115, ni en el pasaje de Calistrato, ni en el de las Instituciones de Gayo, resulta apropiado hablar de domicilio porque la prohibición comprende también el "*morari*" transitorio ya que este verbo indica una situación transitoria, aunque no necesariamente momentánea. Sobre Gayo, *Institutae*, 1.160 y su distintas interpretaciones, ROBY, *Roman Private Law...*, cit., pág. 44; RUSSOMANNO, *Curso...*, I, cit., pág. 38; CARAMES FERRO, *Instituciones...*, I, cit., pág. 93 y pág. 102; LONGO, G., s.v. «Lex Aelia Sentia», en *N.N.D.I.*, IX, Torino, 1973, pág. 795; POMA, G., "Dionigi d'Alicarnasso e la cittadinanza romana", en *M.E.F.R.A.*, 101, 1989, pág. 197; MAESTRANZI, P., "A proposito di una ricostruzione sistematica della legge Aelia Sentia", en *Atti del II Convegno sulla problematica contrattuale in diritto romano (Milano, 11-12 maggio 1995) in onore de A. Dell'Oro*, Milano, 1998, págs. 423 ss. Por su parte, CAMACHO DE LOS RÍOS, *La infamia...*, cit., pág. 40 y pág. 70, recoge la prohibición de los soldados licenciados con ignominia de vivir en Roma o en el sacro cortejo (D. 3.2.2§4; D. 49.16.13§3).

D. 48.22.14§2 (Ulpianus): *Relegatur quis a Principe, Senatu, Praefectis, et Praesidibus provinciarum, non a Consulibus*[538].

No obstante, como indica Holtzendorff, al igual que ocurría con la deportación, el prefecto de la villa podía imponer la pena de relegación en isla pero la misma era designada por el Príncipe[539]. Asimismo, en opinión de Falchi, la competencia de los presidentes de provincia para relegar a una isla es precisada por Ulpiano, indicando que los mismos podían relegar a una isla si la misma estaba bajo su jurisdicción, pero si la isla no pertenecía al territorio que administraban, debían escribir al emperador para que él mismo asignara tal isla, siendo entretanto el relegado entregado a los militares:

D. 48.22.7§1 (Ulpianus *libro X. de officio Proconsulis*): *In insulam relegare Praesides provinciae possunt, sic tamen, ut, si quidem insulam sub se habeant, id est ad eius provinciae formam pertinentem, quam administrant, et eam specialiter insulam assignare possint, inque eam relegare; sin vero non habeant, pronuntiet quidem in insulam se relegare, scribant autem Imperatori, ut ipse insulam assignet; ceterum non possunt damnare in eam insulam, quam in ea provincia, cui praesunt, non habeant. Interim, quoad Imperator insulam assignet, militi tradendus est relegatus*[540].

---

538 Mommsen, *Le Droit pénal romain*, III, cit., pág. 314 n. 1; Hartmann, *De exilio...*, cit., pág. 37, pág. 40 y pág. 43; Holtzendorff, *Die Deportationsstrafe...*, cit., págs. 65-67, pág. 99 y pág. 105; Humbert, *Des conséquences...*, cit., págs. 121 ss.; idem, s.v. «exsilium», cit., pág. 944; Kleinfeller, s.v. «relegatio», cit., col. 565; Brasiello, *La repressione...*, cit., pág. 294; Bueno Delgado, "El exilio...", cit., págs. 12 ss.

539 D. 1.12.1§3 (Ulpianus *libro singulari de officio Praefecti Urbi*). Holtzendorff, *Die Deportationsstrafe...*, cit., pág. 65-67, págs. 99 ss. y pág. 105; Humbert, *Des conséquences...*, cit., págs. 121 ss.; Pugliese, "Linee generali...", cit., pág. 766 ns. 104-105 (= *Scritti giuridici scelti*, II, cit., pág. 697 ns. 104-105); Mantovani, "Sulla competenza...", págs. 199-200 y pág. 206.

540 Ferruccio Falchi, *Diritto Penale Romano*, I, cit., pág. 79 n. 2; Holtzendorff, *Die Deportationsstrafe...*, cit., págs. 65-67, págs. 99 ss. y pág. 105;

Por su parte, Ulpiano nos indica que si en principio el presidente de la provincia sólo podía interdictar dentro de los límites de su ámbito territorial competencial, siendo frecuente que el interdictado de la provincia en la que tenía domicilio morase en la de su *origo*, los emperadores Septimio Severo y Antonino Caracalla, dispusieron que el presidente de la provincia donde el relegado tiene su domicilio podrá imponer la interdicción respecto a la provincia de la que es oriundo, siendo esto extensible a los que, no siendo habitantes, hubieran cometido en aquella provincia algún delito:

> D. 48.22.7§10 (Ulpianus *libro X. de officio Proconsulis*): *Interdicere autem quis ea provincia potest, quam regit, alia non potest; et ita Divi Fratres rescripserunt. Unde eveniebat, ut, qui relegatus esset ab ea provincia, in qua domicilium habuit, morari apud originem suam posset. Sed Imperator noster cum Divo patre suo huic rei providerunt; Maecio enim Probo, Preasidi provinciae Hispaniae, rescripserunt, etiam ea provincia interdici, unde quis oriundis est, ab eo, qui regit eam provinciam ubi quis domicilium habet*[541].

Se admitió, por tanto, en opinión del jurisconsulto, que el presidente de la provincia donde habitaba el relegado-interdictado, pudiera imponer la interdicción respecto a su provincia de origen,

---

Humbert, *Des conséquences*..., cit., págs. 121 ss.; idem, s.v. «exsilium», cit., pág. 944; Brasiello, *La repressione*..., cit., pág. 294; Pugliese, "Linee generali...", cit., pág 766 n. 105 (= *Scritti giuridici scelti*, II, cit., pág. 697 n. 105); Bueno Delgado, "El exilio...", cit., págs. 12 ss.

[541] Como precisan Visconti, "Note preliminari sul «domicilium»...", cit., pág. 432 y Mantovani, "Sulla competenza...", cit., págs. 199 ss., el *de officio proconsulis* habría sido escrito bajo Caracalla y el *divus Pater* sería Septimio Severo. Vid. asimismo, Hartmann, *De exilio*..., cit., pág. 38; Mommsen, *Le Droit pénal romain*, I, cit., pág. 271 y III, cit., págs. 316 ss.; Humbert, *Des conséquences*..., cit., págs. 121 ss.; Kleinfeller, s.v. «relegatio», cit. col. 565; De Ruggiero, *La patria*..., cit., pág. 66, pág. 164 y pág. 184; Brasiello, *La repressione*..., cit., pág. 291; Licandro, *Domicilium habere*..., cit., págs. 371-372; Cuena Boy, "Nuevos...", cit., pág. 3 n. 34. Cfr. Levy-Rabel, *Index Interpolationum*, III, cit., col. 550.

entendiéndose que siempre que impusiera ésta, lo haría también respecto a la provincia en la que habitaba. En cambio el presidente de la provincia de la que era oriundo el relegado, no podía imponer interdicción respecto a la provincia donde habitaba:

> D. 48.22.7§11 y 12 (Ulpianus *libro X. de officio Proconsulis*): *Dubitatum est, an interdicere quis alicui possit provincia, in qua oriundus est, quum ipse ei provinciae praesit, quam incolit, dum sua non interdicit, ut solent Italia interdicere, qui patria non interdicunt, vel an per consequentias videatur etiam provinciae interdixise, cui praeest; quod magis erit probandum. Per contrarium autem is, qui originis provinciae praeest, non est nactus ius interdicendi ea provincia, quam incolit is, qui relegatur*[542].

A su vez, si uno delinquiera en una provincia distinta de la de su *origo* y *domicilium*, según Ulpiano, el presidente de aquella podrá relegarlo de tal modo que el condenado deberá abstenerse de morar en tres provincias, aquella de la que es oriundo, aquella donde tiene su domicilio y aquella en la que ha delinquido, y si fuera oriundo de varias provincias, la interdicción afectaría a un número mayor:

> D. 48.22.7§13 (Ulpianus *libro X. de officio Proconsulis*): *Si quis eam sententiam admiserit, ut is, qui in alia provincia commisit, possit relegari ab eo qui ei provinciae praeest: evenient, ut relegatus iste tribus provinciis praeter Italiam debeat abstinere, et in qua deliquit et quam incolit et originis. Et si ex diversis provinciis oriri videatur propter conditionem vel suam vel parentis patronorum: vel pluribus provinciis consequenter interdictum ei dicemus*[543].

---

542 HARTMANN, *De exilio...*, cit., pág. 38; MOMMSEN, *Le Droit pénal romain*, I, cit., pág. 271 y III, cit., págs. 316 ss.; KLEINFELLER, s.v. «relegatio», cit. col. 565; DE RUGGIERO, *La patria...*, cit., pág. 66; CUENA BOY, "Nuevos...", cit., pág. 3 n. 34. Cfr. LEVY-RABEL, *Index Interpolationum*, III, cit., col. 550.

543 HARTMANN, *De exilio...*, cit., pág. 38; MOMMSEN, *Le Droit pénal romain*, I, cit., pág. 271 y III, cit., págs. 316 ss.; HUMBERT, *Des conséquences...*, cit.,

Además, reconoce que determinados presidentes pudieron relegar respecto a muchas provincias, como los presidentes de las Sirias y los de Dacia:

> D. 48.22.7§14 (Ulpianus *libro X. de officio Proconsulis*): *Quibusdam tamen Praesidibus, ut multis provinciis interdicere possint, indultum est, ut Praesidibus Syriarum, sed et Daciarum*[544].

El alcance de la relegación concebida como alejamiento es finalmente precisada por Ulpiano, añadiendo que la interdicción de la propia patria impide asimismo al interdictado morar en Roma, pero que si la prohibición se refiere a Roma, la misma no es extensible a la propia patria:

> D. 48.22.7§15 (Ulpianus *libro X. de officio Proconsulis*): *Constitutum, eum, cui patria interdictum est, etiam urbe abstinere debere, contra autem, si cui urbe fuerit interdictum, patria sua interdictum non videtur; et ita multis Constitutionibus cavetur*[545].

Y cuando la interdicción se refiere a una ciudad concreta, la prohibición, a su juicio, probablemente también se extiende a la propia patria y a Roma:

> D. 48.22.7§16 (Ulpianus *libro X. de officio Proconsulis*): *Si cui plane non patria sua, sed aliqua civitate interdictum*

---

págs. 121 ss.; KLEINFELLER, s.v. «relegatio», cit. col. 565; MANTOVANI, "Sulla competenza...", pág. 206 y pág. 214; LICANDRO, *Domicilium habere...*, cit., pág. 373; CUENA BOY, "Nuevos...", cit., pág. 3 n. 34.

[544] HARTMANN, *De exilio...*, cit., pág. 38; MOMMSEN, *Le Droit pénal romain*, I, cit., pág. 271 y III, cit., págs. 316 ss.; HUMBERT, *Des conséquences...*, cit., págs. 121 ss.; KLEINFELLER, s.v. «relegatio», cit. col. 565.

[545] HARTMANN, *De exilio...*, cit., pág. 38; MOMMSEN, *Le Droit pénal romain*, I, cit., pág. 271 y III, cit., págs. 316 ss.; HUMBERT, *Des conséquences...*, cit., págs. 121 ss.; KLEINFELLER, s.v. «relegatio», cit. col. 565; DE RUGGIERO, *La patria...*, cit., pág. 70; BRASIELLO, *La repressione...*, cit., pág. 292; BUENO DELGADO, "El exilio...", cit., págs. 12 ss.

sit, videndum est, an etiam patria sua, itemque urbe interdictum dicamus; quod magis est[546].

Respecto a los efectos patrimoniales, la relegación podía ir acompañada de la *publicatio* de todos o de una parte de los bienes, siempre que así se hubiera previsto en la ley[547] o se dispusiera especialmente en la sentencia ya que, a diferencia de la deportación, tal confiscación no era un efecto implícito de la pena analizada[548].

---

[546] HARTMANN, *De exilio...*, cit., pág. 38; MOMMSEN, *Le Droit pénal romain*, I, cit., pág. 271 y III, cit., págs. 316 ss.; KLEINFELLER, s.v. «relegatio», cit. col. 565; BRASIELLO, *La repressione...*, cit., pág. 296; BUENO DELGADO, "El exilio...", cit., págs. 12 ss.

[547] Así, por ejemplo, la *Lex Iulia de adulteriis* impuso, junto a la relegación en una isla, la confiscación de la mitad de la dote y de un tercio de los bienes parafernalios a la mujer adúltera y la confiscación de la mitad del patrimonio a su cómplice. *Pauli Sententiae*, 2.26.14. Al respecto, MOMMSEN, *Le Droit pénal romain*, II, cit., pág. 426 y III, cit., págs. 325-326 y págs. 364-365; HUMBERT, *Des conséquences...*, cit., pág. 124; KLEINFELLER, s.v. «relegatio», cit., cols. 564-565; FERRINI, *Diritto Penale Romano*, cit., pág. 365; GARNSEY, *Social status...*, cit., pág. 116; SCAPINI, *Diritto e procedura...*, cit., págs. 78-79; GUARINO, "Studi sull'«incestum»", cit., págs. 180 ss.; BAUMAN, *Crime...*, cit., pág. 32; WOLF, J.G., "Die lex Iulia de adulteriis coercendis", en *Iura*, 62, 2014, pp. 47-66.

[548] Clarificadores son, a este respecto, el rescripto de Alejandro (C. I. 9.47.8) y los pasajes de Ulpiano (D. 48.22.14§1) y Modestino (*frag.* 2) analizados *supra*. Vid. texto correspondiente a ns. 510-513 del presente trabajo. Que la relegación no comportaba la pérdida de los bienes ha sido defendido entre otros por, HUMBERT, *Des conséquences...*, cit., págs. 123 ss.; idem, s.v. «exsilium», cit., pág. 945; WILLEMS, *Le droit public romain*, cit., pág. 398; COSTA, *Crimini e pene...*, cit., págs. 95-96; GARNSEY, *Social status...*, cit., págs. 111 ss.; FERRINI, *Diritto Penale Romano*, cit., pág. 157; LEVY, *Pauli Sententiae...*, cit., pág. 9; CARNAZZA-RAMETTA, *Studio...*, cit., pág. 239; GRASMÜCK, *Exilium...*, cit., pág. 102 n. 263; SCAPINI, *Diritto e procedura...*, cit., pág. 85; GIUFFRÈ, *La 'repressione criminale'...*, cit., pág. 142; SANTALUCIA, s.v. «pena (diritto romano)», cit., pág. 378; idem, *Diritto e processo...*, cit., pág. 252; idem, "La situazione...", cit., pág. 181; FUSCO, "«In una insulam congregare»...", cit., pág. 140; LICANDRO, *Domicilium habere...*, cit., pág. 368; FERNÁNDEZ DE BUJÁN, A., *Derecho Público...*, cit., pág. 259; BUENO DELGADO, "El exilio...", cit., págs. 12 ss.

Frente a esta práctica, opina BRASIELLO con apoyo en un pasaje de Pomponio, trató de reaccionar Trajano, prohibiendo que los bienes del relegado fueran confiscados:

> D. 48.22.1 (Pomponius *libro IV. ad Sabinum*): *Caput ex Rescripto Divi Traiani ad Didium Secundum: «Scio relegatorum bona avaritia superiorum temporum fisco vindicata, sed aliud clementiae meae convenit, qui inter cetera, quibus innocentia temporum meorum probatur, hoc quoque remisi exemplum*[549].

No obstante, estima el autor, la tendencia trajana debió sucumbir al poder del fisco y continuó siendo habitual que la relegación fuera acompañada de la *publicatio bonorum*, aun en el supuesto, como precisa GARNSEY, de relegación temporal, ya que Ulpiano hace referencia a rescriptos imperiales que prohibieron la *publicatio* de todos o parte de los bienes del relegado temporal, concretando el jurisconsulto que tales rescriptos nacieron para censurar esta práctica y no para invalidar las sentencias que así fueron proferidas:

> D. 48.22.7§4 (Ulpianus, *libro X. de officio Proconsulis*): *Ad tempus relegatis neque tota bona, neque partem adimi debere, Rescriptis quibusdam manifestatur; reprehensaeque sunt sententiae eorum, qui ad tempus relegatis ademerunt partem bonorum, vel bona, sic tamen, ut non infirmarentur sententiae, quae ita sunt prolatae*[550].

---

[549] BRASIELLO, *La repressione...*, cit., págs. 337-338. En el mismo sentido HUMBERT, *Des conséquences...*, cit., págs. 123 ss.; idem, s.v. «exsilium», cit., pág. 945; KLEINFELLER, s.v. «relegatio», cit. col. 565; WILLEMS, *Le droit public romain*, cit., pág. 398 n. 7; FERRUCCIO FALCHI, *Diritto Penale Romano*, I, cit., págs. 79-80; GARNSEY, *Social status...*, cit., págs. 116-117; SANTALUCIA, "La situazione...", cit., pág. 188; BUENO DELGADO, "El exilio...", cit., págs. 12 ss. Cfr. LEVY-RABEL, *Index Interpolationum*, III, cit., col. 549.

[550] GARNSEY, *Social status...*, cit., pág. 117. Sobre este pasaje, HOLTZENDORFF, *Die Deportationsstrafe...*, cit., págs. 121-122; HUMBERT, *Des conséquences...*, cit., pág. 124; KLEINFELLER, s.v. «relegatio», cit., col. 565; BRASIELLO, *La repressione...*, cit., págs. 337-338; LEVY, *Pauli Sententiae...*, cit., pág. 9.

Por tanto, sólo a partir de Ulpiano, la *publicatio* podrá acompañar a la relegación en los casos en que la misma sea impuesta con carácter perpetuo, situación que se mantiene en tiempos de Marciano en virtud del cual sólo a los relegados con carácter perpetuo se les puede privar de parte de sus bienes:

> D. 48.22.4 (Marcianus *libro II. Institutionum*): *... et bona quoque sua omnia retinent praeter ea, si qua iis ademta sunt: nam eorum, qui in perpetuum exilium dati sunt vel relegati, potest quis sententia partem bonorum adimere*[551].

En materia de ciudadanía, como ya apuntara MOMMSEN, ni el relegado temporal ni el perpetuo, ni el confinado, ni el mero interdictado se veían privados de la ciudadanía[552]. Interesante a este res-

---

[551] Cfr. LEVY-RABEL, *Index Interpolationum*, III, cit., col. 549. BRASIELLO, *La repressione...*, cit., pág. 284 y pág. 338, quien a pesar de cuestionar la autenticidad de la última frase, reconoce que la confiscación de los bienes quedó limitada a la relegación perpetua (Cfr. LEVY-RABEL, *Index Interpolationum*, III, cit., col. 550); MOMMSEN, *Le Droit pénal romain*, III, cit., págs. 325-326 y págs. 364-365, para quien si bien la relegación temporal no podía ir acompañada de la confiscación de los bienes, la permanente, de ordinario, era acompañada de la confiscación de una cuota parte del patrimonio; HUMBERT, *Des conséquences...*, cit., págs. 123 ss.; s.v. «exsilium», cit., pág. 945, para quien en algunos casos la relegación perpetua podía ir acompañada de la confiscación de una parte de los bienes. Vid., asimismo, HOLTZENDORFF, *Die Deportationsstrafe...*, cit., págs. 121-122; KLEINFELLER, s.v. «relegatio», cit., col. 565; WILLEMS, *Le droit public romain*, cit., pág. 398 n. 7; FERRINI, *Diritto Penale Romano*, cit., pág. 157 y pág. 161; DE RUGGIERO, *La patria...*, cit., pág. 164; FERRUCCIO FALCHI, *Diritto Penale Romano*, II, cit., págs. 157-158; GARNSEY, *Social status...*, cit., pág. 117; BUENO DELGADO, "El exilio...", cit., págs. 12 ss.

[552] MOMMSEN, *Le Droit pénal romain*, III, cit., págs. 325-326. La conservación de la ciudadanía romana por el relegado es defendida, entre otros, por REIN, *Das Kriminalrecht...*, cit., pág. 34 y pág. 915; HOLTZENDORFF, *Die Deportationsstrafe...*, cit., págs. 34 ss.; HUMBERT, *Des conséquences...*, cit., págs. 123 ss., idem, s.v. «exsilium», cit., pág. 945; KLEINFELLER, s.v. «relegatio», cit., col. 564; WILLEMS, *Le droit public romain*, cit., pág. 398; STRACHAN-DAVIDSON, *Problems...*, II, cit., págs. 67 ss.; DE RUGGIERO, *La patria...*, cit., pág. 163; FERRUCCIO FALCHI, *Diritto Penale Romano*, I, cit., pág. 79; GARNSEY, *Social status...*,

pecto, afirma De Villa, es un pasaje de Ovidio en el que concreta que Tiberio sólo lo ha relegado y por tanto conserva su derecho de ciudadanía:

> Ovidio, *Tristia*, 5.11.21: "*nec vitam nec opes nec ius mihi civis ademit... Ipse relegati, non exulis (= interdictio aqua et igni) utitur in me nomine*"[553].

Asimismo, el mantenimiento de la ciudadanía es confirmado, entre otros, por Ulpiano al afirmar que tanto el relegado temporal como perpetuo conservan la ciudadanía y no pierde la *testamentifactio*:

> D. 48.22.7§3 (Ulpianus *libro X. de officio Proconsulis*): *Sive ad tempus, sive in perpetuum quis fuerit relegatus, et civitatem Romanam retinet, et testamenti factionem non amittit*[554].

---

cit., págs. 111 ss.; Ferrini, *Diritto Penale Romano*, cit., pág. 145 y pág. 157; Brasiello, *La repressione...*, cit., pág. 294; Carnazza-Rametta, *Studio...*, cit., pág. 239; Grasmück, *Exilium...*, cit., pág. 102 n. 263; Pugliese, "Linee generali...", cit., pág. 766 n. 105 (= *Scritti giuridici scelti*, II, cit., pág. 697 n. 105); Scapini, *Diritto e procedura...*, cit., pág. 85; Giuffrè, *La 'repressione criminale'...*, cit., pág. 142; Bauman, *Crime...*, cit., pág. 32 y pág. 141; Santalucia, s.v. «pena (diritto romano)», cit., pág. 378; *Diritto e processo...*, cit., pág. 252; idem, "La situazione...", cit., pág. 181; D'Ors, *Derecho Privado Romano*, cit., pág. 426; Fusco, "«In una insulam congregare»...", cit., pág. 140; Licandro, *Domicilium habere...*, cit., pág. 368; Ravizza, "Sui rapporti...", cit., págs. 1 ss.; Fernández De Buján, A., *Derecho Público...*, cit., pág. 259.

553 De Villa, "«Exilium perpetuum»", cit., pág. 296; Mommsen, *Le Droit pénal romain*, III, cit., pág. 312 n. 2; Holtzendorff, *Die Deportationsstrafe...*, cit., págs. 34-35; Humbert, *Des conséquences...*, cit., págs. 123 ss.; idem, s.v. «exsilium», cit., pág. 945; Willems, *Le droit public romain*, cit., pág. 398 n. 7; Strachan-Davidson, *Problems...*, II, cit., pág. 67; Brasiello, *La repressione...*, cit., pág. 110; Garnsey, *Social status...*, cit., pág. 115.

554 Mommsen, *Le Droit pénal romain*, III, cit., pág. 325 n. 3; Humbert, *Des conséquences...*, cit., págs. 123 ss.; idem, s.v. «exsilium», cit., pág. 945; Willems, *Le droit public romain*, cit., pág. 398 n. 7; Ferruccio Falchi, *Diritto Penale Romano*, I, cit., pág. 79 y II, cit., págs. 157-158; De Villa, "«Exilium perpetuum»", cit., pág. 304.

Y según Marciano, el relegado en una isla retiene todos sus derechos:

> D. 48.22.4 (Marcianus *libro II. Institutionum*): *Relegati in insulam in potestate sua liberos retinent, qui et alia omnia iura sua retinent*[555].

Desde el punto de vista domiciliario, si bien la interdicción del agua y el fuego comportaba la pérdida del domicilio primitivo y la imposibilidad de establecerlo en el territorio ciudadano y la deportación suponía la designación de un domicilio coactivo, en una isla u oasis, también con carácter permanente y con pérdida del domicilio primitivo, los efectos domiciliarios de la relegación se presentan contradictorios en las fuentes:

— Paulo asigna al relegado un domicilio coactivo en el lugar de la relegación:

> D. 50.1.22§3 (Paulus *libro I. Sententiarum*): *Relegatus in eo loco, in quem relegatus est, interim necessarium domicilium habet*[556].

---

[555] Humbert, *Des conséquences...*, cit., págs. 123 ss.; idem, s.v. «exsilium», cit., pág. 945, precisa que el relegado conservaba la patria potestad, la *manus*, el *ius commercii*, la *testamentifactio* y le era permitido, además, levantar imágenes y estatuas. No obstante, si la relegación había sido pronunciada en un *iudicium publicum*, la condena era de naturaleza infamante (D. 48.1.1 y 7). Tal es también el sentido de un texto de Calistrato que enumera a la relegación entre las penas *quae ad exsistimationem pertinent* (D. 48.19.28§1; D. 50.13.5§2). Alguna vez, igualmente, la infamia es vinculada a ciertos crímenes sancionados *extra ordinem* con la relegación. Además, el emperador Gordiano estableció que un decurión, exiliado temporalmente, no podía a su regreso ser admitido a nuevos honores más que después de una espera igual a la duración de su pena (C. I. 10.59-60-.2). A parte de estas reservas, concluye el autor con base al pasaje de Marciano, que la *existimatio* "n'était pas atteinte" con el relegado. Sobre dicho pasaje, entre otros, Mommsen, *Le Droit pénal romain*, III, cit., pág. 235 n. 3; Kleinfeller, s.v. «relegatio», cit, cols. 564-565; Willems, *Le droit public romain*, cit., pág. 398 n. 7; De Ruggiero, *La patria...*, cit., págs. 163-164 y pág. 168; Brasiello, *La repressione...*, cit., pág. 284; Ferruccio Falchi, *Diritto Penale Romano*, II,, cit., pág. 132; Levy, *Pauli Sententiae...*, cit., pág. 9; Bueno Delgado, "El exilio...", cit., págs. 12 ss.

[556] *Pauli Sententiae*, 1.1a.5.

— Sin embargo Ulpiano, tras afirmar la posibilidad de que una persona tenga su domicilio en dos lugares, recogiendo la opinión de Marcelo nos indica que:

D. 50.1.27§3 (Ulpianus *libro II. ad Edictum*): *Domicilium autem habere potest et relegatus eo loci, unde arcetur, ut Marcellus scribit*[557].

Algunos autores, como PLESCIA, sin profundizar en la contradicción de ambos pasajes se limitan a incluir a la relegación dentro de los supuestos limitativos de la libertad domiciliaria considerando que su imposición comporta un domicilio coactivo en el lugar de relegación y la pérdida del domicilio primitivo[558].

Otros intentan conciliarlos desde el punto de vista fiscal. En esta línea, SAVIGNY estima que el pasaje de Paulo establece la regla, esto es, el domicilio coactivo, mientras el pasaje de Ulpiano significa solamente que la pena no exime al relegado de las cargas que soportaba en el lugar de su domicilio antes de su condena[559].

GASPARD, por su parte, supera la contradicción atendiendo a la intención de retornar del relegado, interpretando que, si la misma existe, el relegado conserva su domicilio en el lugar del que ha sido alejado, pero que si no tiene la intención de regresar, su domicilio se encuentra fijado en el lugar de la relegación[560].

---

557 Ninguno de los dos pasajes aparece en LEVY-RABEL, *Index Interpolationum*, III.

558 PLESCIA, "Conflict...", cit., pág. 37; MOMMSEN, *Le Droit pénal romain*, III, cit., pág. 315, para quien la relegación en cuanto confinamiento implica siempre un cambio de domicilio dentro del territorio romano a cargo del condenado; BRUGI, *Istituzioni...*, cit., pág. 71 n. 24; SALGADO, "Contribución...", cit., pág. 503, quien se limita a indicar que el relegado tenía necesariamente el domicilio en el lugar de relegación por todo el tiempo que duraba la pena.

559 SAVIGNY, *Sistema...*, VI, cit., pág. 165, n. (q). En el mismo sentido DE RUGGIERO, *La patria...*, cit., pág. 185. Por su parte, LEVY, *Pauli Sententiae...*, cit., págs. 9-10, considera que la introducción del domicilio necesario por el gobernador provincial estaría fundada sobre el interés de percibir los *munera* municipales de la comunidad de destino del relegado que no sufre, a diferencia de la deportación, la confiscación de los bienes.

560 GASPARD, *Recherches sur l'incolat...*, cit., pág. 18.

BURDESE, siguiendo a GLÜCK, concilia ambos pasajes entendiendo que los mismos se complementan de tal forma que el relegado tendría un domicilio coactivo en el lugar de la pena sin perder su domicilio voluntario primitivo[561]. Y esta interpretación es también apuntada por TEDESCHI, sin descartar que ambos pasajes puedan referirse a diversas formas de relegación[562].

Acogiéndose a esta última posibilidad, LICANDRO ha tratado de justificar el eventual mantenimiento del originario domicilio indicando que el pasaje de Paulo se refiere a la relegación entendida como confinamiento en un lugar, en virtud de la cual, se fijaba un *domicilium necessarium* en el mismo que excluía a cualquier otro, por lo que el domicilio primitivo se perdía. En cambio, Ulpiano hace referencia a la relegación en cuanto prohibición de residir en un determinado lugar y, en tal caso, no fijándose un domicilio impuesto, el relegado podía mantener el que tenía en el lugar del que era alejado, si esa era su voluntad[563].

---

561 BURDESE, s.v. «domicilio (Diritto romano)», cit., pág. 838; GLÜCK, *Ausführliche...*, VI, cit., pág. 265, para quien ambos fragmentos se integran recíprocamente. Esta opinión ha sido admitida, no sin ciertas reservas, por CARNELUTTI, "Note critiche...", cit., págs. 403-404.

562 TEDESCHI, "Contributo...", cit., pág. 230.

563 LICANDRO, *Domicilium habere...*, cit., págs. 368 ss., quien estima que el *autem* no se explica en el sentido de doble domicilio porque tiene valor conceptualmente concesivo, referido a la voluntad del individuo. El autor trata de apoyar su afirmación en el alcance de la relegación impuesta por los gobernadores provinciales los cuales, en principio, sólo tenían competencia en el ámbito territorial de su provincia. Pero como el relegado de la provincia donde tenía su domicilio con frecuencia se trasladaba a su provincia de origen, se dispuso que la relegación también afectase a ésta (D. 48.22.7§10) e incluso se le podía relegar de un número mayor de provincias, cuando el crimen hubiese sido cometido en una diversa de la de su *origo* y de la de su domicilio (D. 48.22.7.§13) y cuando su *origo* fuese incierto, impidiéndole morar en Roma (D. 48.22.18 pr). En el mismo sentido, GAGLIARDI, *Mobilità...*, cit., pág. 502. Cfr. BACCARI, *Cittadini...*, cit., págs. 114-115, para quien el empleo del verbo *morari* en materia de relegación implica que la prohibición no sólo se refiere al domicilio sino también a moradas transitorias; CUENA BOY, "Nuevos...", cit., pág. 3 n. 34, señala que la relegación, si bien afectaba a la libertad domiciliaria, no alcanzaba a borrar el *origo* del condenado.

A nuestro juicio, la superación de la aparente contradicción de los textos sobre la base de que se refieren a modalidades distintas de relegación debe ser precisada. No cabe duda de que Paulo se refiere a la relegación en cuanto confinamiento en un lugar, puesto que la relegación en el sentido de interdicción no impone ningún domicilio coactivo. No obstante, la designación de ese domicilio necesario en el lugar de destino se produce *interim*, esto es, en el intervalo de vigencia de la pena, por lo que dicho adverbio atribuye al *necessarium domicilium* que le sigue un claro componente temporal.

Asimismo, es factible interpretar el "*eo loci, ubi arcetur*" del pasaje ulpianeo como "el lugar del que ha sido alejado". Pero resulta difícil de concebir que el relegado pudiese *solo animo* conservar el domicilio en el lugar del que ha sido alejado, si la pena reviste carácter perpetuo ya que, en este supuesto, no puede albergar la intención de regresar que dicho *animus* presupone.

A ello debemos añadir que el verbo "*arceo*" también puede significar "contener, encerrar, retener", siendo éste el primer significado de la palabra constatado en los diccionarios latinos y etimológicos consultados[564].

Por ello, lejos de resultar extraño, parece más preciso traducir el pasaje ulpianeo en el sentido de que "el relegado podrá tener el domicilio donde ha sido confinado", como correctamente se aprecia tanto en la versión castellana del pasaje efectuada por por GARCÍA DEL CORRAL[565], como en la efectuada por D'ORS, HERNÁNDEZ-TE-

---

[564] WALDE-HOFMANN, *Lateinisches Etymologisches Wörterbuch*, vol. I, cit., s.v. «arceo», págs. 62-63: "verschließe, hege in, halte in, schranken"; FORCELLINI, A., *Lexicon Totius Latinitatis*, I, Patavaii, 1940 (2ª reimpresión anastática de 1965), s.v. «arceo» pág. 305: "continere"; ERNOUT-MEILLET, *Dictionnaire...*, cit., s.v. «arceo», págs. 43-44: "contener, mantener"; CLARE, P.G.W. (ed.) *Oxford Latin Dictionary*, Oxford, 1982, s.v. «arceo», pág. 162: "to keep close, contain"; TUCKER, T.G., *Etymological Dictionary of Latin*, Chicago, 1985, s.v. «arceo», pág. 23: "enclose, shut in, keep off"; SEGURA MUNGÍA, S., *Diccionario Etimológico Latino-Español*, Madrid, 1985, s.v. «arceo», pág. 53: "contener, encerrar, retener".

[565] GARCÍA DEL CORRAL, I.L., *Cuerpo del Derecho Civil Romano, III*, Barcelona, 1897:

"Mas también el relegado puede tener su domicilio en aquel lugar donde está relegado".

JERO, FUENTESECA, GARCÍA-GARRIDO y BURRILLO[566] y, conforme a esta traducción, en ambos pasajes se haría referencia al lugar donde el condenado está relegado, por lo que los dos jurisconsultos estarían pensando en la relegación entendida como confinamiento.

En virtud de lo expuesto, no resulta claro, por tanto, que las diversas consecuencias domiciliarias que respecto al domicilio primitivo Paulo y Ulpiano parecen atribuir a la relegación, radiquen en sus diferentes modalidades de confinamiento y alejamiento, siendo más factible pensar que la conservación del domicilio primitivo dependerá más bien de la distinta naturaleza temporal o perpetua con que la pena, en sus distintos tipos, fuese infligida[567].

Por ello, si consideramos que ambos pasajes aluden a la relegación como confinamiento, la aparente contradicción podría venir así superada, entendiendo, como hiciera ROUSSEL, que Paulo atribuye *interim*, esto es, durante la vigencia de la pena, un domicilio coactivo a todo relegado, tanto temporal como perpetuo, en tanto que Ulpiano permite al relegado temporal conservar su anciano domicilio, dada la posibilidad de regresar al mismo una vez cumplido el tiempo de condena[568], interpretación, por otro lado, plenamente conforme

---

566 *El Digesto de Justiano III*, Pamplona, 1975, versión castella por A.D'ORS, F. HERNÁNDEZ-TEJERO, P. FUENTESECA, M. GARCÍA-GARRIDO y J. BURILLO:

"También puede tener domicilio el relegado, como escribe Marcelo, en aquel lugar en el que se le confina".

567 Así, por ejemplo, en D. 48.22.2 y 3, se alude a la distinta naturaleza temporal o perpetua de la relegación en términos genéricos.

568 ROUSSEL, *Du domicile...*, cit., págs. 33-34. Y a este interpretación hay que reconducir la "intención de regreso" manifestada por GASPARD, *Recherches sul l'incolat...*, cit., pág. 18, en la medida en que esta intención sólo puede existir en el caso de la relegación temporal. Las mismas consecuencias domiciliarias serían aplicables, a nuestro juicio, a la pena extraordinaria del *opus publicum* en la medida en que, si bien las fuentes no atribuyen al condenado un domicilio coactivo en el lugar de cumplimiento de la pena, durante el tiempo de la misma, el condenado estaba obligado a permanencer en un lugar en el que fuera posible la realización de esas obras públicas. Asimismo, esta pena se podía imponer tanto con carácter temporal como con carácter pemanente, lo que permitiría al condenado conservar su primitivo domicilio en el primer caso, dada la posibilidad de retornar al mismo. Sobre esta pena, REIN, *Das*

con su postura favorable a que una persona pudiera tener su domicilio en dos lugares[569].

En este sentido ya se había pronunciado CHAVANES, quien justificaba el régimen domiciliario de la relegación, en el hecho de que el relegado permanente no podía tener la intención de conservar un domicilio fuera del lugar donde cumple la pena, mientras que el confinamiento temporal dejaba lugar a que el condenado tuviese la voluntad de conservar su domicilio y retornar a él al término de la pena[570].

No obstante, si estimamos con LICANDRO que los pasajes se refieren a modalidades diversas de relegación, observamos que el mantenimiento del domicilio primitivo para el relegado-interdictado que permite Ulpiano estaría condicionado, de igual modo, al carácter temporal de la pena, radicando, a nuestro juicio, el error del autor en no haber tenido en cuenta que la misma podía ser también aplicada con carácter permanente.

En efecto, como hemos tenido oportunidad de exponer, no cabe hablar de *domicilium necessarium*, puesto que los pasajes que aluden a este tipo de relegación, no indican un domicilio coactivo, sino una prohibición de residencia o morada, cuyos límites territoriales se fueron ampliando hasta llegar incluso a abarcar una pluralidad de provincias.

Pero a pesar de estas ampliaciones, como indica MOMMSEN[571], la relegación-interdicción no podía extenderse a todo el territorio romano, debiendo dejar al interdictado siempre la posibilidad de poder establecer libremente su domicilio dentro del mismo pero al margen de los límites impuestos, situación que se produciría frente a una interdicción de carácter permanente que provocaría, *de facto*, la pérdida del domicilio primitivo ante la imposibilidad de retornar al mismo.

Kriminalrecht..., cit., pág. 914; MOMMSEN, *Le Droit pénal romain*, III, cit., págs. 295 ss.; BRASIELLO, *La repressione...*, cit., págs. 360 ss.; FERRINI, *Diritto Penale Romano*, cit., pág. 154; FERRUCCIO FALCHI, *Diritto Penale Romano*, I, cit., págs. 74-77; ZILLETTI, "In tema di 'servitus poenae'", cit., págs. 32 ss.; CHAUVOT, "La détention sous Tibère", cit., págs. 162 ss.

569 D. 50.1.27§2 (Ulpianus *libro II ad Edictum*). Sobre la pluralidad y ausencia de domicilios, LÓPEZ HUGUET, *Régimen...*, cit., págs. 100 ss.

570 CHAVANES, *Du Domicile*, cit., págs. 64-65.

571 MOMMSEN, *Le Droit pénal romain*, I, cit., pág. 271 y III, cit., págs. 316 ss.

En cambio, el relegado-interdictado temporal estaba obligado a alejarse pero podía conservar por el *animus* su primitivo domicilio, dada esa posibilidad fáctica de regreso. Y en esta misma línea se pronunciaba Ancelle, al admitir el mantenimiento del domicilio primitivo, si así lo quería el relegado, sólo en la relegación temporal puesto que el relegado a perpetuidad, al no tener ninguna esperanza de retornar a su patria, no tenía necesidad de estar a ella vinculado por ningún lazo[572].

Ahora bien, en todo caso, la conservación del domicilio primitivo en ambas modalidades de relegación temporal estaba basada sobre una presunción *iuris tantum* que, en consecuencia, podía ser rebatida mediante prueba en contrario si se demostraba a través de las circunstancias fácticas que el relegado no tenía intención de retornar a ese domicilio porque, por ejemplo, no continuaba vinculado al mismo o había establecido su *lares* en otro lugar.

3. PENAS LIMITATIVAS DE LA LIBERTAD DOMICILIARIA EN EL BAJO IMPERIO Y CON JUSTINIANO

3.1. Atenuación de las diferencias entre relegación y deportación hasta la configuración de una genérica pena de exilio

A partir del derecho posclásico se adopta en las constituciones y rescriptos imperiales una acepción genérica del exilio, omnicomprensivo de todo alejamiento, perpetuo o temporal, y susceptible de las más diversas graduaciones donde sus consecuencias jurídicas se determinarán en la ley o en la sentencia correspondiente[573], lo que comportó

[572] Ancelle, *Du Domicile*, cit., págs. 51-52.

[573] Como recoge De Villa, "«Exilium perpetuum»", cit., págs. 306-307, el término *exilium* sin más especificación es adoptado, entre otras, en C. I. 1.5.5,§1; C. I. 4.2.16; C. I. 4.65.32; C. I. 9.46.2 (=C.Theod. 9.36.2); C. I. 9.39.2,§2; C. I. 1.5.8§2. El carácter omnicomprensivo del exilio es defendido, entre otros, por Holtzendorff, *Die Deportationsstrafe*..., cit., págs. 65 ss. y págs. 133 ss.; Brasiello, *La repressione*..., cit., págs. 461 ss.; Crifò, s.v. «esilio (parte storica)», cit., pág. 72; idem, *L'esclusione*..., cit., pág. 25.

que se fueran atenuando las diferencias entre las distintas penas comprendidas en el mismo hasta la configuración de una única pena de exilio cualificada con frecuencia a través de expresiones como "*irrevocabilis exilii animadversionem plectendis*", "*perpetuitate damnetur exilii*", "*poena sempiterna subdendum*" o equivalentes, en ocasiones, contrapuestas al "*exilium temporarium*" o "*temporale*"[574].

Esta atenuación de las diferencias se observa, por ejemplo, respecto a la duración de las distintas penas que imponen límites domiciliarios ya que si la relegación podía revestir tanto carácter permanente como temporal[575], la deportación también podía ser impuesta con carácter temporal, como se desprende de las constituciones que concretan su imposición con carácter permanente[576] y de aquéllas que aluden a los "*diversi exilii*" impuestos temporalmente, englobando en sus consideraciones tanto a la relegación como a la deportación[577].

Asimismo, esta atenuación se observa respecto a los efectos sobre los bienes del condenado ya que si la relegación, temporal o perpe-

---

[574] Brasiello, *La repressione...*, cit., págs. 461 ss. y De Villa, "«Exilium perpetuum»", cit., págs. 306-307 y pág. 311 n. 1 citan, entre otras, C. I. 4.59.2; C. I. 4.63.4; C. I. 2.6.8; C. I. 10.19.7; C. I. 1.4.15; C. I. 2.9(10).7; C. I. 1.9.16 (=C. Theod. 16.8.26); C. I. 9.39.2§2; C. I. 9.47.23; C. I. 9.47.24.

[575] Así, por ejemplo, el emperador Constantino impuso en el año 331 d. C., la relegación bianual *in insulam* al *improbus oppugnator* de una sentencia justa (C. Theod. 1.5.3), mientras que en el año 340 d. C. impuso la relegación perpetua al esclavo que por orden de su señor hubiera demolido sepulcros (C. Theod. 9.17.=C. I. 9.19.2); C.Theod. 8.5.35, del año 378 donde se impone una relegación anual mientras que en C. Theod. 7.18.8 se habla de *exilio perpetuae relegationis*. Sobre estas penas en época de Constantino, Cañizar Palacios, J.L., "La deportación como factor de propaganda en el reinado de Constantino: Codex Theodosianus y fuentes literarias", en *R.I.D.A.*, nº 60, 2013, págs. 39-78.

[576] Así lo dicen expresamente C. Theod. 16.2.40=C. I. 1.2.5, año 415; C.Theod. 16.5.53, año 412.

[577] C. Theod. 9.40.22 (=C. I. 9.47.3); C. Theod. 16.5.53. De Villa, "«Exilium perpetuum»", cit., págs. 306-307 y pág. 311 n. 1. Cfr. Holtzendorff, *Die Deportationsstrafe...*, cit., págs. 136 ss.; Brasiello, *La repressione...*, cit., pág. 464, admite que la deportación sea perpetua sobre la base de que en algunas fuentes (C. Theod. 11.7.6) se oponga al exilio temporal, pero reconoce que los caracteres de esta pena ya no son necesarios sino normales.

tua, puede ir acompañada de la *publicatio bonorum*[578], la misma pasó de ser una consecuencia inherente de la deportación a una pena complementaria concretada en cada constitución y, aunque en algunas de ellas se estableció la privación total[579], como indica Brasiello, ésta sólo se producía ante la falta de parientes puesto que se solía conceder a los hijos, descendientes y ascendientes del condenado una porción del patrimonio, fluctuante en función de cada emperador[580].

Por otra parte, resulta sintomático de esta atenuación de consecuencias, el hecho de que la pérdida de la ciudadanía por efecto de la deportación sólo aparezca constatada en una constitución de Honorio y Teodosio del año 409, que impone esta pena con carácter

---

578 Así, por ejemplo en C. Theod. 1.5.3 el emperador Constantino acompañó a la relegación bianual en una isla, de la confiscación de la mitad de los bienes, *si patrimonio circumfluit*. Observamos, por tanto, un endurecimiento de la legislación anterior en la que se restringía la confiscación a los supuestos de relegación perpetua.

579 La privación total es prevista, entre otras, en, C. Theod. 16.5.56; C. Theod. 16.5.46; C. Theod. 9.8.1; C. Theod. 9.21.2; C. Theod. 9.25.3; C. Theod. 9.26.1; C. Theod. 6.30.7; C. Theod. 9.42.18; C. Theod. 6.30.17; C. Theod. 16.8.26=C. I. 1.9.16; C.Theod. 16.5.45; C. Theod. 9.42.17; C. Theod. 9.42.20; C. Theod. 10.10.23; C. Theod. 16.6.6; C. Theod. 9.40.19; C. I. 9.42.17. Brasiello, *La repressione...*, cit., págs. 464 ss.

580 C. Theod. 9.20.1; C. Theod. 9.42.6; C. Theod. 9.42.8=C. I. 9.49.8; C. Theod. 9.41.23; C. Theod. 9.42.24=C. I. 9.49.10. Brasiello, *La repressione...*, cit., págs. 464 ss. Esta atenuación de la confiscación en favor de los familiares ha sido constatada, entre otros, por Scapini, *Diritto e procedura...*, cit., pág. 99. La recuperación de estos bienes y el resto de derechos, gracias a la *indulgentia principis* dependerá del alcance que cada emperador atribuya a la misma. Así, por ejemplo, Zilletti, "Note sulla...", cit., págs. 84 ss., nos indica que con Constantino la *indulgentia generalis* comportaba para el deportado la recuperación de los bienes, de la dignidad y de la patria potestad sobre sus hijos. C. Theod., 9.43.1 (*Imp. Constantinus A. Maximus P. U.*)=C. I. 9.51.13 pr. y §3. Constantino hace prevalecer la opinión expresada por Papiniano sobre las *notae* de Paulo y Ulpiano. En cambio, para Arcadio, Honorio y Teodosio, la indulgencia sólo comportaba la remisión de la pena. C. Theod. 9.28.10. Al respecto, Holtzendorff, *Die Deportationsstrafe...*, cit., págs. 140-141; Wieacker, "Textufen Klassischer Juristen", cit., pág. 333 n. 8 y pág. 359 n. 138; Bassanelli Sommariva, G., *L'imperator unico creatore ed interprete delle leggi e l'autonomia del giudice nel diritto giustinianeo*, Milano, 1983, pág. 20 n. 21.

permanente en Oasis, al cómplice en la provocación de daños en los diques del Nilo:

> C. Theod. 9.32.1 (*Impp. Honorius et Theodosius AA. Anthemio P. P.*)= C. I. 9.38.1: *Si quis posthac per Aegyptum intra duodecimum cubitum fluminis Nili ulla fluenta de propriis ac vetustis usibus praeter fas praeterque morem antiquitatis usurpaverit, flammis eo loco consumatur, in quo vetustatis reverentiam et propemodum ipsius imperii adpetierit securitatem: consciis et consortibus euis Oasenae deportationi constringedis, ita ut numquam supplicandi eis vel recipiendi civitatem vel dignitatem vel substantiam licentia tribuatur*[581].

En materia domiciliaria, se continuaba asignando al relegado, al igual que al deportado o al condenado a las minas, un domicilio coactivo en el lugar de cumplimiento designado en la sentencia, tal y como se desprende de una constitución de los emperadores Arcadio, Honorio y Teodosio que en el año 400 liberaron de la pena, en virtud de su indulgencia, a todos los deportados, relegados o condenados a las minas, *quos insulae variis servitutibus aut loca desolata susceperunt*[582].

---

[581] Cfr. Basilica 60.25.6. Sobre este pasaje, MOMMSEN, *Le Droit pénal romain*, III, cit., pág. 141; REIN, *Das Kriminalrecht...*, cit., pág. 189, pág. 273 y pág. 343; BRASIELLO, *La repressione...*, cit., págs. 470-471; FERRINI, *Diritto Penale Romano*, cit., pág. 336; SCHWARTZ, "In oasin relegare", cit., pág. 1484; BONINI, R., *Ricerche di diritto giustinianeo*, Milano, 1990, pág. 164 n. 189. La expresión *Oasenae* es suprimida por Justiniano.

[582] C. Theod. 9.38.10 (*Imppp. Arcadius, Honorius et Theodosius AAA. Romulo P.P.*). No obstante, el nivel de incumplimiento de las sentencias debió ser sustancioso para que los emperadores dispusieran que no se beneficiarían de su indulgencia, *qui ad locum poenae destinatum contra iudicum sententias ire noluerunt*. En opinión de BRASIELLO, *La repressione...*, cit., pág. 463 y págs. 471 ss., esta constitución demuestra que las diferencias entre la relegación y la deportación se habían atenuado, así como que la deportación podía venir agravada con la condena a los *metalla*, en cuyo caso, se designaba como lugar de cumplimiento de la pena los *loca desolata*. El autor afirma que, si bien en el siglo IV el exilio y el *metallum* eran concebidos como dos penas diversas, tal y como se desprende de una constitución de Constantino del año 315 en la que al exilio aplicable a la persona libre

No obstante, cuando la relegación o la deportación revestían carácter temporal, era posible que el acusado cumpliera el tiempo de la pena bajo custodia carcelaria, en cuyo caso era puesto en libertad exento de pena, como establecieron Honorio y Teodosio en una constitución del año 414:

> C. Theod. 9.40.22 (*Impp. Honorius et Theodosius AA. ad Anthemium P.P.*): *Omnes, quos damnationis condicio diversis exiliis destinatos metas temporis praestituti in carceris implesse custodia deprehendit, solutos poena vinculisque laxatos custodia liberari praecipimus nex ullas exilii postmodum miseras formidare. Sit satis inmensorum cruciatuum semel eluisse supplicia, ne qui aurae communis haustu et lucis aspectu diu privati sunt intra breve spatium catenarum ponderibus praegravati, etiam exilii poenam sustinere iterum conpellantur*[583].

Del mismo modo, el mantenimiento *iuris tantum* del domicilio primitivo en el supuesto de exilio temporal dada la posibilidad una vez cumplido el periodo de condena, bien en la cárcel, bien en el lu-

---

se contrapone la condena a las minas para el esclavo (C. Theod. 8.5.1), a partir del siglo V el *metallum* podrá ir acompañando a la deportación como una agravación de la misma (C. Theod. 5.7.2§3=Brev. 5.5.2=C. I. 8.50.20; C. I. 1.11.8§1; C. Theod. 15.8.2=C. I. 9.41.6, del año 428), lo que comportó que, para los escritores más tardíos, el *metallum* fuera considerado como una forma de exilio. CASIODORO, *Historia*, 7.40; ISIDORO, *Etimologia*, 5.27.31; Lex rom. Borgund. 18.3. La designación de un domicilio coactivo al deportado se constata, a su vez, en C. Theod. 3.16.1; C. Theod. 16.5.53; C. Theod. 9.32.1=C. I. 9.38.1, donde, como indica SCHWARTZ, "In oasin relegare", cit., pág. 1484, se elimina "l'epithète Oasenae, il n'en concerne pas moins la seule Égypte". En opinión de BONINI, *Ricerche...*, cit., pág. 164 n. 189, "l'omissione del luogo della deportatio è eventualmente soltanto una conseguenza di C. I. 9, 47, 26, 5". Al respecto, HOLTZENDORFF, *Die Deportationsstrafe...*, cit., págs. 112-117; BUCKLAND, *A Text-Book...*, cit., pág. 117 n. 9.

[583] Cfr. C. I. 9.47.23. BONINI, *Ricerche...*, cit., pág. 201 n. 81, pág. 202 n. 87 y pág. 203, para quien el periodo de encarcelación preventiva puede referirse, tanto al tiempo entre la sentencia de condena y su ejecución, como al periodo antencedente a la condena. En el mismo sentido, BUENO DELGADO, "El exilio...", cit., págs. 17-18.

gar destinado, se desprende de otra constitución de los mismos emperadores en la que dos años después ordenaron a los gobernadores provinciales que, transcurrido el tiempo prefijado, los condenados no fueran retenidos, ni en las clausuras carcelarias, ni en los lugares en que vivieron desterrados:

> C. Theod. 9.40.23 (*Idem AA. Monaxio P.P.*): *Rectores provinciarum conveniri praecipimus, ut ii, qui pro suo crimine poenam exsilii sub certo temporis spatio subire decreti sunt, exacto praefinito tempore, nec claustris carceralibus, nec in locis, in quibus exules versati sunt, teneantur*[584].

---

[584] Cfr. C. I. 9.47.24. Existe una *communis opinio* sobre la ausencia de configuración de la prisión como pena irrogable por sentencia judicial contra los hombres libres que han cometido determinados ilícitos. La misma sería un medio de coerción como medida preventiva de cara a un juicio o a su ejecución. Vid., entre otros, Ferrini, C., s.v. «Diritto penale italiano» en *Enciclopedia del Diritto Penale Italiano*, I, Milano, 1902, págs. 155 ss.; Mommsen, *Le Droit pénal romain*, I, cit., pág. 54 y págs. 351 ss. y III, cit., págs. 304 ss.; Costa, *Crimini e pene...*, cit., pág. 96; Brasiello, *La repressione...*, cit., págs. 386 ss.; idem, s.v. «pena (diritto romano)», cit., pág. 813, quien afirma la existencia de cárceles privadas; Cardascia, "L'apparition...", cit., pág. 314; La Rosa, R., "Nota sulla «custodia» nel diritto criminale romano", en *Synteleia Arangio-Ruiz*, I, Napoli, 1964, pág. 310; Garnsey, *Social status...*, cit., pág. 149; Rivière, Y., "Carcer et uincula: la détention publique à Rome sous la République et le Haut-Empire", en *M.E.F.R.A.*, 106, 1994, págs. 579 ss.; idem, "Détention préventive, mise à l'épreuve et démonstration de la preuve (Ier-IIIe siècles ap. J.-C.), en AA.VV., *Carcer. Prision et privation de liberté dans l'Antiquité classique* (a cura del prof. A. Burdese), Paris, 1999, págs. 57 ss.; Pavón, P., "Régimen de vida y tratamiento del preso durante los tres primeros siglos del Imperio", en AA.VV., *Carcer. Prision et privation de liberté dans l'Antiquité classique* (a cura del prof. A. Burdese), Paris, 1999, págs. 105 ss.; Krause, J.U., "Prisons et crimes dans l'Empire romain", en AA.VV., *Carcer. Prision et privation de liberté dans l'Antiquité classique* (a cura del prof. A. Burdese), Paris, 1999, págs. 117 ss.; Fernández De Buján, *Derecho Público...*, cit., pág. 262; Valpuesta Bermúdez, "El *civis*...", cit., pág. 229 y pág. 248; Zamora Manzano, J.L., "Algunas reflexiones sobre el derecho administrativo penitenciario: la cárcer como medida de contención de los deudores fiscales", en *R.G.D.R.* (*www.iustel.com*),

Por tanto, en la legislación del Bajo Imperio se fueron atenuando las diferencias entre la deportación y la relegación, dando paso a una pena genérica de exilio, cuyas consecuencias jurídicas se determinaban en cada caso y que, desde el punto de vista domiciliario, comportaba la asignación de un domicilio coactivo en el lugar de cumplimiento, así como la posibilidad de conservar el primitivo cuando era impuesta con carácter temporal dado que, una vez cumplido el tiempo de condena, bien en la cárcel o bien en el lugar designado en la sentencia, recuperaba su libertad domiciliaria y podía regresar al mismo, es decir, la pérdida del domicilio primitivo no era una conse-

---

nº 16, julio, 2011, págs. 1 ss.; idem, *La administración penitenciaria en el Derecho romano. Gestión, tratamiento de los reclusos y mejora de la custodia carcelaria*, Madrid, 2015. Cfr. Rein, *Das Kriminalrecht...*, cit., pág. 914, que admite la existencia de una «Gefängnisstrafe» en el derecho imperial, pero limitada a «Sclaven, Soldaten, Schauspielern»; Hitzig, H.F., s.v., «carcer», en *P.W.R.E.*, Stuttgat, 1899, 31, col. 1578, quien también reconoce su existencia pero afirma que no llegó a desarrollarse; Solazzi, S., "La condena ai «vincula perpetua» in CI. 9.47.6", en *S.D.H.I.*, 22, 1956, pág. 346 n. I; Kunkel, *Untersuchungen...*, cit., pág. 72, que la admite para los esclavos y ciudadanos libres de bajo origen; Méhész, K.Z., *La injuria en Derecho penal romano*, Buenos Aires, 1970, págs. 100 ss., cree que las cárceles tuvieron una doble finalidad, por un lado, asegurar la validez y prolongar la duración de una detención hasta el cumplimiento efectivo de la condena correspondiente y, por otro, la de ser medios punitivos directa o indirectamente; Balzarini, M., "Pene detentive e «cognitio extra ordinem» criminale", en *Sodalitas. Scritti in onore di Antonio Guarino*, VI, Napoli, 1984, págs. 2865 ss.; idem, "Il problema della pena detentiva nella tarda repubblica; alcune aporie", en AA.VV., *Studi economico-giuridico, Vol. LIV, 1991-92. Il problema della pena criminale tra filosofia greca e diritto romano*, Napoli, 1993, págs. 381 ss., para quien en la *cognitio extraordinaria* del Principado, la encarcelación fue considerada como una verdadera y propia pena de carácter criminal en la medida en que el término *vincula publica* asumió el contenido genérico de detención «independentemente dall'ulteriore imposizione di catene», negando su utilización en las fuentes como sinónimo de *opus publicum* y que será después utilizada durante toda la edad postclásica hasta formar parte de la compilación justinianea; Lovato, A., "Poena sine provocatione?", en AA.VV., *Carcer. Prision et privation de liberté dans l'Antiquité classique* (a cura del prof. A. Burdese), Paris, 1999, págs.41 ss., para quien la medida pudo ser adoptada con carácter polivalente.

cuencia directa del exilio temporal sino que dependía de las propias circunstancias del exiliado[585].

Esta pena genérica de exilio se consolidó en el derecho justinianeo lo que originó, como señala BONINI, que ya no se distinguiera en las fuentes entre relegación y deportación[586]. El exilio continuó siendo

[585] En coherencia con este régimen domiciliario, la expulsión permanente de una ciudad o provincia obligaría al expulsado a trasladar su domicilio fuera del ámbito territorial donde tiene vetada la permanencia. Así, por ejemplo, en el año 409 los emperadores Honorio y Teodosio en una constitución dirigida a Ceciliano, prefecto del pretor, expulsaron de la ciudad de Roma a los matemáticos que no prestaran fe a la religión católica. C. Theod. 9.16.12 =C. I. 1.4.10. REIN, *Das Kriminalrecht...*, cit., pág. 910. En realidad, como señalan, entre otros, MOMMSEN, *Le Droit pénal romain*, II, cit., págs. 314 ss., HOLTZENDORFF, *Die Deportationsstrafe...*, cit., págs. 147-148; FERRINI, *Diritto Penale Romano*, cit., págs. 351 ss.; FERRUCCIO FALCHI, *Diritto Penale Romano*, II, cit., págs. 116 ss.; GAUDEMET, "L'étranger au Bas-Empire (1)", cit., págs. 229 ss.; ROBINSON, *The criminal...*, cit., págs. 95 ss.; o BACCARI, *Cittadini...*, cit., págs. 258 ss. y págs. 263 ss., la expulsión o el alejamiento, en sus distintas configuraciones, fue una pena aplicable con frecuencia a los delitos de religión contra el cristianismo. Vid., entre otras, C. Theod. 16.5.10§2; C. I. 1.5.8§6-7, respecto a los herejes; C.I.1.11.10§3, respecto a los paganos; C. Theod. 16.8.26, respecto al ebreo que convierte a un cristiano.

[586] BONINI, *Ricerche...*, cit., pág. 211 n. 111 y pág. 212. El autor critica la opinión relativa al mantenimiento en el derecho justinianeo de la distinción entre relegación y deportación, con todas sus consecuencias jurídicas. Como indica el autor, el vocablo *deportatio* es raramente utilizado en las constituciones justinianeas, tratándose más de una supervivencia terminológica que jurídica, explicable por su dependencia con las fuentes precedentes (por ejemplo C. I. 9.13.1§3 c, año 533, donde la referencia a la deportación es conservada por obsequio a C. Theod. 9.14.1§4). En este sentido ya se había manifestado SINOGOWITZ, B., *Studien zum Strafrecht der Ekloge*, Athenai, 1956, págs. 22 ss., cuyo análisis reveló que los numerosos textos de los Basilicos en los que se habla de deportación no parecen tener un preciso significado técnico o se explican con la dependencia de las fuentes clásicas. Sus resultados han sido acogidos por VAN DER WAL, N., *Manuale Novellarum Justiniani. Aperçu systématique du contenu des Novelles de Justinien*, Amsterdam, 1964, pág. 49 n. 3; CRIFÒ, s.v. «esilio (parte storica)», cit., pág. 720; idem, *L'esclusione...*, cit., pág. 25. Sobre las escasas novelas que aluden a la deportación, vid., BARTOLETTI COLOMBO, A.M., *Lessico delle Novellae di*

previsto en algunas leyes sin determinación de tiempo ni lugar[587], pero en otras era impuesto con carácter temporal[588] o a perpetuidad[589] y designando el lugar de cumplimiento[590].

Giustiniano nella versione dell'Authenticum, Roma, 1983, vol. I (A-D), s.v. «deportatio», pág. 369. y vol. II, s.v. «exilium», págs. 530-531.

587 *Novellae Iustiniani*, 8, cap. 8§1, año 535, que impone la confiscación, el destierro, los azotes y suplicios corporales al juez que hurtara, que diera dinero para obtener un determinado destino en la administración o que lo recibiera con tal fin; *Novellae Iustiniani*, 12, cap. 1, año 535, que impone la pena de confiscación, la privación del cíngulo y el destierro al dignatario que hubiere contraído nupcias incestuosas, añadiendo los azotes al reo de vil condición; *Novellae Iustiniani*, 123, cap. 32, año 546, que prescribe la pena de azotes y el destierro contra el que penetrara en una iglesia, mientras se celebraran los sagrados ministerios, e infiriera injurias a los ministros de la Iglesia. REIN, *Das Kriminalrecht...*, cit., pág. 726; VAN DER WAL, *Manuale...*, cit., pág. 49; CRIFÒ, *L'esclusione...*, cit., pág. 25; SCAPINI, *Diritto e procedura...*, cit., págs. 104-105.

588 Como ocurre, por ejemplo, en *Novellae Iustiniani*, 112, cap. 2§1, año 541, que impone la confiscación de los bienes y el destierro quiquenal al ejecutor que citara a alguien a juicio en forma distinta a la prevista en la ley. VAN DER WAL, *Manuale...*, cit., pág. 49; CRIFÒ, *L'esclusione...*, cit., pág. 25.

589 En este sentido, *Novellae Iustiniani*, 6, cap. 1§9, año 525, que impone la pérdida del cargo y el exilio perpetuo al funcionario que hubiese recibido dinero o cosas por su patrocinio para la ordenación; *Novellae Iustiniani*, 7, *praef.* y cap. 7§1, que sanciona con el destierro perpetuo al notario que hiciera las escrituras de una enajenación o enfiteusis de bienes pertenecientes a la Iglesia; *Novellae Iustiniani*, 8, cap. 1§49 a. 535, que impone el destierro perpetuo y la restitución del cuádruplo al defensor de la ciudad, juez u otro cargo que diera o recibiese cosas del fisco; *Novellae Iustiniani*, 120, cap. 11, año 544, que impone la pena de exilio perpetuo al notario que prestase su ministerio para contratos sobre cosas sagradas contrarios a los permitidos por las leyes; *Novellae Iustiniani*, 139, cap. 1, que remite la pena por nupcias ilícitas a los habitantes de Sindio y los hebreos de Tiro pero impone al resto el destierro perpetuo, la confiscación de los bienes y penas corporales; *Novellae Iustiniani*, 144, cap. 2§2, año 572, que sanciona con la proscripción y el exilio perpetuo a los samaritanos que después del bautismo cometieran herejía y a los que les prestaran patrocinio; C. I. 12.40.12, que impone la pérdida de la dignidad, la confiscación de los bienes y el destierro perpetuo al presidente que reclame oro so pretexto de valoración del servicio de alojados o de la privación de las armas. FERRUCCIO FALCHI, *Diritto Penale Romano*, II, cit., pág. 194; VAN DER WAL, *Manuale...*, cit., pág. 49; CRIFÒ, *L'esclusione...*, cit., pág. 25.

Tal distinción temporal y la asignación de un lugar de cumplimiento nos permite afirmar que si el exilio consistía en un confinamiento se designaba al exiliado un domicilio coactivo en el lugar señalado para el cumplimiento de la pena, pudiendo conservar su primitivo domicilio cuando la pena revestía carácter temporal[591].

Este régimen domiciliario se constata en el epítome de una constitución griega de Justiniano del año 529, tomada de los *Libri Basilici*, en la que el emperador, como señala Scapini, frente a los frecuentes reclamos de los Padres de la Iglesia para que las penas se aplicaran con moderación, clemencia y humanidad, atenúa los lugares de destino de los desterrados[592].

Sobre la base de esta constitución, en palabras de Bonini, se delinea el régimen del exilio como pena genérica que asigna un domicilio coactivo con carácter perpetuo o temporal en lugares más o menos desagradables[593]. En ella, el emperador ordena que los enviados al destierro, perpetuo o temporal, no estén confinados en la fortaleza de Gipso, ni en otros presidios, sino que puedan circular libremente por la provincia fijada por el juez en la que deben permanecer bajo pena de muerte:

---

590 *Edictum* 13, cap. 11§2; C. I. 9.47.26; *Novellae Iustiniani*, 117, cap. 13; *Novellae Iustiniani*, 134, cap. 10§1 y 12; *Novellae Iustiniani*, 142, cap. 1. Van Der Wal, *Manuale...*, cit., pág. 49; Buckland, *A Text-Book...*, cit., pág. 118 n. 2; Crifò, *L'esclusione...*, cit., pág. 25.

591 Asimismo, el expulsado con carácter permanente de una ciudad o provincia perdía su domicilio primitivo. *Novellae Iustiniani*, 14§1; 60, cap. 2§2; 80, cap. 5§1; 42, cap. 1 pr. y §3; 123, cap. 2 pr.; 131, cap. 8§1; 145; 146, cap. 2; C. I. 5.4.29§5; *Edictum* 13, cap. 9 *in finem* y cap. 11§1, *in finem*. Ferruccio Falchi, *Diritto Penale Romano*, II, cit., pág. 194; Van Der Wal, *Manuale...*, cit., pág. 49; Crifò, *L'esclusione...*, cit., pág. 25.

592 C. I. 9.46.26 (*Epitome graecae const. Iustiniani ex Bas*). Scapini, *Diritto e procedura...*, cit., pág. 100, donde recoge que esta atenuación se produjo con carácter general en todas las penas. Sobre la fecha de esta constitución, Schwartz, "In Oasin relegare", cit., pág. 1484; cfr. Basilica, 60.51.63; Puliatti, S., "Tipicità della pena e qualitas personarum", en AA.VV, *Nozione, formazione e interpretazione del diritto dall'età romana alle esperienze moderne. Ricerche dedicate al professor Filippo Gallo*, II, Napoli, 1997, págs. 168-169 n. 60; Bonini, *Ricerche...*, cit., pág. 167, pág. 182 n.38, págs. 191 ss. y pág. 209.

593 Bonini, *Ricerche...*, cit., págs. 211 ss.

> C. I. 9.47.26 pr. y §1 (*Epitome graecae const. Iustiniani ex Bas.*): *Constitutio iubet, missos in exsilium nequaquam degere in custodia eorum locorum, in quae missi sunt, sed nec relegari quemquam in arcem Gypsi vel in alia praesidia. Sed si quidem crimen sit morte dignum, huic poenae subiiciantur; sin exsilio, vel perpetuo vel temporario, tunc in exsilium mittantur, ita tamen, ut non iubeantur esse in custodiis locorum, in quae missi sunt, sed mittantur in provinciam, quam iudex definierit (praeter provincias et civitates infra exceptas), cum potestate versandi in tota provincia, in quam missi sunt ... Quodsi quis vel provincia excedat... ultimo supplicio afficiatur vel a praeside provinciae, vel a praeside illorum locorum, in quae confugit*[594].

Asimismo, el emperador sólo permite la imposición de la pena de exilio a Gipso y a Oasis, a los presidentes de Alejandría y de Tebaida pero siempre que el tiempo de la pena no exceda de un año, reiterando que si se trata de un destierro perpetuo, el lugar de destino no será la cárcel sino toda la provincia:

> C. I. 9.47.26§2 (*Epitome graecae const. Iustiniani ex Bas.*): *Praesides autem Alexandriae et Thebaidos solos iubet in Gypsum et in Oasin eso mittere, vel in sex menses, vel ad summum in annum. Si vero perpetuum est exsilium, neque in Gypsum mittant, neque in Oasin, neque in custodiam alterius provinciae, sed, ut dictum est, in integram provinciam...* [595].

---

594 Gypso era a su vez, como indica SCHWARTZ, "In Oasin relegare", cit., pág. 1484, un lugar de destino para cumplir la condena al *metallum* como se desprende de la *Novellae Iustiniani*, 22, cap. 8, del año 536; BONINI, *Ricerche...*, cit., págs. 211 ss.; PIEPER, J., s.v. «Gypsus», en *P.W.R.E.*, VII.2, München, 1912, col. 2100.

595 Sobre Gipso, isla y localidad minera de la provincia de Alejandría, vid. MOMMSEN, *Le Droit pénal romain*, III, cit., pág. 320 n. 4; SCHWARTZ, "In Oasin relegare", cit., pág. 1484; BONINI, *Ricerche...*, cit., pág. 213. n. 120, para quien dada las características de estas localidades, el exilio

Por tanto, Justiniano continúa imponiendo al desterrado un domicilio coactivo si bien, como indica GIUFFRÈ[596], el emperador pretendió atenuar la utilización de la cárcel como sanción sustitutiva de la pena de exilio, permitiendo al condenado la libre circulación por toda la provincia.

Finalmente, en la misma constitución, el emperador reproduce las consideraciones de Arcadio y Honorio, prohibiendo que nadie sea retenido más tiempo que el de su destierro, de donde se desprende que el exilio temporal no eliminaba el primitivo domicilio del condenado el cual podía, *iuris tantum*, conservarlo dada la posibilidad de retornar al mismo una vez cumplida la pena:

> *Iubet autem officiales cuiusque iudicii huius legis commonefacere praesides, neque retinere quemquam ultra tempus exsilii sui, sed statim eos dimittere sine damno et mora*[597].

La constitución concluye encomendando a los obispos locales la supervisión de la aplicación de las normas relativas a los exilia-

---

podría traducirse en una condena temporal a trabajos forzosos; PULIATTI, "Tipicità...", cit., pág. 169 n. 60. Cfr. *Novellae Iustiniani*, 142, cap. 1, en la que Justiniano dispuso a través de una ley general el destierro perpetuo a Gipso a los hombres que hubieran castrado a otros si, tras haber sufrido el mismo suplicio que infligieron, conservaban la vida. Sobre esta constitución, junto a la bibliografía *supra* citada, vid., REIN, *Das Kriminalrecht...*, cit., pág. 424; FERRUCCIO FALCHI, *Diritto Penale Romano*, II, cit., págs. 162-163; BONINI, R., "Alcune considerazioni sulla funzione della pena nelle Novelle giustinianee", en *Studi economico-giuridico, vol. LIV, 1991-1992. Il problema della pena criminale tra filosofia greca e diritto romano*, Napoli, 1993, pág. 411, para quien nos encontramos ante una aplicación de la ley del talión. En el mismo sentido, VAN DER WAL, *Manuale...*, cit., pág. 50 n. 3; NARDI, E., *Schema delle Istituzioni di Giustiniano nel loro quadro finale*, Milano, 1978, pág. 80; SCAPINI, *Diritto e procedura...*, cit., pág. 109; Schl. ad Basilica, 60.67.

[596] GIUFFRÈ, *La 'repressione criminale'...*, cit., pág. 189 y págs. 206-207; BONINI, *Ricerche...*, cit., págs. 212-213. Sobre la *custodia carceris*, vid., C. I. 9.4.6.

[597] C. I. 9.47.26§3 (*Epitome graecae const. Iustiniani ex Bas.*).

dos[598]. Esta nueva función comportará que, en algunas leyes, el lugar de cumplimiento de la pena sea un convento como ocurre en materia de repudio injustificado ya que, si en tiempos de Constantino la mujer que repudiaba injustificadamente a su marido era sancionada con la deportación en una isla[599], Justiniano prescribe su confinamiento en un monasterio[600].

---

[598] BONINI, *Ricerche...*, cit., páh. 214.

[599] C. Theod. 3.16.1=Brev. 3.16.1. Al respecto, entre la amplia bibliografía citada en la n. 702 del capítulo V relativo al domicilio de la mujer casada, podemos mencionar a COSTA, E., *Storia del diritto romano privato dalle origini alle compilazioni giustinianee*, 2ª edición, Torino, 1925, pág. 34; SARGENTI, M., *Il Diritto privato nella legislazione di Costantino, Persone e Famiglia*, Milano, 1938, págs. 126 ss.; BUCKLAND, *A Text-Book...*, cit., pág. 117 n. 9; BONFANTE, *Corso...*, I, cit., págs. 350-351; DI MARZO, *Lezioni...*, cit., págs. 83 ss.; VOLTERRA, E., "Ancora sulla legislazione imperiale in tema di divorzio", en *Studi in onore di Arnaldo Biscardi*, V, Milano, 1984, págs. 199 ss.; GARCÍA GARRIDO, M.J., "Relaciones personales y patrimoniales entre esposos y cónyuges en el derecho imperial tardío. Notas críticas", en *Atti dell'Accademia Romanistica Costantiniana. VII Convegno Internazionale*, Perugia, 1988, págs. 32 ss.; VENTURINI, C., "La ripudianda (In margina a C. Theod. 3, 16, 1), en *Atti dell'Accademia Romanistica Costantiniana. VII Convegno Internazionale*, Perugia, 1988 págs. 343 ss.; GAUDEMET, J., "La législation sur le divorce dans le droit impérial des IVe et Ve siècles", en *Atti dell'Accademia Romanistica Costantiniana. VII Convegno Internazionale*, Perugia, 1988, págs. 76 ss. (= *Droit et Société aux derniers siècles de l'Empire romain*, Paris, 1992, págs. 143 ss.); SANTALUCIA, *Diritto e proceso...*, cit., pág. 295.

[600] *Novellae Iustiniani*, 117, cap. 13. Al respecto, entre la bibliografía citada en la n. 709 del capítulo V relativo al domicilio de la mujer casada, podemos mencionar a FERRINI, *Diritto Penale Romano*, cit., pág. 336; FERRUCCIO FALCHI, *Diritto Penale Romano*, II, cit., pág. 116; DI MARZO, *Lezioni...*, cit., pág. 90; BRANCA, s.v. «adulterio», cit., pág. 621; BONFANTE, *Corso...*, I, cit., pág. 354; GORIA, F., *Studi sul matrimonio dell'adultera nel diritto giustinianeo e bizantino*, Torino, 1975, pág. 155 n. 170; SCAPINI, *Diritto e procedura...*, cit., pág. 110; BABANICAS, E., "Il divorzio nella legislazione giustinianea", en AA.VV., *Atti del II Convegno sulla problematica contrattuale in diritto romano, Milano, 11-12 maggio 1995 in onore di Aldo Dell'Oro*, Milano, 1998, págs. 153 ss. Asimismo como nos indican REIN, *Das Kriminalrecht...*, cit., págs. 850 ss.; COSTA, *Storia del diritto romano privato...*, cit., pág. 35; VITALI, E.G., "Premesse romanistiche a uno studio sull'«impedimentum criminis» (adulterio e divieti matrimoniali), en *Studi in onore di Gaetano Scherillo*, I,

Otros lugares de exilio son señalados en el edicto del año 538-9 relativo a las provincias alejandrinas y egipcias en el que, como recoge DEMICHELI, Justiniano precisa las localidades en las que los que hubieren mostrado falta de probidad para el fisco deben residir permanentemente, sancionándolos con la *publicatio bonorum* y destierro perpetuo a Sebastia y Pitusa:

> *Edictum* 13, cap. 11§1: *Illi vero, qui in fiscum improbi fuerint, publicationem ac perpetuum exsilium Sebastiam et in Pityusam...* [601].

El análisis de estas leyes nos permite afirmar con BONINI[602] que la pena genérica del exilio del derecho justinianeo presentaba gran afinidad con la pena de relegación clásica, sobre todo en la falta de ulteriores consecuencias automáticamente ligadas *ex lege* y en los efectos domiciliarios concretados en función de su carácter permanente o temporal, si bien se atenúan los lugares de destino señalados para su cumplimiento, al limitar el tiempo que el exiliado podía permanecer bajo custodia carcelaria y encomendar a los obispos locales su supervisión. A su vez, como indica SINOGOWITZ, la pena de exilio se aproxima a la antigua deportación en el establecimiento de la pena de muerte para el exiliado que abandone el lugar señalado para el cumplimiento de su condena[603].

Milano, 1972, págs. 292 ss., la influencia del cristianismo sobre la legislación justinianea condujo a que la mujer adúltera que contrajera matrimonio con su cómplice fuera recluida en un monasterio (*Novellae Iustiniani*, 134, cap. 12) y la misma pena se le aplicaba en caso de adulterio (*Novellae Iustiniani*, 134, cap. 10§1). La razón de este destino puede encontrarse, en opinión de BONINI, "Alcune considerazioni...", cit., págs. 407 ss., en la función de correción o enmienda que cumple la pena en estos casos.

601 DEMICHELI, A.M., *L'editto XIII di Giustiniano*, Torino, 2000, págs. 3 ss. y pág. 98. Sobre la fecha de este edicto, vid., también, LANATA, G., *Legislazione e natura nelle novelle giustinianee*, Napoli, 1984, pág. 131 n. 87.

602 BONINI, *Ricerche...*, cit., págs. 211-212.

603 SINOGOWITZ, *Studien...*, cit., pág. 25.

Parte tercera

LIMITACIONES A LA LIBERTAD DOMICILIARIA IMPUESTA POR LAS RELACIONES INTERPERSONALES

INTRODUCCIÓN

Junto a las limitaciones en la libre elección del domicilio impuestas por el ordenamiento jurídico con motivo del desempeño de un cargo o empleo público y como consecuencia de la irrogación de determinadas penas, los autores han señalado también otro grupo de excepciones al *domicilium liberum* fundadas sobre las relaciones entre personas o entre personas y sus bienes. Así, se han indicado como supuestos típicos de domicilio obligatorio en este ámbito el domicilio de la mujer casada, el domicilio del hijo legítimo y el domicilio del esclavo manumitido.

Sin embargo, como tendremos oportunidad de exponer en los capítulos siguientes, la ausencia de voluntad en la determinación de estos domicilios no fue la misma en cada caso, tratándose, en los dos últimos supuestos, de una limitación meramente inicial en el momento de constitución de la respectiva relación mediante el nacimiento y aceptación en la familia por parte del *paterfamilias*, en el caso del *filius*, y mediante la manumisión, en el caso del *libertus*.

Por último, también consideramos encuadrable en estas limitaciones a la libertad domiciliaria el supuesto del *colonus*, dado el estrecho vínculo que le úne a la tierra que cultiva a partir del Bajo Imperio.

Capítulo V
EL DOMICILIO DE LA MUJER CASADA

1. IDEAS PREVIAS: DISTINCIÓN ENTRE MATRIMONIO Y *CONVENTIO IN MANUM*

El matrimonio, afirma FRANCIOSI, "no es una institución que nazca con el género humano sino el producto de determinadas condiciones históricas, económicas, sociales, políticas, en una palabras «culturales», que no representan una constante en la historia del género humano"[604]. Sus cambios a lo largo de las distintas etapas del derecho romano han contribuido, en opinión de ROMANO, a que

---

[604] FRANCIOSI, G., *Clan gentilizio e struttura monogamiche. Contributo alla storia della famiglia romana*, Napoli, 1995 (reimpresión de la edición de 1989), pág. 161; idem, *Famiglia...*, cit., págs. 132-133. Esta idea ha sido reproducida, entre otros, por LÓPEZ ROSA, R., "Familia y Matrimonio: a propósito de la organización social y política en la Roma antigua", en AA.VV, *Libro homenaje In memoriam Carlos Díaz Rementaria*, Huelva, 1998, págs. 411 ss.; D'AMICO, P., *Diritto privato romano comparato con il moderno*, Napoli, 2000, pág. 240; FERNÁNDEZ BAQUERO, M.E., "*Conubium* y *sponsalia*: reflexiones sobre la concepción originaria del matrimonio romano", en AA.VV., *Estudios de Derecho romano en memoria de Benito María Reimundo Yanes* (Coord. A. Murillo Villar), Burgos, 2000, I, pág. 202; FERNÁNDEZ DE BUJÁN, A., "Reflexiones a propósito de la realidad social, la tradición jurídica y la moral cristiana en el matrimonio romano (I)", en *R.G.D.R.* (*www.iustel.com*), nº 6, 2006, pág. 1; idem, *Derecho Privado Romano*, 8ª edición, iustel, Madrid, 2015, págs. 253 ss.

para los estudiosos modernos se represente como una experiencia compleja, directamente implicada en las vicisitudes de la sociedad romana[605].

Resulta por ello imprescindible realizar un estudio individualizado de la institución en cada una de esas etapas y, más concretamente, de sus efectos sobre el domicilio de la mujer casada.

Pero en el inicio de este estudio, aunque no sea objeto directo del mismo, deviene necesario aludir a una importante polémica doctrinal relativa a la relación entre este instituto y la *conventio in manum*. Frente a los autores que, siguiendo una teoría muy difundida en el siglo XIX y principios del siglo XX[606], defienden la existencia de dos tipos de matrimonio, uno *cum manum* y otro *sine manu*[607], tras

---

[605] ROMANO, A., *Matrimonium iustum. Valori economici e valori culturali nella storia giuridica del matrimonio*, Napoli, 1996, pág. 18. Vid., asimismo, FERNÁNDEZ DE BUJÁN, A., "Reflexiones... (I)", cit., págs. 1 ss.; idem, *Derecho Privado...*, cit., págs. 253 ss.

[606] Entre ellos, aunque con distintas posturas sobre el momento en que tal distinción surgió, VON WÄCHTER, K.G., *Über Ehescheidungen bei den Römern*, Stuttgart, 1822 (reimpresión Aalen, 1998), págs. 28 ss.; ROSSBACH, A., *Untersuchungen über die römische Ehe*, Stuttgart, 1853, págs. 8 ss.; DEVILLA, G.M., *Il carattere della famiglia ed il regime patrimoniale dei coniugi, Parte Prima, Volume I*, Sassari, 1885, págs. 211 ss.; BRINI, G., *Matrimonio e divorzio nel diritto romano, Parte Prima, Il matrimonio romano*, Boloña, 1886-1888 (reimpresión anastática Roma, 1975, págs. 37-41 y págs. 48-58, entre otras); MANENTI, *Della inapponibilità...*, cit., págs. 40 ss.; RIVIER, A., *Précis du Droit de famille romain*, Paris, 1891, págs. 111 ss., págs. 161 ss. y págs. 175 ss., entre otras; WESTRUP, C.W., *Quelques observations sur les origines du mariage par "usu" et du mariage sans "manus", dans l'ancien droit romain*, Paris, 1926, págs. 1 ss.; idem, *Recherches sur les formes antiques de mariage dans l'ancien droit romain*, København, 1943, págs. 31 ss. y págs. 80-81, entre otras; COLLINET, P.-GIFFARD, A., *Précis de Droit Romain*, I, 3ª edición, Paris, 1930, págs. 205 ss.; BOZZA, F., "*Manus* e matrimonio", en *Annali dell'Università di Macerata*, vol. XV, 1942, págs. 111 ss. Vid. asimismo, las traducciones de las obras de VON IHERING, R., *El Espíritu del Derecho Romano en las diversas fases de su desarrollo*, versión española de Enrique Príncipe y Satorres, Granada,1998, pág. 424 ss. y SCHULZ, *Principios...*, cit., pág. 93, págs. 170-171 y págs. 214-215.

[607] GARCÍA GARRIDO, M., "*Conventio in manum* y matrimonio", en *Varia Romana, Anuario de Historia de Derecho Español*, 1956, págs. 781 ss.; idem,

los estudios efectuados por VOLTERRA[608], es cada vez más numerosa la posición doctrinal que postula una concepción unitaria del matrimonio como instituto diferente, aunque coetáneo, a la *conventio in manum*[609].

"La convivencia en la concepción romana del matrimonio", en AA.VV., *Libro homenaje a Giménez Fernández*, II, Sevilla, 1967, págs. 637 ss.; SIBER, H., *Römisches Recht in Grundzügen für die Vorlesung*, II, Darmstadt, 1968 (2ª edición inalterada), págs. 504-506; WATSON, *The Law...*, cit., págs. 23 ss.; idem, *The Spirit of Roman Law*, 1995, pág. 9; GIUFFRÈ, V., *Il diritto dei privati nell'esperienza romana. I principali gangli*, Napoli, 1993, pág. 333; ARANGIO-RUIZ, V., *Istituzioni di Diritto Romano*, Napoli, 1994, págs. 434 ss.; VOCI, P., *Istituzioni di Diritto Romano*, Milano, 1996, pág. 517; DUCOS, M., *Roma e il diritto*, trad. por R. Ferrara, Bologna, 1998, págs. 52 ss.; ARENDS OLSEN, L, *La femme et l'enfant dans les unions illégitimes à Rome. L'évolution du droit jusqu'au début de l'Empire*, Bern-Berlin-Bruxelles-Frankfurt am Main-New York-Wien, 1999, págs. 15 ss.; DE MARTINO, F., *Individualismo e diritto romano privato*, Torino, 1999, pág. 15.

608 VOLTERRA, *La conception...*, cit., págs. 2 ss. (Síntesis en *Scritti Giuridici*, II, Napoli-Paris, 1991-1992, págs. 3 ss.); idem, "Ancora sulla *manus* e sul matrimonio", en *Studi Solazzi*, Milano, 1948, págs. 675-688 (= *Scritti Giuridici*, II, Napoli-Paris, 1991-1992, págs. 83 ss.); idem, "Nuove osservazioni sulla *conventio in manum*", en *Atti del Congresso Internazionale di Diritto romano di Verona*, III, Milano, 1951, págs. 27-45 (= *Scritti Giuridici*, II, Napoli-Paris, 1991-1992, págs. 199 ss.); idem, "La concepción du mariage á Rome", en *R.I.D.A.*, 2, 1955, págs. 365-379; idem, "Nuove ricerche sulla *conventio in manum*", *Atti dell'accademia nazarina dei Lincei*, 1966, II, págs. 251-355 (= *Scritti Giuridici*, III, Napoli-Paris, 1991-1992, págs. 3 ss.); idem, "La *conventio in manum* e il matrimonio romano", en *R.I.S.G.*, 43, 1968, págs. 205 ss. (= *Scritti Giuridici*, III, Napoli-Paris, 1991-1992, págs. 155 ss.); idem, s.v., «matrimonio (diritto romano)», en *E.D.*, XXV, Milano, 1975, págs. 726 ss., con bibliografía anterior en este sentido.

609 Entre otros, ORESTANO, *La struttura...*, cit., págs. 14 ss.; DANIELI, R., "«Manus» e «conventio in manum»", en *Studi Urbinati*, 19, 1950-1951, pág. 177 n. 26; LAURIA, M., *Matrimonio-Dote in Diritto romano*, Napoli, 1952, pág. 3; DELPINI, F., *Divorzio e separazione dei coniugi nel diritto romano e nella dottrina della chiesa fino al secolo V*, Torino, 1956, págs. 26-28; OLÍS ROBLEDA, *El matrimonio...*, cit., págs. 1 ss. y págs. 25 ss., con un profundo estudio de ambas posturas; DAZA MARTÍNEZ, J., "«Nuptiae» et «matrimonium»", en AA.VV., *Estudios jurídicos en homenaje al profesor Ursicino Álvarez Suárez*, Madrid, 1978, pág. 57;

La estrecha relación de ambos institutos a lo largo de la Monarquía y de los primeros siglos de la República, como consecuencia del protagonismo que en este periodo histórico adquirieron las relaciones agnaticias, no debe conducir a su identificación puesto que a pesar de que ambos se dieron simultáneamente, mientras el matrimonio, como indica VOLTERRA, atribuía a la mujer el estado de esposa –*uxor*–, la *manus* regulaba su posición jurídica en la familia del marido[610].

No obstante, partiendo de esta diferenciación, convenimos con FERNÁNDEZ DE BUJÁN, A., en que durante los primeros siglos de Roma, la importancia que la familia agnaticia tuvo en la vida política y social, comportó que el matrimonio fuese acompañado generalmente por la *conventio in manum*, en virtud de la cual la *uxor*

HUBER, J., *Der Ehekonsens im römischen Recht*, Roma, 1977, pág. 121; VÁZQUEZ DE MARCOS, J., *El divorcio en Roma y en España*, Madrid, 1981, pág. 7; FERNÁNDEZ BAQUERO, M.E., *Repudium-Divortium. (Origen y configuración jurídica hasta la legislación matrimonial de Augusto)*, Granada, 1988, págs. 30 ss. y págs. 55 ss.; idem, "*Conubium* y *sponsalia*...", cit., pág. 199; NÚÑEZ PAZ, Mª.I., *Consentimiento matrimonial y divorcio en Roma*, Salamanca, 1988, págs. 19 ss.; TALAMANCA, M., *Istituzioni di Diritto Romano*, Milano, 1990, pág. 132; PUGLIESE, G., *Istituzioni di Diritto Romano*, Torino, 1991, págs. 102-103; ROMANO, *Matrimonium iustum*..., cit., págs. 16 ss.; SERRAO, F., *Diritto Privato. Economia e Società nella storia di Roma*, 2ª edición, Napoli, 1999, pág. 165 y pág. 188; IGLESIAS, J., *Derecho Romano*, 17ª edición, Barcelona, 2008, pág. 340; MARTINI, R., *Appunti di Diritto Romano Privato*, Milano, 2000, págs. 33 ss.; D'AMICO, *Diritto*..., cit., pág. 240 y págs. 247 ss.; EISENRING, G., *Die römischen Ehe als Rechtsverhältnis*, Wien-Köln-Weimar, 2002 págs. 10 ss.; ORTEGA CARRILLO DE ALBORNOZ, A., *Terminología, definiciones y ritos de las nupcias romanas. La trascendencia de su simbología en el matrimonio moderno*, Madrid, 2006, pág. 47; RICART-MARTÍ, E., "La concepción del matrimonio en la época del derecho romano clásico. Puntos de contacto con las legislaciones autonómicas sobre uniones estables de pareja", en AA.VV. (Coord. B. Periñán Gómez), *Derecho, persona y ciudadanía. Una experiencia jurídica comparada*, Madrid, Barcelona, Buenos Aires, 2010, pág. 305; BUIGUES OLIVER, G., *La posición jurídica de la mujer en Roma. Presupuestos para un estudio de la capacidad negocial de la mujer*, Madrid, 2014, págs. 32 ss.

[610] VOLTERRA, *La conception*..., cit., págs. 96 ss.

entraba a formar parte, *filia loco,* del grupo agnaticio-familiar del marido[611].

2. ORIGEN DEL TRASLADO DOMICILIARIO A CASA DEL MARIDO: CARACTERÍSTICAS DE LA PRIMITIVA FAMILIA AGNATICIA ROMANA

Una vez realizada esta breve reflexión respecto a la concepción unitaria del matrimonio y dada su estrecha relación con las circunstancias económicas, políticas y culturales de la sociedad romana a lo largo de su historia, debemos atender al marco social en el que el mismo se desenvolvió en su origen.

---

[611] Fernández De Buján, A., "Reflexiones...(I)", cit., pág. 3; idem, *Derecho Privado...*, cit., págs. 253 ss. En el mismo sentido, entre otros, Delpini, *Divorzio...*, cit., págs. 26-28; Gaudemet, J., *Les communautés familiales*, Paris, 1963, pág. 57; Núñez Paz, *Consentimiento...*, cit., págs. 22 ss.; López Rosa, "Familia y matrimonio...", cit., pág. 420; Talamanca, *Istituzioni...*, cit., pág. 132; Pugliese, *Istituzioni...*, cit., págs. 102-103; Franciosi, *Clan gentilizio...*, cit., pág. 89 y pág. 147; Fayer, C., *La familia romana. Aspetti giuridici ed antiquari, Parte Prima*, Roma, 1994, pág. 20; Serrao, *Diritto Privato...*, cit., pág. 185. Cfr. Rasi, *Consensus facit nuptias*, cit., págs. 5 ss., para quien primero surgió la *conventio* y después el matrimonio, considerando que no podía existir un matrimonio con la *conventio* porque ambos institutos se excluían el uno al otro. Frente a la postura de Rasi, recientemente Amunátegui Perelló, C.F., *Origen de los poderes del paterfamilias. El Pater Familias y la Patria Potestas*, Madrid, 2009, especialmente, págs. 236 ss.; ídem, "El trinomio «potestas manus mancipiumque»", en *Revista de estudios histórico-jurídicos*, Valparaíso, nº 35, 2013, págа. 81-110, ha defendido que tanto la *manus* como el matrimonio surgieron antes de los asentamientos en ciudades de los pueblos del Lacio. A su juicio, la vinculación entre ambos se produce en una etapa sumamente remota de la historia del pueblo latino, muy posiblemente antes incluso de la fundación de la ciudad, "cuando la estructura económica y familiar giraba en torno al nomadismo y la familia agnaticia no estaba completamente delineada". Pero "una vez asentados en ciudades los pueblos del Lacio los conceptos comenzaron a escindirse como consecuencia del aumento de la importancia de la agricultura sedentaria de la familia agnaticia", lo que condujo a que ya con la ley de las XII Tablas su separación recibiera la consagración definitiva. Vid, igualmente, Buigues Oliver, *La posición...*, cit., págs., 32 ss.

Sabemos, como sintetiza FERNÁNDEZ DE BUJÁN, A., que en sus orígenes las sociedad romana estaba estructurada en grupos gentilicios dentro de los cuales la familia se presenta como un grupo patriarcal, potestativo y agnaticio sobre el que, según la *communis opinio*, el *paterfamilias* ejercía su poder de manera semejante al realizado por el *rex* sobre los *cives*[612]. En esta estructura gentilicia, la mujer

---

[612] FERNÁNDEZ DE BUJÁN, A., *El filiusfamilias independiente en Roma y en el Derecho español*, 2ª edición, Madrid, 1981, págs. 21 ss.; idem, "Reflexiones...(I)", cit., pág. 2; idem, *Historia...*, cit., págs. 38-39; idem, *Derecho Privado...*, cit., págs. 235 ss., precisa que si bien en el campo del derecho no había límites a la patria potestad, en la práctica, había límites consuetudinarios establecidos por los *mores maiorum* o por la ritual consulta al tribunal doméstico. Sobre la primitiva familia romana y los poderes del *paterfamilias* vid, entre otros, HÖLDER, E., *Die römiche Ehe*, Zürich, 1874, págs. 4 ss.; VOIGT, M., *Römische Rechtsgeschichte*, I, Leipzig, 1892 (reimpresión Aalen, 1963), págs. 113 ss.; MOMMSEN, *Le Droit pénal romain*, I, cit., págs. 16 ss.; DEVILLA, *Il carattere...*, cit., págs. 175-176; RIVIER, *Précis...*, cit. págs. 3 ss., págs. 49 ss. y págs. 77 ss.; DECLAREUIL, J., "Paternité et Filiation légitimes", en *Mélanges Girard: Étude de Droit romain dédices à Girard*, I, 1912, págs. 315 ss.; PEROZZI, S., *Istituzioni di Diritto Romano*, I, 2ª edición, Roma, 1928, págs. 300 ss.; CORNIL, G., *Droit Romain*, Bruxelles-Paris, 1921, págs. 10 ss.; COSTA, *Cicerone giurisconsulto*, I, cit., págs. 45 ss.; DUMONT, *Manuel...*, I, cit., págs. 41 ss.; BACHOFEN, J.J., "Das Mutterrecht. Eine Utersuchung über die Gynaikokratie der Alten Welt nach ihrer religiösen und rechtlichen Natur", en *Gesamelte Werke*, II, Basilea, 1948, págs. 61 ss., cuya teoría del originario carácter matriarcal de la familia no ha encontrado apoyo en la doctrina; VOLTERRA, E., "Il preteso tribunale domestico in Diritto romano", en *R.I.S.G.*, 23, 1948, págs. 103 ss.; PARIBENI, R., *La famiglia romana*, 4º edición, Bologna, 1948, págs. 30 ss.; KASER, M., "La famiglia romana arcaica", en *Conferenze Romanistiche*, Trieste, 1950, págs. 39-62; GALLO, F., "Osservazioni sulla signoria del pater familias in epoca arcaica", en *Studi in onore de Pietro De Francisci*, II, 1956, págs. 193 ss.; idem, "Idee vecchie e nuove sui poteri del *pater familias*", en AA.VV., *Poteri negotia actiones nella esperienza romana arcaica. Atti del convegno di diritto romano Copanello 12-15 maggio 1982*, Napoli, 1984, págs. 29 ss.; DE MARTINO, F., s.v. «famiglia (Diritto romano)», en *N.N.D.I.*, vol. VII, Torino, 1961, págs. 42 ss.; BRINI, *Matrimonio...*, I, cit., págs. 87-93, págs. 100-109 y págs. 116-123; BUCKLAND, *A Text-Book...*, cit., págs. 100 ss.; idem, *A manual of Roman private law*, Aalen, 1981, 3ª edición, págs. 60 ss.; CLARK, E.C., *History of Roman Private Law*, III, New York, 1965, págs. 19 ss. y págs. 47 ss.; GREENIDGE, *Roman Public Life*, cit., págs. 9 ss.; ARANGIO-RUIZ,

se encontraba en una posición de subordinación, sometida bien a la *manus* de su esposo o, ante la ausencia excepcional de *conventio in manum*, conservando una vez casada el lazo potestativo con el *pater* de su familia de origen.

V., "Le genti e la città", en *Scritti di Diritto Romano*, I, 1974, págs. 521 ss.; De Coulanges, F., *La ciudad antigua. Estudio sobre el Culto, el Derecho y las Instituciones de Grecia y Roma*, México, 1978, págs. 58 ss.; Gioffredi, G., "Funzione e limiti della patria potestas", en *Nuovi studi di diritto greco e romano*, 1980, págs. 77 ss.; Capogrossi Colognesi, L., "Idee vecchie e nuove sui poteri del *pater familias*", en AA.VV., *Poteri negotia actiones nella esperienza romana arcaica*, Napoli, 1984, págs. 53 ss.; Hallett, J.P., *Fathers and daughters in roman Society. Women and the Elite Family*, Princeton, 1984, págs. 3 ss.; Fernández Baquero, *Repudium-Divortium*..., cit., pág. 116; Thomas, Y., "Remarques sur la jurisdiction domestique à Rome", en AA.VV., *Parenté et stratégies familiales dans l'Antiquité romaine*, Paris-Rome, 1990, págs. 449 ss.; idem, "La división de los sexos en el derecho romano", en *Historia de las mujeres, I, La antigüedad*, Madrid, 1991, págs. 122 ss.; Dumont, J.C., "L'*imperium* du *pater familias*", en AA.VV., *Parenté et stratégies familiales dans l'Antiquité romaine*, Paris-Rome, 1990, págs. 475 ss.; Franciosi, *Famiglia*..., cit., págs. 7 ss., págs. 31 ss. y págs. 49 ss.; Lacey, W.K., "Patria potestas", en AA.VV. (ed. B. Rawson), *The family in ancient Rome*, London, 1992, págs. 121 ss.; Fayer, *La familia romana*, I, cit., págs. 19 ss. y págs. 123 ss.; Bassanelli Sommariva, *Lezioni*..., cit., págs. 104 ss.; Eyben, E., "Fathers and Sons", en AA.VV. (ed. B. Rawson), *Marriage, Divorce and Children in ancient Rome*, Oxford, 1996, págs. 114 ss.; López Rosa, "Familia y matrimonio...", cit., págs. 412 ss.; Johnston, D., *Roman Law in Context*, Cambridge, 1999, págs. 30 ss.; Alburquerque, J.M., "Deber legal u obligación moral originaria: generalidades introductorias sobre la prestación de alimentos en Derecho romano (I)", en *R.G.D.R.* (*www.iustel.com*), nº 3, 2004, págs. 1-14; idem, *La prestación de alimentos en Derecho Romano y su proyección en el Derecho actual*, Dykinson, Madrid, 2011, págs. 33 ss.; Amunátegui Perelló, *Origen*..., cit., págs. 25 ss.; ídem, "El trinomio «potestas manus mancipiumque»", cit., págs. 81-110 Sanz Martín, L., "Análisis de las posiciones doctrinales dadas sobre la naturaleza de la familia en el Derecho Romano arcaico", en *A.J.E.E.*, XLIII, 2010, págs. 97-214; Fernández Baquero, M. E., "El significado del término *familia* en el Dercho Romano, según el texto de Ulpiano, *lib.* 46 *ad Edictum*, D.50.16.195.1-5)", en *R.G.D.R.* (*www.iustel.com*), nº 16, julio, 2011, págs. 1 ss.; Blázquez Suárez, G., "Naturaleza jurídica híbrida de la familia romana", en *R.G.D.R.* (*www.iustel.com*), nº 21, 2013, págs. 1 ss.

Dicha posición de subordinación y el germen de su posterior régimen domiciliario, lo observamos en el primitivo carácter exogámico de los matrimonios colectivos entre las distintas gentes que, en función de los propios intereses reproductivos, económicos o políticos, utilizaban a las mujeres como objeto de intercambio, tal y como ponen de manifiesto los estudios de FRANCIOSI[613].

Prueba de ello son la *mancipatium matrimonii causa* o el rapto, antiguos modos en que los hombres se procuraba esposas comprándolas o arrebatándolas a los pueblos vecinos, expresión de una amplia práctica de cambio entre grupos, como muestra el legendario episodio del rapto de las Sabinas, en el que la controversia entre romanos y los otros pueblos se compensó a través del ofrecimiento a estos últimos de unas porciones de terrenos a cambio de las mujeres raptadas, que se unieron después a los romanos con un acto formal de matrimonio[614].

---

613 FRANCIOSI, *Clan gentilizio...*, cit., págs. 12 ss., pág. 17, pág. 47, pág. 67, págs. 100 ss., págs. 137 ss. y págs. 161 ss.; idem, *Famiglia...*, cit., págs. 8 ss., págs. 17 ss., págs. 103-129 y pág. 134. Sobre el matrimonio en la estructura gentilicia y las leyes de cambio, vid., por ejemplo, THOMAS, Y., "Mariages endogamiques à Rome. Patrimoine, pouvoir et parenté depuis l'époque archaïque", en *R.H.D.*, 68, 1980, págs. 345 ss., quien apunta a su vez la existencia de matrimonios endogámicos para conservar el patrimonio gentilicio; FERNÁNDEZ BAQUERO, *Repudium-Divortium...*, cit., págs. 115 ss.; idem, "*Conubium* y *sponsalia*...", cit., págs. 199 ss.; ROMANO, *Matrimonium iustum...*, cit., págs. 28 ss. y págs. 37 ss. y la bibliografía por ella citada; ASTOLFI, R., *Il matrimonio nel diritto romano preclassico*, Verona, 2000, págs. 46 ss.; D'AMICO, *Diritto...*, cit., págs. 229 ss. y págs. 240 ss. Sobre la *gens* en general, DE MARTINO, F., "La gens, lo Stato y le classi in Roma antica", en *Studi in onore di Vicenzio Arangio-Ruiz*, IV, Napoli, 1953, págs. 25-49 (= *Diritto economia e società in Roma arcaica, III, Economia e Società*, Napoli-Paris, 1997, págs. 1-27); GAUDEMET, *Les communautés familiales*, cit., págs. 53 ss.; idem, "Aspects sociologiques de la famille romain", en *Études de Droit Romain*, III, Camerino, 1979, págs. 261 ss.; CASTELLO, C., *Studi sul diritto familiare e gentilizio romano*, Roma, 1972, págs. 1-65; DE COULANGES, *La ciudad antigua...*, cit., págs. 69 ss.; MÉNAGER, L.R., "Systémes onomastiques, structures familiales et classes sociales dans le monde gréco-romain", en *S.D.H.I.*, 46, 1980, págs. 147 ss.; FAYER, *La familia romana*, I, cit., págs. 76 ss.; SERRAO, *Diritto Privato...*, cit., págs. 25 ss. y págs. 45 ss.; RICART-MARTÍ, "La concepción...", cit., págs. 303 ss.

614 TITO LIVIO, *Ab urbe condita*, 1.9.8-9; 1.10.2; 1.13.5. DIONISIO DE HALICARNASO, *Antiquitates Romanae*, 2.30.6; 2.31.1. BRINI, G., *Matrimonio e*

Tanto en la venta como en el rapto, afirma FRANCIOSI, la mujer es alejada del grupo al que pertenecía para entrar a formar parte, por efecto de la *manus*, *filia loco*, en la familia del marido. Por ello, entiende el autor, el traslado domiciliario de la esposa a casa del marido es consecuencia del carácter patrilocal de la primitiva familia romana, indicando con tal término, "el grupo que ve a la mujer alejarse de su núcleo de origen y venir a residir junto a la familia en la que entra como esposa"[615]. Y añade, "por efecto de la *manus* la separación, además de hacer referencia al aspecto material, constituía también un dato jurídico en cuanto, caída bajo la *manus* del marido (o del padre de éste), la mujer perdía los vínculos con la familia de origen" tal y como, a su juicio, nos informa Gellio:

> AULO GELLIO, *Noctes Atticae*, 13.10.3: "*Soror... separaturque ab ea domo, in qua nata est, et in aliam familiam transgreditur*"[616].

Conforme a la opinión expresada, al traslado de la esposa a casa del marido por efecto del matrimonio inmerso en la familia patrilocal de la estructura gentilicia, la *manus* añadía la consecuencia jurídica de integrar a dicha esposa en la familia agnaticia del marido

---

divorzio nel diritto romano, Parte seconda, Il primo divorzio nel diritto romano, Roma, 1975 (reimpresión anastática de la edición de Boloña, 1886-1888), págs. 229-230; PARIBENI, *La famiglia romana*, cit., pág. 22; AMIRANTE, *Una storia...*, cit., págs. 112 ss.; FRANCIOSI, *Famiglia...*, cit., págs. 37-38 y pág. 134; idem, "La vendita a scopo di matrimonio nel mondo romano", en AA.VV., *Estudios en homenaje al profesor Francisco Hernández-Tejero*, vol. II, Madrid, 1992, págs. 199 ss.; idem, *Clan gentilizio...*, cit., págs. 100 ss.; ROMANO, *Matrimonio iustum...*, cit., págs. 31 ss.; CANTARELLA, E., *Pasado próximo. Mujeres romanas de Tácita a Sulpicia*, Madrid, 1996, págs. 43 ss.; GRIMAL, P., *El amor en la Roma antigua*, trad. J. Palacio, Barcelona, 1999, págs. 33 ss.; SERRAO, *Diritto Privato...*, cit., pág. 187; ASTOLFI, *Il matrimonio...*, cit., págs. 26 ss.; ORTEGA CARRILLO DE ALBORNOZ, *Terminología...*, cit., pág. 46, págs. 78-79, pág. 92 y pág. 94.

615 FRANCIOSI, *Famiglia...*, cit., pág. 38, pág. 130 y pág. 166.

616 FRANCIOSI, *Famiglia...*, cit., pág. 38, pág. 130 y pág. 166.

como *filiafamilias* del esposo, si era *sui iuris*, o del *paterfamilias* de marido *alieni iuris*, convirtiéndose en *heres sua*[617].

Tales prácticas comportaron que el traslado de la mujer casada a casa del marido (o de su *paterfamilias* si el esposo era *alieni iuris*) fuese recogido entre los usos y principios consuetudinarios[618]. Así

---

[617] Sobre los efectos de la *conventio in manum* en la posición jurídica de la esposa, entre otros, EGGERS, F.W.Th., *Über das Wesen und die Eigenthümlichkeiten der alt-römischen Ehe mit Manus*, Ultona, 1833, págs. 8 ss.; ROSSBACH, *Untersuchungen...*, cit., págs. 10 ss.; HÖLDER, *Die römische Ehe*, cit., págs. 9 ss.; RIVIER, *Précis...*, cit., págs. 111 ss. y págs. 161 ss.; KARLOWA, O., *Römische Rechtsgeschichte*, II, Leipzig, 1901, págs. 151-153; PARIBENI, *La famiglia romana*, cit., págs. 22 ss. y págs. 34 ss.; DUMONT, *Manuel...*, I, cit., págs. 60 ss.; WESTRUP, *Quelques observations...*, cit., págs. 1 ss.; idem, *Recheches...*, cit., págs. 7 ss., págs. 17 ss. y págs. 29 ss., entre otras; OLÍS ROBLEDA, *El matrimonio...*, cit., págs. 42 ss.; BONFANTE, *Corso...*, I, cit., págs. 53 ss.; SIBER, *Römisches Recht...*, I, cit., pág. 510; CASTELLO, *Studio...*, cit., págs. 97 ss.; DI MARZO, *Lezioni...*, cit., págs. 62 ss.; BRINI, *Matrimonio...*, I, cit., págs. 41-48; BUCKLAND, *A Text-Book...*, cit., págs. 100 ss. y págs. 118 ss.; CLARK, *History...*, III, cit., págs. 73 ss.; FUSTEL DE COULANGES, *La ciudad antigua...*, cit., págs. 59 ss.; FUENTESECA, P., *Derecho Privado Romano*, Madrid, 1978, págs. 356 ss.; GAUDEMET, J., "Observations sur la «manus»", en *Études de Droit Romain*, III, Camerino, 1979, págs. 191 ss.; FERNÁNDEZ BAQUERO, *Repudium-Divortium...*, cit., págs. 30 ss. y págs. 55 ss.; GIUNTI, P., *Adulterio e leggi regie. Un reato fra storia e propaganda*, Milano, 1990, págs. 87 ss.; FRANCIOSI, *Famiglia...*, cit., págs. 71 ss.; GIUFFRÈ, *Il diritto...*, cit., págs. 302 ss.; ROMANO, *Matrimonium iustum...*, cit., págs. 17 ss.; ASTOLFI, *Il matrimonio...*, cit., págs. 295 ss.; SCHULZ, *Principios...*, cit., págs. 215-216; MANFREDINI, A.D., *Istituzioni di Diritto Romano*, Torino, 2000, pág. 86 y págs. 94-95.; ORTEGA CARRILLO DE ALBORNOZ, *Terminología...*, cit., págs. 47-48; AMUNÁTEGUI PERELLÓ, *Origen...*, cit., págs. 178 ss., págs. 255 ss. y 341 ss.; ídem, "El trinomio «potestas manus mancipiumque»", cit., págs. 81-110, donde explica la voz *loca filiae* y sostiene la posible subsistencia de la *manus* marital con la *patria potestas*, en la medida en que la primera era una institución de carácter patrimonial antes que potestativo, desprovista de facultades coercitivas, al menos para las épocas históricas; RICART-MARTÍ, "La concepción...", cit., pág. 305; BUIGUES OLIVER, *La posición...*, cit., págs., 32 ss.

[618] En este sentido, GAUDEMET, "Justum matrimonium", cit., pág. 310; FERNÁNDEZ BAQUERO, *Repudium-Divortium...*, cit., págs. 99-100, pág. 112 y pág. 114, entre otras; idem, "*Conubium* y *sponsalia*...", cit., págs. 19 ss.; FRANCIOSI, *Famiglia...*, cit., págs. 132-136; LÓPEZ ROSA, "Familia y matrimo-

lo observamos en un rito ceremonial que en la época monárquica acompañaba el inicio del matrimonio, cuya importancia en una sociedad donde el *ius* y el *fas* se encuentran plenamente fusionados resulta innegable[619].

En este sentido cabe destacar la opinión de HUMBERT quien tras señalar su no esencialidad afirma: "Pero la sociedad atribuía a las formas del matrimonio un valor que el derecho ignoraba. Se podía temer que una unión desprovista de las formas tradicionales fuera considerada como una unión inferior: para el sentimiento popular, observar los ritos, es afirmar un matrimonio legítimo"[620].

---

nio...", cit., pág. 419; ARENDS OLSEN, *La femme...*, cit., pág. 15. Sobre el valor de la costumbre como fuente del derecho, vid., entre otros, COSTA, *Cicerone giurisconsulto*, I, cit., pág. 36; GALLO, F., *Interpretazione e formazione consuetudinaria del diritto*, Torino, 1993, *passim*; idem, "La consuetudine nel diritto romano", en AA.VV., *Opuscula selecta a cura di Ferdinando Bona e Massimo Miglietta*, Milano, 1999, pág. 187; ORESTANO, R., "Dietro la consuetudine", en *Scritti*, III, Napoli-Paris, 1998, págs. 1583 ss.; SCHULZ, *Principios...*, cit., págs. 107 ss.; AA.VV., *Prassi e diritto: valore e ruolo della consuetudine* (a cura e con prefazione di L. Bove), Napoli, 2008, *passim*.

619 Sobre la primitiva fusión entre el *ius* y el *fas*, entre otros, ORESTANO, R., "Dal *ius* al *fas*. Rapporti fra diritto divino e umano in Roma dall'età primitiva all'età classica", en *B.I.D.R.*, 46, 1939, págs. 194-273 (= *Scritti*, II, Napoli-Paris, 1998, págs. 559 ss.); idem, "Elemento divino ed elemento umano nel diritto di Roma", en *Rivista Internazionale di Filosofia del Diritto*, 21, 1941, págs. 1-40 (= *Scritti*, II, Napoli-Paris, 1998, págs. 641 ss.); KASER, M., "Religione e diritto in Roma arcaica", en *Annali del Seminario Giuridico dell'Università di Catania*, 3, 1948-1949, págs. 78 ss.; VOCI, P., "Diritto sacro romano in età arcaica", en *S.D.H.I.*, 19, 1953, págs. 38 ss. (= *Studi di Diritto Romano*, 1, 1985, págs. 211 ss.; GIOFFREDI, C., "Religione e diritto nella più antica esperienza romana", en *S.D.H.I.*, 20, 1954, págs. 259 ss.; FERNÁNDEZ DE BUJÁN, A., "Concepto y dicotomías del *ius*", en *R.J.U.A.M.*, 3, 2000, págs. 9 ss. (= *Estudios homenaje al profesor Benito Reimundo*, Burgos, 2000, págs. 247 ss.; idem, *Derecho Privado...*, cit., págs. 23 ss.

620 HUMBERT, M., *Le rémariage à Rome. Étude d'histoire juridique et sociale*, Milano, 1972, págs. 3 ss., quien centra el protagonismo de estos ritos en los matrimonios celebrados en primeras nupcias dada la importancia que se le daba a la virginidad de la nueva esposa. De ahí que los mismos perdieran protagonismo en las segundas nupcias las cuales no gozaron en un principio de aceptación general como lo demuestra el hecho de que existieran unos días considerados

El rito al que nos referimos es la *deductio in domum mariti*, en virtud del cual, conforme a la descripción de ORTEGA Y CARRILLO DE ALBORNOZ[621], los invitados acompañaban y conducían a la novia

impropios para el matrimonio de las jóvenes vírgenes (*dies feriati*. Macrobio, *Saturnalia*, 1.15.21). Esta prohibición presenta un marcado carácter religioso ya que durante estos días no se podían celebrar ceremoniales tales como los *reportia* que señalaban la entrada de la virgen a su nueva condición de mujer (Horacio, *Satirae*, 2.2.60). Sin, embargo, estas prohibiciones no regían para los matrimonios celebrados en segundas nupcias, en los que la solemnidad era menor. De ahí que Plutarco (*Quaestiones Romanae*, 105), nos diga que en tales *dies feriati* estos matrimonios pudieran celebrase porque las mujeres preferían que no tuvieran tanta publicidad ya que, si eran viudas, estaba mejor visto que respetasen la memoria de su primer esposo, y si eran divorciadas, su segundo matrimonio no se estimaban tan honorable como el primero. La ausencia de ritos en las segundas nupcias ha sido señalada también por DEVILLA, *Il carattere...*, cit., pág. 341-346; DUMONT, *Manuel...*, I, cit., págs. 62-63 y pág. 273. La importancia, que no esencialidad, de estos ritos ha sido apuntada, entre otros, por DELPINI, *Divorzio...*, cit., pág. 25 y págs. 100 ss.; DUMONT, *Manuel...*, I, cit., págs. 62-63; FERNÁNDEZ BAQUERO, *Repudium-Divortium...*, cit., págs. 147 ss.; GARDNER, J.F., *Women in Roman Law and Society*, London, 1995, págs. 44 ss.; GAGLIARDI, *Mobilità...*, cit., pág. 458 n. 386. Por contra, la esencialidad de los ritos ha sido defendida, entre otros, por RASI, *Consensus facit nuptias*, cit., págs. 84 ss., quien configura el matrimonio como una *stipulatio* que debe efectuarse con las debidas solemnidades; CLARK, *History...*, III, cit., pág. 71, para quien el velo con el que la novia se adornaba para el novio y su traslado y recepción a su nueva casa parecen ser todo lo estrictamente necesario para contraer *nuptiae*; ROMANO, *Matrimonium iustum...*, cit., pág. 24; ASTOLFI, *Il matrimonio...*, cit., págs. 14 ss., en cuya opinión de los distintos ritos en que se componía la ceremonia religiosa, sólo el sacrificio ofrecido a los dioses revestiría carácter esencial. Por su parte, BUCKLAND, *A Manual...*, cit., pág. 67, considera que si bien era esencial que la mujer fuese trasladada a casa del marido, no era necesario que dicho traslado se efectuase de manera ceremoniosa; ORTEGA CARRILLO DE ALBORNOZ, *Terminología...*, cit., págs. 55 ss., especilamente pág. 71, para quien "El Derecho romano nunca sancionó *ab substantiam* una determinada forma de celebración del matrimonio".

[621] ORTEGA CARRILLO DE ALBORNOZ, *Terminología...*, cit., págs. 55 ss. Sobre éste y otros ritos, vid., junto a la amplia descripción y explicación efectuada por ROSSBACH, *Untersuchungen...*, cit., págs. 334 ss. y RAGE-BROCARD, M., *Rites de mariage. La dedvctio in domvm mariti*, Paris, 1934, págs. 19 ss. y págs. 49 ss., las síntesis de PARIBENI, *La famiglia romana*, cit., págs. 23 ss.; DUMONT, *Manuel...*, I, cit., págs. 62-63, FERNÁNDEZ BAQUERO, *Repudium-Divor-*

a la casa del marido, previo simulacro de un rapto, tal vez antiguo recuerdo del rapto de las Sabinas, en el que la novia fingía ofrecer resistencia mientras que el novio se dirigía a ella arrancándola violentamente de los brazos de sus padres[622]. Al término de este ritual, el cortejo se dirigía, en medio de una serie de actos rituales y solemnes, a casa del novio, el cual se adelantaba para recibirla en la puerta. A su llegada, la esposa, ayudada por la pronuba, ungía con aceite el dintel y las jambas de la puerta con la finalidad de propiciar las divinidades a las que estaban consagradas la entrada de las casas romanas y adornaba asimismo la puerta con cintas de lana, representación del trabajo que en el hogar desarrollaban las antiguas *uxores*. Después de ello, desde el umbral de la casa el marido le preguntaba *quaenam vocaretur?*, a lo que ella respondía *quando tu Gaius ego Gaia*[623]. Entonces la mujer era levantada por los que le acompañaban para que no tocase el umbral con el pié[624] y el marido la recibía entregándole el agua y el fuego, símbolo de la comunidad de vida"[625].

---

tium..., cit., pág. 45.; García Garrido, "La convivencia...", cit., págs. 647 ss.; De Coulanges, *La ciudad antigua...*, cit., págs. 29-30; Dupont, F., *La vita quotidiana nella Roma repubblicana*, Roma-Bari, 1990, págs. 118 ss.; Treggiari, S., *Roman marriage. Iusti Coniuges from the Time of Cicero to the Time of Ulpian*, Oxford, 1993, págs. 161 ss.; Carcopino, J., *La vida cotidiana en Roma en el apogeo del Imperio*, trad. por M. Fernández Cuesta, Madrid, 1993, págs. 115 ss.; Canteralla, *Pasado próximo...*, cit., págs. 54 ss. y pág. 109; Astolfi, *Il matrimonio...*, cit., págs. 14 ss.

622 Macrobio, *Saturnalia*, 1.15.21; Catulo, *Carmina*, 61; 62.20-25; 65-68; Festo, *De verborum significatu* (ed. Lindsay 364), s.v. «rapi». Franciosi, *Famiglia...*, cit., pág. 38. Asimismo, en opinión de Astolfi, *Il matrimonio...*, cit., pág. 27, tal vez el mismo velo nupcial utilizado por la esposa, simboliza la sustracción de la mujer del grupo familiar, como la nube sustrae de la vista al sol. Por su parte, Ortega Carrillo de Albornoz, *Terminología...*, cit., págs. 69 ss., apunta que el velo servía para preservar el pudor de la novia.

623 Cicerón, *Pro Munera*, 12.27; Plutarco, *Quaestiones Romanae*, 30.

624 Catulo, *Carmina*, 61.159-161; Plutarco, *Quaestiones Romanae*, 29; Plauto, *Casina*, 815-816; Cicerón, *de divi*, 2.84; Lucano, *Pharsalia*, 2.359, entre otros. Sobre las distintas interpretaciones de este rito, Ortega Carrillo de Albornoz, *Terminología...*, cit., págs. 90 ss.

625 Festo, *De verborum significatu*, s.v. «aqua et igni». Ortega Carrillo de Albornoz, *Terminología...*, cit., págs. 99 ss.

De particular relieve en este rito, como indica ORTEGA Y CARRILLO DE ALBORNOZ, es el pronunciamiento por parte de la esposa de la formula *ubi tu Gaius, ego Gaia*[626] realizada en la puerta de la casa del marido con la que la mujer asumía el domicilio y el estado social del marido, incluso su *praenomen* en femenino, exteriorizando así públicamente su voluntad de dar inicio a la relación matrimonial y a la vida en común[627].

---

[626] ORTEGA CARRILLO DE ALBORNOZ, *Terminología...*, cit., págs. 81 ss. Sobre esta fórmula, vid., entre otros, ROSSBACH, *Untersuchungen...*, cit., págs. 351 ss.; DEVILLA, *Il carattere...*, cit., pág. 179; COSTA, *Storia del diritto romano privato...*, cit., pág. 11 n. 2, para quien esta fórmula no es parte esencial de la *confarreatio* pero sí en general de los ritos nupciales; RAGE-BROCARD, *Rites de mariage...*, cit., pág. 27 n. 2; PARIBENI, *La famiglia romana*, cit., págs. 23 ss.; WESTRUP, *Recherches...*, cit., págs. 26 ss.; BONFANTE, *Corso...*, I, cit., págs. 60 ss.; CLARK, *History...*, III, cit., págs. 81-82; DE COULANGES, *La ciudad antigua...*, cit., pág. 68; HALLETT, *Fathers...*, cit., págs. 79-80, pág. 85 y págs. 125-126; CARCOPINO, *La vida cotidiana...*, cit., págs. 116-117; GRIMAL, *El amor...*, cit., pág. 75; ARENDS OLSEN, *La femme...*, cit., pág. 21; SERRAO, *Diritto Privato...*, cit., pág. 189; GIUNTI, *Consors Vitae...*, cit., págs. 171 ss.; ASTOLFI, *Il matrimonio...*, cit., págs. 20 ss. En opinión de FRANCIOSI, *Clan gentilizio...*, cit., pág. 97, en la sociedad gentilicia la mujer junto a la asunción del *praenomen* del marido, señal del carácter monogámico del matrimonio, asumiría, a su vez, el propio *nomen* gentilicio del esposo; idem, *Famiglia...*, cit., pág. 140.

[627] ORTEGA CARRILLO DE ALBORNOZ, *Terminología...*, cit., págs. 81 ss., especialmente págs. 88-90, nos relata otra explicación de la fórmula aportada por Plutarco (*Quaestiones Romanae*, 30), en virtud de la cual, la mujer respondía *ego Gaia* para confirmar que ella sería "tan buena esposa y ama de casa como lo fue Gaya Cecilia, la bella, ejemplar y vituosa compañera de Tarquinio Prisco". A juicio de ASTOLFI, *Il matrimonio...*, cit., págs. 6 ss. y págs. 94 ss., si el matrimonio no iba acompañado de la *manus*, la convivencia se reducía a la participación en el culto a los Lares y fuego sagrado y en el sometimiento de la mujer a la potestad disciplinaria del marido para garantizar la procreación legítima. En cambio, si el matrimonio iba acompañado de la constitución de la *manus*, la esposa participaba también en el culto de los dioses Manes, los antepasados muertos del esposo, dado que la *conventio in manum* extinguía la relación agnaticia que ligaba a la mujer con los componente vivos y difuntos de la familia paterna creando una nueva relación con los componentes vivos y difuntos de la familia de su marido que, junto a la participación de los *sacra*, provocaba la adquisición de la condición de *filia loco* del marido, el aumento

de sus poderes disciplinarios hasta ostentar el *ius vendendi* sobre la esposa y en el reconocimiento del papel preeminente de ésta en la organización de la familia atribuyéndole el apelativo de *materfamilias* y el derecho a suceder a su esposo como *heres sua*. Por su parte, WESTRUP, *Quelques observations...*, cit., págs. 11-16, pág. 23 y pág. 32 n. 3; idem, *Recherches...*, cit., págs. 38-40, pág. 43 y pág. 54, reserva el título de *materfamilias* a la esposa *in manu* y califica a la esposa *sine manu* como *uxor* o *matrona*, título que la legitima como esposa y madre por lo cual, pese a que es una extranjera en la casa del marido, se le reconoce una determinada situación jurídica. Asimismo, consideran que sólo la *conventio in manum* dotaría al matrimonio de relevancia social, como denota el calificativo de *materfamilias*, reservada a la esposa *in manu*, única que participaría plenamente del estado de su marido, entre otros, ROSSBACH, *Untersuchungen...*, cit., págs. 8-9, págs. 273 ss. y págs. 351 ss.; HÖLDER, *Die römische Ehe*, cit., págs. 12 ss. y págs. 25 ss.; CZYHLARZ, *Lehrbuch...*, cit., págs. 247-249 y págs. 255-256; RAGE-BROCARD, *Rites de mariage...*, cit., págs. 105 ss.; BRINI, *Matrimonio...*, I, cit., págs. 37-46 y págs. 135-136; COSTA, *Storia del diritto romano privato...*, cit., págs. 9 ss.; idem, *Cicerone giurisconsulto*, I, cit., págs. 53 ss.; DUMONT, *Manuel...*, I, cit., pág. 69; DUPONT, *La vita quotidiana...*, cit., pág. 115; FAYER, *La familia romana*, I, cit., pág. 20, quien reconoce un posterior significado de *materfamilias* como mujer casada de buena familia y de buenas costumbres. No obstante, la reserva del título de *materfamilias* para la esposa *in manu* y la designación como *uxor* de la esposa *sine manu* ha sido criticada por CLARK, *History...*, III, cit., págs. 79-83, quien señala cómo en las comedias del siglo II a. C. (Plauto, *Stichus*, 1.2.41; *Menaechmei*, 4.1.1) al hablar de la potestad que tiene un *paterfamilias* de disolver el matrimonio de su hija casada *sine manu*, ésta es designada tanto con el término *uxor* como con el término *materfamilias*; FERNÁNDEZ BAQUERO, *Repudium-Divortium...*, cit., págs. 327-329, que recoge la opinión de algunos autores (vid. FULCI, L., "Il divorzio nella prima epoca del diritto romano", en *Archivio Giuridico Filippo Serafini*, 53, 1894, págs. 245 ss.; KUNKEL, W., voz «materfamilias», en *P.W.R.E.*, XIV, Stuttgart, 1930, col. 2183 ss.; CARCATERRA, A., "Materfamilias", en *Archivio Giuridico Filippo Serafini*, 123, 1940, págs. 113 ss.; WOLODKIEWICZ, W., "Attorno al significato della nozione di mater familias", en *Studi in onore di C. Sanfilippo*, III, Milano, 1983, págs. 733 ss.) relativa a la pluralidad de significados con los que es empleado el término *materfamilias* en las fuentes: "mujer *sui iuris*", "mujer honesta que vive conforme a los *boni mores*, en cuyo caso también se la conoce con el apelativo de *matrona*". De tales significados, concluye la autora que si bien el primero, esto es, el de "mujer *sui iuris*", es resultado de un momento histórico posterior, no hay dudas que con *materfamilias* tanto se podía conocer a la mujer *in manu mariti* como aquélla otra que fuese honesta porque su vida se adecuara a los *boni mores*, opinión

Por tanto, de las antiguas prácticas matrimoniales entre los grupos gentilicios y de los ritos que acompañaban a la celebración del matrimonio, se desprende que la asunción por la mujer del domicilio de su esposo formaba parte de los *mores maiorum*, de la primitivas normas de carácter religioso y consuetudinario que constituyeron la primera regulación del matrimonio.

Este régimen domiciliario, se vio reforzado en aras de garantizar la procreación legítima determinada en línea masculina de padre a hijo (*qualis pater, talis filius*)[628], con la concesión al marido de una

---

a la que nos acogemos en López Huguet, Mª.L., "Breves notas sobre algunos conceptos jurídicos inherentes a la familia romana: en torno al significado de *'patria potestas', 'filius-', 'pater-'* y *'materfamilias'*", en *R.G.D.R.* (*www.iustel.com*), nº 7, 2006, págs. 1-17. Sobre los distintos significados de *materfamilias*, Rivier, *Précis*..., cit., pág. 162 y pág. 166; Paribeni, *La famiglia romana*, cit., págs. 36-37; Gaudemet, J., "Le status de la femme dans l'Empire romain", en *Études de Droit Romain*, III, Camerino, 1979, págs. 242-243; Castresana, A., *Catálogo de virtudes femeninas*, Madrid, 1993, págs. 33 ss. y págs. 49 ss.; Giunti, P., "Mores e interpretatio prudentium nella definizione di Materfamilias (una qualifica fra conventio in manum e status di sui iuris)", en *Nozione, Formazione e Interpretazione del diritto dall'età romana alle esperienze moderne. Ricerche dedicate al professor Filippo Gallo*, I, Napoli, 1997, págs. 301-338; Romano, *Matrimonium iustum*..., cit., págs. 80 ss.; Giunti, *Consors Vitae*..., cit., págs. 304 ss.; Ortega Carrillo de Albornoz, A., *Terminología*..., cir., pág. 11 n. 2; Salazar Revuelta, M., "Estatuto jurídico y social de la materfamilias en el marco de la ciudadanía romana", en AA.VV. (Rosalía Rodríguez López y Mª José Bravo Bosch, ed.), *Mulier: Algunas historias e instituciones de derecho romano)*, Dykinson, Madrid, 2013, págs. 199-224, y la bibliografía específica por ellos citada.

628 Franciosi, *Famiglia*..., cit., págs. 38 ss., habla de carácter patrilineal de la familia romana; Hölder, *Die römische Ehe*, cit., pág. 6; Paribeni, *La famiglia romana*, cit., págs. 13 ss. y pág. 30; Westrup, *Quelques observations*..., cit., pág. 13 y pág. 21; idem, *Recherches*..., cit., págs. 6 ss. y págs. 40 ss.; De Coulanges, *La ciudad antigua*..., cit., págs. 37 ss., justifican esta regla agnaticia en el hecho de que el culto sólo podía ser transmitido de varón en varón; Cantarella, E., *La calamidad ambigua*, trad. por A. Pociña, Madrid, 1991, pág. 241; Nicosia, G., *Institutiones. Profili di Diritto privato romano*, I, Catania, 1997, págs. 78-80 y pág. 339; Arjava, A., *Women and Law in Late Antiquity*, Oxford, 1998, pág. 76 y pág. 86; Astolfi, *Il matrimonio*..., cit., págs. 29 ss. Los hijos nacidos de un matrimonio *iustum* eran legítimos y entraban bajo la

potestad disciplinaria, que la tradición remonta a las leyes regias, para sancionar a la esposa si realizaba actos que pudieran conducir a la *turbatio sanguinis* o a impedir ese fin procreador[629]. Es Dionisio quien nos informa de que tales leyes concedieron al marido el derecho de matar con impunidad a su esposa en caso de adulterio o, in-

---

potestad paterna. La madre cumplía un importante papel en la educación de los hijos pero, jurídicamente, no se le reconocía la potestad sobre ellos (Cfr. D. 27.10.4). No obstante, en el Imperio, en determinados supuestos, se permitió a la madre adquirir la custodia y tutela sobre sus hijos. Sobre el papel de la mujer en la educación de los hijos, vid., con carácter general, HUMBERT, *Le remariage à Rome*, cit., págs. 296 ss.; PEPPE, L., *Posizione giuridica e ruolo sociale della donna romana in età repubblicana*, Milano, 1984, págs. 74 ss.; DIXON, S., *The Roman Mother*, London-New York, 1990, págs. 1 ss., págs. 104 ss. y págs. 168 ss., entre otras; AGUDO RUIZ, A., *La enseñanza del Derecho en Roma*, Logroño-Madrid, 1999, págs. 37 ss.

[629] Sobre el primitivo fin procreador del matrimonio, vid., entre otros, HÖLDER, *Die römische Ehe*, cit., pág. 9; DEVILLA, *Il carattere...*, cit., págs. 171-173; RIVIER, *Précis...*, cit., pág. 117; PARIBENI, *La famiglia romana*, cit., págs. 21-22 y pág. 29; DUMONT, *Manuel...*, I, cit., pág. 60; WESTRUP, *Quelques observations...*, cit., pág. 18 y pág. 31; idem, *Recherches...*, cit., págs. 6 ss.; COSTA, *Storia del diritto romano privato...*, cit., pág. 9; OLÍS ROBLEDA, *El matrimonio...*, cit., pág. 61; DI MARZO, *Lezioni...*, cit., págs. 3 ss.; BRINI, *Matrimonio...*, I, cit., págs. 63-66 y II, cit., pág. 51; DE COULANGES, *La ciudad antigua...*, cit., págs. 31 ss.; LONGO, G., "Riflessioni critiche in tema di matrimonio", en *Sodalitas. Scritti in onore di Antonio Guarino*, V, Napoli, 1984-1985, págs. 2357 ss.; BÉNABOU, M., "Pratique matrimoniale et représentation philosophique: le crépuscule des stratégies?", en AA.VV, *Parenté et stratégies familiales dans l'Antiquité romaine*, Paris-Rome, 1990, págs. 123 ss., quien vincula este fin procreador con el sistema de alianzas entre gentes; GOUREVITCH, D., "Se marier pour avoir des enfants: le point de vue du médecin", en AA.VV., *Parenté et stratégies familiales dans l'Antiquité romaine*, Paris-Rome, 1990, págs. 139 ss.; CANTARELLA, *La calamidad ambigua*, cit., pág. 194; DUPONT, *La vita quotidina...*, cit., pág. 118; FRANCIOSI, *Famiglia...*, cit., págs. 130 ss.; ROMANO, *Matrimonium iustum...*, cit., pág. 4, págs. 33 ss. y págs. 37 ss.; GRIMAL, *El amor...*, cit., págs. 11 ss.; VOCI, *Istituzioni...*, cit., pág. 517; LÓPEZ ROSA, "Familia y matrimonio...", cit., pág. 421; ASTOLFI, *Il matriminio...*, cit., pág. 10; MANFREDINI, *Istituzioni...*, cit., pág. 98; ORTEGA CARRILLO DE ALBORNOZ, *Terminología...*, cit., págs. 20 ss.; GAGLIARDI, *Mobilità...*, cit., pág. 457; BACCARI, M.P., "Matrimonio e diritto naturale secondo la giurisprudenza romana", AA.VV., *Filia. Scritti per Gennaro Franciosi*, I, Napoli, 2008, pág. 152.

cluso, si tomaba vino ya que ello suponía una libertad de costumbres que podía llevar en un plano estrictamente físico al adulterio[630].

Y este poder sancionador se mantendrá, a juicio de FRANCIOSI, a lo largo de los siglos como prueba un pasaje de Gellio en el que recogiendo la opinión de Catón el Viejo nos indica que el marido es el juez de su mujer y su poder no tiene límites. Si ella ha cometido alguna falta, la castiga, si ha bebido vino, la condena y si ha tenido comercio con otro hombre, la mata. En cambio, la mujer no puede tocar ni con un dedo a su marido adúltero porque no tiene derecho a ello:

> AULO GELLIO, *Noctes Atticae*, 10.23.4-5: "*Verba Marci Catonis adscripsi ex oratione, quae inscribitur 'De*

---

[630] DIONISIO DE HALICARNASO, *Antiquitates Romanae*, 2.25.69; Plinio el Viejo, *Naturalis Historia*, 6.3.9; 14.8.9 y 14.13.89; Valerio Máximo, *Facta et dicta memorabilia*, 2.1.5; Cicerón, *De republica*, 4.6. En cambio, la sustración de las llaves de la bodega era sólo considerada como una causa de repudio en cuanto suponía un indicio racional de que la mujer pretendía beber vino (Plutarco, *Vitae. Romulus*, 22.3) y con la misma sanción era penada la provocación del aborto mediante fármacos. Al respecto, REIN, *Das Kriminalrecht...*, cit., págs. 46 ss. y págs. 835 ss.; ZUMPT, *Das Kriminalrecht...*, I.1,cit., págs. 17 ss., pág. 39, pág. 372 y págs. 354 ss.; MOMMSEN, *Le Droit pénal romain*, II, cit., pág. 353 n. 5; DEVILLA, *Il carattere...*, cit., pág. 211; WESTRUP, *Recherches...*, cit., págs. 17 ss.; KARLOWA, *Römische Rechtsgeschichte*, II, cit., págs. 185 ss.; PARIBENI, *La famiglia romana*, cit., pág. 66; CASTELLO, *Studio...*, cit., págs. 98-100; BRINI, *Matrimonio...*, II, cit., págs. 46 ss.; BRANCA, s.v. «adulterio», cit., págs. 620 ss.; CLARK, *History...*, III, cit., págs. 96-97; DELPINI, *Divorzio...*, cit., págs. 30-31; HUBER, *Der Ehekonsens...*, cit., pág. 122; NÚÑEZ PAZ, *Consentimiento...*, cit., págs. 85 ss.; FERNÁNDEZ BAQUERO, *Repudium-Divortium...*, cit., págs. 247 ss.; RUIZ FERNÁNDEZ, E., *El divorcio en Roma*, Madrid, 1992, págs. 30-34; FRANCIOSI, *Famiglia...*, cit., págs. 32 ss.; BASSANELLI SOMMARIVA, *Lezioni...*, cit., págs. 107 ss.; ASTOLFI, *Il matrimonio...*, cit., págs. 7 ss., págs. 109 ss. y págs. 120 ss.; RIZZELLI, G., *Le donne nell'esperienza giuridica di Roma antica. Il controllo dei comportamenti sessuali. Una raccolta di testi*, Lecce, 2000, págs. 20 ss. Sobre las distintas teorías justificativas de la prohibición de beber vino, vid., CANTARELLA, *Pasado próximo...*, cit., pág. 85. Cfr. GIUNTI, *Adulterio e leggi regie...*, cit., págs. 57 ss., págs. 155 ss., págs. 205 ss. y pág. 318; idem, *Consors Vitae...*, cit., págs. 12 ss., según la cual, la norma que prohibía beber vino sería atribuible a Numa y no a Rómulo, siendo posible que la misma fuera una transposición de la legislación de Augusto.

Dote', in qua id quoque scriptum est in adulterio uxores deprehensas ius fuisse maritis necare: «Vir, inquit, cum divortium fecit, mulieri iudex pro censore est, imperium, quod videtur, habet, si quid perverse taetreque factum est a muliere; multatur, si vinum bibit: si cum alieno viro probri quid fecit, condemnatur». De iure autem occidendi ita scriptum: «In adulterio uxorem tuam si prehendisses, sine iudicio inpune necares; illa te, si adulterares sive tu adulterarere, digito non auderet contingere, neque ius est»"[631].

En consecuencia, con el matrimonio surgía una obligación unilateral de fidelidad y de buenas costumbres (ante la ausencia de una potestad equivalente en manos de la esposa) para garantizar la pro-

---

[631] FRANCIOSI, *Famiglia...*, cit., págs. 32-33. Al respecto, REIN, *Das Kriminalrecht...*, cit., pág. 838; ZUMPT, *Das Kriminalrecht...*, I.1., cit., pág. 356; WESTRUP, *Recherches...*, cit., págs. 17 ss.; DEVILLA, *Il carattere...*, cit., págs. 247 ss.; BRINI, *Matrimonio...*, II, cit., págs. 117 ss.; DELPINI, *Divorzio...*, cit., págs. 30-31; FERNÁNDEZ BAQUERO, *Repudium-Divortium...*, cit., págs. 251-256. Por su parte, RUIZ FERNÁNDEZ, *El divorcio en Roma*, cit., pág. 38, precisa que la potestad disciplinaria del marido estaba limitada por el *iudicium domesticum* puesto que, no podía adoptar decisiones contrarias a las que éste adoptase. Sobre el *iudicium domesticum*, MOMMSEN, *Le Droit pénal romain*, I, cit., págs. 26 ss.; DEVILLA, *Il carattere...*, cit., págs. 312 ss.; RASI, *Consensu facit nuptias*, cit., págs. 182-183; BALDUCCI, A., "Intorno al iudicium domesticum", en *A.G.*, 191, 1976, págs. 69 ss.; RUGGIERO, A., "Nuovi riflessioni in tema di tribunale domestico", en *Sodalitas. Scritti in onore di Antonio Guarino*, IV, Napoli, 1984, págs. 1593 ss.; SCHULZ, *Principios...*, cit., pág. 191, que afirman su existencia. Cfr. VOLTERRA, "Il preteso tribunal domestico in Diritto romano", cit., págs. 103 ss. y GIUNTI, *Consors Vitae...*, cit., págs. 100 ss., que niegan la existencia en sentido técnico de la jurisdicción de dicho tribunal. Recientemente AMUNÁTEGUI PERELLÓ, *Origen...*, cit., págs. 114 ss., afirma que el *consilium* "no es un tribunal sino más bien un instrumento que reconoce por finalidad el justificar por medio de los miembros más relevantes de la opinión pública de su tiempo una decisión en extremo difícil que se debe tomar al interior de una familia". En esta línea, asimismo, BRAVO BOSCH, M., "El «iudicium domesticum»", en *R.G.D.R.* (*www.iustel.com*), nº 17, 2011, págs. 1 ss., considera que se trata de un órgano consultivo y no de un tribunal en sentido estricto.

creación legítima determinada en línea masculina cuyo control marital contribuyó a reforzar el domicilio conyugal en la casa del marido, dada la relación de subordinación en que se encontraba la esposa[632].

[632] Situación a la que también contribuyó el hecho de que durante siglos, a pesar de que en las fuentes encontramos ejemplos, reales o legendarios, de figuras femeninas que, *de facto*, pudieron tener relevancia en la vida social y política de Roma, la posición jurídica de la mujer en el mundo del derecho se caracterizó por una absoluta incapacidad. Como sintetiza CANTARELLA, *La calamidad ambigua*, cit., pág. 209; idem, *Pasado próximo...*, cit., págs. 63 ss. y págs. 77 ss., incluso cuando no estaba sometida al poder de un *paterfamilias*, su capacidad se veía fuertemente limitada, en primer lugar, por el hecho de no ser titular de derechos políticos y, en segundo lugar, por el hecho de poder ejercer los derechos civiles solamente con el consentimiento y mediación de un tutor que originariamente era su pariente más próximo por línea masculina, es decir, aquél que estaba destinado a heredar su bienes, con lo cual es difícil pensar que la mujer *sui iuris* obtuviera fácilmente el consentimiento del tutor para realizar actos de disposición que lesionaran sus espectativas hereditarias; DEVILLA, *Il carattere...*, cit., págs. 177 ss. y pág. 347; FINLEY, M., "The Silent Women of Rome", en *Aspects of Antiquity. Discoveries and Controversies*, London, 1968, págs. 131 ss., apoya esta posición de subordinación sobre el hecho de que los romanos no llamaran a las mujeres por su nombre; DE COULANGES, *La ciudad antigua...*, cit., págs. 48 ss. y págs. 59 ss.; PEPPE, *Posizione giuridica...*, cit., págs. 3-4, pág. 9, págs. 70 ss., pág. 83 y págs. 97 ss., entre otras; GIUNTI, *Adulterio e leggi regie...*, cit., págs. 131 ss.; FRANCIOSI, *Famiglie...*, cit., págs. 32 ss.; CARCOPINO, *La vida cotidiana...*, cit., págs. 118-119; ACHARD, G., *La femme à Rome*, Paris, 1995, págs. 7 ss.; CASTRESANA, *Catálogo de virtudes femeninas*, cit., págs. 11 ss. y págs. 49 ss.; ROMANO, *Matrimonium iustum...*, cit., págs. 65 ss.; CRINITI, N., *Imbecillus sexus. Le donne nell'Italia antica*, Brescia, 1999, págs. 9 ss. y págs. 25 ss. Sobre la *tutela mulierum*, RIVIER, *Précis...*, cit., pág. 353; COLLINET-GIFFARD, *Précis...*, I, cit., págs. 250 ss.; PEROZZI, *Istituzioni...*, I, cit., págs. 509 ss.; DUMONT, *Manuel...*, I, cit., págs. 112 ss. y págs. 364 ss.; SOLAZZI, S., "Il consenso del *tutor mulieris* alla sua nomina nei papiri e nei testi romani", en *Scritti di Diritto Romano*, II (1913-1924), Napoli, 1955-1972, págs. 403-420; GARCÍA GARRIDO, M., *Ivs vxorivm. El régimen patrimonial de la mujer casada en derecho romano*, Roma-Madrid, 1958, págs. 141 ss.; BUCKLAND, *A Text-Book...*, cit., pág. 134 y pág. 165; BONFANTE, *Corso...*, I, cit., págs. 557 ss.; WATSON, *The Law...*, cit., págs. 146 ss.; CASADO CANDELAS, M.J., *La tutela de la mujer en Roma*, Valladolid, 1972, *passim*; ZANNINI, P., *Studi sulla «tutela mulierum»*, I, Torino, 1976, *passim*; FAYER, *La*

3. MANTENIMIENTO DE LA ASUNCIÓN DEL DOMICILIO DEL MARIDO SANCIONADO POR LOS ANTIGUOS *MORES MAIORUM* EN EL PERIODO REPUBLICANO

Con la legislación decenviral, los efectos del matrimonio y, entre ellos, el domicilio relativo de la mujer casada, comienzan a adquirir relevancia con independencia de la *conventio in manum* la cual entra, como apunta ASTOLFI, en un proceso de involución que dará lugar a que, desde finales del siglo III a. C., la mayor parte de las esposas no se encuentren bajo la *manus* de sus maridos[633].

---

familia romana, I, cit., págs. 515 ss.; GARDNER, *Women*..., cit., págs. 14 ss.; NICOSIA, *Institutiones*..., cit., págs. 368 ss.; IGLESIAS, *Derecho Romano*, cit., págs. 363 ss.; ARJAVA, *Women*..., cit., págs. 112 ss.; SCHULZ, *Principios*..., cit., pág. 230; FERNÁNDEZ DE BUJÁN, A., "Reflexiones...(I)", cit., pág. 2; idem, *Derecho Privado*..., cit., págs. 177 ss.; SANZ MARTÍN, L., "Fundamentos doctrinales en torno a la *tutela mulierum*. Naturaleza y esencia de la *tutela mulierum*", en *R.G.D.R.* (*www.iustel.com*), nº 12, 2009, págs. 1 ss.; idem, "Estudio y comentario de las diferentes clases de *tutela mulierum* a tenor de lo referido en las fuentes jurídicas romanas. Funciones y responsabilidad del *tutor mulierum*", en *R.G.D.R.* (*www.iustel.com*), nº 15, 2010, págs. 1 ss.; AMUNÁTEGUI PERELLÓ, *Origen*..., cit., págs. 349 ss.; TELLEGEN-COUPERUS, O., "Tutela mulierum", en AA.VV. (Rosalía Rodríguez López y Mª José Bravo Bosch, ed.), *Mulier: Algunas historias e instituciones de derecho romano)*, Dykinson, Madrid, 2013, págs. 407-420; BUIGUES OLIVER, *La posición*..., cit., págs., 103 ss.

633 ASTOLFI, *Il matrimonio*..., cit., pág. 99. El incremento de los matrimonios libres a partir de finales del siglo III a. C. ha sido apuntado también, entre otros, por SIBER, *Römisches Recht*..., II, cit., pág. 506 y pág. 508; CANTARELLA, *Pasado próximo*..., cit., pág. 107. Por su parte BRINI, *Matrimonio*..., I, cit., págs. 135-136, considera que incluso desde la época de las XII Tablas el matrimonio *sine manu* "había ganado camino de cara a su fijación y reconocimiento en la vida", pero hasta los últimos siglos de la República "il matrimonio *cum manu* rimase il matrimonio normale, il matrimonio infatti del diritto civile, o il più legittimamente romano". Por su parte, AMUNÁTEGUI PERELLÓ, C.P., "Casos de matrimonios *sine manu* en tiempos arcaicos", en *R.G.D.R.* (*www.iustel.com*), nº 10, 2008, págs. 1 ss.; idem, *Origen*..., cit., pág. 190 y págs. 240 ss., afirma que ya en los siglos V y IV a.C. eran comunes los matrimonios *sine manu*.

Ello fue debido, afirma VOLTERRA[634], a la regulación del *usus*, en virtud del cual, conforme al testimonio de Gayo, aunque el matrimonio se celebrase *sine manu*, el marido adquiría la *manus* sobre su mujer si ésta residía en el domicilio del esposo durante un año ininterrumpido, efecto que la esposa podía eludir ausentándose tres noches consecutivas del mismo (*trinoctium*):

> GAYO, *Institutae*, 1.111: *Usu in manum conveniebat quae anno continuo nupta perseverabat; quia enim velut annua possessione usu capiebatur, in familiam viri transibat filiaeque locum optinebat. Itaque lege XII tabularum cautum est, ut si qua nollet eo modo in manum mariti convenire, ea quotannis trinoctio abesset atque eo modo (usum) cuiusque anni interrumperet. Sed hoc totum ius partim legibus sublatum est, partim ipsa desuetudine obliteratum est*[635].

---

634 VOLTERRA, "Ancora sulla *manus* e sul matrimonio", cit., pág. 677.

635 Junto al *usus* existieron otras dos formas civiles de constituir la *manus*, la *confarreatio* y la *coemptio matrimonii causa*, evolución de la primitiva *mancipatium matrimonii causa*, consistente en una *imaginaria venditio* con fines matrimoniales como nos indica Gayo (*Institutae*, 1.113). Sobre ellas, entre otros, ROSSBACH, *Untersuchungen...*, cit., págs. 63 ss. y págs. 146 ss.; HÖLDER, *Die römische Ehe*, cit., págs. 17 ss.; CZYHLARZ, *Lehrbuch...*, cit., págs. 252-255; CORNIL, *Droit Romain*, cit., págs. 30 ss.; DUMONT, *Manuel...*, I, cit., págs. 66 ss.; PEROZZI, S., "«Confarreatio» e «coemptio matrimonii causa»", en *Scritti giuridici*, III, Milano, 1948, págs. 528 ss.; PARIBENI, *La famiglia romana*, cit., págs. 23 ss.; DANIELI, "«Manus»...", cit., págs. 103 ss.; CANTARELLA, E., "Sui rapporti fra matrimonio e «conventio in manum»", en *R.I.S.G.*, 1959-1962, págs. 181 ss.; idem, "L'«usus» e la «conventio in manum»", en *Labeo*, 41, 1995, págs. 434 ss.; BIONDI, B., "«Farreo, coemptione, usu»", en *Sodalitas. Scritti in onore di Antonio Guarino*, III, Napoli, 1984, págs. 1302 ss.; BRINI, *Matrimonio...*, II, cit., págs. 110-135; BUCKLAND, *A Text-Book...*, cit., págs. 118 ss.; idem, *A Manual...*, cit., págs. 71-74; BENEDEK, F., *Die Conventio in Manum und die Förmlichkeiten der Eheschlessung im römischen Recht*, Pécs, 1978, págs. 9 ss.; TREGGIARI, *Roman marriage...*, cit., págs. 16 ss.; GARDNER, *Women...*, cit., págs. 11 ss.; PIRO, I., *«Usu» in manum convenire*, Napoli, 1994, *passim*; NICOSIA, G., *Silloge. Scritti 1956-1996*, II, Catania, 1998, págs. 717 ss.; GIUNTI, *Consors Vitae...*, cit., págs. 185 ss., págs. 204 ss., págs. 339 ss. y págs. 381 ss.; FERNÁNDEZ DE BUJÁN, A., "Reflexiones...(I)", cit.,

De esta norma decenviral se desprende el mantenimiento de la primitiva costumbre en virtud de la cual la esposa asumía el domicilio del marido ya que tanto la forma de constitución de la *manus* (*usus*) como la forma de evitarla (*trinoctium*) en ella previstas se apoyan sobre el presupuesto de la sociedad conyugal en el domicilio marital por efecto del matrimonio el cual, conforme a la opinión de VOLTERRA, debía existir como requisito previo para la adquisición de dicha potestad[636].

págs. 2-3; idem, *Derecho Privado...*, cit., págs. 260 ss.; AMUNÁTEGUI PERELLÓ, *Origen...*, cit., págs. 178 ss., págs. 201 ss. y págs. 214 ss. Vid asimismo la bibliografía señalada en las ns. 606-609 y 617.

636 VOLTERRA, "La conception de mariage à Rome", cit., pág. 369; idem, "Ancora sulla *manus* e sul matrimonio", cit., pág. 682; idem, "Nuove osservazioni sulla «conventio in manum»", cit., pág. 30. En el mismo sentido, BONFANTE, *Corso...*, I, cit., pág. 57; OLÍS ROBLEDA, *El matrimonio...*, cit., págs. 30 ss.; NÚÑEZ PAZ, *Consentimiento...*, cit., pág. 89 y pág. 92; FERNÁNDEZ BAQUERO, *Repudium-Divortium...*, cit., págs. 296 ss.; FRANCIOSI, *Famiglia...*, cit., pág. 137 y pág. 141; ROMANO, *Matrimonium iustum...*, cit., pág. 69; SERRAO, *Diritto Privato...*, cit., pág. 188; ASTOLFI, *Il matrimonio...*, cit., pág. 108, pág. 198 y pág. 206; MARTINI, *Appunti...*, cit., pág. 34; D'AMICO, *Diritto...*, cit., pág. 247; PANERO GUTIÉRREZ, R., *Derecho Romano*, Valencia, 2000, pág. 299, consideran que la existencia anual de un matrimonio válido es un requisito para el *usus*. Por su parte, también SCHULZ, *Principios...*, cit., pág. 214, afirmaba que el matrimonio libre se transformaba en matrimonio *cum manu* tras un año de convivencia. Cfr., entre otros, KARLOWA, *Römische Rechtsgeschichte*, II, cit., págs. 161 ss.; MITTEIS, *Römisches...*, I, cit., pág. 251; PARIBENI, *La famiglia romana*, cit., pág. 37; GRIMAL, *El amor...*, cit., pág. 84; ARNDS OLSEN, *La femme...*, cit., pág. 16, para quienes hasta transcurrido el año no existiría matrimonio legítimo. Por su parte DUMONT, *Manuel...*, I, cit., pág. 66, reconoce la existencia previa del matrimonio pero considera que el mismo sería de segundo grado; WESTRUP, *Quelques observations...*, cit., págs. 6 ss.; idem, *Recherches...*, cit., págs. 34 ss., defiende la existencia de dos tipos de *usus*: uno concebido como una unión pública, exclusiva y duradera *matrimonii causa* pero sin *manus* tolerada por el ordenamiento y que fue reconocido como *matrimonio justum* por las XII Tablas; y otro como un modo reconocido en el derecho plebeyo de constituir la *conventio in manum* y que presupone la existencia de un matrimonio legítimo. ORTEGA CARRILLO DE ALBORNOZ, *Terminología...*, cit., págs. 47-48, afirma que "el matrimonio es una institución dirigida a crear una sociedad conyugal, la finalidad de la *conventio in manum* es hacer entrar a

Asimismo dicha sociedad marital en el domicilio del esposo con independencia de la *manus* aparece claramente constatada en un modo de poner fin a la relación matrimonial, introducido según Cicerón por la legislación decenviral, que consistía en reclamar a la esposa las llaves de la despensa, símbolo de la administración doméstica, ordenándole que tomara sus cosas y abandonara el hogar conyugal:

> CICERÓN, *Philippicae*, 2.28.69: "*Mimulam suam suas res sibi habere iussi,t ex XII tabulis clavis ademit, exegit*"[637].

Aunque no era necesaria una forma concreta para su validez, como recoge GÓMEZ RUIZ, la fórmula normalmente empleada, según parece, ya desde la época de las XII Tablas para invitar a la esposa a retomar sus cosas, de acuerdo con las fuentes, era "*res tuas tibi*

---

la mujer, independientemente del hecho de que esté o no unida en matrimonio, en un grupo agnaticio sometiéndola a la *patria potestas* de su *pater familias*". Finalmente, AMUNÁTEGUI PERELLÓ, *Origen*..., cit., págs. 188 ss., sostiene que el *usus* supone la presencia previa del matrimonio.

637 CLARK, *History*..., III, cit., pág. 97; FERNÁNDEZ BAQUERO, *Repudium-Divortium*..., cit., págs. 301 ss.; GÓMEZ RUIZ, C., *El divorcio y las Leyes augusteas*, Sevilla, 1987, cit., págs. 23-24; NÚÑEZ PAZ, *Consentimiento*..., cit., págs. 87-88; FRANCIOSI, *Famiglia*..., cit., pág. 177, para quien la referencia a las XII Tablas se limitaría al *claves adimere*; RUIZ FERNÁNDEZ, *El divorcio en Roma*, cit., pág. 48; GARDNER, *Women*..., cit., pág. 85; ASTOLFI, *IL matrimonio*..., cit., págs. 105-106, para quien el elemento previsto en las XII Tablas sería la orden de que la mujer retomara sus cosas, aunque pudo no ser el único; AMUNÁTEGUI PERELLÓ, C.F., "El divorcio y la *manus* en la comedia del siglo II a.C.", en *R.G.D.R.* (*www.iustel.com*), nº 12, 2009, págs. 2-3. Por su parte BRINI, *Matrimonio*..., II, cit., págs. 216-227, considera que Cicerón se refería irónicamente al matrimonio *sine manu* y que, en el colmo de su ironía, afirma que una disposición de las XII Tablas regulaba su disolución. Para WESTRUP, *Quelques observations*..., cit., págs. 11-12; idem, *Recherches*..., cit., pág. 19, no se trata de un divorcio sin formas, ni implica el establecimiento de un matrimonio sin formas. El *claves adimere* no es más que un símbolo jurídico de la disolución de un matrimonio con *manus* formado por *confarreatio*. Y según GIUNTI, *Consors Vitae*..., cit., págs. 130 ss. y págs. 268 ss., parece excesivo afirmar que ya la legislación decenviral contuviera una previsión formal sobre el acto de alejar a la esposa del domicilio marital.

habeto, res tuas tibi agito"[638] y para expulsarla de casa se empleaban expresiones como *baete foras*[639] o *vade foras*[640].

Se podría decir, en palabras de SERRAO, que nos encontramos ante el contrapunto de la *deductio in domum*[641], que consistía, a juicio de ASTOLFI, en una forma de repudio en la cual la mujer estaba presente, destinataria pasiva de la voluntad del marido, y en la que se expresa la idea del divorcio como separación de los bienes y de la comunidad de vida entre los cónyuges en el domicilio del marido. En su opinión, esta forma de repudio podía ser aplicable tanto contra la esposa *sui iuris*, propietaria de las cosas que usa, como contra la

---

[638] PLAUTO, *Amphitruo*, 928; *Trinummus*, 226: Vid. también, Juvenal, *Satirae*, 6.146; Apuleyo, *Metamorphoses*, 5.26; Marcial, *Epigrammata*, 10.41.2. GÓMEZ RUIZ, *El divorcio y las Leyes augusteas*, cit., págs. 23-24. La ausencia de una forma legal en época republicana ha sido defendida, entre otros, por DEVILLA, *Il carattere...*, cit., págs. 316-317, si bien circunscribe esta forma de disolución al matrimonio libre; RIVIER, *Précis...*, cit., págs. 228-229; DELPINI, *Divorzio...*, cit., pág. 29 y pág. 33; OLÍS ROBLEDA, *El matrimonio...*, cit., págs. 260 ss.; BONFANTE, *Corso...*, I, cit., pág. 335; HUBER, *Der Ehekonsens...*, cit., págs. 149 ss.; FERNÁNDEZ BAQUERO, *Repudium-Divortium...*, cit., págs. 303 ss.; RUIZ FERNÁNDEZ, *El divorcio en Roma*, cit., págs. 47-50 y pág. 93; GARDNER, *Women...*, cit., págs. 84-85; GIUNTI, *Consors Vitae...*, cit., págs. 130 ss. y págs. 168 ss.; AMUNÁTUEGUI PERELLÓ, "El divorcio...", cit., págs. 2 ss. Cfr. RASI, *Consensus facit nuptias*, cit., págs. 125 ss.; DUCOS, *Roma e il diritto*, cit., pág. 55, que defienden la imposición en las XII Tablas de requisitos formales a la hora de disolver el matrimonio.

[639] NONIO, *De compendiosa doctrina*, s. v. «baetere» (Ed. Lindsay, 77).

[640] PLAUTO, *Casina*, 2.2.35, v. 210.

[641] SERRAO, *Diritto Privato...*, cit., pág. 197. Esta fórmula para poner fin a la relación matrimonial continuaba utilizándose en tiempos de Gayo (D. 24.2.2§2). Al respecto, entre otros, WÄCHTER, *Über Ehescheidungen...*, cit., págs. 109-113; CLARK, *History...*, III, cit., pág. 97, señalan la posible utilización de la misma por ambas partes. El marido, como jefe de la casa diría: "coge tus cosas y vete (*tua res tibi ago*)". La mujer que no expulsa, sino que abandona la casa, diría: "conserva tus cosas para ti, me voy (*tua res tibi, abeo*)". Vid., asimismo, ORTEGA CARRILLO DE ALBORNOZ, *Terminología...*, cit., pág. 93, para quien si la entrega de las llaves representaba la concesión a la mujer del gobierno doméstico, la reclamación de las mismas suponía la privación de ese gobierno y, en definitiva, la disolución del matrimonio; AMUNÁTUEGUI PERELLÓ, "El divorcio...", cit., págs. 2 ss.

alieni iuris, no propietaria de las cosas que usa pero que el marido consiente que se lleve consigo y gozaba de la autoridad que le atribuía el texto legislativo[642].

No obstante, aunque compartimos con el autor la opinión de que estamos ante una forma de repudio aplicable a ambos tipos de *uxor*, convenimos con FERNÁNDEZ BAQUERO en que "la fórmula *res tuas tibi habeto*, no puede ser entendida como la disolución de los bienes matrimoniales, ni implicar la restitución de la dote ni la *actio rei uxoriae* sino como la posibilidad que tenía la mujer de llevarse consigo unas *res nec mancipi* que tenía para su uso personal y, de las cuales, el marido no tenía ninguna intención de enriquecimiento"[643].

En efecto, no es posible pensar que con esas palabras se aludiese al sistema de distribución de bienes puesto que, como indica BONFANTE, en estos momentos históricos el régimen dotal no fue regulado por el Derecho, sino por los usos sociales existiendo por regla general en todo matrimonio como una obligación moral sancionada por la costumbre, en virtud de la cual la dote implicaba una aportación definitiva al marido cuya devolución entraba igualmente dentro de los usos y costumbres asumidas como deberes éticos o morales (*officia*) pero no por la existencia de una *lex* que así lo exigiese[644].

---

642 ASTOLFI, *IL matrimonio...*, cit., págs. 107-108.

643 FERNÁNDEZ BAQUERO, *Repudium-Divortium...*, cit., págs. 304 ss.; GARDNER, *Women...*, cit., pág. 85. Para NÚÑEZ PAZ, *Consentimiento...*, cit., pág. 88, no es posible despojar a esta frase de todo contenido patrimonial ya que antes de las XII Tablas, el marido que repudiara injustificadamente a la mujer debía entregarle una parte de los bienes y es lógico pensar que la legislación decenviral continuase con dicha tradición.

644 BONFANTE, *Corso...*, I, cit., págs. 385 ss.; idem, *Instituciones de Derecho Romano*, (trad. L. Bacci y A. Larrosa), Reus, 1979, págs. 202 ss., entiende que sólo a partir del divorcio de Sp. Carvilio se vio la necesidad de que el *ius civile* regulase la situación patrimonial de los cónyuges. En el mismo sentido se han pronunciado más recientemente, SUÁREZ BLÁZQUEZ, G., *La dote de la mujer romana en el derecho de sucesiones*, Orense, 1997, pág. 9; ARENDS OLSEN, *La femme...*, cit., pág. 45. Vid., no obstante para una mayor profundización sobre el tema, GIUNTI, *Consors Vitae...*, cit., págs. 130 ss. y págs. 268 ss.; AMUNÁTEGUI PERELLÓ, C.F., "La obligación de restitución de la dote y el nacimiento del divorcio en Roma", en *R.E.H.J.*, 30, 2008, págs. 37-46. Sobre la dote en general, vid., entre otros, BECHMANN, A., *Das römische Dotalrecht*, Erlangen,

Del mismo modo, el domicilio relativo de la esposa es confirmado por la *ductio*, un medio de defensa privada (*manus iniectio*), con el que el *paterfamilias* que conservase la *potestas* sobre su hija casada podía arrebatarla del domicilio conyugal, incluso contra su voluntad, y reconducirla a la casa paterna, poniendo de esta forma, como indica LONGO, fin a la relación matrimonial[645].

1863, *passim*; DEVILLA, *Il carattere...*, cit., págs. 377 ss.; RIVIER, *Précis...*, cit., págs. 184 ss.; PEROZZI, *Istituzioni...*, I, cit., págs. 379 ss.; COLLINET-GIFFARD, *Précis...*, I, cit., págs. 217 ss.; ORESTANO, "La dote nei matrimoni 'contra mandata'", en *Studi di Storia e Diritto di Guido Bonolis I a cura della Università di Macerata*, Milano, 1942, págs. 9-58; LAURIA, *Matrimonio-Dote...*, cit., págs. 65 ss.; GARCÍA GARRIDO, *Ivs vxorivm...*, cit., págs. 55 ss.; FERRINI, C., *Manuel di Pandette*, Milano, 1953, 4ª edición, págs. 707 ss.; SIBER, *Römisches Recht...*, II, cit., págs. 515-522; WATSON, *The Law...*, cit., págs. 57 ss.; BUCKLAND, *A Text-Book...*, cit., págs. 107 ss.; idem, *A Manual...*, cit., págs. 64 ss.; D'ANCONA, R., *Il concetto della dote nel diritto romano. Studio storico-giuridico*, Roma, 1972 (edición anastática de Firenze 1889), *passim*; ORTEGA CARRILLO DE ALBORNOZ, A., *Dotis Dictio*, Bologna, 1975, *passim*; BRINI, *Matrimonio...*, I, cit., págs. 68-87, págs. 139-144 y págs. 199-208; VON TIGERSTRÖM, F.W., *Das römische Dotalrecht*, Aalen, 1983 (reimpresión de la edición de Berlín, 1832), *passim*; CROOK, J.A., "«His and Hers»: what degree of financial responsability did husband and wife have for the matrimonial home and their life in common, in a Roman marriage?", en AA.VV., *Parenté et stratégies familiales dans l'Antiquité romaine*, Paris-Rome, 1990, págs. 153 ss.; FRANCIOSI, *Famiglia...*, cit., págs. 180 ss.; TREGGIARI, *Roman marriage...*, cit., págs. 323 ss.; GORIA, F., "Azioni reali per la restituzione della dote in età giustinianea: profili processuali e sostanziali", en *Diritto e processo nella esperienza romana. Atti del seminario Torinense (4-5 Dicembre 1991) in memoria di Giuseppe Provera*, Napoli, 1994, págs. 203 ss.; GARDNER, *Woman...*, cit., págs. 97 ss.; ARJAVA, *Women...*, cit., págs. 52 ss.; IGLESIAS, *Derecho Romano*, cit., págs. 351 ss.; MANFREDINI, *Istituzioni...*, cit., págs. 105 ss.; D'AMICO, *Diritto...*, cit., págs. 249 ss.; OSABA, E., *Gordianus rescripsit. Rescriptos de Gordiano III en materia dotal dirigidos a Mujeres*, Universidad del Pais Vasco, Zarautz, 2000, *passim*; KUPISZEWSKI, H., "Osservazioni sui rapporti patrimoniali fra i fidanzati nel diritto classico: «dos» e «donatio»", en *Scritti Minori*, Napoli-Paris, 2000, págs. 299 ss.; PÉREZ ÁLVAREZ, M.P., "Observaciones sobre el *privilegium exigendi* a favor de la mujer para la restitución de la dote", en *S.D.H.I.*, 69, 2003, págs. 611-622; BUIGUES OLIVER, *La posición...*, cit., págs., 77 ss.

[645] LONGO, G., "Sullo scioglimento del matrimonio per voluntà del «paterfamilias»", en *Ricerche romanistiche*, Milano, 1966, págs. 281 ss.; HÖLDER, *Die*

Y el fin contrario, afirma ASTOLFI, tendría la *ductio* ejercitada por el marido que ostentaba la *manus* sobre la esposa, ya que con ella tutelaba el matrimonio al reconducir a casa a la mujer que se había alejado y la sustraía de la influencia de quienes suscitaban discordia en la familia[646].

Por tanto, la asunción del domicilio del esposo sancionada por los antiguos *mores maiorum* se mantendrá en el periodo republicano y el mismo servirá de base para la regulación de otros institutos como el *usus*, a través del cual, el matrimonio y la *conventio in manum* se presentan como realidades diferenciadas tanto en su constitución como en su disolución.

Nuestra teoría viene confirmada por un pasaje recogido por GARCÍA GARRIDO, en el que Ulpiano nos dice que Quinto Mucio Escévola, cónsul en el año 95 a. C., fue el primero en considerar posible que una mujer, a quien se había dejado el uso de una casa, pudiera habitar en ella con su marido, a fin de que no se viera privada del matrimonio:

> D. 7.8.4§1 (Ulpianus *libro XVII. ad Sabinum*): *Mulieri autem si usus relictus sit, posse eam et cum marito habitare Quintus Mucius primus admisit, ne ei matrimonio carendum foret, quum uti vult domo. Nam*

---

romische Ehe, cit., pág. 29; CZYHLARZ, *Lehrbuch*..., cit., pág. 256; KARLOWA, *Römische Rechtsgeschichte*, II, pág. 181 n. 4; PEROZZI, *Istituzioni*..., I, cit., págs. 333-334; BRINI, *Matrimonio*..., I, cit., págs. 148-149 y II, cit., págs. 56-63 y págs. 165-166; COSTA, *Storia del diritto romano privato*..., cit., pág. 35; BUCKLAND, *A Text-Book*..., cit., pág. 103 y pág. 117; CLARK, *History*..., III, cit., pág. 81 y pág. 83; HUBER, *Der Ehekonsens*..., cit., pág. 24 y pág. 105; FERNÁNDEZ BAQUERO, *Repudium-Divortium*..., cit., págs. 351 ss.; NÚÑEZ PAZ, *Consentimiento*..., cit., págs. 118 ss.; FRANCIOSI, *Famiglia*..., cit., págs. 69-70; RUIZ FERNÁNDEZ, *El divorcio en Roma*, cit., pág. 47; WÄCHTER, *Über Ehescheidungen*..., cit., págs. 95-96 y págs. 153-156; ASTOLFI, *IL matrimonio*..., cit., pág. 92 y págs. 367 ss.; SCHULZ, *Principios*..., cit., pág. 222; AMUNÁTEGUI PERELLÓ, "El divorcio...", cit., pág. 42; idem, *Origen*..., cit., págs. 252 ss. Esta potestad es constatada con carácter general por Valerio Máximo, *Facta et dicta memorabilia*, 5.4.5 y, en materia matrimonial por Plauto, *Stichus*, 17 ss. y 58 ss. y por Ennio, *Trageodiae. Cresphontes*, 50.

[646] ASTOLFI, *Il matrimonio*..., cit., págs. 369.

ei contrarium quin uxor cum marito possit habitare; nec fuit dubitatum[647].

La cuestión que se planteaba, en opinión de García Garrido, era si la casa de la mujer podía considerase como *domicilium matrimonii*, cuando se consideraba así la del marido y, por tanto, que la mujer habitase en casa de éste "*nec fuit dubitatum*".

En el mismo sentido se pronuncia García Vázquez, para quien "que la esposa habitase la casa de su marido se había admitido siempre de manera indubitada, en la medida en que el mismo ostentaba la posición de cabeza de familia y se consideraba normal que las personas que de él dependían habitasen en el mismo lugar", mientras que a la mujer no le era reconocida dicha jefatura y, en consecuencia, hasta Mucio Quinto Escévola se debió negar a la mujer usuaria la posibilidad de que alguien habitara con ella[648].

El ejercicio de ese derecho de uso le obligaba, en consecuencia, a salir de la *domus* que compartía con su marido y que era concebida como el cotidiano espacio de la convivencia marital. Por ello, entiende Giunti, considerando que la ruptura de la cohabitación, que esa salida de la *domus* marital provoca, podía poner en peligro el matrimonio, Mucio Quinto Escévola retiene la posibilidad de extender también al esposo la facultad habitacional[649].

No obstante, a nuestro juicio, esta posibilidad que afirma Quinto Mucio Escévola y que comparte Ulpiano, no debe conducir a considerar que a partir del último siglo de la República el marido podía seguir

---

647 Cfr. Levy-Rabel, *Index Interpolationum*, I, cit., col. 101, sobre la corrección de "*cum uti*". García Garrido, *Ivs vxorivm...*, cit., pág. 88; idem, "La convivencia...", cit., págs. 667 ss.; Pugliese, G., *Usufrutto, Uso-Abitazione*, Torino, 1954, pág. 716; Scapini, N., "«Usus domus» e «Habitatio» nel diritto romano", en *Studi in onore di Giuseppe Grosso*, V, Torino, 1968, págs. 49 ss.; Beaucamp, J., *Le status de la femme à Byzance (4e - 7e siècle)*, Paris, 1990, pág. 270 n. 41; García Vázquez, C., *Contribución al estudio del usus, la habitatio y las operae servorum*, Cádiz, 1995, pág. 41; Giunti, *Consors Vitae...*, cit., pág. 164.

648 García Vázquez, *Contribución...*, cit., pág. 41. En el mismo sentido, con anterioridad, Scapini, "«Usus domus»...", cit., pág. 34 y págs. 50-52.

649 Giunti, *Consors Vitae...*, cit., pág. 164.

el domicilio de su esposa sino que, en ocasiones, el marido podía establecer el domicilio conyugal en un lugar distinto de su *domus* familiar, lo cual es perfectamente compatible con su domicilio relativo defendido por el jurisconsulto en otros pasajes que analizaremos *infra*.

Es cierto que en los últimos siglos de la República la esposa asume una mayor independencia del marido, gracias a la separación entre el matrimonio y la *conventio in manum* acentuada desde finales del siglo III a. C. con la evolución del antiguo repudio-sanción hacia una disolución marital fundada sobre la pérdida de la *affectio maritalis* del marido[650], esto

[650] Como muestra el divorcio de Spurio Carvilio Ruga en el año 230 a. C., señalado en las fuentes como el primero que se produjo en Roma (Dionisio de Halicarnaso, *Antiquitates Romanae*, 2.25.7; Valerio Máximo, *Facta et dicta memorabilia*, 2.1.4; 2.25.7; Plutarco, *Quaestiones romanae*, 16; 59; Aulo Gellio, *Noctes Atticae*, 4.3.1-2; 17.21.44, entre otras), no porque con anterioridad no hubieran existido divorcios (Valerio Máximo, *Facta et dicta memorabilia*, 2.9.2 y 6.3.129, nos relata dos casos precedentes), sino porque, como indica FERNÁNDEZ BAQUERO, *Repudium-Divortium...*, cit., págs. 312 ss., fue el primero motivado por el cese efectivo de la *affectio maritalis* que, ocultado bajo el pretexto de la esterilidad de la mujer, quedó dotado de una apariencia legal y moral, suficiente para evitar la nota censoria por un comportamiento injusto y arbitrario con su mujer, pero no para evitar la repulsa de la opinión pública, consciente de que el motivo alegado era una excusa que escondía la verdadera causa. Esa relevancia jurídica dada por el organismo de la *civitas* a la nueva concepción de disolución del matrimonio fundada sobre el cese de la *affectio maritalis* comportó que se sintiera la necesidad de establecer medidas acordes con la nueva situación, introduciéndose las *cautiones rei uxoriae* para la restitución de la dote. El divorcio de Spurio Carvilio Ruga ha sido, no obstante, objeto de distintas interpretaciones. Al respecto, entre otros, DEVILLA, *Il carattere...*, cit., págs. 305 ss., para quien fue el primer divorcio de un matrimonio *confarreatio* motivado por la infecundidad de la esposa; RASI, *Consensus facit nuptias*, cit., págs. 151 ss., para quien fue el primer divorcio *sine iusta causa*; BONFANTE, *Corso...*, I, cit., págs. 333-334, estima que se trata del primer divorcio porque impulsó la necesidad de establecer las *cautiones rei uxoriae* puesto que, excluida de toda culpa la mujer, no era justo que el marido conservase la dote; WATSON, A., "The Divorce of Carvilius Ruga", en *R.H.D.*, 33, 1965, págs. 38 ss.; HUMBERT, *Le rémariage à Rome...*, cit., págs. 132-133, para quienes fue el primero realizado a causa de la esterilidad de la mujer; BRINI, *Matrimonio...*, II, cit., págs. 1-46, págs. 158-163 y págs. 239-258, entre otras, postula que

es, el *divortium*[651] cuya iniciativa acabará siendo reconocida también a la mujer[652], con la aprobación de disposiciones tendentes a

---

fue el primer divorcio efectuado por la voluntad de ambos cónyuges; HUBER, *Der Ehekonsens...*, cit., págs. 124 ss., considera que fue el primero motivado por la infertilidad de la mujer; DELPINI, *Divorzio...*, cit., págs. 31 ss., opina que fue el primer divorcio sin motivo legítimo; RUIZ FERNÁNDEZ, *El divorcio en Roma*, cit., págs. 40-42, considera que el caso de Carvilio Ruga marca el inicio de los divorcios arbitrarios; GARDNER, *Women...*, cit., págs. 83-84; GIUNTI, *Consors Vitae...*, cit., págs. 107 ss.; AMUNÁTEGUI PERELLÓ, "La obligación...", cit., págs. 37 ss.; idem, "El divorcio...", cit., págs. 2 ss., y la bibliografía citada por ellos.

[651] Interesante en este sentido nos parece la distinción entre divorcio y repudio efectuada por FERNÁNDEZ BAQUERO, *Repudium-Divortium...*, cit., págs. 201-218. La autora parte del carácter jurídico-religioso del término *repudium* en la época monárquica, siendo "el medio de exteriorizar la repulsa a unos determinados comportamientos, realizados por la mujer, que afectaban a las normas morales del matrimonio y del propio grupo familiar donde se desenvolvía"; normas morales dotadas de carácter jurídico, dada la fusión entre el *ius* y el *fas*, "de ahí que esta forma de disolución respondiese al sacrificio (*piaculum*) que un comportamiento contra la norma jurídico-religiosa podía afectar a la *pax deorum*". Sin embargo, a medida que el *ius* se va separando del *fas*, el *repudium* va perdiendo esa impronta religioso-jurídica, pasando a ser regulado por los *mores* sociales cambiantes con la propia evolución de la moral romana. Con ello, se incrementan las causas del repudio y surge la necesidad de su regulación jurídica, siendo a partir del caso de Spurio Carvilio Ruga, cuando la sociedad romana comienza a reconocer ese cambio en la forma de disolver el matrimonio, cuyas causas emanan cada vez más de la voluntad conyugal, primero unilateral del marido y, con el tiempo, también unilateral de la mujer o de común acuerdo entre ambos. Surge así el término *divortium*, junto al cual, permanece el término *repudium* pero con un significado distinto que se confunde muchas veces con el propio significado de aquél. Desde este planteamiento, acepta la autora la opinión apuntada, entre otros, por BRINI, G., *Matrimonio e divorzio nel diritto romano, Parte terza, Il diritto romano nel divorzio*, Roma, 1975 (reimpresión anastática de la edición de Boloña, 1886-1888), págs. 35-51, relativa a que sólo a partir del citado caso de divorcio, cabe distinguir entre el acto causativo de la disolución (*repudium*) y el efecto o fin que produce (*divortium*). No obstante, la distinción entre repudio y divorcio no ha sido interpretada de forma unánime por la doctrina. Vid. al respecto, entre otros, RIVIER, *Précis...*, cit., pág. 222 n. 2; DI MARZO, *Lezioni...*, cit., págs. 71 ss.; RASI, *Consensus facit nuptias*, cit., págs. 156 ss.; CLARK, *History...*, III, cit., págs. 96-97;

favorecer los lazos cognaticios[653] y con la adquisición por parte de la mujer de una mayor capacidad jurídica que limitaba su dependencia respecto al grupo familiar[654].

SALVADORES POYAN, M., "Comentarios y crítica sobre el divorcio a través de la historia del derecho romano", en AA.VV., *Estudios jurídicos en homenaje al Profesor Ursicino Álvarez Suárez*, Madrid, 1978, págs. 446 ss.; FRANCIOSI, *Famiglia...*, cit., págs. 175 ss.; RUIZ FERNÁNDEZ, *El divorcio en Roma*, cit., págs. 23-26; CRINITI, *Imbecillus sexus...*, cit., pág. 40; WÄCHTER, *Über Ehescheidungen...*, cit., págs. 58-60; MANFREDINI, *Istituzioni...*, cit., pág. 102; AMUNÁTEGUI PERELLÓ, "El divorcio...", cit., págs. 2 ss.; RICART-MARTÍ, "La concepción...", cit., pág. 312.

652 Algún autor como OLÍS ROBLEDA, *El matrimonio...*, cit., pág. 258; BRINI, *Matrimonio...*, II, cit., pág. 224 y pág. 226; ASTOLFI, *Il matrimonio...*, cit., págs. 152-153; RUIZ FERNÁNDEZ, *El divorcio en Roma*, cit., págs. 44-45; AMUNÁTEGUI PERELLÓ, "El divorcio...", cit., págs. 2 ss., con apoyo en las obras de Plauto consideran que la mujer también pudo poner fin a la relación matrimonial a partir del siglo III a. C. No obstante, convenimos con FERNÁNDEZ-BAQUERO, *Repudium-Divortium...*, cit., págs. 346 ss., en que las obras de Plauto, incluso de Terencio pretenden parodiar una realidad social totalmente distinta, donde el divorcio se desarrollaba sólo a instancias del marido o del *paterfamilias* (Plauto, *Miles gloriosus*, 1164 ss.; *Menaechmi*, 720 ss.; Terencio, *Andria*, 567 ss.; *Hecyca*, 156-157; 477-481). Sólo en el último siglo de la República, el divorcio será permitido a la mujer y sin que la causa fuese necesariamente justificada. Al respecto, Cicerón, *ad familiares*, 8.7.2. En estos casos, como indica GRIMAL, *El amor...*, cit., pág. 94, eran las mujeres mismas las que abandonaban el domicilio conyugal y regresaban a la casa de sus padres.

653 Así por ejemplo, la *lex Cinia de donis et muneribus*, del año 204 a. C., permitió las donaciones a sobrinos o sobrinas (Cicerón, *De oratore*, 2.71.286). Asimismo la *Lex Furia testamentari* prohibió hacer legados superiores a 1.000 ases, salvo cuando se tratase, entre otras personas, de parientes cognados entre el sexto y el séptimo grado. Al respecto, GARCÍA GARRIDO, *Ivs vxorivm...*, cit., págs. 79 ss.; CASAVOLA, F., *Lex Cincia. Contributo alla storia delle origini della donazione romana*, Napoli, 1960, *passim*; ASTOLFI, *Il matrimonio...*, cit., pág. 39.

654 Como se desprende de la *lex Oppia* (año 215 a. C., derogada en el 195 a. C.), que les prohibió ponerse joyas en exceso y vestidos coloridos y de la *lex Voconia* (año 169 a. C.) que habría prohibido que las mujeres, excepto las vestales y la *Flaminica Dialis*, pudiesen recibir una herencia de un ciudadano romano censado en la primera clase y que, en general, pudiesen heredar un pa-

trimonio superior a 100.000 ases. Asimismo del surgimiento de las *cautiones rei uxoriae* y de la *actio rei uxoria* para recuperar la dote en caso de divoricio. Además, desde finales de la República, las mujeres buscaron subterfugios para eludir su incapacidad como prueba la *coemptio fiduciae tutelae*, a través de la cual se sometían a la tutela de un hombre de su confianza, o la *coemptio fiduciaria testamenti faciendi gratia*, que les brindaba la posibilidad de hacer testamento y a través de los pretores podían obtener la posesión de los bienes hereditarios. Al respecto, DEVILLA, *Il carattere...*, cit., págs. 324 ss.; COSTA, *Cicerone giurisconsulto*, I, cit., págs. 59 ss., págs. 69 ss. y págs. 225 ss.; FÖRTSCH, B., *Die politische Rolle der Frau in der römischen Republik*, Stuttgart, 1935, *passim*; GUARINO, A., "Lex Voconia", en *Labeo*, 28, 1982, págs. 188 ss.; idem, "«Minima de mulieribus»", en *Pagine di Diritto Romano*, II, Napoli, 1993, págs. 351 ss.; CULHAM, PH., "The Lex Oppia", en *Latomus*, 41, 1982, págs. 787 ss.; SIRAGO, V.A., *Feminismo a Roma nel Primo Imperio*, Roma, 1983, págs. 31 ss., págs. 103 ss. y págs. 123 ss.; PEPPE, *Posizione giuridica...*, cit., págs. 26 ss., págs. 42 ss. y págs. 52 ss., entre otras; CICCOTTI, E., *Donne e politica negli ultimi anni della repubblica romana*, Paris-Bonn, 1985, *passim*; GORIA, F., "Il dibattito sull'abrogazione della lex Oppia e la condizione giuridica della donna romana", en *Atti del convegno su "La donna nel mondo antico", a cura di R. Uglione, Torino, 21-23 di 1986*, Torino, 1987 págs. 265 ss.; CANTARELLA, *La calamidad ambigua*, cit., págs. 217 ss. y págs. 239 ss.; idem, *Pasado próximo...*, cit., págs. 107 ss. y págs. 119 ss.; BAUMAN, R.A., *Women and Politics in Ancient Rome*, London, 1992, págs. 33 ss.; CREMADES, *Catálogo de virtudes femeninas*, cit., págs. 72 ss., págs. 80 ss. y págs. 99 ss.; FRANCIOSI, *Famiglia...*, cit., pág. 73 y págs. 91 ss.; CROOK, J.A., "Women in roman succession", en AA.VV. (ed. B. Rawson), *The family in ancient Rome*, London, 1992, págs. 58 ss.; idem, "Feminine inadequacy and the «Senatusconsultum Velleianum»", en AA.VV. (ed. B. Rawson), *The family in ancient Rome*, London, 1992, págs. 83 ss.; FAYER, *La familia romana*, I, cit., págs. 515-556; GARDNER, *Women...*, cit., págs. 170 ss.; AGUDO RUIZ, *Abogacía y abogados...*, cit., págs. 212 ss.; ROMANO, *Matrimonium iustum...*, cit., págs. 85 ss.; JOHNSTON, *Roman Law in Context*, cit., págs. 39 ss.; ASTOLFI, *IL matrimonio...*, cit., págs. 269 ss.; SCHULZ, *Principios...*, cit., pág. 223 y pág. 230; DIXON, S., *Reading Roman Women*, London, 2001, págs. 69 ss.; VARELA MATEOS, E., "Los derechos hereditarios de las mujeres en los bienes de los libertos", en *R.G.D.R.* (*www.iustel.com*), nº 5, 2005, págs. 1 ss.; FERNÁNDEZ DE BUJÁN, A., "Reflexiones...(I)", cit., pág. 2; SANZ MARTÍN, "Estudio...", cit., págs. 1 ss.; BUIGUES OLIVER, G., "¿Protección o limitación de la actividad negocial de la mujer en el Senadoconsulto Veleyano?: un análisis de los textos jurisprudenciales", en *R.G.D.R.* (*www.iustel.com*), nº 15, 2010, págs. 1 ss.; idem, *La posición...*, cit., págs., 103 ss.

Pero a pesar de su mayor capacidad jurídica se encontraba todavía subordinada al marido y sólo a él, como nos indica ROUSSEL, correspondía determinar el lugar donde ubicar el domicilio conyugal, de tal forma que si decidía establecerlo en la casa cuyo uso le había sido legado a su mujer para que la misma pudiera usarla sin alterar la cohabitación conyugal, o incluso donde ésta tenía su *origo*, ello no puede ser interpretado en el sentido de que el marido siguiera el domicilio de la esposa sino que, en cualquier caso, la *uxor* seguía el domicilio de su marido y, al hacerlo, se podía encontrar *de facto* domiciliada incluso en el mismo lugar en el que tenía su domicilio con anterioridad al matrimonio[655].

Es decir, aunque la aplicación del régimen domiciliario de la mujer casada solía traducirse en un traslado fáctico a casa del marido donde generalmente se ubicaba el domicilio matrimonial, nada impedía al marido poder establecerlo en otro lugar. De ahí que, incluso en estos supuestos en los que el domicilio no se establecía en la casa marital, la esposa siguiera el domicilio de su marido.

La propia noción de *matrimonium* que, como señala D'ORS, A., considera la relación matrimonial desde el punto de vista del esposo que adquiere como mujer una *mater* para su casa (*ducit uxorem*=«se lleva una mujer legítima»)[656], el mantenimiento de la potestad dis-

---

[655] ROUSSEL, *Du domicile...*, cit., págs. 30-31 para el que la posibilidad de ubicar el domicilio de los esposos en la patria de la mujer (C. I. 10.39-40-.5) no puede ser entendida en el sentido de que el marido siguiera el domicilio de la esposa; CHAVANES, *Du Domicile*, cit., págs. 68-69; ARJAVA, *Women...*, cit., pág. 125, quien tras constatar el domicilio relativo de la esposa considera que, *de facto*, era posible que los esposos pudieran decidir de común acuerdo el lugar donde establecer su domicilio. Cfr. KRAUSE, J.U., *Witwen und Waisen im römischen Reich Reich I, Verwitwung und Wiederverheiratung*, 4 vols. (I. *Verwitwung und Wiederverheiratung*. II. *Wirtschaftliche und gesellschaftliche Stellung von Witwen*. III. *Rechtliche und soziale Stellung von Waisen*. IV. *Witwen und Waisen im frühen Chrstentum*), Stuttgart, 1994, vol. II, pág. 13: "Gleiches galt, wenn der Ehemann, was hin und wieder praktiziert wurde, im Haus seiner Frau gewohnt hatte".

[656] D'ORS, *Derecho Privado Romano*, cit., pág. 293. Por contra el término "*Nuptiae* (siempre en plural) se refiere a la situación de la mujer casada, pues sólo de la mujer se dice que es *nubilis* («casadera»), que *nubet* («se casa») o es *nupta* («casada»). Sobre los significados de *matrimonium* y *nuptiae*, BRINI,

ciplinaria del marido con independencia de la *manus* defendida por FRANCIOSI[657], las inscripciones funerarias que a finales del periodo republicano continúan resumiendo el ideal femenino, como recoge OTERO VIDAL, con la fórmula "*casta fuit, domum servavit, lanam fecit*" o designan a la mujer casada, como apunta CANTARELLA, con el término *domiseda*[658], así como la subsistencia, defendida por RAGE-BROCARD, de la *deductio in domum* incluso cuando el domicilio conyugal se estableciera en casa de la mujer[659], confirman dicha situación de subordinación y apoyan el régimen domiciliario aquí expuesto, sobre todo si se tienen en cuenta que, como precisa THOMAS, ya en este momento se desvinculaba de las ataduras sociales que el omnicomprensivo término *domus* representaba (propiedad familiar, casa ancestral…), la designación del lugar de residencia principal, con independencia de las

---

Matrimonio…, I, cit., págs. 146-148; DAZA MARTÍNEZ, "«Nuptiae» et «matrimonium»…", cit., págs. 57 ss.; ORTEGA CARRILLO DE ALBORNOZ, A., "Precisiones terminológicas: Nupcias y Matrimonium", en *R.G.D.R.* (*www.iustel.com*), nº 5, 2005, págs. 1 ss.; idem, *Terminología…*, cit., pág. 11 y pág. 13; FERNÁNDEZ DE BUJÁN, A., "Reflexiones…(I)", cit., pág. 1; idem, *Derecho Privado…*, cit., págs. 253 ss.; RICART-MARTÍ, "La concepción…", cit., pág. 304, identifica matrimonio con maternidad legal.

657 FRANCIOSI, *Famiglia…*, cit., pág. 166. En el mismo sentido BONFANTE, *Instituciones…*, cit., págs. 186-187; BRINI, *Matrimonio…*, I, cit., págs. 152-153; ASTOLFI, *Il matrimonio…*, cit., págs. 1 ss.; RIZZELLI, *Le donne…*, cit, pág. 19.

658 OTERO VIDAL, M., "«Casta fuit, lanam fecit»", en AA.VV. (Coord. M.D. Verdejo Sánchez), *La condición de la mujer a través de los textos latinos*, Málaga, 1992, pág. 128; PARIBENI, *La famiglia romana*, cit., págs. 35 ss.; CANTARELLA, *La calamidad ambigua*, cit., págs. 216 ss. y pág. 225; FRANCIOSI, *Famiglia…*, cit., pág. 167 n. 118; TREGGIARI, *Roman marriage…*, cit., págs. 243 ss.; FISCHLER, S., "Social Stereotypes and Historical Analysis: The Casa of the Imperial Women at Rome", en AA.VV. (Ed. L.J. Archer-S. Fischler-M. Wyke,), *Women in Ancient Societies*, London, 1994, págs. 117 ss.; LARSSON LOVÉN, L., "«Lanam fecit»", en AA.VV. (Ed. L. Larsson Lovén y A. Strömberg), *Aspects of Women in Antiquity*, Jonsered, 1998, págs. 85 ss.; CRINITI, *Imbecillus sexus…*, cit., pág. 41; MARTÍNEZ MONTERO, R.P., "Hilvanando atributos femeninos en la antigua Roma", en *S.D.H.I.*, nº 79.1, 2013, págs. 305-324. C.I.L., I. 1007; VI. 15346.

659 RAGE-BROCARD, *Rites de mariage…*, cit., pag. 111, quien precisa que en este supuesto la *deductio* se practicaría pero no se observaría los ritos que normalmente la acompañaban.

modalidades jurídicas de la habitación y de toda propiedad techada o fundiaria, esto es, el *domicilium*: "Le fait résidentiel était considéré en lui même, en dehors des modalités juridiques de l'habitatio, en dehors notamment de toute attache patrimoniale"[660].

No obstante, las nuevas circunstancias de los últimos siglos de la República, reflejaban un proceso de decadencia en las antiguas costumbres religiosas y morales[661] y su insuficiencia para regular la institución matrimonial y, más concretamente, el régimen domiciliario de la esposa lo que motivará el surgimiento de la legislación matrimonial de Augusto[662] y la posterior configuración legal del domicilio relativo de la *uxor*.

---

660 THOMAS, *«Origine» et «Commune Patrie»...*, cit., págs. 34 ss., especialmente pág. 40. Cfr. D. 50.16.23; D. 47.10.5§2 y §5, en relación con la *Lex Cornelia de iniuriis*; *Lex Urxoneris*, cap. 98, entre otros. Ciertamente, como tuvimos oportunidad de exponer en LÓPEZ HUGUET, "Un estudio sobre la configuración jurídica del término *domicilium* en Derecho romano", cit., págs. 1 ss., esta evolución se observa ya claramente en el siglo II a.C.

661 Prueba de ello es la entrega de algunas mujeres a una vida disoluta, entre fiestas orgiásticas, como muestra el episodio de las Bacanales (año 186 a. C.) relatado por Livio (*Ab urbe condita*, 29.18.6; 40.37.4-5). Sobre el mismo y su interpretación, entre otros, HERRMANN, C., *Le rôle judiciaire et politique des femmes sous la république romaine*, Bruxelles, 1964, págs. 48 ss.; PRIETO, A.-SANHUJA, M.E., "El papel de la mujer en las Bacanales romanas", en *Memorias de Historia Antigua*, V, 1981, págs. 143-151; GRUEN, E.S., *Studies in Greek culture and Roman policy*, Leiden-New York-København-Köln, 1990, págs. 34 ss.; PAILLER, J.M., *Baccanalia: la repression de 186 av. J. C. à Rome et en Italie: vestiges, images, tradition*, Roma, 1988, *passim*; idem, "Les Bacchanales: une affaire de famille", en AA.VV., *Parenté et stratégies familiales dans l'Antiquité romaine*, Paris-Rome, 1990, págs. 77 ss.; WULFF ALONSO, F., *Romanos e Itálicos en la Baja República*, Bruxelles, 1991, págs. 108 ss.; FRANCIOSI, *Clan gentilizio...*, cit., págs. 17 ss.; BAUMAN, *Women and Politics...*, págs. 35 ss.; GRIMAL, *El amor...*, cit., págs. 47 ss.; CANTARELLA, *Pasado próximo...*, cit., págs. 99 ss.; HÄNNINEN, M.L., "Conflicting descriptions of women's religious activity in Mid-Republican Rome: Augustan narratives about the arrival of Cybele and the Bacchanalia scadal", en AA.VV. (Ed. L. Larsson Lovén y A. Strömberg), *Aspects of Women in Antiquity*, Jonsered, 1998, págs. 111 ss.

662 En este sentido, FERNÁNDEZ BAQUERO, *Repudium-Divortium...*, cit., pág. 156; CANTARELLA, *La calamidad ambigua*, cit., pág. 220. Sobre otras cau-

4. NECESIDAD DE DOTAR DE COBERTURA LEGAL AL DOMICILIO OBLIGATORIO DE LA *UXOR* DURANTE EL IMPERIO: LA MAYOR INDEPENDENCIA DE LA MUJER

Como señalábamos en el apartado precedente, desde finales de la República la posición de subordinación de la *uxor* se irá atenuando frente a la adquisición de nuevos derechos y el debilitamiento de los vínculos agnaticios y, con ello, la limitación de las potestades paternales y maritales.

Sin embargo, como hemos visto, a pesar de las nuevas condiciones en que la mujer ingresaba en el vida matrimonial, sólo en línea de principio el matrimonio podía ser concebido como una unión paritaria y esa falta de igualdad también se desprende de la legislación matrimonial de Augusto[663].

---

sas que justifiquen la legislación de Augusto, como su deseo de frenar el descenso de la natalidad entre las clases altas y recuperar la pureza de la vieja aristocracia, SIRAGO, *Femminismo a Roma*, cit., págs. 107 ss.; GÓMEZ RUIZ, *El divorcio y las Leyes augusteas*, cit., págs. 10 ss.; HUMBERT, M., "L'individu, l'État: quelle stratégie pour le mariage classique?", en AA.VV., *Parenté et stratégies familiales dans l'Antiquité romaine*, Paris-Rome, 1990, págs. 173 ss.; FRANCIOSI, *Clan gentilizio...*, cit., págs. 47 ss.; GRIMAL, *EL amor...*, cit., págs. 11 ss. y págs. 187 ss.; SCHULZ, *Principios...*, cit., págs. 143 ss.; ORTEGA CARRILLO DE ALBORNOZ, *Terminología...*, cit., pág. 23.

[663] Gracias a ella se permitió a la mujer que tuviera una cierta descendencia liberarse de la tutela, se limitaron los poderes maritales sobre la dote, se concedió a la mujer el derecho de poder acusar a su marido por el delito de adulterio, el cual ya no tenía derecho a matar a la esposa adúltera y aunque el *paterfamilias* sí podía ejercitar dicho *ius occidendi*, el mismo fue limitado a través de la previsión de una minuciosa casuística. Pero la esposa continuaba en una posición de desventaja ya que sólo el marido tenía la facultad y obligación de repudiarla para no ser acusado del crimen de lenocinio, incluso antes de que hubiese sido condenada por adulterio y sólo él podía prohibirle contraer un nuevo matrimonio. Del mismo modo, la falta de igualdad se observa en la prohibición establecida por la *Lex Iulia de maritandis ordinibus* que impedía a los ingenuos desposarse con una mujer *in adulterio deprehensa*. Sobre la legislación matrimonial de Augusto, REIN, *Das Kriminalrecht...*, cit., págs. 839 ss.; ESMEIN, A., "Le délit d'adultère à Rome et la loi Julia de adulteriis", en *Mélanges d'histoire du droit et de critique. Droit*

romain, Paris, 1886, págs. 71 ss.; HARTMANN, G., s.v. «adulterium», en *P.W.R.E.*, 1.1, Stuttgart, 1894, col. 432; ROTONDI, *Leges publicae...*, cit., págs. 445-447; CORBETT, P.E., *The Roman Law of marriage*, Oxford, 1930 (reimpresión Aalen, 1979), págs. 234 ss.; FERRUCCIO FALCHI, *Diritto Penale Romano*, I, págs. 107 ss.; SOLAZZI, S., "Sui divieti matrimoniali delle leggi augustee", en *Scritti di Diritto Romano*, IV (1838-1947), Napoli, 1955, págs. 81 ss.; BANDINI, V., "Appunti in temas di adulterio", en *Studi in memoria di U. Ratti*, Milano, 1934, págs. 494 ss.; VOLTERRA, E., "Per la storia del delito di bigamia in diritto romano", *en Studi in memoria di U. Ratti*, Milano, 1934, págs. 389 ss.; FERRINI, *Diritto Penale Romano*, cit., págs. 361 ss.; DELPINI, *Divorzio...*, cit., págs. 33 ss.; CORSANEGO, C., *La repressione romana dell'adulterio*, Roma, 1936, *passim*; CHIAZZESE, s.v. «adulterio (diritto romano)», cit., págs. 322 ss.; THOMAS, J.A.C., "La lex Iulia de adulteriis", en *Études Macqueron*, Aix-en-Provence, 1970, págs. 637 ss.; BRANCA, s.v. «adulterio», cit., págs. 620 ss.; VITALI, P.G., "Premesse romanistiche a un studio dell'«impedimentum criminis» (Adulterio e divieti matrimoniali)", en *Studi in onore di Gaetano Scherillo*, I, Milano, 1972, págs. 275 ss.; DAUBE, D., "The Lex Iulia concerning Adultery", en *Irish Jurist*, 7, 1972, págs. 373 ss.; RABELLO, A.M., "Il 'ius occidendi iure patris' della 'Lex Iulia de Adulteriis Coercendis' e la 'vitae necisque potestas' del 'paterfamilias'", en *Atti del Seminario Romanistico Internazionale Perugia-Todi-Spoleto*, Perugia, 1972, págs. 228-242; FALCÃO, M., *Las prohibiciones matrimoniales de carácter social en el Imperio Romano*, Pamplona, 1973, págs. 10 ss.; GAUDEMET, "Justum matrimonium", cit., págs. 236 ss.; FERNÁNDEZ BAQUERO, *Repudium-Divortium...*, cit., págs. 351 ss.; GÓMEZ RUIZ, *El divorcio y las Leyes augusteas*, cit., págs. 17 ss., págs. 69 ss. y págs. 115 ss.; ÁLVAREZ DE CIENFUEGOS, "Algunas observaciones...", cit., págs. 565 ss.; GIUNTI, *Adulterio e leggi regie...*, cit., págs. 223 ss.; CANTARELLA, E., "Adulterio, omicidio legittimo e causa d'onore in diritto romano", en *Studi in onore di Gaetano Scherillo*, I, Milano, 1972, págs. 243 ss.; ANKUM, H., "La «sposa adultera». Problemes concernant l'«accusatio adulteriis» en droit romain classique", en *Estudios de derecho romano en honor de Álvaro D'Or*s, I, Pamplona, 1987, págs. 161 ss.; RUSSO RUGGERI, C., "Qualche osservazione in tema di 'ius occidendi ex lege iulia de adulteriis coercendis'", en *B.I.D.R.*, 92-93, 1989-1990, págs. 93-120; NARDI, E., "Sui divieti matrimoniali delle leggi Augustee", en *Scritti Minori*, I, Bologna, 1991, págs. 261 ss.; TREGGIARI, *Roman marriage...*, cit., págs. 60 ss.; LAMBERTINI, R., "Ancora sui legittimati a uccidere 'iure patris ex lege Iulia de Adulteriis'", en *S.D.H.I.*, 58, 1992, págs. 362-375; GUARESCHI, A., "Le note di Marciano ai «de adulteriis libri duo» di Papiniano", en *Index*, 21, 1993, págs. 453 ss.; GUARINO, "Studi sull'incestum", cit., págs. 182 ss.; ASTOLFI, R., *La lex Iulia et Papia*, Milano, 1996, *passim*; CAMACHO DE LOS RÍOS, *La infamia...*, cit., págs. 119 ss.; RIZZELLI, G., *Lex Iulia de adulteriis. Studi sulla disciplina di adulterium, lenocinium, stuprum*, Bari, 1997, *passim*; idem, *Le donne...*,

Por otro lado, aunque tenemos algunos ejemplos de figuras femeninas implicadas en los asuntos y en la vida política de sus maridos o que desarrollaron "oficios viriles" como la abogacía y, a pesar de su mayor capacidad jurídica, como constata Cantarella, las normas jurídicas eran establecidas por los hombres, por lo que no les fue difícil excluirlas de las "tareas masculinas" y reservarse la participación en el gobierno y administración del Imperio[664].

---

cit., págs. 41 ss.; Spagnuolo Vigorita, T., *Casta domus. Un seminario sulla legislazione matrimoniale augustea*, Napoli, 1998, *passim*; Arends Olsen, *La femme...*, cit., págs. 143 ss.; Panero Oria, P., *Ius occidendi et ius accusandi en la lex Iulia de adulteriis coercendis*, Valencia, 2001, *passim*; Licandro, *Domicilium habere...*, cit., págs. 155 ss.; Wolf, "Die lex Iulia de adulteriis coercendis", cit., pp. 47-66; Fernández de Buján, A., "Reformas legislativas de Augusto", en *R.G.D.R.* (*www.iustel.com*), nº 23, 2014; Sanna, M.V., "Dal <ius vitae ac necis> di una <lex regia> al <ius occidendi> della <lex Iulia de adulteriis>. Note e interrogativi", en *Iuris Antiqui Historia*, 6, 2016, pp. 11-36. Cfr., entre otros, Schulz, F., *Derecho Romano Clásico*, trad. Santa Cruz Tejeiro, Barcelona, 1960, pág. 110; idem, *Principios...*, cit., pág. 216; Carcopino, *La vida cotidiana...*, cit., pág. 119, quienes defienden que los esposos en el derecho clásico son considerados en plano de absolta igualdad.

664 D. 50.17.2 (Ulpianus *libro I. ad Sabinum*). Cantarella, *La calamidad ambigua*, cit., pág. 277; idem, *Pasado próximo...*, cit., págs. 132 ss. y págs. 189 ss.; Peppe, *Posizine giuridica...*, cit., págs. 97 ss.; Castresana, *Catálogo de virtudes femeninas*, cit., pág. 36 y págs. 50 ss.; Grimal, *El amor...*, cit., págs. 215 ss.; Arjava, *Women...*, cit., págs. 233 ss.; Rizzelli, *Le donne...*, cit., págs. 31 ss.; Rodríguez López, R., "La mujer y el régimen de la prisión por deudas", en *Estudios de Derecho romano en memoria de Benito María Reimundo Yanes*, II, Burgos, 2000, págs. 327 ss.; Nicosia, *Institutiones...*, cit., págs. 78-80; Criniti, *Imbecillus sexus...*, cit., págs. 25 ss.; D'Amico, *Diritto...*, cit., pág. 108; Schulz, *Principios...*, cit., págs. 229-230. Además los jurisitas consideraron que, en derecho, las mujeres eran en muchos aspectos inferiores a los hombres, circunstancia por la que Ranz, B., "Valère Maxime VIII, III. Des avocates à Rome?", en *R.I.D.A.*, 3, 1986, págs. 179-188, niega que se pueda hablar de una emancipación real de la mujer romana. En el mismo sentido se pronuncia Agudo Ruiz, *Abogacía y abogados...*, cit., págs. 212 ss., en cuya opinión las importantes limitaciones de la mujer en la actividad social, incluido el ejercicio de la abogacía, responden a una vieja tradición romana: "En general la sociedad romana había mantenido firmes algunos principios fundamentales, más allá de los cuales no podía avanzar la emancipación femenina. Entre éstos figuraba todo lo que tenía que ver con los *officia publica* y *civilia* que formaba parte de los

La situación atenuada pero todavía de subordinación en la que se encontraba la mujer y el deseo de Augusto de recuperar una continuidad ideal con el antiguo derecho, comportó el mantenimiento del domicilio relativo de la *uxor* sancionado por las primitivas costumbres las cuales, afirma ROMANO, continuaron regulando junto a las nuevas leyes la comunidad de vida en que se traducía el matrimonio[665].

Así nos los describe Modestino en un pasaje que, pese a las críticas sobre su autenticidad, como indica FERNÁNDEZ DE BUJÁN, A., es aplicable, en su esencia, a la época clásica:

---

virilia officia, tareas que sólo los hombres, por definición, estaban en disposición de realizar". Al respecto, cfr. D. 1.5.9; D. 3.1.1§5; D. 50.17.2 pr; C. I. 2.13(12).4; C. I. 2.13(12).18; C. I. 2.13(12).21; C. I. 2.55.6. Algunos ejemplos de mujeres que cumplieron un importante papel en la vida política desde los siglos finales de la República y los primeros del Imperio en SIRAGO, *Femminismo a Roma*, cit., págs. 55 ss.; HALLETT, *Fathers and Daughters*..., cit., págs. 6 ss., págs. 35 ss., págs. 62 ss., págs. 211 ss. y págs. 263 ss., quien pone de manifiesto la contradicción existente entre su legal prohibición y formal exclusión de la participación política y la influencia que, *de facto*, tuvieron en la vida política y social romana; BAUMAN, *Women and Politics*..., cit., págs. 41 ss.; FISCHLER, "Social Stereotypes...", cit., págs. 121 ss., quien constata la influencia que a través de cauces informales tuvieron algunas mujeres pertenecientes a la *nobilitas*; CARCOPINO, *La vida cotidiana*..., cit., págs. 119 ss.; CID LÓPEZ, R.M., "La presencia femenina en los cultos cívicos de la religión romana imperial. El caso de las *flaminicae-divae*", en AA.VV., *Ritual y conciencia cívica en el Mundo Antiguo*, Madrid, 1995, págs. 95 ss.; ØKLAND, J., "«In publicum procurrendi»: Women in the public space of roman Greece", en AA.VV. (Ed. L. Larsson Lovén y A. Strömberg), *Aspects of Women in Antiquity*, Jonsered, 1998, págs. 127 ss.

665 ROMANO, *Matrimonium iustum*..., cit., págs. 22. D. 14.1.3§1. La restauración a través de la ley del orden moral perdido ha sido apuntada también por GÓMEZ RUIZ, *El divorcio y las Leyes augusteas*, cit., págs. 14-15, para quien Augusto pretendió, a través de la ley, transformar en deberes jurídicos aquéllos que antes eran tan sólo deberes morales; SPAGNUOLO VIGORITA, *Casta domus*..., cit., págs. 24 ss., para quien Augusto prentendió poner fin a la turbación y olvido de los antiguos valores. La pervivencia de la costumbre en algunos aspectos del matrimonio ha sido defendida también por DE MARTINO, *Individualismo*..., cit., pág. 16. Así se observa por ejemplo, en D. 29.1.15. Sobre la costumbre en el derecho imperial, junto a la bibliografía citada en n. 618, vid., BOVE, L., *La consuetudine in diritto romano, I, Dalla Repubblica all'età dei Severi*, Napoli, 1998, págs. 48 ss.

D. 23.2.1 (Modestinus *libro I. Regularum*): *Nuptiae sunt coniunctio maris et feminae et consortium omnis vitae, divini et humani iuris communicatio*[666].

---

[666] *Institutae Iustiniani*, 1.9.1. FERNÁNDEZ DE BUJÁN, A., "Reflexiones... (I)", cit., págs. 1-2; idem, *Derecho Privado...*, cit., págs. 254 ss. La originalidad de este pasaje ha sido criticada por algunos autores como SIBER, *Römisches Recht...*, II, cit., pág. 509; SOLAZZI, S., "«Consortium omnis vitae»", en *Scritti di Diritto Romano*, III, Napoli, 1955, págs. 313 ss.; BONFANTE, *Corso...*, I, cit., págs. 263 ss.; LONGO, "Riflessioni critiche in tema di matrimonio", cit., págs. 2357 ss. Al respecto, LEVY-RABEL, *Index Interpolationum*, II, cit., col. 43. No obstante, la mayor parte de los autores consideran que el pasaje recoge la definición clásica del matrimonio, una defineión válida incluso para una momento anterior y que continuaba vigente en el derecho postclásico. Al respecto, ALBERTARIO, E., "La definizione di matrimonio secondo Modestino", en *Studi di Diritto Romano*, I, Milano, 1933, págs. 179 ss.; PARIBENI, *La famiglia romana*, cit., pág. 21; OLÍS ROBLEDA, *El matrimonio...*, cit., págs. 73 ss.; DI MARZO, *Lezioni...*, cit., págs. 1 ss.; VOLTERRA, s.v. «matrimonio (Diritto romano)», cit., págs. 753 ss.; BRINI, *Matrimonio...*, I, cit., págs. 26-36; BUCKLAND, *A Text-Book...*, cit., pág. 106; idem, *A Manual...*, cit., págs. 70-71; FERNÁNDEZ BAQUERO, *Repudium-Divortium...*, cit., págs. 101 ss.; NÚÑEZ PAZ, *Consentimiento...*, cit., págs. 25 ss.; GAUDEMET, "Justum matrimonium", cit., págs. 310 ss.; KASER, M., *Derecho Romano Privado* (trad. J. Santa Cruz Tejeiro), Reus, 1982, págs. 256-257; FALCÃO, *Las prohibiciones...*, cit., pág. 6 n. 2; LÓPEZ ROSA, "Familia y matrimonio...", cit., págs. 420 ss.; ASTOLFI, *Il matrimonio...*, cit., pág. 370; MANFREDINI, *Istituzioni...*, cit., págs. 97 ss.; VENTURA SILVA, S., *Derecho Romano*, México, 2000, págs. 129 ss.; ORTEGA CARRILLO DE ALBORNOZ, *Terminología...*, cit., págs. 19 ss.; BACCARI, "Matrimonio...", cit., págs. 145 ss.; RICART-MARTÍ, "La concepción...", cit., pág. 306; QUADRATO, R., "«Maris atque feminae coniuctio»: «matrimonium» e unione de fatto", en Index, 38, 2010, pp. 223-252; MCGINN, T.A.J., "The Law of Roman Marriage in Late Antiquity", en *Iura*, 62, 2014, págs. 208-250; ROPERTO, R., "Matrimonio e diritto classico", en *Index*, nº 41, 2013, págs. 322-332; BUENO DELGADO, J.A. "Algunas consideraciones en torno a las influencias cristianas en la legislación matrimonial del emperador Justiniano I", en *R.G.D.R.* (*www.iustel.com*), nº 23, 2014, págs. 1 ss.; BUIGUES OLIVER, *La posición...*, cit., págs. 32 ss. BUIGUES OLIVER, *La posición...*, cit., págs., 32 ss. Debemos precisar que, como señalan entre otros ORESTANO, *La struttura...*, cit., pág. 221; RASI, *Consensus facit nuptias*, cit., págs. 77 ss. o HUBER, *Der Ehekonsens...*, cit., págs. 24 ss., la definición no hace referencia al surgimiento del vínculo sino a su desarrollo.

Es en esa *communicatio humani iuris* donde se inserta la asunción por parte de la esposa de la condición social y del domicilio de su marido ya que, en palabras de ARJAVA, a pesar de que en el derecho clásico los esposos pertenecían a familias distintas y sus propiedades permanecían separadas como consecuencias de la no entrada de la *uxor* bajo la *manus* del marido, los juristas no podían disgregar totalmente su relación íntima en la medida en que el matrimonio formaba una entidad social en virtud de la cual el *status* social de la esposa y su domicilio seguían a los de su marido[667].

Sin embargo, aunque en tales efectos se puede advertir, como indica ROBLEDA, la *auctoritas maritalis*, expresión de la insinuada relación de superioridad del marido en esa comunidad de vida[668], el incremento durante los siglos I y II d. C., de las que CANTERELLA[669]

---

[667] ARJAVA, *Women...*, cit., págs. 124-125. La asunción en el derecho clásico del domicilio y del rango social del esposo por efecto del matrimonio ha sido apuntada, con carácter general, por RIVIER, *Précis...*, cit., págs. 175-176; KARLOWA, *Römische Rechtsgeschichte*, II, cit., págs. 180-181; GAUDEMET, J., "Aspetti comunitari del regime matrimoniale romano", en *R.I.S.G.*, 36, 1961, págs. 451-452; BRINI, *Matrimonio...*, I, cit., pág. 163; DELPINI, *Divorzio...*, cit., pág. 100; GUARINO, A., *Profilo del Diritto Romano*, Napoli, 1994, pág. 133; DALLA, D.-LAMBERTINI, R., *Istituzioni di Diritto Romano*, Torino, 1996, pág. 112; GUZMÁN BRITO, *Derecho Privado Romano*, I, cit., pág. 341; MANFREDINI, *Istituzioni...*, cit., pág. 105; VENTURA SILVA, *Derecho Romano*, cit., pág. 133; FERNÁNDEZ DE BUJÁN, A., "Reflexiones...(I)", cit., pág. 2; idem, *Derecho Privado...*, cit., págs. 254 ss. La asunción del domicilio del marido, no implica necesariamente una cohabitación permanente en casa del esposo, como parece señalar CROOK, "«His and Hers»...", cit., págs. 154 ss., sino que es compatible con periodos de ausencia de convivencia, como veremos *infra*. No obstante, convenimos con GIUNTI, *Consors Vitae...*, cit., págs. 145 ss., en que las fuentes muestran un desinterés por la lejanía del marido, mientras insisten, sin embargo, en la presencia de la mujer en la *domus*.

[668] OLÍS ROBLEDA, *Il matrimonio...*, cit., págs. 236-237.

[669] CANTARELLA, *La calamidad ambigua*, cit., págs. 242 ss. Sobre la emancipación de la mujer vid., junto a la bibliografía citada en n. 654, SIRAGO, *Femminismo a Roma*, cit., págs. 123 ss.; DEL CASTILLO, A., *La emancipación de la mujer romana en el siglo I. d. C.*, Granada, 1976, *passim*; FAU, G., *L'émancipation feminine dans la Rome antique*, Paris, 1978, *passim*; LÓPEZ-AMOR, M., "La mujer romana a través de la sátira VI de Juvenal", en AA.VV., *Estudios en homenaje al profesor Juan Iglesias*, III, Madrid, 1988,

ha denominado "mujeres emancipadas" y su mayor independencia y capacidad jurídica[670] comportó la necesidad de reforzar la antigua costumbre que les hacía seguir el domicilio de su marido, otorgándole configuración legal[671], dando así mayor claridad tanto a su partici-

---

págs. 1475 ss.; GAUDEMET, "Le statut...", cit., págs. 225 ss.; RODRÍGUEZ LÓPEZ, "La mujer...", cit., págs. 327 ss.; CARCOPINO, *La vida cotidiana...*, cit., págs. 109 ss.; CREMADES, *Catálogo de virtudes femeninas*, cit., págs. 80 ss. y págs. 99 ss.; GARDNER, *Women...*, cit., págs. 257 ss.; DUCOS, *Roma e il diritto*, cit., págs. 55 ss.; CID LÓPEZ, "La presencia femenina...", cit., págs. 95 ss.; ARJAVA, *Women...*, cit., págs. 84 ss., págs. 94 ss. y págs. 237 ss.; MARTÍNEZ MONTERO,"Hilvanando atributos femeninos...", cit., págs. 305-324.

[670] Por ejemplo, durante el Principado se estableció la práctica de que el marido le dejara elegir tutor. Bajo Claudio despareció la tutela legítima sobre las mujeres ingenuas y a partir de Constantino desapareció la tutela femenina. Asimismo, en caso de indignidad del marido, la mujer pudo obtener la custodia de los hijos. Con Adriano la madre de tres hijos podía heredar de ellos. En el 178 un s.c. *Orfitianum* estableció que los hijos pudiesen suceder a la madre con preferencia a los hermanos de ella y a otros agnados. Y Justiniano permitió que la madre sucediera a los hijos con independencia del *ius liberorum*. Asimismo en el año 390 las viudas fueron admitidas en la tutela sobre los hijos y nietos, si bien en el caso de que faltasen tutores legítimos y testamentarios y a condición de que no se casaran de nuevo. Y Justiniano extendió este derecho de tutela también a la madre natural. Al respecto, vid., bibliografía citada en nota precedente. Recientemente sobre el tema, OBARRIO MORENO, J.A., *Estudios de tradición romanística: tutela y curatela*, Dykinson, 2011.

[671] De domicilio legal hablan TREGGIARI, *Roman marriage...*, cit., pág. 415; GARDNER, *Women...*, cit., pág. 68; ARJAVA, *Women...*, cit., pág. 124. De domicilio necesario, SAVIGNY, *Sistema...*, VI, cit., pág. 156; ANCELLE, *Du Domicile*, cit., pág. 54; CHAVANES, *Du Domicile*, cit., pág. 65; D'ORS, *Epigrafía...*, cit., pág. 153; GUZMÁN BRITO, *Derecho Privado Romano*, I, cit., pág. 287. De domicilio obligatorio, ROUSSEL, *Du domicile...*, cit., pág. 30. De domicilio dependiente, GASPARD, *Recherches sur l'incolat...*, cit., págs. 15. Cfr., DE RUGGIERO, *La patria...*, cit., pág. 182, considera que el domicilio de la mujer no es de naturaleza obligatoria sino condicionado por el matrimonio, en virtud del cual asume el domicilio del marido; TEDESCHI, "Contributo...", cit., págs. 233-234, duda sobre que el domicilio de la mujer derive de la ley. A nuestro juicio, no cabe duda que el ordenamiento recogió y sancionó la costumbre del domicilio obligatorio de la mujer, siendo ajena a los romanos esta polémica terminológica que carece de relieve sustantivo.

pación en los *munera*[672], cuanto a la jurisdicción a la que quedaban sometidas.

Encontramos la primera referencia legal al domicilio relativo de la *uxor*, como señala SAVIGNY, en un fragmento de Papirio Justo en el que se recoge un rescripto de los emperadores Antonino y Vero, en virtud del cual se dispuso que la mujer, mientras estuviera casada, sería considerada habitante de la misma ciudad de la que lo era su marido y no estaría obligada a los *munera* de su ciudad de origen:

> D.50.1.38§3 (Papirius Iustus *libro II. De Constitutionibus*): *Item rescripserunt (imperatores Antoninus et Verus), mulierem, quamdiu nupta est, incolam eiusdem civitatis videri, cuius maritus eius est, et ibi, unde originem trahit, non cogi muneribus fungi*[673].

El mismo régimen domiciliario, como recoge BEAUCAMP, es confirmado por el emperador Filipo, al prescribir que si una mujer

---

[672] Sobre las obligaciones de las mujeres en materia fiscal, ABBOTT-JOHNSON, *Municipal administration...*, cit., págs. 84 ss.; KLINGENBERG, G., "Die Frau im römischen Abgaben- und Fiskalrecht", en *R.I.D.A.*, 30, 1983, págs. 141 ss.; SIRKS, "Munera publica...", cit., págs. 79 ss.; ARJAVA, *Women...*, cit., págs. 250 ss.

[673] Cfr. LEVY-RABEL, *Index Interpolationum*, III, cit., col. 572, quienes no señalan ninguna alteración en el texto. SAVIGNY, *Sistema...*, VI, cit., pág. 156 n. (r). La asunción del domicilio del marido con apoyo en este pasaje ha sido defendido, entre otros, por ANCELLE, *Du Domicile*, cit., pág. 54; GASPARD, *Recherches sur l'incolat...*, cit., pág. 17; CHAVANES, *Du Domicile*, cit., pág. 65 y pág. 68; RIVIER, *Précis...*, cit., págs. 175-176 y p. 178; KARLOWA, *Römische Rechtsgeschichte*, II, cit., pág. 185 n. 1; DE RUGGIERO, *La patria...*, cit., pág. 64 y pág. 182; BRUGI, *Istituzioni...*, cit., pág. 71; OLÍS ROBLEDA, *El matrimonio...*, cit. pág. 237; VISCONTI, "Note preliminari sul «domicilium»...", cit., pág. 432, precisa que se trata de una norma legislativa; LEVY, *Pauli Sententiae...*, cit., pág. 8; BONFANTE, *Corso...*, I, cit., pág. 282; BURDESE, s.v. «domicilio (Diritto romano)», cit., pág. 838; LANGHAMMER, *Die rechtliche...*, cit., pág. 30; SALGADO, "Contribución...", cit., pág. 503; BEAUCAMP, *Le statut...*, cit., pág. 271; FRANCIOSI, *Famiglia...*, cit., pág. 166 n. 118; PLESCIA, "Conflict...", cit., pág. 37; TREGGIARI, *Roman marriage...*, cit., pág. 415 n. 79; GUZMÁN BRITO, *Derecho Privado Romano*, I, pág. 287 n. 36; ARJAVA, *Women...*, cit., pág. 125 n. 33; LICANDRO, *Domicilium habere...*, cit., pág. 350; GAGLIARDI, *Mobilità...*, cit., págs. 460-461; CUENA BOY, "Nuevos...", cit., pág. 4.

oriunda de un lugar se casaba en otro debía ser llamada a los *honores* y *munera* de los que podía ser capaz su sexo, no en el punto de origen, sino en el de habitación de su marido precisando, no obstante, que las cargas sobre el patrimonio las debía soportar en el lugar en que éste se encontraba:

> C. I. 10.62(64).1 (*Imp. Philippus A. Marthae*): *Eam, quae aliunde oriunda, alibi nupta est, si non in urbe Roma maritus eius consistat, non apud originem suam, sed apud incolatum mariti ad honores seu munera, quae personis cohaerent, quorumque is sexus capax esse potest, compelli posse, saepe rescriptum est. Patrimonii vero munera necesse est mulieres in his locis, in quibus possident, sustinere*[674].

En consecuencia, con esta regulación, el derecho se limitó a dar relevancia a la vieja costumbre domiciliaria o, dicho de otro modo, la regulación jurídica del domicilio de la *uxor* constituyó "la expresión de la moral y de los usos sociales de la época"[675] puesto que, con las precisiones efectuadas por Filipo, se sancionaba el domicilio relati-

---

[674] Beaucamp, *Le statut...*, cit., pág. 271; Humbert, s.v. «incola», cit., págs. 457-458; Karlowa, *Römische Rechtsgeschichte*, II, cit., pág. 185 n. 1; Sirks, "Munera publica...", cit., pág. 85, afirma que ello no suponía que las mujeres pudieran ser elegidas para la curia; Santalucia, *I «Libri Opinionum» di Ulpiano I*, cit., pág. 120, señala que entre los predecesores de Diocleciano que aplicaron nuevos principios en materia de *munera personalia* a las mujeres, estuvo Filipo el Árabe; Langhammer, *Die rechtliche...*, cit., pág. 226 n. 309, para quien *honores* debe ser interpretado como *munera* y no como *magistratus*; Arjava, *Women...*, cit., pág. 125 n. 32 y pág. 250 n. 53; Gagliardi, *Mobilità...*, cit., pág. 461 n. 539; Cuena Boy, "Nuevos...", cit., pág. 4 y pág. 5 n. 62.

[675] Tomamos aquí la expresión adoptada por Fernández De Buján, A., "Reflexiones...(I)", cit., pág. 1; idem, *Derecho Privado...*, cit., pág. 253, para describir la regulación jurídica del matrimonio y las tensiones, equilibrios, resistencias y oscilaciones que su adaptación a las nuevas realidades o cambios de mentalidad reflejan en mayor o menor medida en cada época porque, en el régimen domiciliario de la mujer casada, se observa esta adaptación: primaria regulación a través de los usos y costumbres imperantes en la moral de la sociedad romana y posterior regulación jurídica, con plena fidelidad a esos usos y costumbres, ante la quiebra de los valores tradicionales.

vo de la esposa en el lugar de habitación del marido determinando que fuera éste y no el punto de origen donde ella debía cumplir sus obligaciones civiles.

No obstante, concreta CHAVANES, esta regulación domiciliaria era sólo aplicable a la mujer casada en justas nupcias mientras que la mera concubina o la mujer que estaba unida a un hombre por vínculos no legítimos era completamente independiente en materia domiciliaria como se desprende de un rescripto de los *Divi Fratres*, recogido por Calistrato, en el que se prescribió que las mujeres que se dieran en matrimonio no legítimo debían desempeñar los *munera* allí de donde eran oriundas y no donde los desempeñaban sus maridos:

> D. 50.1.37§2 (Callistratus *libro I. De Cognitionibus*): *Mulieres, quae in matrimonium se dederint non legitimum, non ibi muneribus fungendas, unde mariti earum sunt, sciendum est, sed unde ipsae ortae sunt; idque Divi Fratres rescripserunt*[676].

---

[676] LEVY-RABEL, *Index Interpolationum*, III, cit., col. 572, no constatan ninguna alteración en el texto. CHAVANES, *Du Domicile*, cit., pág. 68. En el mismo sentido, SAVIGNY, *Sistema...*, VI, cit., pág. 156 n. (r); ROUSSEL, *Du domicile...*, cit., pág. 30; GASPARD, *Recherches sul l'incolat...*, cit., pág. 17; ANCELLE, *Du Domicile*, cit., pág. 54; KARLOWA, *Römische Rechtsgeschichte*, II, cit., pág. 185 n. 1; DE RUGGIERO, *La patria...*, cit., pág. 64 y pág. 182. Cfr. LICANDRO, *Domicilium habere...*, cit., pág. 350, para quien en el matrimonio legítimo la esposa asumía la patria y el domicilio de su marido, mientras que, en el matrimonio no legítimo la mujer no seguía la patria del marido, pero parece forzado sostener que no adquiriese tampoco su domicilio. Calistrato, en su opinión, no hace referencia al domicilio sino al lugar de cumplimiento de los *munera* indicando que la mujer casada sin justas nupcias los debe desempeñar en la ciudad de su *origo*. Y en apoyo de su teoría señala que en D. 50.1.38.3, se indica que la mujer casada deviene *incola* en la ciudad de su marido sin precisar que el tipo matrimonial sea legítimo o no. Sin embargo, a nuestro juicio, el autor confunde los efectos del matrimonio en relación a la patria y al domicilio del marido, porque si éste es legítimo efectivamente la mujer vendrá a ser *incola* (domiciliada) en la patria de su marido, si allí tiene establecido su domicilio, pero en ninguna fuente se indica que asuma también, por efecto del matrimonio, la condición de *civis* de la comunidad local que atribuye el

origo, circunstancia que sólo cabría en la posible existencia de la *conventio in manum* concebida como una especie de adopción, pero que en esta época ya pácticamente no solía acompañar al matrimonio. No en vano, las fuentes precisan concretamente que la mujer casada mantiene su propia patria y de ahí que Papirio Justo considere necesario precisar que deberá acceder a los honores y cargas en el lugar de donde ha devenido *incola*, dado que hasta Constantino no fue obligatorio desempeñar los mismos en ambos lugares. En cambio Calistrato, no atribuye relevancia jurídico-fiscal al domicilio de la mujer casada sin justas nupcias sino que, omitiendo prudentemente toda referencia al mismo, se limita a indicar que desempeñará los *munera* en la localidad de su *origo* y no donde los desempeñase su marido. Por tanto, aunque en ambos tipos de matrimonio se produjera *de facto* un traslado domiciliario, en ningún caso la esposa asumía el *origo* del marido y sólo si estaba casada en justas nupcias devenía *incola*, esto es, residente que no ciudadana, de la ciudad de aquél. Sobre este pasaje, vid. también, SALGADO, "Contribución...", cit., pág. 504; SIRKS, "Munera publica...", cit., pág. 86; TREGGIARI, *Roman marriage...*, cit., pág. 415 n. 79; BEAUCAMP, *Le statut...*, cit., pág. 270; ARJAVA, *Women...*, cit., pág. 125 n. 33; ARENDS OLSEN, *La femme...*, cit., pág. 182; GAGLIARDI, *Mobilità...*, cit., pág. 462-463, quien critica la opinión de Licandro relativa a que la mujer casada en justas nupcias asumiera, además del domicilio, la patria del marido; CUENA BOY, "Nuevos...", cit., pág. 4. Sobre las concubinas y otras uniones no legítimas, vid., DEVILLA, *Il carattere...*, cit., págs. 285 ss.; MEYER, P., *Der römische Konkubinat nach den Rechtsquellen und der Inschriften*, Leipzig, 1895, *passim*; RIVIER, *Précis...*, cit., págs. 40 ss. y pág. 133; CZYHLARZ, *Lehrbuch...*, cit., págs. 668-669; CORNIL, *Droit Romain*, cit., págs. 130-131 y págs. 577 ss.; PEROZZI, *Istituzioni...*, I, cit., págs. 371 ss.; COLLINET-GIFFARD, *Précis...*, I, cit., págs. 227 ss.; CASTELLO, C., *In tema di matrimonio e concubinato nel mondo romano*, Milano, 1940, págs. 37 ss.; RASI, *Consensus facit nuptias*, cit., págs. 88-90; ORESTANO, R., "Sul matrimonio presunto in diritto romano", en *Atti del Congresso Internazionale di Diritto Romano e di Storia del Diritto III, Verona, 27-28-29-IX-1948, a cura di G. Moschetti*, Milano, 1951, págs. 49-65 (= *Scritti*, II, Napoli, 1998, págs. 1071 ss.); SCIASCIA, G., *A concubina no dereito romano cristao*, Milano, 1956, *passim*; OLÍS ROBLEDA, *El matrimonio...*, cit., págs. 275 ss.; LONGO, G., "Presunzione di matrimonio", en *Ricerche romanistiche*, cit., págs. 333 ss.; idem, "Riflessioni critiche in tema di matrimonio", cit., págs. 2371 ss.; BONFANTE, *Corso...*, I, cit., págs. 314 ss.; idem, *Instituciones...*, cit., págs. 197 ss.; TOMULESCU, C.ST., "Justinen et le concubinat", en *Studi in onore di Gaetano Scherillo*, I, Milano, 1972, págs. 299 ss.; EVANS-GRUBBS, *"Munita coniugia"...*, cit., págs. 135 ss.; KARABÉLIAS, E., "La pratique du concubinat avec une femme libre, affranchie ou ésclave dans le droit postclassique", en *Atti dell'Accademia Romanistica Costantiniana, VII*

Y del mismo modo, en palabras de Ancelle, la mujer que sólo tenía el título de novia conservaba su primitivo domicilio dado que, conforme a un pasaje Modestino, la que se desposó no cambiaba de domicilio antes de contraídas las nupcias:

> D. 50.1.32 (Modestinus *libro I. Differentiarum*): *Ea, quae desponsa est, ante contractas nuptias suum non mutat domicilium*[677].

Convegno Internazionale, Perugia, 1988, págs. 183-203; Giunti, *Adulterio e leggi regie...*, cit., págs. 145 ss.; Mcginn, T.A.J., "Concubinage and the *Lex Iulia* on adultery", en *Transactions of the American Philological Association*, 121, 1991, págs. 335-375; De Bernardi, M., "In margine a D. 50, 16, 144", en AA.VV., *G. Scherillo, Atti del convegno, Milano, 22-23 ottobre 1992*, Milano, 1994, págs. 71 ss.; Humbert, "L'individu...", cit., págs. 173 ss.; Gardner, *Women...*, cit., págs. 57 ss., págs. 132 ss. y págs. 250 ss.; Arjava, *Women...*, cit., págs. 205 ss.; Peppe, L., "*Paelex* e *spurius*", en Humbert, M.-Thomas, Y. (Coord.), *Mélanges à la mémoire de André Magdelain*, Paris, 1998, págs. 343 ss.; Astolfi, *Il matrimonio...*, cit., págs. 3-4l; Arends Olsen, *La femme...*, cit., págs. 25 ss., pág. 53, págs. 56 ss., págs. 154 ss., págs. 165 ss., págs. 178-179 y págs. 185 ss., entre otras; Eisenring, *Die römische Ehe als Rechtsverhältnis*, cit., págs. 60 ss.; Fernández De Buján, A., "Reflexiones...(I)", cit., págs. 3 ss.; idem, *Derecho Privado...*, cit., págs. 262 ss.; Ricart-Martí, "La concepción...", cit., págs. 309 ss.; Quadrato, "«Maris...»", cit., pp. 223-252; Panero, P., "El concubinato romano como antecedente de las actuales parejas de hecho", en *R.I.D.R.O.M.*, 5, 2010, págs. 92-125; idem, "El concubinato romano y las parejas de hecho actuales", en AA.VV. (Rosalía Rodríguez López y Mª José Bravo Bosch, ed.), *Experiencias jurídicas e identidades femeninas*, Dykinson, Madrid, 2010, pp. 475-494; Domínguez López, E., "Consideración jurídica del concubinato en Derecho romano. Especial referencia a los derechos de los hijos naturales", en *R.G.D.R.* (*www.iustel.com*), nº 24, 2015, págs. 1 ss.

[677] Levy-Rabel, *Index Interpolationum*, III, cit., col. 571, no señalan ninguna alteración en el texto. Ancelle, *Du Domicile*, cit., pág. 54; Savigny, *Sistema...*, VI, cit., págs. 156 n. (r); Roussel, *Du domicile...*, cit., pág. 30; Chavanes, *Du Domicile*, cit., pág. 68; Tedeschi, "Contributo...", cit., pág. 233 n. 3, con las preciones que analizaremos *infra*; Burdese, s.v. «domicilio (Diritto romano)», cit., pág. 838; Salgado, "Contribución...", cit., pág. 503; Beaucamp, *Le statut...*, cit., pág. 270 n. 42; Franciosi, *Famiglia...*, cit., pág. 166 n. 118; Gardner, *Women...*, cit., pág. 68 n. 3; Arjava, *Women...*, cit., pág. 125 n. 33; Licandro, *Domicilium habere...*, cit., pág. 351; Gagliardi, *Mobilità...*, cit., pág. 460. Sobre

La exteriorización de dicho cambio de domicilio solía realizarse a través de la *deductio in domum*, practicada a efectos probatorios de la celebración del matrimonio. En efecto, aunque en el derecho clásico, el requisito esencial para la constitución del matrimonio (*matrimonium in fieri*) era, junto a la capacidad natural y a la capacidad jurídica recíproca[678], el

---

la diferencia entre entre las *nuptiae* y el matrimonio legítimo, DEL PINO TOSCANO, F., "Sistematización de las *Nuptiae I*", en *R.G.D.R.* (*www.iustel.com*), julio, 2011, págs. 1 ss.

[678] Sobre la capacidad natural, el *ius connubii* y los impedimentos para contraer matrimonio, entre otros, DALL'OLIO ROMANO, G., *Elementi delle leggi civili romane*, I, 3ª edición, Faenza, 1803, págs. 67 ss.; DEVILLA, *Il carattere...*, cit., págs. 228 ss.; MOMMSEN, *Le Droit pénal romain*, II, cit., págs. 408 ss.; ROSSBACH, *Untersuchungen...*, cit., págs. 390 ss.; RIVIER, *Précis...*, cit., págs. 142 ss.; CORNIL, *Droit Romain*, cit., págs. 128 ss.; PEROZZI, *Istituzioni...*, I, cit., págs. 317 ss. y págs. 339 ss.; COLLINET-GIFFARD, *Précis...*, I, cit., págs. 210 ss.; DUMONT, *Manuel...*, I, cit., págs. 275 ss.; COSTA, *Storia del diritto romano privato...*, cit., págs. 38 ss.; idem, *Cicerone giurisconsulto*, I, cit., págs. 57 ss.; CASTELLO, C., "Osservazioni sui divieti di matrimonio fra parenti ed affini" en *Rendiconti dell'Istituto Lombardo di Scienze e Lettere*, 72, 1938-1939, págs. 319 ss.; VOLTERRA, E., "La nozione giuridica del conubium", en *Studi Albertario*, II, Milano, 1953, págs. 347-384; FERRINI, *Manuale di Pandette*, cit., págs. 685 ss.; OLÍS ROBLEDA, *El matrimonio...*, cit., págs. 145 ss., págs. 168 ss. y págs. 179 ss.; SOLAZZI, S., "«Iustum matrimonium»", en *Scritti di Diritto Romano*, IV (1938-1947), Napoli, 1955, págs. 352 ss.; BONFANTE, *Corso...*, I, cit., págs. 183 ss., págs. 265 ss. y págs. 274 ss.; idem, *Instituciones...*, cit., págs. 183 ss.; WATSON, *The Law...*, cit., págs. 32 ss.; DI MARZO, *Lezioni...*, cit., págs. 35 ss., págs. 44 ss. y págs. 54 ss.; BUCKLAND, *A Text-Book...*, cit., pág. 116; idem, *A Manual...*, cit., págs. 67 ss.; HUBER, *Der Ehekonsens...*, cit., págs. 99 ss. y págs. 106 ss.; RODA, S., "Il matrimonio fra cugini germani nella legislazione tardoimperiale", en *S.D.H.I.*, 45, 1979, 45, págs. 289 ss.; DAZA MARTÍNEZ, "«Nuptiae» et «matrimonium»", cit., pág. 57; GAUDEMET, "Justum matrimonium", cit., págs. 311 ss.; FALCÃO, *Las prohibiciones...*, cit., págs. 8 ss.; DEMOUGEOT, E., "Le «conubium» et la citoyenneté conférée aux soldats barbares du Bas-Empire", en *Sodalitas. Scritti in onore di Antonio Guarino*, IV, Napoli, 1984, págs. 1633 ss.; FRANCIOSI, G., "Sul matrimonio tra cugini incrociati in Roma antica", en *Studi in onore di Cesare Sanfilippo*, 3, 1983, págs. 211 ss.; idem, *Famiglia...*, cit., págs. 143 ss., págs. 147 ss., págs. 154 ss. y págs. 159-163; MANFREDINI, A.D., "La donna incestuosa", en *Annali dell'Università degli Studi di Ferrara*, 1, 1987, págs. 11 ss.; TREGGIARI, *Roman marriage...*, cit., págs. 37 ss.; GARDNER, *Women...*, cit., págs. 31 ss.; As-

consentimiento inicial[679], el mantenimiento del mismo (*matrimonium in facto esse*) requería un consentimiento continuo o *affectio maritalis*, que sólo cobraba sentido a través de su exteriorización (*honor matrimonii*).

Por ello, dicho consentimiento no podía desligarse con carácter absoluto de la convivencia (*consuetudo individuae vitae*), dado que formaba parte del mantenimiento de la intención de los esposos de permanecer juntos, del "proyecto de vida en común de dos personas" que, de acuerdo con FERNÁNDEZ DE BUJÁN, A., "es el elemento esencial que configura la institución" en las fuentes[680]. Y la *deductio in*

TOLFI, *Il matrimonio...*, cit., págs. 28 ss.; MARTINI, *Appunti...*, cit., págs. 28 ss.; EISENRING, *Die römische Ehe als Rechtsverhältnis*, cit., págs. 74 ss.; RICART-MARTÍ, "La concepción...", cit., pág. 309; DEL PINO TOSCANO, "Sistematización...", cit., págs. 1 ss.; POLO ARÉVALO, E. Mª., "El vínculo del parentesco como fundamento de incapacidades y prohibiciones para contraer matrimonio", en *R.I.D.R.O.M.*, nº 8, 2012, págs. 228 ss.; DOMÍNGUEZ LÓPEZ, "Consideración jurídica del concubinato...", cit., págs. 1 ss.; BUENO DELGADO, "Algunas consideraciones...", cit., págs. 1 ss.

[679] Si el cónyuge era *alieni iuris* se requería a su vez el consentimiento inicial de su *paterfamilias* o tutor. Al respecto, RIVIER, *Précis...*, cit., págs. 142 ss.; CORNIL, *Droit Romain*, cit., págs. 128 ss.; PEROZZI, *Istituzioni...*, I, cit., págs. 317 ss. y págs. 339 ss.; RASI, *Consensus facit nuptias*, cit., págs. 94 ss.; PARIBENI, *La famiglia romana*, cit., págs. 23-24; ARCHI, *L'«Epitome Gai»*, cit., págs. 142 ss.; DUMONT, *Manuel...*, I, cit., págs. 275 ss.; VOLTERRA, E., "Quelques observations sur le mariage des «filiifamilias»", en *R.I.D.A.*, 1, 1948, págs. 212 ss.; OLÍS ROBLEDA, *El matrimonio...*, cit., págs. 106 ss. y págs. 155 ss.; DI MARZO, *Lezioni...*, cit., págs. 47 ss.; BONFANTE, *Corso...*, I, cit., págs. 269 ss.; idem, *Instituciones...*, cit., págs. 183 ss.; GAUDEMET, "«ustum matrimonium", cit., págs. 311 ss.; HUBER, *Die Ehekonsens...*, cit., pág. 104; BUCKLAND, *A Manual...*, cit., págs. 67-68; FRANCIOSI, *Famiglia...*, cit., págs. 163 ss.; TREGGIARI, *Roman marriage...*, cit., págs. 170 ss.; GARDNER, *Women...*, cit., págs. 41 ss.; ASTOLFI, *Il matrimonio...*, cit., págs. 86 ss.; MARTINI, *Appunti...*, cit., págs. 28 ss.; FERNÁNDEZ DE BUJÁN, A., "Reflexiones...(I)", cit., pág. 4; idem, *Derecho Privado...*, cit., págs. 253 ss.; DOMÍNGUEZ LÓPEZ, "Consideración jurídica del concubinato...", cit., págs. 1 ss.

[680] FERNÁNDEZ DE BUJÁN, A., "Reflexiones...(I)", cit., pág. 2. Tras las aportaciones de MANENTI, *Della inapponibilità...*, cit., págs. 40 ss., fueron muchos los autores que consideraron a la convivencia como un requisito esencial, si bien entendida por algunos en sentido material y por otros en sentido ético.

Al respecto, por ejemplo, LEVY, E., *Der Hergang der römischen Ehescheidung*, Weimar, 1925, pág. 69; ALBERTARIO, E., "L'autonomia dell'elemento spirituale nel matrimonio e nel possesso romano-giustinianeo", en *Studi di Diritto Romano*, I, Milano, 1933, págs. 214 ss.; LONGO, G., "Il requisito della convivenza nella nozione romana di matrimonio", en *Ricerche Romanistiche*, Milano, 1966, págs. 323 ss.; idem, "«Affectio maritalis»", en *Ricerche Romanistiche*, Milano, 1966, págs. 301 ss.; idem, "Riflessioni critiche in tema di matrimonio", cit., págs. 2363 ss.; DELFINI, *Divorzio...*, cit., págs. 23 ss. y págs. 100 ss.; BONFANTE, *Corso...*, I, cit., pág. 256; GARCÍA GARRIDO, "La convivencia...", cit., págs. 659 ss.; FRANCIOSI, *Famiglia...*, cit., págs. 165-166. Sin embargo, tras los escritos de ORESTANO, *La struttura...*, cit., págs. 85 ss., págs. 149 ss. y págs. 187 ss. y VOLTERRA, *La conception...*, cit., págs. 33 ss., creció el sector doctrinal que considera al *consensus* como el único requisito esencial. En este sentido, ya se había pronunciado, DEVILLA, *Il carattere...*, cit., pág. 225. Y la misma opinión es defendida, aunque con distintas posturas, entre otros, por COSTA, *Cicerone giurisconsulto*, I, cit., pág. 53 y pág. 55; GAUDEMET, J., "Originalité et destin du mariage romain", en *Études de Droit Romain*, III, Camerino, 1976, pág. 60; RASI, *Consensus facit nuptias*, cit., págs. 31 ss., para quien el matrimonio es un *vinculum iuris* derivado del intercambio inicial de los consentimientos de las dos partes; ARIAS BONET, "La no reintegración...", cit., pág. 569; idem, "El matrimonio en el Derecho romano", en *Anales de la Academia matritense del notariado*, 13, 1962, págs. 7 ss.; SCAPINI, "«Usus domus»...", cit., págs. 35-36; OLÍS ROBLEDA, *El matrimonio...*, cit., págs. 73 ss., págs. 83 ss. y págs. 111 ss., habla de consentimiento inicial no revocado; HUBER, *Der Ehekonsens...*, cit., págs. 17 ss.; VALENTI, J., "Matrimonio y Forma en el derecho romano", en AA.VV., *Estudios en homenaje al profesor Juan Iglesias*, vol. III, Madrid, 1988, págs. 1665 ss.; NICOSIA, *Institutiones...*, cit., pág. 333; EISENRING, *Die römische Ehe als Rechtsverhältnis*, cit., págs. 40 ss.; ORTEGA CARRILLO DE ALBORNOZ, *Terminología...*, cit., págs 30 ss.; DOMÍNGUEZ LÓPEZ, "Consideración jurídica del concubinato...", cit., pág. 6. No obstante, convenimos con NÚÑEZ PAZ, *Consentimiento...*, cit., págs. 28-37 y págs. 55 ss. y GAGLIARDI, *Mobilità...*, cit., pág. 457 n. 383, que las posturas matenidas no son tan distintas dado que, en realidad, ambos elementos no se daban separadamente. A nuestro juicio, el *consensus* no se puede interpretar en el sentido de absoluta espiritualidad separado de la convivencia y ésta no puede ser entendida en el sentido de que debiese durar *per momenta* y un cónyuge no pudiese vivir separado del otro. Este hecho podía ocurrir bastando que del comportamiento de los cónyuges se apreciara que dicha interrupción de la convivencia, aunque prolongada en el tiempo, era no obstante transitoria y podía en cualquier momento cesar, algo perfectamente compatible con el domicilio relativo de la esposa. Por ello, como precisa recientemente RICART-MARTÍ, "La *domum* continuaba siendo, como indica García Garrido, el genérico modo de expresar socialmente que la misma se había iniciado[681].

En este sentido resulta significativo un pasaje de Escévola conforme al cual las donaciones efectuadas por la futura esposa antes de que fuera trasladada a casa del esposo eran válidas ya que este traslado solía producirse después de contraído el matrimonio:

> D. 24.1.66 pr.-§1 (Scaevola *libro IX. Digestorum*): *Seia Sempronio, quum certa die nuptura esset, antequam domum deduceretur tabulaeque dotis signarentur, donavit tot aureos; quaero, an ea donatio rata sit? Non attinuisse tempus, an, antequam domum deduceretur, donatio facta esset, aut tabularum consignatarum, quae plerumque et post contractum matrimonium fierent, in quaerendo exprimi; itaque nisi ante matrimonium contractum, quod consensu intelligitur, donatio facta esset, non valere*[682].

concepción…", cit., pág. 312, la convivencia debe ser interpretada de manera relativa. Cfr. D. 1. 16.4§2; D. 24.1.32§13.

681 García Garrido, "La convivencia…", cit., págs. 659 ss.; Ortega Carrillo de Albornoz, *Terminología…*, cit., págs. 71 y pág. 75: "La *deductio in domum* no era necesaria para la constitución del matrimonio… es un rito que por su estructura intrínseca y por su publicidad constituye una prueba evidente de la voluntad efectiva de los cónyuges de comenzar la relación matrimonial".

682 Cfr. Levy-Rabel, *Index Interpolationum*, II, cit., col. 87. La no esencialidad de la *deductio in domum* en la época clásica en la medida en que existían otros medios para probar la celebración del matrimonio y la novia podía encontrarse en casa del futuro marido con anterioridad al mismo ha sido defendida, tanto por los autores que consideran esencial la convivencia, como por los que defienden que sólo el *consensus facit nuptias*. Entre ellos, Devilla, *Il carattere…*, cit., pág. 225 y págs. 273 ss.; Rivier, *Précis…*, cit., pág. 181; Karlowa, *Römische Rechtsgeschichte*, II, cit., pág. 180; Cornil, *Droit Romain*, cit., pág. 33 y págs. 576-577; Perozzi, *Istituzioni…*, I, cit., pág. 317 n. 3 y pág. 323; Orestano, *La struttura…*, cit., págs. 162 ss.; Lauria, *Matrimonio-Dote…*, cit., pág. 14; Delpini, *Divorzio…*, cit., pág. 25; Olís Robleda, *El matrimonio…*, cit., págs. 77 ss. y págs. 90 ss.; Arias Bonet, "El matrimonio en Derecho romano", cit., págs. 13-15; Longo, "Il requisito…", cit., págs. 329 ss.; Volterra, "Quelques observations…", cit., págs. 97 ss.; idem, s.v. «matrimonio (Diritto

Asimismo, estima Ortega Carrillo De Albornoz, la *deductio in domum* era el mejor modo de manifestar que el matrimonio se había producido cuando el marido estaba ausente como se constata en un pasaje de Pomponio en el que, tras negar que el matrimonio pudiera tener lugar cuando estaba ausente la mujer, se afirmaba que sí podría celebrarse mediante *litterae* o *nuntium*, en ausencia del marido, debiendo ser trasladada la esposa *in domum mariti* o *quasi in domicilium mariti*:

> D. 23.2.5 (Pomponius *libro IV. ad Sabinum*): *Mulierem absenti per litteras eius vel per nuntium posse nubere placet, si in domum eius deduceretur... deductione enim opus esse in mariti, non in uxoris domum, quasi in domicilium matrimonii*[683].

---

romano)», cit., págs. 741 ss.; Gaudemet, "Originalité...", cit., págs. 60-61; Brini, *Matrimonio...*, I, cit., pág. 145 y pág. 163; Huber, *Der Ehekonsens...*, cit., págs. 26 ss.; Treggiari, *Roman marriage...*, cit., pág. 167; Pugliese, *Istituzioni...*, cit., págs. 398; Voci, *Istituzioni...*, cit., pág. 520; Manfredini, *Istituzioni...*, cit., págs. 98-99; D'Amico, *Diritto...*, cit., pág. 245; Pahng, S.E., *The marriage of roman soldiers (13 B.C.-A.D. 235)*, Brill-Leiden-Bston-Köln, 2001, págs. 124-125; Eisenring, *Die römische Ehe als Rechtsverhältnis*, cit., págs. 55 ss.; Licandro, *Domicilium habere...*, cit., pág. 347 n. 119; Gagliardi, *Mobilità...*, cit., pág. 458 n. 385; Ortega Carrillo de Albornoz, *Terminología...*, cit., págs. 75 ss. y págs. 102-103. Cfr. Levy, *Der Hergang...*, cit., págs. 69 ss., para quien la *deductio* sería esencial; Rage-Brocard, *Rites de mariage...*, cit., págs. 109-114, para quien sería esencial en aquellos supuestos en los que los cónyuges no cohabitaran previamente, sin que fuera necesario, no obstante, observar los ritos que normalmente la acompañaban.

683 D. 23.2.6; *Pauli Sententiae*, 2.19.8. Ortega Carrillo de Albornoz, *Terminología...*, cit., pág. 75, que insiste en su no esencialidad; Olís Robleda, *El matrimonio...*, cit., pág. 90, para quien el hecho de que la *deductio* sólo se requiera en ausencia del futuro marido, confirma su carácter no esencial dado que, en caso contrario, se tendría que exigir siempre. Ciertamente, como señala, Astolfi, *Il matrimonio...*, cit., pág. 23 n. 67, ninguno de los pasajes dicen nada sobre la esencialidad de la *deductio*. No obstante, sobre su exigencia en el matrimonio entre ausentes y sus posibles razones, vid. las distintas posturas defendidas, entre otros, por, Levy, *Der Hergang...*, cit., págs. 68 ss.; Karlowa, *Römische Rechtsgeschichte*, II, cit., pág. 180; Orestano, *La struttura...*, cit., págs. 149 ss.; Rage-Brocard, *Rites de mariage...*, cit., págs. 77-82 y pág. 101; Ferrini, *Ma-*

Esta posibilidad de celebrar el matrimonio ante la ausencia del futuro esposo trasladando a su casa a la futura esposa y la imposibilidad de celebrarlo en ausencia de la misma es una manifestación más de la vinculación de la *uxor* al domicilio de su marido el cual, con carácter general, pasaba a constituirse por efecto del matrimonio en el *domicilium matrimonii* en el que se desarrollaba la comunidad de vida exteriormente apreciable[684].

---

nuale di Pandette, cit., pág. 683; RASI, *Consensus facit nuptias*, cit., págs. 84 ss.; LONGO, "Il requisito...", cit., pág. 332; BIONDI, B., *Istituzioni di Diritto Romano*, 3ª edición, Milano, 1956, pág. 556 y pág. 567; LAURIA, *Matrimonio-Dote...*, cit., pág. 14; GARCÍA GARRIDO, "La convivencia...", cit., págs. 664 ss.; DI MARZO, *Lezioni...*, cit., págs. 57-58; WATSON, *The Law...*, cit., págs. 25-27; BENEDEK, *Die Conventio...* cit., págs. 25-29; FERNÁNDEZ BAQUERO, *Repudium-Divortium...*, cit., pág. 96; NÚÑEZ PAZ, *Consentimiento...*, cit., pág. 62; MITTEIS, *Römisches Privatrecht...*, I, cit., pág. 131 n. 19; VOCI, *Istituzioni...*, cit., pág. 520; BEAUCAMP, *Le statut...*, cit., pág. 270; FRANCIOSI, *Famiglia...*, cit., pág. 166; PAHNG, *The marriage...*, cit., págs. 124-125; GIUNTI, *Consors Vitae...*, cit., págs. 157 ss. Sobre las posibles alteraciones de los pasajes, LEVY-RABEL, *Index Interpolationum*, II, cit., col. 44. La adquisición del domicilio del esposo deducida de D. 23.2.5 ha sido apuntada, *ad exemplum*, por SAVIGNY, *Sistema...*, VI, cit., pág. 156 n. (r); ROUSSEL, *Du domicile...*, cit., pág. 31; ANCELLE, *Du Domicile*, cit., pág. 54; GASPARD, *Recherche sur l'incolat...*, cit., pág. 17; D'ORS, *Epigrafía...*, cit., pág. 153; OLÍS ROBLEDA, *El matrimonio...*, cit., pág. 237 n. 44; BRINI, *Matrimonio...*, I, cit., pág. 145 y pág. 163; DE RUGGIERO, *La patria...*, cit., pág. 182; PUGLIESE, *Istituzioni...*, cit., pág. 398; FRANCIOSI, *Famiglia...*, cit., pág. 166 n. 118; PLESCIA, "Conflict...", cit., pág. 37; GIUNTI, *Consors Vitae...*, cit., págs. 157 ss. y pág. 300; LICANDRO, *Domicilium habere...*, cit., págs. 346-348; GAGLIARDI, *Mobilità...*, cit., pág. 458 n. 384.

684 A juicio de ORESTANO, *La struttura...*, cit., pág. 161, la *domus mariti* representa el domicilio legal de la mujer y con la locución *domicilium matrimonii* se intenta expresar "la nozione socialmente e giuridicamente assai importante, che la casa maritale e quindi la dimora abituale dell'uomo era il luogo in relazione al quale poteva prendere vita il matrimonio. È in questo luogo, è in questo ambiente che 'sta di casa' il matrimonio, è lì che esso ha il suo domicilio legale". Por ello, como tuvimos oportunidad de exponer en el apartado correspondiente al periodo republicano, era posible que, en determinados supuestos, el domicilio matrimonial se estableciera en un lugar distinto de la casa del marido sin que por ello se alterara el régimen domiciliario matrimonial ya que sólo al marido correspondía determinar el lugar donde ubicar la comunidad de vida, posibilidad que en el periodo imperial recibe cobertura legal.

E idéntica conclusión se desprende de un pasaje de Trifonino recogido por García Garrido en el que se indica que el matrimonio del cautivo no podía considerarse subsistente aunque la mujer permanezca en casa de éste como domicilio del matrimonio:

> D. 49.15.12§4 (Thryphoninus *libro IV. Disputationum*): *sed captivi uxor, tametsi maxime velit et in domo eius sit, non tamen in matrimonio est*[685].

Por otro lado, esta vinculación domiciliaria implicaba a su vez un cambio de jurisdicción, tal y como constata Roussel con apoyo en un pasaje de Ulpiano, en el que el jurisconsulto afirma que la mujer debía exigir la dote allí donde su marido tenía el domicilio y no donde se hizo el instrumento dotal porque en este género de contrato debía atenderse a lugar a cuyo domicilio había de pasar la misma mujer por la condición del matrimonio:

> D. 5.1.65 (Ulpianus *libro XXXIV ad Edictum*): *Exigere dotem mulier debet illic, ubi maritus domicilium habuit, non ubi instrumentum dotale conscriptum est; nec enim id genus contratctus est, ut et eum locum spectari oporteat, in quo instrumentum dotis factum est, quam eum, in cuius domicilium et ipsa mulier per conditionem matrimonii erat reditura*[686].

---

685 García Garrido, "La convivencia...", cit., págs. 667 ss. Sobre la disolución del matrimonio del *captivus*, como vimos en la n. 358, Dumont, *Manuel*..., I, cit., pág. 294, afirma que sólo en el Bajo Imperio se mantendrá salvo que transcurran cinco años sin tener noticias del capturado. Por su parte, Carames Ferro, *Instituciones*..., I, cit., pág. 59, considera que sólo con Justiniano se permite recuperarlo por postliminio. Sobre el tema, Orestano, *La struttura*..., cit., págs. 138 ss.; Longo, "Postille critiche...", cit., págs. 33 ss.; Arias Bonet, "La no reintegración...", cit., págs. 567 ss.; Amirante, *Prigionia*..., cit., pág. 70; Ratti, *Studi sulla "captivitas"*, cit., págs. 150 ss.; Urso, *Il matrimonio*..., cit., págs. 5 ss.; Cursi, *La struttura*..., cit., págs. 37 ss.; Giunti, *Consors Vitae*..., cit., págs. 149 ss.; Ravizza, "Sui rapporti...", cit., págs. 1 ss. Cfr. Mcclinton, *Servi della pena*..., cit., págs. 64 ss.

686 Roussel, *Du domicile*..., cit., pág. 31; Savigny, *Sistema*..., VI, cit., pág. 156 n. (r); Glück, *Ausführliche*..., VI, cit., pág. 267; Ancelle, *Du Do-*

No obstante, dado que este cambio de jurisdicción era consecuencia del traslado domiciliario provocado por el matrimonio, se planteó el problema de qué ocurría con aquellos procesos que fueran interpuestos con anterioridad al matrimonio y que no hubieran concluido tras su constitución. A ello, entiende CHAVANES, respondió Ulpiano indicando que si el proceso había sido interpuesto ante el juez competente, incluso después de los esponsales, con anterioridad al matrimonio, el proceso no sigue el *forum viri* sino que sería terminado donde comenzó y la sentencia podría ser ejecutada contra la mujer, aunque ella hubiese cambiado de *forum* por el matrimonio:

> D. 2.1.19 (Ulpianus *libro VI. Fideicommissorum*): *Quum quaedam puella apud competentem iudicem litem susceperat, deinde condemnata erat, posteaque ad viri matrimonium alii iurisdictioni subiecti pervenerat; quaerebatur, an prioris iudicis sententia exsequi possit? Dixi posse, quia ante fuerat sententia dicta. Sed et si post susceptam congitionem ante sententiam hoc eveniet, idem putarem, sententiaque a priore iudice recte fertur. Quod generaliter et in omnibus huiuscemodi casibus observandum est*[687].

Este domicilio relativo se vio reforzado a partir del siglo II d. C. con la prohibición de que el *paterfamilias* pudiera llevarse a la hija

---

micile, cit., pág. 55; RIVIER, *Précis...*, cit., pág. 175 y pág. 178; DE RUGGIERO, *La patria...*, cit., pág. 183; D'ORS, *Epigrafía...*, cit., pág. 153; BONFANTE, *Corso...*, I, cit., pág. 282; BEAUCAMP, *Le statut...*, cit., pág. 270; PLESCIA, "Conflict...", cit., pág. 37 y pág. 52; VOCI, *Istituzioni...*, cit., pág. 524; ARJAVA, *Women...*, cit., pág. 125 n. 33; LICANDRO, *Domicilium habere...*, cit., pág. 349. De acuerdo con LEVY-RABEL, *Index Interpolationum*, I, cit., col. 69, el pasaje no está exento de alteraciones, pero las mismas no afectan al domicilio relativo de la esposa.

687 CHAVANES, *Du Domicile*, cit., pág. 69; ROUSSEL, *Du domicile...*, cit., pág. 31; ANCELLE, *Du Domicile*, cit., pág. 55; OLÍS ROBLEDA, *El matrimonio...*, cit., pág. 237 n. 43; BEAUCAMP, *Le statut...*, cit., pág. 270; ARJAVA, *Women...*, cit., pág. 125 n. 33; GAGLIARDI, *Mobilità...*, cit., pág. 458 n. 384. Cfr. LEVY-RABEL, *Index Interpolationum*, I, cit., col. 14, sobre las posibles alteraciones que no afectan, en esencia, al objeto de nuestro estudio.

casada, sometida a su potestad, al domicilio paterno en contra de su voluntad. Así lo estableció, en opinión de LONGO, Antonino Pío como se recoge en un fragmento de las Sentencias de Paulo:

> *Pauli Sententiae*, 5.6.15: *Bene concordans matrimonium separari a patre divus Pius prohibuit, itemque a patrono libertum, a parentibus filium filiamque: nisi forte quaeratur ubi utilius morari debeat*[688].

La misma norma, afirma el autor, sería reproducida por Marco Aurelio tal y como los emperadores Diocleciano y Maximiano nos indican:

> C. I. 5.17.5 (*Impp. Diocletianus et Maximianus AA. et CC. Schyroni*): *Dissentientis patris, qui initio consensit matrimonio, cum marito concordante uxore filiafamilias, ratam non haberi voluntatem, divus Marcus, pater noster, religiosissimus imperator, constituit, nisi magna et iusta causa interveniente hoc pater fecerit*[689].

---

688 LONGO, "Sullo scioglimento...", cit., págs. 282 ss. El mantenimiento, si bien de escasa aplicación, de la posible disolución matrimonial por el *paterfamilias* hasta el siglo II d. C. es constatado también por DEVILLA, *Il carattere...*, cit., pág. 329; RIVIER, *Précis...*, cit., págs. 177-180 y págs. 222-225; COSTA, *Storia del diritto romano privato...*, cit., pág. 35; BUCKLAND, *A Text-Book...*, cit., pág. 117 n. 1; BONFANTE, *Corso...*, I, cit., pág. 341; VOLTERRA, "Quelques observations...", cit., págs. 224 ss.; SIBER, *Römisches Recht...*, II, cit., pág. 511 n 3; OLÍS ROBLEDA, *El matrimonio...*, cit., pág. 237 y págs. 253-254; idem, "Il divorzio", cit., págs. 370 ss.; BRINI, *Matrimonio...*, I, cit., pág. 162; CLARK, *History...*, III, cit., pág. 84 n. 142; HUBER, *Der Ehekonsens...*, cit., pág. 24 y pág. 105; GAUDEMET, "Le status...", cit., págs. 245 ss.; ARJAVA, *Women...*, cit., pág. 44; RUIZ FERNÁNDEZ, *El divorcio en Roma*, cit., pág. 91; ASTOLFI, *IL matrimonio...*, cit., pág. 92; SCHULZ, *Principios...*, cit., pág. 222; D'AMICO, *Diritto...*, cit., págs. 252-253; AMUNÁTEGUI PERELLÓ, "El divorcio...", cit., págs. 2 ss. Sobre las posibles alteraciones del texto SOLAZZI, S., "Il divorzio della «filiafamilias»", en *B.I.D.R*,, XXXIV, 1925, págs. 1-28; LAURIA, *Matrimonio-Dote...*, cit., págs. 63-64; DI MARZO, *Lezioni...*, cit., pág. 77.

689 Vid., asimismo D. 43.30.1§5; D. 24.1.32§19; *Fragmenta Vaticana*, 116; *Pauli Sententiae*, 2.19.2; C. I. 5.17.12. Al respecto, LONGO, "Sullo scioglimento...", cit., págs. 281 ss.; RIVIER, *Précis...*, cit., págs. 177-180 y págs. 222-225; KARLOWA, *Römische Rechtsgeschichte*, II, cit., pág. 182 n. 1; BRINI, *Matrimonio...*,

Correlativamente, señala ASTOLFI, se reconoció al marido en cuanto tal, el derecho a efectuar la *ductio* de su esposa y de retornarla al domicilio conyugal también cuando su padre la hubiera sustraído del mismo abusando de su *patria potestas*. A tal fin, continúa el autor, Hermogeniano atribuye al marido el uso de interdictos:

> D. 43.30.2 (Hermogenianus *libro IV. iuris Epitomarum*): *immo magis de uxore exhibenda ac ducenda pater etiam, qui filiam in potestate habet, a marito recte convenitur*[690].

Por tanto, a lo largo del alto Imperio, se mantuvo como efecto del matrimonio, la asunción por la esposa del rango social y del domicilio de su marido[691] los cuales, convenimos con SAVIGNY, se

I, cit., págs. 161-162; COSTA, *Storia del diritto romano privato...*, cit., pág. 35; BUCKLAND, *A Text-Book...*, cit., pág. 117 n. 3; CLARK, *History...*, III, cit., pág. 84; HUBER, *Der Ehekonsens...*, cit., pág. 105; BEAUCAMP, *Le statut...*, cit., págs. 257-258 y pág. 311; RUIZ FERNÁNDEZ, *El divorcio en Roma*, cit., págs. 91-92; WÄCHTER, *Über Ehescheidungen...*, cit., págs. 95-96, págs. 153-156 y págs. 204-205; AMUNÁTEGUI PERELLÓ, "El divorcio...", cit., pág. 7. Por su parte, SCHULZ, *Principios...*, cit., pág. 222, sobre C. I. 5.17.5 pr., considera que esta facultad paterna se recupera en el derecho justinianeo "*magna et iusta causa*".

690 De *exhibito* habla un rescripto de Diocleciano y Maximiano (C. I. 5.4.11). ASTOLFI, *Il matrimonio...*, cit., págs. 369-370. Al respecto, RIVIER, *Précis...*, cit., págs. 177-180 y págs. 222-225; ROBY, *Roman Private Law...*, cit., págs. 63-64; LONGO, "Sullo scioglimento...", cit., págs. 292 ss.; FERRINI, *Manuale di Pandette*, cit., pág. 692; SIBER, *Römisches Recht...*, II, cit., pág. 512; OLÍS ROBLEDA, *El matrimonio...*, cit., pág. 237 y págs. 252 ss.; BRINI, *Matrimonio...*, I, cit., págs. 161-162; BONFANTE, *Corso...*, I, cit., pág. 341; idem, *Instituciones...*, cit., pág. 164 y pág. 188; CLARK, *History...*, III, cit., pág. 84; GAUDEMET, "Le status...", cit., págs. 238 ss., para quien el marido dispondría de tales interdictos desde Adriano; BEAUCAMP, *Le statut...*, cit., pág. 258 n. 104; RUIZ FERNÁNDEZ, *El divorcio en Roma*, cit., pág. 92; ARJAVA, *Women...*, cit., pág. 44. Sobre la alteración de estos pasajes, SOLAZZI, "Il divorzio della «filiafamilias»", cit., págs. 1-28.

691 Sobre la asunción del rango social del esposo y su pérdida por segundas nupcias vid. D. 1.9.1§1; D. 1.9.8; D. 1.9.12; C. I. 5.4.10; C. I. 12.1.1. Al respecto, CHASTAGNOL, A., "Dioclétien et les «clarissimae feminae»", en *Studi in onore di Arnaldo Biscardi*, II, Milano, 1982, págs. 65 ss.; BUCKLAND, *A Text-Book...*, cit., pág. 106; OLÍS ROBLEDA, *El matrimonio...*, cit., págs. 236-237;

permitía conservar a la viuda hasta nuevas nupcias tal y como nos indica Paulo:

> D. 50.1.22§1 (Paulus *libro I. Sententiarum*): *Vidua mulier amissi mariti domicilium retinet exemplo clarissimae personae per maritum factae: sed utrumque aliis intervenientibus nuptiis permutatur*[692].

Sin negar las posibles alteraciones del texto señaladas por TEDESCHI[693], consideramos que en su esencia el mismo encierra,

---

HUMBERT, *Le rémariage à Rome...*, cit., pág. 297 n. 11; LÖHKEN, *Ordines Dignitatum*, cit., pág. 2 n. 7 y pág. 29 n. 100; TREGGIARI, *Roman marriage...*, cit., pág. 414; BEAUCAMP, *Le statut...*, cit., págs. 272-273; GARDNER, *Women...*, cit., págs. 67-68; SCHLINKERT, *Ordo senatorius und nobilitas*, cit., págs. 89-90 y pág. 134 n. 34; ARJAVA, *Women...*, cit., pág. 124 n. 31; FERNÁNDEZ DE BUJÁN, A., "Reflexiones...(I)", cit., pág. 2; idem, *Derecho Privado...*, cit., págs. 254 ss. y la bibliografía por ellos citada.

692 *Pauli Sententiae*, 1.1a.3. SAVIGNY, *Sistema...*, VI, cit., pág. 156 n. (s); GLÜCK, *Ausführliche...*, VI, cit., pág. 267; CHAVANES, *Du Domicile*, cit., págs. 70-71, para quien si el marido tuvo una pluralidad de domicilios la viuda los conservaría todos salvo que eligiera uno y en él se instalase *cum familia*; ROUSSEL, *Du domicile...*, cit., pág. 32; ANCELLE, *Du Domicile*, cit., pág. 56; GASPARD, *Recherches sur l'incolat...*, cit., pág. 17; HUMBERT, s.v. «incola», cit., pág. 457; RIVIER, *Précis...*, cit., págs. 175-178; DE RUGGIERO, *La patria...*, cit., pág. 183; BURDESE, s.v. «domicilio (Diritto romano)», cit., pág. 838; HUMBERT, *Le rémariage à Rome...*, cit., pág. 297 n. 11; LEVY, *Pauli Sententiae...*, cit., págs. 7-8; SALGADO, "Contribución...", cit., pág. 504; SIRKS, "Munera publica...", cit., pág. 86; BEAUCAMP, *Le statut...*, cit., pág. 270 y pág. 273; PLESCIA, "Conflict...", cit., pág. 37 y pág. 52; TREGGIARI, *Roman marriage...*, cit., pág. 415 n. 79; GARDNER, *Women...*, cit., pág. 68; SCHLINKERT, *Ordo senatorius und nobilitas*, cit., pág. 90 y pág. 134 n. 34; GUZMÁN BRITO, *Derecho Privado Romano*, I, cit., pág. 287 n. 37; ARJAVA, *Women...*, cit., pág. 125 n. 33. Sobre la situación jurídica de la viuda vid., en general, KRAUSE,, *Witwen und Waisen...*, 4 vols., cit., *passim*; HEYSE, G., *Mulier non debet abire nuda. Das Erbrecht und die Versorgung der Witwe im Rom*, Frankfurt am Main-Berlin-Bern-New York-Paris-Wien, 1994, *passim*, con especial referencia al derecho sucesorio; GAGLIARDI, *Mobilità...*, cit., págs. 461-462.

693 TEDESCHI, "Contributo...", cit., págs. 233-234, para quien la utilización del ablativo absoluto y posiblemente el término *utrumque* sean sospechosos

como opina VISCONTI, una "verdadera regla"[694] perfectamente encuadrable con el conjunto de consecuencias jurídicas que el matrimonio clásico comportaba ya que, si por efecto del mismo, la esposa asumía el rango social y el domicilio de su marido siendo posible que los conservara en la viudedad, tales efectos se extinguirían ante un nuevo matrimonio, como no podía ser de otro modo dado que la mujer adquiriría el domicilio y el rango social de su nuevo marido.

No obstante se debe precisar que, si bien la obligación de la mujer casada de seguir el domicilio de su marido fue un efecto derivado de la ley a partir del siglo II d. C., cuando los emperadores Antonino y

---

de alteraciones posteriores. Además, de la traducción que del pasaje de Paulo realizaron los Basilicos (B. 54.2.8), en la que añaden la conservación de la habitación, considera que no puede afirmarse que la adquisición y conservación del domicilio sea un efecto derivado inmediatamente de la ley. Por el contrario, LEVY, *Pauli Sententiae...*, cit., págs. 7-8, aboga por el carácter clásico del texto y considera que el domicilio de la viuda, igual que el de la esposa, era reconocido por rescripto; GARDNER, *Women...*, cit., pág. 68, habla de domicilio legal tanto para la mujer casada como para la viuda; LICANDRO, *Domicilium habere...*, cit., págs. 351-352 y GAGLIARDI, *Mobilità...*, cit., págs. 461-462, reconocen una mano sucesiva sobre todo respecto a la asunción del estado de *clarissima*, pero en materia de domicilio es perfectamente compatible con la teoría clásica. Contradictorio se muestra KRAUSE. En efecto, en el volúmen I, de su *Witwen und Waisen...*, cit., pág. 91 n. 37 y págs. 140-141 n. 50, afirma que la mujer asumía el rango y el domicilio de su esposo, conservándolos al devenir viuda hasta que contrajese segundas nupcias. Pero en su volumen II, cit., págs. 6 ss. y pág. 86 y III, cit., pág. 88, tras constatar la posibilidad de que la viuda retornase a casa de sus padres o fuese acogida en las casas de otros parientes, principalmente hermanos, afirma que en la mayoría de los casos permanecía en la casa del marido o con la familia de éste, dada la presencia de hijos nacidos en el seno del matrimonio. No se debe olvidar, en su opinión que de modo general el derecho romano establecía como domicilio conyugal el del marido y no el de la mujer (D. 5.1.65; D. 23.2.5; D. 50.1.18§2, entre otras) y, a finales de la época clásica, según Paulo (D. 50.1.22§1), la viuda conservaba el domicilio de su marido muerto donde le era permitido, con carácter general, continuar viviendo. Sin embargo, después de esta afirmación, concluye diciendo que la viuda no tenía ningún derecho a permanecer en la casa del marido salvo disposición testamentaria al efecto.

[694] VISCONTI, "Note preliminari sul «domicilium»...", cit., pág. 438.

Vero dotaron de configuración legal al domicilio relativo de la *uxor*[695], dicha obligación cesaba con la disolución del matrimonio provocada por la muerte del marido, al desaparecer la causa de la misma (mientras esté casada puntualiza el rescripto) de tal forma que, como ya apuntara SAVIGNY, la viuda podía conservar el domicilio que tuvo durante el matrimonio hasta nuevas nupcias, salvo que manifestase la voluntad de un cambio[696].

En este caso, no se puede hablar de domicilio legal de la viuda, en el sentido de un domicilio obligatorio, en la medida en que aquélla no tiene restringida su libertad domiciliaria, sino en el sentido de mantenimiento fáctico, permitido pero no impuesto por la ley, del domicilio que tuvo durante el matrimonio hasta que manifestara una voluntad en contrario o contrajera nuevas nupcias.

5. MANTENIMIENTO DE LA LEGISLACIÓN ANTERIOR EN EL BAJO IMPERIO Y CON JUSTINIANO: LA NUEVA SITUACIÓN DE SUBALTERNIDAD DE LA *UXOR* POR LA INFLUENCIA DEL CRISTIANISMO

Por influencia del cristianismo, afirma FERNÁNDEZ DE BUJÁN, A., en el Derecho posclásico y justinianeo, se configura como elemento esencial el vínculo inicial que refleja la voluntad de los cónyuges, conforme al cual se constituye el matrimonio y que debe reforzarse y objetivarse mediante ritos y ceremonias laicas y religiosas, en detrimento de la voluntad de mantener la relación conyugal, que pasa a un segundo término, al propio tiempo que se restringen y aumentan las dificultades para disolver el vínculo matrimonial"[697].

---

695 D. 50.1.38§3 (Papirius Iustus *libro II. De Constionibus*). CUENA BOY, "Nuevos...", cit., pág. 4.

696 SAVIGNY, *Sistema...*, VI, cit., pág. 156; CHAVANES, *Du Domicile*, cit., pág. 70.

697 FERNÁNDEZ DE BUJÁN, A., "Reflexiones...(I)", cit., págs. 1 ss.; idem, *Derecho Privado...*, cit., págs. 253 ss. y págs. 271 ss. Sobre la influencia del cristianismo, así como del helenismo, la filosofía estoica, los derechos orientales y las prácticas y usos provinciales en los requisitos para la constitución

del matrimonio en el derecho postclásico, Albertario, "L'autonomia...", cit., págs. 231 ss.; Orestano, R., "Alcune considerazioni sui rapporti fra matrimonio cristiano e matrimonio romano nell'età postclassica" en *Scritti di diritto romano in onore di Contardo Ferrini*, Milano, 1946, págs. 345-382 (= *Scritti*, II, Napoli, 1998, págs. 779 ss.); idem, *La struttura...*, cit., págs. 258 ss. y págs. 385 ss.; idem, "Consenso e solennità nella legislazione matrimoniale teodosiana", en *Scritti in onore di Contardo Ferrini*, cit., págs. 160-173 (= *Scritti*, II, Napoli, 1998 págs. 819 ss.); Lauria, *Matrimonio-Dote...*, cit., págs. 28 ss.; Biondi, B., *Il Diritto Romano Cristiano*, 3 vols., Milano, 1952-1954, *passim*; Arias Bonet, "El matrimonio en Derecho romano", cit., págs. 21 ss.; Delpini, *Divorzio...*, cit., págs. 97 ss.; Olís Robleda, *El matrimonio...*, cit., págs. 130 ss., págs. 145 ss., págs. 168 ss. y págs. 179 ss.; SOLAZZI, S., "Le unioni di cristiani ed ebrei nelle leggi del basso impero", en *Scritti di Diritto Romano*, IV (1938-1947), Napoli, 1955, págs. 4 ss.; Di Marzo, *Lezioni...*, cit., págs. 36 ss.; Goria, *Studi sul matrimonio...*, cit., *passim*; Gaudemet, "Justum matrimonium", cit., págs. 344 ss.; idem, "Droit romain et principes canoniques en matière de mariage au Bas-Empire", en *Études de Droit Romain*, III, Camerino, 1979, págs. 163 ss.; idem, "Les transformations de la vie familiale au Bas-Empire et l'influence du Christianisme", en *Études de Droit Romain*, III, Camerino, 1979, págs. 281 ss.; idem, "L'eglise et l'etat au IVe siècle", en *Studi in onore di Arnaldo Biscardi*, I, Milano, 1982, págs. 75 ss.; Evans-Grubbs, *"Munita coniugia"...*, cit., págs. 27 ss. y págs. 264 ss.; Falcão, *Las prohibiciones...*, cit., págs. 43 ss.; Guarino, "Studi sull'incestum", cit., págs. 182 ss.; Fernández Baquero, *Repudium-Divoritum...*, cit., págs. 108 ss.; Beaucamp, *Le statut...*, cit., págs. 239 ss.; Cantarella, *La calamidad ambigua*, cit., págs. 269 ss.; Romano, *Matrimonium iustum...*, cit., pág. 18; López Rosa, "Familia y matrimonio...", cit., págs. 420 ss.; Baccari, *Cittadini...*, cit., págs. 301 ss.; Michel, J.H., "L'influence du christianisme sur le droit romain", en *Synthèses romaines. Langue latine-Droit romain. Institutions comparées*, Bruxelles, 1998, págs. 335 ss.; Ortega Carrillo de Albornoz, *Terminología...*, cit., págs. 32 ss.; De Churruca, J., *Cristianismo y mundo romano: nuevos estudios*, Madrid-Barcelona-Buenos Aires, 2009, págs. 23 ss. y págs. 233 ss.; Lhuillier-Martinetti, D., *L'individu dans la famille à Rome au IVe siècle d'après l'oeuvre d'Ambroise de Milan*, Rennes, 2008, *passim*; Cascione, C., "Vie del Cristianesimo nell'Impero romano", en *Index*, 38, 2010, págs. 553-562; Bueno Delgado, "Algunas consideraciones...", cit., págs. 1. Cfr. Rasi, *Consensus facit nuptias*, cit., págs. 30 ss. y págs. 77 ss., configura el matrimonio como una relación jurídica, una *stipulatio* que queda reducida en el periodo postclásico a una simple convención *quae consensu contrahitur*.

De ahí que en el derecho posclásico se interpretara el *consortium omnis vitae* de Modestino en ese sentido de indisolubilidad y la *divini atque humani iuris communicatio* sirviera de base para una interpretación netamente cristiana del mismo, al igual que ocurrirá en el derecho justinianeo con la definición del matrimonio recogida en las Instituciones:

> *Institutae Iustiniani*, 1.9.1: *Nuptiae autem sive matrimonium est viri est mulieris coniunctio, individuam vitae consuetudinem continens*[698].

En esta nueva concepción del matrimonio cristiano, la importancia otorgada al consentimiento inicial comportó que los ritos y ceremonias que acompañaban al matrimonio cristiano adquirieran valor constitutivo en la medida en que, la voluntad de los cónyuges manifestada a través de ellos, creaba el matrimonio[699].

---

[698] D. 23.2.1. Sobre la concepción postclásica y justinianea del matrimonio, Rasi, *Consensus facit nuptias*, cit., págs. 30 ss. y págs. 77 ss.; Albertario, "La definizione del matrimonio secondo Modestino", cit., págs. 179 ss.; Orestano, "Alcune considerazioni…", cit., págs. 345 ss.; idem, "Consenso e solennità…", cit., págs. 160 ss.; Volterra, s.v., «matrimonio (diritto romano)», cit., págs. 785 ss.; Siber, *Römisches Recht…*, II, cit., pág. 509; Olís Robleda, *El matrimonio…*, cit., págs. 60 ss.; Brini, *Matrimonio…*, I, cit., pág. 33; Clark, *History…*, III, cit., pág. 86; Huber, *Der Ehekonsens…*, cit., pág. 22 y pág. 25; Fernández Baquero, *Repudium-Divoritum…*, cit., págs. 98 ss.; Núñez Paz, *Consentimiento…*, cit., págs. 25 ss.; Gaudemet, "Le status…", cit., págs. 241; Fernández De Buján, A., "Reflexiones…(I)", cit., págs. 1 ss.; idem, *Derecho Privado…*, cit., págs. 253 ss.; Ortega Carrillo de Albornoz, *Terminología…*, cit., págs. 19 ss. y págs. 32 ss., para quien ni si quiera en la época cristiana el matrimonio constituyó una unión indisoluble, sino una unión duradera y estable (Cfr. *Novella Iustiniani*, 22.3); Baccari, "Matrimonio…", cit., pág. 154; Ricart-Martí, "La concepción…", cit., págs. 306-307; Bueno Delgado, "Algunas consideraciones…", cit., págs. 1 ss.

[699] En este sentido Orestano, *La struttura…*, cit., págs. 258 ss. y págs. 385 ss.; idem, "Consenso e solennità…", cit., págs. 160 ss.; Volterra, "Quelques observations…", cit., pág. 213; Olís Robleda, *El matrimonio…*, cit., págs. 93 ss.; Cantarella, *La calamidad ambigua*, cit., pág. 270. Cfr. Levy, *Der Hergang…*, cit., pág. 69; Lauria, *Matrimonio-Dote…*, cit., págs. 31 ss.

Por su parte, como indica Rage-Brocard, la *deductio in domum* continuaba siendo una práctica frecuente en el siglo V, frente a la cual trató de reaccionar San Juan Crisótomo por estar imbuida del paganismo y, en consecuencia, tratarse de una práctica indecente que, en su opinión, carecía de todo valor legal[700].

Además, como constata Cantarella, aunque se afirmaba la paridad entre los sexos, no sin contradicción se reconocía la preeminencia del hombre en la familia y, de modo más general, la superioridad masculina, mientras que las mujeres eran consideradas como procreadoras, por lo cual se veían de nuevo impelidas a las "condiciones de subalternidad" de las que habían salido, en parte, desde finales de la República y a lo largo del alto Imperio[701].

---

700 San Juan Crisótomo, *Homiliae*, 48, *in finem*; 52.2, entre otras. Rage-Brocard, *Rites de mariage*..., cit., pág. 11, págs. 96-97 y págs. 115 ss. En el mismo sentido, García Garrido, "La convivencia...", cit., pág. 648. Cfr. Cornil, *Droit Romain*, cit., pág. 577; Dumont, *Manuel*..., I, cit. pág. 273, para quien la *deductio* continuó realizándose por no ir en contra de la religión cristiana; Carcopino, *La vida cotidiana*..., cit., pág. 117, para quienes la *deductio in domum* se mantendría en el ceremonial cristiano al ser compatible con sus creencias. Sobre el ritual cristiano, Ortega Carrillo de Albornoz, *Terminología*..., cit., pág. 64.

701 Cantarella, *La calamidad ambigua*, cit., págs. 265 ss. y págs. 282 ss.: "«La cabeza de la mujer es el varón», escribía Pablo en la misma Carta a los Corintios en que había descrito el matrimonio como una relación paritaria, y «el varón... es imagen y gloria de Dios, mas que la mujer es gloria del varón»... Para Clemente de Alejandría «a toda mujer le avergüenza sólo el pensar que es mujer» y «las mujeres deben buscar la sabiduría, como los hombres, aunque los hombres son superiores y tienen en todo campo el primer puesto, a menos que sean demasiado afeminados». Para Orígenes «la mujer representa la carne y las pasiones, mientras que el hombre es el sentido racional y el intelecto». Según Juan Crisótomo, «la mente de la mujer es un tanto infantil»". En el mismo sentido, Del Castillo, *La emancipación*..., cit., págs. 243 ss.; Cameron, A., "Early Christianity and Discourse of Female Desire", en AA.VV. (L.J. Archer-S. Fischler-M. Wyke, ed.), *Women in Ancient Societies*, London, 1994, págs. 152 ss.; Beaucamp, *Le statut*..., cit., págs. 261 ss.; Arjava, *Women*..., cit., págs. 231 ss. Cfr. Villalba, M., "Sobre los orígenes bajo-romanos de las actuales comunidades universales de bienes en el matrimonio", en *R.G.D.R.* (*www.iustel.com*), 14, 2010, págs., 1 ss., afirma que "por influencia del cristianismo el derecho romano vulgar evolucionó hacia una equiparación patrimonial y moral de los

En tales circunstancias, no es extraño que las expresiones de la *auctoritas maritalis*, se mantuvieran. En efecto, el domicilio relativo de la mujer se desprende de una constitución de Constantino I en la que en el año 331, tras restringir el divorcio unilateral a unas limitadas *iustae causae*, se indica que si la mujer alegaba otra causa o no probaba suficientemente alguna de las permitidas sería sancionada a dejar en casa del marido hasta el último de sus bienes y con la deportación en una isla:

> C. Theod. 3.16.1 (*Imp. Constantinus A. ad Ablavium P.P.*): *Nam si praeter haec tria crimina repudium marito miserit, oportet eam usque ad acuculam capitis in domo mariti deponere et pro tam magna sui confidentia in insulam deportari*[702].

---

cónyuges". Sobre la concepción cristiana de la mujer, VIDÉN, G., "The twofold view of Women-Gender construction in early Christianity", en AA.VV. (Ed. L. Larsson Lovén y A. Strömberg), *Aspects of Women in Antiquity*, Jonsered, 1998, págs. 142 ss.; CRINITI, *Imbecillus sexus...*, cit., págs. 47 ss.

[702] Por el contrario, si era el marido el que alegaba una causa no justa y tomaba una nueva esposa, la primera mujer tenía derecho a invadir la casa del marido, esto es, a apoderarse de sus cosas y a quedarse con la dote de la segunda esposa: *In masculis etiam, si repudium mittant, haec tria crimina inquiri conveniet, si moecham vel medicamentariam vel conciliatricem repudiare voluerint. Nam si ab his criminibus liberam eiecerit, omnem dotem restituere debet et aliam non ducere. Quod si fecerit, priori coniugi facultas dabitur domum eius invadere et omnem dotem posterioris uxoris ad semet ipsam transferre pro iniuria sibi inlata.* Al respecto, RIVIER, *Précis...*, cit., págs. 231 ss.; COSTA, *Storia del diritto romano privato...*, cit., pág. 33; SARGENTI, *Il Diritto...*, cit., págs. 126 ss.; LAURIA, *Matrimonio-Dote...*, cit., págs. 59 ss.; RASI, *Consensus facit nuptias*, cit., págs. 171 ss.; BUCKLAND, *A Text-Book...*, cit., pág. 117 n. 9; BONFANTE, *Corso...*, I, cit., págs. 350-351; DI MARZO, *Lezioni...*, cit., págs. 83 ss.; BRINI, *Matrimonio...*, I, cit., págs. 227-228; VOLTERRA, E., "Ancora sulla legislazione imperiale in tema di divorzio", en *Studi in onore di Arnaldo Biscardi*, V, Milano, 1984, págs. 199 ss.; HUBER, *Der Ehekonsens...*, cit., págs. 129 ss.; GARCÍA GARRIDO, "Relaciones personales...", cit., págs. 32 ss.; VENTURINI, "La ripudianda...", cit., págs. 343 ss.; BEAUCAMP, *Le statut...*, cit., pág. 172; DELPINI, *Divorzio...*, cit., págs. 117-119; RUIZ FERNÁNDEZ, *El divorcio en Roma*, cit., págs. 128-129; GAUDEMET, "La législation sur le divorce...", cit., págs. 76 ss.; DE MARTINO, F., "Chiesa e Stato di fronte al divorzio nell'età romana", en *Festschrift für Werner*

La vigencia del domicilio relativo de la *uxor* que se intuye en esta constitución es confirmado para la parte Occidental en una constitución recogida por ARJAVA en la que en el año 369, los emperadores Valentiniano y Valente dispusieron que las esposas de los *navicularii* siguieran en las causas privadas el foro de sus maridos:

> C. Theod. 13.5.12 (*Impp. Valentinianus et Valens AA. ad Demetrianum Praefectum Annonae Africae*): ... *Ut enim in litibus causisque privatis fora easdem sequi convenit maritorum*...[703].

Asimismo, como señala BISCARDI, es constatado en la parte Oriental en una constitución del año 392 en la que los emperadores Valentiniano, Teodosio y Arcadio atribuyen a las esposas el rango, la jurisdicción y el domicilio de sus maridos:

> C. Theod. 2.1.7 (*Imppp. Valentinianus Theodosius et Arcadius AAA. Martiniano Comiti Orientis*): *Mulieres honore maritorum erigimus, genere nobilitamus. Iisdem forum ex eorum persona statuimus et domicilia mutamus*[704].

Flume zum 70. Geburstag, Köln, 1978, pág. 144; IGLESIAS, *Derecho Romano*, cit., pág. 346. Sobre la legislación matrimonial de Constantino, vid., con carácter general, EVANS GRUBBS, *"Munita coniugia"*..., cit., págs. 27 ss. y págs. 264 ss., entrer otras; idem, *Law and family*..., cit., *passim*; WÄCHTER, *Über Ehescheidungen*..., cit., págs. 236 ss.

[703] ARJAVA, *Women*..., cit., pág. 125 n. 33; GASPARD, *Recherches sur l'incolat*..., cit., pág. 17; WALTZING, *Étude*..., II, cit., pág. 290; BISCARDI, A., "Spose, madri, nubili, vedove: echi patristici nella legislazione tardo-imperiale", en *Atti dell'Accademia Romanistica Costantiniana. VII Convegno Internazionale*, Perugia, 1988, págs. 327-328; BEAUCAMP, *Le statut*..., cit., pág. 32; LICANDRO, *Domicilium habere*..., cit., págs. 352-353; CUENA BOY, "Nuevos...", cit., pág. 8 n. 109.

[704] Cfr. Brev. 2.1.7. BISCARDI, "Spose...", cit., págs. 327-328; BURDESE, s.v. «domicilio (Diritto romano)», cit., pág. 838; SALGADO, "Contribución...", cit., pág. 504; BEAUCAMP, *Le statut*..., cit., págs. 270 ss.; SCHLINKERT, *Ordo senatorius und nobilitas*, cit., págs. 89-90 y pág. 134 n. 34; ARJAVA, *Women*..., cit., pág. 124 n. 31 y pág. 125 n. 33; LICANDRO, *Domicilium habere*..., cit., págs. 352-353, quienes constatan cómo en ambas partes del Imperio se extendieron a las esposas los privilegios e inmunidades que durante el cuarto y quinto siglo eran concedidos a sus esposos; GAGLIARDI, *Mobilità*..., cit., pág. 461

Con la expresión *domicilia mutamus* se indica, en opinión de Olís Robleda, el *domicilium matrimonii*, es decir, el cambio domiciliario de la mujer producido por el matrimonio, en virtud del cual abandona su anterior domicilio para seguir el domicilio de su marido. La *interpretatio* de esta constitución no deja dudas al respecto:

> *Feminas secundum honorem, quem viri earum meruerint, volumus appellari, ut, ad cuius domum nubta transierit, eius proficiat dignitate et pro negotiis suis in eodem foro, ubi est maritum secuta, respondeat*[705].

Se trata una vez más, como precisa Roussel, de los efectos que produce la *communicatio divini et humani* en que se traduce el matrimonio[706]. Por ello, afirma Chavanes, la viuda que contrae segundas nupcias pierde el domicilio de su primer marido y pasa a tomar el del segundo ya que se aplicaría de nuevo el principio del domicilio relativo de la *uxor* tal y como afirma Servio, gramático de la primera mitad del siglo V, en su comentario al pasaje virgiliano de la Eneida sobre la segunda boda de la viuda Andrómaca ("*et patriam Andromachen iterum cessisse marito*") en el que indica:

> "*secundum ius locutus est, quia uxor viri domicilium sequitur*"[707].

n. 396 y pág. 462 n. 397. C. Theod. 13.3.3; C. Theod. 16.2.10; C. Theod. 16.2.14; C. Theod. 13.3.10; C. Theod. 13.3.16; C. I. 12.16.4; C. I. 12.9.2; C. I. 12.20.6§2. Cfr., C. Theod. 11.16.18.

[705] Olís Robleda, *El matrimonio...*, cit., pág. 237. En el mismo sentido Savigny, *Sistema...*, VI, cit., pág. 156; Chavanes, *Du Domicile*, cit., pág. 69. Por ello, afirma, Visconti, "Note preliminari sul «domicilium»...", cit., pág. 440, con «domicilia mutamus» se indica el derecho de la autoridad a cambiar el domicilio, no con un fin vejatorio sino como un honor.

[706] Roussel, *Du domicile...*, cit., pág. 32; Ancelle, *Du Domicile*, cit., pág. 55; Chavanes, *Du Domicile*, cit., pág. 69.

[707] Chavanes, *Du Domicile*, cit., págs. 70-71. Vid. Virgilio, *Aeneida*, 3.297 (ed. R.D. Williams, Oxford, 1962); AA. VV, *Servianum in Vergilii carmina commentarium*, ed. Harvardiana, 1965, III, pág. 118; Thilo, G.-Hagen, H., *Servii Grammatici qui feruntur in Vergilii carmina commentarii*, Hildesheim-Zürich-New York, 1986, p. 394.

Este régimen domiciliario seguirá vigente hasta el derecho justinianeo como se deduce de las sucesivas normativas sobre el divorcio. En efecto, como nos indica Di Marzo, los emperadores Teodosio y Valentiniano concedieron al esposo en el año 449 la posibilidad de divorcio *ex iusta causa* si su mujer pernoctaba en contra de su voluntad fuera de su casa sin justa o admisible causa:

> C. I. 5.17.8§3 (*Impp. Theodosius et Valentinianus AA. Hormisdae P.P.*): ... *aut ipso invito sine iusta aut probabili causa foris scilicet pernoctantem*...[708].

Y el emperador Justiniano en una Novela del año 542, como también señala Di Marzo, concedió igualmente al marido la posibilidad de repudiar a la mujer que, en contra de su voluntad se quedara fuera de su casa, salvo que se quedara en casa de sus padres:

> *Novellae Iustiniani*, 117, cap. 8§5 (*Imp. Iustinianus A. Theodoto, Orientalium P.P.*): *Si nolente viro foris domum manserit, nisi forsan apud proprios parentes*[709].

Pero junto a la normativa de divorcio, el mantenimiento del domicilio relativo de la esposa en el derecho justinianeo viene constatado por la doble incorporación en el Código Justinianeo de la constitución de Valentiniano, Teodosio y Arcadio. La primera, dentro del

---

[708] Di Marzo, *Lezioni*..., cit., pág. 85; Devilla, *Il carattere*..., cit., pág. 331; Rivier, *Précis*..., cit., págs. 231 ss.; Buckland, *A Text-Book*..., cit., pág. 117 n. 15; Bonfante, *Corso*..., I, cit., págs. 352-353; Brini, *Matrimonio*..., III, cit., págs. 231; Delpini, *Divorzio*..., cit., págs. 121-122; Goria, *Studi sul matrimonio*..., cit., pág. 155 n. 170; Beaucamp, *Le statut*..., cit., pág. 16, pág. 60 y pág. 74; Grubbs, *Law and family*..., cit., págs. 236-237.

[709] Di Marzo, *Lezioni*..., cit., pág. 90; Rivier, *Précis*..., cit., págs. 231 ss.; Buckland, *A Text-Book*..., cit., pág. 118 n. 2; Bonfante, *Corso*..., I, cit., pág. 354; Brini, *Matrimonio*..., III, cit., págs. 236-238; Delpini, *Divorzio*..., cit., págs. 126 ss.; Branca, s.v. «adulterio», cit., pág. 621; Goria, *Studi sul matrimonio*..., cit., pág. 155 n. 170; Huber, *Der Ehekonsens*..., cit., págs. 143 ss.; Beaucamp, *Le statut*..., cit., pág. 176; Ruiz Fernández, *El divorcio en Roma*, cit., pág. 139; Babanicas, E., "Il divorzio nella legislazione giustinianea", en AA.VV., *Atti del II Convergo sulla problematica contrattuale in diritto romano, Milano, 11-12 maggio 1995 in onore di Aldo Dell'Oro*, Milano, 1995, págs. 153 ss.; Manfredini, *Istituzioni*..., cit., pág. 104.

título de las Dignidades, en la que tras indicar que la mujer sigue el honor, fuero y domicilio de su marido, se añade que si aquélla se casara después con un hombre de rango inferior seguirá, privada de la dignidad anterior, la condición de su marido posterior:

> C. I. 12.1.13 (*Imppp. Valentinianus, Theodosius et Arcadius AAA. Martiano Comiti Orientis*): *Mulieres honore maritorum erigimus, genere nobilitamus, et forum ex eorum persona statuimus, et domicilia mutamus. Sin autem minoris ordinis virum postea sortitae sunt, priore dignitate privatae, posterioris mariti sequentur conditionem*[710].

Esta pérdida de la condición social del primer marido por segundas nupcias será reproducida, como recoge Beaucamp, en una Novela del año 535 a través de la cual el emperador dispuso que las mujeres que pasaran a segundas nupcias no seguirían disfrutando de las dignidades o privilegios de sus primeros maridos sino que seguirían la condición de los segundos:

> *Novellae Iustiniani*, 22, cap. 36 (*Imp. Iustinianus A. Ioanni, gloriosissimo sacrorum per Orientem Praetoriorum Praefecto iterum, Exconsuli et Patricio*): *Non tamen permittimus mulieribus ad secundas venientibus nuptias adhuc velle priorum maritorum dignitatibus aut privilegiis uti, sed ad quale post priorem venerint matrimonium, illius amplectantur fortunam; quae enim priorum oblita est, non rursus ex prioribus adiuvabitur*[711].

---

[710] Savigny, *Sistema...*, VI, cit., pág. 156 n. (r); Chavanes, *Du Domicile*, cit., pág. 69; Rivier, *Précis...*, cit., págs. 175-179; De Ruggiero, *La patria...*, cit., pág. 182 n. 2; Olís Robleda, *El matrimonio...*, cit., pág. 237; Burdese, s.v. «domicilio (Diritto romano)», cit., pág. 838; Salgado, "Contribución...", cit., pág. 504; Plescia, "Conflict...", cit., pág. 37; Schlinkert, *Ordo senatorius und nobilitas*, cit., pág. 89 y pág. 134 n. 34; Guzmán Brito, *Derecho Privado Romano*, I, cit., pág. 287 n. 36; Biscardi, "Spose...", cit., pág. 327; Beaucamp, *Le statut...*, cit., págs. 270 ss.; De Martino, "Chiesa e Stato...", cit., pág. 149; Gagliardi, *Mobilità...*, cit., pág. 461 n. 369.

[711] Beaucamp, *Le statut...*, cit., pág. 273; Devilla, *Il carattere...*, cit., pág. 368 y págs. 373-374; Delpini, *Divorzio...*, cit., págs. 126 ss.; Arjava, *Women...*, cit., pág. 124 n. 31.

Asimismo, el cambio de domicilio motivado por las segundas nupcias viene confirmado por la segunda inserción de la misma constitución de Valentiniano, Teodosio y Arcadio, dentro del título relativo a los Habitantes y al Domicilio, en la que los compiladores colocan el *domicilia mutamus* tras la referencia a la pérdida de la dignidad del primer marido como consecuencia de un segundo matrimonio, indicando con tal ubicación que ese segundo matrimonio también comporta un cambio de domicilio:

> C. I. 10.39(40).9 (*Imppp. Valentinianus, Theodosius et Arcadius AAA. Martiano Comitis Orierntis*): *Mulieres honore maritorum erigimus, et genere nobilitamus, et forum ex eorum persona statuimus. Sin autem minoris ordinis virum postea sortitae fuerint, priore dignitate privatae posterioris mariti sequantur conditionem, et domicilia mutamus*[712].

En conclusión, en el derecho posclásico y justinianeo se mantuvieron las dos expresiones de la *auctoritas maritalis*: la asunción del rango y del domicilio del marido, efectos que se perdían ante un segundo matrimonio dado que la mujer seguiría el rango social y el domicilio de su nuevo marido.

---

[712] SAVIGNY, *Sistema...*, VI, cit., pág. 156 n. (r); ROUSSEL, *Du domicile...*, cit., pág. 32; CHAVANES, *Du Domicile*, cit., pág. 69; HUMBERT, s.v. «incola», cit., pág. 457; DE RUGGIERO, *La patria...*, cit., pág. 182 n. 2; D'ORS, *Epigrafía...*, cit., pág. 153; OLÍS ROBLEDA, *El matrimonio...*, cit., pág. 237; BURDESE, s.v. «domicilio (Diritto romano)», cit., pág. 838; SALGADO, "Contribución...", cit., pág. 504; BEAUCAMP, *Le statut...*, cit., págs. 270 ss.; SCHLINKERT, *Ordo senatorius und nobilitas*, cit., pág. 90 y pág. 134 n. 34; GUZMÁN BRITO, *Derecho Privado Romano*, I, cit., pág. 287 n. 36; BISCARDI, "Spose...", cit., pág. 327; PLESCIA, "Conflict...", cit., pág. 37; GAGLIARDI, *Mobilità...*, cit., pág. 461 n. 396. Cfr. TEDESCHI, "Contributo...", cit., págs. 233-234, para quien de la traducción que del texto hicieron los Basilicos, no se puede atribuir carácter legal al domicilio de la mujer.

Capítulo VI
EL DOMICILIO DEL HIJO LEGÍTIMO

1. ORIGEN DE LA CONVIVENCIA BAJO EL TECHO PATERNO: LA PRIMITIVA COHESIÓN DE LA FAMILIA ROMANA, LOS CUASI-ABSOLUTOS PODERES DEL *PATERFAMILIAS* Y LA INCAPACIDAD PATRIMONIAL DE SUS *FILII*

En palabras de PERIÑÁN GÓMEZ, "el *status* de *filius familias* es el reflejo de la *patria potestas*, un poder que se proyecta sobre los descendientes por quien lo ostenta (*pater familias-sui iuris*) y que condiciona la vida de aquellos (*alieni iuris*) hasta que desaparece, sin límite de edad ni de posición pública"[713].

---

[713] PERIÑÁN GÓMEZ, B., *Antecedentes y consecuencias del SC. Macedoniano*, Valencia, 2000, págs. 91 ss. La determinación del *status* del *filius familias* a través de la *patria potestas* es afirmada también por BONFANTE, *Corso...*, I, cit., pág. 18; BUCKLAND, *A Manual...*, cit., pág. 62; LOBRANO, G., *Pater et filius eadem persona –Per lo studio della patria potestas–*, I, 1984, págs. 146 ss.; TAFARO, S., *La pubertà a Roma. Profili giuridici*, Bari, 1993, pág. 14. Conviene señalar, no obstante, la precisición apuntada por SANSÓN RODRÍGUEZ, Mª.V., "La posesión constante del estado de hijo legítimo", en MURILLO VILLAR, A., (Coord.), *Estudios de Derecho romano en memoria de Benito Mª. Reimundo Yanes*, II, Burgos, 2000, págs. 465 ss., quien tras apuntar que el *personarum status*, entendido como condición o posición jurídica de las personas, coincide con el concepto actual de estado civil, constata que en las fuentes no se encuen-

Esta relación paterno-filial, precisa LATORRE, se enmarca en el ámbito del Derecho privado puesto que, su condición de ciudadanos romanos, determina que en líneas generales *pater et filius* se encuentren en la esfera pública en un plano de igualdad[714].

El *pater*, como afirma ALBANESE, adquiría la *patria potestas* sobre todos los hijos nacidos del *matrimonium iustum*, pudiendo reconocer su legítima pertenencia a la familia o rechazarlos[715]. Sin em-

---

tran expresiones como *status familiae*, *status filiationis* o *possessio filiationes* porque lo decisvo en relación con la situación familiar es el hecho de estar o no sometido a otra persona. A su juicio, la expresión equivalente a «estado de hijo legítimo», o sea, sometido a un *paterfamilias*, es la expresión procesal *«an filius sit an non»*, "pues las cuestiones de estado se enfocan desde el punto de vista de la *patria potestas* en el círculo del *ius civile* y del sometimiento a una potestad ajena"; ALBURQUERQUE, "Deber legal...(I)", cit., págs. 1-14.

714 LATORRE, A., "Sobre la capacidad jurídica de Derecho público del «filius familias»", en AA.VV., *Estudios jurídicos en homenaje al profesor Ursicino Álvarez Suárez*, Madrid, 1978, págs. 251 ss., donde refleja el conflicto que, en ocasiones, se produce entre ambos ámbitos. En el mismo sentido, entre otros, RIVIER, *Précis...*, cit., págs. 83 ss., para quien la potestad no influye sobre los derechos políticos del hijo; BONFANTE, *Corso...*, I, cit., pág. 10 y pág. 93; CARAMES FERRO, *Instituciones...*, I, cit., pág. 25; ALBANESE, B., *Le persone nel Diritto privato romano*, Palermo, 1979, págs. 246-247; GALLO, "Idee vecchie...", cit., pág. 48; NERAUDAU, J.P., *Être enfant à Rome*, Paris, 1984, págs. 149 ss.; LACEY, "«Patria potestas»", cit., pág. 127; FRANCIOSI, *Famiglia...*, cit., págs. 46-47; TAFARO, *La pubertà a Roma*, cit., pág. 48 n. 54; GARDNER, J.F., *Being a Roman Citizen*, London-New York, 1993, págs. 79 ss.; FAYER, *La familia romana*, I, cit., págs. 135 ss.; DUCOS, *Roma e il diritto*, cit., págs. 44-45; PERIÑÁN GÓMEZ, *Antecedentes...*, cit., pág. 91. Cfr. RABELLO, A.M., *Effetti personali della "patria potestas", I, Dalle origini al periodo degli Antonini*, Milano, 1979, pág. 135, para quien el contraste entre el ámbito público y privado del hijo es teórico ya que el mismo solía continuar la política del padre.

715 ALBANESE, *Le persone...*, cit., pág. 213 y pág. 218; DALL'OLIO ROMANO, *Elementi...*, I, cit., págs. 49 ss.; DECLAREUIL, "Paternité et Filiation légitimes", cit., págs. 315-352; COSTA, *Storia del diritto romano privato...*, cit., págs. 71 ss.; PARIBENI, *La famiglia romana*, cit., pág. 30; LANFRANCHI, F., "Prospettive vecchie e nuove in tema de filiazione", en *Studi in memoria di Albertario*, I, 1953, págs. 741 ss.; VOLTERRA, E., s.v. «filiazione (Diritto romano)», en *N.N.D.I.*, VII, Torino, 1961, págs. 308 ss.; idem, "Una osservazione in tema di «tollere liberos»", en *Scritti Giuridici, II, Famiglia e Successioni*, Napoli-Paris, 1991, págs. 217 ss.; CASTELLO, "Tre norme speciali romane in tema di filiazione", cit., págs. 292 ss.,

bargo, la misma podía constituirse al margen del hecho biológico de la procreación, dado que, como precisa FERNÁNDEZ DE BUJÁN, A., *paterfamilias* es todo aquel *civis* no sometido a la *potestas* de otro con independencia de que tenga descendencia o no[716]. Así, por ejemplo, se podía adquirir el *status* de *filiusfamilias ex iure*, es decir, a través de un acto jurídico como la adopción[717], la arroga-

donde junto a la regla general, recoge suspuestos especiales de filiación; BUCKLAND, *A Text-Book...*, cit., págs. 99 ss.; PECORELLA, C., s.v. «filiazione (Storia)», en *E.D.*, XVII, Milano, 1968, págs. 449 ss.; DE COULANGES, *La ciudad antigua...*, cit., pág. 34; CAPOGROSSI COLOGNESI, L., s.v. «patria potestà (Diritto romano)», en *E.D.*, XXXII, Milano, 1982, págs. 247-248; ROMANO, A., "«Tollere liberos»: uomo, donna e potere", en *Sodalitas. Scritti in onore di Antonio Guarino*, II, Napoli, 1984, págs. 881 ss.; TAFARO, *La pubertà a Roma*, cit., pág. 192 n. 15; DIXON, S., *The Roman Family*, London, 1992, pág. 101; FRANCIOSI, *Famiglia...*, cit., págs. 58-59; SANSÓN RODRÍGUEZ, "La posesión...", cit., págs. 472 ss. Las mujeres *sui iuris* estaban privadas de la patria potestad, pero se les permitió en el derecho postclásico la adopción. Al respecto, FAYER, *La familia romana*, I, cit., págs. 19; DUCOS, *Roma e il diritto*, cit., pág. 44; RAWSON, B., "Adult-Child Relationships in roman society", en AA.VV. (ed. B. Rawson), *Marriage, Divorce and Children in ancient Rome*, Oxford, 1996, pág. 12; LÓPEZ ROSA, "Familia y Matrimonio...", cit., pág. 417; PERIÑÁN GÓMEZ, *Antecedentes...*, cit., pág. 93. Cfr. D. 50.16.195§5. Sobre las uniones entre ciudadanos romanos y latinos o peregrinos y la condición de los hijos nacidos de las mismas, VOLTERRA, E., "L'acquisto della cittadinanza romana e il matrimonio del peregrino", en *Studi in onore Redenti*, II, Milano, 1951, págs. 403-422; idem, "Sulla condizione dei figli dei peregrini cui veniva concessa la cittadinanza romana", en *Studi in onore Cicu*, II, Milano, 1951, págs. 615-672; CASTELLO, *L'acquisto...*, cit., págs. 167 ss.

716 FERNÁNDEZ DE BUJÁN, A., "Reflexiones...(I)", cit., págs. 1 ss.; *Derecho Privado...*, cit., págs. 235 ss.; BRUGI, *Istituzioni...*, cit., pág. 39 y págs. 51 ss.; BONFANTE, *Corso...*, I, cit., págs. 11 ss.; CARAMES FERRO, *Instituciones...*, I, cit., pág. 25; DE COULANGES, *La ciudad antigua...*, cit., págs. 61-62; ALBANESE, *Le persone...*, cit., págs. 212-213; NERAUDAU, *Être enfant à Rome*, cit., pág. 159; DIXON, *The Roman Family*, cit., pág. 2; GARDNER, *Being a Roman Citizen*, cit., pág. 4 y págs. 52 ss.; FAYER, *La familia romana*, I, cit., pág. 18, apunta que *pater* no significa progenitor sino jefe de familia; DUCOS, *Roma e il diritto*, cit., págs. 43-44; LÓPEZ ROSA, "Familia y Matrimonio...", cit., pág. 417; PERIÑÁN GÓMEZ, *Antecedentes...*, cit., pág. 94; AMUNÁTEGUI PERELLÓ, *Origen...*, cit., págs. 43 ss.

717 DALL'OLIO ROMANO, *Elementi...*, I, cit., págs. 88 ss.; RIVIER, *Précis...*, cit., págs. 64 ss.; CORNIL, *Droit Romain*, cit., págs. 138 ss. y págs. 562 ss.; DE RUG-

ción[718], o la *conventio in manum*[719] y conservarlo si tras la muerte o *capitis deminutio* del *pater*, el *subiectus* tenía un ascendiente mas-

GIERO, *La patria*..., cit., págs. 86 ss.; COSTA, *Storia del diritto romano privato*..., cit., págs. 59 ss.; idem, *Cicerone giurisconsulto*, I, cit., págs. 63 ss.; COLLINET-GIFFARD, *Précis*..., I, cit., págs. 182 ss.; DUMONT, *Manuel*..., I, cit., págs. 248 ss.; ARCHI, *L'«Epitome Gai»*, cit., págs. 149 ss.; BRANCA, BG., s.v. «adozione (Diritto romano)», en *E.D.*, I, Milano, 1958, págs. 579 ss.; BUCKLAND, *A Text-Book*..., cit., pág. 116; idem, *A Manual*..., cit., págs. 74 ss.; BONFANTE, *Corso*..., I, cit., págs. 18 ss. y págs. 37 ss.; CASTELLO, C., "Sui principii ispiratori delle norme sull'età dell'adottante e dell'adottato in Diritto romano", en *Studi in onore di Giuseppe Grosso*, IV, Torino, 1968, págs. 193 ss.; HORVAT, M., "Les aspects sociaux de l'adrogation et de l'adoption à Rome", en *Studi in onore di Giuseppe Grosso*, VI, Torino, 1968, págs. 45 ss.; ALBANESE, *Le persone*..., cit., págs. 228 ss.; RABELLO, *Effetti*..., cit., pág. 31, pág. 68, págs. 124 ss. y pág. 181, entre otras; NARDI, E., "Poteva la donna, nell'Impero romano, adottare un figlio?", en *Studi in onore di Arnaldo Biscardi*, I, Milano, 1982, págs. 197 ss.; RUSSO RUGGERI, C., *La datio in adoptionem, I, Origine, Regime giuridico e riflessi politico-sociali in età repubblicana ed imperiale*, Milano, 1990, *passim*; idem, *La datio in adoptionem, II, Dalla pretesa influenza elleno-cristiana alla riforma giustinianea*, Milano, 1995, *passim*; FRANCIOSI, *Famiglia*..., cit., págs. 63 ss.; KNÜTEL, R., "Skizzen zum römischen Adoptionsrecht: «Plena pubertas», Annahme an Enkels Statt, Erhaltung der Mitgift", en *Index*, 22, 1994, págs. 249 ss.; FAYER, *La familia romana*, I, cit., págs. 291 ss.; CORBIER, M., "Divorce and Adoption as Roman Familial Strategies (Le Divorce et l'adoption 'en plus')", en AA.VV. (ed. B. Rawson), *Marriage, Divorce, and Children in ancient Rome*, Oxford, 1996, págs. 63 ss.; DALLA, D., "*Potestas* e natura nell'adozione romana", en AA.VV., *Filia. Scritti per Gennaro Franciosi*, I, Napoli, 2008, págs. 683 ss.; AMUNÁTEGUI PERELLÓ, *Origen*..., cit., págs. 43 ss.; RODRÍGUEZ-ENNES, L., "Eclipse y renacimiento de la adopción en su devenir histórico", en *R.G.D.R.* (*www.iustel.com*), nº 13, 2009, págs. 1 ss.; idem, "La adopción romana: continuidad y discontinuidad de un modelo", en AA.VV. (Coord. B. Periñán Gómez), *Derecho, persona y ciudadanía. Una experiencia jurídica comparada*, Madrid, Barcelona, Buenos Aires, 2010, págs. 317 ss.; FERNÁNDEZ DE BUJÁN, A., *Derecho Privado*..., cit., págs. 241 ss.; RUIZ PINO, S., "La cuestión sobre las adopciones políticas en Roma", en *R.G.D.R.* (*www.iustel.com*), julio, 2011, págs. 1 ss.; idem, "Algunas notas procedimentales en torno a la adopción romana", en *R.G.D.R.*, (*www.iustel.com*), nº 17, 2011; idem, *La vertiente iuspublicista de la institución adoptiva en derecho romano y su proyección en el derecho español*, Dykinson, 2012.

[718] CORNIL, *Droit Romain*, cit., págs. 138 ss. y págs. 562 ss.; COSTA, *Storia del diritto romano privato*..., cit., págs. 63 ss.; idem, *Cicerone giuris consulto*, I, cit., págs. 63 ss.; COLLINET-GIFFARD, *Précis*..., I, cit.,

culino en línea recta que sí quedaba liberado y asumía el *status* de *pater* sobre sus descendientes[720].

Por tanto, podemos definir al *filius/filiafamilias* legítimo como todo ciudadano romano, hombre o mujer, sujeto a la *patria potestas* de un *paterfamilias* con independencia del hecho biológico de la procreación hasta que la misma cese, siempre que no tenga ascendientes masculinos en línea recta ni se someta, de otro modo, a la *patria potestas* de un nuevo *paterfamilias*.

La cohesión de la antigua familia romana, unida a los poderes del *paterfamilias* sobre sus *filii*[721] y la primitiva incapacidad patri-

págs. 183-184; Dumont, *Manuel...*, I, cit., págs. 248 ss.; Archi, *L'«Epitome Gai»*, cit., págs. 149 ss.; Buckland, *A Text-Book...*, cit., págs. 124 ss.; idem, *A Manual...*, cit., págs. 74 ss.; Bonfante, *Corso...*, I, cit., págs. 20 ss. y págs. 45 ss.; Horvat, "Les aspects...", cit., págs. 45 ss.; Albanese, *Le persone...*, cit., págs. 218 ss.; Rabello, *Effetti...*, cit., pág. 67; Franciosi, *Famiglia...*, cit., págs. 60 ss.; Fayer, *La familia romana*, I, cit., págs. 291 ss.; Arends Olsen, *La femme...*, cit., pág. 100; Amunátegui Perelló, *Origen...*, cit., págs. 43 ss.; Fernández de Buján, A., *Derecho Privado...*, cit., págs. 241 ss.

719 Sobre la *conventio in manum* vid. bibliografía señalada en las ns. 606-609, 617 y 635.

720 Gayo, *Institutae*, 1.133. Bonfante, *Corso...*, I, cit., págs. 11 ss.; Albanese, *Le persone...*, cit., págs. 216 ss.; Dixon, *The Roman Family*, cit., pág. 2 y pág. 41; Franciosi, *Famiglia...*, cit., págs. 67-68; Fayer, *La familia romana*, cit., págs. 20-21; Periñán Gómez, *Antecedentes...*, cit., págs. 93-95; Fernández de Buján, A., *Derecho Privado...*, cit., págs. 238 ss.

721 La patria potestad comprendía el *ius exponendi*, el *ius vitae ac necis*, el *ius vendendi*, el *ius tollendi* y el *ius noxae dandi.* Sobre los mismos, vid junto a la bibliografía señalada en la n. 612, Rivier, *Précis...*, cit., págs. 49 ss. y págs. 77 ss.; Karlowa, *Römische Rechtsgeschichte*, II, cit., págs. 79-92; Czyhlarz, *Lehrbuch...*, cit., págs. 269-271; Perozzi, *Istituzioni...*, I, cit., págs. 421 ss.; Cornil, *Droit Romain*, cit., págs. 20 ss.; Costa, *Storia del diritto romano privato...*, cit., págs. 71 ss.; idem, *Cicerone giurisconsulto*, I, cit., págs. 49 ss.; Collinet-Giffard, *Précis...*, I, cit., págs. 174 ss.; Archi, *L'«Epitome Gai»*, cit., págs. 129 ss.; Delaffon, P., *Droit d'Exposition à Rome*, Montpellier, 1942, *passim*; Lanfranchi, F., "«Ius exponendi» e obbligo alimentare nel Diritto romano-classico", en *S.D.H.I.*, 6, 1940, págs. 5 ss.; idem, "Prospettive vecchie...", cit., págs. 742 ss.; Paribeni, *La famiglia romana*, cit., págs. 30 ss.; Dumont, *Manuel...*, I, cit., págs. 56 ss.; Ferrini, *Manuale di Pandette*, cit., págs. 673 ss.; Volterra, "Il preteso tribunale domestico...", cit.,

monial de éstos[722], comportó que hasta los últimos tiempos de la República no se planteara el problema de su domicilio, ya que los *filii-*

---

págs. 103 ss.; WATSON, *The Law...*, cit., págs. 77 ss.; SIBER, *Römisches Recht...*, II, cit., págs. 48 ss.; GREENIDGE, *Roman Public Life*, cit., págs. 17 ss.; CARAMES FERRO, *Instituciones...*, I, cit., págs. 102 ss.; ALBANESE, *Le persone...*, cit., págs. 248 ss.; GIOFFREDI, "Funzione...", cit., págs. 77 ss.; FERNÁNDEZ DE BUJÁN, A., *El filiusfamilias...*, cit., págs. 21 ss.; idem, *Derecho Privado...*, cit., págs. 238 ss.; RABELLO, *Effetti...*, cit., págs. 1 ss. y págs. 51 ss., entre otras; LOBRANO, *Pater et filius...*, cit., págs. 146 ss.; MITTEIS, *Römisches Privatrecht...*, I, cit., págs. 72 ss.; GARDNER, *Being a Roman Citizen*, cit., págs. 52 ss.; SALMON, P., *La limitation des naissances dans la société romaine*, Bruxelles, 1999, págs. 80 ss.; SCHULZ, *Principios...*, cit., págs. 189 ss.; ALBURQUERQUE, "Deber legal...(I)", cit., págs. 1-14; idem, "Alimentos entre parientes: alimenta et rictus. Puntualizaciones breves sobre la transacción y la prestación en el marco de los posibles procedimientos (expedientes) de jurisdicción voluntaria", en *R.G.D.R.* (*www.iustel.com*), nº 4, 2005, págs. 1-21; idem, *La prestación...*, cit., págs. 33 ss.; AMUNÁTEGUI PERELLÓ, *Origen...*, cit., págs. 43 ss.; ídem, "El trinomio «potestas manus mancipiumque»", cit., págs. 81-110; FERNÁNDEZ BAQUERO, "El significado...", cit., págs. 1 ss.; GIANNOZZI, E., "La *patria potestas* dans l'oeuvre de Yan Thomas", en *S.D.H.I.*, 79.1, 2013, págs. 279-304; SUÁREZ BLÁZQUEZ, G., "La patria potestad en el Derecho romano y en el derecho altomedieval visigodo", en *Revista de Estudios Histórico-Jurídicos*, Valparaíso, nº 36, 2014, págs. 159-187.

[722] RIVIER, *Précis...*, cit., pág. 84; PARIBENI, *La famiglia romana*, cit., pág. 32; DUMONT, *Manuel...*, I, cit., págs. 57 ss.; LA ROSA, F., *I peculi speciali in Diritto romano*, Milano, 1963, págs. 5 ss.; GARCÍA GARRIDO, *Ivs vxorivm...*, cit., págs. 5 ss.; BURDESE, A., s.v. «capacità (Diritto romano)», en *E.D.*, VI, Milano, 1960, págs. 1-3; BONFANTE, *Corso...*, I, cit., pág. 119; DE COULANGES, *La ciudad antigua...*, cit., pág. 63; ALBANESE, *Le persone...*, cit., pág. 211, pág. 213, págs. 246-247 y págs. 271 ss.; FERNÁNDEZ DE BUJÁN, A., *El filiusfamilias...*, cit., págs. 24 ss.; idem, *Derecho Privado...*, cit., págs. 236 ss.; WACKE, A., "Le pécule: patrimoine du père ou propriété du fils? Le destin du pécule après la fin de la puissance domestique", en *Estudios de Derecho romano y moderno en cuatro idiomas*, Madrid, 1996, pág. 163; HERNANZ PILAR, J., *El ivssum en las relaciones potestativas*, Valladolid, 1993, págs. 15 ss., págs. 33 ss., págs. 45 ss., págs. 65 ss., págs. 87 ss. y págs. 137 ss.; FAYER, *La familia romana*, I, cit., pág. 73 y págs. 250 ss.; PERIÑÁN GÓMEZ, *Antecedentes ...*, cit., pág. 95; FERNÁNDEZ BAQUERO, "El significado...", cit., págs. 1 ss.

familias, con independencia de su edad o estado civil, vivían en la casa paterna[723].

Así se constata, no sólo mediante la inscripción en la misma tribu de su *pater* señalada por MASI DORIA[724], sino también a través de las fuentes literarias que, si bien son escasas, nos ofrecen ejemplos de familias compuestas por una pluralidad de núcleos familiares que vivían juntos.

A este respecto, como señala FAYER, es digna de destacar la descripción que efectúa Cicerón de la familia de Apio Claudio Ciego en el siglo III a. C., indicando que en su casa vivían sus hijos e hijas, según la costumbre y la regla de vida de los antepasados:

> CICERÓN, *Philosophica. Cato Maior, de senectute*, 37: "*Quattuor robustos filios, quinque filias, tantam domum, tantas clientelas Appius regebat et caecus et senex... tenebat non modo auctoritatem, sed etiam imperium in suos; metuebant servi, verebantur liberi, carum omnes habebant; vigebant in illa domo mos patrius et disciplina*"[725].

Si se tiene en cuenta que Cicerón nos dice que Apio era viejo, convenimos con la autora en que es probable que sus hijos "en pleno vigor" estuvieran casados y con prole, pero continuaban no obstante viviendo en la casa del *pater* y bajo su *potestas* según la costumbre ancestral[726].

---

[723] RIVIER, *Précis...*, cit., pág. 17 y COSTA, *Cicerone giurisconsulto*, I, cit., págs. 48-49, fundan esta cohabitación en la cohesión familiar bajo la potestad del *paterfamilias* y en la unidad económica de la familia; PARIBENI, *La famiglia romana*, cit., págs. 13 ss. y pág. 53; DE COULANGES, *La ciudad antigua...*, cit., pág. 26 y pág. 60, fundamentan esta convivencia en la fuerza de la antigua religión doméstica; GAUDEMET, *Les communautés familiales*, cit., pág. 15; DIXON, *The Roman Family*, cit., pág. 7; FAYER, *La familia romana*, I, cit., pág. 71.

[724] MASI DORIA, C., *Civitas, Operae, Obsequium. Tre studi sulla condizione giuridica dei liberti*, Napoli, 1999, págs. 26-27; DE RUGGIERO, *La patria...*, cit., págs. 78 ss.

[725] FAYER, *La familia romana*, I, cit., pág. 70; DIXON, *The Roman Family*, cit., pág. 7 y pág. 22; KRAUSE, *Witwen und Waisen...*, II, cit., pág. 37.

[726] FAYER, *La familia romana*, I, cit., pág. 70.

No creemos, sin embargo, que las hijas a las que alude el texto estén casadas *sine manu* y que Cicerón se refiera a ellas porque todavía permanecen bajo la *potestas* de Apio. Y ello porque, como vimos al estudiar el domicilio de la mujer casada, tanto si se efectuaba el matrimonio acompañado de la *conventio in manum*, como si la hija casada permanecía bajo la potestad paterna, la misma salía de casa familiar y asumía el domicilio de su esposo o de su *paterfamilias* (si éste era *alieni iuris*).

Ésta será una constante a lo largo de todas las etapas del Derecho romano dado que, a pesar de la mayor capacidad jurídica de la mujer y de su denominada emancipación como consecuencia del declive de la familia agnaticia, la breve edad en la que eran entregadas en matrimonio y su siempre estado de inferioridad jurídica respecto al marido determinó que, por regla general, sólo abandonaran la casa familiar con ocasión del matrimonio para asumir el domicilio de su marido[727].

Por ello, nos parece más probable que las hijas de Apio a las que alude Cicerón sean las esposas de sus hijos *in potestatem* que, por haber acompañado al matrimonio de la *conventio in manum*, pasaban a integrar, la familia agnaticia de sus maridos.

Otro ejemplo de la convivencia entre padres e hijos recogido por Fayer nos lo ofrece Plutarco al describir la familia de Catón el Censor, indicando que tenía un hijo de la primera esposa, el cual, casado con una hija de Emilio Paulo, el vencedor de Perseo, rey de Macedonia, continuó viviendo con la joven esposa en la pequeña casa del padre[728].

Por tanto, si bien son escasas, las fuentes literarias recogen la práctica habitual de que los hijos vivieran junto al *pater*, cualquiera que fuera su edad y estado civil. Las hijas, sin embargo, permanecían sólo hasta el matrimonio, momento en el cual, efectuada o no la *conventio in manum*,

---

[727] Vid. al respecto, el capítulo relativo al domicilio de la mujer casada. No obstante, no podemos descartar que, en el plano teórico, se pudiera aplicar a las *filiaefamilias* solteras el régimen domiciliario que describiremos en el presente apartado. Pero, dada su excepcionalidad, nos centraremos en el domicilio de los *filiifamilias*.

[728] Plutarco, *Vitae parallelae. Cato maior*, 24.1-2. Fayer, *La familia romana*, I, cit., pág. 71; Dixon, *The Roman Family*, cit., pág. 7 y pág. 143; Krause, *Witwen und Waisen...*, II, cit., pág. 37. Cfr. Rawson, B., "The roman Family", en AA.VV. (ed. B. Rawson), *The Family in ancient Rome*, London, 1992, pág. 14 n. 32.

que fue muy practicada hasta los últimos siglos de la República, asumían el domicilio del esposo *sui iuris* o de su *paterfamilias*, si era *alieni iuris*. Ello no obsta a que los hijos pudieran establecerse en un domicilio independiente con la autorización o por consejo de su *paterfamilias*. Sin embargo, dadas las circunstancias descritas, esta posibilidad revestiría hasta los últimos siglos de la República un carácter excepcional.

Prueba de ello es el hecho de que, incluso a la muerte del *pater*, la cohesión de la familia comportaba que, con frecuencia, todos sus miembros continuaran viviendo en la casa familiar. En este sentido, FAYER recoge el caso de los Aelios Tuberones descrito por Valerio Máximo y Plutarco, quienes nos indican que en el siglo II a. C. vivían dieciséis miembros masculinos adultos en una pequeña casa formando un único hogar junto con sus hijos, que eran muchos, y sus mujeres:

> VALERIO MÁXIMO, *Facta et dicta memorabilia*, 4.4.8: "*Quid Aelia familia, quam locuples! Sedecim eodem tempore Aeli fuerunt quibus una domuncula erat eodem loci quo nunc sunt Mariana monumenta...*"[729].

2. POSIBILIDAD DE ESTABLECIMIENTO EN UN DOMICILIO INDEPENDIENTE A PARTIR DEL ÚLTIMO SIGLO DE LA REPÚBLICA: EL DEBILITAMIENTO DE LA FAMILIA PATRIARCAL Y LA MAYOR INDEPENDENCIA PATRIMONIAL DE LOS *FILIIFAMILIAS*

En el último siglo de la República, los jurisconsultos consideraban fuera de dudas el hecho de que los hijos pudieran cohabitar con sus

729 PLUTARCO, *Vitae parallelae. Aemilius Paulus*, 5.7; 28.12. FAYER, *La familia romana*, I, cit., pág. 27 y pág. 71, quien, no obstante, pone de manifiesto que de tales pasajes no se puede concretar si se trataba de un *consortium «ercto non cito»* o de una familia agnaticia; BROGGINI, G., "Vindex und Iudex. Zum Ursprung des römischen Zivilprocess", en *Z.S.S.*, 76, 1959, págs. 123 ss.; DIXON, *The Roman Family*, cit., págs. 22-23; RAWSON, "The roman Family", cit., pág. 14; KRAUSE, *Witwen und Waisen...*, II, cit., pág. 37; LICANDRO, *Domicilium habere...*, cit., pág. 54.

padres cuando a éstos se les hubiera legado el uso de una casa[730] y un ejemplo de una familia compuesta por el *pater*, su mujer, su hijo célibe y sus hijos casados con probable prole que viven todos juntos en la misma casa nos la ofrece Plutarco al indicar, como señala FAYER, que Marco Craso fue criado en una modesta casa con dos hermanos, los cuales se casaron en vida de sus progenitores y comían todos en la misma mesa[731]. Del mismo modo Plutarco nos informa, como recoge DIXON, que la madre de César vivía con él y su joven esposa[732].

Sin embargo, convenimos con la autora en que la convivencia entre *pater et filius*, sobre todo si éste estaba casado y tenía descendencia, ya no era tan frecuente, siendo normal que estableciera su propio núcleo familiar en una residencia independiente[733].

Las razones que determinaron el declive de la convivencia de los hijos adultos con sus padres pueden hallarse en el debilitamiento de la familia patriarcal[734], la desvinculación de las ataduras sociales más

---

[730] D. 7.8.2 pr.-§1; 7.8.4§1. Vid., respectivamente, textos correspondientes a n. 845 y n. 647. Por todos, WALLACE-HADRILL, A., "Houses and Housholds: Sampling Pompeii and Herculaneum", en AA.VV. (ed. B. Rawson), *Marriage, Divorce and Children in ancient Rome*, Oxford, 1996, pág. 217.

[731] PLUTARCO, *Vitae parallelae, Crassus*, 1.1. FAYER, *La familia romana*, I, cit., pág. 71; DIXON, *The Roman Family*, cit., pág. 7 y pág. 142 n. 42; RAWSON "The roman Family", cit., pág. 14; KRAUSE, *Witwen und Waisen...*, cit., pág. 37.

[732] PLUTARCO, *Vitae parallelae. Caesar*, 9-10. DIXON, *The Roman Family*, cit., pág. 143; RAWSON, "The roman Family", cit., pág. 14.

[733] DIXON, *The Roman Family*, cit., págs. 4-5, págs. 7-8, pág. 138, pág. 142 y pág. 147. En el mismo sentido, COSTA, *Cicerone giurisconsulto*, I, cit., pág. 51; NERAUDAU, *Être enfant à Rome*, cit., págs. 161-162, para quien la convivencia dejó de ser frecuente a partir de la segunda guerra púnica; KASER, "La famiglia romana arcaica", cit., págs. 39-62, afirma que la disgregación de la familia es una consecuencia del declive del régimen rural; CROOK, "«His and hers»...", cit., págs. 154-155; FAYER, *La familia romana*, I, cit., pág. 72; DUPONT, F., *Le citoyen romain sous la République 509-27 avant j.-C.*, Paris, 1994, págs. 132-135; RAWSON, "The roman Family", cit., pág. 14; idem "Children in the roman «Familia»", en AA.VV. (ed. B. Rawson), *The Family in ancient Rome*, London, 1992, pág. 170; GARDNER, *Being a Roman Citizen*, cit., pág. 55.

[734] Al respecto, vid. bibliografía citada en las ns. 654 y 669.

concretas de la *domus*, la designación del lugar de residencia estable con independencia de toda modalidad de propiedad o habitación a través del domicilio[735], la mayor capacidad patrimonial de los hijos a través del peculio[736] y las propias circunstancias materiales que, en ocasiones, imposibilitaban por falta de espacio la convivencia en la misma casa de una familia compuesta por tres generaciones.

Así se observa en dos pasajes de Cicerón recogidos por FAYER. En el primero nos indica que los hijos adultos, los *consobrini* y *sobrini*, los primos de primer y segundo grado, habitaban en casas diversas cuando una sola casa no podía contenerlos a todos:

> CICERÓN, *Philosophica. De officiis*, 1.54: "*Nam cum sit hoc natura commune animantium, ut habeant libidinem procreandi, prima societas in ipso coniugio est, proxima in liberis, deinde una domus, communia omnia; id autem est principium urbis et quasi seminarium rei publicae.*

---

[735] En esta cuestión no remitimos a la reconstrucción de la noción de domicilio efectuada en LÓPEZ HUGUET, *Régimen*..., cit., págs. 50 ss.

[736] AYITER, K., "Einige Bemerkungen zum Domicilium des *Filius Familias* in römischen Recht", en *Studi in onore di Emilio Betti*, II, Milano, 1962, págs. 73 ss. Sobre el peculio, RIVIER, *Précis*..., cit., págs. 89 ss.; CZYHLARZ, *Lehrbuch*..., cit., págs. 271-273; CORNIL, *Droit Romain*, cit., págs. 549 ss.; COSTA, *Storia del diritto romano privato*..., cit., págs. 87 ss.; COLLINET-GIFFARD, *Précis*..., I, cit., págs. 198 ss.; LA ROSA, *I peculi*..., cit., págs. 19 ss.; GARCÍA GARRIDO, *Ivs vxorivm*..., cit., págs. 5 ss.; BONFANTE, *Corso*..., I, cit., págs. 128 ss. y págs. 137 ss.; BRINKHOF, J.J., *Een studie over het Peculium in het klassieke Romeinse recht*, Meppel, 1978, *passim*; RABELLO, *Effetti*..., cit., pág. 207; FERNÁNDEZ DE BUJÁN, A., *El filiusfamilias*..., cit., págs. 21 ss.; idem, *Derecho Privado*..., cit., págs. 236 ss.; FRANCIOSI, *Famiglia*..., cit., págs. 199 ss.; WACKE, "Le pécule...", cit., págs. 163 ss.; HERNANZ PILAR, *El ivssum*..., cit., págs. 45 ss.; GARDNER, *Being a Roman Citizen*, cit., págs. 55 ss.; FAYER, *La familia romana*, I, cit., pág. 250; DUCOS, *Roma e il diritto*, cit., págs. 46 ss.; PERIÑÁN GÓMEZ, *Antecedentes*..., cit., págs. 98 ss.; LONGO, S., *Filius familias se obligat? Il problema della capacità patrimoniale dei filii familias*, Milano, 2003, págs. 1 ss.; VALIÑO ARCOS, A., "*Filius in potestate, castrense peculium* y *furtum*", en *R.G.D.R.* (*www.iustel.com*), nº 11, 2008, págs. 1 ss.; SUÁREZ BLÁZQUEZ, G., "El peculio como ente jurídico autónomo y matriz de la «mex pecularis»", en *R.E.H.J.*, 32, 2010, págs. 127-158; FERNÁNDEZ BAQUERO, "El significado...", cit., pág. 1 ss.

> *Sequuntur fratrum coniunctiones, post consobrinorum sobrinorumque, qui cum una domo iam capi non possint, in alias domos tamquam in colonias exeunt*"[737].

En el segundo, el propio Cicerón defiende a Celio de los reproches esgrimidos por los jueces como consecuencia de haber abandonado la casa del padre para ir a vivir en una casa sobre el Palatino, afirmando que tales reproches están fuera de lugar, dados los tiempos y la edad de Celio, más aún si se tiene en cuenta que había abandonado la casa paterna no sólo con el permiso sino por consejo del padre, cuya casa estaba alejada del Foro:

> CICERÓN, *Orationes. Pro. Caelio*, 18: "*Reprehendistis a patre quod semigravit: quod quidem iam in hac aetate minime reprehendendum est... non modo permittente patre, sed etiam suadente ab eo semigravit, et, cum domus patris a foro longe abesset, quo facilius et nostras domus obire et ipse a suis coli posset, conduxit in Palatino non magno domum*"[738].

Por su parte, Séneca, nos recuerda el cariño que el difunto Metilio sentía por la madre Marcia, a la que le señala las pocas ocasiones de ver a sus hijos que tienen las madres que habitan en casas diversas, aludiendo con esta última expresión, como señala FAYER, "a que las mismas eran divorciadas y transferidas a la casa del nuevo marido o, lo que parece más lógico, que los hijos habían dejado la casa paterna":

> SÉNECA, *Ad Marciam de consolatione*, 24.1-2; "*Computa, Marcia, quam raro liberos videant quae in diversis domibus habitant*"[739].

---

[737] FAYER, *La familia romana*, I, cit., pág. 71; RAWSON, "The roman Family", cit., pág. 14, quien sobre este pasaje afirma que, si bien algunos hijos de familia adultos, casados e incluso con descendencia, continuaban viviendo con sus progenitores, esta convivencia parece haber sido rara en este periodo.

[738] FAYER, *La familia romana*, I, cit., pág. 72; COSTA, *Cicerone giurisconsulto*, I, cit., pág. 51 n. 1; RAWSON, "The roman Family", cit., pág. 17; KRAUSE, *Witwen und Waisen...*, II, cit., pág. 37.

[739] FAYER, *La familia romana*, I, cit., pág. 72.

Y Plinio el Joven, entre los numerosos elogios que profesa a Pompeyo Quintiano, incluye también el hecho de que continuara viviendo con piedad filial junto a un padre tan diferente a él, que era un óptimo joven:

> PLINIO, *Epistulae*, 9.9.2: "*Qua pietate cum dissimillimo patre vivebat*"[740].

De estos testimonios, concluimos con FAYER, se deduce que era predominante la costumbre de que los hijos adultos no vivieran más en las casas de los padres[741].

Pero si las fuentes literarias constatan el declive de la convivencia entre padres e hijos y la posibilidad de que éstos pudieran establecerse en un domicilio independiente, las fuentes jurídicas no dejan duda al respecto. En efecto, como sintetiza D'ORS, A., el hijo legítimo adquiría el *origo* de sus progenitores y, en caso de divergencia, prevalecía el *origo* paterno salvo en aquellas ciudades en las que existiera el privilegio de la preferencia materna, tal y como nos señala Ulpiano:

> D. 50.1.1§2 (Ulpianus *libro II. ad Edictum*): *Qui ex duobus igitur Campanis parentibus natus est, Campanus est. Sed si ex patre Campano, matre Puteolana, aeque municeps Campanus est, nisi forte privilegio aliquo materna origo censeatur; tunc enim maternae originis erit municeps. Utputa Iliensibus concessum est, ut, qui matre Iliensi est, sit eorum municeps. Etiam Delphis hoc idem tributum et conservatum est. Celsus etiam refert, Ponticis ex beneficio Pompeii Magni competere, ut, qui Pontica matre natus esset, Ponticus esset*[742].

740 FAYER, *La familia romana*, I, cit., págs. 72.

741 FAYER, *La familia romana*, I, cit., pág. 72. Vid. asimismo, la bibliografía citada en la n. 733 del presente capítulo.

742 Cfr. LEVY-RABEL, *Index Interpolationum*, cit., col. 569, que señalan como alterada la parte "*nisi-puta*"; D. 50.1.1 pr.; C. I. 10.38(39).3. D'ORS, *Epigrafía...*, cit., págs. 151-153; MISPOULET, *Études...*, cit., pág. 307; WILLEMS, *Le droit public romain*, cit., pág. 516 n. 8; SAVIGNY, *Sistema...*, VI, cit., pág. 146; VISCONTI A., "Note preliminari sull'«origo» nelle fonti imperiali romane", en *Studi Carlo Calis-*

Sin embargo, se debe precisar el domicilio necesario que, con relación a los hijos legítimos, afirma el autor, en el sentido ya apuntado por SAVIGNY, esto es, que los hijos legítimos desde el momento de su nacimiento tenían el domicilio del padre, pero podían más tarde abandonarlo y elegir otro libremente, por lo que en realidad no cabe hablar en propiedad de un domicilio necesario, puesto que el carácter de necesidad decae ante la voluntad del *filiusfamilias* de constituir un domicilio independiente en otro lugar[743].

Como señala AYITER, tres textos de Ulpiano son clarificadores en este sentido. En su comentario a Sabino, el jurisconsulto afirma que está determinado que los hijos de familia pueden tener domicilio:

> D. 50.1.3 (Ulpianus *libro XXV. ad Sabinum*): *Placet, etiam filiosfamilias domicilium habere posse*[744].

---

se, I, Milano, 1939, pág. 95 y págs. 104-105; CARAMES FERRO, *Instituciones...*, I, cit., págs. 114 ss.; CASTELLO, *L'acquisto...*, cit., pág. 68, págs. 167 ss. y pág. 184; BUCKLAND, *A Text-Book...*, cit., págs. 99 ss.; KRAUSE, *Witwen und Waisen...*, II, cit., pág. 37; THOMAS, *«Origine» et «Commune Patrie»...*, cit., págs. 51 ss.; CUENA BOY, "Nuevos...", cit., págs. 3-5.

[743] SAVIGNY, *Sistema...*, VI, cit., pág. 156. En el mismo sentido, GASPARD, *Recherches sur l'incolat...*, cit., págs. 15-16; CHAVANES, *Du Domicile*, cit., págs. 66-67; ANCELLE, *Du Domicile*, cit., pág. 56; ROUSSEL, *Du domicile...*, cit., págs. 29-30; DE RUGGIERO, *La patria...*, cit., págs. 75 ss. y pág. 181; AYITER, "Einige Bemerkungen...", cit., págs. 76 ss.; SANTALUCIA, *I «Libri Opinionum» di Ulpiano II*, cit., págs. 99 ss.; PLESCIA, "Conflict...", cit., págs. 51-52; LICANDRO, *Domicilium habere...*, cit., págs. 342-343.

[744] AYITER, "Einige Bemerkungen...", cit., págs. 76 ss. En el mismo sentido, SAVIGNY, *Sistema...*, VI, cit., pág. 156 n. (t); GLÜCK, *Ausführliche...*, VI, cit., pág. 268; GASPARD, *Recherches sur l'incolat...*, cit., pág. 15; CHAVANES, *Du Domicile*, cit., pág. 67; ANCELLE, *Du Domicile*, cit., pág. 56; ROUSSEL, *Du domicile...*, cit., pág. 30; DE RUGGIERO, *La patria...*, cit., pág. 181; LEVY, *Pauli Sententiae...*, cit., pág. 5; BRINI, *Istituzioni...*, cit., pág. 71 n. 24, habla de domicilio necesario; TEDESCHI, "Contributo...", cit., pág. 233; idem, *Del Domicilio*, cit., pág. 8, considera que si bien el domicilio del hijo es en ocasiones controvertido en las fuentes, en ninguna de ellas se hace mención de un propio domicilio legal del hijo de familia en el domicilio paterno; BURDESE, s.v. «domicilio (Diritto romano)», cit., pág. 838; SANTALUCIA, *I «Libri Opinionum» di Ulpiano II*, cit., pág. 100, señala el carácter facultativo de que el hijo pueda tener un domicilio propio y considera por ello que no cabe hablar de domicilio necesario en el domi-

En su comentario al Edicto precisa que el hijo de familia tiene su domicilio, no donde lo tuvo el padre, sino donde él mismo lo constituyó:

> D. 50.1.4 (Ulpianus *libro XXXIX. ad Edictum*): *non utique ibi, ubi pater habuit, sed ubicunque ipse domicilium constituit*[745].

Y en sus Opiniones cierra la cuestión afirmando que el hijo sigue el *origo*, no el domicilio, de su padre:

> D. 50.1.6§1 (Ulpianus *libro II. Opinionum*): *Filius civitatem, ex qua pater eius naturalem originem ducit, non domicilium sequitur*[746].

---

cilio paterno; SALGADO, "Contribución...", cit., pág. 504; PLESCIA, "Conflict...", cit., pág. 52; KRAUSE, *Witwen und Waisen...*, II, cit., pág. 37; THOMAS, *«Origine» et «Commune Patrie»...*, cit., pág. 46 n. 59; GUZMÁN BRITO, *Derecho Privado Romano*, I, cit., pág. 287; LICANDRO, *Domicilium habere...*, cit., págs. 342-343, habla de domicilio necesario condicionado; GAGLIARDI, *Mobilità...*, cit., págs. 448 ss.; CUENA BOY, "Nuevos...", cit., pág. 3 n. 27.

[745] Cfr. LEVY-RABEL, *Index Interpolationum*, III, cit., col. 569, que consideran el pasaje genuino, al igual que el anterior. AYITER, "Einige Bemerkungen...", cit., págs. 76 ss. En el mismo sentido, SAVIGNY, *Sistema...*, VI, cit., pág. 156 n. (t); GLÜCK, *Ausführliche...*, VI, cit., pág. 268; GASPARD, *Recherches sur l'incolat...*, cit., pág. 15; CHAVANES, *Du Domicile*, cit., pág. 67; ANCELLE, *Du Domicile*, cit., pág. 56; ROUSSEL, *Du domicile...*, cit., pág. 30; BRINI, *Istituzioni...*, cit., pág. 71 n. 24; LEVY, *Pauli Sententiae...*, cit., pág. 5; BURDESE, s.v. «domicilio (Diritto romano)», cit., pág. 838; SANTALUCIA, *I «Libri Opinionum» di Ulpiano II*, cit., pág. 100; SALGADO, "Contribución...", cit., pág. 504; PLESCIA, "Conflict...", cit., pág. 52; KRAUSE, *Witwen und Waisen...*, II, cit., pág. 37; THOMAS, *«Origine» et «Commune Patrie»...*, cit., pág. 46 n. 59; GUZMÁN BRITO, *Derecho Privado Romano*, I, cit., pág. 287; LICANDRO, *Domicilium habere...*, cit., págs. 343-344, afirma que este pasaje complementa al precedente, respecto a que se aprecia el esmerado trabajo de costura de los comisarios bizantinos; GAGLIARDI, *Mobilità...*, cit., págs. 448 ss.; CUENA BOY, "Nuevos...", cit., pág. 3 n. 27.

[746] Cfr. LEVY-RABEL, *Index Interpolationum*, III, cit., col. 569, sobre la originalidad del pasaje. AYITER, "Einige Bemerkungen...", cit., págs. 76 ss.; SAVIGNY, *Sistema...*, cit., pág. 156 n. (t); GLÜCK, *Ausführliche...*, VI, cit., pág. 268; GASPARD, *Recherches sur l'incolat...*, cit., pág. 15; CHAVANES, *Du Domicile*,

Estos pasajes nos permiten afirmar que, al igual que ocurría con el liberto, el hijo de familia legítimo adquiría el *origo* y como primer domicilio, el *origo* y el domicilio paterno pero, si bien el *origo* permanecía inmutable, el hijo de familia podía, en un momento posterior, establecerse en un domicilio independiente conservando, como precisa CHAVANES, hasta dicho momento el domicilio paterno[747].

Este momento lo sitúa GASPARD en la emancipación o, por lo menos, en la pubertad considerando que es difícil creer que hasta la misma el hijo pudiera elegir un domicilio[748].

---

cit., pág. 67; ANCELLE, *Du Domicile*, cit., pág. 56; ROUSSEL, *Du domicile...*, cit., pág. 30; DE RUGGIERO, *La patria...*, cit., pág. 181, justifica este pasaje por la preocupación de evitar fraudes tendentes a sustraerse de los honores y de la jurisdicción; VISCONTI, "Note premilinari sull'«origo»...", cit., pág. 104; LEVY, *Pauli Sententiae...*, cit., pág. 5; BURDESE, s.v. «domicilio (Diritto romano)», cit., pág. 838; LANGHAMMER, *Die rechtliche...*, cit., pág. 32; SANTALUCIA, *I «Libri Opinionum» di Ulpiano II*, cit., págs. 99-100; SALGADO, "Contribución...", cit., pág. 504; PLESCIA, "Conflict...", cit., pág. 52; KRAUSE, *Witwen und Waisen...*, II, cit., pág. 37; THOMAS, *«Origine» et «Commune Patrie»...*, cit., pág. 46 n. 59; GUZMÁN BRITO, *Derecho Privado Romano*, I, cit., pág. 287; LICANDRO, *Domicilium habere...*, cit., pág. 344; CUENA BOY, "Nuevos...", cit., pág. 3.

747 CHAVANES, *Du Domicile*, cit., págs. 66-67; ROUSSEL, *Du domicile...*, cit., pág. 30; DE RUGGIERO, *La patria...*, cit., pág. 181; SANTALUCIA, *I «Libri Opinionum» di Ulpiano II*, cit., págs. 99-101; LICANDRO, *Domicilium habere...*, cit., pág. 344; GAGLIARDI, *Mobilità...*, cit., págs. 448 ss.

748 GASPARD, *Recherches sur l'incolat...*, cit., págs. 15-16. De ahí que, afirma SAVIGNY, *Sistema...*, VI, cit., pág. 156 n. (t), "no es dudoso tampoco que los hijos siguen a su padre cuando después del nacimiento de aquellos cambia éste de domicilio, en tanto que continúan viviendo con él". Sobre la emancipación, SARGENTI, *Il Diritto...*, cit., págs. 105 ss.; VOLTERRA, E., s.v. «emancipazione (Diritto romano)», en *N.N.D.I.*, VI, Torino, 1960, págs. 489 ss.; BONFANTE, *Corso...*, I, cit., págs. 78 ss.; BERRUTI, A., s.v. «emancipazione (Diritto romano)», en *E.D.*, XIV, Milano, 1965, págs. 807 ss.; ALBANESE, *Le persone...*, cit., págs. 241 ss.; RABELLO, *Effetti...*, cit., pág. 181; GARDNER, *Being a Roman Citizen*, cit., págs. 66 ss. Sobre la pubertad, TUMEDEI, C., *Distinzioni postclassiche riguardo all'età «infanti proximus» e «pubertati proximus»*, Bologna, 1922, *passim*; BRUGI, *Istituzioni...*, cit., págs. 56 ss.; DUMONT, *Manuel...*, I, cit., pág. 275; REJNACH, V., "Puberté feminine et mariage romain", en *R.H.*, 4.34, Paris, 1956, págs. 268 ss.; WESNER, G., s.v. «pubertas», en *P.W.R.E.*, Suplemento, XIV, Stuttgart, 1974, cols. 572 ss.; BOVE, L., s.v. «pubertà (Diritto

No obstante, como indica ROUSSEL, no se encuentra en el Derecho romano disposición alguna que niegue al hijo la posibilidad de tener un domicilio distinto al de sus padres hasta su mayoría de edad o emancipación, pero es probable que, en virtud de la patria potestad, para establecerse en un domicilio independiente, el hijo legítimo necesitara la autorización, si quiera tácita, de su *paterfamilias*[749], al que debe respeto y reverencia[750].

Esta posible autonomía domiciliaria de los hijos de familia podía suscitar dudas sobre el foro territorial competente para interponer las denominadas *actiones adiecticiae qualitatis*, esto es, acciones con transposición de personas, de tal forma que en la *intentio* figuraba el *subiectus* como demandado y en la *condemnatio* figuraba el *paterfamilias*[751].

---

romano)», en *N.N.D.I.*, XIV, Torino, 1967, pág. 583; ÁLVAREZ SUÁREZ, U., *Instituciones de Derecho romano, III, Personas físicas y colectivas en el Derecho romano*, Madrid, 1977, págs. 179 ss.; DI SALVO, S., *Lex Laetoria, Minore età e crisi sociale tra il III e il II a. C.*, Napoli, 1979, *passim*; PUGLIESE, G., "Appunti sugli impuberi e i minori in Diritto romano", en *Studi in onore di Arnaldo Biscardi*, IV, Milano, 1982, págs. 469 ss.; TAFARO, S., *Puberes e viripotens nella esperienza giuridica romana*, Bari, 1988, *passim*; idem, *La pubertà a Roma*, cit., págs. 16 ss., págs. 46 ss., págs. 78 ss., págs. 96 ss., págs. 111 ss., págs. 149 ss. y págs. 241 ss.; RAWSON, "Adult-Child...", cit., págs. 27 ss.

749 ROUSSEL, *Du domicile...*, cit., pág. 30.

750 D. 37.15.1, entre otros. COSTA, *Cicerone giurisconsulto*, I, cit., pág. 50; ALBANESE, *Le persone...*, cit., págs. 258 ss.; DALLA, D., *Ricerche di Diritto delle persone*, Torino, 1995, págs. 17 ss.

751 Sobre las *actiones adiecticiae qualitatis*, vid., entre otros, RIVIER, *Précis...*, cit., págs. 96 ss.; SOLAZZI, S., "Sulla capacità del «filius familias» di stare in giudizio", en *Scritti di Diritto Romano*, I (1899-1913), Napoli, 1955, págs. 1 ss.; idem, "Studio sull'«actio de peculio»", en *Scritto di Diritto Romano*, I, Napoli, 1955, págs. 109 ss.; idem, "Peculio e «in rem verso» nel diritto classico", en *Scritti di Diritto Romano*, I, Napoli, 1955, págs. 247 ss.; idem, "«Condictio» e azioni adiettizie", en *Scritti di Diritto Romano*, I, Napoli, 1955, págs. 269 ss.; GUARINO, A., s.v. «actiones adiecticiae qualitatis», en *N.N.D.I.*, I.1, Torino, 1957, pág. 271; VALIÑO, E., "Las «actiones adiecticiae qualitatis» y sus relaciones básicas en Derecho romano", en *A.H.D.E.*, 37, 1967, págs. 339 ss.; idem, "Las relaciones básicas de las acciones adyecticias", en *A.H.D.E.*, 38, 1968, págs. 377 ss.; MARRONE, M., "La rivendica contro i «filiifamilias»", en *Studi in onore di Giuseppe Grosso*, VI, Torino, 1968,

En efecto, según Savigny, el criterio general seguido en la época clásica para determinar el foro territorial competente en una controversia era el lugar de origen o del domicilio del demandado a elección del demandante (*actor sequitur forum rei*), aunque es probable que la competencia de los magistrados provinciales se determinara sólo en función del domicilio[752].

Pero la aplicación de este principio suscita dudas en el caso de que *pater* y *filius* sean titulares de un domicilio independiente, sobre todo, si se tiene en cuenta que, como señala Solazzi, a partir del procedimiento formulario se fue reconociendo al *filiusfamilias* legitimación activa y pasiva en determinados supuestos[753].

---

págs. 176 ss.; Carames Ferro, *Instituciones...*, I, cit., págs. 68 ss.; Kirschenbaum, A., *Sons, Slaves and Freedmen in Roman Commerce*, Jerusalem-Washinton, 1987, pág. 31 y págs. 90 ss.; Murga, J.L., "El sc. Macedoniano y las «actiones adiecticiae qualitatis»", en *Actas del Segundo Congreso Iberoamericano de Derecho Romano*, Murcia, 1988, págs. 351 ss.; Provera, G., *Lezioni sul processo civile giustinianeo*, I-II, Torino, 1989, págs. 259 ss.; Franciosi, *Famiglia...*, cit., págs. 202 ss.; Hernanz Pilar, *El ivssvm...*, cit., págs. 87 ss.; Wacke, A., "Alle origini della rappresentanza diretta: le azioni adiettizie", en *Estudio de Derecho romano y moderno en cuatro idiomas*, Madrid, 1996, págs. 237 ss.; Periñán Gómez, *Antecedentes...*, cit., págs. 113 ss.; Mantovani, D., *Le formule del processo privato romano. Per la didattica delle Istitizioni di diritto romano*, Padova, 1999, págs. 79 ss. y págs. 209 ss.; Martín Minguijón, A.R., *Acciones ficticias y acciones adyecticias. Fórmulas*, Madrid, 2001, págs. 149 ss.; Miceli, M., *Sulla struttura formulare delle 'actiones adiecticiae qualitatis'*, Torino, 2001, *passim*; Lazo, P., "Contribución al estudio de la «actio quod iussu»", en *R.E.H.J.*, 23, 2010, págs. 83-105.

752 Savigny, *Sistema...*, VI, cit., págs. 162 ss.; Cuq, E., *Manuel des Institutiones juridiques des romains*, Paris, 1917 (2ª edición, Paris, 1928), pág. 812; D'Ors, *Epigrafía...*, cit., pág. 153; Pugliese, G., *Il processo civile romano, II, Il processo formulare, Tomo I*, Milano, 1963, pág. 158; De Martino, F., *Storia della Costituzione romana*, 2ª edición, Napoli, 1972, vol. III, pág. 293; Bruguière, "Le domicile...", cit., págs. 212 ss.; Salgado, "Contribución...", cit., págs. 506-507; Plescia, "Conflict...", cit., pág. 47; Iglesias, *Derecho Romano*, cit., pág. 128; Pascual López, S., *La inviolabilidad del domicilio en el Derecho español*, Madrid, 2001, págs. 24-25. Cfr. D. 50.16.190.

753 Solazzi, "Sulla capacità...", cit., págs. 1 ss., para quien legitimación pasiva del *filiusfamilias* era una consecuencia que no se podía evitar después de haber reconocido que el *filiusfamilias* podía obligarse a sí mismo válidamen-

A este respecto, como tuvimos oportunidad de exponer en un artículo precedente[754], teniendo en cuenta que la *obligatio* que se pretende sancionar con estas acciones es la del *pater*[755] y que su ejercicio no excluía que el tercero pudiera reclamar directamente contra el hijo con quien había realmente contratado[756], consideramos que el

---

te tal y como, con carácter general, nos lo enuncia Gayo D. 44.7.39; PUGLIESE, *Il processo*..., II.1, cit., págs. 282 ss.; GARCÍA GARRIDO, *Ivs vxorivm*..., cit., págs. 6 ss.; MURGA, J.L., *Derecho Romano Clásico, II. El proceso*, Zaragoza, 1989, págs. 72-73; MARRONE, "La rivendica contro i «filiifamilias»", cit., págs. 178 ss.; PERIÑÁN GÓMEZ, *Antecedentes*..., cit., pág. 105 y págs. 111-113; LONGO, *Filius familias se obligat?*..., cit., págs. 93 ss.

754 LÓPEZ HUGUET, Mª.L., "*Pater et filius*: Breves notas sobre el foro territorial competente en las denominadas *actiones adiecticiae qualitatis*", en *R.E.D.U.R.*, n. º1, 2003, págs. 1 ss.

755 GUARINO, s.v. «actiones adiecticiae qualitatis», cit., pág. 271, considera que con estas acciones se sancionó "la posibilidad de que los sometidos a *potestas* obligasen a sus *patresfamilias*, haciéndoles responsables de las consecuencias onerosas de algunos actos ilícitos"; PROVERA, *Lezioni*..., cit., pág. 263, para quien con las acciones adyecticias "si ammise che figli e schiavi potessero, pur entro certi limiti ed a certe condizioni, obbligare il propio *pater* o *dominus*"; D'ORS, A., *Elementos de Derecho Privado Romano*, Pamplona, 1992, págs. 54-55, para quien el jefe doméstico autorizante queda directamente obligado en virtud de estas acciones; HERNANZ PILAR, *El ivssvm*..., cit., pág. 130, con relación a la *actio quod iussu* nos indica que el fundamento de la obligación del *paterfamilias* frente al tercero descansa en esa *voluntas domini*, denominada *iussum*: "de donde se infiere que el efecto *sui generis* de este consentimiento declarado estriba en hacerse responsable el propio *iubens* inmediatamente, con su patrimonio, de los negocios celebrados por un *alieni iuris* suyo, cuya actuación repercute en el esfera jurídica de aquél"; MARTÍN MINGUIJÓN, *Acciones*..., cit., pág. 152 y pág. 154: "Estas acciones tienen su fundamento en la realización de un acto jurídico, con consecuencias en el patrimonio de un cabeza de familia por una persona distinta de él… mediante el recurso a la transposición de sujetos en la fórmula, se responde por los actos celebrados en nombre del *pater familias* por persona distinta de él", obviando el principio civil por el cual una persona no podía quedar obligada por un contrato o negocio realizado por otro; MICELI, *Sulla struttura*..., cit., págs. 31-32 y págs. 185 ss., a su juicio desde que el *filiusfamilias* asume capacidad para obligarse se evidencia más claramente que con estas acciones se hace valer una responsabilidad personal del *pater*.

756 D. 14.1.5§1 (Paulus *libro XXIX. ad Edictum*). Esta acción directa contra el *filius* sí se interpondría ante el magistrado de su domicilio aunque si no te-

foro territorial competente sería el determinado por el domicilio del *paterfamilias*[757].

---

nía un peculio castrense carecería de eficacia práctica. VALIÑO, "Las «actionis adieticiae qualitatis»...", cit., págs. 340-341, para quien las acciones adyecticias contra el padre se añadían a la acción existente contra el hijo, de tal forma que el padre no respondía en lugar sino conjuntamente con el hijo; FERNÁNDEZ DE BUJÁN, A., *El filiusfamilias*..., cit., pág. 26, considera que el padre se obligaba solidariamente; KASER, *Derecho Privado Romano*, cit, pág. 221, se refiere a una responsabilidad adicional del *pater*; PROVERA, *Lezioni*..., cit., pág. 259 y pág. 279; D'ORS, *Derecho Privado Romano*, cit., pág. 303, prefieren hablar de acciones "agregadas" a la acción que procedía contra el *alieni iuris* o *servus* e interpretan el término *in solidum*, como responsabilidad por el total pero precisan que en el caso de la *actio de peculio* y de la *actio de in rem verso*, su responsabilidad quedaría limitada a la cuantía del peculio o del beneficio obtenido. Por su parte MARTÍN MINGUIJÓN, *Acciones*..., cit., págs. 153-154, considera que estas acciones son accesorias y por el total y estima que las diferentes posturas tienen su fundamento en una distinta interpretación del "*hoc enim edicto non transfertur actio, des adicitur*" en el sentido de acumulación de acciones, en lugar del carácter accesorio, como del término "*in solidum*" en el sentido de obligación solidaria, en lugar de responsabilidad por el total pero, en todo caso, afirma que resulta contradictorio considerar la responsabilidad del padre como solidaria y defender, al mismo tiempo, que la acción de éste se acumule a la del hijo. Cfr. MICELI, *Sulla struttura*..., cit., págs. 208 ss., para quien la responsabilidad del hijo, esclavo o prepuesto ha sido indebidamente generalizada.

757 LÓPEZ HUGUET, "*Pater et filius*...", cit., págs. 1 ss. Cfr. SOLAZZI, "Sulla capacità...", cit., págs. 3 ss., para quien, en el supuesto de que el hijo tuviera un domicilio distinto, la utilidad de dirigir el juicio contra él sería patente, por ejemplo, en lo que concierne a la prueba y, por las misma razones, entiende que "pudo parecer a veces ventajoso dirigir el juicio de cognición contra el *filius*, y frente al padre sólo el de ejecución". No obstante, acaba reconociendo que no es posible excluir otro modo de proceder. Por otro lado, como señalan entre otros, SAVIGNY, *Sistema*..., VI, cit., págs. 162 ss.; GASPARD, *Recherches sur l'incolat*..., cit., págs. 11 ss.; CHAVANES, *Du Domicile*, cit., págs. 85 ss.; ANCELLE, *Du Domicile*, cit., págs. 68 ss.; ROUSSEL, *Du domicile*..., cit., págs. 39 ss.; PUGLIESE, *Il processo*..., II.1, cit., págs. 153 ss., no debemos olvidar que el demandado tenía a su disposición foros especiales para asegurar mejor su reclamación. Así, podía elegir el foro de origen y no el foro del domicilio (D. 50.16.190; C. I. 3.13.2); el lugar de cumplimiento de la obligación contractual (D. 5.1.19§3; D. 42.5.1 y 3); el *forum rei sitiae* (C. I. 3.19.3); o el *forum commissi delicti* (D. 5.1.24§1; 9.4.43).

Esta competencia es perfectamente compatible con el hecho de que el *filiusfamilias* figurara en la *intentio* de la fórmula de estas acciones dado que la misma era debida, de acuerdo con la opinión de VALIÑO, a que estas acciones no podían concebirse aisladamente en la medida en que su función era complementaria de aquélla otra principal que podía interponerse directamente contra el hijo, sobre la que se moldeaban y cuyos caracteres reflejaban en su fórmula respectiva[758].

Más concretamente, como expone MARTÍN MINGUIJÓN, con estas acciones sólo se podía exigir la responsabilidad del *pater*, cuando su *filius* hubiera efectuado el negocio en los límites de la *praepositio*, del *iussum*, del peculio o del beneficio patrimonial causado al *pater* y se dieran, en consecuencia, los presupuestos jurídicos que originaban su obligación[759].

Incluso las partes podían someterse, con algunas limitaciones, a un magistrado incompetente. Al respecto, LÓPEZ HUGUET, *Régimen...*, cit., págs. 467 ss.

[758] VALIÑO, "Las «actiones adiecticiae qualitatis»...", cit., págs. 340-341, afirma que esta acción principal aparece omitida en el Digesto, tal vez por razones de brevedad; CANNATA, C.A., *Profilo istituzionale del processo privato romano, II, Il processo formulare*, Torino, 1982, pág. 131, considera que en realidad las denominadas acciones adyecticias son más bien estructuras formularias aplicables a varias acciones; PROVERA, *Lezioni...*, cit., págs. 265 ss., reconoce también que estas acciones no eran autónomas; WACKE, "Alle origini...", cit., págs. 239-240, considera que estas acciones consistían en una modificación de la acción básica a través de la cual se extendía la legitimación pasiva al padre o *dominus negotii*. No obstante su naturaleza, afirma el autor, no se trataba de acciones meramente "subsidiarias" dado que teniendo en cuenta que el hijo carecía a menudo de patrimonio, desde el punto de vista del interés del contratante, la responsabilidad del titular de la potestad adquiría un papel de primer orden, en la medida en que el tercero calculará los riesgos del negocio en función de la fiabilidad de aquél y de la posibilidad de satisfacer los posibles créditos frente al mismo.

[759] MARTÍN MINGUIJÓN, *Acciones...*, cit., págs. 153-154 y pág. 183. La limitación del ejercicio de las acciones adyecticias a los supuestos en que concurrieran estos requisitos ha sido reiterada en la doctrina. Al respecto, entre otros, por DE MARTINO, F., "Studi sull'«actio exercitoria»", en *Rivista del Diritto della Navegazione*, VII, 1-2, 1941, págs. 7 ss. (= *Diritto, economia e società nel mondo romano, I, Diritto privato*, Napoli-Paris, 1995, págs. 495 ss.); idem, "Ancora sull'«actio exercitoria»", en *Labeo*, 4, 1958, págs. 274 ss. (= *Diritto, economia e società nel mondo romano, I, Diritto privato*, Napoli-Paris, 1995, págs. 629 ss.);

Tales presupuestos jurídicos, a juicio de la autora, quedarían patentes en la *demostratio*[760] lo que permitía, en consecuencia, exigir su responsabilidad en la *condemnatio*[761].

VALIÑO, "Las «actiones adiecticiae qualitatis»...", cit., págs. 340-34; LONGO, G., "«Actio exercitoria» -«actio institoria» - «actio quasi institoria»", en *Studi in onore di Gaetano Scherillo*, II, Milano, 1972, pág. 583; MURGA, *Derecho Romano Clásico*, II, cit., págs. 73-74; PROVERA, *Lezioni...*, cit., págs. 263 ss.; D'ORS, *Elementos...*, cit., págs. 54-55; idem, *Derecho Privado Romano*, cit., págs. 303-304; PERIÑÁN GÓMEZ, *Antecedentes...*, cit., pág. 114.

[760] MARTÍN MINGUIJÓN, *Acciones...*, cit., págs. 184-184 (*actio exercitoria,* D. 14.1.1 pr; D. 14.1.1§ 7 y §12), págs. 192-193 (*actio institoria,* D. 14.3.3; D. 14.3.5§11), pág. 209 (*actio quod iussu*, Gayo, *Institutae*, 4.70; D. 14.5.1), págs. 220-221 (*actio de peculio y actio de in rem verso*, D. 15.3.16, entre otros). Sobre la fómula de estas acciones, vid., también, CANNATA, *Profilo...*, cit., págs. 132 ss.; MANTOVANI, *Le formule...*, cit., págs. 79 ss. Cfr. MICELI, *Sulla struttura...*, cit., pág. 35, págs. 37 ss., págs. 89 ss. y págs. 354 ss., que considera que en la *intentio* de la fórmula debería indicarse la obligación del *paterfamilias* eliminando de este modo la transposición de personas. No obstante, compartimos la opinión de PROVERA, *Lezioni...*, cit., pág. 265 y pág. 285, de que una fórmula que enunciase en la *intentio* la obligación del *pater* habría aparecido seguramente concedida, en el origen de estas acciones, en abierta violación de los principios del *ius civile*. Sólo con posterioridad, una vez que se reconoció la representación directa, vendría a menos la distinción operada entre *intentio* y *condemnatio* hasta que en el sistema de la *cognitio* estas acciones aparecerían como unas acciones normales que correspondían al acreedor frente al *pater* o *dominus negotii.* Sobre esta evolución, WACKE, "Alle origini...", cit., págs. 258 ss.; COPPOLA, G., *Dallo "iussum domini" alla "contemplatio domini": contributo allo studio della rappresentanza: corso di diritto romano*, Milano, 2008, *passim*; MICELI, M., *Studi sulla "rappresentanza" nel diritto romano*, Milano, 2008, *passim*.

[761] Es por ello que, a juicio de WACKE, "Alle origine...", cit., págs. 258 ss., estas acciones fueron el mecanismo que abrió la puerta a la admisión de la inicialmente no reconcida representación directa. En este sentido, entre otros, VOLTERRA, *Instituciones...*, cit., pág. 173, apunta que ya el el siglo III d. C., Papiniano (D. 14.3.19 pr.) afirmaba que aquél que hubiera realizado negocios con el procurador o mandatario de un tercero podía exigir reponsabilidad al tercero o mandante mediante la *actio quasi institoria* y que en el derecho justinianeo se admitió la *actio de in rem verso* contra el representado por el provecho obtenido con el negocio realizado por el representante; GUARINO, s.v. «actiones adiecticiae qualitatis», cit., pág. 272; VALIÑO, "Las «actiones adiecticiae qualitatis»...", cit., págs. 364-365; MURGA, *Derecho Romano Clásico*, II,

Dejando al margen los problemas procesales que la autonomía domiciliaria del hijo de familia podía suscitar, desde el punto de vista de la sujeción a los *munera* y *honores* locales, AYITER recoge una constitución de Filipo en la que se dispuso que el hijo legítimo estaba sujeto a los mismos en la ciudad de origen paterno, salvo que por privilegio, primara el origen materno en cuyo caso, era en esta ciudad donde el hijo quedaba sometido a tales *munera et honores*:

> C. I. 10.38(39).3 (*Imp. Philippus A. Patroclo*): *Filios apud originem patris, non in materna civitate, etsi ibi nati sunt, si modo non domiciliis retineantur, ad honores seu munera posse compelli, explorati iuris est*[762].

Sin embargo, si el padre cambiaba de domicilio, como nos indica SALGADO sobre un pasaje de Papiniano, el hijo habitante de otra ciudad no quedaba sujeto a las cargas civiles en la ciudad en la que padre se hubiese domiciliado dado que también en cuanto a la persona del padre era temporal la razón del domicilio:

> D. 50.1.17§11 (Papinianus *libro I. Responsorum*): *Patris domicilium filium aliorum incolam civilibus muneribus alienae civitatis non adstringit, quum in patris quoque persona domicilii ratio temporaria sit*[763].

---

cit., págs. 96-97; PROVERA, *Lezioni...*, cit., pág. 260; D'ORS, *Derecho Privado Romano*, cit., págs. 533-534; MARTÍN MINGUIJÓN, *Acciones...*, cit., pág. 182, pág. 198, pág. 203 y pág. 209, entre otras.

762 AYITER, "Einige Bemerkungen...", pág. 77; RIVIER, *Précis...*, cit., págs. 29-30; DE RUGGIERO, *La patria...*, cit., pág. 75 y pág. 181; VISCONTI, "Note preliminari sul «domicilium»...", cit., pág. 441; BURDESE, s.v. «domicilio (Diritto romano)», cit., pág. 838; SANTALUCIA, *I «Libri Opinionum» di Ulpiano II*, cit., pág. 100 n. 3; SALGADO, "Contribución...", cit., pág. 504; THOMAS, *«Origine» et «Commune Patrie»...*, cit., pág. 46 n. 59; LICANDRO, *Domicilium habere...*, cit., pág. 345; GAGLIARDI, *Mobilità...*, cit., págs. 452 ss.; CUENA BOY, "Nuevos...", cit., pág. 3 n. 24, pág. 4 n. 44 y pág. 5 n. 58

763 Cfr. LEVY-RABEL, *Index Interpolationum*, III, col. 570, sobre la originalidad del texto. SALGADO, "Contribución...", cit., pág. 504; SAVIGNY, *Sistema...*, VI, cit., pág. 156 n. (t); GLÜCK, *Ausführliche...*, VI, cit., pág. 268; GASPARD, *Recherches sur l'incolat...*, cit., pág. 15; CHAVANES, *Du Domicile*, cit.,

Similar régimen domiciliario puede establecerse, en relación con los hijos naturales. Éstos, como señala D'Ors, A., sobre un pasaje de Neracio, asumían en todo caso el origen materno:

> D. 50.1.9 (Neratius *libro III. Membranarum*): *Eius, qui iustum patrem non habet, prima origo a matre, eoque die, quo ex ea editus est, numerari debet*[764].

Igualmente, entiende Chavanes, adquirían como primer domicilio, el domicilio materno[765]. Pero, como indica Ancelle, los mismos podían posteriormente establecerse en un domicilio independiente,

---

pág. 67; Ancelle, *Du Domicile*, cit., pág. 56; De Ruggiero, *La patria...*, cit., pág. 181; Tedeschi, "Contributo...", cit., pág. 233; idem, *Del Domicilio*, cit., pág. 8; Visconti, "Note preliminari sul «domicilium»...", cit., pág. 436; Levy, *Pauli Sententiae...*, cit., págs. 5-6; Burdese, s.v. «domicilio (Diritto romano)», cit., págs. 838; Ayiter, "Einige Bemerkungen...", cit., págs. 76 ss.; Plescia, "Conflict...", cit., pág. 52; Thomas, *«Origine» et «Commune Patrie»...*, cit., pág. 46 n. 59; Licandro, *Domicilium habere...*, cit., págs. 344-345; Gagliardi, *Mobilità...*, cit., págs. 449 ss.; Cuena Boy, "Nuevos...", cit., pág. 3 n. 30.

764 Cfr. Levy-Rabel, *Index Interpolationum*, III, cit., col. 569, sobre la ausencia de alteraciones en el texto. D'Ors, *Epigrafía...*, cit., pág. 151; Mispoulet, *Études...*, cit., pág. 307; De Ruggiero, *La patria...*, cit., pág. 80; Baviera, *Il diritto internazionale dei Romani*, cit., pág. 96 y pág. 135; Carames Ferro, *Instituciones...*, I, cit., págs. 114 ss.; Thomas, *«Origine» et «Commune Patrie»...*, cit., pág. 60 n. 9 y pág. 87 n. 6; Sansón Rodríguez, "La posesión...", cit., pág. 468; Schulz, *Principios...*, cit., pág. 145; Cuena Boy, "Nuevos...", cit., pág 3 n. 24. Sobre el *status* de los hijos nacidos en el seno de uniones ilegítimas, Arends Olsen, *La femme...*, cit., págs. 93-135; Alburquerque, "Deber legal...(I)", cit., págs. 1-14; idem, "Alimentos entre parientes...", cit., págs. 1-21; idem, "Alimentos entre parientes: notas, conjeturas e indicios previos a la regulación de Antonio Pío y Marco Aurelio", en *R.G.D.R.* (*www.iustel.com*), nº 6, 2006, págs. 1 ss.; idem, "Datos sobre la prestación de alimentos en Derecho Romano: ascendientes y descendientes", en *R.G.D.R.* (*www.iustel.com*), nº 8, 2007, págs. 1 ss.; idem, *La prestación...*, cit., págs. 33 ss.; Fernández De Buján, "Reflexiones...(I)", cit., págs. 3 ss.; Justel, J.J., "The Rights of a Concubine's Descendants in the Ancient Near East", en *R.I.D.A.*, nº 60, 2013, págs.13-36; Bueno Delgado, "Algunas consideraciones...", cit., págs. 1 ss.; Domínguez López, "Consideración jurídica del concubinato...", cit., págs. 18 ss.

765 Chavanes, *Du Domicile*, cit., pág. 67; De Ruggiero, *La patria...*, cit., págs. 181-182; Licandro, *Domicilium habere...*, cit., pág. 346.

conservando hasta ese momento el domicilio primitivo[766]. En este sentido, una vez más, debe precisarse el domicilio necesario que, respecto a los mismos, afirma D'ORS, A.[767].

Por lo que respecta a los hijos de los libertos, pese a las dudas suscitadas por TEDESCHI[768], no encontramos en las fuentes ningún impedimento para aplicarles el mismo régimen domiciliario que a los *ingenui* puesto que, como veremos en el apartado relativo al domicilio del esclavo manumitido, el liberto asumía el *origo* y el *domicilium* de su patrono, transmitiendo ambos a sus hijos[769].

3. MANTENIMIENTO DE LA POSIBILIDAD DE ESTABLECERSE EN UN DOMICILIO AUTÓNOMO EN EL BAJO IMPERIO Y CON JUSTINIANO: EL PROGRESIVO INCREMENTO DE LA CAPACIDAD JURÍDICA Y PATRIMONIAL DE LOS *FILIIFAMILIAS*

Los emperadores del Bajo Imperio y Justiniano fueron continuadores de la política de sus predecesores favorable al reconocimiento de la personalidad jurídica del *filiusfamilias*, a través de su mayor libertad respecto al *pater* y del incremento de su independencia patrimonial. Pruebas de esta continuidad son la progresiva "dulcificación" de los poderes inherentes a la *patria potestas* y la amplitud de las capacidades del *filius* con relación tanto a los peculios como a la adquisición de los *bona maternae*.

Respecto a la *patria potestas*, afirma ALBURQUERQUE, observamos una atenuación y/o eliminación de los amplios poderes que comportaba gracias "a una evolución de la concepción patriarcalista

---

766 ANCELLE, *Du Domicile*, cit., pág. 56; ROUSSEL, *Du domicile*..., cit., pág. 30; DE RUGGIERO, *La patria*..., cit., pág. 182; LICANDRO, *Domicilium habere*..., cit., pág. 346; GAGLIARDI, *Mobilità*..., cit., págs. 456-457.

767 D'ORS, *Epigrafía*..., cit., pág. 153.

768 TEDESCHI, "Contributo...", cit., pág. 233 n. 2.

769 D. 50.1.6§3; D. 50.1.22 pr.; *Pauli Sententiae*, 1.1a.2. Por todos, DE RUGGIERO, *La patria*..., cit., págs. 97 ss.; CUENA BOY, "Nuevos...", cit., pág. 3. Al respecto, vid., el capítulo VI relativo al domicilio del esclavo manumitido.

de la familia que consideraba la función del padre, más como un deber que como un derecho"[770].

En esta línea, como sintetiza FAYER, tras las sucesivas intervenciones imperiales limitativas siempre de su aplicación, en el siglo IV d. C., la *patria potestas* se presentaba como una *domestica emendatio*, una *privata animadversio*, es decir, "una moderada corrección doméstica, fundada en el afecto y limitada por la ley", tal y como se constata en una constitución de Valentiniano y Valente del año 365:

> C. Theod. 9.13.1(*Impp.Valentinianus et Valens AA. Ad Senatum*)=C. I. 9.15.1: *In corrigendis minoribus pro qualitate delicti senioribus propinquis tribuimus potestatem, ut, quos ad vitae decora domesticae laudis exempla non provoncant, saltem correctionis medicina conpellant. Neque nos in puniendis morum vitiis potestatem in inmensum extendi volumus, sed iure patrio auctoritas corrigat propinqui iuvenis erratum et privata animadversione conpescat. Quod si atrocitas facti ius domesticae emendationis excedit, placet enormis delicti reos dedi iudicum notioni*[771].

---

[770] ALBURQUERQUE, J.M., "Patria potestas in pietate debet, non atrocitate consistere", en *Iuris Tantum*, nº 16, México, 2006, págs. 1-20. Al respecto, vid., del mismo autor, "Deber legal...(I)", cit., pág. 2 y pág. 5; idem, "Alimentos entre parientes...", cit., págs.1-21; idem, "Alimentos entre parientes: notas...", cit., págs. 1 ss.; idem, "Datos...", cit., págs. 1 ss.; idem, "De la justicia y la reciprocidad en situaciones de necesidad y dependencia: el reconocimiento y la inclusión jurídico-social de la madre en el cumplimiento de la obligación de alimentos respecto a los hijos", en *R.G.D.R.* (*www.iustel.com*), nº 11, 2008, págs. 1 ss.; idem, "Obligación de alimentos entre hermanos", en *R.G.D.R.* (*www.iustel.com*), nº 12, 2009, págs. 1 ss., en los que efectúa un brillante estudio respecto a la influencia que los cambios en la estructura familiar romana tienen sobre la prestación de alimientos entre paritentes.

[771] Breviario, 9.10.1. FAYER, *La familia romana*, I, cit., pág. 288. Al respecto, ROBERTI, M., "«Patria potestas» e «Paterna pietas»", en *Studi Albertoni*, I, 1935, págs. 257 ss.; FERRUCCIO FALCHI, *Diritto Penale Romano*, I, cit., págs. 42-45; SARGENTI, *Il Diritto...*, cit., págs. 86 ss.; BONFANTE, *Corso...*, I, cit., pág. 108; FERNÁNDEZ DE BUJÁN, A., *El filiusfamilias...*, cit., págs. 23-24; idem, "Reflexiones...(I)", cit., pág. 3; idem, *Derecho Privado...*, cit., págs. 238 ss.; DALLA, D.,

Esta humanización se observa, entre otros, en dos de sus originarios componentes: en la desaparición del *ius vitae ac necis* y en el resurgimiento del *ius vendendi*[772]. En relación con el primero, como afirma DALLA[773], aunque en teoría se podría considerar vigente en época de Constantino, las continuas limitaciones a su ejercicio, sustituyendo la autoridad pública a la paterna en las puniciones graves, y la reprobación de la conciencia social, unida a la influencia del cristianismo, lo habían vaciado prácticamente de contenido y, en todo caso, concluye el autor, la no existencia de tal derecho puede testimoniarse a través de una constitución del año 374 d. C., en la que Valentino, Valente y Graciano sancionaron el infanticidio con la pena de la *Lex Cornelia de sicariis*:

> C. Theod. 9.14.1 (*Imppp. Valentinianus, Valens et Gratianus AAA. ad Probum P.P.*): *Si quis necandi infantis*

"Aspetti della patria potestà e dei rapporti tra genitori e figli nell'epoca postclassica", en *Atti dell'Accademia Romanistica Costantiniana, VII Convegno Internazionale*, Perugia, 1988, págs. 89-109; SCHULZ, *Principios...*, cit., págs. 190-191; ALBURQUERQUE, "Alimentos entre parientes...", cit., pág. 1; idem, "Deber legal...(I)", cit., pág. 2.

[772] Asimismo, puede observarse como señala PERIÑÁN GÓMEZ, B., "La desaparición del régimen noxal para los hijos de familia", en AA.VV., *Le monde antique et les Droits de l'Homme (Actes de la 50e Session de la Société Internationale Fernand de Visscher pour l'Histoire de Droits de l'Antiquité, Bruxelles, 16-19 septembre 1996)*, Bruxelles, 1998, págs. 47 ss., en la desaparición del régimen noxal.

[773] En el año 319 d. C., Constantino estableció que el padre que matara al hijo sería declarado culpable de parricidio (C. Theod. 9.15.1=C. I. 9.17.1), si mediaba dolo malo (*Institutae Iustiniani*, 4.18.6). No obstante, en una constitición del 323 (C. Theod. 4.8.6) se recuerda la institución como vigente y Justinano, al incorporar esta constitución al Código substituye el *«permissa est»* por *«olim, erat permissa»* (C. I. 8.46.10), aclarando cómo en un tiempo anterior la misma estuvo permitida. Esto, afirma DALLA, "Aspetti della patria potestà...", cit., págs. 89-109; idem, *Ricerche...*, cit., págs. 1 ss, podría suponer que "norme criminale e regola antica potrebbero, in teoria, coesistere". Al respecto, REIN, *Das Kriminalrecht...*, cit., págs. 440 ss.; FALCHI, *Diritto Penale Romano*, I, cit., págs. 42-45; SARGENTI, *Il Diritto...*, cit., págs. 86 ss.; BONFANTE, *Corso...*, I, cit., págs. 107 ss.

piaculum adgressus adgressave sit, erit capitale istud malum[774].

En cuanto al *ius vendendi*, si bien este derecho revivió respecto a los neonatos, siendo reconocido y regulado por Constantino y los emperadores posteriores, es digno de destacar que su regulación estuvo motivada por la influencia cristiana ante la necesidad de salvar el mayor número de vidas humanas frente a la extrema pobreza de algunos estratos sociales. En consecuencia, su admisión no fue debida al deseo de recuperar las atribuciones del *paterfamilias* sino, como señala BIONDI, a su consideración como un mal menor respecto a la exposición o al homicidio[775].

---

[774] Breviario, 9.11.1; C. I. 9.16.7. DALLA, "Aspetti della patria potestà...", cit., pág. 92; idem, *Ricerche...*, cit., págs. 7 ss., quien se pregunta si este derecho podría ejercerse contra los nacidos deformes, habida cuenta de que Justiniano recoge en el Digesto el pasaje de Paulo que afirmaba que no se podía llamar hijos a los nacidos con grave deformidad (D. 1.5.14). Sobre este derecho a partir del Bajo Imperio, REIN, *Das Kriminalrecht...*, cit., págs. 440 ss.; DUMONT, *Manuel...*, I, cit., pág. 257; SARGENTI, *Il Diritto...*, cit., págs. 86 ss.; LONGO, G., s.v. «patria potestà (Diritto romano)», en *N.N.D.I.*, XII, Torino, 1965, pág. 576; BONFANTE, *Corso...*, I, cit., págs. 107-108 y págs. 111-112; ALBANESE, *Le persone...*, cit., págs. 249 ss.; CAPOGROSSI COLOGNESI, s.v. «patria potestà (Diritto romano)», cit., págs. 242 ss.; FERNÁNDEZ DE BUJÁN, A., *El filiusfamilias...*, cit., pág. 23; idem, *Derecho Privado...*, cit., págs. 238 ss.; FAYER, *La familia romana*, I, cit., págs. 173 ss. y pág. 288; SALMON, *La limitation...*, cit., pág. 81.

[775] C. Theod. 5.10.1=C. I. 4.43.2; C. Theod. 11.27.1 y 2; C. Theod. 3.3.1; *Novellae Valentiniani*, 33(32), entre otras. BIONDI, *Il Diritto Romano Cristiano*, III, cit., págs. 19 ss. Sobre el *ius vendendi* en el Bajo Imperio, entre otros, RIVIER, *Précis...*, cit., pág. 79; BONFANTE, P., "Il «ius vendendi» del «paterfamilias» e la legge 2 COD. 4, 43 di Costantino", en *Studi in onore di Fadda*, I, 1906, págs. 115-120; idem, *Corso...*, I, cit., págs. 109-110 y págs. 112-116; FERRUCCIO FALCHI, *Diritto Penale Romano*, I, cit., págs. 42-43; SARGENTI, *Il Diritto...*, cit., págs. 27 ss.; DUMONT, *Manuel...*, I, cit., pág. 257; VOLTERRA, E., "L'efficacia delle costituzioni imperiali emanate per le province e l'istituto dell'expositio", en *Studi in onore di E. Besta*, I, Milano, 1939, págs. 469 ss.; PARIBENI, *La famiglia romana*, cit., pág. 33; BUCKLAND, *A Text-Book...*, cit., pág. 103; LONGO, s.v. «patria potestà (Diritto romano)», cit., pág. 576; CAPOGROSSI COLOGNESI, s.v. «patria potestà (Diritto romano)», cit., págs. 244 ss.;

En sede de peculio, Justiniano mantuvo el régimen anterior respecto al *peculium profecticium*, compuesto por los bienes procedentes del patrimonio paterno, en el que el *pater* era propietario y el *filius* tenía sólo la gestión[776].

Más interesantes son las sucesivas concesiones de los emperadores respecto a los *filiifamilias* que desempeñaban funciones de utilidad pública otorgándoles un peculio que, por formarse a imitación del *peculium castrense*, será llamado en la época justinianea, como indica ARCHI, *peculium quasi castrense*[777].

A este respecto, el emperador Constantino en el año 326 d. C. dispuso que se aplicaran a los funcionarios de la Corte imperial, a

---

ALBANESE, *Le persone*..., cit., págs. 252 ss.; FOSSATI VANZETTI, M.B., "Vendita ed esposizione degli infanti da Costantino a Giustiniano", en *S.D.H.I.*, 49, 1983, págs. 179-224; BIANCHINI, M., "Provvidenze costantiniane a favore di genitori indigenti: per una lettura di CTh. 11.27.1-2", en *Annali Genova*, 20, 1984-1985, págs. 23-48; EVANS-GRUBBS, *"Munita coniugia"*..., cit., págs. 187-202; MARTINI, R., "Sulla vendita dei neonati nella legislazione costantiniana", en *Atti dell'Accademia Romanistica Costantiniana, VII Convegno Internazionale*, Perugia, 1988, págs. 423-433; DALLA, "Aspetti della patria potestà...", cit., págs. 94 ss.; idem, *Ricerche*..., cit., págs. 9 ss.; FAYER, *La familia romana*, I, cit., págs. 203 ss. y pág. 289; SALMON, *La limitation*..., cit., pág. 81 n. 13; SCHULZ, *Principios*..., cit., pág. 221.

776 C. I. 3.28.37§1, lo denomina *peculium paganum*. ARCHI, G.G., "In tema di peculio «quasi castrense»", en *Studi di storia e diritto in onore di E. Besta*, I, Milano, 1939, pág. 119; FAYER, *La familia romana*, I, cit., pág. 268.

777 ARCHI, "In tema di peculio «quasi castrense»", cit., pág. 125. Sobre el peculio *castrense* y *quasi castrense* a partir del Bajo Imperio, MUEHLBER, *De Peculio castrensi*..., cit., *passim*; RIVIER, *Précis*..., cit., págs. 89 ss.; CORNIL, *Droit Romain*, cit., págs. 549 ss.; COLLINET-GIFFARD, *Précis*..., I, cit., págs. 198 ss.; SARGENTI, *Il Diritto*..., cit., págs. 88 ss.; DUMONT, *Manuel*..., I, cit., págs. 261 ss.; LA ROSA, *I peculi*..., cit., págs. 197 ss.; GARCÍA GARRIDO, *Ivs vxorivm*..., cit., págs. 19 ss.; ARCHI, "In tema di peculio «quasi castrense»", cit., págs. 119 ss.; SIBER, *Römisches Recht*, II, cit., págs. 309 ss.; FERRINI, *Manuale di Pandette*, cit., págs. 677 ss.; LONGO, s.v. «patria potestà (Diritto romano)», cit., págs. 576-477; BONFANTE, *Corso*..., II, cit., págs. 133 ss. y págs. 137 ss.; ALBANESE, *Le persone*..., cit., págs. 281 ss.; FERNÁNDEZ DE BUJÁN, A., *El filiusfamilias*..., cit., págs. 33 ss.; idem, *Derecho Privado*..., cit., págs. 246 ss.; DALLA, "Aspetti della patria potestà...", cit., págs. 103 ss.; idem, *Ricerche*..., cit., págs. 19 ss.; FAYER, *La familia romana*, I, cit., págs. 262 ss.; PERIÑÁN GÓMEZ, "La desaparición...", cit., págs. 53 ss.

los *palatini* que fuesen *filiifamilias*, las normas que regulaban la posición patrimonial de los *filiifamilias milites*, con el reconocimiento de su capacidad de adquirir y tener *per se ut castrense peculium* las ganancias debidas al servicio prestado en la Corte y los donativos imperiales[778].

Por su parte, Honorio y Teodosio II, en el año 422 d. C., extendieron el régimen del peculio castrense a los asesores y a los abogados que ejercitaban sus funciones en los tribunales pertenecientes a la prefectura de Oriente, respecto a las cosas adquiridas a título de retribución o con ocasión de la profesión[779]. En el año 439 d. C., Teodosio II y Valentiniano III concedieron este beneficio a los abogados de la prefectura de Ilírico y en el 440 d. C. a las otras categorías de abogados[780]. Asimismo, Valentiniano III en el año 442 d. C. lo extendió a los abogados de Occidente estableciendo que todos los bienes y títulos adquiridos en la profesión fueran defendidos como peculio castrense[781]. Y dos años más tarde Teodosio, se ocupa de los

---

778 C. Theod. 6.35.15 (6.36.1) (*Imp. Constantinus A. ad Severum P.U.*)=C. I. 12.31(30).1. SARGENTI, *Il Diritto...*, cit., págs. 88 ss.; ARCHI, "In tema di peculio «quasi castrense»", cit., pág. 122 y pág. 129; LA ROSA, *I peculi...*, cit., pág. 198 y pág. 209; BONFANTE, *Corso...*, I, cit., pág. 133; ALBANESE, *Le persone...*, cit., pág. 283; FERNÁNDEZ DE BUJÁN, A., *El filiusfamilias...*, cit., pág. 41 n. 84; FAYER, *La familia romana*, I, cit., pág. 262; DALLA, *Ricerche...*, cit., cit., pág. 19.

779 C.Theod. 1.34.2 (*Impp. Honorius et Theodosius AA. Eustathio P.P.*)=C. I. 1.51.7; C. Theod. 2.10.6 (*Impp. Honorius et Theodosius AA. Eustathio P.P.*)=C. I. 2.7.4. ARCHI, "In tema di peculio «quasi castrense»", cit., pág. 127 ss.; LA ROSA, *I peculi...*, cit., págs. 198-216; BONFANTE, *Corso...*, I, cit., pág. 133; ALBANESE, *Le persone...*, cit., pág. 283; FERNÁNDEZ DE BUJÁN, A., *El filiusfamilias...*, cit., pág. 42; FAYER, *La familia romana*, I, cit., pág. 262; DALLA, *Ricerche...*, cit., cit., pág. 19; AGUDO RUIZ, *Abogacía y abogados...*, cit., págs. 228 ss.

780 C. I. 2.7.7 (*Impp. Theodosius et Valentianianus AA. Thalassio, P.P. per Illyricum*); C. I. 2.7.8 (*idem AA. Cypro, P.P. Consuli designato*). ARCHI, "In tema di peculio «quasi castrense»", cit., págs. 127 ss.; LA ROSA, *I peculi...*, cit., págs. 203-205, pág. 210 y pág. 232; BONFANTE, *Corso...*, I, cit., pág. 133; ALBANESE, *Le persone...*, cit., pág. 283; FAYER, *La familia romana*, I, cit., págs. 262-263; AGUDO RUIZ, *Abogacía y abogados...*, cit., págs. 228 ss.

781 *Novellae Valentiniani* 2.2.4. ARCHI, "In tema di peculio «quasi castrense»", cit., pág. 129 y pág. 131; LA ROSA, *I peculi...*, cit., págs. 203-

empleados de la prefectura del pretor de Oriente, estableciendo que los mismos debían tener el *ius castrensis peculii*, como si militasen *in legione adiutrice nostra*[782].

También en Oriente, León y Anastasio en el año 472 d. C. procedieron a conceder un peculio a los eclesiásticos, en el que se hace entrar toda adquisición y del que se permite *libera facultas* de disponer incluso por testamento[783]. Con posterioridad, Anastasio concede el peculio a los funcionarios fiduciarios de palacio, los *silentiarii*, los cuales podían *possidere iure castrensis peculio* aquello que adquirían por causa o con ocasión de su empleo[784].

Finalmente, en el año 530 d. C., Justiniano establece que, prescindiendo de la profesión, los *filii* y *filiaefamilias* adquiriesen *ad similitudinem castrensis peculii* los donativos realizados por el emperador y la emperatriz, sobre los que tendrían *omnis facultas* con exclusión del usufructo del padre, del abuelo o del bisabuelo[785]. Un año después, confirma el privilegio otorgado por León a los eclesiásticos y concede el peculio a todos los empleados del Estado, consti-

---

205 y pág. 210; ALBANESE, *Le persone...*, cit., pág. 283; FAYER, *La familia romana*, I, cit., pág. 263; AGUDO RUIZ, *Abogacía y abogados...*, cit., págs. 228 ss.

782 C. I. 12.37(36).6 (*Impp. Theodosius et Valentinianus AA. Zoilo P.P.*). BONFANTE, *Corso...*, cit., pág. 133; LA ROSA, *I peculi...*, cit., pág. 198, págs. 205 ss. y pág. 211; ALBANESE, *Le persone...*, cit., pág. 283; FAYER, *La familia romana*, I, cit., pág. 263.

783 C. I. 1.3.33. ARCHI, "In tema di peculio «quasi castrense»", cit., pág. 129; LA ROSA, *I peculi...*, cit., pág. 171, págs. 198-199, pág. 206 y págs. 212 ss.; BONFANTE, *Corso...*, cit., pág. 133; ALBANESE, *Le persone...*, cit., pág. 284; FERNÁNDEZ DE BUJÁN, A., *El filiusfamilias...*, cit., pág. 42; FAYER, *La familia romana*, I, cit., pág. 263

784 C. I. 12.16.5 (*Imp. Anastasius Antiocho, Praeposito sacri cubiculi*). ARCHI, "In tema di peculio «quasi castrense»", cit., pág. 129; LA ROSA, *I peculi...*, cit., pág. 199, pág. 204 y pág. 211; BONFANTE, *Corso...*, I, cit., pág. 133; ALBANESE, *Le persone...*, cit., pág. 283; FERNÁNDEZ DE BUJÁN, A., *El filiusfamilias...*, cit., pág. 42; FAYER, *La familia romana*, I, cit., pág. 263

785 C. I. 6.61.7 (*Imp. Iustinianus A. Iuliano P.P.*). ARCHI, "In tema di peculio «quasi castrense»", cit., pág. 123; BONFANTE, *Corso...*, I, cit., pág. 134; ALBANESE, *Le persone...*, cit., pág. 284; FERNÁNDEZ DE BUJÁN, A., *El filiusfamilias...*, cit., pág. 42; FAYER, *La familia romana*, I, cit., pág. 264.

tuido por las retribuciones y las cosas adquiridas con ocasión de su función permitiéndoles hacer testamento en la forma ordinaria[786].

En consecuencia, acogiendo la síntesis de FAYER, podemos afirmar que las sucesivas concesiones imperiales fueron otorgando a los hijos de familia que ejercitasen funciones públicas de utilidad, un *peculium quasi castrense*, "permitiendo que los frutos del trabajo correspondieran a quien se los había ganado y no se confundieran con el patrimonio familiar y evitando de este modo que el *pater* pudiese disponer de ellos por testamento como de otro tipo de bienes que componían el patrimonio familiar o que la sucesión *ab intestato* tratase de modo igual a todos los sucesores sin tener en cuenta sus aportaciones"[787].

Por otro lado, un nuevo régimen jurídico fue aplicado a partir de Constantino a los bienes que el hijo de familia heredaba por testamento o *ab intestato* de la madre y de sus ascendientes maternos[788].

Durante toda la época clásica tales bienes dejados a los hijos eran considerados propiedad del padre. Como afirma SARGENTI, el senadoconsulto Orficiano les había reconocido la facultad de suceder a la madre con preferencia sobre los ascendientes y colaterales, pero el rígido ordenamiento familiar romano comportaba que tales bienes,

---

[786] C. I. 1.3.33; C. I. 3.28.37; *Novellae Iustiniani*, 120. ARCHI, "In tema di peculio «quasi castrense»", cit., págs. 120 ss.; LA ROSA, *I peculi...*, cit., pág. 207, págs. 213-217 y p. 221, entre otras; BONFANTE, *Corso...*, I, cit., pág. 133-134; ALBANESE, *Le persone...*, cit., pág. 284; FERNÁNDEZ DE BUJÁN, A., *El filiusfamilias...*, cit., pág. 42; FAYER, *La familia romana*, I, cit., págs. 263-264.

[787] FAYER, *La familia romana*, I, cit., pág. 264; ARCHI, "In tema di peculio «quasi castrense»", cit., págs. 120 ss.; BONFANTE, *Corso...*, cit., págs. 133-135; ALBANESE, *Le persone...*, cit., págs. 283 ss.; FERNÁNDEZ DE BUJÁN, A., *El filiusfamilias...*, cit., págs. 41 ss.

[788] Sobre estos bienes, COLLINET-GIFFARD, *Précis...*, I, cit., págs. 198 ss.; SARGENTI, *Il Diritto...*, cit., págs. 88 ss.; DUMONT, *Manuel ...*, I, cit., págs. 262-263; FERRINI, *Manuale di Pandette*, cit., págs. 677 ss.; ARCHI, "In tema di peculio «quasi castrense»", cit., págs. 123 ss.; LA ROSA, *I peculi...*, cit., págs. 233 ss.; BONFANTE, *Corso...*, I, cit., págs. 134-135 y págs. 145 ss.; ALBANESE, *Le persone...*, cit., págs. 284 ss.; FERNÁNDEZ DE BUJÁN, A., *El filiusfamilias...*, cit., págs. 43 ss.; DALLA, "Aspetti della patria potestà...", cit., págs. 103 ss.; *Ricerche...*, cit., págs. 16-17 y págs. 19 ss.; FAYER, *La familia romana*, I, cit., págs. 264 ss.

"si el hijo estaba *in potestate patris*, se perdieran en el patrimonio del *paterfamilias*"[789].

A través de diversas constituciones Constantino modificó esta situación, estableciendo que los bienes maternos no debían confundirse con el patrimonio paterno sino constituir un patrimonio separado del cual el *pater* tenía el goce y la administración, velando siempre por el interés del hijo que era el exclusivo propietario de tales bienes, si bien no podía disponer libremente de los mismos hasta la muerte del *pater*, momento en el cual le serían no adjudicados en virtud de la sucesión paterna, sino devueltos en cuanto bienes recibidos por sucesión materna[790].

Este régimen relativo a los *bona materna* fue extendido a los *bona materni generis* en el año 379 d. C. por Graciano, Valentiniano II y Teodosio I y por Arcadio y Honorio en el 395 d. C[791]. Sucesivamente Teodosio II y Valentiniano III, en los años 426, 428 y 439 d. C., dispusieron la adquisición de la propiedad por los *filii* y

---

[789] D. 38.17.9 (Gaius *libro singulari ad Senatusconsultum Orphitianum*); D. 38.17.1 (Ulpianus *libro XII. ad Sabinum*); D. 38.17.6 (Paulus *libro singulari ad Senatusconsultum Orphitianum*). SARGENTI, *Il Diritto...*, cit., págs. 99-100; ALBANESE, *Le persone...*, cit., pág. 284; FAYER, *La familia romana*, I, cit., págs. 264-265, afirma que los hijos adquirían "i beni della successione materna *iussu patris* e al *pater*", entrando a formar parte del patrimonio familiar.

[790] C. Theod. 8.18.1 (*Imp. Constantinus A. Consulibus, Praetoribus, Tribunis Plebis, Senatui Salutem Dicit*)=C. I. 6.60.1; C. Theod. 8.18.2 y 3. En el caso de que el hijo fuese emancipado, una vez devenido *sui iuris* tenía la plena disponibilidad de los bienes maternos pero el *pater*, al emancipar al *filius*, podía retirar como compensación por la pérdida del goce de los bienes un tercio de los mismos cuya propiedad adquiría. SARGENTI, *Il Diritto...*, cit., págs. 88 ss.; ARCHI, "In tema di peculio «quasi castrense»", cit., págs. 123 ss.; LA ROSA, *I peculi...*, cit., pág. 58, pág. 172 y págs. 233-234; BONFANTE, *Corso...*, I, cit., págs. 133-135 y pág. 145; ALBANESE, *Le persone...*, cit., pág. 286; FERNÁNDEZ DE BUJÁN, A., *El filiusfamilias...*, cit., pág. 43; FAYER, *La familia romana*, I, cit., pág. 265; DALLA, *Ricerche...*, cit., pág. 20.

[791] C. Theod. 8.18.6 (*Imppp. Gratianus, Valentinianus et Theodosius AAA. ad Hesperium P.P.*); C. Theod. 8.18.7 (*Impp. Arcadius et Honorius AA. Florentino P.U.*)=C. I. 6.60.2. BONFANTE, *Corso...*, I, cit., págs. 134-135 y pág. 145; FAYER, *La familia romana*, I, cit., págs. 265-266; DALLA, *Ricerche...*, cit., pág. 26.

filiaefamilias sobre los *lucra nuptiales*, las cosas regalas y legadas por su cónyuge[792]. Y León I y Antemio en los años 472 y 473 d. C., confirmaron esta adquisición y la prescribieron también sobre los *lucra sponsalicia*, aquellos bienes adquiridos por el *filius* o la *filia* en relación a su compromiso matrimonial, prohibiendo al padre la facultad de disponer de ellos[793].

Finalmente, Justiniano, en el año 529 d. C., parifica a los *bona materna* y *materni generis*, cualquier otro bien que los *filiifamilias* adquirieran *extrinsecus* y no *ex patris substantia*, estableciendo que sobre estos bienes correspondía al hijo la propiedad y al titular de la patria potestad el usufructo[794].

Con relación a los bienes no procedentes del *pater* que recibe el hijo, se habla de *peculium adventicium*[795]. Sobre estos bienes, como ya hiciera Constantino, Justiniano reconoció al *pater* un simple de-

---

[792] C. Theod. 8.19.1 (*Impp. Theodosius et Valentinianus AA. as Senatum. Post Alia*):=C. I. 6.61.1=Brevario, 8.10.1; C. I. 6.61.2 y 3. Archi, "In tema di peculio «quasi castrense»", cit., págs. 123 ss.; La Rosa, *I peculi...*, cit., pág. 58, pág. 172 y págs. 233-234; Bonfante, *Corso...*, I, cit., págs. 134-135 y pág. 145; Albanese, *Le persone...*, cit., págs. 285-286; Fayer, *La familia romana*, I, cit., págs. 265-266; Dalla, *Ricerche...*, cit., pág. 26.

[793] C. I. 6.61.4 pr. (*Impp. Leo et Anthemius AA. Erythrio P.P.*); C. I. 6.61.5 *in finem* (*idem AA. Nepotiano Magistro militum Dalmatiae*). Bonfante, *Corso...*, I, cit., págs. 134-135 y pág. 145; Albanese, *Le persone...*, cit., págs. 285-286; Fernández De Buján, A., *El filiusfamilias...*, cit., pág. 43; Fayer, *La familia romana*, I, cit., págs. 265-266.

[794] C. I. 6.61.6§1 (*Imp. Iustinianus A. Demostheni P.P.*). En caso de emancipación, modifica el tercio de los bienes con que el padre podía quedarse en compensación por la pérdida del goce de los bienes, establecido por Constantino, por el usufructo de la mitad de los mismos. C. I. 6.61.6§3; *Institutae Iustiniani*, 2.9.1. Archi, "In tema di peculio «quasi castrense»", cit., pág. 123 ss.; La Rosa, *I peculi...*, cit., pág. 58, pág. 172 y págs. 233-234; Bonfante, *Corso...*, cit., págs. 134-135 y pág. 145; Albanese, *Le persone...*, cit., págs. 285-286; Fernández De Buján, A., *El filiusfamilias...*, cit., pág. 43; Fayer, *La familia romana*, I, cit., págs. 265-266; Dalla, *Ricerche...*, cit., pág. 26.

[795] Sobre el peculio adventicio y su terminología, Rivier, *Précis...*, cit., págs. 94 ss.; Sargenti, *Il Diritto...*, cit., págs. 88 ss.; Archi, "In tema di peculio «quasi castrense»", cit., págs. 127 ss.; Bonfante, *Corso...*, I, cit., págs. 145 ss.; Albanese, *Le persone...*, cit., págs. 286 ss.; Fernández De Buján, A., *El filiusfamilias...*, cit., págs. 43-44; idem, *Derecho Privado...*, cit.,

recho de usufructo[796] y al *filius* el derecho de propiedad, pero no el derecho de disponer ni *inter vivos* ni *mortis causa* de los mismos salvo con el consentimiento del *pater*[797]. Ahora bien, si el hijo moría sin haber hecho testamento se abría una sucesión *ab intestato* a favor de sus herederos, de tal forma que no se producía la adquisición automática por parte del *paterfamilias* como ocurría con relación al resto de los peculios[798].

En el derecho justinianeo, por tanto, podemos sintetizar el régimen de los peculios diciendo que: en relación con el *peculium profecticium*, la propiedad continúa siendo del padre, teniendo el hijo sólo la gestión; respecto al *peculium castrense* y *quasi castrense*, Justiniano atribuyó la propiedad al hijo y reconoció el derecho del padre a devenir titular cuando el hijo muera *ab intestato* y no tuviera hijos o hermanos; y por cuanto concierne al *peculium adventicium*, se atribuyó al hijo la nuda propiedad y al padre el usufructo legal.

En consecuencia, a través de las sucesivas intervenciones imperiales del Bajo Imperio, se observa un continuo incremento de la capacidad patrimonial del *filiusfamilias* y una mayor autonomía frente al *pater*, cuya patria potestad se vio paulatinamente limitada.

---

págs. 246 ss.; DALLA, "Aspetti della patria potestà...", cit., págs. 103 ss. idem, *Ricerche...*, cit., pág. 26; FAYER, *La familia romana*, I, cit., pág. 267.

796 Ya Constantino hablaba de *potestas utuendi fruendi* y calificaba al *pater* como usufructuario. C. Theod. 8.19.1=C. I. 6.61.1; C. Theod. 8.18.9=C. I. 6.60.3; C. Theod. 8.18.10. SARGENTI, *Il Diritto...*, cit., págs. 88 ss.; LA ROSA, *I peculi...*, cit., pág. 58, pág. 172 y págs. 233-234; BONFANTE, *Corso...*, I, cit., págs. 134-135 y págs. 145 ss.; ALBANESE, *Le persone...*, cit., págs. 285-286; FERNÁNDEZ DE BUJÁN, A., *El filiusfamilias...*, cit., pág. 43; FAYER, *La famiglia romana*, I, cit., pág. 267.

797 C. I. 6.61.8§5 (*Imp. Iustinianus A. Ioanni P.P.*). ARCHI, "In tema di peculio «quasi castrense»", cit., págs. 125 ss.; FAYER, *La famiglia romana*, I, cit., pág. 267. Cfr. C. I. 6.61.8§4 a, b, c, y d, para las limitadas facultades de enajenación del *pater*. BONFANTE, *Corso...*, I, cit., págs. 145 ss.; ALBANESE, *Le persone...*, cit., pág. 286; FERNÁNDEZ DE BUJÁN, A., *El filiusfamilias...*, cit., pág. 43; FAYER, *La famiglia romana*, I, cit., pág. 267.

798 C. I. 6.61.6 pr. *in finem* (*Imp. Iustinianus A. Demostheni P.P.*). RIVIER, *Précis...*, cit., págs. 94 ss.; ARCHI, "In tema di peculio «quasi castrense»", cit., págs. 123 ss.; ALBANESE, *Le persone...*, cit., págs. 286-287; BONFANTE, *Corso...*, I, cit., págs. 145 ss.; FAYER, *La familia romana*, I, cit., pág. 268.

Por ello, consideramos que también a lo largo de este periodo se mantuvo el régimen domiciliario del *filiusfamilias* surgido a partir de finales de la República, esto es, el hijo de familia adquiría como primer domicilio el domicilio paterno (o materno si era hijo no legítimo) pero podía posteriormente establecerse en un domicilio independiente[799]. Y el mismo régimen domiciliario será mantenido con Justiniano quien no sólo incorporó en su Código muchas de las disposiciones precedentes al respecto sino que, como hemos visto, favoreció esa independencia del *filiusfamilias* a través de otras nuevas.

---

799 Respecto al domicilio de las *filiaefamilias*, vid., texto correspondiente a n. 727 del presente trabajo y el capítulo V relativo al domicilio de la mujer casada. Asimismo, respecto a la legitimación de los hijos naturales en este periodo, RIVIER, *Précis*..., cit., pág. 59; SARGENTI, *Il Diritto*..., cit., págs. 133 ss.; DUMONT, *Manuel*..., I, cit., págs. 254 ss.; VOLTERRA, s.v. «filiazione (Diritto romano)», cit., págs. 308 ss.; PECORELLA, s.v. «filiazione (Storia)», cit., págs. 449 ss.; ALBANESE, *Le persone*..., cit., págs. 238 ss.; MAJELLO, V., "Sulla legittimazione dei figli naturali", en *Studi in onore di Giuseppe Grosso*, III, Torino, 1968, págs. 651 ss.; NAVARRA, M., "Testi costantiniani in materia di filiazione naturale", en *Atti dell'Accademia Romanistica Costantiniana, VII Convegno Internazionale*, Perugia, 1988, págs. 459-477; LUCHETTI, G., *La legittimazione dei figli naturali nelle fonti tardo imperiali e giustinianee*, Milano, 1990, *passim*; ALBURQUERQUE, "Deber legal...(I)", cit., págs. 1-14; idem, "Alimentos entre parientes...", cit., págs. 1-21; idem, "Alimentos entre parientes: notas...", págs. 1 ss.; idem, "Datos...", cit., págs. 1 ss.; idem, *La prestación*..., cit., págs. 33 ss.

Capítulo VII
EL DOMICILIO DEL ESCLAVO MANUMITIDO

1. IDEAS PREVIAS: EL SURGIMIENTO DE LAS FORMAS DE MANUMISIÓN SOLEMNES Y SU EFECTO SOBRE LA CIUDADANÍA ROMANA

La presencia de esclavos, si bien reducida, y su situación casi familiar es constatada por la doctrina en la época primitiva[800]. Sujeto a la *potestas* o *manus* de su *dominus*, afirma FERNÁNDEZ DE BUJÁN, A., el esclavo venía considerado como una *res* patrimonial, un ob-

[800] En este sentido, por ejemplo, WESTRUP, C.W., *Some notes on the roman slave in early times. A comparative sociological study*, København, 1956, págs. 8 ss.; PÓLAY, E., "Il matrimonio degli schiavi nella Roma repubblicana", en *Studi in Onore di Giuseppe Grosso*, III, Torino, 1970, págs. 80-81; CASTELLO, C., "Lo schiavo tra persone e cose nell'arcaico diritto romano", en *Studi in Onore di Arnaldo Biscardi*, I, Milano, 1982, págs. 93 ss.; LÓPEZ ROSA, "Familia y Matrimonio…", cit., pág. 414. El carácter excepcional de la esclavitud en la época monárquica y la situación casi familiar de los esclavos ha sido apuntada, entre otros, también por PARIBENI, *La famiglia romana*, cit., pág. 31 y págs. 59-60; LÉMONNIER, H., *Étude historique sur la condition privée des affranchis aux trois premiers siècles de l'Empire romain*, Roma, 1971 (reimpresión de la edición de Paris,1887), pág. 14; CARAMES FERRO, *Instituciones…*, I, cit., pág. 55 y pág. 62; ÁLVAREZ SUÁREZ, *Instituciones…*, III, cit., pág. 22; DE COULANGES, *La ciudad antigua…*, cit., págs. 79 ss.; FERNÁNDEZ DE BUJÁN, A., "Esclavitud y libertad en Derecho romano", en *Lecciones de la asignatura de Derecho Romano integradas en la Base de Conocimiento Jurídico de www.iustel.com,* 2002-2004, págs. 1 ss.; idem, *Derecho Privado…*, cit., págs. 203 ss.

jeto de derecho susceptible, por tanto, de ser vendido, donado, dado en usufructo, legado, etc. Pero, al mismo tiempo, el esclavo era una persona y, como tal, sin ser sujeto de derecho participaba de la *ratio subiecti* a través de la disponibilidad fáctica del peculio, de su *capacitas agendi*, de su *capacitas delicti*, de su capacidad religiosa, de su responsabilidad noxal o de su protección jurídica[801].

---

[801] FERNÁNDEZ DE BUJÁN, A., "Esclavitud...", cit., págs. 2 ss. Sobre la esclavitud y la condición jurídica del esclavo vid., entre otros, LEHMANN, E., *De publica Romanorum servitute quaestiones*, Lipsiae, 1889, *passim*; RIVIER, *Précis*..., cit., págs. 259 ss.; KARLOWA, *Römische Rechtsgeschichte*, II, cit., págs. 100-114; WILLEMS, *Le droit public romain*, cit., págs. 113 ss. y págs. 403 ss.; AFFOLTER, F., *Die Persönlichkeit des herrenlosen Sklaven. Ein Stück aus dem römischen Sklavenrecht*, Leipzig, 1913, *passim*; CORNIL, *Droit Romain*, cit., págs. 26 ss., págs. 142 ss. y págs. 529 ss.; BRUGI, *Istituzioni*..., cit., págs. 42 ss.; PEROZZI, *Istituzioni*..., I, cit, págs. 193 ss.; COLLINET-GIFFARD, *Précis*..., I, cit., págs. 155 ss.; FERRUCCIO FALCHI, *Diritto Penale Romano*, I, cit., págs. 48 ss.; PARIBENI, *La famiglia romana*, cit., págs. 57 ss.; WESTRUP, *Some notes*..., cit., págs. 7 ss.; FERRINI, *Manuale di Pandette*, cit., págs. 49 ss.; GIOFFREDI, "Libertà e Cittadinanza", cit., págs. 521 ss.; BONFANTE, *Corso*..., I, cit., págs. 189 ss.; HALKIN, L., *Les esclaves public chez les romains*, Roma, 1965, *passim*; WATSON, *The Law*..., cit., págs. 173 ss.; idem, *Roman Slave Law*, Baltimore-London, 1987, págs. 46 ss., págs. 66 ss. y págs. 90 ss.; VISKY, K., "Esclavage et artes liberales à Rome", en *R.I.D.A.*, 15, 1968, págs. 473 ss.; SIBER, *Römisches Recht*..., II, cit., págs. 28 ss.; WAGNER, A., *Die soziale Entwicklung des Sklavenrechts in der römischen Kaiserzeit*, Marburg, 1968, *passim*; GREENIDGE, *Roman Public Life*, cit., págs. 141 ss.; RUSSOMANNO, *Curso*..., I, cit., págs. 16 ss.; CARAMES FERRO, *Instituciones*..., I, cit., págs. 62 ss.; BELLEN, H., *Studien zur Sklavenflucht im römischen Kaiserreich*, Wiesbaden, 1971, *passim*; BUTI, I., *Studi sulla capacità patrimoniale dei «servi»*, Camerino, 1976, *passim*; OLÍS ROBLEDA, J., *Il diritto degli schiavi nell'antica Roma*, Roma, 1976, págs. 68 ss.; ALBANESE, *Le persone*..., cit., págs. 108 ss.; EDER, W., *Servitus publica. Untersuchungen zur Entstehung, Entwicklung und Funktion der öffentlichen Sklaverei in Rom*, Wiesbaden, 1980, *passim*; BUCKLAND, W.W., *The Roman Law of Slavery. The condition of the slave in private law from Augustus to Justinian*, Cambridge, 1908, págs. 1 ss.; FINLEY, M.I., *Die Sklaverei in der Antike*, München, 1981, *passim*; MORABITO, M., *Les réalités de l'esclavage d'après le Digeste*, Paris, 1981, *passim*; SCHUMACHER, L., *Servus Index, Sklavenverhör und Sklavenanzeige im republikanischen und kaiserzeitlichen Rom*, Wiesbaden, 1982, *passim*; BURDESE, A., "Controversie giurisprudenziali in tema di capacità degli schiavi", en *Studi in onore di*

No obstante, continúa el autor, en el ejercicio de su *potestas* o *manus* sobre el esclavo, el *dominus* podía renunciar a la misma con la intención de hacerlo libre a través de un acto voluntario denominado *manumissio*[802].

Sabemos por los textos de Cicerón y Gayo que, *ab antiguo*, este acto podía efectuarse *per vindicta, per censo aut per testamento*[803] y

---

Arnaldo Biscardi, I, Milano, 1982, págs. 177 ss.; BRADLEY, K.R., *Slaves and Masters in the Roman Empire. A Study in Social Control*, New York-Oxford, 1987, *passim*; idem, *Esclavitud y sociedad en Roma*, *(*trad. de F. Marfà de la edición de Cambridge, 1994), Barcelona, 1999, *passim*; DUMONT, J.C., *Servus. Rome et l'esclavage sous la République*, Paris-Rome, 1987, págs. 83 ss.; ALFÖLDY, G., *Antike Sklaverei. Widersprüche, Sonderformen, Grundstrukturen*, Bamberg, 1988, *passim*; CANDINI, W.F., "In margine al divieto di torturare gli schiavi in caput domini", en *Annali dell'Università di Ferrara*, II, 1988, págs. 61 ss.; YAVETZ, Z., *Slaves and Slavery in Ancient Rome*, New Brunswick-London, 1991, *passim*; SICARI, A., *Prostituzione e tutela giuridica della schiava. Un problema di politica legislativa nell'impero romano*, Baris, 1991, *passim*; ECK, W.-HEINRICHS, J., *Sklaven und Freigelassene in der Gesellschaft der römischen Kaiserzeit*, Darmstadt, 1993, págs. 3 ss.; SOLIN, H., *Die stadtrömischen Sklavennamen. Ein Namenbuch*, 3 vols., 3ª edición, Stuttgart, 1996, *passim*; MELLUSO, M., *La schiavitù nell'età giustinianea. Disciplina giuridica e rilevanza sociale*, Paris, 2000, págs. 13 ss. y págs. 135 ss.; MOHINO MANRIQUE, A., "Principales pactos desfavorables al esclavo en el comercio de esclavos", en *R.G.D.R.* (*www.iustel.com*), nº 10, 2008, págs. 1 ss.; AMUNÁTEGUI PERELLÓ, "El trinomio «potestas manus mancipiumque»", cit., págs. 81-110.

[802] FERNÁNDEZ DE BUJÁN, A., "Esclavitud...", cit., págs. 8 ss.; idem, *Derecho Privado...*, cit., págs. 218 ss. Junto al elemento negativo de la renuncia era necesario un elemento positivo, esto es, que con esa renuncia el *dominus* tuviese la intención de conceder la *libertas* al esclavo ya que, en caso contrario, el esclavo pasaba a ser un *servus sine domino* y, por tanto, al igual que una *res nullius*, suceptible del *occupatio* por otro *paterfamilias*. Al respecto, OLÍS ROBLEDA, *Il diritto...*, cit., págs. 103 ss., que apoya su afirmación sobre D. 1.1.4 e *Institutae Iustiniani* 1.1.5 pr.; CARAMES FERRO, *Instituciones...*, I, cit., pág. 53 y págs. 78 ss.; ÁLVAREZ SUÁREZ, *Instituciones...*, III, cit., págs. 68-69. Este *dominus*, originariamente fue una persona privada pero posteriormente tuvieron esta *capacitas agendi* también los *collegia, municipia, coloniae*, el *populus romanus* y el emperador.

[803] CICERÓN, *Opera rhetorica. Topica*, 2.10; *Orationes. Pro A. Caecina*, 33.96. GAYO, *Institutae*, 1.17; 1.35. No obstante, como indica FERNÁNDEZ DE BUJÁN, A., "Esclavitud...", cit., págs. 8 ss.; idem, *Derecho Privado...*, cit.,

si bien la doctrina se manifiesta unánime en reconocer tanto la existencia como el acceso a la ciudadanía romana del esclavo manumitido a través de estas tres formas a partir del año 312 a. C., el debate sobre el periodo precedente dista de ser resuelto respecto al orden de su aparición y a su primitivo efecto sobre la condición de ciudadano romano[804].

En relación con este último, podemos dividir a los autores en tres grupos: aquéllos que afirman el acceso a la ciudadanía romana de los manumitidos en época regia[805]; aquéllos que defienden la existencia

---

págs. 218 ss., la manumisión no es el único modo de conceder la libertad al esclavo, dado que la misma podía producirse también por un acto administrativo del Estado o por ley. Al respecto, RIVIER, *Précis*..., cit., págs. 269 ss.; BRUGI, *Istituzioni*..., cit., pág. 47; COLLINET-GIFFARD, *Précis*..., I, cit., págs. 163 ss.; PEROZZI, *Istituzioni*..., I, cit., págs. 239 ss.; COSTA, *Cicerone giurisconsulto*, I, cit., págs. 79 ss.; DUMONT, *Manuel*..., I, cit., págs. 77 ss. y págs. 301 ss.; DE DOMINICIS, A., s.v. «*manumissio* (Diritto romano)», en *N.N.D.I.*, vol. X, Torino, 1964, pág. 191 n. 7; RUSSOMANNO, *Curso*..., I, cit., págs. 19 ss.; CARAMES FERRO, *Instituciones*..., I, págs. 78 ss.; OLÍS ROBLEDA, *Il diritto*..., cit., págs. 157 ss.; ÁLVAREZ SUÁREZ, *Instituciones*..., III, cit., págs. 80 ss.; WATSON, *The Law*..., cit., págs. 185 ss.; idem, *Roman Slaves Law*, cit., págs. 23 ss.; BRADLEY, *Esclavitud y sociedad en Roma*, cit., págs. 191 ss.; ALBANESE, *Le persone*..., cit., págs. 22 ss.

804 Vid. un estudio de las principales teorías en COSENTINI, C., *Studi sui liberti. Contributo allo studio della condizione giuridica dei liberti cittadini*, I, Catania, 1948, págs. 9 ss.; GIOFFREDI, "Libertà e Cittadinanza", cit., págs. 525 ss.; TREGGIARI, S., *Roman freedmen during the late Republic*, Oxford, 1969, págs. 20 ss.; DUFF, A.M., *Freedmen in the early roman Empire*, Cambridge, 1958 (reimpresión de la edición de Oxford 1928), págs. 12 ss.; DE DOMINICIS, s.v. «*manumissio* (Diritto romano)», cit., págs. 192 ss.; GAUTHIER, PH., "«Generosité» romaine et «avarice» grecque: sur l'octroi du droit di cité", en *Mélanges W. Seston*, Paris, 1974, págs. 210-211; OLÍS ROBLEDA, *Il diritto*..., cit., págs. 103-135; RODRÍGUEZ ÁLVAREZ, L., *Las leyes limitadoras de las manumisiones en época augustea*, Oviedo, 1978, págs. 63-110; ALBANESE, *Le persone*..., cit., págs. 38 ss.; FABRE, G., *Libertus. Patrons et affranchis à Rome. Recherches sur les rapports patron-affranchi à la fin de la République romaine*, Roma-Paris, 1981, págs. 10-37; MASI DORIA, *Civitas*..., cit., págs. 1-45.

805 Entre ellos, VOLTERRA, E., "Manomissioni di schiavi compiute da peregrini", en *Studi in onore di Pietro De Francisci*, IV, Milano, 1956, págs. 76 ss. (= *Scritti giuridici*, II, Napoli-Paris, 1991, págs. 395 ss.); idem, "Manomis-

de manumitidos ciudadanos a comienzos de la República o, como muy tarde, a partir de la legislación decenviral[806]; y aquéllos para

---

sione e cittadinanza", en *Studi Paoli*, Firenze 1955, págs. 697 ss. (= *Scritti giuridici*, II, Napoli-Paris, 1991, págs. 363 ss.), quien a través de un estudio comparado con otros derechos de la antigüedad, pone de manifiesto que en el mundo antiguo no pudo jurídicamente concebirse a la persona física libre sino como formando parte de una comunidad política organizada, esto es, que el *status libertatis* debía necesariamente acompañarse a un *status civitatis*, entendido éste como una determinada posición jurídica atribuida al individuo en el ámbito de un determinado ordenamiento, de tal forma que, desde el origen el manumitido adquiriría la ciudadanía sin que la misma se deba a una concesión del *paterfamilias*; BONFANTE, *Corso...*, I, cit., págs. 221-222 y 233, en cuya opinión, aunque los primitivos jefes gentilicios podrían en el ejercicio arbitrario de su poder efectuar manumisiones a través de las cuales los manumitidos se integrarían en la clientela del patrón, ya con Servio Tulio adquirieron la ciudadanía romana; PIERI, G., *L'Histoire du cens jusqu'à la fin de la République romaine*, Paris, 1968, pág. 41, comparte la tesis de Volterra pero considera que la misma sólo es aplicable a partir de Servio Tulio; RODRÍGUEZ ÁLVAREZ, *Las leyes...*, cit., pág. 106, para quien es posible que desde los orígenes el liberto entrara entre los clientes y se le reconociera su situación de pertenencia a la *civitas* la cual, con la ampliación de la capacidad de los clientes paralela a su absorción en la plebe, se fue concretando en el goce de la ciudadanía; CASTELLO, "Lo schiavo...", cit., pág. 103, para el cual los manumitidos accedieron a la ciudadanía con Servio Tulio; TALAMANCA, *Istituzioni...*, cit., pág. 94, quien retrotrae el surgimiento de la *manumissio censu* al reinado de Servio Tulio; PUGLIESE, *Istituzioni...*, cit., pág. 87, para quien no existe ningún impedimiento respecto al acceso a la ciudadanía del manumitido a través del censo desde su creación por Servio Tulio.

[806] Entre ellos, KASER, M., "Die geschichte der Patronatsgewaltüber Freigelassene", en *Z.S.S.*, 58, 1938, págs. 88 ss., afirma que hasta el primer año de la República, la manumisión sólo concedería una libertad fáctica regulada por la *fides*; COSENTINI, *Studi...*, I, cit., págs. 26 ss. y págs. 32 ss.; idem, *A proposito di una recente ipotesi sull'origine delle forme civili di manomissione*, Napoli, 1948, pág. 1 ss., postula que el manumitido por testamento accedería a la ciudadanía a partir de esta ley, si bien atribuye un origen anterior a las otras dos formas de manumisión civil; BRADLEY, *Esclavitud...*, cit., págs. 30-31, para quien el acceso de los esclavos liberados a la ciudadanía romana es indiscutible en época de las XII Tablas y dado que las mismas eran un reflejo de las costumbres de la Roma primitiva, es posible que dicho acceso existiese con anterioridad a la segunda mitad del siglo V a. C.; WALDSTEIN, W., *Operae li-*

quienes el manumitido no accedería a la ciudadanía romana hasta un momento posterior[807].

A nuestro juicio, la existencia de manumitidos ciudadanos romanos es constatada al tiempo de las XII Tablas puesto que, como señala WALDSTEIN, en la misma se regulaba la plena libertad testamentaria del manumitido, quien podía incluso preterir a su antiguo *dominus*, algo que resulta incompatible con una mera libertad fáctica[808].

---

bertorum. Untersuchungen zur Dienstpflicht freigelassener Sklaven, Sttutgart, 1986, págs. 47 ss. y págs. 142 ss., quien afirma su existencia sobre la plena capacidad testamentaria que las XII Tablas atribuyen a los manumitidos.

[807] Entre estos, cabe citar a MOMMSEN, TH., *Römisches Staatsrecht*, vol. III, Leipzig, 1888, págs. 58-60; idem, "Libertini Servi", en *Gesammelte Schriften*, vol. III, Berlin 1907, págs. 21-2; idem, *Le Droit public romain*, (traducción francesa de P.F. Girard), Paris, 1982 (reimpresión Paris, 1985), T. V.1, págs. 59 ss., quien, considerando que la *Lex Cinia* del año 204 a. C., engloba en el término *servus* a los libertos, afirma que al fin del siglo III a. C. los mismos se encontraban en una situación de total dependencia respecto a su patrón, disfrutando sólo de una libertad de hecho y no de derecho, no logrando la igualdad jurídica y política con los ingenuos hasta el siglo II a. C. En su opinión, la manumisión *inter vivos* habría sido imposible al origen dado que el *paterfamilias* no podía vender a su hijo en el Lacio y, por tanto, no podía convertir en libre a su esclavo y tampoco el testamento comicial podía constituir un modo individual de acceder a la ciudadanía; en consecuencia, sólo una relación de clientela se habría establecido; LEMOSSE, M., "Affranchissement, clientèle, droit de cité", *en R.I.D.A.*, 2, 1949, págs. 37-68, considera que salvo la manumisión por censo, que según él se generalizaría a partir del año 443 a. C., los manumitidos *per vindicta* y *per testamento* no recibirían la ciudadanía hasta el año 312 a. C., con la reforma de Apio Claudio sino sólo una libertad de hecho que habría atribuido al manumitido la condición de cliente del manumisor; DANIELI, R., *Contributi alla storia delle manomissioni romane*, Milano, 1953, págs. 38 ss., quien comparte la tesis de Lemosse, si bien precisando que la inscripción en el censo concedería la ciudadanía al esclavo previamente liberado; WESTRUP, *Some notes...*, cit., pág. 13, acepta la tesis de Mommsen y considera que hasta el periodo tardo-republicano los esclavos manumitidos no accedieron a la *civitas*; VITUCCI, G., s.v. «libertus», en DE RUGGIERO, E., *Dizionario Epigrafico di Antichità Romane*, IV.I-L, Roma, 1958, págs. 907 ss., donde acoge la teoría de Mommsen y afirma que en un principio el manumitido continuaba perteneciendo a la familia del manumisor.

[808] WALDSTEIN, *Operae libertorum...*, cit., págs. 47 ss. y págs. 142 ss., funda su opinión sobre Gayo, *Institutae*, 3.40 ss. y Ulpiano, *Epitomae*, 29.1. La

Sin embargo no podemos descartar que con carácter previo a su aprobación ya existieran manumitidos ciudadanos en la medida en que, como opina VOLTERRA, el acceso a la ciudadanía es común a otros ordenamientos primitivos[809] y, como señala RODRÍGUEZ ÁLVAREZ, los distintos escritores romanos tratan de reconducir el acceso a la ciudadanía a través de la manumisión o al inicio de la República –con el episodio del esclavo Vindico– o directamente a Servio Tulio[810].

En cualquier caso, admitiendo esta posibilidad, sólo podría tratarse como indica FRASCHETTI, de un acceso a la ciudadanía operado a través del censo creado, según la tradición por Servio Tulio, junto a las tribus territoriales[811], dado que como afirmaba VOCI, los testa-

---

existencia de manumitidos ciudadanos al tiempo de las XII Tablas en las que se regula su plena capacidad testamentaria es defendida entre otros por, QUADRATO, R., "«Beneficium manumissionis» e «obsequium»", en *Index*, 24, 1996, págs. 341 ss.; MASI DORIA, C., *Bona libertorum. Regimi giuridici e realtà sociali*, Napoli, 1996, págs. 15 ss.; idem, *Civitas*..., cit., pág. 21; ASTOLFI, R., "Il libro di Masi Doria sulla succesione nei beni dei liberti: Nota di lettura", en *S.D.H.I.*, 65, 1999, págs. 284 ss.; GIMÉNEZ-CANDELA, T., "«Bona libertorum»", en *Index*, 2000, pág. 489. Cfr. entre otros FABRE, *Libertus*..., cit., pág. 303.

809 VOLTERRA, "Manomissione e Cittadinanza", cit., págs. 699 ss.; idem, "Manomissioni...", cit., págs. 75 ss., donde el autor critica el carácter excepcional del ordenamiento jurídico romano respecto al acceso a la ciudadanía romana a través de la manumisión defendido entre otros por DE VISSCHER, F., "De l'acquisition du droit de cité romaine par l'affranchissement", en *S.D.H.I.*, 12, 1946, pág. 70.

810 RODRÍGUEZ ÁLVAREZ, *Las leyes*..., cit., pág. 106. En efecto, Tito Livio (*ab urbe condicta*, 2.5.9) remonta a principios de la República la manumisión de Vindico, a la cual también hace referencia Dionisio de Halicarnaso (*Antiquitates Romanae*, 5.13) que relaciona, a su vez, la manumisión por censo con las reformas de Servio Tulio (*Antiquitates Romanae*, 4.22-23). Sobre la fiabilidad de estas fuentes vid. las distintas posturas en POMA, "Dionigi d'Alicarnasso...", cit., págs. 187 ss. y MASI DORIA, *Civitas*..., cit., págs. 5 ss.

811 TITO LIVIO, *Ab urbe condita*, 1.42.4-5; 1.43.13; 4.4.1; DIONISIO DE HALICARNASO, *Antiquitates Romanae*, 4.16.1-2; 4.15.1-3; 4.15.3.6; 4.19.1 ss.; 5.75.3. FRASCHETTI, A., "A proposito di ex-schiavi e della loro integrazione in ambito cittadino a Roma", en *Opus*, I, 1982, pág. 97 n. 5. Sobre la creación del censo por Servio Tulio y la inscripción de los libertos en las tribus territoriales por él instauradas, entre otros, DALL'OLIO ROMANO, *Elementi*..., I,

mentos *calatis commitiis* e *in procinctu*, no podían contener disposiciones particulares en tal sentido ya que su función fue exclusivamente la de crear al *suus*[812] y sólo a partir de las XII Tablas, estima

cit., pág. 215; HUSCHKE, PH.E., *Die Verfassung des Königs Servius Tullius als Grundlage zu einer römischen Verfassungsgeschichte*, Heidelberg, 1838, *passim*; BECKER, W.A., *Handbuch der römischen Alterthümer*, II.1, Leipzig, 1844, págs. 193 ss.; CARLE, *Le Origini*..., cit., págs. 357 ss.; MISPOULET, *Études*..., cit., págs. 5 ss., págs. 32 ss. y págs. 308 ss., GREENIDGE, *Roman Public Life*, cit., págs. 72 ss. y págs. 145 ss.; FRACCARO, P., "«Tribules» ed «Aerarii». Una ricerca di Diritto pubblico romano", en *Athenaeum*, 11, 1933, pág. 152 n. 3 y pág. 162; LAST, H., "The Servian Reforms", en *J.R.S.*, 35, 1945, pág. 49; PICCARILLO, A., s.v. «tribus (diritto romano)», en *N.N.D.I.*, XIX, 1973, pág. 823; TAYLOR, *The voting*..., cit., págs. 4 ss.; NICOLET, C., *Tributum. Recherches sur la fiscalité directe sous la République Romaine*, Bonn, 1976, pág. 27; idem, *Le métier*..., cit., págs. 72 ss.; TALAMANCA, M., "Forme negoziali e illecito", en AA.VV., *Poteri negotia actiones nella esperienza romana arcaica. Atti del convegno di diritto romano Copanello 12-15 maggio 1982*, Napoli, 1984, pág. 132; AMIRANTE, *Una storia*..., cit., págs. 22-24 y págs. 119-120; POMA, "Dionigi d'Alicarnasso...", cit., págs. 193 ss.; BASSANELLI SOMMARIVA, *Lezioni*..., cit., cit., págs. 146 ss.; MARTÍNEZ-PINNA, *Los orígenes de Roma*, cit., págs. 238 ss.; FRANCIOSI, *Manuale*..., cit., págs. 49-50. Cfr. COLI, U., s.v. «census», en *N.N.D.I.*, III, Torino, 1964, págs. 105-109; idem, "Tribù e centurie...", cit., págs. 181 ss., quien, en contra de la tradición, considera que la distribución de los ciudadanos en virtud del principio de residencia y del valor de su fortuna "non può risalire molto più addietro delle XII Tavole"; SUOLAHTI, *The Roman Censors*..., cit., pág. 32 y págs. 141-143, considera que la atribución a Servio Tulio de la creación del censo es una leyenda; DANIELI, *Contributi*..., cit., pág. 64, para quien esta atribución es una anticipación histórica.

[812] VOCI, P., *Diritto Ereditario*, I, Milano, 1960, págs. 18 ss. El único modo, en consecuencia, de que el esclavo obtuviera la libertad era, bajo la opinión de algunos autores como PEROZZI, P.S., "Problemi di Origini", en *Studi Scialoja*, 2, págs. 169 ss.; FADDA, C., *Diritto delle persone e della famiglia*, Napoli, 1910, pág. 85; DI MARZO, S., *Istituzioni di Diritto Romano*, Milano, 1946, págs. 36; DONATUTI, G., *Lo statulibero*, Milano, 1940, pág. 15 n. 5; o IMPALLOMENI, G., *Le manomissioni mortis causa,* Padova, 1963, págs. 20 ss., que el *dominus* lo instituyera como heredero. Pero aun admitiendo esta posibilidad criticada entre otros por SOLAZZI, S., *Diritto Ereditario Romano*, I, Napoli, 1932, págs. 20-21 o COSENTINI, *Studi*..., I, cit., págs. 20 ss., no cabría hablar propiamente de manumisión dado que con la misma no se pretende directamente conferir la libertad al esclavo el cual no pasaría a ocupar el *status* de ma-

COSENTINI, los juristas clásicos reconocen la posibilidad de manumitir por testamento sin necesidad de nombrar heredero al esclavo, a través del testamento *per aes et libra* en el cual la institución de heredero no constituía el contenido único y exclusivo de la disposición testamentaria[813].

Y asimismo, en relación a la *manumissio vindicta*, la mayor parte de la doctrina la concibe originariamente como una forma de *in iure cessio* la cual, como afirma FERNÁNDEZ DE BUJÁN, A., es sólo conocida desde las XII Tablas[814].

---

numitido sino el de hijo del testador. Cfr. FERRINI, C., *Teoria generale dei legati e dei fedecommessi*, Milano, 1889, pág. 9, para quien sí era posible que los testamentos citados contuvieran disposiciones particulares de manumisión.

813 COSENTINI, *Studi...*, I, cit., págs. 26 ss. y págs. 32 ss. que, sobre un pasaje de Ulpiano (*Epitomae*, 1.9), considera que la posibilidad de manumitir por testamento fue directamente concedida por la norma decenviral; LEPRI, L., *Saggi sulla terminologia e sulla nozione del patrimonio in diritto romano, I, Appunti sulla formulazione di alcune disposizione delle XII Tavole secondo Cicerone*, Firenze, 1942, págs. 42 ss., quien defiende la existencia de una norma decenviral en tal sentido sobre el *«uti legassit suae rei ita ius esto»* (ULPIANO, *Epitomae*, 2.4; D. 40.7.25); ALBANESE, B., "Prospettive negoziali romane arcaiche", en AA.VV., *Poteri negotia actiones nella esperienza romana arcaica. Atti del convegno di diritto romano Copanello 12-15 maggio 1982*, Napoli, 1984, págs. 118-119, para quien muchos textos como el de Pomponio (D. 50.16.120) documentan el convencimiento clásico de la posibilidad de manumitir por testamento ya en edad decenviral y de igual modo Gayo (*Institutae*, 2.224), buen conocedor de las XII Tablas consideraba fuera de discusión la existencia en esta época de testamentos que contuvieran manumisiones cuya conexión a normas decenvirales se desprende, según el autor, de Ulpiano, *Epitomae*, 1.1 y 2.4; TALAMANCA, *Istituzioni...*, cit., págs. 93-94, para quien en base a las fuentes clásicas esta manumisión ya era conocida al tiempo de las XII Tablas; PUGLIESE, *Istituzioni...*, cit., pág. 87, quien añade a las normas citadas, D. 40.7.29.1 y Ulpiano, *Epitomae*, 2.3, en virtud de las cuales se regulaba ya en la época de las XII Tablas la condición del *statuliber*, esto es, del esclavo manumitido por testamento bajo una determinada condición. Cfr. VOCI, *Diritto Ereditario*, I, cit., págs. 20-21, para quien la manumisión testamentaria no vendría admitida por disposición expresa sino *ex mente legis*, es decir, en fuerza de la sucesiva extensión del *uti legassit*. En el mismo sentido, entre otros, OLÍS ROBLEDA, *Il diritto...*, cit., pág. 122 n. 518.

814 FERNÁNDEZ DE BUJÁN, A., *Jurisdicción voluntaria...*, cit., págs. 44 ss.; idem, *Derecho Privado...*, cit., págs. 218 ss. La realización de la *manumissio*

No obstante, creemos conveniente destacar cómo estos posibles accesos a la ciudadanía con anterioridad a las XII Tablas se producen en virtud de una autoridad pública, en el caso de la reforma de Servio Tulio porque atribuye la ciudadanía romana a todos los habitantes libres que residan en el territorio romano y, en el caso del esclavo Vindico, porque el cónsul Valerio Poplícola le otorga la libertad y la ciudadanía en recompensa por desvelar la conjura que pretendía reportar a los Tarquinos expulsados de Roma. En consecuencia, a nuestro juicio, sería más conveniente hablar de un acceso a la ciudadanía dispuesta por ley o concedida a través de un acto administrativo motivada por razones políticas o publicistas y operada a través del censo, que de una *manumissio censu* en sentido estricto[815].

---

vindicta a través de una *in iure cessio* ha sido defendida entre otros por, BONFANTE, *Corso...*, I, cit., pág. 22; OLÍS ROBLEDA, *Il diritto...*, cit., págs. 112 ss.; ÁLVAREZ SUÁREZ, *Instituciones...*, III, cit., págs. 70-71; TALAMANCA, "Forme negoziali e illecito", cit., pág. 132; idem, *Istituzioni...*, cit., pág. 93. Se podría pensar en una forma anterior a través de la *legis actio sacramento* como parece apuntar ARU, L., "Breve nota sulla manumissio vindicta", en *Studi di storia in onore di Arrigo Solmi*, II, 1940-1941, Milano, págs. 315 ss., pero el propio autor conjetura que la misma debe remontarse al tiempo en que la ciudad pretende afirmarse frente a los grupos familiares y gentilicios detentadores de una arcaica soberanía política. Asimismo, como indica PUGLIESE, *Istituzioni...*, cit., pág. 86, al tratarse de un procedimiento ficticio y, en consecuencia, empleado con un fin distinto al propio, se requiere "un grado di perizia tecnica acquisibile soltanto a distanza di almeno qualche secolo dalla fondazione di Roma". Con el transcurso del tiempo, las formalidades de esta manumisión se fueron atenuando quedando reducida a una simple declaración del manumisor ante el magistrado. Cfr. LEVY-BRUHL, H., "L'affranchissement par la vindicta", en *Studi Riccobono*, III, 1974, págs. 3 ss., quien niega el carácter procesal de tal manumisión; RODRÍGUEZ ÁLVAREZ, *Las leyes...*, cit., págs. 77 ss., para quien la manumisión del esclavo Vindico sería en realidad una *manumissio censu*. Sobre la misma, con carácter general, TONDO, S., *Aspetti simbolici e magici nella struttura giuridica della manumissio vindicta*, Milano, 1967, *passim*. Sobre el proceso de libertad, NICOLAU, M., *Causa Liberalis. Étude historique et comparative du procès de liberté dans les législations anciennes*, Paris, 1933, *passim*; FRANCIOSI, G., *Il processo di libertà in diritto romano*, Napoli, 1961, *passim*.

815 En este sentido, WATSON, *Roman Slave Law*, cit., págs. 24-25, estima que si la reforma de Servio Tulio fue destinada a conceder la libertad a los esclavos manumitidos, cabe deducir en consecuencia que la primitiva manumi-

Y ello porque si tenemos en cuenta que el acceso a la ciudadanía no se producía por voluntad del *dominus* como afirma BONFANTE[816], sino por disponerlo así el ordenamiento jurídico como nos indica VOLTERRA[817], es perfectamente coherente que los primeros accesos a la ciudadanía se efectuaran por disposición de una autoridad pública y que, con posterioridad, se reconociera tal efecto a la manumisión efectuada por un particular arbitrando los mecanismos solemnes a través de los cuales llevarla a cabo de tal forma que al tiempo de las XII Tablas el manumitido, bien *inter vivos*, bien *mortis causa*, devenía ciudadano romano.

2. ORIGEN DE LA USUAL CONVIVENCIA BAJO EL TECHO PATRONAL HASTA LAS REFORMAS DEL PRETOR RUTILIO A FINALES DEL SIGLO II A. C.: LA ÍNTIMA RELACIÓN CON EL *PATRONUS*, EL DEBER DE *OBSEQUIUM* Y *OPERAE* Y LA INSUFICIENTE SITUACIÓN PATRIMONIAL DEL LIBERTO

Efectuada la manumisión, como indica LÉMONNIER, el ex-esclavo, asumía un *status iuris* intermedio entre el nacido libre y el esclavo[818]. No obstante, precisa el autor, para expresar la relación que le

---

sión no comportaba dicho efecto, siendo necesaria alguna actividad del Estado para tal acceso a la *civitas*; OLÍS ROBLEDA, *Il diritto*..., cit., pág. 158, considera que el otorgamiento de la libertad y de la ciudadanía al esclavo Vindico, se produce a través un acto administrativo del Estado y no a través de una manumisión. Sobre el esclavo Vindico, vid. la bibliografía señalada por MASI DORIA, *Civitas*..., cit., pág. 6 n. 10.

816 BONFANTE, *Corso*..., I, cit., pág. 220; DE VISSCHER, "De l'acquisition...", cit., pág. 70.

817 VOLTERRA, "Manomissione e Cittadinanza", cit., pág. 699; OLÍS ROBLEDA, *Il diritto*..., cit., págs. 133-135.

818 Gayo, *Institutae*, 1.10-11; D. 1.1.4; D. 1.5.5 pr.; D. 1.5.22; D. 1.5.25; D. 1.5.27. LÉMONNIER, *Étude*..., cit., págs. 1 ss. y págs. 251 ss. El *status* jurídico intermedio de los ex-esclavos ha sido defendido, aunque con distinta argumentación, entre otros por, WILLEMS, *Le droit public romain*, cit., págs. 91 ss.; PEROZZI, *Istituzioni*..., I, cit., págs. 279 ss.; VOLTERRA, "Manomissione e Cittadinanza", cit.,

unía a su primitivo *dominus* y actual *patronus*, las fuentes emplean el calificativo de *libertus*[819], concepto que adoptaremos a lo largo de nuestro análisis en la medida en que el problema domiciliario del manumitido ciudadano romano está directamente relacionado con el vínculo que le unía a su antiguo señor[820].

págs. 708 ss.; DUFF, *Freedmen...*, cit., págs. 50 ss.; DUMONT, *Manuel...*, I, cit., pág. 82; VITUCCI, s.v. «libertus», cit., págs. 920 ss.; DE DOMINICIS, s.v. «*manumissio* (Diritto romano)», cit., pág. 194; LEVY, "Libertas und Civitas", cit., pág. 145; BONFANTE, *Corso...*, I, cit., págs. 233-236; TREGGIARI, *Roman freedmen...*, cit., págs. 37 ss. y págs. 81 ss.; RUSSOMANNO, *Curso...*, I, cit., pág. 21; CARAMES FERRO, *Instituciones...*, I, cit., págs. 94-95; OLÍS ROBLEDA, *Il diritto...*, cit., págs. 165 ss.; ALBANESE, *Le persone...*, cit., págs. 57 ss.; WATSON, *Roman Slave Law*, cit., págs. 35 ss.; SERRANO DELGADO, J.M., *Status y promoción social de los libertos en Hispania Romana*, Sevilla, 1988, págs. 20 ss.; WALLACE-HADRILL, A., "Patronage in Roman society: from Republic to Empire", en AA.VV., *Patronage in Ancient Society* (Ed. por A. Wallace-Hadrill), London-New York, 1990, pág. 76; DE MARTINO, F., "Nota minima sulla clientela", en *Index*, 1994, p. 353 (= *Diritto economia e società nel mondo romano, III, Economia e Società*, Napoli-Paris, 1997, pág. 609); SCHULZ, *Principios...*, cit., pág. 146; FERNÁNDEZ DE BUJÁN, A., "Esclavitud...", cit., págs. 10 ss.; idem, *Derecho Privado...*, cit., págs. 225 ss.; LAMBERTI, "Percorsi...", cit., pág. 33. Cfr., entre otros, COSENTINI, *Studi...*, I, cit., págs. 1 ss., pág. 38, pág. 53, pág. 65 y págs. 69 ss., entre otras, en las que considera que la inferioridad del manumitido fue en un principio sólo social y no jurídica; idem, "Nota minima sui liberti", en *Sodalitas. Scritti in onore di Antonio Guarino*, III, Napoli, 1984, pág. 1345 n. 2; TALAMANCA, *Istituzioni...*, cit., págs. 92-93, quien defiende la sustancial equiparación de los manumitidos con los otros libres.

819 LÉMONNIER, *Étude...*, cit., págs. 4 ss.; COLLINET-GIFFARD, *Précis...*, I, cit., pág. 165; WILLEMS, *Le droit public romain*, cit., pág. 91; DE RUGGIERO, *La patria...*, cit., pág. 95; PEROZZI, *Istituzioni...*, I, cit., págs. 273-274; DUFF, *Freedmen...*, cit., págs. 50 ss.; WESTRUP, *Some notes...*, cit., pág. 13; OLÍS ROBLEDA, *Il diritto...*, cit., pág. 165; GREENIDGE, *Roman Public Life*, cit., pág. 144; FABRE, *Libertus...*, cit., págs. 125 ss.; WATSON, *The Law...*, cit., pág. 226; BUCKLAND, *A Manual...*, cit., pág. 42; WIELING, H., *Corpus der römischen Rechtsquellen zur antiken Sklaverei. I, Die Begründund des sklavenstatus nach ius gentium und ius civile*, Stuttgart, 1999, pág. 28; SERRANO DELGADO, *Status...*, cit., pág. 20; FERNÁNDEZ DE BUJÁN, A., "Esclavitud...", cit., pág. 10.

820 Es cierto que Gayo, *Institutae*, 1.12, nos indica que las especies de *libertini* eran tres: *cives, latini, dediticii*. Pero, como indica OLÍS ROBLEDA, *Il diritto...*, cit., pág. 165, los *libertini latini* y los *dediticii* aparecen por obra de las leyes augusteas *Iunia Norbona* y *Aelia Sentia* respectivamente.

En realidad, este problema no se planteó hasta las reformas pretorias de finales del siglo II a. C., puesto que, como afirma MASI DORIA, era una práctica consuetudinaria y usual que el liberto continuase residiendo bajo el mismo techo patronal[821].

Las razones de esta cohabitación pueden encontrarse en la relación de amistad que unía al liberto con su patrono tras largos años de servicio en una situación casi familiar, en el hábito y respeto derivado de la misma, así como en las propias necesidades personales del liberto, tal vez, difíciles de satisfacer al margen de la casa patronal[822].

No obstante, algunos autores siguiendo a LAMBERT, han defendido la existencia de una obligación jurídica en tal sentido fundada sobre un originario estado de sujeción absoluto del liberto en virtud del cual debía estar siempre a disposición de su patrono[823]. El principal argumento esgrimido por el autor es un pasaje de Plauto de donde extrae la obligación del liberto de permanecer junto a su patrono para ejecutar los trabajos que él le exija y obedecerle constantemente:

> PLAUTO, *Menaechmi*, 1032 ss.: "*[MESS.]: apud ted habitabo et quando ibis, una tecum ibo domum*"[824].

---

[821] MASI DORIA, *Civitas...*, cit., pág. 114. El carácter consuetudinario de la cohabitación ha sido defendido, entre otros, por COSENTINI, *Studi...*, I, cit., págs. 89 ss.; PESCANI, P., *Le «operae libertorum». Saggio storico-romanistico*, Trieste, 1967, pág. 21; ALBANESE, *Le persone...*, cit., pág. 68 n. 230; WALDSTEIN, *Operae Libertorum...*, cit., págs. 84 ss. Otros autores como KASER, "Die Geschichte...", cit., pág. 102; VITUCCI, s.v. «libertus», cit., pág. 908; o LÓPEZ BARAJAS, Mª.R., "Operae libertorum y delegación", en LÓPEZ-ROSA, R.-DEL PINO-TOSCANO, F. (Eds.), *El derecho romano de familia: de Roma al Derecho actual*, Universidad de Huelva, 2004, págs. 137 ss., se limitan ha afirmar que los libertos normalmente vivían con sus patronos.

[822] En este sentido se han pronunciado, por ejemplo, DUFF, *Freedmen...*, cit., págs. 36-37; LÉMONNIER, *Étude...*, cit., pág. 14.

[823] LAMBERT, J., *Les operae liberti. Contribution à l'histoire des droits des Patronat*, Paris, 1934, págs. 8 ss.; DUMONT, *Manuel...*, I, cit., pág. 83; MACQUERON, J., *Le travail des hommes libres dans l'Antiquité*, Aix en Provence, 1958, pág. 109 y pág. 123, entre otras; FABRE, *Libertus...*, cit., pág. 131; QUADRATO, "«Beneficium manumissionis»...", cit., pág. 345.

[824] Texto citado por LAMBERT, *Les operae liberti...*, cit., pág. 16, como 1020 ss. COSTA, *Storia del diritto romano privato...*, cit., pág. 150 n. 1, afir-

Sin embargo, aunque no se puede negar que los libertos debían por costumbre ayudar a sus patronos con actividades típicas que estaban fuera de las *operae* juradas o estipuladas[825], en gratitud por la libertad concedida y que derivaban de la propia cohabitación, como señala WALDSTEIN, en ninguna fuente literaria ni jurídica se encuentra algún indicio de este sometimiento absoluto del liberto a la voluntad de su patrono y un análisis exhaustivo del pasaje de Plauto nos demuestra el carácter voluntario de dicha cohabitación, en la medida en que es el esclavo manumitido en la comedia quien la propone a su manumisor *sua sponte*[826].

---

ma que la prestación de las *operae* al patrón corresponde a aquella obligación frecuente en el mundo griego de convivir durante un cierto tiempo con el manumisor.

825 Conforme a una antigua práctica, el esclavo antes de la *manumissio* efectuaba un juramento sagrado en el que se comprometía a realizar determinadas prestaciones a favor del *dominus* en gratitud por la libertad concedida, pero desde principios de la República se acostumbró a exigir del liberto que repitiera, ya como hombre libre, tal juramento o que lo reforzara con una *stipulatio*. Al respecto, PEROZZI, *Istituzioni*..., I, cit., págs. 279 ss.; COSTA, *Cicerone giurisconsulto*, I, cit., pág. 176; FERRINI, *Manuale di Pandette*, cit., pág. 60; COSENTINI, *Studi sui liberti*..., I, cit., págs. 125 ss.; DUMONT, *Manuel* ..., I, cit., pág. 83 y págs. 310-311; CARAMES FERRO, *Instituciones*..., I, cit., pág. 97; ÁLVAREZ SUÁREZ, *Instituciones*..., III, cit., pág. 93; PESCANI, *Le «operae libertorum»*..., cit., págs. 28 ss. y págs. 55 ss.; ALBANESE, *Le persone*..., cit., págs. 76 ss.; FABRE, *Libertus*..., cit., pág. 319; WALDSTEIN, *Operae libertorum*..., cit., págs. 110 ss., págs. 135 ss. y págs. 239 ss.; CREMADES UGARTE, J., *El officium en el derecho privado romano*, León, 1988, págs. 110 ss.; DE MARTINO, "Nota mimina sulla clientela", cit., pág. 352; ALEMÁN PÁEZ, F.-CASTÁN PÉREZ-GÓMEZ, S., *Del trabajo como hecho social al contrato de trabajo como realidad normativa: un apunte histórico-romanístico*, Madrid, 1997, pág. 30; MASI DORIA, *Civitas Operae*, cit., págs. 53 ss.; FERNÁNDEZ DE BUJÁN, A., "Esclavitud…", cit., págs. 10 ss.; idem, *Derecho Privado*…, cit., págs. 225 ss.

826 WALDSTEIN, *Operae libertorum*..., cit., págs. 52 ss., págs. 84 ss., págs. 92 ss. y págs. 126 ss., donde el autor critica, con acertado juicio, otros argumentos esgrimidos a favor de la existencia de una obligación jurídica de cohabitación como la pertenencia del liberto a la familia del patrono (D. 50.16.195), el hecho de que las *operae* fuesen el contenido principal del *obsequium* (D. 38.1.38§1 en relación con D. 35.1.84) o el paralelismo entre las *operae* y la *paramonè* griega. Las tesis de Waldstein han sido acogidas, entre otros, por MASI DORIA, C., "Recensión a

En cualquier caso, afirma MASI DORIA, la frecuente cohabitación de liberto y patrono, bien por obligación, bien por elección, no puede ponerse en duda. En favor de esta hipótesis, estima la autora, se puede alegar tanto la posición del liberto como *necessarius* cuanto el concepto del *furtum domesticum* referido al liberto, el cual no da origen a la *actio furti* en el caso de convivencia:

> D. 48.19.11 §1 (Marcianus *libro II. de publicis Iudiciis*): *Furta domestica si viliora sunt, publice vindicanda non sunt, nec admittenda est huiusmodi accusatio, quum servus a domino, vel libertus a patrono, in cuius domo moratur, vel mercennarius ab eo, cui operas suas locaverat, offeratur quaestioni; nam domestica furta vocantur, quae servi dominis vel liberti patronis, vel mercenarii apud quos degunt surripiunt*[827].

Waldstein, *Operae Libertorum*", en *Rivista Internazionale di Diritto Romano e Antico*, 37, 1986, pág. 169, quien comparte el carácter voluntario de la cohabitación expresada por Plauto así como la inexistencia de fuentes que avalen un primitivo estado de sujección absoluto del liberto y su posición más ventajosa respecto al paramonario griego que se encontraba ligado por vínculos jurídicos muy fuerte al ex-*dominus*; NIPPEL, W., "Recensión a Waldstein, *Operae Libertorum*", en *Gnomon*, 63, 1991, pág. 231, con relación a la ausencia de un primitivo estado de sujeción absoluto y a las diferencias entre las *operae* y la *paramonè* griega; MARTINI, R., "Le «operae» dei liberti", en *Index*, 19, 1991, pág. 474, respecto a la ausencia de relación entre la *paramonè* y las *operae*, así como la negativa de que éstas constituyesen el contenido principal del *obsequium*; DE MARTINO, "Nota minima sulla clientela", cit., págs. 353-354, para quien el texto de Plauto debe ser entendido "più nel senso che l'ex schiavo era tenuto a continuare a vivere nella casa del patrono e seguirlo nei viaggi, anziché come la promessa di un comportamento futuro"; TALAMANCA, M., "Cic. «De orat.» 1.176 ed i «bona liberti»", en *Index*, 27, 1999, pág. 188 n. 11, donde critica que se pueda afirmar la pertenencia del liberto a la familia del patrono así como una comunidad de domicilio sobre D. 50.16.195, ya que la propia colocación de los incisos *ex ea familia… in eam familiam* de acuerdo con la reconstrucción efectuada por Mommsen (*ex ea familia [qui libertus erit, eius bona] in eam familiam [revertuntor]*), induce más bien a todo lo contrario. Sobre el concepto de familia expresado en D. 50.16.195, FERNÁNDEZ BAQUERO, "El significado…", cit., págs. 1 ss.

[827] MASI DORIA, *Civitas…*, cit., pág. 113. Sobre este pasaje MOMMSEN, *Le Droit pénal romain*, III, cit., pág. 83 n. 4; FERRUCCIO FALCHI, *Diritto Penale*

Asimismo, otro reducto clásico del carácter usual de esta primitiva convivencia la encontramos en un pasaje de Calistrato donde la misma, a juicio del jurisconsulto, no lesiona la dignidad del liberto:

> D. 38.1.38§1 (Callistratus *libro III. Edicti monitorii*): *Si tamen libertus artificium exerceat, eius quoque operas patrono praestare debebit, etsi post manumissionem id didicerit; quodsi artificium exercere desierit, tales operas edere debebit, quae non contra dignitatem eius fuerint, veluti ut cum patrono moretur, peregre proficiscatur, negotium eius exerceat*[828].

Tanto si se interpreta este pasaje en el sentido de que al tiempo de jurisconsulto la cohabitación puede formar parte de las *operae* a través de una promesa formal como en el sentido de que el liberto, teniendo un domicilio autónomo, puede verse compelido en el marco de la realización de las mismas a permanecer temporalmente en la casa patronal, en el mismo se deja constancia de que la cohabitación con el patrono no atentaba la dignidad del liberto y no venía considerada como una obligación jurídica[829].

Pero esta práctica de cohabitación no impedía al liberto establecer un domicilio autónomo, si bien la estrecha relación personal que

---

Romano, I, cit., págs. 40 ss. Cfr. D. 27.3.1§8; D. 27.9.5 §11, respecto a la posición del liberto como *necessarius*. Esta posición es señala también por ALBANESE, *Le persone...*, cit., pág. 68 n. 230. Por su parte, BALZARINI, M., "In tema di repressione «extra ordinem» del furto nel diritto classico", en *B.I.D.R.*, 72, 1969 págs. 226-227, se pregunta si la omisión de la necesidad del domicilio del liberto junto al patrono no será producto de una glosa, pero recoge que tampoco en D. 47.2.90 se hace mención de la necesidad de convivencia.

828 MASI DORIA, *Civitas...*, cit., págs. 113-114.

829 La interpretación del pasaje en el sentido de considerar la cohabitación como una posible *opera* sujeta a una promesa formal ha sido defendida entre otros por, COSENTINI, *Studi...*, I, cit., págs. 77 ss.; JUGLAR, L., *Du rôle des esclaves et des affranchis dans le commerce*, Roma, 1972 (reimpresión de la edición de Paris de 1984), pág. 42; FABRE, *Libertus...*, cit., págs. 131 ss. En cambio, la interpretación del pasaje como una posible cohabitación temporal en el marco de la realización de las *operae* ha sido defendida por WALDSTEIN, *Operae libertorum...*, cit., págs. 66 ss. y págs. 84 ss.

le unía a su patrono, fundada sobre el respeto y la reverencia moral[830], determinaba que para tal fin el liberto recavara el permiso de aquél. En este sentido se manifiesta MASI DORIA respecto a la inscripción de los libertos en las cuatro tribus urbanas antes de las reformas censales de Apio Claudio en el año 312 a. C., para quien es lícito

---

830 En este sentido RIVIER, *Précis...*, cit., pág. 283, habla de dependencia, reconocimiento y piedad del liberto frente al patrono; DUMONT, *Manuel...*, I, cit., pág. 83 y pág. 310, considera ese respeto exigencia del *obsequium* debido al patrono; DE DOMINICIS, s.v. «*manumissio* (Diritto romano)», cit., pág. 192; GREENIDGE, *Roman Public Life*, cit., pág. 144, define el *obsequium* como el deber de reverencia y obediencia al patrono; RUSSOMANNO, *Curso...*, I, cit., pág. 22, califica el *obsequium* como el deber de respeto al patrono; CARAMES FERRO, *Instituciones...*, I, cit., pág. 96, indica el deber de respeto y reverencia que suponía el *obsequium*; ÁLVAREZ SUÁREZ, *Instituciones...*, III, cit., pág. 91, para quien el *obsequium*, entrañaba la idea, basada en la costumbre, de que el liberto debía respeto y reverencia a su patrono; PESCANI, *Le «operae libertorum»...*, cit., pág. 20, habla de la enorme influencia moral que ejercía el patrono sobre el liberto; ALBANESE, *Le persone...*, cit., págs. 67, habla de un deber de devoción; BUCKLAND, *A Manual...*, cit., pág. 50, habla de respeto y obediencia; DUPONT, *La vita quotidiana...*, cit., págs. 64 ss. y págs. 73 ss., pone de manifiesto la íntima relación entre el patrono y el liberto y el respeto debido de éste; CARCOPINO, *La vida cotidiana...*, cit., pág. 89, habla del *obsequium* como de un deber de respeto casi filial; MASI DORIA, *Civitas...*, cit., págs. 76-77, para quien, sobre D. 35.1.84, la cohabitación estaba en directa conexión con el *obsequium* que a diferencia del *officium*, que hacía referencia al lado práctico de la relación determinado por servicios concretos, comprendía el respeto, la reverencia, toda posible forma de ayuda, es decir, el aspecto moral y que comportaría posteriormente unas determidas prohibiciones procesales como resulta del título 15 del libro 37 del Digesto. Sobre el *obsequium* en general, vid. LAMBERT, *Les operae liberti...*, cit., págs. 8 ss. y págs. 71 ss.; COSENTINI, *Studi sui liberti...*, I, cit., págs. 72 ss.; DUFF, *Freedmen...*, cit., págs. 36 ss.; TREGGIARI, *Freedmen...*, cit., págs. 68 ss.; LÉMONNIER, *Étude historique...*, cit., págs. 106 ss.; DE MARTINO, F., "Clienti e condizioni materiali in Roma arcaica", en *Miscellanea in onore di Eugenio Manni*, II, Roma, 1979, págs. 703-704; FABRE, *Libertus...*, cit., págs. 131 y págs. 318-319; WALDSTEIN, *Operae libertorum...*, cit., págs. 51 ss.; CREMADES UGARTE, *El officium...*, cit., págs. 110 ss.; SANDIROCCO, L. "Non solum alimenta praestari debent", en *Rivista di Diritto Romano* (*http://www.ledonline.it/rivistadirittoromano*), nº 13, 2013.

postular que los libertos fuesen registrados en la misma tribu de sus patronos, salvo que éstos les hubiesen explícitamente permitido residir en Roma: "el liberto seguía la tribu del patrono como el hijo la del padre, incluso si el hijo *in potestate* no era propietario de bienes. Estos debían ser los criterios *more maiorum* a los que se atenían en general los censores"[831].

Si tenemos en cuenta que los libertos, con el permiso de sus patronos, podían ser inscritos en una tribu diferente y que el criterio de inscripción fue originariamente la residencia permanente en la misma[832], debemos concluir que los libertos podían, con dicho permiso, ser titulares de una *sedes* autónoma.

---

[831] MASI DORIA, *Civitas*..., cit., págs., 26-27. Sobre la inscripción de los libertos en las tribus, vid., con carácter general las distintas posturas defendidas por, MOMMSEN, *Römischen Forschungen*, I, pág. 151 y pág. 305; MISPOULET, *Études*..., cit., págs. 32 ss. y págs. 308 ss.; WILLEMS, *Le droit public romain*, cit., págs. 92-94; FRACCARO, "«Tribules»...", cit., págs. 158-162; COLI, "Tribù e centurie...", cit., págs. 181 ss.; VITUCCI, s.v. «libertus», cit, págs. 924 ss.; DE RUGGIERO, *La patria*..., cit., págs. 110 ss.; GARZETTI, A., "Appio Claudio Cieco nella storia politica del suo tempo", en *Athenaeum*, 25, 1947, págs. 206-207; TIBILETTI, G., "The 'comitia' during the decline of the roman Republic", en *S.D.H.I.*, 25, 1959, págs. 94-127; BONFANTE, *Corso*..., I, cit., págs. 233-234; TREGGIARI, *Roman freedmen*..., cit., págs. 31 ss. y págs. 37 ss.; TAYLOR, *The voting*..., cit., pág. 11 y págs. 131 ss.; PIERI, *L'Histoire*..., cit., págs. 23 ss. y págs. 34 ss.; GREENIDGE, *Roman Public Life*, cit., págs. 144 ss.; CARAMES FERRO, *Instituciones*..., I, cit., págs. 94-95; DUMONT, *Servus*..., cit., págs. 57 ss.; BISCARDI, *«Auctoritas Patrum»*..., cit., pág. 131 n. 425; LAMBERTI, "Percorsi...", cit., págs. 33-34.

[832] TITO LIVIO, *Ab urbe condita* 1.43.13; DIONISIO DE HALICARNASO, *Antiquitates romanae*, 4.14.2; PLINIO, *Naturalis Historiae*, 18.13.3; Papiro de Oxyrinco, 17.2088. La inscripción en las tribus sobre el criterio domiciliario ha sido defendido entre otros por DE VISSCHER, F., "«Ius quiritium», «Civitas Romana» et Nationalité moderne", en *Studio in onore di U.E. Paoli*, Florence, 1955, págs. 243 ss.; idem, "La dualité des droits de cité et la «mutatio civitatis»", en *Studi in onore di Pietro De Francisci*, I, págs. 52 ss.; PIERI, *L'Histoire*..., cit., págs. 23 ss.; MONACO, "Nota critica...", cit., págs. 120 ss.; POMA, "Dionigi d'Alicarnasso...", cit., pág. 203.

3. PATROCINIO DE LA AUTONOMÍA DOMICILIARIA DEL LIBERTO A TRAVÉS DE LA LIMITACIÓN DE LAS PRETENSIONES PATRONALES OPERADA A PARTIR DE FINALES DEL SIGLO II A. C.: LAS *ACTIONES OPERARUM*, LA *ACTIO SOCIETATIS* Y LA *BONORUM POSSESSIO*

La expansión de las conquistas romanas trajo consigo un incremento en el número de esclavos y, a su vez, de las manumisiones. Prueba de ello, como indica DANIELI, es que ya en el año 357 a. C. la *Lex Manlia de vicessima manumissionem* gravaba a las mismas con el cinco por ciento del valor del esclavo[833]. Estos nuevos esclavos no sólo se dedicaban a las labores domésticas o agrarias sino que, como señala JUGLAR, el desarrollo del comercio a partir de las guerras púnicas les convirtió en auténticos protagonistas de las relaciones comerciales de sus señores, bien como esclavos prepuestos o bien mediante la asignación de un peculio que gestionar[834].

---

833 TITO LIVIO, *Ab urbe condita*, 7.16. DANIELI, R., "Origine ed efficacia delle forme civili di manomissioni; A proposito della «lex Manlia de vicessima manumissionem»", en *S.D.H.I.*, 19, 1953, págs. 342-343. Sobre esta ley, TREGGIARI, *Roman freedmen...*, cit., págs. 31 ss.; TAYLOR, *The voting...*, cit., pág. 133; FABRE, *Libertus...*, cit., págs. 272 ss.; DI PORTO, A., "Il colpo di mano di Sutri e il 'plebiscitum de populo non sevocando'. A proposito della 'lex Manlia de vicesima manumissionum'", en AA.VV. *Legge e Società nella Repubblica Romana (a cura di F. Serrao)*, I, Napoli, 1981, págs. 307 ss.; BISCARDI, *«Auctoritas Patrum»...*, cit., págs. 28 ss.; FERENCZY, E., "Die Freigelassenen und ihre Nachkommen im öffentlichen Leben des republikanischen Rom", en *Klio*, 70, 1988, 2, pág. 470; PENDÓN MELÉNDEZ, *Régimen jurídico...*, cit., págs. 176-177.

834 JUGLAR, *Du rôle...*, cit., págs. XVI-XVII y págs. 1 ss.; TREGGIARI, *Roman freedmen...*, cit., págs. 91 ss.; DUFF, *Freedmen...*, cit., págs. 12 ss., señala la distinta aptitud y capacidad de los esclavos griegos y romanos para el desempeño de puestos de responsabilidad en el mundo comercial e industrial, ubicando sobre la mayor capacidad de los esclavos romanos el motivo de que las manumisiones fueran más numerosas en Roma que en Grecia; CARAMES FERRO, *Instituciones...*, I, cit., p. 56 y págs. 62-63; WESTRUP, *Some notes...*, cit., págs. 15 ss.; BUCKLAND, *A Manual...*, cit., pág. 37; DI PORTO, A., *Impresa*

Obtenida la libertad, muchos libertos continuaban siendo los negociadores de sus patronos, situación que les permitía no sólo una mayor libertad de movimiento sino también la posibilidad de alcanzar una considerable autonomía económica mediante el ejercicio de su propio *ius commercium*[835].

Consciente de que en las nuevas circunstancias el liberto necesitaba una mayor independencia para gestionar sus propios intereses y, bajo la influencia del estoicismo señalada por WALDSTEIN[836], el pretor Rutilio en el año 115 a. C.[837] concretó, a juicio de MASI DORIA, los deberes del liberto derivados del *officium*, en servicios calculados en jornadas laborales, evitando de este modo la exigencia de prestaciones más gravosas ante la falta de una definición jurídica de los trabajos que debía realizar. Así entiende la autora un pasaje de Ulpiano en el que el jurisconsulto recoge el testimonio de Servio sobre la limitación de las pretensiones patronales a las *actiones operarum* por las *operae* prometidas y no realizadas:

> D. 38.2.1 (Ulpianus *libro XLII. ad Edictum*): *Hoc edictum a praetore propositum est honoris, quem liberti patronis habere debent, moderandi gratia. Namque ut Servius scribit, antea soliti fuerunt a libertis durissimas res exigere scilicet ad remunerandum tan grande beneficium, quod in libertos confertur, quum ex servitute ad civitatem Romanam perducuntur.* §1. *Et quidem prius praetor Rutilius edixit se amplius non daturum patrono quam operarum et*

---

colletiva e schiavo «manager» in Roma antica (III sec. a. C. – II sec. d. C.), Milano, 1984, *passim*; KIRSCHENBAUM, *Son...*, cit., *passim*; PAVIS D'ESCURAC, H., "Origo et residence dans le monde du commerce sous le Haut-Empire", en *Ktèma*, 13, 1988, pág. 59; BRADLEY, *Esclavitud...*, cit., págs. 77 ss.

835 VITUCCI, s.v. «libertus», cit., págs. 929 ss.; TAYLOR, *The voting...*, cit., pág. 133; JUGLAR, *Du rôle...*, cit., págs. 30 ss.; MASI DORIA, *Civitas...*, cit., pág. 92.

836 WALDSTEIN, *Operae libertorum...*, cit., págs. 150 ss. y págs. 396-397.

837 Sobre la identificación del pretor Rutilio y su ubicación historica, WATSON, *The Law...*, cit., págs. 228 ss.; FABRE, *Libertus...*, cit., pág. 297; WALDSTEIN, *Operae libertorum...*, cit., págs. 130 ss.; MASI DORIA, *Civitas...*, cit., págs. 97 ss.

societatis actionem, videlicet si hoc pepigisset, ut, nisi ei obsequium praestaret libertus, in societatem admitteretur patronus. §2. Posteriores praetores certae partis bonorum possessionem pollicebantur; videlicet enim imago societatis induxit eiusdem partis praestationem, ut, quod vivus solebat societatis nomine praestare, id post mortem praestaret[838].

Asimismo, como se desprende del propio pasaje, el pretor concedió al patrono la *actio societatis* en el caso de que el liberto no le prestase el *obsequium*[839]. Con esta sociedad, entiende MASI DORIA,

---

838 D. 38.1.2 pr. (Ulpianus *libro XXXVIII. ad Edictum*). MASI DORIA, *Civitas*..., cit., págs. 53 ss., para quien, ciertamente esto no quiere decir que tanto la *actio operarum* y, con ella, las *operae* hayan sido introducidas por el mismo Rutilio. No obstante, estos pasajes han sido fruto de diversas interpretaciones doctrinales. Al respecto, LAMBERT, *Les operae liberti*..., cit., págs. 16-18 y págs. 97 ss., entiende que con esta reforma las *operae* se desvinculan del *obsequium* y pasan a ser sancionados por la *actio operarum*; MACQUERON, *Le travail*..., cit., págs. 119 ss., considera que el pretor introdujo la *actio operarum* para sancionar la promesa de las jornadas de trabajo que el liberto había hecho a su patrono empleando el *ius iurandum liberti*, poniendo así fin a los servicios ilimitados; COSENTINI, *Studi*..., I, cit., págs. 80-82 y págs. 195 ss., para quien el pretor habría considerado inexigibles las estipulaciones penales y consentido sólo la promesa de las *operae*; ÁLVAREZ SUÁREZ, *Instituciones*..., III, cit., pág. 95, a cuyo juicio esta reforma limitó la *actio operarum* a las prestaciones prometidas en gratitud por la manumisión no concediéndola frente aquéllas que buscaban gravar la libertad del liberto; FABRE, *Libertus*..., cit., págs. 319-320, mantiene una postura cercana a Lambert sobre la separación de las *operae* del primitivo *obsequium*, la introducción de la *actio operarum* por Rutilio y la limitación consecuente del contenido ilimitado de aquél; WALDSTEIN, *Operae libetorum*..., cit., págs. 110 ss., págs. 131 ss., págs. 214 ss. y pág. 269, para quien tanto la *actio operarum* como las *operae* existían con carácter previo a Rutilio no siendo más que el *officium* concretado en un cierto número de días de trabajo (D. 38.1.1), limitándose el pretor a reducir esencialmente los deberes que con anterioridad comportaban los *dona* y *munera* jurados o estipulados (*durissimae res*), a las *operae* prometidas exigibles a través de la *actio operarum*; ALEMÁN PÁEZ-CASTÁN PÉREZ-GÓMEZ, *Del trabajo*..., cit., pág. 31, defienden la misma interpretación que Álvarez Suárez.

839 Sobre la *societas rutiliana*, PEROZZI, *Istituzioni*..., I, cit., págs. 280 ss.; LAMBERT, *Les operae liberti*..., cit., págs. 16-18 y págs. 163 ss.; JUGLAR, *Du*

el pretor ofrece al patrono y al liberto la posibilidad de modificar, de común acuerdo, los usos tradicionales en tema de cohabitación: "Rutilio quería conceder una suerte de libertad de movimiento a los libertos, quería consentir que el liberto, de propia iniciativa, pudiese transferirse a otros lugares siempre que el patrono estuviese de acuerdo. Para este fin ha dejado como último *impositum onerandae libertatis causa* un particular tipo de sociedad que nace sobre la base de un acuerdo libre entre patrono y liberto y bajo condición, en el caso de que el liberto no quisiese o no pudiese respetar los deberes resultantes del *obsequium* porque quería constituir una existencia en otro lugar"[840].

En consecuencia, el liberto podía alejarse del patrono y habitar en otro lugar, una vez acordada expresamente (*pepigisset*) esta sociedad rutiliana que se mantendrá en vigor, como nos indica el

---

rôle..., cit., págs. 17 ss. y págs. 48 ss.; TREGGIARI, *Roman freedmen*..., cit., págs. 68 ss.; PESCANI, *Le «operae libetorum»*..., cit., págs. 85 ss.; FABRE, *Libertus*..., cit., págs. 296 ss.; WALDSTEIN, *Operae libertorum*..., cit., págs. 131 ss., págs. 153-154 y pág. 165; MASI DORIA, "Recensión a Waldstein...", cit., pág. 171; idem, *Civitas*..., cit., págs. 81 ss. y la copiosa bibliografía por ella citada; MARTINI, "Le «operae» dei liberti", cit., págs. 474 ss. Cfr. ALBERTARIO, E., "Sui negozi giuridici conchiusi dal liberto «onerandae libertatis causa»", en *Studi di Diritto Romano*, III, Milano, 1936, págs. 391 ss.; COSENTINI, *Studi*..., I, cit., págs. 80-82 y págs. 195 ss.; MACQUERON, *Le travail*..., cit., pág. 113 y págs. 122 ss., que consideran interpolado el pasaje de Ulpiano respecto a esta sociedad.

840 MASI DORIA, "Recensión a Waldstein...", cit., pág. 171; idem, *Civitas*..., cit., págs. 100 ss. y pág. 115, especialmente, donde critica la teoría defendida entre otros por, FABRE, *Libertus*..., cit., págs. 296 ss.; o WALDSTEIN, *Operae libertorum*..., cit., págs. 131 ss., págs. 153 ss. y pág. 165, sobre la identificación de esta sociedad con la *societas libertatis causa* y su desaparición posterior con los sucesivos pretores (Quinto Mucio, según Waldstein, op. cit., pág. 139) al prohibir los *onerandae libertatis causa imposita*. A su juicio, sin embargo, es más coherente con otros pasajes del jurisconsulto (D. 38.1.36; D. 44.5.1§5-7) afirmar que la prohibición de estos *onerandae* fue impuesta por el propio Rutilio y con ella la *societas libertatis causa* a la que hacen referencia las fuentes arriba citadas, la cual se trataba de una sociedad distinta a la concedida por el pretor dado que mientras a la primera se recurría antes de la manumisión, la sociedad rutiliana se concordaba en un momento sucesivo y era sometida a condición. Esta teoría ha sido acogida por MARTINI, "Le «operae» dei liberti", cit., págs. 474 ss.

propio Ulpiano, hasta que sea substituida a través de las posteriores innovaciones pretorias en tema de sucesiones por una *bonorum possessio certae partis* si al liberto no le sobrevivían *sui naturales*[841].

La introducción en las primeras décadas del siglo I a. C. de esta *bonorum possessio dimidiae partis*[842], como precisa Gayo[843], contribuyó a favorecer la libertad de movimientos del liberto y la posibilidad de establecer un domicilio autónomo. Es cierto, como señala FABRE que muchos libertos continuaban fieles a la antigua costumbre de cohabitar con el patrono, pero los jurisconsultos de esta época

---

[841] D. 38.2.1§2 (Ulpianus *libro XLII. ad Edictum*). En este sentido, PESCANI, *Le «operae libertorum»...*, cit., págs. 86-87; CARAMES FERRO, *Instituciones...*, I, cit., pág. 98; BUCKLAND, *A Text-Book...*, cit., pág. 88 n. 5; BEHRENDS, O., "Die Rechtsformen des römischen Handwerks", en *Das Handwerk in vor- und frühgeschichtlicher Zeit I (Bericht über die Kolloquien der Kommission für Altertumskunde Mittel- und Nord-Europas in den Jahren 1977 bis 1980)*, Göttingen, 1981, págs. 189 ss.; MASI DORIA, *Bona Libertorum...*, cit., págs. 74 ss.; idem, *Civitas...*, cit., págs. 84 ss. y págs. 130 ss., con copiosa bibliografía al respecto; MARTINI, "Le «operae» dei liberti", cit., pág. 475. Cfr. WALDSTEIN, *Operae libertorum...*, cit., págs. 143 ss. Sobre las posibles alteraciones del texto LEVY-RABEL, *Index Interpolationum*, III, cit., col. 57.

[842] Sobre la datación del edicto *de bonis libertorum*, TREGGIARI, *Roman freedmen...*, cit., págs. 78-79; FABRE *Libertus...*, cit., págs. 310-311; MASI DORIA, *Bona Libertorum...*, cit., págs. 81 ss.; idem, *Civitas...*, cit., págs. 134 ss.; ASTOLFI, "Il Libro di Masi Doria...", cit., págs. 287.

[843] GAYO, *Institutae*, 3.40 ss.; ULPIANO, *Epitomae*, 29.1. PESCANI, *Le «operae libertorum»...*, cit., pág. 87. Sobre la *bonorum possessio* pretoria y su sucesivo desarrollo hasta las reformas de Augusto vid., con carácter general, entre otros, LAMBERT, *Les operae liberti...*, cit., págs. 257 ss.; MACQUERON, *Le travail...*, cit., págs. 127 ss.; COSENTINI, *Studi...*, I, cit., págs. 186 ss. y págs. 229 ss.; JUGLAR, *Du rôle...*, cit., págs. 50 ss.; TREGGIARI, *Roman freedmen...*, cit., págs. 78-79; FABRE, *Libertus...*, cit., págs. 308 ss.; MASI DORIA, *Bona Libertorum...*, cit., págs. 61 ss.; ASTOLFI, "Il libro di Masi Doria...", cit., págs. 286 ss.; DOMÍNGUEZ TRISTÁN, P., "«Bonorum possessio dimidiae partis ab intestato ex edicto»: Concurrencia sucesoria del patrono con los hijos del liberto", en MURILLO VILLAR, A., (Coord.), *Estudios de Derecho romano en memoria de Benito Mª Reimundo Yanes*, Tomo I, Burgos, 2000, págs. 166 ss.

también reconocían que el liberto podía ser titular de una residencia permanente al margen de la casa patronal[844].

El autor comparte así la opinión defendida por COSENTINI sobre un pasaje de Ulpiano en el que se discute si el patrono, a quien se le ha concedido el uso de una casa, puede habitarla con sus libertos, recogiendo la opinión afirmativa de Tuberón quien considera que también puede recibir un huésped y la interpretación ulterior de Labeón en virtud de la cual el que habitara personalmente una casa no sólo podía recibir huéspedes y a sus libertos, sino también inquilinos:

> D. 7.8.2 pr.-§1 (Ulpianus *libro XVII ad Sabinum*): *Domus usus relictus est aut marito aut mulieri; si marito, potest illic habitare non solus, verum cum familia quoque sua; an et cum libertis, fuit quaestionis. Et Celsus scripsit: et cum libertis; posse hospitem quoque recipere; nam ita libro octavo decimo Digestorum scripsit, quam sententiam et Tubero probat. Sed an etiam inquilinum recipere possit,*

---

844 FABRE, *Libertus...*, cit., págs. VIII-IX y págs. 132 ss., para quien la cohabitación dependía de las propias circunstancias en las que se encontraran tanto el liberto como el patrono. Por ejemplo, el liberto que sólo desempeñara labores domésticas, tenía menos posibilidades de ganar dinero para él mismo y, en consecuencia, de abandonar la casa patronal; si era célibe tendría menos razones para alejarse que si estaba casado y con hijos; si había sido liberado en una edad avanzada también tendría menos razones para alejarse; o si había sido liberado bajo condición, como era el caso del *statuliber*, o a través de una manumisión informal, también preferiría quedarse en la casa patronal hasta que se regularizara su situación. Asimismo, un patrono rico sería más favorable a la cohabitación que uno pobre que no estuviera en condiciones de explotar los servicios de su liberto y que viviera en precarias condiciones; STRAUS, J.A., "Recensión a Fabre, *Libertus. Recherches sur les rapports patron-affranchi à la fin de la République romaine*", en *Latomus*, 44, 1985, pág. 653; CHANTRAINE, H., "Recensión a Fabre, *Libertus. Recherches sur les rapports patron-affranchi à la fin de la République romaine*", en *Gnomon*, 58, 1986, pág. 160. Sobre el *statuliber*, vid., junto a la monografía de DONATUTI, *Lo statulibero*, cit., *passim*; WATSON, *Roman Slave Law*, cit., págs. 25 ss.; KUPISZEWSKI, H., "Les remarques sur les statuliberi en Droit romain classique", en *Scritti minori*, Napoli-Paris, 2000, págs. 355 ss.; PENNITZ, M., "«Statuliber» und «favor libertatis»", en *Index*, 38, 2010, págs. 253-260.

apud Labeonem memini tractatum libro Posteriorum. Et ait Labeo, eum, qui ipse habitat, inquilinum posse recipere; item et hospites, et libertos suos[845].

La propia duda, planteada en la *quaestio*, revela a juicio de COSENTINI, la ausencia de una obligatoria residencia por parte del liberto, sobre todo, cuando la habitación con la familia no deja lugar a dudas y Labeón pone sobre el mismo plano a los libertos, huéspedes e inquilinos[846].

En el mismo sentido, entiende COSENTINI otro pasaje de Ulpiano en el que se recoge la opinión Celio respecto a considerar fugitivo al esclavo del liberto que, cohabitando en la misma casa del patrono, saliera de la *habitatio* del liberto sin salir de la casa del patrono cuando la entera habitación se cerrase con una sola llave:

---

845 Sobre la genuidad del pasaje LEVY-RABEL, *Index Interpolationum*, I, cit., col. 101.

846 COSENTINI, *Studi sui liberti...*, I, cit., págs. 88-89, que interpreta en el mismo sentido una sentencia de Trebacio recogida por Ulpiano (D. 9.3.5§1) sobre la habitación gratuita concedida por el patrono a su liberto la cual podía tratarse tanto de la casa en la que vivía aquél como de una casa de su propiedad no habitada por él; PESCANI, *Le «operae libertorum»...*, cit., pág. 21; SCAPINI, "«Usus Domus»...", cit., págs. 55 ss.; GARCÍA SÁNCHEZ, J., "«Domus Usus»", en AA.VV., *Estudios Jurídicos en homenaje al Profesor Ursicino Álvarez Suárez*, Madrid, 1978, págs. 178 ss., quien precisa el concepto de inquilino; FABRE, *Libertus...*, cit., págs. 132-133; WALDSTEIN, *Operae libertorum...*, cit., pág. 85 n. 231; GARCÍA VÁZQUEZ, *Contribución...*, cit., págs. 38-39, quien tras constatar las discusiones sobre la posibilidad de que el beneficiario viviese con sus libertos y exponer las doctrinas de los distintos jurisconsultos, precisa que "el inquilino que se citaba no lo era en un sentido estricto, el usuario no le alquilaba la casa sino que, viviendo en ella con su familia, podía compartir las habitaciones con aquellas otras personas que mantenían con el beneficiario las relaciones citadas". Cfr. LAMBERT, *Les operae liberti...*, cit., págs. 15-16; BÜRGE, A., "Cum in familia nubas: Zur wirtschaftlichen und sozialen Bedeutung der familia libertorum", en *Z.S.S.*, 105, 1988, pág. 318 n. 17, quien considera que en este pasaje la familia del patrono comprende también a los libertos pero añade: "Freilich darf aus solchen Stellen kein Schluss auf eine rechtliche Verpflichtung des *libertus* zur *cohabitatio* mit dem *patronus* gezogen werden, sonst hätte sich nämlich im konkreten Fall das Auslegungsproblem kaum in dieser Form gestellt".

D. 21.1.17§15 (Ulpianus *libro I. ad Edictum Aedilium currulium*): *Apud Caelium scriptum est, liberti apud patronum habitantis sic, ut sub una clave tota eius habitatio esset, servus ea mente, ne rediret ad eum, extra habitationem liberti fuit, sed intra aedes patroni, et tota nocte obtulit; videri esse fugitivum Caelius ait. Plane si talem custodiam ea habitatio non habuit et in ea cella libertus habitavit, cui commune et promiscuum plurium cellarum iter est, contra placere debere Caelius ait, et Labeo probat*[847].

Si se considera fugitivo al esclavo que saliendo de la *habitatio* del liberto se refugia en la del patrono, esto significa que ambas habitaciones, aunque *sub una clave*, se consideraban distintas como las de dos personas extrañas. La cohabitación es en el texto, como indica COSENTINI, un simple presupuesto de hecho y no se apoya sobre un deber jurídico del liberto[848].

Pero si de las fuentes jurídicas se desprende la posibilidad de que el liberto tuviera una residencia permanente fuera de la casa patronal, la misma viene confirmada en las fuentes literarias del siglo I a. C., las cuales, como indica FABRE, nos ofrecen numerosos ejemplos de libertos que residen alejados de sus patronos en dominios bien de su propiedad o bien del propio liberto[849].

Así por ejemplo, Cicerón nos indica que Crisógonos, liberto de Sila, poseía una casa en el Palatino donde vivía con gran lujo o que Pompeyo Vindilo, liberto de Pompeyo, poseía una casa en Laodicea, o que Metrilio Filemón, liberto de Lépido detentaba un casa en las proximidades de Pontino[850]. Y del mismo modo, es significativo a

[847] Cfr. LEVY-RABEL, *Index Interpolationum*, II, cit., col. 3, quienes no señalan ninguna alteración en el texto.

[848] COSENTINI, *Studi...*, I, cit., pág. 90; FABRE, *Libertus...*, cit., pág. 133; WALDSTEIN, *Operae libertorum...*, cit., pág. 85 n. 230. Cfr. LAMBERT, *Les operae liberti...*, cit., págs. 15-16.

[849] FABRE, *Libertus...*, cit., págs. 138 ss.; MACQUERON, *Le travail...*, cit., págs. 145 ss.; LURASCHI, *Foedus Ius Latii Civitas...*, cit., págs. 21 ss., también recogen algunos ejemplos en este sentido; TREGGIARI, *Roman freedmen...*, cit., págs. 222 ss., para quien la cohabitación era un síntoma de familiaridad.

[850] CICERÓN, *Orationes. Pro Sex. Roscio Amerino*, 132; *Epistulae. Ad Atticum*, 6.1.25; *Epistulae. Ad Familiares*, 7.18.3.

este respecto, como recoge el autor, que Estrabón nos informe que en la época de César se creara la colonia de Corinto con libertos[851].

Sin embargo, pese a reconocer una posible residencia independiente del liberto, Fabre considera que la misma no se tradujo en una disociación de domicilios, puesto que el liberto continuaba vinculado legalmente al domicilio del patrono y sólo en la época de los Antoninos y los Severos, se le reconoció por el uso un domicilio independiente. Apoya Fabre, a mi juicio, esta sorprendente afirmación, sobre la ausencia de referencias en las fuentes jurídicas al domicilio del liberto hasta tal época, sobre el hecho de que al hijo de familia sólo se le reconoció un domicilio independiente hasta la época imperial, sobre los proyectos de reforma de las tribus del siglo I a. C. que, a su entender, quisieron inscribir a los libertos en las mismas tribus que sus patronos, pretendiendo hacer coincidir su inscripción con el lugar de su domicilio legal y no con el de su residencia fáctica, así como sobre un conjunto de inscripciones, de fecha incierta, en las que los patronos indican su tribu y los libertos que figuran sobre las mismas no lo hacen[852].

No obstante, a nuestro entender, esta dependencia domiciliaria resulta incompatible tanto con la calificación como fugitivo del esclavo que saliendo de la *habitatio* del liberto se refugia en la del patrono, como con la posibilidad de que se pudiera constituir una colonia con libertos. En el primer caso porque, más allá de la situación fáctica, se atribuyen consecuencias jurídicas a esa residencia independiente que serían inexistentes si el liberto estuviera vinculado legalmente al domicilio del patrono. Y en el segundo, porque la constitución de una colonia con traslado de población romana comportaba que dichos pobladores establecieran en la misma su domicilio, de tal forma que los libertos de Corinto tenían que ser titulares en ella de un domicilio.

Por otro lado, Fabre pasa por alto que ya en este momento, como precisa Thomas, se había desvinculado de las ataduras sociales más concretas de la *domus*, la designación del lugar de residencia princi-

---

[851] Estrabón, *Geographica*, 8.6.23. Cfr. Saumagne, *Le droit latine...*, cit., págs. 64 ss.

[852] Fabre, *Libertus...*, cit., págs. 134 ss.

pal con independencia de las modalidades jurídicas de la habitación y de toda propiedad techada o fundiaria, esto es, el domicilio, de tal forma que cuando los jurisconsultos reconocen la posibilidad de que el liberto tuviera una residencia principal independiente, cualquiera que sea el lugar en el que ésta se estableciera, están afirmando su autonomía domiciliaria[853].

Cabría asimismo añadir que, teniendo en cuenta que muchos libertos eran *negotiatores* de sus patronos, se puede aplicar a los mismos el debate doctrinal entre Labeón y otros jurisconsultos anteriores recogido por Paulo relativo a si estos *negotiatores* podían tener una pluralidad de domicilios:

> D. 50.1.5 (Paulus *libro XLV. ad Edictum*): *Labeo indicat eum qui pluribus locis ex aequo negotietur, nusquam domicilium habere. Quosdam autem dicere refert pluribus locis eum incolam esse aut domicilium habere: quod verius est*[854].

De acuerdo con este pasaje, frente a la negativa de Labeón, otros jurisconsultos contemporáneos eran partidarios de la pluralidad de domicilios (ya reconocida en la *Tabula Heracleensis*, lns.157-158), siempre y cuando el individuo estuviera establecido por igual en ambos lugares, como precisaba Ulpiano recogiendo en este sentido la opinión de aquellos *viris prudentibus*:

> D. 50.1.6§2 (Ulpianus *libro II. Opinionum*): *Viris prudentibus placuit, duobus locis posse aliquem habere domicilium, si utrubique ita se instruxit, ut non ideo minus apud alteros se collocasse videatur*[855].

---

[853] THOMAS, *«Origine» et «Commune Patrie»...*, cit., págs. 34 ss. Cfr., entre otros, D. 50.16.23; D. 47.10.5§2 y 5.

[854] Sobre este pasaje, entre otros, GASPARD, *Recherches sur l'incolat...*, cit., pág. 13; CHAVANES, *Du Domicile*, cit., pág. 63; SAVIGNY, *Sistema...*, VI, cit., pág. 157; VISCONTI, "Note preliminari sul «domicilium»...", cit., pág. 434; CARNELUTTI, "Note critiche...", cit., pág. 399; TEDESCHI, "Contributo...", cit., págs. 221-22 y págs. 225 ss.; D'ORS, *Epigrafía...*, cit., pág. 153; THOMAS, *«Origine» et «Commune Patrie»...*, cit., págs. 38-39.

[855] Por todos, TEDESCHI, "Contributo...", cit., págs 221-221, págs. 225 ss. y págs. 234 ss.; idem, *Del Domicilio*, cit., pág. 4, quien defiende el carácter

La inaplicabilidad de esta posibilidad a los libertos no puede apoyarse sobre el hecho de que hasta la época imperial no se reconoció un domicilio autónomo a los *filiifamilias* puesto que, como señala FAYER, el mismo Cicerón consideraba normal que los hijos, llegados a una cierta edad no viviesen más con los padres y que abandonasen la casa familiar, si bien con el permiso o por consejo del *paterfamilias*[856]. Por tanto, con dicho permiso, los hijos de familia podían tener un domicilio independiente a pesar, como indica THOMAS, de que los mismos carecieran de toda autonomía patrimonial[857].

Finalmente no creemos que se pueda alegar en contra de una autonomía domiciliaria del liberto la ausencia de referencia a su tribu en algunas inscripciones en las que sí consta la del patrono dado que tal hecho está relacionado con sus limitaciones en el ámbito del derecho público y del mismo sólo cabe deducir que la cohabitación seguía siendo frecuente, sobre todo si se tiene en cuenta que desde la constitución de las tribus territoriales el liberto podía, con el permiso del patrono, establecerse en una tribu distinta; que a partir del año 304 a. C., salvo alguna excepción, los libertos fueron paulatinamente acantonados por los censores en las cuatro tribus urbanas con independencia de su domicilio para limitar así su derecho de voto; y que los proyectos que pretendieron inscribirlos en las mismas tribus que sus patronos tenían como única finalidad acabar con esta restricción pero, o no fueron aprobados, o tuvieron una escasa vigencia[858].

Además, tras la Guerra Social, como afirma DE MARTINO, los nuevos ciudadanos no fueron inscritos en las tribus por razón de su domicilio sino en virtud de su *origo*[859] y numerosos casos de pertenencia a una tribu o de cambio de tribu sin tener en la misma el

---

genuino del pasaje. Cfr. LEVY-RABEL, *Index Interpolationum*, III, cit., col. 569. Al respecto, vid., LÓPEZ HUGUET, *Régimen...*, cit., pág. 110 n. 214.

856 CICERÓN, *Orationes. Pro Caelio*. 18. FAYER, *La familia romana...*, cit., pág. 72.

857 THOMAS, *«Origo» et «Commune Patrie»...*, cit., pág. 46.

858 Sobre la inscripción de los libertos en las tribus vid. la bibliografía citada en la n. 831 del presente capítulo.

859 DE MARTINO, *Storia...*, III, cit., pág. 289.

domicilio son constatados por GALLI a través de una serie de inscripciones de época augusta[860].

Por todo lo expuesto consideramos que, si bien tras la manumisión solemne el liberto adquiría la ciudadanía del patrono y asumía como primer domicilio la casa patronal, en la que la cohabitación continuaba siendo frecuente, a partir de las reformas pretorias se favoreció la libertad de movimientos del liberto el cual podía, con el permiso del patrono derivado del respeto moral que le debía, establecer un domicilio independiente.

4. REFUERZO DE LA AUTONOMÍA DOMICILIARIA DEL LIBERTO DURANTE EL IMPERIO: PROHIBICIÓN DE LA OBLIGACIÓN DE COHABITACIÓN

Como señala FERNÁNDEZ DE BUJÁN, A., el emperador Augusto llevó a cabo una política restrictiva de las manumisiones[861]. Sin

---

860 GALLI, F., "Cambi di tribù «per domicilii translationem» nelle regioni augustee VI, VII, VIII", en *Q.U.*, 18, 1974, págs. 133 ss.; SERRANO DELGADO, *Status...*, cit., págs. 104-105, recoge la teoría de Galli y señala a través de las inscripciones la frecuencia con que, a partir de esta época, los libertos cambiaban de tribu para desempeñar cargos públicos locales.

861 FERNÁNDEZ DE BUJÁN, A., "Esclavitud...", cit., págs. 10-11; idem, *Derecho Privado...*, cit., págs. 223 ss.; "Reformas legislativas de Augusto", cit., págs. 1 ss. Esta política se llevó a cabo a través de la *Lex Iunia Norbona*, la *Lex Fufia Caninia* y la *Lex Aelia Sentia*. Sobre el contenido de las mismas, su fecha y las razones de su promulgación, vid., entre otros, CANTARELLI, L., "I Latini Juniani. Contributo alla storia del Diritto latino", en *A.G.*, 29, Bologna, 1882, págs. 3-31; BAVIERA, *Il diritto internazionale dei Romani*, cit., págs. 136-137; PEROZZI, *Istituzioni...*, I, cit., págs. 254 ss.; DUFF, *Freedmen ...*, cit., págs. 30 ss., págs. 72 ss. y págs. 210 ss.; DUMONT, *Manuel...*, I, cit., págs. 307 ss.; BONFANTE, *Corso...*, I, cit., págs. 225 ss.; LEVY, "Libertas und Civitas", cit, pág. 144; CASTELLO, *L'acquisto...*, cit., pág. 63 y págs. 86 ss.; OLÍS ROBLEDA, *Il diritto...*, cit., págs. 149 ss.; ÁLVAREZ SUÁREZ, *Instituciones...*, III, cit., págs. 83 ss.; BUCKLAND, *A Text-Book...*, cit., pág. 95; idem, *A Manual...*, cit., págs. 45 ss.; RUSSOMANNO, *Curso...*, I, cit., págs. 20-21; RODRÍGUEZ ÁLVAREZ, *Las leyes...*, cit., págs. 13 ss., págs. 127 ss., págs. 153 ss., págs. 173 ss. y págs. 225 ss.;

embargo, la misma favoreció la independencia y libertad de movimiento de los libertos, algunos de los cuales habían pasado a integrar la clase de los nuevos capitalistas[862], bien por méritos propios, bien bajo la protección de un personaje famoso, ocupando un papel destacado los libertos imperiales y los Augustales locales que, como indica SERRANO DELGADO, desempeñaron numerosos cargos o ser-

---

LÉMONNIER, *Étude...*, cit., págs. 44 ss., págs. 80 ss. y págs. 117 ss.; LURASCHI, *Foedus Ius Latii Civitas...*, cit., pág. 245; CARAMES FERRO, *Instituciones...*, I, cit., págs. 88 ss.; ALBANESE, *Le persone...*, cit., págs. 48 ss.; DALLA, D., "Nominatim manumittere", en *Labeo*, 30, 1984, págs. 277 ss.; VENTURINI, C., "Legislación de Augusto en materia de Manumisiones", en *Sodalitas. Scritti in onore di Antonio Guarino,* V, Napoli, 1984, págs. 2455 ss.; BALESTRI FUMAGALLI, M., *Lex Iuna de manumissionibus*, Milano, 1985, *passim*; WALDSTEIN, *Operae libertorum...*, cit., págs. 161 ss.; ECK-HEINRICHS, *Sklaven...*, cit., págs. 180 ss.; MAESTRANZI, P., "A proposito di una ricostruzione sistematica della legge «Aelia Sentia»", en *Atti del II Convegno sulla problematica contrattuale in Diritto romano in onore di Aldo Dell'Oro*, Milano, 11-12 maggio 1995, págs. 423 ss.; SHERWIN-WHITE, *The Roman Citizenship*, cit., págs. 327 ss.; BRADLEY, *Esclavitud...*, cit., págs. 189 ss.; SCHULZ, *Principios...*, cit., pág. 146 n. 69 y págs. 239 ss.; VARELA MATEOS, "Los derechos hereditarios...", cit., págs. 1 ss.; BIANCHI, E., "Gai 3.56. Alcune riflessioni in tema di «ius latii» e delle «fictiones iuniae norbonae»", en *R.G.D.R.* (*www.iustel.com*), nº 18, 2012, págs. 1 ss.

[862] Tal es el caso de Licinio Craso que llegaría a ser triunviro con César, siendo famoso porque rogó la *Lex Licinia de Ambitu* en el año 55 a. C. (Cicerón, *Pro Plancio,* 16.36) o Trimalción, que recibió una gran fortuna de Augusto, empleándola en empresas comerciales que le permitieron en la vejez vivir de sus rentas en una majestuosa casa en la Campania y dedicarse a los préstamos de dinero con interés bien garantizados (Petronio, *Satyricon*, 76). Al respecto, VEYNE, P., "Vie de Trimalcion", en *Annales*, XVI, 1961, págs. 213-247; PUGLIESE, "Il microcosmo di C. Pompeius Trimalchio", en *Index*, 15, 1987, págs. 207 ss. Otros ejemplos de libertos ricos en ERMAN, H., *Servus Vicarius. L'esclave de l'esclave romain*, Lausanne, 1896 (reimpresión Napoli, 1986), *passim*; VITUCCI, s.v. «libertus», cit., págs. 930 ss.; DEMOUGIN, S., "De l'esclavage a l'anneau d'or du chevalier", en NICOLET, C. (dir.), *Des ordres à Rome*, Paris, 1984, págs. 217 ss.; DUPONT, *La vita quotidiana...*, cit., págs. 74 ss.; ANDREU, J., "Mobilité sociale et activités commerciales et financières", en AA.VV. *La mobilité sociale dans le monde romain*, Strasbourg, 1992, págs. 21 ss.; NAVARRO, F.J., *La formación de dos grupos antagónicos en Roma: Honestiores y Humiliores*, Pamplona, 1994, pág. 121 y págs. 131-139.

vicios del sistema de gobierno y administración provincial y local principalmente de tipo administrativo y fiscal[863].

En efecto, a través de la *lex Iunia Norbona* concedió a los esclavos manumitidos de modo no solemnes y que, en consecuencia, mantenían su condición de esclavos en la medida en que sólo adquirían una libertad fáctica protegida en vía pretoria[864], el *status* de latinos junianos los cuales, si bien se encontraban en una situación

---

[863] SERRANO DELGADO, *Status*..., cit., págs. 25 ss., págs. 75 ss. y págs. 97 ss., donde destaca, a su vez, la situación privilegiada de los libertos públicos y de los Agustales locales; HALKIN, *Les esclaves publics*..., cit., págs. 125 ss. y págs. 213 ss., que nos describe la condición jurídica de los libertos del Estado y de las villas; DE RUGGIERO, *La patria*..., cit., págs. 101 ss.; TREGGIARI, *Roman freedmen*..., cit., págs. 87 ss.; DUFF, *Freedmen*..., cit., págs. 89 ss., págs. 129 ss. y págs. 143 ss.; LÉMONNIER, *Étude*..., cit., págs. 261 ss.; BOULVERT, G., *Domestique et Fonctionnaire sous le Haut-Empire romain*, Paris, 1974, págs. 9 ss.; STAERMAN, E.M.-TROFIMOVA, M.K., *La esclavitud en la Italia Imperial*, (trad. por J.A. Pinestela), Madrid, 1979, págs. 129 ss. y págs. 167 ss.; DUTHOY, R., "La fonction sociale de l'augustalité", en *Epigraphica*, 36, 1974, págs. 134 ss.; BURNAND, Y., "De la servitude au flaminat: quelques cas de promotion sociale en Gaule romaine", en AA.VV., *La mobilité sociale dans le monde romain*, Strasbourg, 1992, págs. 203 ss.; ECK-HEINRICHS, *Sklaven*..., cit., págs. 216 ss., quienes nos ofrecen un elenco de las funciones de los libertos en la vida privada, en la pública y en la casa imperial.

[864] Las denominadas "manumisiones pretorias" podían ser *inter amicos, per epistulam, per convivii adhibitionem* y *per mensam*. Sobre las mismas, CANTARELLI, "I Latini Juniani...", págs. 10-11; DUFF, *Freedmen*..., cit., págs. 21 ss. y págs. 72 ss.; DUMONT, *Manuel*..., I, cit., págs. 306-307; DE DOMINICIS, s.v. «*manumissio* (Diritto romano)», cit., pág. 194 y págs. 196-197; OLÍS ROBLEDA, *Il diritto*..., cit., págs. 135 ss.; CARAMES FERRO, *Instituciones*..., I, cit., págs. 85 ss.; ÁLVAREZ SUÁREZ, *Instituciones*..., III, cit., págs. 77 ss.; RODRÍGUEZ ÁLVAREZ, *Las leyes*..., cit., págs. 111 ss.; ALBANESE, *Le persone*..., cit., págs. 51 ss.; idem, "Ancora sulla «manumissio inter amicos»", en *Scritti Giuridici*, I, Palermo, 1991, págs. 781 ss.; idem, "La struttura della «manumissio inter amicos». Contributo alla storia dell'«amicitia» romana", en *Scritti Giuridici*, I, Palermo, 1991, págs. 217 ss.; BALESTRI FUMIGALLI, M., "Nuove reflessioni sulla «manumissio inter amicos»", en *Studi in onore di Arnaldo Biscardi*, II, Milano, 1982, págs. 117 ss.; FERNÁNDEZ DE BUJÁN, A., "Esclavitud...", cit., págs. 9-10; idem, *Derecho Privado*..., cit., págs. 218 ss.; BIANCHI, E., "Gai.3.56...", cit., págs. 1 ss.

inferior a los *latini coloniarii* y a los *cives*, disponía de un restringido *ius commercii* que les permitía en vida adquirir la autonomía económica suficiente para abandonar la casa patronal[865].

Asimismo, la *Lex Iulia de maritandis ordinibus* estableció determinados supuestos de liberación de las *operae* en función de la edad, número de hijos o matrimonio de los libertos y libertas[866], la *Lex Papia Poppaea nuptialis* incrementó los derechos sucesorios del patrono pero mantuvo la *bonorum possessio*[867], y la *Lex Aelia Sentia*, según la interpretación de los jurista clásicos, prohibió al pa-

---

865 Sobre el *status* de estos libertos y la de los *liberti deditícii*, llamados así en cuanto asimilados a los peregrinos dedicticios y, en consecuencia, titulares de una condición inferior, vid. entre otros, VOIGT, *Römische Rechtsgeschichte*, I, cit., págs. 346 ss.; CANTARELLI, "I Latini Juniani...", cit., págs. 3 ss.; DUFF, *Freedmen...*, cit., págs. 72 ss.; LÉMONNIER, *Étude...*, cit., págs. 203 ss. y págs. 231 ss.; LEVY, "Libertas und Civitas", cit., pág. 146; SAUMAGNE, *Le droit latine...*, cit., págs. 64 ss.; DE DOMINICIS, M., "Les Latins Iuniens dans le pensée du législateur romain", en *R.I.D.A.*, 20, 1973, págs. 311 ss.; OLÍS ROBLEDA, *Il diritto...*, cit., págs. 173 ss.; LURASCHI, *Foedus Ius Latii Civitas...*, cit., págs. 244 ss.; ÁLVAREZ SUÁREZ, *Instituciones...*, III, cit., págs. 77 ss.; RODRÍGUEZ ÁLVAREZ, *Las leyes...*, cit., págs. 115 ss.; SIRKS, A.J.B., "The lex Iunia and the Effects of Informal Manumission and Iteration", en *R.I.D.A.*, 30, 1983, págs. 211 ss.; VITUCCI, G., s.v. «Latium», en DE RUGGIERO, E., *Dizionario Epigrafico di Antichità Romanae*, IV.43.2, Roma, 1984, págs. 446 ss.; WEAVER, P.R.C., "Where have all the Junians Latins gone?", en *Chiron*, 20, 1990, págs. 275 ss.; VARELA MATEOS, "Los derechos hereditarios...", cit., pág. 5; BIANCHI, E., "Gai.3.56...", cit., págs. 1 ss.

866 Así, por ejemplo, liberaba de las *operae* al liberto, al menos, padre de dos hijos *in potestatem* (D. 38.1.37 pr.; C. I. 6.3.7§1). Sobre esta ley, TREGGIARI, *Roman freedmen...*, cit., pág. 76 n. 4; DUFF, *Freedmen...*, cit., págs. 43 ss.; WALDSTEIN, *Operae libertorum...*, cit., págs. 161 ss.; MASI DORIA, "Recensión a Waldstein...", cit., pág. 172; SERRANO DELGADO, *Status...*, cit., págs. 117; MARTINI, "Le «operae» dei liberti", cit., pág. 475; ASTOLFI, *La Lex Iulia et Papia*, cit., págs. 205 ss.

867 Al respecto, COSENTINI, C., *Studi sui liberti. Contributo allo studio della condizione giuridica dei liberti cittadini*, II, Catania, 1950, págs. 13 ss. y págs. 152 ss.; JUGLAR, *Du rôle...*, cit., págs. 53 ss.; ALBANESE, *Le persone...*, cit., págs. 81 ss.; MASI DORIA, *Bona libertorum...*, cit., págs. 131 ss.; ASTOLFI, "Il libro di Masi Doria...", cit., págs. 287 ss.; idem, *La Lex Iulia et Papia*, cit., págs. 213 ss.; VARELA MATEOS, "Los derechos hereditarios...", cit., págs. 6-7.

trono constringir al liberto a alquilarse a un tercero con el fin de obtener una *merces*, impidiendo así que el liberto fuese objeto de una *locatio-conductio*[868], hecho que suponía un grave atentado contra su independencia[869].

En consecuencia también con Augusto, aunque la cohabitación fue frecuente, la misma no estaba fundada en una obligación jurídica como se desprende de un pasaje de Ulpiano en el que recoge la opinión de Sabino afirmando que la mujer a la que se le ha dejado el uso de una casa, puede habitarla con sus libertos:

> D. 7.8.6 (Ulpianus *libro XVII. ad Sabinum*): *Non solum autem cum marito, sed et cum liberis libertisque habitare, et cum parentibus poterit; et ita et Aristo notat apud Sabinum*[870].

Y al igual que el periodo precedente, conforme a la opinión de Próculo recogida por Paulo, el liberto podía establecer su propia re-

[868] Al respecto, D. 38.1.25; D. 40.9.32§1; Rodríguez Álvarez, *Las leyes...*, págs. 179 ss.; Alemán Páez-Castán Pérez-Gómez, *Del trabajo...*, cit., pág. 32. Otros autores, sin embargo, consideran que la ley impidió que el patrono obligase al manumitido a proporcionarle una *merces* en lugar de las *operae*. Entre ellos, Consenti, *Studi...*, I, cit., pág. 157; Álvarez Suárez, *Instituciones...*, III, cit., págs. 95-96; Pescani, *Le «operae libertorum»...*, cit., págs. 143 ss.; Waldstein, *Operae libertorum...* cit., págs. 175 ss. Frente a estas dos teorías, nosotros compartimos la postura intermedia de Jaubert, P., "La «lex Aelia Sentia» et la «locatio conductio» des «operae liberti»", en *R.H.D.*, 43, 1965, págs. 5-21, quien afirma que la ley establecía una prohibición general al patrono de sacar, bajo cualquier forma, dinero de los servicios de su manumitido, especialmente por medio de un arrendamiento de las *operae liberti* hecho a un tercero. Asimismo, vid. la opinión defendida por Martini, R., *«Mercenarius». Contributo allo studio dei rapporti di lavoro in Diritto romano*, Milano, 1958, págs. 24 ss.

[869] Cfr. Fabre, *Libertus...*, cit., págs. 324-325, quien opina que esta medida, lejos de favorecer la independencia del liberto, refuerza su vínculo de dependencia con el patrono.

[870] Sobre este pasaje, Waldstein, *Operae libertorum...*, cit., pág. 85 n. 231; García Vázquez, *Contribución...*, cit., págs. 42. Sobre su carácter genuino, Levy-Rabel, *Index Interpolationum*, I, cit., col. 101.

sidencia permanente en otro lugar y trasladarse al lugar donde reside el patrono para prestar los servicios:

> D. 38.1.20§1 (Paulus *libro XL. ad Edictum*): *Ex provincia libertum Romam venire debere ad reddendas operas, Proculus ait; sed qui dies interea cesserint, dum Romam venit, patrono perire, dummodo patronus tanquam vir bonus et diligens paterfamilias Romae moraretur, vel in provinciam proficiscatur; ceterum si vagari per orbem terrarum velit, non esse iniungendam necessitatem liberto, ubique eum sequi*[871].

Nos encontramos, a juicio de Cosentini, ante la determinación del lugar del cumplimiento de las *operae* prometidas según los modos legales, las cuales es obvio que no pueden prestarse a distancia estableciéndose que se cumplan en el lugar donde reside el patrono[872].

Pero, como precisa Waldstein, debe tenerse en cuenta que Próculo nos indica que si el liberto vive en la provincia y el patrono en Roma, se computarán como días de trabajo los empleados para el viaje. Por tanto, no nos encontramos ante un mera residencia fáctica del liberto sino ante un domicilio autónomo dado que, si dependiera legalmente del domicilio patronal, el patrono no perdería los días que transcurren hasta que el liberto llega al mismo[873]. Ni tampoco

---

[871] Cfr. Levy-Rabel, *Index Interpolationum*, III, cit., col. 54, señalan que el pasaje podía estar alterado desde "*dummodo*" hasta el final. Sobre este pasaje, Lambert, *Les operae liberti...*, cit., págs. 15-16; Cosentini, *Studi...*, I, cit., págs. 79-80; Lémonnier, *Étude...*, cit., pág. 124; Pescani, *Le «operae libertorum»...*, cit., pág. 105, págs. 115 ss. y pág. 144; Staerman-Trofimova, *La esclavitud*, cit., pág. 128; Fabre, *Libertus...*, cit., pág. 326 n. 76; Waldstein, *Operae libertorum...*, cit., págs. 85-86, págs. 273 ss. y págs. 286-287; Fadda, C., *Istituti commerciali del Diritto romano. Introduzione*, Napoli-Paris, 1987, pág. 42; Gagliardi, *Mobilità...*, cit., págs. 476-477.

[872] Cosentini, *Studi...*, I, cit., págs. 79-80; Treggiari, *Roman freedmen...*, cit., pág. 77; Pescani, *Le «operae libertorum»...*, cit., págs 115-116; Fabre, *Libertus...*, cit., pág. 326 n. 76.

[873] Waldstein, *Operae libertorum...*, cit., págs. 85-86, págs. 273 ss. y págs. 286-287. Cfr., Lambert, *Les operae liberti...*, cit., págs. 15-16, quien, a nuestro juicio, de forma errónea pretende reconstruir sobre este pasaje el

asumiría los gastos del viaje como afirmaba Casio en su tratado de *Ius Civile* reelaborado por Javoleno:

> D. 38.1.21 (Iavolenus *libro VI. ex Cassio*): *operae enim loco edi debent, ubi patronus moratur, sumptu scilicet et vectura patroni*[874].

Esta autonomía domiciliaria del liberto se refuerza si se tiene en cuenta la parte final del pasaje de Paulo en la que, conforme a la deducción de COSENTINI, Próculo precisa los límites de la obligación del liberto de prestar las *operae* transfiriéndose de un lugar a otro[875].

En efecto, el jurisconsulto establece que si el patrono marcha a una provincia como hombre bueno y diligente padre de familia, es decir, si traslada a la misma su residencia, el liberto también debe ir allí para prestar las *operae*, pero no en el caso de que el patrono vague continuamente de un sitio para otro.

Además, como señala TREGGIARI, Gayo recoge la opinión de Sabino afirmando que, incluso en los días en que se prestasen las

---

contenido ilimitado del primitivo *obsequium*, lo que le lleva a afirmar que "Fournir l'*obsequium*, c'est être auprès du patron pour exécuter les *operae* qu'il exige; c'est être à ses ordres, c'est lui obéir constamment"; FADDA, *Istituti commerciali*..., cit., pág. 42; QUADRATO, "«Beneficium manumissionis»...", cit., pág. 345, para quienes el liberto también debe seguir al patrono en sus movimientos salvo que se trate de un patrono vagabundo. Sin embargo, COSENTINI, *Studi*..., I, cit., págs. 79-80, no entiende cómo se puede aducir este texto para reconstruir el contenido del *obsequium*, dado que en el mismo se establece como *principium* de la obligación del cumplimiento de las *operae*, la promesa realizada conforme a los modos legales y se precisan los límites de la obligación de su cumplimiento.

874 FERNÁNDEZ DE BUJÁN, A., "Esclavitud...", cit., pág. 12; idem, *Derecho Privado*..., cit., págs. 218 ss. Sobre este pasaje, TREGGIARI, *Roman freedmen*..., cit., pág. 77; PESCANI, *Le «operae libertorum»*..., cit., pág. 116; STAERMAN-TROFIMOVA, *La esclavitud*..., cit., pág. 128; FABRE, *Libertus*..., cit., pág. 326 n. 76; WALDSTEIN, *Operae libertorum*..., cit., págs. 85-86, págs. 273 ss. y págs. 286-287. Cfr. LEVY-RABEL, *Index Interpolationum*, III, cit., col. 54, señalan "*loco*" como una posible alteración.

875 COSENTINI, *Studi*..., I, cit., pág. 79; TREGGIARI, *Roman freedmen*..., cit., pág. 77; PESCANI, *Le «operae libertorum»*..., cit., pág. 116.

operae, el liberto debía disponer de tiempo suficiente para hacer su propia vida y ganarse con qué alimentarse:

> D. 38.1.19 (Gaius *libro XIV. ad Edictum provinciale*): ... *aut certe ita exigendae sunt ab eo operae, ut his quoque diebus, quibus operas edat, satis tempus ad quaestum faciendum, unde ali possit, habeat*[876].

Por tanto, si bien en el Imperio la costumbre de la cohabitación con el patrono continúa siendo una constante[877], los textos analizados reconocen que el liberto podía ser titular de un domicilio autónomo siempre que contase con el permiso de su patrono como consecuencia del respeto debido en virtud del *obsequium* conforme a la definición que del mismo realiza el emperador Gordiano III en una constitución del año 224 d. C.:

> C. I. 6.6.5 (*Imp. Gordianus A. Sulpiciae*): *Etiam liberis damnatorum consuetum obsequium libertos paternos praestare debere, in dubium non venit. Proinde si non agnoscunt reverentiae debitae munus, non immerito videntur ipsi adversus se provocare severitatem*[878].

---

[876] D. 38.1.18 (Paulus *libro XL. ad edictum*) ... *operas praestare debere libertum, Sabinus ad Edictum Praetoris Urbani libro quinto scribit.* TREGGIARI, *Roman freedmen...*, cit., págs. 77-78; PESCANI, *Le «operae libertorum»...*, cit., pág. 105 y pág. 114; STAERMAN-TROFIMOVA, *La esclavitud...*, cit., pág. 129; WALDSTEIN, *Operae libertorum...*, cit., págs. 284 ss. Por su parte, LEVY-RABEL, *Index Interpolationum*, III, cit., col. 54, no recogen ninguna alteración en el primer pasaje y señalan como alterado "*satis tempus*", en el segundo.

[877] Vid., entre otros, D. 18.6.19 pr.; D. 33.2.33 pr-1; D. 33.2.34 pr. Por todos, SCAPINI, "«Usus domus»...", cit., pág. 37; WATSON, *Roman Slave Law*, cit., pág. 43; WALDSTEIN, *Operae libertorum...*, cit., pág. 85 n. 231; GARCÍA VÁZQUEZ, *Contribución...*, cit., págs. 110 ss.

[878] Sobre este pasaje, COSENTINI, *Studi...*, I, cit., pág. 234 n. 1 y págs. 239 ss.; WALDSTEIN, *Operae libertorum...*, cit., págs. 65 ss.; MASI DORIA, "Recensión a Waldstein...", cit., pág. 170; idem, *Civitas...*, cit., pág. 112; QUADRATO, "«Beneficium manumissionis»...", cit., págs. 346-347.

No obstante, esta posible autonomía domiciliaria se presenta, *a priori*, contradictoria en las fuentes que de modo directo hacen referencia al domicilio del liberto, indicándose en algunas de ellas que asume el domicilio del patrono y negándolo otras. En efecto, de acuerdo con un pasaje de los *Libri Opinionum* de Ulpiano, el liberto adquiría el origen y el domicilio de su patrono:

> D. 50.1.6§3 (Ulpianus *libro II. Opinionum*): *Libertini originem patronorum, vel domicilium sequuntur, item qui ex his nascuntur*[879].

Y en el mismo sentido se pronuncia el siguiente pasaje de Paulo:

> D. 50.1.22 pr. (Paulus *libro I. Sententiarum*): *Filii libertorum libertarumque, liberti paterni et patroni manumissoris domicilium aut originem sequuntur*[880].

Aunque este pasaje ofrece algunas dudas sobre su autenticidad[881], la mayor parte de los autores considera que con el mismo se

---

879 El texto puede ofrecer alguna duda a causa del "*vel*" que parece poner en alternativa la asunción del *origo* o del *domicilium*, pero la mayor parte de los autores, interpretando ese "*vel*" como "y también", consideran que el liberto asumiría el *origo* y el domicilio del patrono. Sin embargo LEVY-RABEL, *Index Interpolationum*, III, cit., col. 569, no señalan ninguna alteración. Sobre este pasaje, SAVIGNY, *Sistema*..., VI, cit., pág. 156; GASPARD, *Recherches sur l'incolat*..., cit., pág. 16; CHAVANES, *Du Domicile*, cit., págs. 67-68; ANCELLE, *Du Domicile*, cit., págs. 56-57; ROUSSEL, *Du domicile*..., cit., pág. 30; DE RUGGIERO, *La patria*..., cit., págs. 97 ss.; NÖRR, s.v. «origo», cit., cols. 461-462; PESCANI, *Le «operae libertorum»*..., cit., pág. 21; SANTALUCIA, *I «Libri Opinionum» di Ulpiano II*, cit., pág. 105; SALGADO, "Contribución...", cit., págs. 504-505; STAERMAN-TROFIMOVA, *La esclavitud*..., cit., pág. 123; WALDSTEIN, *Operae libertorum*..., cit., pág. 85 n. 231; PLESCIA, "Conflict...", cit., pág. 52; THOMAS, *«Origine» et «Commune Patrie»*..., cit., pág. 46; LICANDRO, *Domicilium habere*..., cit., págs. 345-346 y págs. 353 ss.; GAGLIARDI, *Mobilità*..., cit., págs. 463 ss.; CUENA BOY, "Nuevos...", cit., pág. 3.

880 *Pauli Sententiae*, 1.1a.2.

881 Sobre las posibles alteraciones de este pasaje VON SAVIGNY, F., "*Erklärunf der l. 22 pr. ad municipalem* (D. 50.1)", en *Z.G.R.*, IX, 1938, págs. 91 ss.; idem, *Sistema*..., VI, cit., pág. 148 n. (n) y pág. 156 n. (s), sus-

confirma el principio clásico de que los libertos asumían el origen y el domicilio de su patrono, principio que valía también para sus hijos[882].

En cambio, en otro pasaje de su Comentario al Edicto, Ulpiano subraya claramente que si bien el liberto estaba vinculado al *origo* del patrono no lo estaba a su domicilio:

> D. 50.1.27 pr. (Ulpianus *libro II. ad Edictum*): *Eius, qui manumisit, municeps est manumissus, non domicilium eius, sed patriam secutus*[883].

---

tituye *libertarum* por *libertorum*, corrección acogido por SANTALUCIA, *I «Libri Opinionum» di Ulpiano II*, cit., pág. 106 n. 44; GASPARD, *Recherches sur l'incolat...*, cit., pág. 16, para quien el *domicilium aut origem* al que aluden los textos debe entenderse en el sentido de que el liberto sólo sigue el domicilio del patrono si éste coincide con el lugar del origen; VOLTERRA, E., "Sull'uso delle «Sententiae» di Paolo presso i compilatori del «Breviarium» e presso i compilatori giustinianei", en *Atti del Congresso Internazionale di Diritto Romano, Roma I*, Pavia, 1934, pág. 113 (= *Scritti giuridici IV. Le fonti*, Napoli, 1993, pág. 219), cuestiona la frase *liberti-patroni*; LEVY, *Pauli Sententiae*, cit., págs. 4-5, para quien el texto es clásico excepto "*domicilium aut*" puesto que los libertos asumen la ciudadanía local pero no la residencia (*domicilium*) de sus patronos. Vid. asimismo, DE RUGGIERO, *La patria...*, cit., págs. 97 ss.; NÖRR, s.v. «origo», cit., cols. 461-462; LAURIA, M., "Ricerche su «Pauli sententiarum libri»", en *A.U.M.A*, 6, 1930, pág. 41; KASER, M., "Zum heutigen Stand der Interpolationenforschung", en *Z.S.S.*, 69, 1952, pág. 98 n. 112; GAGLIARDI, *Mobilità...*, cit., págs. 463 ss.

882 En este sentido, SAVIGNY, *Sistema...*, VI, cit., pág. 156; CHAVANES, *Du Domicile*, cit., págs. 67-68; ANCELLE, *Du Domicile*, cit., págs. 56-57; ROUSSEL, *Du domicile...*, cit., pág. 30; DE RUGGIERO, *La patria...*, cit., págs. 97 ss.; PESCANI, *Le «operae libertorum»...*, cit., pág. 21; SANTALUCIA, *I «Libri Opinionum» di Ulpiano II*, cit., pág. 106; STAERMAN-TROFIMOVA, *La esclavitud...*, cit., pág. 123; WALDSTEIN, *Operae libertorum...*, cit., pág. 85 n. 231; PLESCIA, "Conflict...", cit., pág. 52; THOMAS, *«Origine» et «Commune Patrie»...*, cit., pág. 46; LICANDRO, *Domicilium habere...*, cit., págs. 353 ss., para quien el "aut" de D. 50.1.22 pr., debe ser interpretado como "o al menos"; CUENA BOY, "Nuevos...", cit., pág. 3. Cfr. GAGLIARDI, *Mobilità...*, cit., págs. 463 ss., para una exposición de las distintas interpretaciones.

883 LEVY-RABEL, *Index Interpolationum*, III, cit., col. 571, no señalan alteraciones en el texto. Al respecto, SAVIGNY, *Sistema...*, VI, cit., pág. 156; RIVIER,

Sin embargo, como ha sido ya puesto de relieve por diversos autores, la contradicción de estos textos es sólo aparente porque los dos primeros (D. 50.1.6.3 y D. 50.1.22 pr.) se refieren al momento inicial de la relación liberto-patrono, a partir del cual es necesario atribuir al antiguo ex-esclavo, hasta entonces carente de domicilio desde el punto de vista jurídico, un primer domicilio, estableciéndose que éste sería el domicilio del patrono. En cambio el último pasaje de Ulpiano (D. 50.1.27 pr.) se refiere a un momento posterior en el que el liberto estaba facultado para elegir libremente otro domicilio independiente[884].

Précis..., cit., pág. 285 y pág. 288; CHAVANES, *Du Domicile*, cit., págs. 67-68; ANCELLE, *Du Domicile*, cit., págs. 56-57; ROUSSEL, *Du domicile...*, cit., pág. 30; NÖRR, s.v. «origo», cit., col. 461; DE RUGGIERO, *La patria...*, cit., págs. 98-99; VISCONTI, "Note preliminari sull'«origo»...", cit., pág. 99; LANGHAMMER, *Die rechtliche...*, cit., pág. 27 n. 10 y pág. 30; SANTALUCIA, *I «Libri Opinionum» di Ulpiano II*, cit., págs. 106-107; PLESCIA, "Conflict...", cit., pág. 52; THOMAS, *«Origine» et «Commune Patrie»...*, cit., pág. 46; LICANDRO, *Domicilium habere...*, cit., págs. 353 ss.; GAGLIARDI, *Mobilità...*, cit., págs. 463 ss. Si el patrono tienen una pluralidad de orígenes o si el esclavo es manumitido por muchos patronos con distintos orígenes, el liberto asume todos ellos. D. 50.1.7; D. 50.1.27 pr. Por todos, DE RUGGIERO, *La patria...*, cit., pág. 12 y págs. 97 ss.; LANGHAMMER, *Die rechtliche...*, cit., pág. 27 n. 10 y pág. 30; CUENA BOY, "Nuevos...", cit., pág. 3. Cfr. ARANGIO-RUIZ, "Tre rescritti...", cit., pág. 4 n. 5, quien no descarta una posible glosa en el texto, motivada por la decadencia económica imperial para aumentar el número de los participantes en los *munera*.

[884] En este sentido, SAVIGNY, *Sistema...*, VI, cit., pág. 156; ANCELLE, *Du Domicile*, cit., págs. 56-57; CHAVANES, *Du Domicile*, cit., págs. 67-68; ROUSSEL, *Du domicile...*, cit., pág. 30; DE RUGGIERO, *La patria...*, cit., págs. 98-99; NÖRR, s.v. «origo», cit., col., 461; SANTALUCIA, *I «Libri Opinionum» di Ulpiano II*, cit., págs. 106-107; LICANDRO, *Domicilium habere...*, cit., págs. 353 ss.; CUENA BOY, "Nuevos...", cit., págs. 3-4. Interesante es asimismo la postura de GILIBERTI, G., *Servus quasi colonus. Forme non tradizionali di organizzazione del lavoro nella società romana*, Napoli, 1981, págs. 150-151, quien habla de la restricción a la libertad domiciliaria del liberto, como consecuencia de su conversión en colono. El autor parte de un pasaje de Papiniano (D. 35.1.71§2) en el que se dispone que si un legado tiene por condición que el legatario se establezca en un determinado lugar, dicha condición es antijurídica salvo que el legatario sea un liberto. Se trata, en su opinión, de un artificio legal mediante el cual se obtiene de hecho la transformación de esclavos rurales en libertos

Por tanto, conforme a la tesis expuesta, los libertos asumen el *origo* y el domicilio de sus patronos por efecto de la manumisión solemne. Pero en un momento posterior de la relación, si bien no pueden cambiar su *origo*, que permanece siempre inmutable, sí pueden establecer libremente su domicilio en el lugar donde deseen, momento hasta el cual, como precisa ROUSSEL, conservan el domicilio patronal[885].

---

ligados a la gleba, con un preventivo abuso de los poderes de los herederos-patronos. El fin de esta liberación sometida a condición de domicilio obligatorio era inducir a los libertos y a sus herederos a establecerse sobre las tierras de la familia del testador. Se podrían así operar manumisiones en masa con la certeza de que a los herederos no les habría faltado mano de obra gratuita. Se contraponen aquí dos principios de época clásica tardía: aquél que prevé la libre elección del domicilio por parte del liberto y el opuesto del domicilio necesario junto al patrono. En este ámbito, concluye el autor, mientras Paulo (D. 50.1.22§2) se limita a advertir las nuevas tendencias, Ulpiano (D. 50.1.6§3), reconoce netamente la afirmación de las relaciones que preparan el "servaggio". A nuestro juicio, el diferente régimen jurídico puede venir justificado por la relación que unía al liberto con su patrono, en virtud de la cual, como afirma el propio autor en *Servi della terra...*, cit., págs. 71-72, se esperaba que el liberto habitase junto al patrono. Giliberti se acoge aquí al estudio del *obsequium* efectuado por Masi Doria, la cual, como hemos tenido oportunidad de exponer en el presente trabajo (vid. n. 821) considera la cohabitación como una costumbre no como un deber del liberto. Además, conviene señalar, que el pasaje de Papiniano no vincula el legado al acto de manumisión, sino a la propia condición del liberto, el cual asume como primer domicilio el del patrono (D. 50.1.6§3), pudiendo con posterioridad elegir otro distinto (D. 50.1.22§2). La diferencia es esencial porque, al menos desde un punto de vista teórico, el liberto era libre de aceptar o no ese legado condicionado a un domicilio coactivo. No obstante, no se puede negar la menor libertad domiciliaria del liberto respecto al *ingenuus*.

885 ROUSSEL, *Du domicile...*, cit., pág. 30. En el mismo sentido, SAVIGNY, *Sistema...*, VI, cit., pág. 156; ANCELLE, *Du Domicile*, cit., págs. 56-57; CHAVANES, *Du Domicile*, cit., págs. 67-68; DE RUGGIERO, *La patria...*, cit., págs. 98-99; NÖRR, s.v. «origo», cit., col., 461, para quien el liberto asume como primer domicilio el del patrono y, con él, la sujeción a las cargas de ese lugar pero posteriormente puede domiciliarse en otro sitio; SANTALUCIA, *I «Libri Opinionum» di Ulpiano II*, cit., págs. 104-107; LICANDRO, *Domicilium habere...*, cit., págs. 353 ss.; CUENA BOY, "Nuevos...", cit., pág. 3. Cfr. LEVY, *Pauli Sententiae*, cit., págs. 4-7, quien afirma que la referencia al domicilio no es clásica y su

inserción es debida a que tanto el *origo* como el *domicilium* cambian su significado durante el Dominado. El *origo* continúa siendo un factor determinante de cara a la sujeción de los *munera municipalia*. Pero la transformación de las condiciones municipales, comportan que el peso de tales *munera* recaiga sobre los decuriones con lo cual el *origo* pasará a indicar, no el lugar de origen sino la clase de origen o el rango en el que una persona ha nacido, particularmente la clase de los decuriones. *Origo* fue entonces equivalente a *ordo*. Respecto al domicilio, en la época clásica, considerando que *domicilii ratio temporaria sit* (D. 50.1.17§11), el domicilio se confrontaba con el *origo* o *patria* que comportaban un vínculo permanente, pero las diferencias entre lugar de residencia y de origen, entre *incolae* y *cives*, gradualmente se desvanecen. Esto comporta que la libertad de movimientos dentro y fuera de las ciudades devenga en un raro privilegio y la masa de personas incluidos los decuriones fueron obligados a permanecer en sus lugares de domiciliación. A nuestro juicio, es cierto que a partir del dominado se irán disipando las diferencias entre ciudadanos y residentes y que el deseo de huir de los gravosos *munera* comportará importantes restricciones a la libertad domiciliaria, sobre todo, de los curiales. Pero afirmar que los pasajes están interpolados porque en la época clásica el domicilio determina un vínculo local temporal mientras el *origo* es permanente supone una incorrecta interpretación de la noción del domicilio y del pasaje D. 50.1.17§11. En efecto, el concepto de domicilio respondía siempre a una intención de permanencia, la cual no excluía el posible cambio o traslado domiciliario, algo muy distinto a que el domicilio responde a una razón temporal porque, en este caso, no se trataría más que de una mera residencia. Nuestra posición es perfectamente compatible con el pasaje de Papiniano puesto que en el mismo nos indica el jurista que si el padre cambiaba de domicilio, el hijo habitante de otra ciudad no quedaba sujeto a las cargas civiles en la ciudad en la que padre se hubiese domiciliado dado que también en cuanto a la persona del padre es temporal la razón del domicilio. Correctamente interpretado el pasaje, no se puede afirmar que el domicilio es temporal sino que la asunción por parte del hijo del domicilio paterno es temporal, en la medida en que si bien adquiere éste como primer domicilio, puede en un momento posterior constituir un domicilio independiente (D. 50.1.3 y 4; 50.1.6§1). En este sentido, SALGADO, "Contribución…", cit., pág. 504; SAVIGNY, *Sistema…*, VI, cit., pág. 156 n. (t); GASPARD, *Recherches sur l'incolat…*, cit., pág. 15; CHAVANES, *Du Domicile*, cit., pág. 67; ANCELLE, *Du Domicile*, cit., pág. 56; TEDESCHI, "Contributo…", cit., pág. 233; idem, *Del Domicilio*, cit., pág. 8; VISCONTI, "Note preliminari sul «domicilium»…", cit., pág. 436; SANTALUCIA, *I «Libri Opinionum» di Ulpiano II*, cit., págs. 99 ss.; AYITER, "Einige Bemerkungen…", cit., págs. 76 ss.; PLESCIA, "Conflict…", cit., pág. 52; THOMAS, *«Origine» et «Commune Patrie»…*, cit., pág. 46 n. 59; LICANDRO, *Domicilium habere…*, cit., págs. 342 ss. y págs. 353 ss.

Nuestra postura viene confirmada por otro texto de Paulo en el que se indica que los libertos son *municipes* también del lugar donde establecen su domicilio, estando obligados a los *munera* tanto en el lugar de origen del patrono como en el de su residencia permanente:

> D. 50.1.22§2 (Paulus *libro I. Sententiarum*): *Municipes sunt liberti et in eo loco, ubi ipsi domicilium sua voluntate tulerunt; nec aliquod ex hoc origini patroni faciunt praeiudicium; et utrubique muneribus adstringuntur*[886].

Asimismo, este régimen domiciliario-fiscal no cambia en el caso de que el patrono sea una mujer puesto que, según Calistrato, de igual modo el liberto sigue su *origo* pero no su domicilio y está obligado a los *munera* tanto en el lugar de donde fuere la patrona como donde tuviera él mismo su domicilio:

> D. 50.1.37§1 (Callistratus *libro I. de Cognitionibus*): *Libertos eo loco munus facere debere, unde patrona erit, et ubi ipsi domicilium habebunt, placet*[887].

---

[886] *Pauli Sententiae*, 1.1a.4. SAVIGNY, *Sistema...*, VI, cit., pág. 156; RIVIER, *Précis...*, cit., pág. 285 y pág. 288; CHAVANES, *Du Domicile*, cit., págs. 67-68; ANCELLE, *Du Domicile*, cit., págs. 56-57; ROUSSEL, *Du domicile*, cit., pág. 30; WILLEMS, *Le droit public romain*, cit., pág. 516 n. 8; NÖRR, s.v. «origo», cit., col. 461; DE RUGGIERO, *La patria...*, cit., págs. 98-99; VISCONTI, "Note preliminari sull'«origo»...", cit., pág. 99; ARANGIO-RUIZ, "Tre rescritti...", cit., pág. 4; SANTALUCIA, *I «Libri Opinionum» di Ulpiano II*, cit., pág. 107 n. 48; PLESCIA, "Conflict...", cit., pág. 52; THOMAS, *«Origine» et «Commune Patrie»...*, cit., pág. 46; LICANDRO, *Domicilium habere...*, cit., págs. 353 ss.; CUENA BOY, "Nuevos...", cit., págs. 3-4. Cfr. LEVY, *Pauli Sententiae*, cit., págs. 8-9, que defiende el carácter clásico del pasaje y precisa que el mismo sólo sería incorrecto si se interpreta *municipes* como referido a los *cives* del lugar en oposición a los *incolae*.

[887] Por su parte LEVY-RABEL, *Index Interpolationum*, III, cit., col. 572, no indican ninguna alteración en el pasaje. SAVIGNY, *Sistema...*, VI, cit., pág. 156; ANCELLE, *Du Domicile*, cit., pág. 57; DE RUGGIERO, *La patria...*, cit., págs. 98-99; NÖRR, s.v. «origo», cit., col. 461; ARANGIO-RUIZ, "Tre rescritti...", cit., pág. 4 n. 4; LEVY, *Pauli Sententiae*, cit., pág. 5; LANGHAMMER, *Die rechtliche...*, cit., pág. 27 n. 10; SANTALUCIA, *I «Libri Opinionum» di Ulpiano II*, cit.,

Lógicamente, como precisa Ulpiano, esta sujeción a los *munera* en el lugar de *origo* de su patrono, está supeditada a que el liberto tenga un patrimonio propio suficiente para tales cargas, dado que los bienes del patrono no están sujetos a los *munera* de sus libertos:

> D. 50.4.3§8 (Ulpianus *libro II. Opinionum*): *Liberti muneribus fungi debent apud originem patronorum, sed si sua patrimonia habent sufferctura oneribus; res enim patronorum muneribus libertinorum subiecta non est*[888].

Igualmente, dicha sujeción del liberto a los *munera* en la patria de origen de sus patronos, siempre con arreglo a su patrimonio propio, fue mantenida, como apunta Nörr, por los emperadores Diocleciano y Maximiano:

> C. I. 9.21.1, *in finem* (*Impp. Diocletianus et Maximianus AA. et CC. Baccho*): *Muneribus vero personalibus in patria patroni, quae congruunt huiusmodi hominibus, singulos pro viribus adstrictos esse, non dubium est*[889].

A su vez, como indica Cosentini, tales emperadores reforzaron la libertad domiciliaria de los libertos con una constitución del año 293 d. C. en la cual afirmaban que los manumitidos tenían el libre

pág. 107 n. 48; Salgado, "Contribución…", cit., pág. 504; Thomas, *«Origine» et «Commune Patrie»…*, cit., pág. 46; Licandro, *Domicilium habere…*, cit., pág. 356; Gagliardi, *Mobilità…*, cit., págs. 463 ss.; Cuena Boy, "Nuevos…", cit., pág. 3 n. 29. Asimismo, como nos indica Nörr, s.v. «origo», cit., pág. 461, Gordiano estableció que el manumitido por una causa de fideicomiso adquiría el *origo* del fideicomisario ejecutor del otorgamiento de la libertad y no el de quien hubiera rogado que se le diera (C. I. 10.39-40-.2).

888 Levy-Rabel, *Index Interpolationum*, III, cit., col. 573, no señalan ninguna alteración en el pasaje. Sobre el mismo, Nörr, s.v. «origo», cit., col., 461; Arangio-Ruiz, "Tre rescritti…", cit., pág. 4 n. 4; Levy, *Pauli Sententiae*, cit., pág. 7; Santalucia, *I «Libri Opinionum» di Ulpiano II*, cit., págs. 119 ss.; Licandro, *Domicilium habere…*, cit., págs. 353 ss.; Gagliardi, *Mobilità…*, cit., págs. 463 ss.; Cuena Boy, "Nuevos…", cit., pág. 3 n. 12 y pág. 5 n. 59.

889 Nörr, s.v. «origo», cit., col. 461; Levy, *Pauli Sententiae*, cit., pág. 7; Cuena Boy, "Nuevos…", cit., pág. 5 n. 59.

arbitrio de residir donde quisieran y, si bien les debían reverencia, las leyes no les obligaban a habitar con sus patronos:

> C. I. 6.3.12 (Impp. *Diocletianus et Maximianus AA. et CC. Veneriae*): *Qui manumittuntur, liberum, ubi voluerint, commorandi arbitrium habent, nec a patronorum filiis, quibus solam reverentiam debent, ad serviendi necessitatem redigi possunt, nisi ingrati probentur, quum neque cum patrono habitare libertos iura compellant*[890].

Es por ello que, conscientes de que los libertos podían domiciliarse en una ciudad distinta, estos emperadores establecieron que su condición de libertinos no les excusaba en la misma de los *munera civiles*:

> C. I. 10.56(58).1 (*Impp. Diocletianus et Maximianus AA. et CC. Bucillo*): *Conditio libertinitatis de muneribus civilibus tribuere non potest excusationem, nec in ea quidem civitate, ubi domicilium libertinus habet*[891].

Y por la misma razón, como vimos al analizar el domicilio de los senadores, Hermogeniano nos indica que los provinciales que alcanzaran la dignidad senatorial conservaban su *origo* sólo en cuanto a los honores, *origo* que asumían sus manumitidos sin hacer referencia, en este caso, al domicilio patronal:

> D. 50.1.23 pr. (Hermogenianus *libro I. Iuris epitomarum*): *... deninque manumissi ab eo eius municipii efficiuntur municipes, unde originem trahit*[892].

---

[890] COSENTINI, *Studi...*, I, cit., págs. 86-88, donde extrae la misma conclusión de D. 43.29.3§4. Sobre la constitución de Diocleciano y Maximiano, vid., entre otros, VITUCCI, s.v. «libertus», cit., pág. 908; WATSON, *Roman Slave Law*, cit., pág. 40; PESCANI, *Le «operae libertorum»...*, cit., págs. 21-22; GAGLIARDI, *Mobilità...*, cit., pág. 476.

[891] Por todos, DE RUGGIERO, *La patria...*, cit., págs. 98-99; CUENA BOY, "Nuevos...", cit., pág 5 ns. 56 y 59.

[892] Es obvio, como señala NÖRR, s.v. «origo», cit., col. 461, que Hermogeniano se refiere a los manumitidos de modo solemne; DE RUGGIERO, *La patria...*, cit., pág. 12 y pág. 97; CUENA BOY, "Nuevos...", cit., págs. 3-4.

En consecuencia, cabría afirmar que, a través del análisis de los textos efectuado, quedan solventadas, a nuestro juicio, no sólo las contradicciones que sobre el régimen domiciliario de los libertos han apuntado algunos autores[893], sino también plenamente superada la dependencia domiciliaria legal señalada por otros[894] dado que, conforme a la interpretación expuesta, resulta evidente que el liberto no tenía la obligación de habitar en la misma casa del patrono, ni de tener el mismo domicilio, tal y como apuntara COSENTINI[895].

En efecto, de estos pasajes se deduce que el liberto, carente de domicilio hasta la manumisión, adquiere como primera domiciliación la de su patrono pero puede con posterioridad, y con el permiso de aquél derivado de la *reverentia*, establecer un domicilio en otro lugar, en cuyo caso, en ambos lugares, es decir, tanto en el del origen del patrono como en el de su domicilio independiente, estará obligado si dispone de los bienes suficientes a los *munera*[896]. Por el

---

893 El carácter confuso y contradictorio de las fuentes respecto al domicilio de los libertos ha sido apuntado por, BURDESE, s.v. «domicilio (Diritto romano), cit., pág. 838; SALGADO, "Contribución…", cit., págs. 504-505.

894 Entre ellos, LÉCRIVAIN, CH., s.v. «libertus, libertinus», en *D.S.*, Paris, 1877-1918, III.2, pág. 1212, para quien el liberto viviera o no con su patrono tenía su mismo domicilio; LAMBERT, *Les operae liberti…*, cit., pág. 27 n. 2, para quien el liberto asume como domicilio el domicilio de su patrono; LÉMONNIER, *Étude…*, cit., pág. 104 y pág. 151, primero afirma que el liberto tenía como domicilio legal el domicilio de su patrono pero, posteriormente, reconoce que las inscripciones mencionan un gran número de libertos "qui ont leur domicile, exercent un métier plus ou moins relevé, et ne doivent avoir avec le patron que des rapports fort éloignés"; GUZMÁN BRITO, *Derecho Privado Romano*, I, cit., pág. 287, quien exclusivamente sobre la base de D. 50.1.22 pr., y citando erróneamente la constitución de Gordiano sobre el *origo* del manumitido por fideicomiso, afirma que los libertos y sus hijos tienen el domicilio del patrono, sin tener en cuenta el resto de los textos aquí analizados.

895 COSENTINI, *Studi…*, I, cit., pág. 87. Al respecto, vid., también ARANGIO-RUIZ, "Tre rescritti…", cit., pág. 4, que insiste en la relevancia de la voluntad del liberto respecto a la elección del domicilio; GAGLIARDI, *Mobilità…*, cit., págs. 463 ss.

896 STAERMAN-TROFIMOVA, *La esclavitud…*, cit., pág. 123, establece que los libertos cumplían las obligaciones municipales en las ciudades de *origo* de los patronos, pero si lo deseaban, junto con su patrono o sin él, podían ser cooptados entre los ciudadanos de otras ciudades en cuyo caso debían afrontar

contrario, si era el patrono quien trasladaba su domicilio a otro lugar, el liberto continuaba sujeto a los *munera* en razón del origen pero no en función del nuevo domicilio del patrono.

5. MANTENIMIENTO DE LA POSIBLE AUTONOMÍA DOMICILIARIA DEL LIBERTO EN EL BAJO IMPERIO Y CON JUSTINIANO

En el Bajo Imperio se mantuvo la política favorable a la libertad que se iniciara, como apunta LÉMONNIER, en el siglo II d. C. con los Antoninos[897].

En efecto, recogiendo la síntesis efectuada por FERNÁNDEZ DE BUJÁN, A., en la época romano-helénica se añaden a las antiguas causas legales de liberación de la esclavitud otras nuevas y se introduce con Constantino, por influencia del cristianismo, una nueva forma de manumisión, la *manumissio in sacrosanctis ecclesii*[898].

---

sus obligaciones en ambas cidadades; WALDSTEIN, *Operae libertorum...*, cit., pág. 85 n. 231. Sobre esta obligación vid. el capítulo II correspondiente al domicilio de los decuriones y magistrados locales.

[897] LÉMONNIER, *Étude...*, cit., págs. 24 ss., págs. 77 ss. y págs. 293 ss.; BONFANTE, *Corso...*, I, cit., págs. 227 ss., señala el cese del formalismo de los antiguos modos de manumisión, la desaparición de la *manumissio censu* con la desaparición del censo, la reducción de la *manumissio vindicta* a una declaración de voluntad hecha ante el magistrado, la eficacia de la manumisión por testamento aunque éste sea inválido o anulado y el surgimiento de nuevas causas de liberación *ipso iure*; CASTELLO, C., "«Humanitas» e «Favor libertatis». Schiavi e liberti nel I secolo", en *Sodalitas. Scritti in onore di Antonio Guarino*, V, Napoli, 1984, pág. 2175, recoge también algunas medidas adoptadas a lo largo del Imperio relativas al *favor libertatis*.

[898] FERNÁNDEZ DE BUJÁN, A., "Esclavitud...", cit., pág. 2 y pág. 9, especialmente; idem, *Derecho Privado...*, cit., págs. 218 ss. C. Theod. 4.7.1(=C. I. 1.13.2); C. Theod. 9.24.1; C. Theod. 9.21.2§2; C. I. 1.3.; C. I. 1.33; C. I. 6.13.3, entre otras; SARGENTI, *Il Diritto...*, cit., págs. 59 ss. y págs. 71 ss.; BONFANTE, *Corso...*, I, cit., pág. 229; ALBANESE, *Le persone...*, cit., págs. 22 ss., págs. 55 ss. y págs. 65 ss. Sobre esta forma de manumisión, COLLINET-GIFFARD, *Précis...*, I, cit., págs. 163 ss.; WILLEMS, *Le droit public romain*, cit., pág. 653; DE DOMINICIS, s.v. «manumissio (Diritto romano)», cit.,

Por su parte, afirma BONFANTE, Justiniano limitó la vigencia de la *lex Aelia Sentia* a la prohibición de la manumisión en fraude de acreedores, abolió la *lex Fufia Caninia*, suprimiendo el *status* de los latinos y de la *libertas latina* de los manumitidos en forma pretoria de tal modo que los distintos tipos de manumisiones atribuían al liberto la ciudadanía romana e incrementó nuevamente las causas de liberación legal y del *favor libertatis*[899].

Asimismo, como constata ALBANESE, Justiniano abolió buena parte de los supuestos en los que un extraño, que no era ni patrono ni manumisor, tenía derecho al *ius patronatus*[900].

Y con este emperador, afirma LORETI-LORINI, se parifica la manumisión ordinaria al *ius aureorum anulorum* y a la *natalium restitutio*, equiparando así de forma general y absoluta a los libertinos con los ingenuos, desapareciendo todo residuo de su inferioridad en el ámbito del derecho público, tal y como se constata en una Novela del año 539 d. C.:

---

págs. 196-197; FABRINI, F., *La manumissio in ecclesia*, Milano, 1965, *passim*; CALDERONI, S., "Intorni ai problemi della «manumissio in ecclesia»", en *Studi in onore di Giuseppe Grosso*, IV, Torino, 1968, págs. 377 ss.; OLÍS ROBLEDA, *Il diritto...*, cit., págs. 142 ss.; BRADLEY, *Esclavitud...*, cit., págs. 191 ss.; DE ROBERTIS, F.M., "La costantiniana «manumissio in Ecclesiis» e i gravissimi sviamenti nelle altre forme di manomissione", en *S.D.H.I.*, 65, 1999, págs. 145 ss.; BARONE-ADESI, G., "Istanze servili alle libertates: alle origini della disciplina constantiniana «De his qui in ecclesiis manumittuntur»", en *Ius Antiqui Histoira*, nº 5, 2013, págs. 89-120.

[899] BONFANTE, *Corso...*, I, cit., págs. 229-230. C. I. 7.6.; *Institutae Iustiniani*, 1.5; 1.6; 1.7; 3.7.4; 3.9.5; *Novellae Iustiniani*, 78, pr.; 153, entre otras. Sobre la legislación de Justiniano a este respecto, CANTARELLI, "I Latini Juniani...", cit., págs. 3 ss.; PEROZZI, *Istituzioni...*, I, cit., págs. 261 ss.; DE DOMINICIS, s.v. «manumissio (Diritto romano)», cit., págs. 197-198; LÉMONNIER, *Étude...*, cit., pág. 80; CASTELLO, *L'acquisto...*, cit., pág. 161; ALBANESE, *Le persone...*, cit., págs. 22 ss. y págs. 49-50, entre otras; VITUCCI, s.v. «Latium», cit., págs. 446 ss.; BUCKLAND, *A Manual...*, cit., págs. 47 ss.; DALLA, D., "L'adoptio *servi* tra manomissione e adozione nelle norme giustinianee", en *Scritti in onore di Angelo Falzea*, 4, 1991, págs. 231 ss.; MELLUSO, *La schiavitù...*, cit., págs. 59 ss., págs. 78 ss., págs. 86 ss. y págs. 122 ss.; VARELA MATEOS, "Los derechos hereditarios...", cit., pág. 9.

[900] ALBANESE, *Le persone...*, cit., pág. 63 n. 223.

> *Novellae Iustiniani*, 78, cap. 1 (*Imp. Iustinianus Aug. Ioanni, gloriosissimo per Orientem Praetorium Praefecto iterum, Exconsuli et Patricio*): *Propterea sancimus, si quis manumittens servum aut ancillam suam, cives denuntiaverit romanos (neque enim aliter licet), sciat ex hac lege, quia qui libertatem acceperit, habebit subsequens mox et aureorum annulorum et regenerationis ius, et non iam ex necessitate hoc a principibus postulabit, neque indigebit omnino ulla scrupulositate, sed libertatis virtute haec omnia subsequentur, hac nostra lege ex praesente die inchoante*[901].

La influencia del cristianismo en la adopción de tal medida se constata en el propio prefacio de la Constitución en el que se indica que si Dios nos daba perfectos todos los bienes, era necesario también hacer pura, sin barniz y perfecta la misma libertad a los esclavos, cuando por sus dueños son librados de su anterior condición:

> *Perfectis nobis omnibus bonis a magno deo datis, existimavimus oportere et ipsas servorum libertates, quum a priore conditione a dominis liberantur, eis omnino puras et infucatas et perfectas efficere*[902].

No obstante, precisa LORETI-LORINI, si bien se cancela el libertinato como estado social, no desaparece por ello el derecho de patronato, lo que demuestra que el mismo había perdido su concepto antiguo basado en el *obsequium* para pasar a considerarse como una simple "entidad económica":

---

[901] LORENTI-LORINI, B., "La condizione del liberto orcino nella compilazione giustinianea", en *B.I.D.R.*, 34, 1935, págs. 65-66. FERRINI, *Manuale di Pandette*, cit., pág. 59; OLÍS ROBLEDA, *Il diritto...*, cit., pág. 173. Sobre la fecha de esta Novela, COSENTINI, C., s.v. «liberti (Diritto romano)», en *N.N.D.I.*, vol. IX, Torino, 1963, pág. 882, quien la data en el año 539 d. C.; ALBANESE, *Le persone...*, cit., pág. 62; MASI DORIA, *Bona libertorum...*, cit., pág. 12, quien la data en el año 537 d. C.; MELLUSO, *La schiavitù...*, cit., págs. 127 ss.

[902] *Novellae Iustiniani*, 78, *praefatio*.

> *Illud ero adiicimus, ut nihil neque post hanc legem nostram laedantur patronatus iura, illa vero, quae nos sancivimus, in quibuscunque omnino haec personis servavimus...* [903].

Sin embargo, LORETI-LORINI pasa por alto que, en la propia Novela, el emperador, como indica MELLUSO, exige a los libertos que guarden a su patrono el respeto y la reverencia debida en virtud el *obsequium*:

> *Habeant itaque haec omnia qui libertatem meruerunt, veruntamen servent etiam post hanc nostram constitutionem eis, qui ad talem eos perduxerunt honorem, omnem reverentiam, et hoc, quod vocatur obsequium, et reverentiam recte legibus introductam...* [904].

Y afirma que, guardando dicha reverencia y devoción a los manumisores y sus hijos, los manumitidos serán perpetuamente libres e ingenuos:

> *Erunt namque ita perpetue liberi et ingenui, si manumissoribus eorumque filiis inconfusam et liberam suam venerationem et reverentiam devortionemque servaverint, quibus videlicet observatis nunquam ad priorem relabentur fortunam* [905].

Por tanto, si bien convenimos con LORENTE-LORINI en que el derecho de patronato se traducía en un derecho patrimonial, la equiparación de los libertos a los ingenuos no impide que los mismos

[903] *Novellae Iustiniani*, 78, cap. 2 pr. LORENTI-LORINI, "La condizione...", cit., pág. 66; CARAMES FERRO, *Instituciones...*, I, cit., pág. 99, entiende que Justiniano equipara al liberto con el ingenuo pero respetando los derechos del patrono; MELLUSO, *La schiavitù...*, cit., págs. 24 ss. y pág. 128, indica que en esta época se mantenía, en algunos casos, la revocación de la libertad en el caso de que el liberto fuera responsable de grandes faltas de respeto hacia el patrono.

[904] *Novellae Iustiniani*, 78, cap. 2 pr. MELLUSO, *La schiavitù...*, cit., pág. 128.

[905] *Novellae Iustiniani*, 78, cap. 2§1.

debieran a sus patronos el *obsequium* y que éste continuara siendo una de sus bases, sobre todo si se tiene en cuenta la afirmación de Justiniano consistente en que el patrono respecto al liberto se hizo igual a un padre:

> ... *qui aequalis patri circa libertum factus est*...[906].

En efecto, el derecho de patronato, como afirma Masi Doria, fue objeto de una nueva regulación por Justiniano puesto que, como afirmaba el propio emperador en sus Instituciones, hasta su tiempo el mismo resultaba oscuro, lleno de nubes y confuso en todas sus partes:

> *Institutae Iustiniani*, 3.6.10: ... *quod ius usque ad nostra tempora satis obscurum atque nube plenum et undique confusum fuerat*...[907].

En el año 529 dispuso que si el patrono liberaba a su liberto del derecho de patronato, perdía también sus derechos sucesorios pero el liberto debía mantener íntegramente la reverencia debida y el patrono conservaba su derecho contra los libertos ingratos:

> C. I. 6.4.3 (*Imp. Iustinianus A. Demostheni P.P.*): ... *reverentia tamen, quae a libertis debetur, et iure, quod adversus ingratos libertos patronis competit, integris reservandis*...

Dos años más tarde, en una Constitución tomada de los Basilicos y del palimpsesto de Verona, da una nueva forma a los derechos de patronato, enumerando en primer lugar todas las causas de exención[908] y concretando posteriormente los derechos de patronato cuando las mismas no se producían, a través de un nuevo régimen sucesorio que ponía fin a los "inextricables rodeos de la *Lex Papia*"[909]

---

906 *Novellae Iustiniani*, 78, cap. 2 pr.

907 Masi Doria, *Bona libertorum*..., cit., págs. 10-12; Melluso, *La schiavitù*..., cit., págs. 129 n. 467 y pág. 154.

908 C. I. 6.4.4§1-8 (A. *Graecae const. Imp. Iustiniani argumentum ex Bas*).

909 C. I. 6.4.4§9 y ss. (A. *Graecae const. Imp. Iustiniani argumentum ex Bas;* B. *Genuinae const. particula a media §23. usque ad finem ex palimpsesto*

limitando, a juicio de ALBANESE, los antiguos privilegios sucesorios del patrono[910].

El derecho de patronato fue, en consecuencia, objeto de modificaciones a lo largo del derecho postclásico y justinianeo, pero su configuración como derecho patrimonial continuaba sin producir limitaciones a la independencia domiciliaria del liberto, hecho que unido al mantenimiento del respeto debido en virtud del *obsequium* y a la introducción en el Código Justinianeo de las constituciones de Diocleciano y Maximiano que protegían y favorecían la posibilidad de que el liberto fuese titular de un domicilio autónomo, nos permite apuntar que a lo largo de este periodo se mantuvo el régimen domiciliario surgido en los siglos precedentes, esto es, que el liberto podía con el permiso de su patrono domiciliarse al margen del domicilio patronal.

Veronensi). Sobre el nuevo régimen sucesorio, vid., *Institutae Iustiniani*, 3.6.3; 3.9.5.

[910] ALBANESE, *Le persone*..., cit., pág. 62; MELLUSO, *La schiavitù*..., cit., págs. 128 ss.

Capítulo VIII
EL COLONO PRIVADO BAJOIMPERIAL

1. INTRODUCCIÓN: ORIGEN LEGAL Y RAZONES DEL COLONATO PRIVADO: REFORMA FISCAL DE DIOCLECIANO Y LA VINCULACIÓN AL *ORIGO* DE CONSTANTINO

Hoy en día la regulación del colonato sigue teniendo muchos puntos oscuros, no existiendo un consenso doctrinal respecto a sus elementos constitutivos, el lugar de formación o los antecedentes institucionales. La dificultad del tema ha conducido a la elaboración de las más variadas teorías[911], incluso a su calificación como mito

---

[911] Las distintas teorías sobre el origen del colonato fueron meritoriamente resumidas por Segré en cinco grupos: 1°. Atendiendo a los elementos constitutivos, se ha discutido si el elemento personal de colonato son las clases serviles, en parte manumitidas, los hombres libres (pequeños propietarios, arrendatarios u obreros sin residencia fija) o ambos. 2°. Respecto al lugar de surgimiento, se ha cuestionado si es de origen itálico, si fue exclusivamente provincial o si, según la mayoría, nació al mismo tiempo en Italia y las provincias. 3°. En cuanto a la época de su formación, algunos lo han configurado como un instituto prerromano, otros como un instituto republicano y, los más, de época imperial. 4°. Asimismo se ha polemizado sobre el carácter autóctono o extranjero de los colonos, sin que falten posiciones eclécticas. 5°. Finalmente, en relación con las instituciones precedentes, se han encontrado sus antecedentes en las costumbres italo-griegas, en la primitiva organización de la familia céltica,

historiográfico por Carrié[912] o la reciente renuncia de Grey a encontrar una respuesta, dada la naturaleza de las fuentes[913].

El principal problema radica en la imposibilidad de derivar la institución de una sola raíz ya que, como afirmaba Álvarez Suárez, su origen y causas obedecen a circunstancias muy diversas, experimentando una evolución diferente en la parte Occidental del Imperio y en la parte Oriental, sin que pueda descartarse el influjo recíproco de unas situaciones en otras[914].

El propio término "*colonus*", como señalan Fatás y Marco, careció en las fuentes romanas de un significado único y valido para todas las épocas, siendo utilizado para designar realidades diversas a

---

en la servidumbre germánica o en las instituciones italo-gálicas. Segré, G., "Studio sulla origine e sullo sviluppo storico del colonato romano", en *Archivio Giuridico Filippo Serafini*, XLII, 1889, págs. 467-515 (ídem, XLIII, 1889, págs. 150-206; XLIIV, 1890, págs. 33-66; y XLVI, 1891, págs. 261-315). Al respecto, Marcone, A., *Il colonato tardoantico nella storiografia moderna: da Fustel de Coulanges ai nostri giorni*, Como, 1988, págs. 13 ss.; Giliberti, *Servi…*, cit., págs. 4 ss.

912 Carrié, J.M., "Le colonat du Bas-Empire: un myhte historiographique?", en *Opus*, I.2, 1982, págs. 351 ss.; ídem: "Un roman des origines: Les généalogies du colonat du Bas-Empire", en *Opus*, II.1, 1983, pág. 215, afirma que el colonato era una creación de los historiadores efectuada sobre la base de la servidumbre de la gleba medieval. Esta teoría fue criticada con acierto por Marcone, A., "Il colonato del Tardo Impero: un mito storiografico?", en *Athenaeum*, 63, 1985, págs. 513-520.

913 Grey, C., "Contextualizing *Colonatus*: the *Origo* of the Late Roman Empire", en *J.R.S.*, XCVII, 2007, págs. 155 ss.

914 Álvarez Suárez, *Instituciones…*, III, cit., págs. 101 ss. La dificultad de los orígenes y las diferentes raíces han sido señaladas también por Fustel De Coulanges, D., *Le colonat romain. Recherches sur quelques problèmes d'histoire*, Paris, 1884, págs. 3 ss.; Collinet, P., "Le colonat dans l'Empire Romain", en *Recueil de la Société Jean Bodin*, Bruxelles, 1937, págs. 103 ss.; De Dominicis, M., "I coloni *adscripticii* nella legislazione di Giustiniano", en *Studi Betti*, III, Milano, 1962, pág. 87; Pallasse, M., *Orient et Occident à propos du colonat du Bas-Empire*, Alger, 1950, págs. 15 ss. y págs. 42 ss., afirma que la evolución del colonato en las dos partes del imperio sólo comienza a ser análoga al final del siglo IV; De Martino, F., "Il colonato fra economia e diritto", en AA.VV., *Storia di Roma* (Dir. A. Momigliano y A. Schiavone), III.1, Torino, 1989, págs. 789 ss.

través de una evolución semántica que se desarrolla a lo largo de las distintas etapas del Derecho Romano[915].

Etimológicamente, *colonus* procede de *colere* y designa comúnmente, en palabras de CORNIL, "*qui terram colit*", es decir, al cultivador de la tierra[916], un significado propio de época arcaica en la que la escasa esclavitud condujo, según DE MARTINO, a la equiparación de los conceptos de cliente y colono, en cuanto cultivadores de la tierra que pertenecía en propiedad colectiva a la *gens*[917].

Partiendo de este primitivo significado, la política expansionista romana determina que, sobre todo a partir del siglo III a.C., el término *colonus* mute de significado y pase a designar al pleno ciudadano de una colonia romana o latina[918]. En efecto, como tuvimos oportu-

---

[915] FATAS, F.-MARCO, F., "Consideraciones sobre el colonato", en *Memorias de Historia Antigua*, nº 2, 1978, págs. 187 ss. En este sentido, MARÍN GARCÍA, Mª.T.- MARTÍNEZ VELA, J.A., "Claves para el estudio del colonato romano", en *III Congreso Iberoamericano de Derecho romano*, Universidad de León, 1998, pág. 237, quienes afirman que las fuentes no aluden al término *colonatus*. Esta opinión es precisada por GREY, "Contextualizing...", cit., págs. 155 ss., para quien el término *colonatus* es utilizado en las fuentes de modo abstracto para aludir a actividades agrícolas sin hacer referencia a un específico *status*.

[916] Por todos, CORNIL, *Droit Romain*, cit., pág. 506; BROSZ, R., "Les changementes sémantiques du mot «colonus» dans le sources du droit Romain", en *Annales Universitatis Scientarum Budapestinensis*, 1959, págs. 39 ss.; FORCELLINI, A., *Lexicon totius latinitatis*, I, Patavaii, 1940 (2ª reimpresión anastática de 1965), pág. 693, voz «colonus»; ERNOUT-MEILLET, *Dictionnaire...*, cit., pág. 132, voz «colonus»; FATÁS-MARCO, "Consideraciones...", cit., pág. 188; BRAVO, G., *El colonato bajoimperial*, Madrid, 1991, pág. 7; GLARE, P.G.W. (ed.), *Oxford latin dictionary*, Oxford, 1996, págs. 355-356, voz «colonus»; GILIBERTI, G., *Servi...*, cit., pág. 28; MARÍN GARCÍA-MARTÍNEZ VELA, "Claves...", cit., pág. 237; TELLO LÁZARO, J.C., "La clientela romana y el clientelismo político", en AA.VV., *Derecho, persona y ciudadanía. Una experiencia jurídico comparada*, Madrid, Barcelona, Buenos Aires, 2010, págs. 358.

[917] DE MARTINO, F., "Colini in Italia", en *Labeo*, I, 1995. págs. 35 ss., citado por MARÍN GARCÍA, "Claves...", cit., pág. 237. Al respecto, TELLO LÁZARO, "La clientela...", cit., págs. 358; GILIBERTI, *Servi...*, cit., pág. 28.

[918] BROSZ, "Les changements...", cit., pág. 40, considera que este significado desapareció en el Principado. Cfr. MARÍN GARCÍA-MARTÍNEZ VELA, "Claves...", cit., pág. 237, quien acertadamente defiende el mantenimiento de este significado durante toda la historia del derecho romano. FATÁS-MARCO, "Con-

nidad de exponer en otra sede, este empleo del término es abundante en las fuentes literarias y epigráficas desde la época republicana, en las que junto a los ciudadanos de pleno derecho –que en función del estado de la ciudad son designados como *cives*, *municipes* o *coloni*– se menciona también a los residentes estables o *incolae*, diferenciándolos o equiparándolos en relación con diversos aspectos de la vida local[919].

Avanzando en el tiempo, las fuentes literarias y jurídicas de los primeros siglos del Imperio constatan una nueva variación semántica puesto que, de acuerdo con HUMBERT, en ellas se emplea el término *colonus* para designar una clase de arrendatario (*conductor*): el *conductor praedii rustici* por oposición al *inquilinus* o *conductor praedii urbani*[920]. Por tanto, colono era el arrendatario que cultivaba

---

sideraciones…", cit., pág. 188, señala cómo en ocasiones son equiparados a los *incola* en cuanto al significado de simple habitante. Esta acepción también es recogida en los diccionarios etimológicos. Al respecto, ERNOUT-MEILLET, *Dictionnaire…*, cit., págs. 132, voz «colonus»; GLARE (ed.), *Oxford…*, cit., págs. 355-356, voz «colonus».

[919] TITO LIVIO, *Ab urbe condita*, 34.42.5-6; Lex Ursonensis (F.I.R.A., I, p. 193), cap. 5.2; cap. 95; cap. 98; cap. 103; cap. 126; CIL. I. 585.66; C.I.L. V. 376; C.I.L. XIV. 2978=I.L.S. 5672. LÓPEZ HUGUET, *Régimen…*, cit., pág. 371 y págs. 413 ss.

[920] Cicerón, *pro Caecina*, 94; Varrón, *De re rustica*, 1.2.17; Séneca, *De beneficiis*, 7.5.2; Columela, *De re rustica*, 1.7.1; D. 19.2.9§3 (Ulpianus *libro XXXII. ad Edictum*); D. 19.2.24§1 (Paulus *libro XXXIV. ad Edictum*); D. 43.16.20 (Labeo *libro III. Pithanon a Paulo epitomatorum*). HUMBERT, G., s.v. «colonus», en *D.S.*, 1.2, Paris, 1877, pág. 1322. Al respecto, CICCOTTI, E., *El ocaso de la esclavitud en el mundo antiguo*, Barcelona, 1907, págs. 145 ss. (= *La esclavitud en Grecia, Roma y el mundo cristiano: apogeo y crisis de un sistema atroz*, Barcelona, 2005, págs. 307 ss.); CORNIL, *Droit Romain*, cit., pág. 506; PEROZZI, *Istituzioni…*, I, cit., pág. 560 n. 1; JONES, A.H.M., "The roman colonate", en *Past and Present*, 13, 1958, págs. 1-13 (= "El colonato romano", en *Estudios sobre Historia Antigua*, Madrid, 1981, págs. 315-316); DE MARTINO, "Il colonato…", cit., págs. 803 ss.; FATÁS-MARCO, "Consideraciones…", cit., págs. 188 ss., con copiosa enumeración de fuentes; BRAVO, *El colonato…*, cit., págs. 7; MARÍN GARCÍA-MARTÍNEZ VELA, "Claves…", cit., pág. 237 y n. 5; MARCONE, A., "Tra schiavitù e colonato. L'agricoltura romana in età imperiale", en *Storia dell'agricoltura romana*, Roma, 1997, págs. 151 ss.; MAZZA, M., "I coloni si lamentano: sottomissione e resistenza

la tierra a cambio de una prestación en dinero o en frutos (*colonus partiarius*)[921].

Pero, como constata BROSZ, junto a este significado genérico de *conductor* de un contrato típico de arrendamiento, en otras fuentes se utiliza el término con diferentes connotaciones. Así en la *lex colonis fundi Villae Magnae data ad exemplum legis Mancianae*, que regula las relaciones dentro de un fundo estatal, con *conductor* se indica al arrendatario que no cultiva la tierra personalmente, mientras que con *colonus* se alude al sujeto que en realidad cultiva la tierra subordinado al *conductor*[922]. Y también interesante en esta variedad de matices

in alcune iscrizioni del III secolo D.C.", en *Studia Historia. Historia antigua*, 25, 2007, págs. 451-467; TELLO LÁZARO, "La clientela...", cit., pág. 358; GILIBERTI, *Servi...*, cit., pág. 28. Cfr. FUSTEL DE COULANGES, *Le colonat...*, cit., págs. 9 ss. y págs. 22 ss., para quien ya a finales de la República coexistían los colonos libres y los colonos semilibres, opinión criticada con acierto por ROSAFIO, P., "Coloni imperiali e coloni privati nella legislazione del quarto secolo", en *Atti dell'Accademia Romanistica Costantiniana. X Convegno Internazionale in onore de Arnaldo Biscardi*, Perugia, 1991, págs. 447-459.

921 D. 19.2.25§6. HUMBERT, s.v. «colonus», cit., pág. 1322. Sobre el *colonus partiarius*, FUSTEL DE COULANGES, *Le colonat...*, cit., págs. 13 ss.; CUQ, E., *Le colonat partiaire*, Paris, 1897, *passim*; SEECK, s.v. «colonatus», en *P.W.R.E.*, IV.1, 1900, cols. 487 ss.; CORNIL, *Droit Romain*, cit., pág. 506; MARCONE, "Tra schiavitù...", cit., págs. 163 ss.; NEEVE, P.W., "Colon et colon partiaire", en *Mnemosyne*, 37, 1984, págs. 125-142; GILIBERTI, *Servi...*, cit., pág. 38 ss.; ROSAFIO, "Coloni...", cit., págs. 452 ss.; CUENA BOY, F., "Yanaconazgo y derecho romano: ¿una conjunción extravagante?", en *R.E.H.J.*, 28, 2006, pág. 6.

922 C.I.L. VIII. 25902 (Henchir-Mettich). La distinción entre *conductor* y *colonus* se observa también, entre otras, en D. 50.6.6§10-11; D. 19.2.49 pr.; C.I. 5.41.1; C.I. 5.62.8. Vid., asimismo, D. 19.2.24§1, sobre la posibilidad de subarriendo por parte del colono. BROSZ, "Les changements...", cit., pág. 41. SEECK, s.v. «colonatus», cit., cols. 487 ss.; CORNIL, *Droit Romain*, cit., pág. 506; CICCOTTI, *El ocaso...*, cit., pág. 150 (= *La esclavitud...*, cit., págs. 309-310); FATÁS-MARCO, "Consideraciones...", cit., págs. 187 ss.; GILIBERTI, *Servi...*, cit., pág. 28 n. 2 y pág. 79, señala que a partir del siglo II el término *conductor* se reserva a los grandes emprendedores agrícolas. Sobre las inscripciones africanas como la inscripción de Ain-el-Djemala (C.I.L. VIII. 25943), la de Ain-Ouassel (C.I.L. VIII. 26416), las relativas al *Saltus Burunitanus* (C.I.L. VIII. 10570 y Supl. 1.14464=I.L.S. 6870), la inscripción de Garz-Mezuar (C.I.L. VIII. 11824), la de Skaptopara (C.I.L. III.

es un pasaje de Escévola en el que se distinguen dos categorías de colonos: los *coloni extranei* o arrendatarios libres y los *coloni fide dominica* o esclavos arrendatarios de su señor[923].

En el empleo del término *colonus* con estas nuevas connotaciones, aprecian Marín García y Martínez Vela, una pausada evolución hacia su significado actual de sujeto de condición casi servil, aunque las fuentes de la época conservadas todavía conciban al colono como un hombre libre que, si bien puede tener tierras propias, cultiva una parcela ajena en régimen de arriendo o subarriendo durante el plazo de explotación convenido y con capacidad jurídica de defensa judicial[924].

12336) la *Petitio Araguenorum* (C.I.L. III. 14191) o la inscripción de Lella Drebblia (AE. 2001, 2083), entre otros, Fustel de Coulanges, *Le colonat...*, cit., págs. 25 ss.; De Malafosse, J., "Le droit agraire au Bas-Empire et dans l'Empire d'Orient", en *Rivista di diritto agrario*, 34, 1955, págs. 35-73; Saumagne, CH., "Du role de «l'origo» et du «census» dans la formation du colonat romain", en *Bizantion*, 12, 1937, págs. 578 ss., Kolendo, J., *Le colonat en Afrique sous le Haut-Empire*, Paris, 1976, págs. 10 ss.; Johne, K.P.-Köhn, J.-Weber, V., *Die Kolonen in Italien und den westlichen Provinzen des römischen Reiches*, Berlin, 1983, págs. 417 ss.; Marcone, *Il colonato...*, cit., págs. 27 ss.; Marín García-Martínez Vela, "Claves...", cit., pág. 238; Giliberti, *Servi...*, cit., pág. 40-45; Mazza, "I coloni...", cit., págs. 451 ss.; Sanz Palomera, G., "Nuevos fundamentos sobre la *lex Hadriana*: la inscripción de Lella Drebblia", en *Gerión*, 25.1, 2007, págs. 371-390 y la copiosa bibliografía por ellos citada.

[923] D. 33.7.20§1 (Scaevola *libro III. Responsorum*). Brosz, "Les changements...", cit., pág. 41. En el mismo sentido, con anterioridad, Humbert, s.v. «colonus», Humbert, G., s.v. «colonus»,, s.v. «colonus», cit., pág. 1322. Por su parte, Jones, "El colonato romano", cit., pág. 316, señala este pasaje como la prueba de que el colono podía abandonar los terrenos a pesar de que fuera atrasado en el pago del arrendamiento en contra de la opinión de Fustel de Coulanges, *Le colonat...*, cit., págs. 17-18, que ve en estos colonos libres endeudados y en la imposibilidad de abandonar la tierra que trabajan los antecedentes del colonato bajo imperial. Sobre el tema, Marcone, "Tra schiavitù...", cit., pág. 170; Rosafio, "Coloni...", cit., págs. 451 ss.

[924] Gayo, *Institutae*, 4.153. Marín García-Martínez Vela, "Claves...", cit., págs. 237-238, señalan que avanzado el Imperio la utilización del término para indicar al arrendamiento de un contrato típico de *locatio-conductio*

En realidad, sólo a partir del siglo IV, cuando el contrato de arrendamiento libre es modificado y sustituido por otros sistemas perpetuos de producción agrícola, la relación contractual se transformará en una relación de dependencia entre el colono y la parcela de tierra que cultivaba, impulsada, según De Martino, por la necesidad de asegurar la explotación de las tierras, evitando su abandono, y el nuevo sistema impositivo, basado en las unidades de propiedad (*iuga*) y en la fuerza de trabajo (*capita*), lo que provocó que los

---

será cada vez menor, como se desprende de las *Pauli Sententiae* (2.18) en las que se utiliza siempre el término *conductor*, siguiendo en este sentido a Fustel de Coulanges, *Le colonat...*, cit., págs. 14 ss., especialmente, pág. 23; Fatás-Marco, "Consideraciones...", cit., págs. 187 ss., recogen, entre otros muchos, Varrón, *de re rustica*, 1.2.17 y D. 19.2.30§4 e indican que incluso el propio Isidoro de Sevilla consideraba que la definición más extendida en su época era la de "agricultor teóricamente libre que trabaja un campo arrendado y que se halla *sub dominio possessoris (fundi)*"; Bravo, G., "El estatuto sociopolítico del colono en la génesis de la sociedad bajoimperial", *Memorias de Historia Antigua*, 2, 1978, págs. 64 ss.; idem, *El colonato...*, cit., pág. 8 ss., para quien aunque el colono seguía siendo libre algunos hechos indicaban ya un cambio en las tradicionales relaciones de colonato. Algunos autores observan en este colono libre que explota campos ajenos en régimen de arriendo o subarriendo, una relación "clientelar", al menos mientras el inicio y fin del vínculo fue voluntario. En este sentido, Mangas, J., "Clientela privada en la Hispania romana", en *Memorias de Historia Antigua*, nº 2, 1978, pág. 223, para quien, en el Bajo Imperio no se distinguía bien entre el colonato y la clientela privada (D. 19.1.49), lo que le lleva a afirmar que "las relaciones de clientela privada vigentes en el periodo alto-imperial habrían también contribuido junto con el estatuto de los libertos y ciertas formas de esclavitud formal (los *servi qui bona fide serviunt*) a conformar el estatuto del colono bajoimperial". Esta idea es recogida por Tello Lázaro, "La clientela...", cit., pág. 359, para quien, a pesar de la existencia de un contrato de arrendamiento, su consideración "clientelar" podría salvarse si "se acepta el arrendamiento o subarrendamiento como otro servicio más dentro de la relación de clientela. O, incluso, cabe pensar que el contrato otorgaría una sanción jurídica a una situación de hecho previa"; Giliberti, *Servi...*, cit., pág. 30 ss., si bien precisa que el propietario no tendría ningún poder disciplinar sobre el colono ni podría obligarle a permanecer en el fundo al término del contrato.

colonos fuesen vinculados perpetua y hereditariamente al suelo que trabajaban[925].

En el mismo sentido se pronuncia BRAVO, para quien "el colono «libre» se transformó en campesino dependiente no tanto por «pertenecer a» sino por «estar obligado a» bajo las condiciones estipuladas en el arriendo o en aplicación de las normas que regulaban las nuevas formas de cesión del suelo cultivado o abandonado (*agri deserti*) puestas en práctica por la administración"[926].

Ahora bien, ello no significa que el agricultor libre vinculado por un contrato tipo de arrendamiento desapareciera, ni que la configuración del colono como un arrendatario perpetuo y hereditario fuese homogénea, encerrando la diversidad terminológica de las fuentes[927],

---

[925] C. Theod. 5.17.1 (*Imp. Constantinus A. ad Provinciales*); C.I. 11.47(48).7 (*Impp. Valentinianus et Valens AA. Ad Maximum P.P.*); C.I. 11.50(51).1 (*Imppp. Valentinianus, Theodosius et Arcadius AAA. Cynegio P.P.*). DE MARTINO, "Il colonato...", cit., pág. 798 y pág. 820. Sobre esta evolución, PEROZZI, *Istituzioni...*, I, cit., pág. 562; SAUMAGNE, "Du role...", cit., págs. 487 ss.; BRAVO, *El colonato...*, cit., pág. 11 ss.; FATÁS-MARCO, "Consideraciones...", cit., págs. 185; DÍAZ, P.C., "El testamento de Vicente: propietarios y dependientes en la Hispania del siglo VI", en AA.VV., *Romanización y Reconquista en la Península Ibérica: nuevas perspectivas*, Salamanca, 1998, págs. 266-267; GILIBERTI, *Servi...*, cit., pág. 1 ss. y pág. 76; CUENA BOY, "Yanaconazgo...", cit., págs. 5 ss.

[926] BRAVO, *El colonato...*, cit., pág. 11, siguiendo a SEECK, O., *Geschichte der Untergang der antiken Welt*, Stuttgart, 1920.

[927] A este respecto, la doctrina ha diferenciado cinco clases de colonos, aunque con discrepancias en el análisis e interpretación de su régimen jurídico: *inquilini*, *originarii*, *adscripticii*, *tributarii* y *servi*. Para ROSTOVTZEFF, M., s.v. «Kolonat», en *Handwörterbuch der Staatswissenschaften*, V, 1910, págs. 919-920, la diferente terminología se refiere a un diferente aspecto, local o jurídico de los colonos: *inquilini* y *colonus* (y también *casarii*) presuponen el punto de vista del propietario; *tributarius* y *adscripticius*, aquél de la administración fiscal; *originalis* y *originarius* el principio del *origo*; mientras *plebs* y *populus plebeius* se refieren a la condición social del colono; CORNIL, *Droit Romain*, cit., pág. 506, afirmaba que será el pequeño arrendatario-cultivador el que se someta en el bajo imperio al régimen del colonato, aplicándosele denominaciones diferentes, en función del punto de vista desde el que se le examine; COLLINET, "Le colonat...", cit., págs. 94 ss., distinguía, en función de su origen, entre "colonos imperiales y eclesiásticos", cuyo ré-

una diversidad sustancial en lo que afecta al vínculo de relación, de tal forma que la unificación bajo el apelativo "*colonus*" responde más a su valoración fiscal que a la situación particular[928].

En todo caso, aunque la heterogeneidad jurídica existente en el campesinado dependiente resulta innegable, se puede afirmar con BRAVO que estuvo caracterizado por dos rasgos esenciales: uno de orden fiscal, en cuanto grupo sujeto al impuesto de la tierra que cultivaba estuviera o no adscrito a ella; y otro de orden social, en cuanto clase de *humilliores* que sufrió una progresiva degradación socioeconómica con la consiguiente pérdida de derechos[929].

Por ello, como afirma FERNÁNDEZ DE BUJÁN, A., es posible calificar al colono dependiente bajoimperial entre los supuestos de libertad formal, entendidos genéricamente como aquellos en los "que una persona se encuentra en una situación de sometimiento o vinculación, respecto de otra, de tal naturaleza, que si bien conserva formalmente la libertad, se aproxima en su posición jurídica a la propia de la persona sometida a esclavitud, tanto en el ámbito de su autonomía personal como patrimonial"[930].

---

gimen fluctuaba según el tipo de fundo al que estuvieran adscritos y "colonos privados", en los que encuadra a las cinco clases mencionadas; BRAVO, *El colonato...*, cit., págs. 13-14, habla sólo de las cuatro primeras clases pero afirma que "las relaciones colonarias incluían situaciones socioproductivas diversas que van desde los propietarios-*coloni* a los esclavos-*coloni*, en las que por razones productivas y fiscales la *condicio colonaria* se superpone a situaciones estatutivas diferentes"; FATÁS-MARCO, "Consideraciones...", cit., pág. 188; MARÍN GARCÍA-MARTÍNEZ VELA, "Claves...", cit., pág. 239, siguen la clasificación de Collinet.

928 La falta de uniformidad en el colonato es unánimemente aceptada en la doctrina. Por todos, ÁLVAREZ SUÁREZ, *Instituciones...*, III, cit., pág. 101; FATÁS-MARCO, "Consideraciones...", cit., págs. 181 ss.; BRAVO, *El colonato...*, cit., pág. 14; DÍAZ, "El testamento...", cit., págs. 266-267; MARÍN GARCÍA-MARTÍNEZ VELA, "Claves...", cit., pág. 239; GREY, "Contextualizing...", cit., págs. 155-175, para quien de los textos no es posible establecer una teoría general sobre el *status* personal del colono bajoimperial.

929 BRAVO, *El colonato...*, cit., págs. 11 ss. Una postura más acusada en este sentido sostiene GREY, "Contextualizing...", cit., págs. 174-175, para quien elaborar una teoría general sobre el colonato es un quimera.

930 FERNÁNDEZ DE BUJÁN, A, *Derecho Privado...*, cit., pág. 184.

En este proceso de transformación de agricultor libre a campesino dependiente que experimenta el colono en el Bajo Imperio, la mayor parte de los autores coinciden en afirmar que confluyeron razones de orden socio-productivo y de índole fiscal, en la medida en que era necesario asegurar la explotación de las tierras, evitando su abandono, en aras de garantizar los aprovisionamientos alimentarios y racionalizar el cobro de los impuestos, transformándose el contrato de arrendamiento libre por plazo determinado en una relación de dependencia entre el colono y la parcela de tierra que cultivaba[931].

Los grandes latifundistas, afirma BRAVO, necesitaban garantizar la estabilidad de sus fuerzas productivas en las parcelas dispersas en que se dividía su amplio dominio, una necesidad que se hará más acusada en las grandes explotaciones, al sustituirse la mano de obra esclava por el trabajo libre[932], pero también en las medianas y peque-

---

931 La confluencia de razones de índole productiva y de naturaleza fiscal ha sido señalada, entre otros, por PEROZZI, *Istituzioni...*, I, cit., pág. 560; CORNIL, *Droit Romain*, cit., pág. 507; COLLINET, "Le colonat...", cit., págs. 94 ss.; ÁLVAREZ SUÁREZ, *Instituciones...*, III, cit., pág. 107; DE MARTINO, F., "Schiavi e coloni tra antichità e medioevo", en *Uomini e terre in Occidente tra tardo antico e medioevo*, Napoli, 1988, págs. 93 ss.; MARÍN GARCÍA-MARTÍNEZ VELA, "Claves...", cit., págs. 246-247; GILIBERTI, *Servi...*, cit., pág. 18 y pág. 81; CUENA BOY, "Yanaconazgo...", cit., pág. 5 y pág. 8. Las razones principalmente de índole productivas han sido destacadas por SEECK, s.v. «colonatus», cit., cols. 483-510; JONES, "El colonato romano", cit., págs. 322-323. Por su parte, CARRIÉ, "Le colonat...", cit., págs. 351 ss.; ídem, "Un roman...", cit., pág. 215; ídem, "Le riforme economiche da Aureliano a Costantino", en AA.VV., *Storia di Roma* Dir. A. Momigliano y A. Schiavone), III.1, Torino, 1989, págs. 310-311 y GREY, "Contextualizing...", cit., págs. 155 ss.; BRAVO, "El estatuto...", cit., pág. 68; ídem, *El colonato...*, cit., pág. 26; o FUENTESECA, M., "El *colonus* y el impuesto territorial", en *R.I.D.R.O.M.*, nº 3, 2009, pág. 76, consideran predominantes las razones fiscales.

932 BRAVO, *El colonato...*, cit., págs. 8 ss. y págs. 25 ss., señala cómo esta sustitución de la mano de obra esclava por libre se produjo principalmente en los grandes dominios extraterritoriales, imperiales, primero y privados, después, siendo agudizada con el impuesto fundiario y/o personal que gravó los beneficios netos de la economía agraria; CICCOTTI, *La esclavitud...*, cit., págs. 213 ss., págs. 259 ss. y págs. 307 ss., aduce razones económicas en la sustitución y habla de progresiva equiparación entre las formas de trabajo libre y no libre; SEGRÉ, G., "The Byzantine Colonate", en *Traditio*, nº 5, 1947,

ñas explotaciones en las que, bajo la organización descentralizada de la villa, la producción esclavista subsistió en alternancia con la explotación indirecta[933]. Asimismo, los agricultores, de muy diversa

págs. 107 ss., afirma que mantener a los esclavos devino un lujo insostenible e improductivo; GÜNTHER, R., "Die Entstehung des Kolonats im I Jahrhundert v.u.Z. in Italien", en *Klio*, 43-45, 1965, págs. 249-260, vincula el colonato a la escasa productividad de los esclavos sobre las grandes propiedades; FERNÁNDEZ UBIÑA, J., "Del esclavismo al colonato en la Bética del siglo III", en *Memorias de Historia Antigua*, 2, 1978, págs. 176-177, afirma que el paso de la esclavitud al colonato puede interpretarse como la superación del antagonismo existente entre una distribución basada en grandes propietarios y plebe urbana si ningún medio productivo y una comercialización redistributiva que tiende a eliminar las grandes diferencias sociales; GONZÁLEZ BRAVO, A., "La condición de los colonos en la trama de la sociedad bajoimperial según S. Juan Crisóstomo y la Historia Auguta", en *Memorias de Historia Antigua*, 2, 1978, págs. 88-89, entiende que la sustitución se debió a la necesidad de nuevos súbditos, a la falta de un ejército que garantizase el orden de la esclavitud y al hecho de que el nuevo orden de las cosas se verificase en función del pago de las tasas y no en función de la producción y del interés de la comunidad urbana; GILIBERTI, *Servi...*, cit., págs. 47 ss. y pág. 73, afirma que la esclavitud como forma de producción se debió a la interacción de varios factores: menor flujo de esclavos, escasa productividad, falta de mano de obra libre, la hipertrofia del aparato militar y burocrático, la experiencia histórica de otros sistemas más adaptados a la crisis demográfica y la contratación de mercados ciudadanos. Cfr. DE MARTINO, "Il colonato...", cit., págs. 806 ss., especialmente, pág. 819 y pág. 821, niega que esta sustitución mejorase la productividad, pero bastaba con que los propietarios así lo creyesen; MARCONE, "Tra schiavitù...", cit., págs. 151 ss., no habla tanto de sustitución sino de aproximación de la esclavitud al colonato.

933 BRAVO, "El estatuto...", cit., págs. 63 ss.; idem, *El colonato...*, cit., págs. 19 ss., considera que en las pequeñas y medianas explotaciones también se planteó la necesidad de garantizar la presencia de los campesinos libres, señalando que las pequeñas y medianas propiedades subsistieron con explotaciones familiares, siendo frecuente que sus titulares se integrasen bajo el patrocinio de los grandes latifundistas o que cultivasen tierras ajenas manteniendo su condición de propietarios. Sobre el tema, JONES, "El colonato romano", cit., págs. 315 ss.; DE MARTINO, "Il colonato...", cit., págs. 803 ss.; JOHNE-KÖHN-WEBER, *Die Kolonen...*, cit., págs. 12 ss. y págs. 417 ss.; TELLO LÁZARO, "La clientela...", cit., pág. 358; LEVEAU, Ph. "La ville antique et l'organisation de l'espace rural: villa, ville, village", en *Annales (Économies, Société, Ci-*

condición, también estaban interesados en asegurar su raigambre en las parcelas que trabajaban. Algunos eran pequeños campesinos-propietarios con escasos excedentes comerciales, que obtenían ingresos suplementarios con los que aliviar su complicada situación económica a través del cultivo de tierras ajenas. Otros eran arrendatarios (ingenuos o libertos) sin tierras o proletarios urbanos contratados como asalariados en calidad de tenentes, a los que su permanencia en las parcelas garantizaba su medio de subsistencia. Todo ello, sin olvidar a los *servus quasi coloni* y su posible conversión en libertos[934].

Sobre este mosaico de relaciones socio-productivas, continúa Bravo, el Estado impulsó la implantación del colonato para explotar las tierras no cultivadas (*loca inculta*) o abandonadas (*agri deserti*) y para garantizar los ingresos fiscales, de manera que el sistema colonario acabó relegando a las otras formas de producción (*locatio-conductio, ius perpetuum, enfiteusis* o *epibolé*)[935] y las distintas clases de

vilisations), 38, 1983, págs. 920-942; Marcone, "Tra schiavitù...", cit., págs. 151 ss.; Carrié, "Un roman...", cit., págs. 205 ss.; Giliberti, *Servi...*, cit., págs. 21 ss. y págs. 77 ss.

934 Bravo, "El estatuto...", cit., págs. 63 ss.; idem, *El colonato...*, cit., pág. 8 y pág. 10. Sobre la distinta tipología de la población rural, Ciccotti, *La esclavitud...*, cit., págs. 213 ss., págs. 259 ss. y págs. 307 ss.; Cornil, *Droit Romain*, cit., pág. 507; Jones, "El colonato romano", cit., págs. 318 ss.; Johne-Köhn-Weber, *Die Kolonen...*, cit., págs. 417 ss.; González Bravo, "La condición...", cit., págs. 81 ss.; De Martino, "Il colonato...", cit., págs. 803 ss.; Marcone, "Tra schiavitù...", cit., págs. 151 ss.; Giliberti, *Servi...*, cit., págs. 21 ss. y págs. 77 ss.

935 Sobres estas formas de explotación u ocupación del terreno, Mitteis, L., *Zur Geschichte der Erbpacht in Altertum*, Leipzig, 1910, *passim*; Rostovtzeff, s.v. «Kolonat», cit., págs. 913-921; De Malafosse, "Le droit...", cit., págs. 35 ss.; Mayer-Maly, Th., *Locatio conductio*, Wien, 1956, *passim*; Thomas, J.A.C., "Locatio and Operae", en *B.I.R.D.*, 64, 1961, págs. 231 ss.; Saumagne, "Du role...", cit., págs. 577 ss.; Johne-Köhn-Weber, *Die Kolonen...*, cit., págs. 417 ss.; Vera, D., "Enfiteusi, colonato e trasformazioni agrarie nell'Africa proconsolare del tardo impero", en *L'Africa romana*, IV, Sassari, 1987, págs. 267 ss.; De Martino, "Il colonato...", cit., págs. 803 ss.; Bravo, "El estatuto...", cit., págs. 63 ss.; idem, *El colonato...*, cit., págs. 30 ss.; Marcone, "Tra schiavitù...", cit., págs. 151 ss.; Giliberti, *Servi...*, cit., págs. 21 ss. y 77 ss.

campesinado fueron asemejándose a la condición formal de colono pasando a convertirse, paulatinamente, en campesinado dependiente de la tierra, sin que ello generase un *status* jurídico unitario, sino que cada cual conservaba su estado primigenio en tanto no fuera integrado entre los *adscripticii* o estableciera una relación de patrocinio con el propietario de las tierras que cultivaba[936].

Y desde esta óptica, algunos autores ubican el origen de la regulación legal del colonato privado en la reforma fiscal de Diocleciano, al extender a todo el Imperio el *tributum capitis* y unificar el impuesto territorial y el personal (*iugatio-capitatio*)[937] remitiendo la responsabilidad fiscal, no a las fortunas personales valoradas en dinero, sino a los principales recursos de cada dominio censado, a sus tierras (*iugatio*), animales y hombres (*capitatio*), exigiendo la inscripción de los colonos jurídicamente libres en los *libri censuali* bajo el nombre del propietario de las tierras que trabajaban para facilitar el cálculo y la recaudación impositiva sobre la base de tales registros, lo que supuso, en su opinión, el ligamen formal del colono al fundo en que había sido censado y la restricción de su libertad de movimientos que será sancionada legalmente por los emperadores sucesivos[938].

---

[936] Bravo, *El colonato...*, cit., pág. 26.

[937] Sobre la *iugatio-capitatio*, Fustel de Coulanges, *Le colonat...*, cit., págs. 72 ss.; Cornil, *Droit Romain*, cit., págs. 507-508; Saumagne, "Du role...", cit., págs. 552 ss.; Díaz, "El testamento...", cit., págs. 267; Segré, A., "Studies in Byzantine Economy: iugatio and capitatio", en *Traditio*, 5, 1945, págs. 101-107; Déléage, A., *La capitation du Bas-Empire*, Mâcon, 1945, *passim*; Carrié, "Le riforme...", cit., págs. 283 ss.; Bravo, "El estatuto...", cit., págs. 65 ss.; idem, *El colonato...*, cit., págs. 36 y ss.; Giliberti, *Servi...*, cit., págs. 85 ss.

[938] Jones, A.H.M., "*Capitatio* y *iugatio*", en *J.R.S.*, XLVII, 1957, págs. 88-94; idem, "El colonato romano", cit., pág. 330. El autor precisa (pág. 320) que "el censo incluía a toda la población rural trabajadora (entre las edades mínima y máxima), fueran esclavos o libres, propietarios, ocupantes, desposeídos y la *capitatio* se exigía a cada uno de ellos por igual", señala (págs. 327) cómo en los censos de Asia Menor, aunque sólo los adultos pagaban la *capitatio*, se incluían también en las listas de regreso a los niños (*adcrescentes*) que "cuando llegaran a la edad necesaria podían ingresar en el registro ocupando los sitios de sus mayores (C. Theod. 7.13.6.1, a. 370; C. Theod. 7.13.7.3, a. 375)" y pre-

En apoyo de esta teoría, señalan una constitución del año 332 que el emperador Constantino dirige a los provinciales en la que dispone que cualquier persona que se encontrase un colono perteneciente a otra, debía devolverlo a su lugar de origen y estaba sujeto a los impuestos por el tiempo que lo hubiera tenido. Se autorizaba además a los propietarios a retener por la fuerza a los colonos que planeasen huir e incluso a encadenarlos para coaccionarles a cumplir sus obligaciones de campesinos libres como si fueran esclavos:

> C. Theod. 5.17.1 (*Imp. Constantinus A. ad Provinciales*): *Apud quemcumque colonus iuris alieni fuerit inventus,*

---

cisa (pág. 321) que la adscripción de la población rural a sus lugares de registro no tuvo el efecto de adscribir a los *coloni* en sus fincas en todas las provincias. Por su parte, Carrié, "Un roman...", cit., pág. 215; idem, "Le riforme...", cit., págs. 292 ss., si bien considera que el colonato, como institución, es una creación de los historiadores, elaborada sobre el modelo de la servidumbre de la gleba medieval, encuentra el origen de sus medidas fiscales en las división, bajo Diocleciano, del impuesto en unidades más pequeñas que las ciudades (villas, fundos, etc.) donde todos debían ser registrados de acuerdo a su *origo*, lo cual implicaba unas restricción respecto al cambio de domicilio, dividiéndose el pago del impuesto entre todos los miembros de la unidad y encargándose el propietario de su recaudación; Bravo, "El estatuto...", cit., págs. 64 ss.; idem, *El colonato...*, cit., pág. 33 y págs. 39, considera que las reformas financieras de Diocleciano y la configuración del colonato son fenómenos íntimamente ligados y afirma que "aunque el colono diocleciano era jurídicamente libre, vio restringida su libertad de movimientos al ser vinculado a su *origo* o *domicilium*, limitándose la legislación posterior a ratificar una realidad social surgida en torno al año 300; Rosafio, P., *Studi sul colonato*, Bari, 2002, págs. 169 ss. y págs. 177 ss, (= idem, "Coloni...", cit., págs. 455 ss.), diferencia la vinculación de los colonos imperiales –anterior a Diocleciano y para liberarles de los *munera civilia*– y la vinculación de los colonos privados, por motivos fiscales, a partir de Constantino. Esta tesis es criticada por De Martino, "Il colonato...", cit., pág. 798 que se postula a favor del surgimiento coetaneo, en cuanto el *origo* preexistía al censo de Diocleciano y fue valorado para la determinación de los sujetos sometidos a los impuestos; Giliberti, *Servi...*, cit., pág. 75 y págs. 82 ss., considera que la legalización del vínculo a la gleba se produjo con la reforma fiscal promovida por Diocleciano no más tarde del año 293 d.C. y duda asimismo de que la vinculación a la tierra se produjese antes en los colonos imperiales.

is non solum eundem origini sua restituat, verum super eodem capitationem temporis agnoscat. Ipsos etiam colonos, qui fugam meditantur, in servilem condicionem ferro ligari conveniet, ut officia, quae liberis congruunt, merito servilis condemnationis compellantur implere.

Para estos autores, la disposición ya presumiría la existencia del colonato, siendo simplemente la primera manifestación concreta que establece la vinculación del colono a la tierra de la que se tiene constancia y el procedimiento al cual se remonta la sumisión de los colonos adscripticios a la potestad del poseedor privado[939].

No obstante, como indica FUENTESECA no queda clara cuál fue la reforma fiscal de Diocleciano aunque sí se infiere un cambio en la confección del censo que se tomaba como base para la exacción de la *capitatio*. Con el *tributum capitis* se gravaba el patrimonio del *civis* romano constituido por todos sus bienes inscritos en el censo. El pago de este impuesto estaba unido a la condición de ciudadano romano pero, tras la concesión de la ciudadanía por Caracalla, este impuesto se pagaba por el *possessor*[940].

Y, como señala GOFFART, si bien es claro que el objetivo primordial de esta ley de Constantino era evitar la evasión fiscal de los colonos huidos y ocultados, tratando de impedir que abandonasen las tierras que normalmente cultivaban, se debe observar que la norma los vincula a su *origo* en cuanto contribuyentes de la *capitatio*, pero

---

939 Al respecto, SEECK, s.v. «colonatus», cit., cols. 495 ss., ve en ella la respuesta gubernativa a las crecientes dificultades de los decuriones, ante el abandono de los colonos; PEROZZI, *Istituzioni*..., I, cit., pág. 559, la califica como el primer testimonio cierto de la existencia del colonato; JONES, "El colonato romano", cit., pág. 316; ÁLVAREZ SUÁREZ, *Instituciones*..., III, cit., págs. 110, afirma que es la primera manifestación concreta que establece la vinculación del colono a la tierra, aunque no se trata de una disposición de tipo general; MARCONE, *Il colonato*..., cit., pág. 13, señala la ambigua terminología empleada que, en todo caso, presupone el colonato; GILIBERTI, *Servi*..., cit., págs. 83 ss., en cuya opinión, si bien esta constitución no parece haber inventado el colonato podría ser el procedimiento al cual se remonta la sumisión de los colonos adscripticios a la potestad del poseedor privado. Cfr., SAUMAGNE, "Du role...", cit., pág. 508 y pág. 536, para quien esta norma está interpolada.

940 FUENTESECA, "El *colonus*...", cit., págs. 66 ss.

que no identifica tal *origo* con el fundo cultivado sino con el lugar de origen o procedencia por lo que no podemos afirmar que prescribiese el ligamen del colono al suelo que cultivaba, algo que sólo se producirá más adelante[941].

Hasta ese momento, como la capacidad contributiva de los colonos requería mantener sus rendimientos de explotación en unos niveles de producción idóneos para poder cumplir con sus cargas impositivas, los emperadores sucesivos adoptarán una serie de medidas tendentes a consolidar su estabilidad –y la de los esclavos– como fuerza productiva en los fundos y, con ello, asegurar su suficiencia contributiva[942].

2. EL ESTATUTO SOCIO-JURÍDICO DEL COLONO PRIVADO TRAS CONSTANTINO: SUSTITUCIÓN DE LA SUJECIÓN FISCAL AL *ORIGO* POR EL VÍNCULO ADMINISTRATIVO PERPETUO CON EL SUELO

En esa política dirigida a garantizar la estabilidad productiva y contributiva de los colonos, JONES señala una constitución del emperador Valente del año 364 en la que se ordena que fueran restituidos a los fundos y posesiones imperiales, los esclavos y colonos con sus hijos y nietos, que clandestinamente hubieran pasado a realizar diversos oficios aunque hubiesen entrado en el ejército o en el cuerpo de protectores:

> C.I. 11.67(68).3 (*Impp. Valentinianus et Valens AA. ad Equitium Magistrum equitum et peditum*): *Servi atque coloni, etiam eorum filii vel nepotes, vel quicumque de fundis ac possessionibus nostris clanculo ad officia convolaverint diversa, reddantur, etiamsi armatae habuerint sacramenta militiae. nos enim etiam eos*

---

941 GOFFART, W., *Caput and Colonate. Towards a history of Late Roman Taxation*, Toronto, 1974, págs. 70 ss.

942 GOFFART, *Caput…*, cit., págs. 79 afirma que la estabilidad de los colonos garantizaba su capacidad productiva y contributiva.

> *discingi iubemus ac reddi, qui protectorum fuerint nomen adepti*[943].

Esta disposición es refrendada un año después por los emperadores Valentiniano y Valente, recordando que numerosas veces se había establecido que los esclavos y libertos, así como los colonos de la *res privata* junto con sus descendientes que se hubiesen marchado de las posesiones para ingresar en el ejército, fueran devueltos al patrimonio imperial y despojados del cíngulo fraudulentamente obtenido, si acaso hubieran ocupado alguna dignidad, quedando suprimidas la reglas de la prescripción temporal:

> C.I. 7.38.1 (*Impp. Valentinianus et Valens. AA. ad Probum P.P. Galliarum*): *Saepenumero praeceptum est, ut servi atque liberti, colonique praeterea rei nostrae nec non etiam eorum suboles ac nepotes, quicumque de nostris possessionibus recessissent ac se ad diversa militiae genera contulissent, cingulo, in quo obrepserant fraudulenter, exuti, si ad aliquas fortasse transcenderint dignitates, omni temporis definitione submota nostro patrimonio redderentur*[944].

Ambas constituciones, interpreta Rosafio, confirman el carácter hereditario de los colonos *originales* imperiales[945] que será reforza-

---

[943] Jones, "El colonato romano", cit., pág. 316. Al respecto, De Dominicis, "I coloni…", cit., pág. 93, atribuye la constitución a Constantino; Rosafio, *Studi…*, cit., págs. 177 ss., atribuye es constitución a Valente y la data en el año 364.

[944] Jones, "El colonato romano", cit., pág. 316; Rosafio, *Studi…*, cit., págs. 179-180.

[945] Rosafio, "Coloni…", cit, págs. 457 ss.; idem, *Studi…*, cit., págs. 136 ss., págs. 177 ss. y págs. 206 ss., En su opinión, los colonos imperiales, ya tímidamente en la época de los antoninos y, sin reservas desde Constantino habían quedado exentos de los *munera municipalia* y obligados a trabajar únicamente en las tierras imperiales, a través de la creación de un *ius colonatus*, no vinculado directamente a la reforma fiscal de Diocleciano, sino anterior y de signo opuesto a la vinculación constantiniana de los colonos privados –establecida por motivos fiscales mediante su inscripción en las listas del censo, efectuadas en base al *origo* de pertenencia– pero que se consolida con la creación de su

do a través de diversos procedimientos relativos a las uniones de las colonas de la casa imperial con hombres que no tenían ningún vínculo con ella[946].

Por lo que se refiere a los colonos privados, la vinculación al lugar de procedencia (*origo*) se aprecia en una constitución de Valentiniano y Valente del año 366 dirigida a los gobernadores provinciales de la Galia para que obligasen a los colonos e inquilinos a retornar a los hogares donde estaban registrados, habían nacido y crecido, sin diferencia de sexo, cargo o condición:

> C.I. 11.47(48).6 (*Impp. Valentinianus et Valens AA. ad Germanianum P.P. Galliarum*): *Omnes omnino fugitivos adscripticios colonos vel inquilinos sine ullo sexus muneris*

---

nuevo sistema administrativo y por el que se ve, en cierta medida, condicionado. A partir de los emperadores Valentiniano y Valente el régimen colonario experimenta un importante desarrollo a través de procedimientos dirigidos en su mayoría a los colonos imperiales pero sus diferencias con los colonos privados se van progresivamente atenuando. Al respecto, SAUMAGNE, "Du role...", cit., pág. 508, págs. 515 ss. y pág. 528; PALLASSE, *Orient...*, cit., págs. 1 ss.; DE DOMINICIS, "I coloni...", cit., págs. 93 ss.; DE MALAFOSSE, "Le droit...", cit., págs. 35 ss.; KOLENDO, *Le colonat...*, cit., págs. 29 ss. y págs. 61 ss. EIBACH, D., *Untersuchungen zu spätantiken olonat der kaiserlichen Gesetzgebung unter besonderer Berücksichtigung der Terminologie*, Köln, 1977, págs. 75 ss.; VERA, D., "Terra e lavoro nell'Africa romana", en *Studi storici*, 1988, pá. 983; idem, "Enfiteusi...", cit., pág. 271 n. 16. Cfr. DE MARTINO, "Il colonato...", cit., pág. 798; GILIBERTI, *Servi...*, cit., pág. 82 ss. y págs. 101 ss., quienes, como ya hemos expuesto en la n. 938, dudan del anterior surgimiento de los colonos imperiales.

946 ROSAFIO, "Coloni...", cit., pág. 458; idem, *Studi...*, cit., págs. 180 ss., señala en este sentido C.I. 6.4.2 (a. 367), en la que se establece que los patronos que hubiera tolerado la unión de sus libertos con esclavas o colonas imperiales perdían sus derechos de patronato; C.I. 11.67(68).4, que dispone que los hijos e hijas nacidos de una colona o esclava imperial con un ingenuo no deben seguir el *origo* paterno, como sucedía en el caso de *iustae nuptiae*, sino el materno; y C.I. 10.32.29 (a. 365), en la que se prescribe que los hijos de inquilinas de casa imperial y de decuriones seguían la condición de la madre. Al respecto, HUMBERT, s.v. «colonus», cit., pág. 1323; SAUMAGNE, "Du role...", cit., págs. 528 ss.; PALLASSE, *Orient...*, cit., págs. 21 ss.; DE DOMINICIS, "I coloni...", cit., pág s. 43 ss.; GILIBERTI, *Servi...*, cit., pág. 116 n. 42.

condicionisque discrimine ad antiquos penates, ubi censiti atque educati natique sunt, provinciis praesidentes redire compellant. Quemadmodum originarios absque terra, ita rusticos censiosque servos vendi omnifariam non licet[947].

A juicio de Rosafio, la constitución manifiesta una tendencia a delimitar una regulación del colonato de ámbito regional y su último inciso "*educati natique*" podría ser una referencia al *origo*, análogamente a lo que había dicho Constantino en el año 332. En todo caso, la relación entre la inscripción al censo y el pago del tributo, que no se aprecia en esta constitución de Valentiniano, está en la base de una importante reforma de Valente en la que se distingue entre los colonos sin tierras y los colonos propietarios:

C. Theod. 11.1.14=C.I. 11.47(48).4 (*Impp. Valentinianus et Valens AA. ad Modestum P.P.*): *Penes quos fundorum dominia sunt, pro his colonis originalibus, quos in locis*

---

947 Rosafio, "Coloni...", cit., págs. 458-459; idem, *Studi*..., cit., pág. 182, considera que se trata del primer procedimiento para impedir la huida de los colonos privados de los fundos donde habían sido registrados que se recoge en el Código de Justiniano y afirma que la referencia a los *adscripticii* es probablemente una interpolación justinianea como indican, entre otros, Jones, "El colonato romano", cit., pág. 326 n. 53; Bravo, *El colonato*..., cit., pág. 17. Cfr. Saumagne, "Du role...", cit., págs. 528-529, para quien el texto tiene un carácter general que no corresponde a su época: "La résidence, dans cette hypothèse, serait fondée sur un principe autre que l'*origo*, et de caractère fiscal", concluyendo que no será hasta comienzos del siglo IV cuando el *origo* se comunique por nacimiento a los colonos de los fundos privados (C.I. 11.47-48-.13; C. Theod. 5.18.1); De Dominicis, "I coloni...", cit., pág. 87 n. 4 y pág. 92, entiende que "*antiquus*" no puede tener más que el significado de precedente, mientras que la residencia de las personas de que se trata no puede relacionarse con el carácter hereditario del inquilinato y colonato, por efecto del origen, que recibe sanción imperial sólo con Justiniano. Dudosos se muestran De Martino, "Il colonato...", cit., pág. 798 n. 50; Grey, "Contextualizing...", cit., pág. 171, para quien los textos relativos al carácter hereditario de los colonos deben interpretarse con cautela. No señala alteración, en cambio, Giliberti, *Servi*..., cit., pág.100 n. 110.

isdem censos esse constabit, vel per se vel per actores proprios recepta compulsionis sollicitudine implenda munia functionis agnoscant. sane quibus terrarum erit quantulacumque possessio, qui in suis conscripti locis proprio nomine libris censualibus detinentur, ab huius praecepti communione discernimus; eos enim convenit propriae commissos mediocritati annonarias functiones sub solito exactore cognoscere[948].

---

948 Rosafio, "Coloni…", cit, pág. 459; idem, *Studi…*, cit., págs. 183-184. La fecha e interpretación de la ley es cuestionada. Saumagne, "Du role…", cit., págs. 550 ss., la data en el año 366 y considera que en la misma se responsabiliza al propietario del impuesto debido por los colonos originales, es decir, de aquéllos vinculados al dominio en virtud del *ius originarium* y marca el límite de esta responsabilidad no extendiéndola a la percepción de los impuestos debidos por otra categoría de colonos. En su opinión, no se entendería una interpretación diferente que quisiera oponer, por ejemplo, "«ceux entre les mains de qui réside le droit de propriété du fonds» à ceux «à qui appartient une *possessio* si petite qu'elle soit»" porque ello supondría decir que el propietario es responsable de los impuestos del colono que reside sobre sus dominios pero que no lo sería de los de un poseedor fundiario dueño de bienes propios situados fuera del dominio, algo que va de suyo. Sin embargo, Jones, "El colonato romano", cit., págs. 325 n. 49, la data en el año 371 y la utiliza como ejemplo de que sólo los ocupantes residentes en las grandes fincas estaban adscritos mientras que los campesinos propietarios o los hombres sin tierras eran registrados en sus aldeas y podían ser adscritos a ellas y no a la tierra que trabajaban ni al propietario de la misma dados los diferentes sistemas de registros que se adoptaron en las provincias. Por su parte, De Dominicis, "I coloni…", cit., pág. 87 n. 2, la menciona identificando a los *adscripticii* con los inscritos *proprio nomine*, en los libros censuales. En cambio, Cuena Boy, "Yanaconazgo…", cit., pág. 8 n. 77, la cita para afirmar el carácter de contribuyentes indirectos de los adscripticios. No obstante, en realidad, esta categoría colonaria no es mencionada en la constitución y la misma no será plenamente regulada hasta Justiniano; Giliberti, *Servi…*, cit., pág. 99, la interpreta en el sentido de que los propietarios de tierras debían exigir las contribuciones a los colonos originales que figurasen en la declaración fiscal, pero que los colonos que tuvieran una propiedad por pequeña que fuera pagaban directamente los impuestos y estaban exentos del ligamen al fundo. Cfr. Ganshof, F., "Le statut personnel du colon au Bas-Empire. Observations en marge d'une théorie nouvelle", en *L'Antiquité Classique*, 14, 1945, págs. 261 ss., quien no retiene justificado la existencia de

De acuerdo con esta constitución, los colonos sin tierras, inscrito en el censo a cargo de sus propietarios, son tomados en consideración en cuanto *originales*, *originarii* del fundo que cultivan, de modo análogo a los *coloni originales* que trabajaban en los dominios imperiales[949] y aunque el propietario sólo era responsable del pago de la *capitatio* en caso de fuga[950], resultaba su regular perceptor directamente o a través de sus *actores*[951]. En cambio, el colono que tenía alguna propiedad de tierras, por pequeña que fuera, era inscrito en el censo de manera separada y por tanto obligado también al pago de la *capitatio* del fundo arrendado[952].

---

dos catergorías de colonos en función de la adscripción o no al censo de una propiedad.

949 Cfr. C.I. 11.67(68).1. GILIBERTI, *Servi...*, cit., pág. 101 n. 114; ROSAFIO, *Studi...*, cit., págs. 144 ss. y págs. 177 ss.

950 Ya con anterioridad se había responsabilizado a los senadores por las tasas de sus colonos huidos. C. Theod. 11.1.7 (*Impp. Constantinus et Constans AA. ad Senatum*). GONZÁLEZ BRAVO, "La condición...", cit., pág. 82; BRAVO, *El colonato...*, cit., págs. 38-39; GILIBERTI, *Servi...*, cit., pág. 99.

951 Algunos autores entienden que esta constitución marca el origen del colonato al instaurar la *autopragia*, esto es, el derecho otorgado por el estado a los propietarios latifundistas para recaudar los impuestos debidos por los trabajadores agrícolas de sus tierras. Al respecto, GASCOU, J., "Les grands domaines, la cité et l'État en Égypte byzantine", en *Travaux et Mémoires Byz.*, 9, 1985, págs. 1-90, afirma que todo arrendatario se encontraba en una relación administrativa con el dueño del fundo. Cfr. SIRKS, B., "Reconsidering the Roman Colonate", en *Z.S.S.*, 110, 1993, págs. 336 ss., que excluye que se trate de *autopragia*; GILIBERTI, *Servi...*, cit., pág. 98, define la autopragia como la posibilidad de pagar directamente los impuestos al presidente de la provincia sin mediación de los órganos ciudadanos y afirma que esta posibilidad fue ya concedida en el año 383 en la diócesis Pontica (C.Theod. 11.7.12) pero no comparte la opinión de un reconocimiento automático de la autopragia para todos los fundos de una cierta extensión y señala cómo Honorio y Teodosio en el año 409 (C.Theod. 11.22.4), condenan la praxis de eludir la intervención de los curiales.

952 Al respecto, SEGRÉ, "The Byzantine...", cit., págs. 107 ss.; EIBACH, *Untersuchungen...*, cit., pág. 24, considera esta constitución como una etapa esencial en el desarrollo del colonato dependiente; GILIBERTI, *Servi...*, cit., pág. 99; ROSAFIO, cit., págs. 183-184; GREY, "Contextualizing...", cit., págs. 166 ss.; FUENTESECA, "El *colonus*...", cit., págs. 76-77.

Por tanto, mientras para los colonos no propietarios se identifica el *origo* con el lugar de las tierras que cultivan, los campesinos propietarios eran registrados en sus aldeas y podían ser vinculados a ellas y no a la tierra que trabajaban ni al propietario de la misma[953]. Eran, como indica GILIBERTI, "colonos en el sentido tradicional del término, obligados sólo a responder al *locator* de las ordinarias obligaciones contractuales"[954].

A nuestro juicio, esta norma marca el punto de inflexión en virtud del cual los colonos pasarán de estar sujetos de manera perpetua y hereditaria, no a su origen en cuanto tributarios, sino directamente al suelo cultivado en su condición de colonos, gracias a un cambio en el sistema impositivo, en virtud del cual, la base imponible de la capitación se establece cada vez más en proporción a las unidades de tierra y la responsabilidad fiscal se traslada al propietario de las mismas.

No en vano, sólo dos años después, como señala JONES, los mismos emperadores dictan una de las dos únicas leyes que dispusieron la devolución de los campesinos propietarios a su lugar de procedencia[955], al establecer que si alguien solicitaba la concesión de un hombre aduciendo que era vagabundo o esclavo sin dueño, se debía proceder a una investigación y si se demostraba que el solicitante había utilizado este procedimiento para esconder un colono ajeno era obligado a devolverlo y a pagar los tributos que éste debía, siendo conminada la pena prevista por la ley, si el escondido era un esclavo[956]. En cambio, para el que demostrase ser de condición plebeya o libre se decretaba la liberación de toda molestia y la restitución a su lugar de procedencia[957].

---

953 JONES, "El colonato romano", cit., pág. 321.

954 GILIBERTI, *Servi...*, cit., pág. 99.

955 JONES, "El colonato romano", cit., pág. 323, entiende que esta casi ausencia de medidas tal vez se debiera a que los campesinos-propietarios no querían abandonar sus tierras o, si querían huir, las vendían y no había lugar a queja ya que nadie quería normalmente aplicar la ley por la fuerza.

956 ROSAFIO, *Studi...*, cit., págs 186 n. 20 señala que en el año 317 (C.I. 6.1.4 pr), la apropiación de un esclavo ajeno era sancionada con su restitución y una multa de veinte sólidos.

957 C.Theod. 10.12.2. JONES, "El colonato romano", cit., pág. 323, señala como segundo procedimiento una ley del año 415 (C. Theod. 11.24.6) relativa

Sin embargo, numerosas son las constituciones que pretenden garantizar la continuidad de los colonos sin tierras y evitar su fuga de los campos que trabajan llegándose incluso a prohibir su venta por separado. Paradigmática en este sentido es una constitución del año 371, recogida por BRAVO, en la que Valentiniano, Valente y Graciano, retomando medidas anteriores[958], restringen la capacidad de los propietarios para trasvasar colonos y esclavos de un fundo a otro dentro de su propio dominio e interdicen al propietario enajenar la tierra sin transferir con ella a los colonos (*originarii*) y a los escla-

al patronato en Egipto, donde se ordenaba que los campesinos propietarios que hubieran abandonado el pueblo en el que estaban registrados para irse a otros pueblos o con otros patronos debían ser obligados a volver. Sobre C. Theod. 10.12.2, SAUMAGNE, "Du role...", cit., pág. 537, entiende que es la tierra la que recupera al hombre; ROSAFIO, *Studi...*, cit., págs. 186 ss., quien pone de manifiesto el carácter ambiguo de la terminología con referencia a los colonos: por un lado los califica como *inquilini* o *tributarii*, y, por otro, los distingue de los *liberi* o *plebeii*, sin equipararlos nunca los *servi*. Sobre C.Theod. 11.24.6, DE MARTINO, "Il colonato...", cit., pág. 801, considera que los *homologi* pueden ser agricultores ligados a un señor por un vínculo contractual.

[958] BRAVO, *El colonato...*, cit., pág. 42 y pág. 46, señala como antecedentes: C. Theod. 11.3.2 (a. 327) donde se establecía que los esclavos *adscripta censibus* debía permanecer en la provincia donde fueron registrados, en caso de que fueran vendidos; C. Theod. 11.22.1 (a. 346), que prohibía a los colonos abandonar la provincia a voluntad y trasladar su *professio* de una ciudad a otra sin notificarlo previamente a las autoridades imperiales o provinciales; C. Theod, 13.10.3=C.I. 11.47(48).2 (a. 357), que prohibía la venta de tierras sin los tenentes-colonos que las cultivaban, estuvieran éstos o no de acuerdo. Al respecto, ROSAFIO, *Studi...*, cit., pág. 166, pág. 188 y págs. 209 ss, indica cómo esta medida fue perfeccionada por Honorio (C.I. 11.47-48-.13) que permitió la movilidad de los colonos de un fundo que tuviera abundantes a otro carente de ellos, siempre que perteneciesen al mismo propietario; si después el fundo era enajenado, la transferencia de los colonos habría sido confirmada con tal de que el propietario del fundo al cual habían sido movidos restituyera a sus hijos. Sobre estas medidas, HUMBERT, s.v. «colonus», cit, págs. 123 ss.; CORNIL, *Droit Romain*, cit., págs. 509 ss.; SAUMAGNE, "Du role...", cit., pág. 538; JONES, "El colonato romano", cit., pág. 325; DE DOMINICIS, "I coloni...", cit., págs. 93 ss.; DE MARTINO, "Il colonato...", cit., pág. 819; CUENA BOY, "Yanaconazgo...", cit., págs.7-8; idem, "«Causa originis»...", cit., págs. 55-89; GILIBERTI, *Servi...*, cit., págs. 87 ss.; GREY, "Contextualizing...", cit., págs. 165 ss.

vos agrícolas censados, debiendo todos permanecer en el fundo o, en caso contrario, el adquirente o sus herederos podrían reclamarlos al vendedor o a sus descendientes sin que sea obstáculo la *praescriptio longi temporis*:

> C.I. 11.47(48).7 (*Impp. Valentinianus, Valens et Gratianus AAA. ad Maximum P.P.*): *Quemadmodum originarios absque terra, ita rusticos censitosque servos vendi omnifariam non licet. Neque vero commento fraudis id usurpet legis illusio, quod in originariis saepe actitatum est, ut parva portione terrae emptori tradita omnis integri fundi cultura adimatur. Sed cum soliditas fundorum vel certa portio ad unumquemque perveniat, tanti quoque servi et originarii transeant, quanti apud superiores dominos et possessores vel in soliditate vel in parte manserunt: et emptor pretium quod dederit amissum existimet, nihilo minus venditori ad repetendos servos cum agnatione eorum vindicatione concessa. Et si aliqua denique ex causa dissimulaverit legis usurpare beneficium atque iste sub hac taciturnitate decesserit, et heredibus eius et contra heredes emptoris vindicationem damus longi temporis praescriptione submota: mala fide namque possessorem esse nullus ambiget, qui aliquid contra legum interdicta mercatur*[959].

[959] Bravo, *El colonato…*, cit., pág. 42 y pág. 47, afirma que esta medida reforzó las relaciones entre *domini* y *coloni* no sólo en el ámbito económico de la forma de explotación, sino también en el ámbito de las relaciones personales con el propietario del fundo; Saumagne, "Du role…", cit., pág. 539, la data en el año 376; Jones, "El colonato romano", cit., pág. 324, indica que esta medida fue revocada por el rey Teodorico en Italia (*Edictum Theodorici*, 142); Giliberti, *Servi…*, cit., pág. 88, estima que la proporción que debía mantenerse entre la parte del fundo cedida y los colonos efectivamente empleados en ella probablemente asumiera como base la pequeña factoría colonial; Rosafio, *Studi…*, cit., págs. 188-189, señala que en esta constitución se emplea por primera vez el término *originarii* como sustantivo que debe interpretarse como sinónimo de *coloni originales* y, de acuerdo con su redacción, analiza la disposición desde el punto de vista del adquirente: éste debía comprar todo o parte del fundo con tantos esclavos y *originarii* como tuviera el anterior propietario o poseedor, siendo sancionado el adquirente transgresor con la pérdida

En ese mismo año, como recoge BRAVO, otra constitución de igual autoría que la anterior, desarrolla la disposición emanada por Constantino en el año 332, regulando los supuestos en que los colonos fugitivos se instalasen al servicio de un nuevo propietario y sancionando la culpabilidad o inocencia de los propietarios encubridores, en función de las condiciones en que hubieran acogido a los colonos huidos: si ignoraban que los colonos eran prófugos y los habían contratado legalmente creyendo que se trataba de campesinos libres, se establecía su inocencia obligando a los propios colonos a satisfacer sus deudas fiscales; por el contrario, si los propietarios conocían su condición de fugitivos y no obstante los habían utilizado para su propio beneficio, se decretaba su culpabilidad y se les compelía a ingresar en las arcas públicas los emolumentos tributarios debidos por los huidos, así como a indemnizar a los antiguos propietarios por las jornadas no trabajadas en sus respectivas explotaciones:

> C.I. 11.47(48).8 (*Imppp. Valentinianus, Valens et Gratianus AAA. ad Probum P.P.*): *Omnes profugi in alieno latebras collocantes cum emolumentis tributariis, salva tamen moderatione, revocentur, scilicet ut si, apud quos homines reperiuntur, alienos esse noverant fugitivos et profugis in lucrum suum usi sunt, hoc est sive excoluerunt agros fructibus dominis profuturos sive aliqua ab isdem sibi iniuncta novaverunt nec mercedem laboris debitam consecuti sunt, ab illis tributa quae publicis perierunt functionibus exigantur. Ceterum si occultato eo profugi, quod alieni esse videntur, quasi sui arbitrii ac liberi apud aliquem se collocaverunt aut excolentes terras partem fructuum pro solo debitam dominis praestiterunt cetera proprio peculio reservantes, vel quibuscumque operis impensis mercedem placitam consecuti sunt, ab ipsis*

del precio correspondiente y pudiendo el vendedor recuperar los esclavos y su prole, derecho que pasa a sus herederos que podrán dirigirse contra el comprador o sus descendientes, quedando excluida la prescripción de largo tiempo porque es poseedor de mala fe quien compra una cosa contra las prohibiciones de las leyes. Ya anteriormente, en este sentido, HUMBERT, s.v. «colonus», cit., págs. 1323 ss.; LO BIANCO, *Storia*..., cit., pág. 74.

profugis quaecumque debentur exigantur: nam manifestum est privatum iam esse contractum. Si qui vero inter agricolas, ut solet, ex quibuscumque commerciis huiusmodi hominibus inveniuntur esse debitores, coram partibus constitutis iudex ab obnoxiis quod debetur exposcat[960].

La constitución nos suministra asimismo información sobre el tipo de relación que se podía entablar entre el colono y el propietario. Como indica SAUMAGNE, si no ocultaba su condición de fugitivo, podía cultivar el campo y entregar los frutos al propietario o podía realizar trabajos que incrementasen la superficie cultivada del fundo sin recibir compensación alguna[961]. Por el contrario, si se presentaba como un colono libre, podía disponer del terreno para cultivar, entregando una parte de los frutos al nuevo propietario y conservando el resto para sí o podía realizar labores tendentes a innovar el fundo a cambio de la merced acordada[962].

---

[960] BRAVO, *El colonato...*, cit., págs. 42-43; LO BIANCO, *Storia...*, cit., pág. 74; SAUMAGNE, "Du role...", cit., págs. 516-517, la data en torno al año 374; DE MARTINO, "Il colonato...", cit., pág. 815 n. 134, observa en esta constitución un reenvío a las costumbres del lugar del fundo en relación con las obligaciones previstas para el cultivo y el pago del canon; GILIBERTI, *Servi...*, cit., págs. 86-87; ROSAFIO, *Studi...*, cit., págs. 190-191, para quien los *emolumenta tributaria* se corresponderían con la *capitatio constantiniana*; CUENA BOY, "Yanaconazgo...", cit., pág. 7 n. 53.

[961] SAUMAGNE, "Du role...", cit., pág. 516, supone que este colono no consentiría quedar sometido a condiciones más dura que las que le habían conducido a huir. En esta línea, sin embargo, ROSAFIO, "Coloni...", cit., pág. 454 n. 38; idem, *Studi...*, cit., págs. 191-192, explica que la razón de huir y cobijarse junto a otro propietario en condiciones no mucho más ventajosas sería tratar de evadir la capitación y, en el caso en que fuese colono, las prestaciones excesivas que ya Constantino había tratado de sancionar (C.I. 11.50.1). Por su parte, DE MARTINO, "Il colonato...", cit., pág. 814 y pág. 817, señala que a pesar de la existencia de acciones legales a favor de los colonos a éstos no les sería fácil hacer valer sus derechos que podían incluso sufrir la violencia de la guardia personal del señor (los *bucellarii*), que los emperadores prohibían (C.I. 9.12.10; C.I. 9.5.1, sobre prisiones privadas), pero los poderosos incumplían.

[962] SAUMAGNE, "Du role...", cit., págs. 516-517. Al respecto, ROSAFIO, *Studi...*, cit., págs. 191-192.

En esta sede, en torno a los mismos años, otra ley de Valentiniano, Valente y Graciano, citada por Marcone, nos permite dibujar el boceto de una hacienda agrícola, a través del detallado inventario que deben hacer las autoridades locales con motivo de la confiscación para la *res privata* de los bienes de un proscrito: cantidad de tierra, tipos de cultivo, número de vides y olivos, extensión de tierra arada, de pastos, de bosques, la ubicación, los edificios, los objetos de valor, el números de esclavos rústicos y urbanos, así como su función, el número de *casarii* y de colonos, de bueyes, las piaras y clases de ganado menor y mayor, la cantidad de oro y plata, de vestidos y joyas con indicación del tipo y peso y todo lo que era conservado en los armarios:

> C. Theod. 9.42.7=C.I. 9.49.7 (*Imppp. Valentinianus, Valens et Gratianus AAA. ad Cynegio P.P.*): *Si quis intra provinciam pro qualitate delicti stilum proscriptionis incurrerit, per ordinarii officii sollicitudinem bonorum eius indago diligentissime celebretur, ne quid rei privatae commodis per gratiam atque colludium furto subducatur. Et plena descriptio comprehendat, quod spatium et quod sit ruris ingenium, quid aut cultum sit aut colatur, quid in vineis olivis aratoriis pascuis silvis fuerit inventum, quae etiam gratia et quae amoenitas sit locorum, quis aedificiis ac possessionibus ornatus, quotve mancipia in praediis occupatis vel urbana vel rustica vel quarum artium generibus imbuta teneantur, quot sint casarii vel coloni, quot boum exercitiis terrarum atque vomeribus instruenium, quot pecorum et armentorum greges et in qua diversitate numerati sint, quantum auri et argenti, vestium ac monilium vel in specie vel in pondere et in quibus speciebus, quidve in enthecis sit repertum...* [963].

[963] C. Theod. 9.42.7=C.I. 9.49.7, *in finem* (*Imppp. Valentinianus, Valens et Gratianus AAA. ad Cynegio P.P.*). Marcone, "Tra schiavitù...", cit., pág. 172. Sobre esta constitución, Saumagne, "Du role...", cit., págs. 559 ss.; Jones, "El colonato romano", cit., pág. 319, n. 23 y Giliberti, *Servi...*, cit., pág. 94, la datan en el 369; Rosafio, *Studi...*, cit., págs. 192 ss., la data en el año 365.

Los colonos, por tanto, junto con los *casarii*, son considerados, como afirma ROSAFIO, parte integrante de la hacienda descrita con todo su *instrumentum* pero netamente distintos de los *mancipia*. Su condición no debía por eso ser jurídicamente inferior pero se constata "una clara confirmación del vínculo a la hacienda que pasaba del particular al emperador", de modo que "la naturaleza del vínculo de los colonos privados, hasta ahora anclado a sus obligaciones fiscales, parece sufrir importantes modificaciones a partir de esta época"[964].

Esta percepción se hace palpable en el análisis de otra constitución del año 371, también de marcado carácter regional[965], en la que los emperadores Valentiniano, Valente y Graciano prohibían a los colonos e inquilinos de Iliria y de las provincias vecinas abandonar el campo en el que residían por razón de su origen y agnación y se les sujetaba a las tierras, no en su cualidad de tributarios, sino en su condición de colonos, de suerte que si se marchaban o trasladaban, podían ser reclamados, sometidos a prisión y a penas. Se sancionaba también a los propietarios que acogiesen a colonos desconocidos, sin que la ignorancia de su situación de fugitivos pudiera alegarse como atenuante, obligándoles al pago de una multa, cuya cuantía se dejaba a la libre apreciación del juez, y a indemnizar a los propietarios de las tierras abandonadas por los trabajos no realizados y los perjuicios sufridos. Si el fugitivo era un esclavo, la pena prevista era cuatro

---

[964] ROSAFIO, *Studi*..., cit., págs. 193-194. SAUMAGNE, "Du role...", cit., págs. 560 ss., para quien los "*casarii* y *coloni* eran entre las *animae* las *capita humana*" y señala la similitud con D. 1.15.4 pr., si bien en la *forma censualis* de Ulpiano la denuncia de los arrendatarios por parte de los propietarios no era obligatoria. Esta similitud también es mencionada por MARCONE, "Tra schiavitù...", cit., pág. 172, que observa en la norma una equiparación entre los colonos y los esclavos: "el fundo es considerado desde un punto de vista productivo con fines impositivos. Es característico que a la mención de esclavos y colonos siga la de los bueyes destinados a las labores agrícolas".

[965] El carácter regional de la regulación relativa a los colonos ha sido señalado, ente otros, por ROSTOVTZEFF, M., s.v. «Kolonat», en *Handwörterbuch der Staatswissenschaft*, 1909, págs. 913 ss.; COLLINET, "Le colonat...", cit., págs. 94 ss.; KOLENDO, *Le colonat*..., cit., págs. 74 ss.; ÁLVAREZ SUÁREZ, *Instituciones*..., III, cit., págs. 110; CARRIÉ, "Le riforme...", cit., pág. 310 n. 80; GREY, "Contextualizing...", cit., págs. 160 ss.

veces superior, además del resarcimiento al propietario y, si era un liberto, se aplicaba la misma pena prevista para los colonos libres:

> C.I. 11.(52)53.1 (*Imppp. Valentinianus, Valens et Gratianus AAA. ad Probum P.P.*): *Colonos inquilinosque per illyricum vicinasque regiones abeundi rure, in quo eos originis agnationisque merito certum est immorari, licentiam habere non posse censemus. Inserviant terris non tributario nexu, sed nomine et titulo colonorum, ita ut, si abscesserint ad aliumve transierint, revocati vinculis poenisque subdantur, maneatque eos poena, qui alienum et incognitum recipiendum esse duxerint, tam in redhibitione operarum et damni, quod locis quae deseruerant factum est, quam multae, cuius modum in auctoritate iudicis collocamus: ita ut etiam dominus fundi, in quo alienus fuisse monstrabitur, pro qualitate peccati coercitionem subire cogatur nec sit ignorantiae locus, cum ad criminis rationem solum illud sufficiat, quod incognitum sibi tenuit. Servum etiam in memoratis regionibus si quis receperit, ignorationis excusatione sublata quadrupli poena teneatur, operarum praeterea compendiis damnisque praestitis. In libertis etiam, quos pari usurpatione susceperit, is modus sit, quem circa liberos duximus colonos retinendum*[966].

Algunos autores han considerado esta ley como el origen del colonato adscrito bajoimperial en la medida en que, en palabras de GOFFART,

---

[966] ROSAFIO, "Coloni…", cit., pág. 456 n. 50; idem, *Studi…*, cit., págs. 194 ss., precisa cómo el ligamen administrativo de los colonos venía determinado por el origen y el de los inquilinos por la *agnatio*. Sobre esta constitución, FUSTEL DE COULANGE, *Le colonat…*, cit., págs. 7 n. 1, señala cómo la ley distingue entre colonos, libertos y esclavos; CORNIL, *Droit Romain*, cit., págs. 509 ss.; BRUGI, *Istituzioni…*, cit., pág. 47; SAUMAGNE, "Du role…", cit., págs. 511 ss.; DE DOMINICIS, "I coloni…", cit., pág. 88; JONES, "El colonato romano", cit., pág. 320; DE MARTINO, "Il colonato…", cit., pág. 791; BRAVO, *El colonato…*, cit., pág. 43; MARCONE, "Tra schiavitù…", cit., pág. 171; GILIBERTI, *Servi…*, cit., págs. 104-105; CUENA BOY, "Yanaconazgo…", cit., pág. 7 n. 62; FUENTESECA, "El *colonus*…", cit., págs. 83 ss.

supone un cambio esencial con la situación del colonato precedente dado que, por primera vez, el colono no es vinculado a su *origo* sino directamente al campo de su familia, se traslada la responsabilidad fiscal al propietario de las tierras y se sustituye la naturaleza fiscal de las penas contra los encubridores de los fugitivos por sanciones de carácter más laboral y pecuniario que serán fijadas por un juez[967].

Este punto de vista es matizado por BRAVO, precisando que, si bien esta constitución es el primer documento que contiene los rasgos característicos del colonato, el cambio esencial no radicaba en la instauración de la adscripción legal de los colonos a las tierras que trabajaban, sino "en la pérdida de su carácter contributivo a favor de su vinculación al suelo", lo que permitía al Estado trasladar "las deudas no recaudables de las personas (*capitatio*) a la productividad de los campos trabajados por ellas haciendo responsables fiscales a sus propietarios (*iugatio*)". No obstante, precisa el autor, aunque el propietario era el único responsable fiscal ante el Estado de la *capitatio* debida por su colonos, éstos no perdían *de facto* su capacidad tributaria porque las rentas estipuladas "eran auténticos *tributa* o *fuctiones* que el *dominus* detraía de la economía del colono recurriendo a los procedimientos legalmente establecidos para exigir el pago de las deudas contraídas por los tenentes"[968].

En todo caso, parece claro que esta constitución refuerza aún más el ligamen del colono con el fundo que trabaja revelándose, con

---

[967] GOFFART, *Caput...*, cit., págs. 81 ss., para quien, si bien la ley del 332 ligaba a los colonos a su *origo* y no necesarimente a la tierra, esta constitución del 371 les obliga a permanecer en la tierra en lugar de estar obligados al pago de las tasas; GONZÁLEZ BRAVO, "La condición…", cit., pág. 82, quien comparte la teoría de Goffart; FATÁS-MARCO, "Consideraciones…", cit., pág. 185, que considera que la vinculación del colono al fundo, tiende a "afianzarse camino de la adscripción pero a un ritmo difícilmente evaluable aún durante el siglo III y buena parte del IV"; DÍAZ, "El testamento…", cit., págs. 266-267.

[968] C.I. 11.50.2. BRAVO, *El colonato…*, cit., pág. 34 y pág. 43. Al respecto, HUMBERT, s.v. «colonus», cit., pág. 1324; CORNIL, *Droit Romain*, cit., págs. 509 ss., ya mencionaba la recuperación del impuesto pagado por el propietario; GILIBERTI, *Servi…*, cit., pág. 94 y págs. 102 ss., para quien el vínculo a la tierra permanece inmutable cambiando sólo su justificación; ROSAFIO, "Coloni…", cit., pág. 454 n. 38; cit., págs. 202 ss.

carácter general, como determinante del *origo* en sustitución del poblado o de la aldea, no sólo para los colonos no poseedores sino también para los inquilinos, siendo incluso considerados ambos tipos sirvientes del mismo[969].

Por otro lado, si hasta el momento, esa vinculación se había efectuado en virtud de la *capitatio*, ahora se justifica por razones administrativas probablemente, como indica Jones, porque dicho impuesto había sido abolido en Iliria de manera que los colonos, sujetos hasta entonces en virtud de este impuesto general, hubieran recuperado su libertad de movimientos, si no llega a promulgarse esta disposición[970]. Este cambio en el sistema impositivo[971] incrementó, a juicio del autor, la necesidad de mantener a los colonos en las parcelas, dada la escasez de mano de obra agrícola, por lo que el gobierno imperial extendió su vinculación a las fincas, impidiendo su movilidad, incluso en provincias donde antes no había existido, a través de una política legislativa que sigue presentando un marcado carácter regional[972].

La dificultad para encontrar mano de obra pudo inspirar la disposición adoptada en el año 383 por los emperadores Graciano, Valentiniano y Teodosio de inspeccionar las aptitudes físicas y la edad de los mendigos que pedían en público de forma que, los hábiles para el trabajo, si eran esclavos, se adjudicaban en propiedad a los mismos delatores, mientras que, si eran libres por nacimiento, eran atribuidos a sus delatores bajo la condición de colonato perpetuo, quedando a salvo la acción de los propietarios frente a los que escondieran a los fugitivos o los empujaran a devenir mendigos:

---

[969] Giliberti, *Servi...*, cit., págs. 99 ss., entiende que para estos nuevos colonos la residencia fiscal obligatoria era el fundo del *locator*.

[970] Cfr. Jones, "El colonato romano", cit., pág. 320. En el mismo sentido, Giliberti, *Servi...*, cit., pág. 94 y págs. 102 ss., para quien el vínculo a la tierra permanece inmutable cambiando sólo su justificación.

[971] Carrié, "Le colonat...", cit., págs. 101 ss., considera que cada vez más la base imponible de la capitación se establece en proporción a las unidades de tierra hasta el punto de que en algunas provincias como la Tracia será abolida en el 393 y en la Galia ya no se entenderá el sentido de la *capitatio* en el último año del siglo IV. Cod. Theod. 11.1.26.

[972] Jones, "El colonato romano", cit., pág. 323 ss. En el mismo sentido, De Martino, "Il colonato...", cit., pág. 798 y pág. 821.

> C. Theod. 14.18.1=C.I. 11.26.1 (*Imppp. Gratianus, Valentinianus et Theodosius AAA. ad Severum P. U.*): *Cunctis adfatim. quos in publicum quaestum incepta mendicitas vocabit, inspectis exploretur in singulis et integritas corporum et robur annorum, adque ea inertibus et absque ulla debilitate miserandis necessitas inferatur, ut eorum quidem, quos tenet condicio servilis, proditor studiosus et diligens dominium consequatur, eorum vero, quos natalium sola libertas prosequatur, colonatu perpetuo fulciatur quisquis huiusmodi lenitudinem prodiderit ac probaverit, salva dominis actione in eos, qui vel latebram forte fugitivis vel mendicitatis subeundae consilium praestiterunt*[973].

Y las mismas circunstancias, en un importante contexto de crisis económica y gravosas cargas impositivas, permiten explicar por qué Teodosio en el año 386, en una constitución dirigida al prefecto del pretorio de Oriente, insistía en la prohibición de que los hijos y nietos de los *municipales* y de los *coloni patrimoniales et saltuerenses* prestasen el servicio militar o desarrollasen otras funciones, siendo los primeros vinculados a los *munera municipalia* y los segundos al cultivo de los campos:

> C.I. 11.64.1 (*Imppp. Gratianus, Valentinianus et Theodosius AAA. ad Cynegio P.P.*): *Quicumque parvuli ex municipibus*

---

[973] Idénticas razones tal vez condujeron en el año 400 al emperador Teodosio (C. Theod. 5.6.3) a ofrecer a los propietarios la posibilidad de poblar sus campos con los sometidos pueblos bárbaros de los Sciras y sus aliados, en régimen de colonato, prohibiendo poseer a los que ya hubieran sido asignados a otros propietarios y recordando las penas para los que acogiesen a los fugitivos. Sobre estos modos de formación del colonato, Fustel de Coulanges, *Le colonat...*, cit., pág. 53; Humbert, s.v. «colonus», cit, págs. 1323-1324; Cornil, *Droit Romain*, cit., pág. 512; Saumagne, "Du role...", cit., págs. 495 ss. y págs 549 ss.; Jones, "El colonato romano", cit., págs. 328, para quien suponen aplicaciones excepcionales del carácter hereditario reservado a *originarii* y *adscripticii*; Álvarez Suárez, *Instituciones...*, III, cit., pág. 105; De Martino, "Il colonato...", cit., pág. 796, para quien constituyen una prueba de la distinta condición de los colonos y de los esclavos; Rosafio, *Studi...*, cit., págs. 196-197 y págs. 205-206; Grey, "Contextualizing...", cit., págs. 162 ss.

> *vel colonis patrimonialibus aut saltuensibus, quorum tamen avi ac patres implicati huiusmodi functionibus fuerint, coniventia militaris officii ad stipendium castrense vel officia diversa transierint, ad munera patriae vel agrorum cultus conventis ducibus tribunis ac praepositis revocentur neque his prosint stipendia*[974].

Por ello, no es de extrañar que Teodosio procediera en ese mismo año a endurecer las penas contra los que acogieran o escondieran a colonos fugitivos, multándolos con seis onzas de oro, si los colonos eran privados y con el doble (una libra de oro), si eran colonos imperiales:

> C. Theod. 5.17.2=C.I. 11.64.2 (*Imppp. Gratianus, Valentinianus et Theodosius AAA. ad Cynegio P.P.*): *Quisquis colonum iuris alieni aut sollicitatione susceperit aut occultatione celaverit, pro eo, qui privatus erit, sex auri unicas, pro eo, qui patrimoniales, libram auri cogatur inferre*[975].

Y dado que la sujeción de los colonos a las fincas, impidiendo su movilidad, era la principal garantía con la que contaban los terratenientes, como indica Jones, éstos utilizaron su posición predominante en los círculos gubernativos para conseguir que el gobierno imperial la impusiera, incluso en provincias donde antes no había existido, a través de una política legislativa que sigue presentando un marcado carácter regional[976]. No en vano, afirma el autor, cuando en el año 393 se introduce el colonato adscrito en Palestina, Teodosio deja muy claro a favor de quien se dicta la ley, al afirmar que se concede a los terratenientes de esta provincia la misma ventaja de la que disfrutaban en otras mediante la prescripción del carácter

---

[974] Humbert, s.v. «colonus», cit., pág. 1325; De Dominicis, "I coloni...", cit., pág. 96 n. 34; Rosafio, *Studi...*, cit., págs. 197 n. 34.

[975] Humbert, s.v. «colonus», cit., pág. 1325; Cornil, *Droit Romain*, cit., pág. 509; Rosafio, *Studi...*, cit., págs. 197-198.

[976] Jones, "El colonato romano", cit., pág. 323 ss. En el mismo sentido, De Martino, "Il colonato...", cit., pág. 798 y pág. 821.

perpetuo de todos los colonos y su sujeción al dueño de los fundos, que tenía plena autoridad para reclamarlos, de manera que ninguno pudiera alegar su condición de libre o vagabundo para marcharse, ni ser acogido sin sanción:

> CJ.11.50(51).1 (*Imppp. Valentinianus, Theodosius et Arcadius AAA. ad Cynegio P.P.*): *Cum per alias provincias, quae subiacent nostrae serenitatis imperio, lex a maioribus constituta colonos quodam aeternitatis iure detineat, ita ut illis non liceat ex his locis quorum fructu relevantur abscedere nec ea deserere quae semel colenda susceperunt, neque id palaestinae provinciae possessoribus suffragetur, sancimus, ut etiam per palaestinas nullus omnino colonorum suo iure velut vagus ac liber exsultet, sed exemplo aliarum provinciarum ita domino fundi teneatur, ut sine poena suscipientis non possit abscedere: addito eo, ut possessionis domino revocandi eius plena tribuatur auctoritas*[977].

---

[977] JONES, "El colonato romano", cit., pág. 323 ss. En el mismo sentido, GILIBERTI, *Servi*…, cit., págs. 100 ss., afirma que en la segunda mitad del siglo IV el colonato entendido como la adscripción a un específico fundo con fines fiscales todavía no tenía alcance general. En Egipto el colonato se había difundido poco a causa del tradicional régimen de los *publici vici,* responsables colectivamente de los impuestos. Sólo a comienzos del siglo V parecen coexistir dos especies de colonos: los ligados al pueblo de origen con ocasión del impuesto fundiario y los de nuevo tipo para los cuales la residencia fiscal obligatoria era representada por el fundo del *locator*. Con esta constitución, que data entre el año 380 y el 390, el régimen del colonato se extiende a Palestina, uniformándola a otras provincias vinculando a los colonos eternamente al fundo por dos motivos: porque son campensinos y deben permanecer siempre tales y porque se quiere evitar que el fundo del patrono sea abandonado. Vid., igualmente, CORNIL, *Droit Romain*, cit., págs. 509 ss.; SAUMAGNE, "Du role…", cit., pág. 517 y pág. 536, la data en el año 386; GONZÁLEZ BRAVO, "La condición…", cit., pág. 82; DE DOMINICIS, "I coloni…", cit., pág. 88, considera que la ley anterior sería la constitución de Constantino del 332; DE MARTINO, "Il colonato…", cit., pág. 791 y pág. 820; MARCONE, "Tra schiavitù…", cit., pág. 172; ROSAFIO, "Coloni…", cit., pág. 459; idem, cit., págs. 198-199, quien duda de si la norma precedente es C.I. 11.52-53-.1 o C.I. 11.47(48).6;

A su vez, sólo tres años después, se extiende a la Tracia este *ius colonatus* perpetuo, identificado con el *ius orginarium*, para evitar las consecuencias negativas que la eliminación de la *capitatio* pueda provocar en la organización productiva de los campos. De ahí que se advierta que no se concede a los colonos exentos libertad para desplazarse puesto que están sujetos a su *origo* y, aunque sean ingenuos, se les considera esclavos de la misma tierra para la que nacieron, sin que puedan retirarse a voluntad ni permutar los lugares, permitiendo al propietario que ejerza derecho sobre ellos, el cuidado de patrono y la potestad de señor. Se establece además la pena de dos libras de oro[978] contra el que acogiera o retuviera a un colono ajeno, en concepto de indemnización al propietario, y la obligación de restituírselo, junto con su peculio y sus agnados:

> CJ.11.51(52).1: (*Impp. Theodosius et Arcadius AA. ad Rufino P.P.*): *Per universam dioecesim thraciarum sublato in perpetuum humanae capitationis censu iugatio tantum terrena solvatur. Et ne forte colonis tributariae sortis nexibus absolutis vagandi et quo libuerit recedendi facultas permissa videatur, ipsi quidem originario iure teneantur, et licet condicione videantur ingenui, servi tamen terrae ipsius cui nati sunt aestimentur nec recedendi quo velint aut permutandi loca habeant facultatem, sed possessor eorum iure utatur et patroni sollicitudine et domini potestate. Si quis vero alienum colonum suscipiendum retinendumve crediderit, duas auri libras ie cogatur exsolvere, cuius agros transfuga*

Christol, M.-Nony, D., *De los orígenes de Roma a las invasiones bárbaras*, Marid, 2005, pág. 236; Cuena Boy, "Yanaconazgo…", cit., pág. 7 n. 62; Grey, "Contextualizing…", cit., págs. 165 ss.; Fuenteseca, "El *colonus*…", cit., págs. 82 ss.

978 Se incrementan aquí las penas impuestas en el año 386 (C.Theod. 5.17.2=11.64.2), consistentes en media libra de oro, si se trataba de un colono perteneciente a un dominio privado, y de una libra de oro, si era un tenente de los dominios imperiales. Bravo, *El colonato*…, cit., pág. 43; Rosafio, *Studi*…, cit., pág. 197.

cultore vacuaverit, ita ut eundem cum omni peculio suo et agnatione restituat[979].

Más aún, en ese mismo año el emperador Arcadio, según recoge HUMBERT, impide a estos *coloni censibus adscripti* disponer libremente de su patrimonio e interponer acciones civiles contra los propietarios, exceptuando los casos de exacciones indebidas[980], restringiendo la actuación por vía criminal sólo al supuesto de injurias sufridas personalmente o por sus familiares vinculándolos por deuda de su condición a quienes deben las contribuciones anuales:

> C.I. 11.50.2 (*Imppp. Teodosius, Arcadius et Honorius AAA. Rufino P.P.*): *Coloni censibus dumtaxat adscripti, sicuti ab his liberi sunt, quibus eos tributa subiectos non faciunt, ita his, quibus annuis functionibus et debito condicionis obnoxii sunt, paene est ut quadam servitute dediti videantur. Quo minus est ferendum, ut eos audeant lite pulsare, a quibus ipsos utpote a dominis una cum possessionibus distrahi posse dubium non est. Quam de cetero licentiam submovemus, ne quis audeat domini in iudicio nomen lacessere, et cuius ipsi sunt, eiusdem omnia sua esse cognoscant. Cum enim saepissime decretum sit, ne quid de peculio suo cuiquam colonorum ignorante domino praedii aut vendere aut alio modo alienare liceret, quemadmodum contra eius personam aequo poterit consistere iure, quem nec propria quidem leges sui iuris habere voluerunt et adquirendi tantum, non etiam transferendi potestate permissa, domino et adquirere*

---

979 CORNIL, *Droit Romain*, cit., págs. 509 ss.; BRUGI, *Istituzioni…*, cit., pág. 47; SAUMAGNE, "Du role…", cit., págs. 511 ss. y pág. 535; GONZÁLEZ BRAVO, "La condición…", cit., pág. 82; JONES, "El colonato romano", cit., pág. 320, la data entre el 393 y el 395; DE MARTINO, "Il colonato…", cit., pág. 791; BRAVO, *El colonato…*, cit., pág. 43; ROSAFIO, *Studi…*, cit., págs. 199 ss., que data la medida en el año 393, fecha apuntada también por GREY, "Contextualizing…", cit., pág. 167 n. 57; GILIBERTI, *Servi…*, cit., págs. 104-105.

980 Ese supuesto ya había sido reconocido por Constantino, C.I. 11.50.1. HUMBERT, s.v. «colonus», cit., págs. 1322 ss.; CORNIL, *Droit Romain*, cit., pág. 510; GANSHOF, "Le statut…", cit., págs. 274 ss.; ROSAFIO, "Coloni…", cit., pág. 455 n. 38; idem, *Studi…*, pág. 204.

et habere voluerunt? Sed ut in causis civilibus huiusmodi hominum generi adversus dominos vel patronos et aditum intercludimus et vocem negamus exceptis superexactionibus, in quibus retro principes facultatem eis super hoc interpellandi praebuerunt, ita in criminum accusatione quae publica est non adimitur eis propter suam suorumque iniuriam experiendi licencia[981].

Y otras leyes posteriores les prohibieron unirse al ejército o desempeñar cargos públicos o entrar en el sacerdocio sin el consentimiento de su patrón, reduciéndolos casi a una condición servil[982].

Sin embargo, pese a las importantes restricciones a su libertad, compartimos la opinión de Rosafio, sobre la distinta condición jurídica de los colonos, esclavos y libertos. Ahora bien, como reconoce el autor, venido a menos el nexo que vinculaba a los colonos como contribuyentes, su libertad de movimientos es limitada mediante el *ius originarium*, de manera que "no es ya el vínculo fiscal el que lo liga al *origo*, sino el *origo* mismo el que determina el vínculo" y, "aunque no es posible individualizar una sumisión personal del colono al propietario, la relación que se establece entre ellos no es ya la propia de un contrato de *locatio-conductio*"[983].

---

[981] Humbert, s.v. «colonus», cit., págs. 1322 ss. Al respect, Cornil, *Droit Romain*, cit., págs. 509 ss.; Brugi, *Istituzioni…*, cit., pág. 48; Saumagne, "Du role…", cit., págs. 543 ss.; Jones, "El colonato romano", cit., págs. 323 ss.; De Martino, "Il colonato…", cit., pág. 794; Ganshof, "Le statut…", cit., págs. 274 ss.; Rosafio, "Coloni…", cit., pág. 454 n. 38; idem, *Studi…*, cit., págs. 202 ss., para quien el término *peculium* fue introducido en la *interpretatio*; Giliberti, *Servi…*, cit., págs. 108 ss.; Cuena Boy, "Yanaconazgo…", cit., pág. 6 n. 48 y pág. 8 n. 67; Grey, "Contextualizing…", cit., pág. 167 y pág. 172, para quien el término peculio es usado metafóricamente y los límites a su disposición son una garantía pública para procurar que los colonos puedan pagar los impuestos.

[982] C.I. 11.47(48).18; C.I. 12.34(33).3. Jones, "El colonato romano", cit., págs. 323 ss. No obstante, estas leyes hablan genéricamente de colonos y no de *coloni censibus adscripti*. Vid., asimismo, C.I. 1.12.6§5. Al respecto, Humbert, s.v. «colonus», cit., pág. 1325; Russommano, *Curso…*, cit., pág. 28; Giliberti, *Servi…*, cit., págs. 113 ss.

[983] Rosafio, *Studi…*, cit., págs. 200 ss. Al respecto, De Dominicis, "I coloni…", cit., págs. 88 ss.; Collinet, "Le colonat…", cit., págs. 103 ss., con-

En realidad, como puntualiza Bravo, sólo aquellos *coloni censibus adscripti* que evolucionen hacia formas de dependencia personal vinculadas a la condición *adscripticia*, se encontrarán en un situación más precaria próxima a la esclavitud, sin que sea del todo correcto establecer la equiparación semántica entre *originales* u *originarii* occidentales y *adscripticii* orientales[984], debiendo tenerse en cuenta que el término *originarii* desaparece de los textos jurídicos a mediados del siglo V, mientras que el de *adscripticii*, salvo interpolación posterior, no es utilizado para indicar una concreta situación de colonato en la parte Oriental hasta la segunda mitad de siglo. Además, aunque en algunas fuentes se haga referencia a los campesinos *adscripti in censibus*, la *condicio adscripticia* no será propiamente regulada hasta Justiniano[985].

3. EL ESTATUTO SOCIO-JURÍDICO DEL COLONO A PARTIR DEL SIGLO V: DE LOS *ORIGINARII* OCCIDENTALES A LOS *ADSCRIPTICII* ORIENTALES

3.1. Los *originarii* de la parte Occidental del Imperio

La mejor situación de los colonos originarios occidentales frente a los adscripticios orientales se observa en algunas constituciones de principios del siglo V en las que se establece que estos colonos ori-

---

sidera el *ius originarium* la esencia misma del colonato; Pallasse, *Orient…*, cit., págs. 42 ss.; De Martino, "Il colonato…", cit., págs. 796 ss., si bien cuestiona, como hemos visto en la n. 938 del presente apartado, que este *ius colonatus* surgieran previamente en los terrenos imperiales. Cfr. Eibach, *Untersuchungen…*, cit., págs. 30-32, para quien el colono bajoimperial seguía rigiéndose por un contrato de *locatio-conductio*; Grey, "Contextualizing…", cit., pág. 171, para quien falta uniformidad en el *ius originarium*: "The *origo* was not focused specifically upon registered *coloni*, as a means of ensuring that propertyless taxpayers could be held responsible for taxation".

[984] Esta equiparación es realizada, entre otros, por Jones, "El colonato romano", cit., págs. 326 ss.; Giliberti, *Servi…*, cit., pág. 100; Grey, "Contextualizing…", cit., pág. 173.

[985] Bravo, *El colonato…*, cit., págs. 15-18 y pág. 44.

ginarios podrían liberarse de su obligación perpetua y hereditaria de cultivar la tierra por aplicación de las reglas de la prescripción. Ya en el año 400, Honorio estableció en una constitución dirigida a Vicentio, prefecto del pretorio de las Galias, que se podía salir de la condición de colonato o inquilinato como consecuencia de la *praescriptio longi temporis*, después de treinta años, si el colono permanecía en la misma provincia, o de cuarenta si se encontraba en otra provincia. Más allá de estos plazos el emperador advertía que a nadie le era lícito, ya se tratase de la *res domenica* o de un privado, reclamar a un colono o inquilino:

> C. Theod. 12.19.2=C.I. 11.66.6 (*Impp. Arcadius et Honorius AA. ad Vicentio P.P. Galliarum*): *Actiones publicas privatasque non eadem ratione concludimus, si quidem statui publico impensius providendum est. eum igitur, qui curiae vel collegio vel burgis ceterisque corporibus intra eandem provinciam per xxx annos; in alia xl sine interpellatione servierit, neque res dominica neque actio privata continget, si colonatus quis aut inquilinatus quaestionem movere temptaverit*[986].

A partir del año 419 se sancionó con carácter general la aplicación de la prescripción a los colonos originales u originarios y a los

[986] Vid., asimismo C. Theod. 12.19.3 (*Impp. Arcadius et Honorius AA. ad Vicentio P.P. Galliarum*). Humbert, s.v. «colonus», cit., págs. 1324-1325; Cornil, *Droit Romain*, cit., pág. 513; Saumagne, "Du role…", cit., págs. 502, pág. 507, págs. 518 ss.; Jones, "El colonato romano", cit., pág. 327 n. 57; De Martino, "Il colonato…", cit., pág. 792 n. 15; Giliberti, *Servi…*, cit., pág. 113; Rosafio, *Studi…*, cit., págs. 205. Un estudio profundo de esta constitución lo ha realizada recientemente Cuena Boy, "«Causa originis»…", cit., págs. 85-86. En su opinión, las denominaciones *causa originis et proprietas* (C.Theod. 4.23.1) y *quaestio colonatus aut inquilinatus* (C. Theod. 12.19.2-3) "no son significativas de ninguna diferencia reseñable en lo que atañe al procedimiento. No obstante, como mera conjetura cabría sugerir que la primera se correspondía con aquellos pleitos en los que no se discutía la *condicio* colonaria del fugado, sino sólo su *origo* en esta o en aquella finca. En cambio, la segunda podría ser más apropiada para aquellos otros casos en los que se debatía el propio estatus de colono".

inquilinos de manera que si el propietario dejaba transcurrir sin reclamarlos el plazo de treinta años, si se trataba de hombres, o de veinte años, en el caso de las mujeres, perdía los derechos sobre ellos:

> C. Theod. 5.18.1=C.I. 11.47(48).1 (*Impp. Honorius et Theodosius AA. a Palladio P. P*). *Interpretatio: si quis colonum alienum in re sua vel in fuga lapsum vel sua voluntate migrantem triginta annos habuerit, ac si suum vindicet. qui si intra triginta annos inventus fuerit a domino, cum filiis secundum legem sibi debitis et omni peculio revocetur. Quod si forte mortuus fuerit, filii eius cum mercedibus suis vel patris mortui a domino revocentur. Colona etiam si viginti annis in alieno dominio et iure permanserit, a priore domino non requiratur; si tamen intra viginti annos inventa fuerit et de alieno colono filios susceperit, cum agnationis parte tertia revocetur: quia colonum duae partes agnationis sequuntur. Sane ne separatio coniugii fiat, illum, cuius colonus est, vicariam mulierem et pro tertia agnatione mulieris domino compensare praecipimus. Si vero mulier iuris alieni ingenuum maritum duxerit, omnis mulieris agnatio ad eius dominium pertinebit. Quod hic minus est de colonae agnatione, in novellis legibus invenitur*[987].

[987] Reproducimos sólo la *interpretatio* de la ley dada su extensión. CORNIL, *Droit Romain*, cit., pág. 513; SAUMAGNE, "Du role…", cit., pág. 502, págs. 520 y págs. 528 ss., JONES, "El colonato romano", cit., pág. 327, quienes apuntan la extensión de la medida a los colonos imperiales por Valentiniano III en el año 449 (*Novellae Valentiniani III*, 27). Al respecto, HUMBERT, s.v. «colonus», cit., págs. 1324-1325; DE DOMINICIS, "I coloni…", cit., págs. 90 ss.; ÁLVAREZ SUÁREZ, *Instituciones*…, III, cit., pág. 105, habla de prescripción liberatoria; DE MARTINO, "Il colonato…", cit., pág. 792 n. 15; GILIBERTI, *Servi*…, cit., pág. 113 n. 25; GREY, "Contextualizing…", cit., págs. 163 ss., señala cómo en la Novela 27 de Valentiniano III el colonato es considerado un privilegio. Para CUENA BOY, "«Causa originis»…", cit., pág. 86, a diferencia de C. Theod. 12.19.2, en esta constitución "la *causa originis* se desarrolla entre particulares, sin implicación por tanto de interés público alguno". La ley aporta cambios el plazo de prescripción, la posibilidad de demandar directamente al presunto

Pero el abuso de esta posibilidad por parte de los originales que, como describe De Dominicis, huían de su condición para convertirse en campesinos libres en las tierras de otro propietario, condujo a Valentiniano III a establecer que aquellos que se liberaban de su propietario por ausencia de treinta años, pasarían a ser originales de su nuevo propietario o de aquél a quien hubieran servido por más tiempo o en los últimos años de los treinta, si se habían ido trasladando de una tierra a otra[988].

Toda esta amplia legislación prueba, según Bravo, la incapacidad de los emperadores occidentales para corregir las situaciones ilegales de evasión fiscal o que hacían difícil la recaudación de los impuestos por los funcionarios imperiales, por lo que se vio obligado a encomendar dicha recaudación a los propios terratenientes, favoreciendo "el desarrollo del colonato y el afianzamiento de las relaciones de patrocinio", mediante las cuales los colonos trataban de liberarse de las cargas impositivas o de las presiones de los acreedores privados[989].

---

colono, así como de ordenar su restitución sin dictar sentencia ni permitirle defensa cuando existiera certeza absoluta sobre su *condicio*.

[988] *Novellae Valentiniani III*, 31. De Dominicis, "I coloni...", cit., pág. 91. Vid., asimismo, *Novellae Maioriani*, 7 (a. 458), para los decuriones que quisieran huir de su condición convirtiéndose en colonos; *Novellae Severiani*, 2 (a. 465), relativa a los *corporati*. Al respecto, Cornil, *Droit Romain*, cit., pág. 513; Saumagne, "Du role...", cit., pág. 522; Jones, "El colonato romano", cit., pág. 327; Álvarez Suárez, *Instituciones...*, III, cit., pág. 105; Giliberti, *Servi...*, cit., pág. 113.

[989] Bravo, *El colonato...*, cit., págs. 44 ss. La incapacidad de las leyes fiscales occidentales para imponer la adscripción personal y la debilidad del Estado en esta parte del Imperio había sido ya constatada por Pallasse, *Orient...*, cit., págs. 42 ss. Sobre las relaciones de patrocinio, Humbert, s.v. «colonus», cit., pág. 1325; Segré, "The Byzantine...", cit., págs. 118 ss., afirma que mientras en Oriente se encontraban colonos vinculados a la tierra, colonos libres, colonos *sub patrocinio* y colonos adscritos, en Occidente todos los colonos eran *sub patrocinio*; Giliberti, *Servi...*, cit., págs. 123 ss., afirma que el patrocinio poniendo en crisis el control del territorio por parte de la autoridad imperial, terminará por socavar el sistema del colonato y prefigura la servidumbre medieval; Rosafio, *Studi...*, cit., págs. 206 ss., analiza la distinta situación de los *conductores* y la de los colonos en el siglo V; Christol-Nony, *De los orí-*

Este sometimiento condujo a Salviano[990] a afirmar su conversión en esclavos, opinión que no es compartida por San Agustín, que opone la *ingenuitas* de los colonos a la *servitus* de los esclavos y los define como "*cultores* que trabajan la tierra de otro y que deben su condición al suelo en el que nacieron"[991]. Ahora bien, como afirma ROSAFIO, si en una carta dirigida a Eustaquio, con motivo de la venta de los hijos de colonos, se pregunta si el adquirente tiene un mayor derecho que el que tenía el propietario del fundo y si el poseedor del fundo puede reducir a la esclavitud a los colonos o a sus hijos, aunque está claro que la primera pregunta es un argumento a favor de la libertad del hijo vendido, la segunda prueba que en la práctica existía la tendencia de transformar a los colonos en esclavos y tratarlos como tales, aproximación que también se desprende de las fuentes jurídicas que no llegan, sin embargo, a equiparalos[992].

En cualquier modo, como hemos expuesto *supra*, las referencias a estos *originarii* occidentales desparecen a mediados del siglo V mientras que en la parte Oriental comienza a configurarse la condición adscripticia cuya regulación ultima Justiniano.

---

genes..., cit., págs. 236 ss., señalan los abusos cometidos por los patronos frente a los intereses del Estado, acogiendo a colonos fugitivos y favoreciendo su evasión fiscal.

990 SALVIANO, *De Gubernatione Dei*, V. 26, 38-39 y 45. MARCONE, "Tra schiavitù...", cit., pág. 172; BLÁZQUEZ, J.M.-BLANCO FREIJEIRO, A., *La sociedad del Bajo Imperio en la obra de Salviano de Marsella*, Madrid, 1990, págs. 47 ss.; GILIBERTI, *Servi*..., cit., pág. 133.

991 SAN AGUSTÍN, *De Civitate Dei*, X. 1, 2, 7. BRAVO, *El colonato*..., cit., págs. 15-18 y pág. 44; GILIBERTI, *Servi*..., cit., pág. 80.

992 SAN AGUSTÍN, *Epistolae*, 24.1.6. ROSAFIO, *Studi*..., cit., págs. 213-214, para quien la duda no es debida a su falta de conocimiento jurídico, sino al hecho de que el legislador había desvalorizado tanto el estatuto personal de colono que era cuestionable si el mismo podía seguir siendo considerado un hombre libre. En el mismo sentido, DE MARTINO, "Il colonato...", cit., pág. 77 n. 49, indica cómo en C. Theod. 9.21.4 (a. 321) y C. Theod. 2.31.1 (a. 422), por ejemplo, se observa que el colono está un poco más arriba que el esclavo. Cfr. GILIBERTI, *Servi*..., cit., págs. 11 ss.

3.2. Los *adscripticii* de la Parte Oriental del Imperio

Según De Martino, el término *adscripticius* se registra por primera vez en un ley del año 466[993] y, aunque su equivalente griego "enagraphos" había sido utilizado por Marciano al dirigirse al Concilio de Calcedonia en el año 451, el mismo no se identifica todavía con *adscripticius* sino con *originarius*, reputándose interpolado el término en las constituciones anteriores a esta fecha[994]. Más aún, las primeras menciones no se refieren específicamente al colonato sino a la prohibición de que se les de asilo eclesiástico, al igual que a los esclavos o libertos, dada su condición común de *personae domesticae*[995] o a su imposibilidad de acceder a cargos o funciones eclesiásticas sin el consentimiento del dueño del fundo[996], no existiendo ninguna ley del siglo V que nos permita comprender en qué se diferencian los colonos *adscripticii* de otras clases de colonos[997].

Sólo en una constitución del emperador Anastasio del año 500, continúa el autor, hay una clara distinción entre las categorías de colonos pero esta ley sintetiza un pasaje de los Basilicos[998] por lo que se puede dudar de su autenticidad, aunque no de su existencia ya que la misma es citada y confirmada por Justiniano en la parte que concierne al estado de los hijos de los colonos[999].

En esta ley se diferencia entre los *adscripticii* que no tienen capacidad para poseer bienes inmuebles, cuya pertenencia y no simple disponibilidad, es del propietario, y los colonos *liberi* que conservaban su capacidad para poseer bienes inmuebles y podían voluntaria-

---

993 C.I. 1.12.6.

994 De Martino, "Il colonato…", cit., págs. 797-798. Se considera interpolado el término en C.I. 8.51.1; C. Theod. 2.25.1; C.J. 11.47-48-.6. Al respecto, De Dominicis, "I coloni…", cit., pág. 87 ns. 3-4; Jones, "El colonato romano", cit., pág. 326; Bravo, *El colonato…*, cit., págs. 15 ss.

995 C.I. 1.12.6.

996 C.I. 1.4.36.

997 De Martino, "Il colonato…", cit., pág. 798, señala al respecto, C.I. 1.12.6 (León, a. 466); C.I. 1.3.36 (Zenón, a. 484); C.I. 11.69.1 (Zenón); C.I. 2.4.43 (Anastasio, a. 500); C.I. 12.19.12 (Anastasio); y C.I. 11.48.19 (Anastasio).

998 C.I. 11.47-48-.19=Basilici, 5.55.18.

999 C.I. 11.47-48-.23§1-2.

mente salir de su condición colonaria acogiéndose a las estipulaciones de la *praescriptio longi temporis*, si no consumían el plazo de treinta años previsto, pero, agotado el mismo, explotando de manera ininterrumpida la misma tierra, se obligaban de manera perpetua a cultivarla:

> C.I. 11.47(48).19 (*Epitome graecae const. Anastasio ex Bas.*): *Agricolarum alii quidem sunt adscriptitii, et forum peculia dominia competunt; alii vero tempore triginta annorum coloni fiunt, liberi quidem manentes cum bonis suis, cerum etiam ii coguntur et terram colere et reditus dependere. Hoc autem tam domino quam agricolis expedit*[1000].

Justiniano, como señala De Dominicis, retoma esta ley y la aplica también a los hijos de los colonos aunque no hubieran permane-

---

[1000] Reproducimos aquí la versión latina del Código Justinianeo. En la constitución griega, según, De Martino, "Il colonato…", cit., pág. 799, se diferencia entre los "georgoi" o campesinos plenamente libres; los "misthotoi" o arrendatarios libres que conservan su capacidad para poseer inmuebles y eran transformados en colonos al término de la *praescriptio* de treinta años, estando sujetos a satisfacer el *tributum*; y los "enagraphoi" o *adscripticii* que no tienen capacidad para poseer bienes inmuebles, cuya pertenencia y no simple disponibilidad, es del propietario. Sobre esta constitución, Saumagne, "Du role…", cit., pág. 497, pág. 519 y pág. 542; Lo Bianco, *Storia…*, cit., pág. 75 y De Dominicis, "I coloni…", cit., pág. 88, precisan que con Anastasio los *agricolae* o son colonos o son adscripticios: ambos están ligados al fundo pero mientras los primeros cultivan la tierra y pagan el tributo, los segundos pertenecen al patrón con todo lo que poseen; Jones, "El colonato romano", cit., pág. 329, para quien Anastasio aplicó la prescripción en sentido contrario; Álvarez Suárez, *Instituciones…*, III, cit., pág. 103, la menciona en relación a la prescripción en Oriente; Giliberti, *Servi…*, cit., pág. 100 y págs. 107 ss., entiende que la misma también vincula a la tierra a los colonos que poseen tierras propias con la diferencia, respecto de los adscripticios, de poder seguir disponiendo libremente de sus propios bienes; Cuena Boy, "Yanaconazgo…", cit., pág. 8 ns. 67 y 68, la cita como ejemplo de la distinta capacidad patrimonial de los adscripticios y de los colonos libres, junto con C.I. 11.47(48).8§1; C.I. 11.50.2§2-3, C.I. 1.3.20§1 y *Novellae Iustiniani*, 162 cap. 2.1. Cfr. Grey, "Contextualizing…", cit., pág. 173, con dudas sobre su autenticidad.

cido treinta años (o cuarenta, según el caso) en el fundo, añadiendo que ellos no debían ser gravados por una peor condición y, por consiguiente, prohíbe a los propietarios imponerles innovaciones o el ejercicio de la violencia:

> C.I. 11.47(48)23§1 (*Imp. Iustiniani A. ad Ioanni P.P.*): *Cum autem anastasiana lex homines qui per triginta annos colonaria detenti sunt condicione voluit liberos quidem permanere, non autem habere facultatem terra derelicta in alia loca migrare, et ex hoc quaerebatur, si etiam liberi eorum cuiuscumque sexus, licet non triginta annos fecerint in fundis vel vicis, deberent colonariae esse condicionis an tantummodo genitor eorum, qui per triginta annos huiusmodi condicioni illigatus est: sancimus liberos colonorum esse quidem in perpetuum secundum praefatam legem liberos et nulla deteriore condicione praegravari, non autem habere licentiam relicto suo rure in aliud migrare, sed semper terrae inhaereant, quam semel colendam patres eorum susceperunt. Caveant autem possessionum domini, in quibus tales coloni constituti sunt, aliquam innovationem vel violentiam eis inferre*[1001].

Y si las innovaciones o la violencia eran probadas ante el juez, el gobernador de la provincia debía velar por el resarcimiento del daño y la observancia de la costumbre antigua en la prestación del rédito, sin que en ningún caso el colono tuviera la facultad de abandonar el fundo, ni tampoco sus descendientes que, con independencia de su sexo o edad, debían permanecer en el fundo en el mismo modo y condiciones que sus padres:

[1001] De Dominicis, "I coloni…", cit., págs. 90 ss.; Humbert, s.v. «colonus», cit., págs. 1324-1325Cornil, *Droit Romain*, cit., págs. 511; Saumagne, "Du role…", cit., pág. 498, págs. 524 ss.y págs. 568 ss.; Russommano, *Curso…*, cit., pág. 28; Jones, "El colonato romano", cit., pág. 329; De martino, "Il colonato…", cit., pág. 799; Bravo, *El colonato…*, cit., pág. 18 y pág. 44.; Giliberti, *Servi…*, cit., págs. 113 ss.; Fuenteseca, "El *colonus*…", cit., págs. 80 ss.

> C.I. 11.47(48)23§1, *in finem* (*Imp. Iustiniani A. ad Ioanni P.P.*): *Si enim hoc approbatum fuerit et per iudicem pronuntiatum, ipse provinciae moderator, in qua aliquid tale fuerit perpetratum, omnimodo provideat et laesionem, si qua subsecuta est, eis resarcire et veterem consuetudinem in reditibus praestandis eis observare: nulla nec tunc licentia concedenda colonis fundum ubi commorantur relinquere. Et hoc tam in ipsis colonis quam in subole eorum qualiscumque sexus vel aetatis sancimus, ut et ipsa semel in fundo nata remaneat in possessione sub isdem modis isdemque condicionibus, sub quibus etiam genitores eius manere in alienis fundis definivimus*[1002].

Por tanto, como constata BRAVO, aunque en época de Anastasio, la prescripción de treinta años todavía tenía carácter liberatorio, como lo prueban algunas constituciones relativas a la denominada *lex Anastasiana*[1003], algunos años después Justiniano cambió su sentido, sancionando que el ocupante libre que permaneciera en la tierra por más de treinta años pasaba a quedar vinculado a la misma en las condiciones preexistentes incluso en relación con las prestaciones de la renta:

> CJ.11.47(48).23 pr. (*Imp. Iustinianus A. ad Ioannis P.P.*): *Cum satis inhumanum est terram quae ab initio adscripticios habebat suis quodammodo membris*

[1002] Vid., asimismo C.I. 11.47(48).23§2, sobre las penas contra los que acojan a fugitivos, HUMBERT, s.v. «colonus», cit., págs. 1324-1325; CORNIL, *Droit Romain*, cit., págs. 511 ss.; SAUMAGNE, "Du role…", cit., pág. 498, págs. 524 ss.y págs. 568 ss.; DE MARTINO, "Il colonato…", cit., pág. 799; JONES, "El colonato romano", cit., pág. 329; BRAVO, *El colonato…*, cit., pág. 18 y pág. 44; FUENTESECA, "El *colonus*…", cit., pág. 80.

[1003] C.I. 7.39.4 (a. 491); C.I. 7.39.5; C.I. 2.4.43 (a. 500). BRAVO, *El colonato…*, cit., pág. 44. En este sentido, DE DOMINICIS, "I coloni…", cit., pág. 90. Cfr. JONES, "El colonato romano", cit., págs. 328-329; GILIBERTI, *Servi…*, cit., pág. 113, para quienes ya con Anastasio la prescripción tenía efecto adquisitivo de la condición de colono.

> *defraudari et colonos in aliis terris demorantes dominos terrae maximis damnis adficere, censemus, quemadmodum in curialium condicione nemo ex temporali cursu liberatur, ita nec adscripticiae condicioni suppositus ex annalibus curriculis, quantacumque emanaverint, vel quacumque prolixa negotiatione aliquis sibi vindicet libertatem: sed remaneat adscripticius et inhaereat terrae. et si se celaverit vel separare conatus fuerit, secundum exemplum servi fugitivi sese diutinis insidiis furari intellegatur et sit suppositus una cum subole sua, etsi in alia terra eam fecerit, huiusmodi fortunae et capitali illationi, nulla liberatione ei penitus competente*[1004].

Estos colonos, como indica Jones, podían disponer libremente de su propio patrimonio, actuar procesalmente contra los propietarios y, en general, estaban libres de todas las trabas de la condición adscripticia excepto de la prohibición de irse que Justiniano sólo autorizó si conseguían en propiedad una granja que requiriera su dedicación en exclusiva y que fuera suficiente para matenerlos[1005].

Pero a diferencia de tales colonos que tenían la posibilidad de prescribir el vínculo, Justiniano sancionó la incapacidad patrimonial de los *adscripticii* más allá de la tenencia de un *peculium* cuya dispo-

1004 Bravo, *El colonato...*, cit., pág. 18 y pág. 44, afirma que estos colonos se convertían fácilmente en *adscripticii* si no contaban con posesiones propias o el *dominus fundi* podía disponer *de facto* sobre sus bienes; Humbert, s.v. «colonus», cit., págs. 1324-1325; Cuq, *Manuel*..., cit., pág. 89; Cornil, *Droit Romain,* cit., pág. 513; Perozzi, *Istituzioni*..., I, cit., pág. 562; Brugi, *Istituzioni*..., cit., pág. 48; Saumagne, "Du role...", cit., pág. 498, págs. 524 ss.y págs. 568 ss.; Russommano, *Curso...*, cit., pág. 28; De Dominicis, "I coloni...", cit., págs. 89 ss.; Iglesias, *Derecho Romano,* cit., págs. 83-84, señalan cómo la prescripción liberatoria fue derogada por Justiniano.

1005 Jones, "El colonato romano", cit., pág. 329, señala en este sentido, *Novellae Iustiniani,* 162.2, fuente que menciona Cuena Boy, "Yanaconazgo...", cit., pág. 8 ns. 67-68, para demostrar la plena disposición sobre su patrimonio de los colonos libres frente a los adscripticios. Al respecto, Humbert, s.v. «colonus», cit., págs. 1324-1325; Cuq, *Manuel*..., cit., págs. 89-90; Lo Bianco, *Storia*..., cit., pág. 75; De Dominicis, "I coloni...", cit., págs. 95-96; Giliberti, *Servi*..., cit., pág. 114.

sición requería el consentimiento del propietario[1006], así como su carácter hereditario e imprescriptible, situación de la que sólo se podía salir legalmente haciéndose obispo[1007].

Por ello, como indica De Dominicis, dado que el contrato en virtud del cual una persona libre se vinculaba a otra como *adscripcius* suponía una "*deterior fortuna*" respecto a un libre, se dictaron rigurosas normas para decretar su validez, indicando que no bastaba la *conductio* o un documento escrito cualquiera, sino que tales actos debía ser confirmados por una inscripción en el censo o por otros medios legales de prueba:

> C.I. 11.47(48).22 (*Imp. Iustiniani A. ad Luliano P.P.*): *Cum scimus nostro iure nullum praeiudicium generari cuidam circa condicionem neque ex confessionibus*

[1006] A favor de la incapacidad patrimonial de los adscripticios más allá de la tenencia de un *peculium* cuya disposición requería el consentimiento del propietario se muestran Humbert, s.v. «colonus», cit., págs. 1324-1325; Cuq, *Manuel*..., cit., pág. 89; Perozzi, *Istituzioni*..., I, cit., pág. 560-562; Lo Bianco, *Storia*..., cit., pág. 75; Ganshof, "Le statut...", cit., págs. 274 ss.; Cuena Boy, "Yanaconazgo...", cit., pág. 8 n. 66; Giliberti, *Servi*..., cit., pág. 110. Cfr. Brugi, *Istituzioni*..., cit., pág. 48, afirma genéricamente (sin distinguir la clase de colono) que el patrimonio del colono sólo ficticiamente pertenecía al patrón; Saumagne, "Du role...", cit., págs. 540 ss., que pese a las importantes restricciones, le reconoce un cierto poder de disposción (*Novellae Iustiniani* 128.14, texto griego=133.41, texto latino); De Martino, "Il colonato...".., cit., pág. 800, quien también duda de esta diferencia respecto de los *adscripticii* sobre la base de la misma Novela de Justiniano en la que se prevee su posesión de inmuebles, en contraste con la ley de Anastasio en la cual pudo darse que "la aproximada versión bizantina transformase la prohibición de enajenar sin el consentimiento del patrón en incapacidad de poseer". El autor cita asimismo *Novellae Iustiniani* 127, respecto a la facultad de regular cuestiones fiscales en una relación privada y *Novellae Iustiniani* 22.17, sobre la nulidad de la dote y de la donación esponsalicia en el caso de matrimonio prohibido, lo que implicaría su validez si el matrimonio estaba permitido; Grey, "Contextualizing...", cit., pág. 173, entiende que expresamente no se les prohíbe tener patrimonio.

[1007] *Novellae Iustiniani* 123.4. Jones, "El colonato romano", cit., págs. 328. Al respecto, Cornil, *Droit Romain*, cit., págs. 512-513; Perozzi, *Istituzioni*..., I, cit., pág. 561; Brugi, *Istituzioni*..., cit., pág. 48; De Dominicis, "I coloni...", cit., pág. 97; Giliberti, *Servi*..., cit., pág. 114 n. 31.

neque ex scriptura, nisi etiam ex aliis argumentis aliquid accesserit incrementum, sancimus solam conductionem vel aliam quamcumque scripturam ad hoc minime sufficere nec adscripticiam condicionem cuidam inferre, sed debere huiusmodi scripturae aliquid advenire adiutorium, quatenus vel ex publici census adscriptione vel ex aliis legitimis modis talis scriptura adiuvetur. Melius etenim est in huiusmodi difficultatibus ex pluribus capitulis condiciones ostendi et non solis confessionibus neque scripturis homines forte liberos ad deteriorem detrahi fortunam. Sin autem et scriptura et post scripturam confessio seu depositio, sine vi et necessitate tamen, intervenerit (quid enim, si etiam conductionale instrumentum vel alium chartulam, in qua subscripsit, intimavit et inter acta deposuit sese colonum fuisse adscripticium?), tunc ex utroque genere obligationis, id est tam scripturae quam confessionis vel depositionis, talem eum esse credendum, qualem et scripsit et inter acta deposuit[1008].

Sólo tras la *confessio* o más propiamente la *depositio* de un acto unilateral en virtud de cual un colono se dirigía a las autoridades

---

[1008] De Dominicis, "I coloni...", cit., pág. 89. Al respecto, Humbert, s.v. «colonus», cit., pág. 1324, señala la exigencia de una declaración formal *apud acta*; Cuq, *Manuel...*, cit., pág. 88 n. 9, afirma la necesidad de una declaración depositada en un archivo municipal; Cornil, *Droit Romain*, cit., pág. 512; Brugi, *Istituzioni...*, cit., pág. 48, habla de voluntad debidamente atestiguada; Saumagne, "Du role...", cit., pág. 504, págs. 512 ss. y págs. 568 ss.; Jones, "El colonato romano", cit., págs. 328 ss.; De Martino, "Il colonato...", cit., pág. 799, exigía el depósito del documento escrito en un archivo público y su confirmación mediante inscripción registral; Álvarez Suárez, *Instituciones...*, III, cit., pág. 105, habla de contrato escrito inscrito en el censo público o depositado en el archivo imperial; Giliberti, *Servi...*, cit., pág. 112, entiende que la condición adscripticia debía ser demostrada mediante documentos, no bastando ni el contrato de arrendamiento ni la declaración unilateral del colono reconociéndose adscripticio: "el procedimiento más correcto era realizar una declaración de arrendamiento (*scriptura*) y sucesivamente una *confessio* formal o el depósito del documento".

públicas renunciando a las ventajas de la *ingenuitas*, entraba espontáneamente en la clase de los adcripticios y contraía la doble obligación para sí y sus descendientes de cultivar un fundo y de residir en él[1009].

En efecto, el carácter imprescriptible del vínculo afectaba también al hijo del *adscripticius* que no se liberaba de su condición aunque hubiera estado ausente del fundo y de las tareas agrícolas durante treinta o, en su caso, cuarenta años, permitiéndolo el propietario porque se le daba cumplimiento por su padre, sino que subsistía su derecho a reclamarlo cuando el padre mueriera o no valiese para el trabajo ya que, según rezaba la constitución, mientras los ascendientes, descendientes o cognados residieran en el fundo, se entendía que aquél también residió allí:

> C.I. 11.47(48).22§1 (*Imp. Iustinianus A. ad Iuliano P.P.*): *Illud quoque non ineleganter dubitabatur, si coloni filius per triginta annorum curricula vel forsitan quadraginta seu ampliora, adhuc vivente patre et agriculturam peragente, ipse in libera conversatione morabatur, et dominus terrae, quia per patrem ei satisfiebat, non etiam eius praesentiam exigebat, an post obitum patris, vel postquam inutilis is forte existat et ruri non idoneus, potest excusari filius, longinqua libertate abutendo et quod per multos annos neque agrum coluit neque aliquid colonarii operis celebravit, cum non possit dominus incusari propter suam desidiam, cui per patrem eius omne quod voluerat accedebat. In omnibus itaque huiuscemodi speciebus satis acerbum nobis videtur domino praeiudicari colonorum absentia eorum, qui in rure nati et postea absentes per suos vel patres vel fratres vel cognatos agriculturam peragebant. cum enim pars quodammodo corporis eius per cognationem in fundo remanebat, non videtur neque peregrinari neque in libertate morari. Maneat itaque domino ius inconcussum,*

1009 De Dominicis, "I coloni…", cit., pág. 89. En el mismo sentido, Saumagne, "Du role…", cit., pág. 514.

et donec eius vel antiquitas vel posteritas vel cognatio in agrum remanet, ipse videatur ibi resedisse[1010].

La diferencia entre ambas categorías de colonos se observa también en una amplia legislación regulativa de los matrimonios entre *adscripticii* y libres y la condición de los hijos nacidos en su seno[1011], en la que se confronta la condición de los adscripticios con la de los esclavos, más que para equipararlos, como postula GANSHOF[1012], para diferenciarlos, como sostiene DE MARTINO[1013].

1010 DE DOMINICIS, "I coloni…", cit., págs. 91-92; SAUMAGNE, "Du role…", cit., pág. 522 ss.; DE MARTINO, "Il colonato…", cit., pág. 799. Cfr. JONES, "El colonato romano", cit., pág. 328, que parece relacionar esta constitución con los colonos vinculados por el transcurso de la prescripción.

1011 C.I. 11.47(48).21; C.I. 11.47(48).24; C.I. 7.24.1; *Novellae Iustiniani* 22.7, 54 pr.-1, 156, 157 y 162; *Novellae Iustini* II, 6; *Novellae Tiberi* II, 13.

1012 GANSHOF, "Le statut…", cit., págs. 274 ss., observa en esta legislación la aproximación de todos los colonos a la esclavitud. Así parece entenderlo también JONES, "El colonato romano", cit., pág. 329, si bien en relación sólo con los adscripticios; PEROZZI, *Istituzioni…*, I, cit., págs. 561-562, quien afirma que la legislación en primer lugar quería que alguno fuera colono y después le concedía ser libre o esclavo: si era esclavo su matrimonio era un contubernio, su patrimonio un peculio titularidad del patrón y quedaba sujeto a la *domenica potestas*; si era libre el suyo era un verdadero matrimonio y era titular jurídico de sus bienes y de todas las facultades que no fueran incompatibles con el colonato; PÉREZ SÁNCHEZ, D., "Legislación y dependencia en la España visigoda", en AA.VV., *Romanización y Reconquista en la Península Ibérica: nuevas perspectivas*, Salamanca, 1998, págs. 228-230, habla de una progresiva nivelación; GILIBERTI, *Servi…*, cit., págs. 107 ss., para quien la única diferencia entre los esclavos y los adscripticios es que el patrón podía liberar a los primeros sin atribuirles ningún peculio mientras que para conceder la plena libertad a los segundos tenía que dejarles una propiedad de tierra suficiente que permitiese su pleno empleo.

1013 DE MARTINO, "Il colonato…", cit., pág., 791, pág. 800 y pág. 802. Por su parte, FUSTEL DE COULANGE, *Le colonat…*, cit., pág. 7; SAUMAGNE, "Du role…", cit., págs. 499 ss., págs. 530-533 y págs. 547 ss., establece una jerarquía de estados personales: colonos, adscripticios y esclavos, reconociendo, en esta escala, la aproximación a la esclavitud de los adscripticios; CARRIÉ, "Le riforme…", cit., pág. 310; PALLASSE, *Orient…*, cit., págs. 21 ss.; ROSAFIO, "Coloni…", cit., pág. 453, hablan de estatuto intermedio entre los libres y los

Conforme a esta regulación, siguiendo la síntesis efectuado por De Dominicis, al igual que los nacidos de personas adscripticias y personas esclavas seguían la condición de la madre[1014], también los nacidos en el seno de un matrimonio entre personas libres y adscripticias eran libres, si la madre era libre, y eran adscripticios si la madre era adscripticia:

> C.I. 11.47(48).24 (*Imp. Iustinianus A. ad Hermogeni, Magistro officiorum*): *Si qui adscripticiae condicionis constituti mulieres liberas quacumque mente aut quacumque machinatione sive scientibus dominis sive ignorantibus sibi uxores coniunxerunt vel postea coniunxerint, in sua libertate permanere tam eas quam prolem quae ex eis cognoscitur procreata sancimus: illo procul dubio observando, ut, si ex libero marito et adscripticia uxore partus fuerit editus, is maternae condicionis maculam, non paternam sequatur libertatem.*

---

esclavos; De Dominicis, "I coloni…", cit., págs. 97 ss., afirma que Justiniano mostró humanidad y preocupación hacia todos los colonos; Eibach, *Untersuchungen…*, cit., págs. 30-32 y págs. 114-131, postula que el colono bajoimperial seguía siendo fundamentalmente un arrendatario a quien se reconoce cierta independencia, sin que haya pruebas de su progresiva servidumbre y que en la época justinianea el término colono no aludía a una clase concreta sino a la población campesina en general; Marcone, "Tra schiavitù…", cit., págs. 172 ss., señala la condición particularmente baja de los adscripticios orientales; Cuena Boy, "Yanaconazgo…", cit., pág. 9, reconoce que la condición adscripticia se parece cada vez más a la servil, sin llegar a identificarse; Grey, "Contextualizing…", cit., págs. 155 ss., afirma que el registro de los agricultores no supuso un s*tatus* personal ni el mismo es resultado de su degradación formal a una posición de esclavitud o casi-esclavitud.

1014 C.I. 11.47(48).21 (*Imp. Iustiniani A. ad Senatum*). De Dominicis, "I coloni…", cit., págs. 94 ss.; Saumagne, "Du role…", cit., págs. 499 ss. y págs. 530 ss. Al respecto, Humbert, s.v. «colonus», cit., págs. 1324-1325; Cuq, *Manuel…*, cit., pág. 89 n. 6; Cornil, *Droit Romain*, cit., págs. 511 ss.; Brugi, *Istituzioni…*, cit., pág. 48; Lo Bianco, *Storia…*, cit., págs. 75-76; Marcone, "Tra schiavitù…", cit., págs. 172; Giliberti, *Servi…*, cit., págs. 110 ss., resaltan que el legislador se preguntaba qué diferencia había entre los adscripticios y los esclavos.

Sed ne adscripticii putent sibi impunitum esse tale conamen, quod maxime verendum est, ne liberarum mulierum nuptiis ab his excogitatis paulatim huiusmodi hominum condicio decrescat, sancimus, si quid tale fuerit ab adscripticio perpetratum, liberam habere potestatem dominum eius sive per se sive per praesidem provinciae talem hominem castigatione moderata corrigere et abstrahere a tali muliere. quod si neglexerit, sciat in suum damnum huiusmodi desidiam reversuram[1015].

Sin embargo, continúa De Dominicis, el creciente número de matrimonios mixtos, de los cuales nacían descendientes libres –con la consiguiente disminución de los adscripticios–, condujo a Justiniano a prohibirlos, permitiendo al propietario que, bien él mismo o bien a través del gobernador de la provincia, efectuase la separación de la mujer culpable que recibía una moderada corrección pero, presionado por varias prefecturas, agravó poco después las sanciones declarando nulos los matrimonios mixtos y, con ellos, las donaciones esponsalicias y las dotes[1016].

Asimismo, en el año 539, ante los intentos de aplicar la disposición de C.I. 11.47(48).24, a los hijos de los adscripticios nacidos con anterioridad a su promulgación y reclamar su condición de libres, Justiniano tuvo que matizar que la misma no tenía carácter retroactivo, por lo que se aplicaba sólo a los nacidos después de su promulga-

[1015] De Dominicis, "I coloni...", cit., págs. 94 ss.; Humbert, s.v. «colonus», cit., págs. 1323-1325; Cuq, *Manuel...*, cit., págs. 89-90; Cornil, *Droit Romain*, cit., págs. 511 ss.; Perozzi, *Istituzioni...*, I, cit., pág. 561; Brugi, *Istituzioni...*, cit., pág. 48; Saumagne, "Du role...", cit., págs. 499 ss. y págs. 530 ss.; Ganshof, "Le statut...", cit., págs. 274 ss.; Álvarez Suárez, *Instituciones...*, III, cit., pág. 103; Jones, "El colonato romano", cit., pág. 329; De Martino, "Il colonato...", cit., pág., 791, pág. 800 y pág. 802; Cuena Boy, "Yanaconazgo...", cit., pág. 8 n. 70, señalan la facultad del propietario de separar al adscripticio de la mujer libre con la que se ha casado para impedir la disminución paulatina de aquéllos; Giliberti, *Servi...*, cit., págs. 114 ss.

[1016] C.I. 7.24.1; *Novellae Iustiniani*, 22, cap. 17 pr., año 535. De Dominicis, "I coloni...", cit., pág. 95; Saumagne, "Du role...", cit., pág. 534; Giliberti, *Servi...*, cit., págs. 116 ss.

ción[1017] y, consciente de que los matrimonios mixtos no sólo tenían lugar, sino que eran, *de facto*, tolerados, precisó que los hijos de una mujer libre y de un adscripticio, si bien eran *ingenui*, dada la condición libre de la madre, quedaban obligados a permanecer en la tierra en que nacieron por la condición adscripticia del padre[1018].

La incapacidad patrimonial, el carácter hereditario e imprescriptible del vínculo y la normativa matrimonial expuestas ponen de

---

[1017] *Novellae Iustiniani*, 54 pr.-1 (a. 537). De Dominicis, "I coloni…", cit., pág. 95. Al respecto, Humbert, s.v. «colonus», cit., págs. 1323-1325; Cuq, *Manuel…*, cit., pág. 90 n. 4; Perozzi, *Istituzioni…*, I, cit., pág. 561; Saumagne, "Du role…", cit., pág. 534; Jones, "El colonato romano", cit., pág. 329; De Martino, "Il colonato…", cit., pág., 791, pág. 800 y pág. 802; Cuena Boy, "Yanaconazgo…", cit., pág. 8 n. 70; Giliberti, *Servi…*, cit., págs. 116 ss.

[1018] *Novellae Iustiniani*, 162. De Dominicis, "I coloni…", cit., págs. 95-98, señala además un última intervención (*Novellae Iustiniani*,162. App. I), en el año 400, relativa a Iliria, en la que, a pesar de las sanciones, seguía vigente la constitución C.I. 11.47(48).24, lo que provocaba el abandono masivo de los hijos nacidos de adscripticios o colonos y mujeres libres ya que eran considerados libres, por lo que aplicó a esta prole la condición del padre. En todo caso, el autor duda sobre la eficacia de las disposiciones puesto que los emperadores posteriores continuaron legislando sobre la materia. En el mismo sentido, Jones, "El colonato romano", cit., pág. 329, señala cómo a pesar de estas leyes siguió la inquietud de los terratenienes africanos que, a la muerte de Justiniano, solicitaron a Justino II que las confirmara (*Novellae Iustiniani* II, 6), repitiendo la petición a su sucesor Tiberio Constantino (*Novellae Tiberi* II, 13). Al respecto, Humbert, s.v. «colonus», cit., págs. 1323-1325; Cuq, *Manuel…*, cit., pág. 90; Cornil, *Droit Romain*, cit., págs. 511 ss.; Saumagne, "Du role…", cit., págs. 499 ss. y págs. 530 ss.; De Martino, "Il colonato…", cit., pág., 791, pág. 800 y pág. 802, observa en esta legislación la controversia entre el estímulo social dirigido a reconocer la mejor condición a los hijos y el interés de los propietarios por mantener inmutable el vínculo de dependencia del padre también en el hijo; Bravo, *El colonato…*, cit., pág. 45, entiende que en principio los matrimonios entre mujer libre y adscripticio no eran lícitos, unión que Justiniano permitió a través de esta ley sancionando que los hijos, si bien no eran *adscripticii*, quedaban obligados a cultivar la tierra en que nacieron por la condición adscripticia del padre; Giliberti, *Servi…*, cit., págs. 116 ss. Por su parte, Jones, "El colonato romano", cit., págs. 328-331, insiste en la escasez de mano de obra como la causa del matenimiento del colonato adscrito en el siglo VI y en la pervivencia en este siglo del contrato de arrendamiento típico.

manifiesto la peor condición de los *adscripticii* que, como señala De Martino, sólo es explicable a través de "una evolución histórica que convirtió realmente en perpetuo el estado del colono, desde el momento en que no se reconocía la posibilidad de modificarlo con la prescripción, necesitándose una voluntaria y solemne decisión del sujeto empujado a asumir para sí y su descendencia la condición permanente de colono de un fundo determinado". Se trataban, en su opinión, de nuevos colonos que, tal vez desde Anastasio, eligieron su estado para asegurarse la certeza de un trabajo estable cuya condición no puede equipararse a la del esclavo ya que se trataba de una institución nueva, a caballo entre la libertad y la esclavitud, que consistía en un vínculo con la tierra y, en consecuencia, en una forma de sujeción al propietario de la misma, bien diversa de la del esclavo[1019].

[1019] De Martino, "Il colonato...", cit., pág. 800 y pág. 802., siendo ésta su argumentación y reconociendo cómo en las fuentes romanas se hablaba de gleba y de esclavitud de la tierra (C.I. 11.47-48-.15, 11.47-48-.3, C. Theod. 11.1.12), antes de que Irnerio acusara el término *servus glebae* (cfr. Bloch, M., "Serf de la glèbe. Histoire d'une expression toute faite", en *R.H.*, 136, 1921, págs. 220-242), el autor entiende que es arriesgado afirmar que en este colonato se encuentra el origen de la esclavitud de la gleba medieval, una continuidad que parecen apuntar Humbert, s.v. «colonus», cit., pág. 1325, al afirmar que los colonos se transformarán en siervos en la época feudal o Russommano, *Curso...*, cit., págs. 27-29, al hablar genéricamente de "colonato o servidumbre de la gleba como lo denominan los padres de la Iglesia". Al respecto, Finley, M., "The study of the Ancient Economy. Further Thoughts", en *Opus*, 3, 1984, pág. 6, también afirma que el colono, si bien ya no era el agricultor libre, no era todavía el siervo de la gleba feudal. En el mismo sentido, Marcone, *Il colonato...*, cit., págs. 123 ss.; Giliberti, *Servi...*, cit., pág. 14 y pág. 18, afirma que es impropio unificar el colonato tardo-antiguo y la servidumbre medieval bajo la etiqueta omnicomprensiva de "servidumbre de la gleba".

CONCLUSIONES

I. Hasta finales de la República, fue innecesario sancionar la obligación formal de residir en la capital dado que el funcionamiento del Senado se basaba sobre tal presupuesto y sus componentes eran romanos, naturalizados domiciliados en Roma o municipales que se habían instalado en la capital con anterioridad a su acceso a la Asamblea. Pero la extensión de las conquistas y de la entrada de provinciales en el Senado, generó la necesidad de reforzar aquél presupuesto con la obligación de poseer tierras en Italia y con el control de los desplazamientos de los senadores fuera de la misma (*commeatus*).

No obstante, el incremento progresivo de senadores provinciales atenuó, desde un punto de vista fáctico, la obligación de residir en las capitales de las dos partes del Imperio hasta convertirla en una residencia a los solos efectos político-legales de mantener vigentes los privilegios ligados a la dignidad senatorial respecto a aquellos senadores que, habiendo obtenido el derecho de libre desplazamiento, habitaran alejados de aquéllas.

En el Bajo Imperio, la separación entre el Senado y la aristocracia senatorial provincial confirió legalmente a *clarissimi* y *spectabiles* plena libertad a la hora de elegir el lugar donde deseaban residir, *sine commeatu*, excluyéndoles de la Asamblea y, por tanto, de los privilegios ligados al *domicilium dignitatis*, reservados, a partir del siglo V, sólo a los *illustres*, obligados a residir en la capital respectiva si ejercían efectivamente un cargo de tal dignidad.

Finalmente, con la reducción del Senado justinianeo a un órgano palatino al servicio de la administración del emperador, se restableció de nuevo el viejo presupuesto republicano en virtud del cual todos los componentes del órgano senatorial estaban obligados a residir en la capital.

II. Tras la Guerra Social en las provincias occidentales se inicia un proceso de unificación estructural, en virtud del cual, se traslada a las colonias y municipios el esquema institucional romano: magistrados, senado y asambleas.

La implantación del modelo romano condujo a insertar en los estatutos locales la misma obligación domiciliaria exigida a los senadores y magistrados romanos, cuya exigencia es competencia de los jefes locales y con la que se pretende garantizar la presencia permanente en la comunidad de los decuriones y magistrados, a la vez que facilitar la *pignoris capitio* contra los que hubiesen realizado un uso incorrecto de los fondos públicos.

Pero las considerables cargas que desde la época de los Severos comportaba el desempeño de los cargos locales y la plena integración de los *incolae* en la vida política de la comunidad de residencia comportaron que, a finales del reino de Caracalla, el cumplimiento de la obligación domiciliaria fuese encomendado al gobernador de la provincia, a través de su autorización para salir de la ciudad y de la concesión de una *persecutio extraordinaria* contra los decuriones que habían trasladado su domicilio a otra ciudad o se habían retirado al campo. Incluso se estableció la posibilidad de que el *incola* fuese obligado al desempeño de los cargos en la ciudad de residencia.

No obstante, la flexibilidad del gobernador en la exigencia de la obligación domiciliaria, ante la carencia de leyes que dictaran el sentido de sus decisiones, comportó que esta medidas fueran insuficientes para frenar el éxodo de los decuriones. Frente a ello, a partir de Constantino, la arbitrariedad del gobernador provincial se ve limitada por un conjunto de leyes con las que se inicia en ambas partes del Imperio una rigurosa política domiciliaria mediante el control de los desplazamientos de los decuriones fuera de sus ciudades, la extensión de la obligación domiciliaria a toda la clase curial y a los *collegiati*, la lucha contra el éxodo impío al campo, la prohibición de los patrocinios fraudulentos y la prescripción del ejercicio acumulativo de los cargos en la ciudad de origen y en la ciudad de residencia.

En el siglo V, esta política domiciliaria sigue vigente en la Parte Occidental, si bien encomendando su observancia a los jefes locales. Y será mantenida por los invasores bárbaros hasta la desaparición del régimen municipal. Del mismo modo, los emperadores orientales continuarán con la política frente a las deserciones de los curiales y, en consecuencia, con la obligación domiciliaria que sigue vigente en el derecho justinianeo tanto para los curiales y duunviros como para el *defensor civitatis* y los sacerdotes locales, cuyo vínculo local es reforzado por Justiniano.

III. El problema del domicilio de los soldados no se plateó en los primeros siglos de la historia de Roma dado que la guerra era limitada espacial y temporalmente para permitir al soldado compaginar sus obligaciones militares con sus actividades agrícolas. Tampoco se planteó a los largo de la República puesto que, a pesar de la ampliación espacio-temporal de la guerra, siguió primando el carácter cívico de la composición del ejército, lo que permitió al soldado conservar su primitivo domicilio y regresar al mismo tras su licenciamiento o bien permanecer en el lugar donde había servido en armas. También lo conservó en el alto Imperio gracias al reclutamiento provincial y local en la zona de estacionamiento y a una serie de disposiciones singulares que protegían sus intereses cuando el lugar de estacionamiento no coincidía con el de su domicilio.

Pero la necesidad de un ejército de maniobra móvil, la progresiva barbarización del ejército y las solicitudes masivas del *commeatus*, hicieron necesario regular a partir del siglo III-IV d. C. el régimen domiciliario de los soldados estableciéndose la presunción *iuris tantum* de que el soldado conservaba su primitivo domicilio si poseía bienes en el lugar del que había salido para prestar su servicio militar. Sólo cuando dicha presunción se destruía, se le asignaba un domicilio donde se encontraba destinado.

IV. En el periodo republicano el acusado por una causa capital podía eludir la condena a través del exilio voluntario. Se trataba de una práctica consuetudinaria que en los procesos capitales solía ir acompañada de la interdicción del agua y el fuego, procedimiento con el que se privaba al exiliado de los elementos esenciales de la comunidad ciudadana y se le prohibía regresar, bajo amenaza de muerte, al territorio urbano.

Esta interdicción adquiere el carácter de *poena legis capitalis* a partir de las Leyes Cornelia de Sila, al ser prevista como alternativa a la pena de muerte, comportando la pérdida automática de la ciudadanía, a la que se unirá la *publicatio* de los bienes a partir de César. Y mantendrá sus efectos hasta la época de Ulpiano, en la que es substituida definitivamente por la deportación, pena capital surgida en tiempos de Trajano que añade a los efectos de la interdicción la designación de un domicilio coactivo con carácter permanente en una isla o en un oasis.

A diferencia de ella, la relegación, configurada como pena a finales de la República, podía consistir en un confinamiento con domicilio coactivo o en la prohibición de residencia en una ciudad o provincia y no comportaba, ni la pérdida de la ciudadanía, ni de los bienes, permitiendo al condenado la conservación *iuris tantum* de su primitivo domicilio, cuando era impuesta con carácter temporal dada la posibilidad de retornar al mismo una vez cumplida la condena, es decir, la pérdida del domicilio primitivo no es un efecto directo de la pena sino que dependerá de las propias circunstancias del condenado.

La distinción de ambas penas se irá atenuando a partir del Bajo Imperio, dando origen a una genérica pena de exilio, cuyas consecuencias se concretan en la ley o sentencia correspondiente, pero con efectos domiciliarios semejantes a los de la relegación, ya que se designa un domicilio coactivo en lugares más o menos desagradables, pero no se priva al condenado de su anterior domicilio cuando es impuesta con carácter temporal.

V. El primitivo carácter patriarcal patrilocal y patrilineal de la familia agnaticia romana comportó que la mujer se encontrara en una posición de subordinación al hombre. Prueba de ello son los primitivos modos en que los componentes masculinos de una *gens* se dotaban de esposas, a través de los cuales las mujeres eran trasladadas al lugar donde se encontraban ubicados sus futuros maridos, en cuya familia ingresaban, *filia loco*, por efecto de la *conventio in manum* que con carácter general solía acompañar a estas primarias uniones conyugales. Tales prácticas encontraron respaldo en las costumbres y ritos religiosos (*deductio in domum*) que constituyeron la primitiva regulación de la situación fáctica creada con el matrimonio estableciendo, como uno de sus efectos, el traslado domiciliario de la *uxor* a casa del marido, el cual fue reforzado con el otorgamiento al esposo de un poder disciplinario que le permitía sancionar los actos de su mujer que supusieran un atentado contra la procreación legítima (*turbatio sanguinis*).

Con la legislación decenviral se produce el inicio de la separación entre el *ius* y el *fas*, pero el nuevo derecho civil seguirá manteniendo la ancestral costumbre de ubicar el domicilio de la esposa en casa del marido como se desprende de la regulación del *usus*, del *trinoctium* y del *repudium* y el mismo régimen subsistirá aunque en los últimos siglos de la República la coincidencia fáctica entre la casa del esposo y el domicilio matrimonial pueda no existir dado que la situación de subalternidad en que se sigue encontrado la esposa, a pesar de su mayor capacidad jurídica y del debilitamiento de los vínculos agnaticios, comportaron que siguiera correspondiendo al marido la determinación del lugar donde ubicar el domicilio, el cual deja de identificarse con la casa ancestral o la propiedad familiar para pasar a designar el lugar de residencia principal con independencia de toda modalidad de habitación o de propiedad.

No obstante, la degeneración de las antiguas costumbres y la insuficiencia de la legislación matrimonial de Augusto para restablecerlas ante el incremento de la independencia y capacidad jurídica de las mujeres durante los primeros siglos del Imperio, comportó la necesidad de dotar de soporte jurídico al domicilio relativo de la *uxor* para concretar, a su vez, el lugar donde debía cumplir los *munera* compatibles con su condición y determinar la jurisdicción a la que quedaba sometida.

Esta configuración legal del domicilio relativo de la mujer casada se produce en el siglo II a través de un rescripto de Antonio y Vero y será mantenida hasta el derecho justinianeo como una expresión, junto a la asunción del rango social del esposo, de la *auctoritas maritalis*. En consecuencia, la esposa casada en justas nupcias sigue el domicilio y el *status* de su esposo y el mismo determinará el lugar donde debe cumplir los *munera* o acceder a los *honores* (con las precisiones apuntadas *supra*) y los conserva en la viudedad salvo que contraiga segundas nupcias, en cuyo caso, seguirá el domicilio y la condición social de su nuevo marido.

Este domicilio relativo vino reforzado con el otorgamiento al marido, incluso frente al *pater* de la esposa *in potestatem*, de interdictos tendentes a hacer retornar al hogar marital a la mujer que hubiera salido del mismo con o sin su consentimiento y con la influencia del cristianismo que redujo a la mujer a su primigenia situación de subalternidad dando origen a una regulación del divorcio que veía como justa causa para el mismo el hecho de que la esposa se ausentara del domicilio conyugal sin la autorización de su esposo.

VI. La cohesión de la primitiva familia agnaticia bajo los poderes casi-absolutos del *paterfamilias*, la religión doméstica y la originaria incapacidad patrimonial de los *filiifamilias* generó la costumbre de su permanencia en la casa paterna cualquiera que fuese su edad o estado civil. En la misma permanecían también las *filiaefamilias* hasta que eran entregadas en matrimonio, momento a partir del cual asumían el domicilio de la familia del marido.

Pero el debilitamiento de la familia agnaticia y de la religión doméstica, la desvinculación de la *domus* de sus ataduras sociales, la mayor capacidad patrimonial de los *filii* a través de los peculios y las propias necesidades prácticas comportaron que desde finales de la República esta costumbre cayera en desuso y que comenzara a considerarse normal que los hijos, llegada una cierta edad, pudieran establecerse en un domicilio independiente, sobre todo si estaban casados o así lo requerían sus circunstancias laborales.

En el Alto Imperio, los jurisconsultos recogieron esta práctica afirmando que el *filius* legítimo asumía el *origo* paterno (salvo en las ciudades con privilegio respecto al materno) y su domicilio. Y si bien este *origo* permanecía inmutable, sí podían en un momento posterior, con la autorización, si quiera tácita del *pater*, establecerse en un domicilio independiente. Similar régimen domicilio podrían aplicarse, en el plano teórico, a las *filiaefamilias* no casadas y, por analogía, a los hijos naturales, los cuales asumían el origen y domicilio materno.

En el Bajo Imperio y con Justiniano se continuó la política tendente a reconocer la personalidad jurídica y la independencia de los hijos de familia, a través de la dulcificación de los poderes inherentes a la *patria potestas* y del incremento de su capacidad patrimonial mediante el régimen de peculios y la adquisición de los *bona materna*, favoreciendo con ello su independencia domiciliaria, lo cual nos permite deducir que el régimen domiciliario expuesto mantuvo su vigencia también en este periodo.

VII. Efectuada la manumisión, el liberto asumía, como primer domicilio, el domicilio patronal y la íntima relación existente entre él y su patrono generó la práctica usual de su cohabitación en la casa patronal, aunque le era posible establecerse en un domicilio independiente con su autorización.

La cohabitación continuó siendo frecuente a lo largo de todas las etapas del Derecho romano pero, paralelamente, a partir de las reformas del pretor Rutilio, se favoreció la autonomía domiciliaria del liberto, siempre con el permiso patronal derivado del respeto debido en virtud del *obsequium*, al concretar en días de trabajo todos los deberes integrados en el *officium* y al permitir la creación acordada de una sociedad patrono-liberto, en el caso de que éste no quisiese o no pudiese cumplir el *obsequium*, autonomía que se potenció con la posterior substitución de esta sociedad por una *bonorum possessio*.

El régimen domiciliario indicado se vio reforzado en el Imperio con una constitución de Diocleciano y Maximiano en la que se establecía que ninguna ley obligaba al liberto a cohabitar con su patrono, con la política favorable a la libertad y la paulatina equiparación, en el ámbito del derecho público, de los libertinos con los ingenuos, equiparación que culmina con Justiniano el cual mantuvo la ausencia de obligación de cohabitar con el patrono prescrita por Diocleciano y Maximiano, el respeto derivado del *obsequium*, redujo los derechos sucesorios del patrono y mantuvo la configuración del *ius patronatus* como derecho patrimonial que no atentaba contra la autonomía domiciliaria del liberto.

VIII. Pese a la heterogeneidad jurídica existente en el colonato bajoimperial, se puede afirmar que estuvo caracterizado por dos rasgos esenciales: uno de orden fiscal, en cuanto grupo sujeto al impuesto de la tierra que cultivaba estuviera o no adscrito a ella; y otro de orden social, en cuanto clase de *humilliores* que sufrió una progresiva degradación socio-política y económica con la consiguiente pérdida de derechos.

El contrato de arrendamiento será sustituido por otros sistemas perpetuos de producción agrícola, transformándose la relación contractual en una relación de dependencia entre el colono y la parcela de tierra que cultiva. Esta transformación vino impulsada por la necesidad de asegurar la explotación de las tierras, impidiendo su abandono, y por la reforma fiscal que extendió a todo el Imperio el *tributum capitis* y unificó el impuesto territorial y el personal (*iugatio-capitatio*) remitiendo la responsabilidad fiscal, no a las fortunas personales valoradas en dinero, sino a los principales recursos de cada dominio censado, a sus tierras (*iugatio*), animales y hombres (*capitatio*). Ello supuso que los colonos quedasen sujetos a su lugar de procedencia (*origo*) en cuanto contribuyentes de la *capitatio*, así como que se restringiera legalmente su libertad de movimientos para evitar la evasión fiscal.

A lo largo de la segunda mitad del siglo IV razones administrativas determinan que los *coloni originarii* sean vinculados perpetua y hereditariamente al suelo cultivado, favoreciendo que la base imponible de la capitación se establezca en proporción a las unidades de tierra y la responsabilidad fiscal se traslade a su propietario. A partir del siglo V, en la parte Occidental, el ligamen al suelo queda sujeto a las reglas liberatorias de la prescripción, mientras en la parte Oriental comienza a configurarse la condición adscripticia que ultima Justiniano, estableciendo su carácter hereditario, imprescriptible, su incapacidad patrimonial, una severa regulación matrimonial y estrictos requisitos para decretar la validez contractual de la vinculación como *adscripticius* de una persona libre.

BIBLIOGRAFÍA

AA.VV.: *Prassi e diritto: valore e ruolo della consuetudine* (a cura e con prefazione di L. Bove), Napoli, 2008.

AA.VV. (Coord. B. Periñán Gómez): *Derecho, persona y ciudadanía. Una experiencia jurídica comparada*, Madrid, Barcelona, Buenos Aires, 2010.

AA.VV. (Fernández de Buján, A., Gerez Kraemer, G., Malavé Osuna, B., coed.): *Hacia un Derecho Administrativo y Fiscal Romano*, Ceu-Dykinson, Madrid, 2011.

ABASCAL, J.M.-ESPINOSA, U.: *La ciudad hispano-romana: privilegio y poder*, Logroño, 1989.

ABBOTT, F.F.-JOHNSON, A.C.: *Municipal administration in the Roman Empire*, 2ª edición, New York, 1968.

ACHARD, G.: *La femme à Rome*, Paris, 1995.

AGUDO RUIZ, A.: "Una aproximación al abigeato en el derecho penal romano", en *Anuario del Centro de la Universidad de Educación a Distancia de Calatayud*, 1995, vol. III, pp. 253-272.

— *Abogacía y Abogados. Un estudio histórico-jurídico*, Logroño-Zaragoza, 1997.

— *La Enseñanza del Derecho en Roma*, Logroño-Madrid, 1999.

— "Breves consideraciones sobre el título «De moto» (D. 47.21)", en *R.G.D.R.* (*www.iustel.com*), nº 4, Madrid, 2005, pp. 1 ss.

— *El advocatus fisci en Derecho romano*, Madrid, 2006.

ALBANESE, B.: *Le persone nel Diritto privato romano*, Palermo, 1979.

— "'Vitae necisque potestas paterna' e 'lex Iulia de adulteriis coercendis'", en *Studi G. Musotto*, II, Palermo, 1980, pp. 5 ss. (= *Scritti Giuridici*, I, Palermo, 1991, p. 1489 ss.).

— "Ancora sulla «manumissio inter amicos»", en *Scritti Giuridici*, I, Palermo, 1991, pp. 781 ss.

— "La struttura della «manumissio inter amicos». Contributo alla storia dell'«amiticia» romana", en *Scritti Giuridici*, I, Palermo, 1991, pp. 217 ss.

— "«Maximus comitatus»", en *Estudios en Homenaje al profesor Juan Iglesias*, I, Madrid, 1988, pp. 13 ss.

ALBERTARIO, E.: "L'autonomia dell'elemento spirituale nel matrimonio e nel possesso romano-giustinianeo", en *Studi di Diritto romano. I. Persone e familia*, Mlano, 1933, pp. 214 ss.

— "La definizione di matrimonio secondo Modestino", en *Studi di Diritto romano*, I, Milano, 1933, pp. 179 ss.

— "Sui negozi giuridici conchiusi dal liberto «onerandae libertatis causa»", en *Studi di Diritto romano*, III, Milano, 1936, pp. 391 ss.

— "«Postliminium» e «possessio»", en *S.D.H.I.*, 6, 1940, pp. 384 ss.

— *Il Diritto romano*, Milano, 1940.

ALBERTINI, E.: *L'Empire romain*, Paris, 1970.

ALBURQUERQUE, J.M.: "Deber legal u obligación moral originaria: generalidades introductorias sobre la prestación de alimentos en Derecho romano (I)", en *R.G.D.R.* (*www.iustel.com*), nº 3, 2004, pp. 1-14.

— "Alimentos entre parientes: alimenta et rictus. Puntualizaciones breves sobre la transacción y la prestación en el marco de los posibles procedimientos (expedientes) de jurisdicción voluntaria", en *R.G.D.R.* (*www.iustel.com*), nº 4, 2005, pp. 1-21.

— "La administración provincial, colonial, municipal y la justicia en la Hispania Romana (1): especial referencia a la Bética romana, su capital Coduba y los magistrados municipales y órganos con iurisdictio según la Lex Irnitana", en *R.G.D.R.* (*www.iustel.com*), nº 1, 2006, pp. 1-24.

— "Alimentos entre parientes: notas, conjeturas e indicios previos a la regulación de Antonio Pio y Marco Aurelio", en *R.G.D.R.* (*www.iustel.com*), nº 6, 2006, pp. 1 ss.

— "Patria potestas in pietate debet, non atrocitate consistere", en *Iuris Tantum*, nº 16, México, 2006, pp. 1-20.

— "Datos sobre la prestación de alimentos en Derecho Romano: ascendientes y descendientes", en *R.G.D.R.* (*www.iustel.com*), nº 8, 2007, pp. 1 ss.

— "De la justicia y la reciprocidad en situaciones de necesidad y dependencia: el reconocimiento y la inclusión jurídico-social de la madre en el cumplimiento de la obligación de alimentos respecto a los hijos", en *R.G.D.R.* (*www.iustel.com*), nº 11, 2008, pp. 1 ss.

— "Obligación de alimentos entre hermanos", en *R.G.D.R.* (*www.iustel.com*), nº 12, 2009, pp. 1 ss.

— "Concentración y ordenación urbanística del territorio romano: colonias, Conventos y Municipios de la Bética", en *R.G.D.R.* (*www.iustel.com*), nº 13, 2009, pp. 1 ss. (= AA.VV., *Hacia un Derecho Administrativo y Fiscal Romano*, Ceu-Dykinson, Madrid, 2011, pp. 77-113.

— *La prestación de alimentos en Derecho Romano y su proyección en el Derecho actual*, Dykinson, Madrid, 2010.

— "Fundamento, evolución y aspectos más significativos de la *quaestio perpetua de repetundis*. Concusión y corrupción", en *R.G.D.R.* (*www.iustel.com*), nº 24, 2015, pp. 1 ss.

ALEMÁN PÁEZ, F.-CASTÁN PÉREZ-GÓMEZ, S.: *Del trabajo como hecho social al contrato de trabajo como realidad normativa: un apunte histórico-romanístico*, Madrid, 1997.

ALFÖLDI, A.: *Konsulat und Senatorenstand unter den Antoninen. Prosopogaphische Untersuchungen zur Senatorischen Führungsschicht*, Bonn, 1977.

— *Historia social de Roma*, trad. Alonso Troncoso, Madrid, 1988.

ÁLVAREZ, M.B.: "Salustio, «De Coniuratione Catilinae»: la polémica acerca de la pena de muerte", en *R.G.D.R.* (*www.iustel.com*), nº 10, 2008, págs. 1 ss.

ÁLVAREZ, M.R.-ALONSOPÉREZ, G.M.: "Salustio, «De coniuratione catilinae». La polémica acerca de la pena de muerte y un interrogante: ¿Quién atenta contra las leyes puede valerse de ellas?", en *El Derecho Penal: de Roma al Derecho actual. VII Congreso Internacional y X Iberoamericano de Derecho Romano*, Madrid, 2005, pp. 43 ss.

ÁLVAREZ CIENFUEGOS, F.J.: "Algunas observaciones a propósito de la represión del «lenoncinium» en la «lex Iulia de adulteriis», en *Estudios en homenaje al profesor Juan Iglesias*, II, Madrid, 1988, pp. 573 ss.

ÁLVAREZ RAMOS, F.: "Crimen maiestatis y pena de muerte en Tácito y Suetonio", en *Estudios humanísticos*, 10, 1988, pp. 109-124.

— "La aplicación de la pena de muerte durante el alto imperio romano", en *Estudios humanísticos*, 12, 1990, pp. 59-84.

ÁLVAREZ SUÁREZ, U.: *Curso de Derecho romano I. Introducción. Cuestiones preliminares. Derecho procesal civil romano*, Madrid, 1955.

— *Instituciones de Derecho Romano, III, Personas físicas y colectivas en el Derecho romano*, Madrid, 1977.

ÁLVAREZ, M.B.-SUÁREZ, M.A.: "En torno a Captivi: cautivitas, postliminium y redemptio ab hostibus", en *R.G.D.R.* (*www.iustel.com*), nº 12, 2009.

ALSTON, R.: *Soldier and Society in roman Egypt. A social history*, London-New York, 1995.

AMARELLI, F.-DE GIOVANNI, L.-GARBARINO, P.-SCHIAVONE, A.-VICENTI, U.: *Storia del diritto romano* (a cura de A Schiavone), Torino, 2000.

AMELOTTI, M.: *La prescrizione delle azioni in Diritto romano*, Milano, 1958.

AMIRANTE, L.: *«Captivitas» e «Postliminium»*, Napoli, 1950.

— "Ancora sulla *captivitas* e il *postilimium*", en *Studi in onore di Pietro De Francisci*, I, Milano, 1956, pp. 571 ss.

— *Prigionia di guerra, riscatto e postliminium*, Napoli, 1969.

— *Prigionia di guerra riscatto e postliminium, Lezioni II*, Napoli, 1970.

— *Una storia giuridica di Roma. Sesto quaderni di lezioni*, Napoli, 1987.

AMUNÁTEGUI PERELLÓ, C.F.: "Casos de matrimonios *sine manu* en tiempos arcaicos", en *R.G.D.R.* (*www.iustel.com*), nº 10, 2008.

— "La obligación de restitución de la dote y el nacimiento del divorcio en Roma", en *Revista de estudios histórico-jurídicos*, Valparaíso, nº 30, 2008, pp. 37-46.

— "El divorcio y la *manus* en la comedia del siglo II a. C.", en *R.G.D.R.* (*www.iustel.com*), nº 12, 2009.

— *Origen de los poderes del paterfamilias. El Pater Familias y la Patria Potestas*, Madrid, 2009.

— "Rómulo y la primera organización de Roma", en *R.G.D.R.* (*www.iustel.com*), nº 16, julio, 2011.

— "El trinomio «potestas manus mancipiumque»", en *Revista de estudios histórico-jurídicos*, Valparaíso, nº 35, 2013, pp. 81-110.

ANCELLE, A.: *Du Domicile*, Paris, 1875.

ANKUM, H.: "La «sposa adultera»". Problemes concernant l'«accusatio adulteriis» en droit romain classique", en *Estudios de derecho romano en honor de Álvaro D'Ors*, I, Pamplona, 1987, pp. 161 ss.

ARANGIO-RUIZ, V.: "Sul reato di diserzione in diritto romano", en *Rivista di diritto e procedura penale*, 10, 1919, pp. 138-147 (=*Scritti di Diritto romano II*, Camerino, 1974, pp. 1-12).

— *Storia del diritto romano*, 2ª edición, Napoli, 1940 (= *Historia del derecho romano*, 4ª edición, trad. esp. de F. de Pelsmaeker e Ivañez, Reus, 1980).

— "Tre rescritti in tema di diritto municipale", en *Athenaeum*, 30, 1942, pp. 1-20.

— "Le genti e la città", en *Scritti di Diritto romano I*, Camerino, 1974, pp. 521 ss.

— *Istituzioni di diritto romano*, Napoli, 1994.

ARANGIO-RUIZ, V.-GUARINO, A.-PUGLIESE, G.: *Il Diritto romano*, Roma, 1980.

ARCHI, G. G.: *L'«Epitome Gai»*, Milano, 1937 (reimpresión Napoli, 1991).

— "In tema di peculio «quasi castrense»", en *Studi di storia e diritto in onore di E. Besta*, 1, Milano, 1939, pp. 120 ss.

ARENDS OLSEN, L.: *La femme et l'enfant dans les unions illégitimes à Rome. L'évolution du droit jusqu'au début de l'Empire*, Bern, Berlin, Bruxelles, Frankfurt am Main, New York, Wien, 1999.

ARIAS BONET, J.A.: "La no reintegración *iure postliminii* del matrimonio romano", en *A.H.D.E.*, 25, 1955, p. 569.

— "El matrimonio en el Derecho romano", en *Anales de la Academia matritense del notariado*, 13, 1962, pp. 7 ss.

ARJAVA, A.: *Women and Law in Late Antiquity*, Oxford, 1998.

ARU, L.: "Breve nota sulla manumissio vindicta ", en *Studi di storia in onore de Arrigo Solmi*, II, 1940-1941, Milano, pp. 315 ss.

ASTOLFI, R.: *La Lex Iulia et Papia*, Padova, 1996.

— "Il libro di Masi Doria sulla succesione nei beni dei liberti: Nota di lettura", en *S.D.H.I.*, 65, 1999, pp. 284 ss.

— *Il matrimonio nel diritto romano preclassico*, Verona, 2000.

AYITER, K.: "Einige Bermerkungen zum domicilium des *Filius Familias* in römischen Recht", en *Studi in onore di E. Betti*, II, Milano, 1962, pp. 71 ss.

BACCARI, M.P.: *Cittadini popoli e comunione nella legislazione dei secoli IV-VI*, Torino, 1996.

BACHOFEN, J.J.: "Das Mutterrecht. Eine Utersuchung über die Gynaikokratie der Alten Welt nach ihrer religiösen und rechtlichen Natur", en *Gesamelte Werke*, II, Basilea, 1948, pp. 61 ss.

BADIAN, A.: "Marius Villas: the Testimony of the Slave and the Knave", en *J.R.S.*, 63, 1973, pp. 127 ss.

BADIAN, E.: "Notes on Roman Senators of the Republic", en *Historia*, XII, 1963, pp. 130 ss.

BALESTRI FUMAGALLI, M.: "Nuove reflessioni sulla «manumissio inter amicos»", en *Studi in onore di Arnaldo Biscardi*, II, Milano, 1982, pp. 117 ss.

BALZARINI, M.: "In tema di repressione «extra ordinem» del furto nel diritto classico", en *B.I.D.R.*, 72, 1969, pp. 222 ss.

— "Pene detentive e «cognitio extra ordinem» criminale", en *Sodalitas. Scritti in onore di Antonio Guarino*, VI, Napoli, 1984, pp. 2865 ss.

— "Nuove prospettive sulla dicotomia «honestiores-humiliores»", en AA. VV., *Idee vecchie e nuove sul diritto criminale romano* (a cura del prof. A. Burdese), Padova, 1988, pp. 159 ss.

BANAJI, J.: "Lavori liberi e residenza coatta: il colonato romano in prospettiva storica", en AA.VV. (a cura de Elio Lo Cascio), *Terre, proprietari e contadini dell'impero romano. Dall'affitto agrario al colonato tardoantico*, Roma, 1997, pp. 253 ss.

BANDELLI, G.: "Per una storia della classe dirigente di Aquilea repubblicana", en AA.VV. (M. Cébeillac ed.), *Les «bourgeoisies» municipales italiennes aux IIe et Ier siecles av. J.-C.*, Naples-Paris, 1993, pp. 178 ss.

BANDINI, V.: "Appunti in temas di adulterio", en *Studi in memoria di U. Ratti*, 1, Milano, 1934, pp. 494 ss.

BARBATI, S.: "Asc., *in pis*. 3 Clark: sulle cosidette «colonie latine fittizie» transpadane", en *R.G.D.R.* (*www.iustel.com*), nº 18, 2012, págs. 1 ss.

BARBIERI, G.: *L'albo senatorio da Settimio Severo a Carino*, Roma, 1952.

BARONE-ADESI, G.: "Istanze servili alle libertates: alle origini della disciplina constantiniana «De his qui in ecclesiis manumittuntur»", en *Ius Antiqui Histoira*, nº 5, 2013, pp. 89-120.

BASSANELLI SOMMARIVA, G.: *L'imperator unico creatore ed interprete delle leggi e l'autonomia del giudice nel diritto giustinianeo*, Milano, 1983.

— *Lezioni di Diritto penale romano*, Bologna, 1996.

BAUMAN, R.A.: *Women and Politics in Ancient Rome*, London, 1992.

— *Crime and Punishment in ancient Rome*, London-New York, 1996.

BAVIERA, G.: *Il diritto internazionale dei Romani*, Modena, 1898.

BEAUCAMP, J.: *Le statut de la femme à Byzance (4e - 7e siècle)*, Paris, 1990.

BÉCHARD, F.: *Droit municipal dans l'antiquité*, Aalen, 1975 (reproducción facsímil de la edición de Paris, 1860).

BECKER, W.A.: *Handbuch der römischen Alterthümer*, 2.1, Leipzig, 1844.

BEHRENDS, O.: "Die Rechtsformen des römischen Handwerks", en *Das Handwerk in vor- und frühgeschichtlicher Zeit I (Bericht über die Kolloquien der Kommission für Altertumskunde Mittel- und Nord-Europas in den Jahren 1977 bis 1980)*, Göttingen, 1981, pp. 189 ss.

BELOCH, K.J.: *Römische Geschichte bis zum Beginn der punischen Kriege*, Berlin-Leipzig, 1926.

BENEDEK, F.: *Die Conventio in Manum und die Förmlichkeiten der Eheschlessung im römischen Recht*, Pécs, 1978.

BERGER, A.: su voz «deportatio», en *Encyclopedie Dictionary of Roman law*, 2ª reimpresión, Philadelphia, 1991, p. 432

— su voz «exilium (exsilium)», en *Encyclopedie Dictionary of Roman Law*, 2ª reimpresión, Philadelphia, 1991, p. 463.

— su voz «interdicere aqua et igni», en *Encyclopedie Dictionary of Roman Law*, 2ª reimpresión, Philadelphia, 1991, p. 507.

— su voz «viaticum», en *Encyclopedie Dictionary of Roman Law*, 2ª reimpresión, Philadelphia, 1991, p. 763.

BERRUTI, A.: su voz «emancipazione (Diritto romano)», en *E.D.*, XIV, Milano, 1965, pp. 807 ss.

BIANCHI, E.: "Gai 3.56. Alcune riflessioni in tema di «ius latii» e delle «fictiones iuniae norbonae»", en *R.G.D.R.* (*www.iustel.com*), nº 18, 2012, pp. 1 ss.

BIANCHINI, M.: "Sui repporti fra 'provocatio' ed 'intercessio'", en *Studi in onore di Gaetano Scherillo*, I, Milano, 1972, pp. 93 ss.

— "Provvidenze costantiniane a favore di genitori indigenti: per una lettura di CTh. 11.27.1-2", en *Annali Genova*, 20, 1984-1985, pp. 23-48.

BIONDI, B.: *Il diritto romano cristiano*, 3 vols., Milano, 1952-1954.

— *Istituzioni di Diritto Romano*, 3ª edición, Milano, 1956.

— "«Farreo, coemptione, usu»", en *Sodalitas. Scritti in onore di Antonio Guarino*, III, Napoli, 1984, pp. 1302 ss.

BISCARDI, A.: *«Auctoritas Patrum». Problemi di storia del diritto pubblico romano*, Napoli-Paris, 1987.

— "Spose, madri, nubili, vedove: echi patristici nella legislazione tardo-imperiale", en *Atti dell'Accademia Romanistica Costantiniana. VII Convegno Internazionale*, Perugia, 1988, pp. 327 ss.

BLANCH NOUGUÉS, J. Mª.: "Una visión histórico-jurídica sobre el ejército romano", en *R.G.D.R.* (*www.iustel.com*), nº 17, 2011, págs. 1 ss.

BONA, F.: "«Postliminium in pace»", en *S.D.H.I.*, 21, 1955, pp. 249 ss.

BONFANTE, P.: Il «ius vendendi» del «paterfamilias» e la legge 2 COD. 4, 43 di Costantino", en *Studi in onore di Fadda,* I, 1906, pp. 115-120.

— "La 'gens' e la 'famiglia'", en *Scritti giuridici varii. I. Famiglia e successione*, Torino, 1916, pp. 1 ss.

— *Corso di diritto romano, Volume Primo, Diritto di famiglia*, Milano 1963 (reimpresión corregida de la primera edición de Milano, 1925).

— *Storia del diritto romano*, I, 4ª edición, Roma, 1934.

— *Instituciones de Derecho romano*, trad. por L. Bacci y A. Larrosa, Madrid, 1979.

BONINI, R.: *Ricerche di diritto giustinianeo*, Milano, 1990.

BONNEFOND-COUDRY, M.: *Le sénat de la république romaine*, Paris-Roma, 1989.

BOTSFORD, G.W.: *The Roman Assemblies. From their origin to the end of the Republic*, New York, 1909 (reimpresión de 1968).

BOULVERT, G.: *Domestique et Fonctionnaire sous le Haut-Empire Romain*, Paris, 1974.

BOVE, L.: "Immunità fondaria di chiese e chierici nel Basso Impero", en *Synteleia Aragio-Ruiz*, II, Napoli, 1964, pp. 886-902.

BOZZA, F.: "*Manus* e matrimonio", en *Annali della Università de Macerata*, vol. XV, 1942, pp. 111 ss.

BRADLEY, K.R.: *Slaves and Masters in the Roman Empire. A Study in Social Control*, New York-Oxford, 1987.

— *Esclavitud y sociedad en Roma, (*trad. de F. Marfà de la edición de Cambridge, 1994), Barcelona, 1999.

BRANCA, B.G.: su voz «adozione (Diritto romano)», en *E.D.*, I, Milano, 1958, pp. 579 ss.

— su voz «adulerio», en *E.D.*, I, Milano, 1958, pp. 620-621.

BRAND, C.E.: *Roman Military Law*, London, 1968.

BRASIELLO, U.: *La repressione penale in diritto romano*, Napoli, 1937.

— su voz «pena (diritto romano)», *N.N.D.I.*, XII, Torino, 1965, p. 811.

BRAVO, G.: "El estatuto sociopolítico del colono en la génesis de la sociedad bajoimperial", en *Memorias de Historia Antigua*, nº 2, 1978, pp. 59-70.

— *El colonato bajoimperial*, Madrid, 1991, Ediciones Akal.

BRAVO BOSCH, M.: "El «iudicium domesticum»", en *R.G.D.R.* (*www.iustel.com*), nº 17, 2011, págs. 1 ss.

BRINI, G.: *Matrimonio e divorzio nel diritto romano*, Bologna 1886-1888 (reimpresión anastática Roma 1975).

BRISSON, J.P.: "Les mutations de la deuxième guerre punique", en AA.VV., *Problèmes de la guerre à Rome (J.P. Brisson dir.)*, Paris-La Haye, 1969, p. 39.

BROGGINI, G.: "Vindex und Iudex. Zum Ursprung des römischen Zivilprocess", en *Z.S.S.*, 76, 1959, pp. 123 ss.

BROSZ, R.: "Les changements sémantiques du mot «colonus» dans le sources du droit Romain", en *Annales Universitatis Scientarum Budapestinensis*, 1959, pp. 39-55.

BROUGHTON, T.R.S.: *The Magistrates of the Roman Republic. 509 B.C.-100 B.C.*, 2 vols., Atlanta, 1951-1952 (reimpresión de 1986).

BRUGI, B.: *Istituzioni di Diritto Romano*, 3ª edición, Torino, 1926.

BRUGUIÈRE, M.B.: "Le domicile dans les droits antiques", en *Mélanges dédiés à Gabriel Marty*, Tolouse, 1979, pp. 199 ss.

BRULET, R.: "Les transformations du Bas-Empire", en M. REDDÉ (Dir.), *L'armée romaine en Gaule*, Paris, 1996, pp. 262 ss.

BUCKLAND, W.W.: *A Text-Book of roman Law from Augustus to Justinian*, 3ª edición, Cambridge, 1963.

— *A manual of Roman private law*, 3ª edición, Aalen, 1981.

BUENO DELGADO, J.A.: "Algunas consideraciones en torno a las influencias cristianas en la legislación matrimonial del emperador Justiniano I", en *R.G.D.R.* (*www.iustel.com*), nº 23, 2014, pp. 1 ss.

— "El exilio: de la punición doméstica a la punición estatal", en *R.G.D.R.* (*www.iustel.com*), nº 24, 2015, pp. 1 ss.

BUIGUES OLIVER, G.: "¿Protección o limitación de la actividad negocial de la mujer en el Senadoconsulto Veleyano?: un análisis de los textos jurisprudenciales", en *R.G.D.R.* (*www.iustel.com*), nº 15, 2010.

— *La posición jurídica de la mujer en Roma. Presupuestos para un estudio de la capacidad negocial de la mujer*, Madrid, 2014.

BURDESE, A.: su voz «domicilio (Diritto romano)», en *E.D.*, XIII, Milano, 1964, pp. 837-838.

— "Controversie giurisprudenziali in tema di capacità degli schiavi", en *Studi in onore di Arnaldo Biscardi*, I, Milano, 1982, pp. 177 ss.

BURGARELLA, F.: "Il Senato di Costantinopoli", en AA.VV., *Il Senato nella Storia*, Roma, 1998, pp. 399 ss.

BUTI, I.: *Studi dulla capacità patrimoniale dei «servi»*, Camerino, 1976.

CABALLOS, A.: "Los senadores de origen hispano durante la República romana", en *Estudios sobre Urso, Colonia Iulia Genetiva*, Sevilla, 1989, pp. 233-279.

CALZADA GONZÁLEZ, A.: "*Origo, incolae, municipes* y *civitas romana* a la luz de la *lex Irnitana*", en *R.I.D.O.M.*, 4, 2010, págs. 23 ss.

CAMACHO DE LOS RÍOS, F.: *La infamia en el Derecho Romano*, Valencia, 1997.

CAMERON, A.: *The Mediterranean World in Late antiquity ad 395-600*, New York, 1994.

CAMPANILE, E.-LETTA, C.: *Studi sulle magistrature indigene e municipale in area italica*, Pisa, 1979.

CAMPBELL, B.: *The roman army 31 BC- AD 337*, London-New York, 1994.

CANDINI, W.F.: "In margine al divieto di torturare gli schiavi in caput domini", en *Annali dell'Università di Ferrara*, II, 1988, pp. 61 ss.

CANNATA, C.A.: *Profilo istituzionale del processo privato romano, II, Il processo formulare*, Torino, 1982.

CANTARELLA, E.: "Sui rapporti fra matrimonio e «conventio in manum»", en *R.I.S.G.*, 1959-1962, pp. 181 ss.

— "Adulterio, omicidio legittimo e causa d'onore in diritto romano", en *Studi in onore di Gaetano Scherillo*, I, Milano, 1972, pp. 242-274.

— *La calamidad ambigua*, trad. por A. Pociña, Madrid, 1991.

— *I supplizi capitali in Grecia e a Roma. Origini e funzioni della pena di morti nell'antichità classica*, Milano, 1991.

— "L'«usus» e la «conventio in manum»", en *Labeo*, 41, 1995, pp. 434 ss.

— *Pasado próximo. Mujeres romanas de Tácita a Sulpicia*, trad. Mª Isabel Núñez, Madrid, 1996.

CAÑIZAR PALACIOS, J.L.: "La deportación como factor de propaganda en el reinado de Constantino: Codex Theodosianus y fuentes literarias", en *R.I.D.A.*, nº 60, 2013, pp. 39-78.

CAPOGROSSI COLOGNESI, L.: "«Pagi», «Vici» e «Civitates» nell'Italia Romana", en *Iuris Vincula, Studi in onore di Mario Talamanca*, I, Napoli, 2001, págs. 391-431.

— *La struttura della proprietà e la formazione dei «iura praediorum» nell'età repubblicana, II*, Milano, 1976.

— "Idee vecchie e nuove sui poteri del *pater familias*", en AA.VV., *Poteri negotia actiones nella esperienza romana arcaica*, Napoli, 1984, págs. 53 ss.

— su voz «patria potestà (Diritto romano)», en *E.D.*, XXXII, Milano, 1982, págs. 247-248.

CARAMES FERRO, J.M.: *Instituciones de derecho privado romano, I*, 2ª edición, Buenos Aires, 1972.

CARCATERRA, A.: "Materfamilias", en *A.G.*, 123, 1940, pp. 113 ss.

CARCOPINO, J.: *César*, Paris, 1968.

— *La vida cotidiana en Roma en el apogeo del Imperio*, trad. por M. Fernández Cuesta, Madrid, 1993.

CARINI, A.M.: *La situación jurídica de los hijos de los cautivos de guerra*, Valencia, 1995.

CARNAZZA-RAMETTA, G.: *Studio sul diritto penale dei romani*, Roma, 1972. (edición anastática invariada de la edición de Messina, 1883).

CARNELUTTI, F.: "Note critiche intorno ai concetti di domicilio, residenza e dimora", en *A.G.*, 1905, pp. 396 ss.

CARRIÉ, J.M.: "Le colonat du Bas-Empire: un myhte historiographique?", en *Opus*, I.2, 1982, pp. 351-370.

— "Un roman des origines: Les généalogies du colonat du Bas-Empire", en *Opus*, II.1, 1983, pp. 205-251.

CASADO CANDELAS, M.J.: *La tutela de la mujer en Roma*, Valladolid, 1972.

CASAVOLA, F.: *Lex Cinia. Contributo alla storia delle origini della donazione romana*, Napoli, 1960.

CASCIONE, C.: "Vie del Cristianesimo nell'Impero romano", en *Index*, 38, 2010, pp. 553-562.

CÀSSOLA, F.-LABRUNA, L.: *Linee di una storia delle istituzione repubblicane*, 3° edición, Napoli, 1991.

CASTÁN, S.: "Corrupción electoral en la República romana: interés del *populus* y la *nobilitas* en la lucha política", en *A.F.D.U.C.*, nº 16, 2012, pp. 752-804.

CASTELLO, C.: Osservazioni sui divieti di matrimonio fra parenti ed affini" en *Rendiconti dell'Istituto Lombardo di Scienze e Lettere*, 72, 1938-1939, pp. 319 ss.

— *In tema di matrimonio e concubinato nel mondo romano*, Milano, 1940.

— *L'acquisto della cittadinanza e i suoi riflessi familiari nel diritto romano*, Milano-Varese, 1951.

— "Il cosidetto *ius migrandi* dei latini a Roma. Ricerche in tema di concessione e accertamento degli *status civitatis et familiae* del 338 al 95 AV.C.", en *B.I.D.R.*, 51-52, 1958, pp. 209 ss.

— "Tre norme speciali romane in tema di filiazione", en *Annali Genova*, 2, 1963, pp. 348 ss.

— "Sui principii ispiratori delle norme sull'età dell'adottante e dell'adottato in Diritto romano", en *Studi in onore di Giuseppe Grosso*, IV, Torino, 1968, pp. 193 ss.

— *Studi sul diritto familiare e gentilizio romano*, Roma, 1972.

— "Lo schiavo tra persone e cose nell'arcaico diritto romano", en *Studi in Onore di Arnaldo Biscardi*, I, Milano, 1982, pp. 93 ss.

CASTRESANA, A.: *Catálogo de virtudes femeninas*, Madrid, 1993.

CÉBEILLAC GERVASONI, M. *Les magistrats des cités italiennes. De la seconde guerre punique à Auguste. Le latium et la campanie*, Paris, 1998.

CERVENCA, G.: *Studi vari sulla restitutio in integrum*, Milano, 1965 (reimpresión Milano, 1990).

CHASTAGNOL, A.: *La préfecture urbaine à Rome sous le Bas-Empire*, Paris, 1960.

— "Les modes d'accès au Sénat romain au début de l'Empire: remarques à propos de la Table claudienne de Lyon", en *B.S.A.F.*, 1971, pp. 282-310.

— "La naissance de l'ordo senatorius", en *M.E.F.R.A.*, 85, 1973, pp. 586-589.

— "Les sénateurs d'origine provinciale sous le règne d'Auguste", en *Mélanges Pierre Boyancé*, Roma, 1974, pp. 163-171.

— "Le laticlave de Vespasien ", en *Historia*, XXV, 1976, pp. 235-242.

— "Constantin et le sénat", en *Atti dell'Accademia Romanistica Costantiniana*, T. II, 1976, pp. 51-69.

— "Le problème du domicile légal des sénateurs romains a l'époque impériale", en *Mélanges offerts a L. S. Senghor*, Dakar, 1977, pp. 43 ss.

— "La carrière sénatoriale du Bas-Empire (depuis Dioclétien)", en *Epigrafía e ordine senatorio*, I, Roma, 1982, pp. 167-194.

— "«Latus clavus» et «adlectio». L'accès des hommes nouveaux au Sénat romain sous le Haut-Empire", en *R.H.D.*, 53, 1985, pp. 375 ss.

— "Dioclétien et les «clarissimae feminae»", en *Studi in onore di Arnaldo Biscardi*, II, Milano, 1981, pp. 65 ss.

— *Le sénat romain à l'époque impériale*, Paris, 1992.

— "Le fin du Sénat de Rome", en AA.VV., *La fin de la cité antique et le début de la cité médiévale. De la fin du IIIe siècle à l'avénement de Charlemagne*, Bari, 1996, pp. 345-354.

— *La préfecture urbaine à Rome sous le Bas-Empire*, cit., pp. 382-399, pp. 405-426 y pp. 432-449.

CHAVANES, H.: *Du Domicile*, Paris, 1863.

CHIAZZESE, L.: su voz «adulterio (Diritto romano)», en *N.N.D.I.*, I.I, Torino, 1957, pp. 322-323.

CICCOTTI, E.: *Donne e politica negli ultimi anni della repubblica romana*, Paris-Bonn, 1985.

CID LÓPEZ, R.M.: "La presencia femenina en los cultos cívicos de la religión romana imperial. El caso de las *flaminicae-divae*", en AA.VV., *Ritual y conciencia cívica en el Mundo Antiguo*, Madrid, 1995, pp. 95 ss.

CIZEK, E.: *Mentalités et institutions politiques romaines*, Paris, 1990.

CLARK, E.C.: *History of Roman Private Law* III, New York, 1965.

CLEMENTE FERNÁNDEZ, A.I.: "La posición jurídica de los *patres* a la luz del significado etimológico del término" en *R.G.D.R.* (*www.iustel.com*), nº 18, 2012, págs. 1 ss.

CLOUD, J.D.: "«Provocatio». Two cases of possible fabrication in the annalistic sources", en *Sodalitas. Scritti in onore di Antonio Guarino*, III, Napoli, 1984, pp. 1365 ss.

COLLINET, P.: "Le colonat dans l'Empire Romain", en *Recueil de la Société Jean Bodin*, Bruxelles, 1937, pp. 85-122.

COLLINET, P.-GIFFARD, A.: *Précis de Droit Romain*, 2 vols., 3ª edición, Paris, 1930.

COPPOLA, G.: *Dallo "iussum domini" alla "contemplatio domini": contributo allo studio della rappresentanza: corso di diritto romano*, Milano, 2008.

CORBETT, P.E.: *The Roman Law of marriage*, Oxford, 1930 (reimpresión Aalen, 1979).

CORNIL, G.: *Droit Romain*, Bruxelles-Paris, 1930.

CORSANEGO, C.: *La repressione romana dell'adulterio*, Roma, 1936.

COSENTINI, C.: *Studi sui liberti. Contributo allo studio della condizione giuridica dei liberti cittadini*, 2 vols., Catania, 1948-1950.

— su voz «liberti (Diritto romano)», en *N.N.D.I.*, vol. IX, Torino, 1963, p. 882.

COSTA, E.: *Il diritto privato romano nelle commedie di Plauto*, Torino, 1890.

— *Storia del diritto romano pubblico*, 2ª edición, Firenze, 1920.

— *Crimini e pene da Romulo a Giustiniano*, Bologna, 1921(reimpresión facsímil, Pamplona, 2009).

— *Storia del diritto romano privato dalle origini alle compilazioni giustinianee*, 2ª edición, Torino, 1925.

— *Cicerone giurisconsulto*, 2 vols., Bologna, 1927 (edición anastática, Roma, 1964).

CRAWFORD, M.H.: *La República Romana* (trad. esp. de A. Goldar), Madrid, 1981.

— *Roman Statutes*, 2 vols., London, 1996.

CRIFÒ, G.: *Ricerche sull'«exilium» nel periodo repubblicano*, Milano,1961.

— "Ricerche sull'«exilium». L'origine dell'instituto e gli elementi della sua evoluzione", en *Studi in onore di Emilio Betti*, II, 1962, pp. 229 ss.

— su voz «esilio (parte storica)», en *E.D.*, XV, Milano, 1966, pp. 713-722.

— "«Exilica causa, quae adversus exulem agitur». Problemi dell'«aqua et igni interdictio»", en AA.VV. *Du châtiment dans la cité. Supplices corporels et peine de mort dans le monde antique*, Paris-Roma, 1984, pp. 483-484.

— *L'esclusione dalla città. Altri studi sull'exilium romano*, Perugia, 1985.

— *Civis. La cittadinanza tra antico e moderno*, Roma-Bari, 2000.

CRINITI, N.: *Imbecillus sexus. Le donne nell'Italia antica*, Brescia, 1999.

CUENA BOY, F.: "Yanaconazgo y derecho romano: ¿una conjunción extravagante?", en *R.E.H.J.*, nº, 28, 2006, pp. 401-424.

— "«Causa originis»: Normas de procedimiento sobre la reclamación de colonos o curiales evadidos de su condición", en *R.E.H.J.*, nº 34, Valparaíso, Chile, 2012, pp. 55-89.

CURCHIN, L.A.: *The local Magistrates of Roman Spain*, Toronto-Bufalo-London, 1990.

— "The end of local magistrates in the Roman Empire", en *Gerión*, vol. 32, 2014, págs. 271-287.

CURSI, M.F.: *La struttura del «postliminium» nella Repubblica e nel Principato*, Napoli, 1996.

CZYHLARZ, K.R.: *Lehrbuch der Institutionem des römischen Rechten*, Prag-Wien-Leipzig, 1902.

D'AMICO, P.: *Diritto privato romano comparato con il moderno*, Napoli, 2000.

D'ESCURAC, P.: "Origo et résidence dans le monde du commerce sous le Haut-Empite", en *Ktèma*, 13, 1988, pp. 57-68.

D'ORS, A.: "Estudios sobre la «Constitutio Antoniniana»", en *Emeritas*, 11, 1943, pp. 297-337.

— *Epigrafía de la España romana,* Madrid, 1953.

— "Nuevos estudios sobre la «Constitutio Antoniniana»", en *Atti del XI Congresso Internazionale di Papirologia*, 1966, pp. 409-432.

— "Una nueva lista de acciones infamantes", en *Sodalitas. Scritti in onore de Antonio Guarino*, VI, Napoli, 1984, pp. 2575 ss.

— *La Ley Flavia Municipal (Texto y Comentario)*, Roma, 1986.

— *Derecho privado romano*, 9ª edición, Pamplona, 1997.

D'ORS, A.-D'ORS, J.: *Lex Irnitana (Texto bilingüe)*, Santiago de Compostela, 1988.

DANIELI, R.: *Contributi alla storia delle manumissioni romane I*, Milano, 1953.

DAVID, J.M.: *La romanisation de l'Italie*, Paris, 1994.

DAZA MARTÍNEZ, J.: "«Nuptiae» et «matrimonium»", en AA.VV., *Estudios jurídicos en homenaje al profesor Ursicino Álvarez Suárez*, Madrid, 1978.

DRAGON, G.: *Naissance d'une capitale. Constantinople et ses institutions de 330 à 451*, Paris, 1974 (= *Costantinopoli. Nascita di una capitale (330-451)*, Torino, 1991).

DALLA, D.: "Nominatim manumittere", en *Labeo*, 30, 1984, pp. 277 ss.

— "Aspetti della patria potestà e dei rapporti tra genitori e figli nell'epoca postclassica", en *Atti dell'Academia Romanistica Costantiniana, VII Convegno Internazionale*, Perugia, 1988, pp. 89-109.

— "L'adoptio *servi* tra manomissione e adozione nelle norme giustinianee", en *Scritti in onore di Angelo Falzea*, 4, 1991, pp. 231 ss.

— *Senatus consultum Silanianum*, Milano, 1994 (reimpresión de la edición de Milano, 1980).

— *Ricerche di Diritto delle persone*, Torino, 1995.

DAUBE, D.: "The Lex Iulia concerning Adultery", en *Irish Jurist*, 7, 1972, pp. 373 ss-

DAVID, J.M.: "Rome et l'Italie de la guerre sociale à la mort de César: une nouvelle citoyenneté. État de la recherche", en Pallas, nº, 96, 2014, pp. 35-52.

DE CHURRUCA, J.: *Cristianismo y mundo romano: nuevos estudios*, Madrid, Barcelona, Buenos Aires, 2009.

DECLAREUIL, J.: *Quelques problèmes d'histoire des institutions municipales au temps de l'Empire romain*, Aalen, 1973 (reimpresión de la edición de Paris, 1911).

DEGRASSI, A.: *Guida allo studio della civilità romana, vol. I, L'amministrazione della città*, Napoli, 1952.

DELMAIRE, R.: *Largesses sacrées et res privata. L'aerarium impérial et son administration du IVe au VIe siècle*, Paris, 1989.

— *Les institutions du Bas-Empire romain de Constantin à Justinien*, Paris, 1995.

DELPINI, F.: *Divorzio e separazione dei coniugi nel diritto romano e nella dottrina della chiesa fino al secolo V*, Torino, 1956.

DEMICHELI, A.M.: *L'editto XIII di Giustiniano*, Torino, 2000.

DEMOUGEOT. E.: "Le «conubium» et la citoyenneté coonféreé aux soldats barbares du Bas-Empire", en *Sodalitas. Scritti in onore di Antonio Guarino*, IV, Napoli, 1984, pp. 1633 ss.

DENIAUX, E.: "Civitate donati: Naples, Héraclée, Côme", en *Ktéma*, 6, 1981.

— "Le passage des citoyennetés locales à la citoyenneté romaine et la constitution de clientèles, en AA.VV. (M. Cébeillac ed.), *Les «bourgeoisies» municipales italiennes aux IIe et II^er^ siècles av. J.-C.*, cit., Paris-Naples, 1983, pp. 267-277.

DESSERTEAUX, F.: *Étude sur la formation historique de la capitis deminutio, II, Evolution et effets de la capitis deminutio,* Paris, 1919.

DEVILLA. G.M.: *Il carattere della famiglia ed il regime patrimoniale dei coniugi*, Parte Prima, Volume I, Sassari, 1885.

DÍAZ GONZÁLEZ, F.J.: "La base jurídica romana en la regulación del cautivo en las Partidas", en *R.G.D.R.* (*www.iustel.com*), nº 14, 2010, págs. 1 ss.

DUCOS, M.: *Roma e il diritto*, trad. por R. Ferrara, Bologna, 1998.

DUFF, P.W.: *Personality in roman private Law*, New Jersey, 1971 (reimpresión de la edición de New York, 1938).

DÜLL, R.: "Reccusione a Levy, *Die römische Kapitalstrafe*", en *Kritische Vierteljahresschrift für Gesetzgeburng und Rechtswissenchaft*, 51, 1933, pp. 118 ss.

DUMONT, F.: *Manuel de Droit Romain*, I, paris, 1947.

DUPONT, C.: *Le droit criminal dans les constitutions de Constantin. Les peines*, Lille, 1955.

— *La vita quotidiana nella Roma repubblicana*, Roma-Bari, 1990.

— *Le citoyen romain sous la République 509-27 avant j.-C.*, Paris, 1994.

DE BERNARDI, M.: "In margine a D. 50, 16, 144", en AA.VV., *G. Scherillo, Atti del convegno, Milano, 22-23 ottobre 1992*, Milano, 1994, pp. 71 ss.

DE BRITTO, M.G.: "Los municipios de Italia y de España: Ley general y Ley modelo. Reconstrucción dogmática. Precisión de los conceptos", en *R.G.D.R.* (*www.iustel.com*), nº 23, 2014.

— *Los municipios de Italia y de España: Ley general y Ley modelo*, Madrid, 2014.

DE CASTRO CAMERO, R.: "Estudio sobre la responsabilidad derivada de la gestión del patrimonio público de municipios y colonias", en *Klio*, 96.2, 2014, págs. 539-586.

DE COULANGES, F.: *La ciudad antigua. Estudio sobre el Culto, el Derecho y las Instituciones de Grecia y Roma*, México, 1978.

DE DOMINICIS, M.A: "I coloni *adscripticii* nella legislazione di Giustiniano", en *Studi Betti*, III, Milano, 1962, pp. 85-99.

— su voz «*manumissio* (Diritto romano)», en *N.N.D.I.*, vol. X, Torino, 1964, pp. 191 ss.

— "Les Latins Iuniens dans le pensée du législateur romani", en *R.I.D.A.*, 20, 1973, pp. 311 ss.

DE FRANCISCI, P.: *Storia del Diritto Romano*, II.1, Roma, 1929.

— "Per la storia del senato romano e delle curie nei secoli V e VI", en *Rendiconti Pontificia Accademia Romana*, 1946-7.

DE LUCA, N.: "«Praesidium libertatis»: le «lege Valeriae de provocatione»", en *Index*, 30, 2010, pp. 89-99.

DE MARTINO, F.: *Storia della Costituzione romana*, 6 vosl., 2ª edición, Napoli, 1972.

— "Nota storica sui decurioni", en *Rivista del Diritto della Navegazione*, XXIX, 1963, págs. 54-64 (= *Diritto economia e società nel mondo romano, II, Diritto pubblico*, Napoli-Paris, 1996, págs. 157 ss.)

— "Il colonato fra economia e diritto", en AA.VV., *Storia di Roma* (Dir. A. Momigliano y A. Schiavone), III.1, Torino, 1989, pp. 789-822.

— "Coloni in Italia", en *Labeo*, I, 1995, pp. 35-65.

— "Il senato romano", en AA.VV., *Il senato nella storia*, Roma, 1998.

DE ROBERTIS, F.M.: *Storia delle corporazioni e del regime associativo nel mondo romano, II*, Bari, 1971.

— *Il fenomeno associativo nel mondo romano. Dai collegi della Repubblica alle corporazioni del Basso impero*, Roma, 1981 (reimpresión de la edición de 1955).

DE RUGGIERO, E.: *La patria nel diritto pubblico romano*, Roma, 1921.

— *Dizionario Epigrafico di Antichità Romane*, Roma, desde 1895.

DE SAVIGNY, F.: *Sistema de derecho romano actual*, (trad. esp. de J. Mesía y M. Poley), 2ª edición, T. VI, Madrid, 1924.

DE VILLA, V.: "Exilium perpetuum", en *Studi in memoria di Emilio Albertario*, I, Milano, 1953, pp. 295-314.

DE VISSCHER, F.: "De l'acquisition du droit de cité romaine par l'affranchissement", en *S.D.H.I.*, 12, 1946, pp. 70 ss.

— "La dualité des droit de cité et la «mutatio civitatis»", en *Studi in onore di Pietro de Francisci*, I, Milano, 1956, pp. 37 ss.

— "Droit de captura et postliminium in pace", en *R.I.D.A.*, 3.3, 1956, pp. 224-225.

DEL CASTILLO, A.: *La emancipación de la mujer romana en el siglo I. d. C.*, Granada, 1976.

DEL PINO TOSCANO, F.: "Sistematización de las *Nuptiae I*", en *R.G.D.R.* (*www.iustel.com*), julio, 2011, págs. 1 ss.

— (Coord.): *El derecho romano de familia: de Roma al Derecho actual*, Universidad de Huelva, 2004, pp. 137 ss.

DI MARZO, S.: *Lezioni sul matrimonio romano*, Palermo, 1919 (reimpresión Roma, 1972).

— *Istituzioni di Diritto Romano*, Milano, 1946.

DI PORTO, A.: *Impresa colletiva e schiavo «manager» in Roma antica (III sec. a. C. – II sec. d. C.)*, Milano, 1984.

DOMÍNGUEZ LÓPEZ, E.: "Consideración jurídica del concubinato en Derecho romano. Especial referencia a los derechos de los hijos naturales", en *R.G.D.R.* (*www.iustel.com*), nº 24, 2015, pp. 1 ss.

EIBACH, D.: *Untersuchungen zu spätantiken kolonat der kaiserlichen Gesetzgebung unter besonderer Berücksichtigung der Terminologie*, Cologne, 1977.

ELIACHEVITCH, B.: *La personalité juridique en droit privé romain*, Paris, 1942.

ELMORE, E.: "The professiones of Heraclean Tablet", en *J.R.S.*, 5, 1915, pp. 125-137.

ERNOUT, A.-MEILLET, A.: *Dictionnaire Étimologique de la Langue Latine. Histoire des Mots*, 5ª edición, Paris, 1967.

EISENRING, G.: *Die römischen Ehe als Rechtsverhältnis*, Wien-Köln-Weimar, 2002.

ESMEIN, A.: *Le délit d'adultère à Rome et la loi Iulia de adulteriis, Mélanges d'histoire du droit et de critique. Droit Romain*, Paris, 1886.

EVANS-GRUBBS, J.: *"Munita coniugia": The Emperor Constantine's legislation on marriage and the family*, Universidad de Stanford, 1987, pp. 13 ss.

— *Law and family in Late Antiquity. The Emperor Constantine's Marriage Legislation*, Oxford, 1995.

FABRE, G.: *Libertus. Patrons et affranchis à Rome. Recherches sur les rapports patron-affranchi à la fin de la République romaine*, Roma-Paris, 1981.

FADDA, C.: *Istituti commerciali del Diritto romano. Introduzione*, Napoli-Paris, 1987

— *Diritto delle persone e della famiglia*, Napoli, 1910.

FALCÃO, M.: *Las prohibiciones matrimoniales de carácter social en el Imperio Romano*, Pamplona, 1973.

FANIZZA, L.: "Il crimine e la morte del reo", en *M.E.F.R.A.*, 96, 1984, p. 671 ss.

— *Senato e società politica tra Augusto e Traiano*, Roma-Bari, 2001.

FATÁS, F.-MARCO, F.: "Consideraciones sobre el colonato", en *Memorias de Historia Antigua*, nº 2, 1978, pp. 181 ss.

FAU, G.: *L'émancipation feminine dans la Rome antique*, Paris, 1978.

FAYER, C.: *La familia romana. Aspetti giuridici ed antiquari, Parte Prima*, Roma, 1994.

FERRUCCIO FALCHI, G.: *Diritto penale romani II. I singoli reati*, Padova, 1932.

— *Diritto penale romani. I. Dottrine Generali*, 2ª edición, Padova, 1937.

FERNÁNDEZ BAQUERO, M.E.: *Repudium-Divortium (Origen y configuración jurídica hasta la legislación matrimonial de Augusto)*, Granada, 1988.

— "El significado del término *familia* en el Dercho Romano, según el texto de Ulpiano, *lib.* 46 *ad Edictum*, D.50.16.195.1-5)", en *R.G.D.R.* (*www.iustel.com*), nº 16, julio, 2011, págs. 1 ss.

FERNÁNDEZ DE BUJÁN, A.: *El filiusfamilias independiente en Roma y en el Derecho español*, 2ª edición, Madrid, 1981.

— *Jurisdicción voluntaria en Derecho Romano,* Madrid, 3.ª edición, 1999.

— "Concepto y dicotomías del *ius*", en *R.J.U.A.M.*, 3, 2000, pp. 9 ss. (= *Estudios homenaje al profesor Benito Reimundo*, Burgos, 2000, pp. 247 ss.).

— "Observaciones a propósito del tránsito de la Iberia-griega y púnica a la Hispania romana", en *Estudios jurídicos en Homenaje al profesor Luis Díez-Picazo*, IV, Madrid, 2002, pp. 5701-5726 (= *R.G.D.R.*, *www.iustel.com*, nº 2, 2004, pp. 1 ss.).

— *Jurisdicción y Arbitraje en Derecho Romano,* Iustel, 2006.

— "Testigos y documentos en la práctica negocial y judicial romana", en *R.J.U.A.M.*, n º 12, 2005, pp. 117 ss. (= *R.G.D.R. –www.iustel.com–*, nº 4, 2005, pp. 1 ss.).

— "Reflexiones a propósito de la realidad social, la tradición jurídica y la moral cristiana en el matrimonio romano (I)", en *R.G.D.R.* (*www.iustel.com*), nº 6, 2006, pp. 1 ss.
— "Ciudadanía y Universalismo en la experiencia jurídica romana", en *R.G.D.R.* (*www.iustel.com*), nº 11, 2008.
— *Historia del Derecho Romano*, Thomson-Civitas, Madrid, 2010.
— "Hacia un tratado de Derecho Administrativo y Fiscal Romano", en AA.VV., *Hacia un Derecho Administrativo y Fiscal Romano*, Ceu-madrid, 2011, pp. 13-51.
— "Reformas legislativas de Augusto", en *R.G.D.R.* (*www.iustel.com*), nº 23, 2014.
— *Derecho Privado Romano*, 8ª edición, iustel, Madrid, 2015.
— *Derecho Público Romano. Recepción*, 18ª edición, Madrid, 2015.

FERRINI, C.: *Diritto penale romano. Esposizione storica e dottrinale*, reimpresión anastática, Roma, 1976.

FIORI, R.: *Homo sacer. Dinamica politico-costituzionale di una sanzione giuridico-religiosa*, Napoli, 1996.

FORCELLINI, A.: *Lexicon Totius Latinitatis*, I y II, Patavaii, 1940 (2ª reimpresión anastática de 1965).

FRACCARO, PH.: "«Tribules» ed «Aerarii». Una ricerca di Diritto pubblico romano", en *Athenaeum*, 11, 1933, pp. 150 ss.

FRANCIOSI, E.: *Riforme istituzionali e funzioni giurisdizionali nelle Novelle di Giustiniano. Studi su Nov. 13 e Nov. 80*, Milano, 1998.

FRANCIOSI, G.: *Famiglia e persone in Roma antica. Dall'età arcaica al Principato*, Torino, 1992.
— "La vendita a scopo di matrimonio nel mondo romano", en AA.VV., *Estudios en homenaje al profesor Francisco Hernández-Tejero*, vol. II, Madrid, 1992, pp. 199 ss.
— *Corso Istituzionale di Diritto Romano. I, ristampa emendata*, Torino, 1994.
— *Clan gentilizio e struttura monogamiche. Contributo alla storia della famiglia romana*, Napoli, 1995 (reimpresión de la edición de 1989).

FRASCHETTI, A.: "A proposito di ex-schiavi e della loro integrazione in ambito cittadino a Roma, en *Opus*, I, 1982, pp. 97 ss.

— *Roma e il principe*, Roma-Bari, 1990.

FUENTESECA, P.: "Orígenes y perfiles clásicos del «postliminium»", en *A.H.D.E.*, 21-22, 1951-2, pp. 300 ss.

— *Derecho privado romano*, Madrid, 1978.

FUENTESECA DEGENEFFE, M.: "El *colonus* y el impuesto territorial", en *RIDROM*, nº 3, 2012, pp. 28-103.

FUSTEL DE COULANGES, D.: *Le colonat romain. Recherches sur quelques problèmes d'histoire*, Arno Press, París, 1884.

GABBA, E.: *Esercito e società nella tarda Repubblica romana*, Firenze, 1973.

— *Per la storia dell'esercito romano in età imperiale*, Bologna, 1974.

— "La cittá italiche del I sec. A. C. e la politica", en *R.S.I.*, 98, 1986, pp. 653-663.

— "«Maximus Comitatus»", en *Athenaeum*, 65, 1987, pp. 203 ss.

— "Riflessione sulla «Lex Coloniae Genetivae»", en *González-Arcé, Estudios sobre la "Tabula Siarensis"*, Madrid, 1988.

— "Rome and Italy in the second century B. C.", en, *C.A.H.*², 8, Cambridge, 1989, pp. 207 ss.

— "Strutture sociali e politica romana in Italia nel II sec. a. C", en AA.VV. (M. Cébeillac ed.), *Les «bourgeoisies» municipales italiennes aux IIe et Ier siecles av. J.-C.*, Naples-Paris, 1993, pp. 41 ss.

— "Il senato nelle età dell'imperialismo e della rivoluzione", en AA.VV., *Il senato nella storia*, Roma, 1998, pp. 85 ss.

GAGLIARDI, L.: *Mobilità e integrazione delle persone nei centri cittadini romani*, Milano, 2006.

GALLI, F.: "Cambi di tribù 'per domicilii translationem' nelle regioni augustee VI, VII e VIII", en *Q.U.*, 18, 1974, pp. 133-153.

GALLINA, M.: *Potere e società a Bisanzio. Dalla fondazione di Costantinopoli al 1204*, Torino, 1995.

GALLO, F.: "Osservazioni sulla signoria del pater familias in epoca arcaica", en *Studi in onore de Pietro De Francisci*, II, 1956, pp. 193 ss.

— "Idee vecchie e nuove sui poteri del *pater familias*", en AA.VV., *Poteri negotia actiones nella esperienza romana arcaica. Atti del convegno di diritto romano Copanello 12-15 maggio 1982*, Napoli, 1984, pp. 29 ss.

— *Interpretazione e formazione consuetudinaria del diritto*, Torino, 1993.

— "La consuetudine nel diritto romano", en AA.VV., *Opuscula selecta a cura di Ferdinando Bona e Massimo Miglietta*, Milano, 1999, pp. 187 ss.

GALSTERER, H.: *Herrschaft und Verwaltung im republikanischen Italien*, München, 1976.

— "La loi municipale des Romains: chimère ou réalité?", en *R.H.D.*, 65, 1987, pp. 181-203.

— "*Municipium Flavium Irnitanum*. A latin town in Spain", en *J.R.S.*, 78, 1988, pp. 78 ss.

— "Diritto latino e municipalizzazione nella Betica", en AA.VV., *Teoría y práctica del ordenamiento municipal en Hispania. Revisiones de Historia Antigua II*, Vitoria, 1996, pp. 211 ss.

GANSHOF, F.: "Le statut personnel du colon au Bas-Empire. Observations en marge d'une théorie nouvelle", en *L'Antiquité Classique*, 14, 1945, pp. 261-277.

GARBARINO, P.: *Ricerche sulla procedura di ammisione al senato nel tardo impero romano*, Milano, 1988.

— *Contributo allo studio del senato in età giustinianea*, Napoli, 1992.

GARCÍA FERNÁNDEZ, E.: *El municipio latino. Origen y desarrollo constitucional*, Madrid, 2001.

GARCÍA GARRIDO, M.: *Ivs vxorivm. El régimen patrimonial de la mujer casada en derecho romano*, Roma-Madrid, 1958.

— "*Conventio in manum* y matrimonio", en *Varia Romana, A.H.D.E.*, 1956, pp. 781 ss.

— "La convivencia en la concepción romana del matrimonio" en AA.VV., *Libro homenaje a Giménez Fernández*, vol. II, Sevilla, 1967, pp. 637 ss.
— "Relaciones personales y patrimoniales entre esposos y cónyuges en el derecho imperial tardío. Notas críticas", en *Atti dell'accademia romanistica costantiniana. VIII Convegno Internazionale*, Perugia, 1988, pp. 32 ss.

GARDNER, J.F.: *Being a Roman Citizen*, London-New York, 1993.
— *Women in Roman Law and Society*, London, 1995.

GARNSEY, P.: "The *Lex Iulia* and appel under the Empire", en *J.R.S.*, 56, 1966, pp. 167 ss.
— *Social status and legal privilege in the roman Empire*, Oxford, 1970.
— "Honorarium decurionatus", en *Historia,* XX, 1971, pp. 309 ss.

GAROFALO, L.: "In tema di «provocatio ad populum»", en *S.D.H.I.*, 53, 1987, pp. 356 ss.
— *Il processo edilizio. Contributo allo studio dei iudicia populi*, Padova, 1989.
— *Appunti sul diritto criminale nella Roma monarchica e repubblicana*, 3ª edición, Cedam, Verona, 1997.

GARZETTI, A.: "Appio Claudio Cieco nella storia politica del suo tempo", en *Athenaeum*, 25, 1947, pp. 204 ss.

GASCOU, J.: "Les grands domaines, la cité et l'État en Égypte byzantine", en *Travaux et Mémoires Byz.*, 9, 1985, pp. 1-90.

GAUDEMET, J.: *La formation du droit séculier et du droit de l'Eglise aux IVe et Ve siècles*, Paris, 1957.
— "Aspetti comunitari del regime matrimoniale romano", en *R.I.S.G.*, 12,1961, pp. 451-452.
— "«Indulgentia principis», en *Conferenze Romanistiche*, II, Milano, 1967 pp. 3-45 (= *Études de droit romain*, vol. II, Camerino, 1979, pp. 249-250).
— *Les communautés familiales*, Paris, 1963.
— "Originalité et destin du mariage romain", en *Études de droit romain*, vol. III, Camerino, 1979, pp. 60 ss.

— "Constantin et les curies municipales", en *Études de droit romain*, vol. II, Camerino, 1979, pp. 109 ss.
— "Observations sur la «manus»", en *Études de droit romain*, vol. III, Camerino, 1979, pp. 191 ss.
— "L'étranger dans le monde romain", en *Étude de droit romain*, vol. III, Camerino, 1979, pp. 424 ss.
— "Le status de la femme dans l'Empire romain", en *Études de droit romain*, vol. III, Camerino, 1979, pp. 245 ss.
— "Justum matrimonium", en *Études de droit romain*, vol. III, Camerino, 1979, pp. 148 ss.
— "Droit romain et principes canoniques en matière de mariage au Bas-Empire", en *Études de droit romain*, vol. III, Camerino, 1979, pp. 163 ss.
— "Des «Droits de l'homme» ont-ils été econnus dans l'Empire romain?", en *Labeo*, 33.1, 1987.
— "L'étranger au Bas-Empire (1)", en AA.VV., *L'Étranger*, I, Bruxelles, 1995, pp. 209-235.
— "La législation sur le divorce dans le droit impérial des IVe et Ve siècles", en *Droit et Société aux derniers siècles de l'Empire romain*, Paris, 1992, pp. 143 ss.

GASCOU, J.: "La Tabula Siarensis et le problème des municipes romains hors d'Italie", en *Latomus*, 3(45), 1986, pp. 541-554.

GASPARD, A.: *Recherches sur l'incolat, le droit de bourgeoisie et le domicile*, Paris, 1851.

GAUTHIER, PH.: "«Generosité» romaine et «avarice» grecque: sur l'octroi du droit di cité", en *Mélanges W. Seston*, Paris, 1974, pp. 211 ss.

GERA, G.-GIGLIO, S.: *La tassazine dei senatori nel tardo impero romano*, Roma, 1984.

GERACI, G.: *Genesi della provincia romana d'Egitto*, Bologna, 1983.

GIANGRIECO PESSI, M.V.: "Dalla *lex Aemilia* al plebiscito Ovinio: problema e riflessioni", en AA.VV. *Legge e Società nella Repubblica Romana (a cura di F. Serrao)*, II, Napoli, 2000, pp. 299 ss.

GIANNOZZI, E.: "La *patria potestas* dans l'oeuvre de Yan Thomas", en *S.D.H.I.*, 79.1, 2013, pp. 279-304.

GIGLIO, G.: *Il tardo impero d'occidente e il suo senato. Privilegi fiscali, patrocinio, giurisdizione penale*, Napoli, 1990.

GILIBERTI, G.: *Servus quasi colonus. Forme non tradizionali di organizzazione del lavoro nella società romana*, Napoli, 1981.

— *Servi della terra. Ricerche per una storia del colonato*, Torino, 2002.

GIMÉNEZ CANDELA, T.: "La «Lex Irnitana». Une nouvelle loi municipale de la Bétique", en *R.I.D.A.*, 30, 1983, pp. 130 ss.

— "«Bona libertorum»", en *Index*, 2000, pp. 489 ss.

GIOFFREDI, C.: "Ancora su l'*aqua et igni interdictio*", en *S.D.H.I.*, 12, 1946, pp. 191 ss.

— "«aqua et igni interdictio» e il concorso privato alla repressione penale", en *Archivio Penale*, III.1, 1947, pp. 429 ss.

— "Sul «ius postliminii», 1, La struttura dell'istituto", en *S.D.H.I.*, 16, 1950, pp. 13 ss.

— "Religione e diritto nella più antica esperienza romana", en *S.D.H.I.*, 20, 1954, pp. 259 ss.

— "Libertà e Cittadinanza", en *Studi Betti*, II, Milano, 1962, pp. 521 ss.

— su voz «aqua et igni interdicitio», en *N.N.D.I.*, I.2, Torino, 1964, p. 817.

— *I principi del Diritto penale romano*, Torino, 1970.

— "Funzione e limiti della patria potestas", en *Nuovi studi di diritto greco e romano*, 1980, pp. 77 ss.

GIUFFRÈ, V.: *La 'repressione criminale' nell'esperienza romana*, Napoli, 1993.

— *Il diritto dei privati nell'esperienza romana. I principali gangli*, Napoli, 1993.

— *Letture e ricerche sulla "Res militaris"*, II, Napoli, 1996.

GIUNTI, P.: *Adulterio e leggi regie. Un reato fra storia e propaganda*, Milano, 1990.

— *Consors Vitae. Matrimonio e ripudio in Roma antica*, Milano, 2004.

GLÜCK, F.C.: *Ausführliche Erläuterung der Pandecten nach Hellfeld: ein Comentar*, Erlangen, desde 1797.

GOFFART, W.: *Caput and Colonate. Towards a history of Late Roman Taxation*, University of Toronto press, Toronto, 1974.

GÖHLER, J.: *Rom und Italien. Die römische Bundesgenossenpolitik von den Anfängen bis zum Bundesgenossenkrieg*, Breslau, 1939.

GÓMEZ-IGLESIAS CASAL, A.: *Citación y comparecencia en el procedimiento formulario romano*, Santiago de Compostela, 1984.

GÓMEZ RUIZ, C.: *El divorcio y las Leyes augusteas*, Sevilla, 1987.

GONZÁLEZ, J.: "The Lex Irnitana: a new copy of the flavian municipal law", en *J.R.S.*, 76, 1986, pp. 147 ss.

— "El *ius Latinii* y la *lex Irniana*", en *Athenaeum*, 65, 1987, pp. 318 ss.

— *Epigrafía jurídica de la Bética*, Roma, 2008.

— "*Ius Latii, municipia Latina* e leggi municipali", AA.VV., *Filia. Scritti per Gennaro Franciosi*, II, Napoli, 2008, págs. 1125 ss.

GONZÁLEZ BLANCO, A.: "Bibliografía sobre el colonado romano y sus problemas", en *Memorias de Historia Antigua*, nº 2, 1979, pp. 229-237.

GONZÁLEZ BRAVO, A.: "La condición de los colonos en la trama de la sociedad bajoimperial según S. Juan Crisóstomo y la Historia Augusta", en *Memorias de Historia Antigua*, nº 2, 1978, pp. 81-92.

GONZÁLEZ ROMANILLOS, J.A.: "La corrupción política en época de Julio César: un estudio sobre la «Lex Iulia De Repetundis»", Granada, Comares, 2009.

— "La corrupción electoral en la «quaestiones perpetuae»", en *Index*, 38, 2010, págs. 100-112.

GORIA, F.: *Studi sul matrimonio dell'adultera nel diritto giustinianeo e bizantino*, Torino, 1975.

— "Il dibattito sull'abrogazione della lex Oppia e la condizione giuridica della donna romana", en *Atti del convegno su "La donna nel mondo antico", a cura di R. Uglione, Torino, 21-23 di 1986*, Torino, 1987 pp. 265 ss.

— "Azioni reali per la restituzione della dote in età giustinianea: profili processuali e sostanziali", en *Diritto e processo nella espe-*

rienza romana. Atti del seminario Torinense (4-5 Dicembre 1991) in memoria di Giuseppe Provera, Napoli, 1994, pp. 203 ss.

— "La giustizia nell'impero romano d'Oriente: organizzazione giudiziaria. parte I: i secoli V-VI", en AA.VV., *La giustizia nell'Alto Medievo (secoli V-VIII). Settimane di studio del Centro Italiano di Studi sull'Alto Medievo*, XLII, 7-13 aprile 1994, Spoleto, 1995, pp. 271 ss.

GRADENWITZ, O.: *Die Stadtrechte von Urso, Salpensa, Malaca in Urtext und Beischrift aufgelöst*, Heidelberg, 1920.

GRASMÜCK, L.: *Exilium. Untersuchungen zur Verbannung in der Antike*, Paderborn-München-Wien-Zürich, 1978.

GREENIDGE, A.H.J.: *The legal procedure of Cicero's time*, Oxford, 1901 (reimpresión New Jersey, 1971.

GRELLE, F.: su voz «decuriones» en *N.N.D.I*, V, 1960, pp. 309 ss.

— "«Munus publicum» terminologia e sistematiche", en *Labeo*, 7, 1961, pp. 329 ss.

— *L'autonomia cittadina fra Traiano e Adriano. Teoria e prassi dell'organizzazione municipale*, Napoli, 1972.

— "Le categorie dell'amministrazione tardoantica: officia, munera, honores", en AA.VV., *Società romana e Impero Tardoantico. I. Istituzioni, Ceti, Economie (a cura di Andrea Giardina)*, Roma-Bari, 1986, pp. 50 ss.

GREY. C.: "Contextualizing *Colonatus*: The *Origo* of the Late Roman Empire", en *Journal Roman Studies*, nº 97, 2007, pp. 155-175.

GRIMAL, P.: *El amor en la Roma antigua*, trad. J. Palacio, Barcelona, 1999.

GROSSO, G.: "«Provocatio» per la «perduellio», «provocatio», «sacramento» e «ordalia»", en *B.I.D.R.*, 63, 1960, pp. 214-218.

— "Monarchia, provocatio e processo populare", en *Studi in onore di Pietro De Francisci*, II, Milano, 1956, pp. 6 ss.

GUARINO, A.: "Sul «ius singulare postliminii»", en *Z.S.S.*, 61, 1941, pp. 58 ss.

— "Studi sull «incestum»", en *Z.S.S.*, 63, 1943, pp. 43 ss. (= *Pagine di Diritto romano*, vol. VII, Napoli, 1995, pp. 180 ss.).

— su voz «actiones adiecticiae qualitatis», en *N.N.D.I.*, I.1, Torino, 1957, p. 271

— "Lex Voconia", en *Labeo*, 28, 1982, pp. 188 ss.

— "La punizione di Evaristo", en *A.N.A.*, 99, 1988, pp. 270 ss. (= *Pagine di Diritto romano*, vol. VII, Napoli, 1995, pp. 299 ss.).

— "«Minima de mulieribus»", en *Pagine di Diritto romano*, vol. II, Napoli, 1993, pp. 351 ss.

— *Profilo del Diritto romano*, Napoli, 1994.

GUEYE, M.: "Délits et peines militaires à Rome sous la République: *desertio* et *transfugium* pendant les guerres civiles", en *Gerión*, nº 31, 2013, pp. 221-238.

GUILLÉN, E.-FABRE, M.C.: "La prueba de presunciones en el proceso civil romano y su recepción en el Derecho Civil argentivo", en *La prueba y medios de prueba: de Roma al derecho moderno, Actas del VI Congreso Iberoamericano y III Congreso Internacional de Derecho romano*, Madrid, 2000, pp. 221 ss.

GUZMÁN BRITO, A.: *Derecho privado romano,* 2 vols., Barcelona, Buenos Aires, México D.F., Santiago de Chile, 1997.

HACKL, U.: *Senat und Magistratur in Rom von der Mitte des 2. Jahrhunderts v. Chr. bis zur Diktatur Sullas*, Kallmünz, 1982.

HALFMANN, H.: *Die Senatoren aus dem östlichen Teil des Imperium Romanum bis zum Ende des 2. Jh. n. Chr.*, Göttingen, 1979.

HAMMOND, M.: "Composition of the Senat A.D. 68-235", en *J.R.S.*, 47, 1957, pp. 74-81.

HARDY, E.G.: *Some problems in Roman History*, Oxford, 1924.

HARTMANN, L.M.: *De exilio apud romanos inde ab initio bellorum civilium usque ad Severi Alexandri principatum*, Berolini, 1887.

— su voz «aqua et ignis interdictio», en *P.W.R.E.*, II.1, München, 1895, col. 308.

HERNÁNDEZ-GIL, A.: *El testamento militar (En torno a un sistema hereditario militar romano)*, Madrid, 1946.

HERRMANN, C.: *Le rôle judiciaire et politique des femmes sous le république romaine*, Bruxelles, 1964.

HILL, H.: "Sulla's new senatores in 81 b.C", en *Cl.Q.*, 1932, pp. 170 ss.

HILLNER, J.: "Domus, Family and Inheritace: the Senatorial Family House in Late Antique Rome", en *J.R.S.*, 93, 2003, pp. 129 ss.

HORSTKOTTE, H.: "Dekurinat und römisches Bürgerrecht nach der «Lex Irnitana»", en *Zeitschrift für Papyrologie und Epigraphik*, 1989, 78, pp. 169-177.

HOUDOY, R.H.A.: *Le droit municipal*, Paris, 1876.

HOWE, L.L.: *The pretorian prefect from Commodus to Diocletian*, Chicago, 1942.

HOYOS, D.: "*Civitas* and *Latium* in provincial Communities: Inclusion and Exclusion", en *R.I.D.A.*, 22, 1975, pp. 250 ss.

HUBER, J.: *Der Ehekonsens im römischen Recht*, Roma, 1977.

HUMBERT, G.: *Des conséquences des condamnations pénales, relativement à la capacité des personnes, en droit romain et en droit français*, Paris, 1855.

— su voz, «deportatio», en *D.S.*, Paris, 1892, vol. II/2, p. 83.

— su voz «exsilium», en *D.S.*, II.1, Paris, 1892, pp. 940 ss.

— su voz «incola», en *D.S.*, III, Paris, 900, pp. 457-458.

— su voz "colonus", en *D.S.*, 1.2, Paris, 1977, p. 1322.

HUMBERT. G.-E. CAILLEMER, E.: su voz «adulterio», en *D.S.*, I, Paris, 1877, p. 87.

HUMBERT, M.: *Le rémariage à Rome. Étude d'histoire juridique et sociale*, Paris, 1969.

— "Le tribunat de la plèbe et le tribunal du peuple: remarques sur l'histoire de la «provocatio ad populum»", en *M.E.F.R.A.*, 100, 1988, pp. 435 ss.

— "L'individu, l'État: quelle stratégie pour le mariage classique?", en AA.VV., *Parenté et stratégies familiales dans l'Antiquité romaine*, Paris-Rome, 1990, pp. 173 ss.

— *Municipium et civitas sine suffragio. L'organisation de la conquête jusqu'à la guerre sociale*, 2ª edición, Paris-Roma, 1993.

HUSCHKE, P.H.E.: *Die Verfassung des Königs Servius Tullius als Grundlage zu einer römischen Verfassungsgeschichte*, Heidelberg, 1838.

IGLESIAS, J.: *Derecho romano*, 17ª edición, Madrid, 2008.

IMPALLOMENI, G.: *Le manomissioni mortis causa,* Padova, 1963.

JACQUES, F.: *Les cités de l'Occident romain*, Paris, 1990.

JACQUES, F.-SCHEID, J.: *Rome et l'integration de l'Empire. 44 av. J.-C. -260 ap. J.-C., T. I, Les structures de l'empire romain*, París, 1990.

JOHNSTON, D.: *Roman Law in Context*, Cambridge, 1999.

JONES, A.H.M.: "The cities of the roman Empire. Political, Administrative and Judicial Institutions", en *La Ville (Recueils de la Societé Jean Bodin pour l'histoire comparative des institutions), première partie, Institutions administratives et Judiciaires*, T. VI, Bruxeles, 1954, pp. 135 ss.

— "La última crisis: el imperio romano hasta su ocaso", en *Los romanos* (ed. Balsdon), trad. esp. de Sánchez Gil, Madrid, 1987, pp. 93 ss.

— "El colonato romano", en *Estudios sobre Historia Antigua*, Madrid,1981, pp. 315-316.

— *The later Roman Empire 284-602: a social, economic and administrative survey,* 2 vols., Oxford, 1990.

— "L'ordre pénal de la Rome antique: contexture et limites", en *Latomus*, 4.51, 1992, pp. 756 ss.

JÖRS, P.: *Die Ehegesetze des Augustus*, Marburg, 1893-1894.

— su voz «Codex Hermogeniaunus», en *P.W.R.E.*, IV.1, Stuttgart, 1900 (reimpresión de 1992), cols. 164-167.

JUREWICZ, A.R.: "La 'lex Coloniae Genetivae Iuliae seu Ursonensis'- rasegna della materia. Gli organi della colonia", en *R.I.D.A.*, 54, 2007, pp. 293-325.

— "Die «Tabulae Publicae» in der «lex Coloniae Genetivae Iuliae»", en Index, nº 41, 2013, pp. 117-131.

JUSTEL, J.J.: "The Rights of a Concubine's Descendants in the Ancient Near East", en *R.I.D.A.*, nº 60, 2013, pp.13-36.

KARLOWA, O.: *Römische Rechtsgeschichte*, 2 vols., Leipzig, 1885-1901 (=*Storia del Diritto romano*, traducción italiana de R. Martini, Milano, 1993).

KASER, M.: "Die geschichte der Patronatsgewaltüber Freigelassene", en *Z.S.S.*, 58, 1938, pp. 88 ss.

— "Religione e diritto in Roma arcaica", en *Annali del Seminario Giuridico dell'Università di Catania*, 3, 1948-1949, pp. 78 ss.

— "La famiglia romana arcaica", en *Conferenze Romanistiche*, Trieste, 1950, pp. 39-62.

— "Zum heutigen Stand der Interpolationenforschung", en *Z.S.S.*, 69, 1952, pp. 98 ss.

— "Studi sulla «restitutio in integrum»", en *Labeo*, 12, 1966, pp. 242 ss.

— *Derecho romano privado* (trad. J. Santa Cruz Tejeiro), Madrid, 1982.

KEPPIE, L.: *Colonisation and veteran settlement in Italy 47-14 B.C.*, London, 1983.

— *The making of the roman army from Republic to Empire*, Oklahoma, 1998.

KLEINFELLER, G.: su voz «exilium», en *P.W.R.E.*, VI.2, Stuttgart, 1909, cols. 1683 ss.

— su voz «deportatio in insulam», en *P.W.R.E.*, V.1, München, 1903, col. 231.

— su voz «relegatio», en *P.W.R.E.*, I A, 1, Stuttgart, 1914, col. 564.

KLINGENBERG, G.: "Die Frau im römischen Abgaben- und Fiskalrecht", en *R.I.D.A.*, 30, 1983, pp. 141 ss.

KNÜTEL, R.: "Skizzen zum römischen Adoptionsrecht: «Plena pubertas», Annahme an Enkels Statt, Erhaltung der Mitgift", en *Index*, 22, 1994, pp. 249 ss.

KOLENDO, J.: *Le colonat en Afrique sous le Haut-Empire*, Les Belles Lettres, Paris, 1976.

— "Les Romains prisonnier de guerre des Barbares au Ier et au IIe siècles", en *Index*, 15, 1987, pp. 227-234.

KORNEMANN, K.: su voz «municipium», en *P.W.R.E.*, XVI, Stuttgart, 1933, cols. 615-618.

KORNHARDT, H.: "Postliminium in republikanischer Zeit", en *S.D.H.I.*, 19, 1953, pp. 18 ss.

KRELLER, H.: "Juristenarbeit am postliminium", en *Z.S.S.*, 69, 1952, pp. 172 ss.

KUNKEL, W.: su voz «materfamilias», en *P.W.R.E.*, XIV, Stuttgart, 1930, col. 2183 ss.

— *Untersuchungen zur entwicklung des römischen Kriminalverfahrens in vorsullanischer Zeit*, München, 1962.

— su voz «Quaestio», en *P.W.R.E.*, XXIV, Stuttgart, 1963, col. 767.

— "Die Funktion des Konsiliums in der magistratischen Strafjustiz und im Kaisergericht", en *Kleine Schriften*, Weimar, 1974, pp. 151-254.

— *Historia del Derecho romano*, (trad. de la 4ª edición alemana por J. Miquel), Barcelona, 1989.

KUPISZEWSKI, H.: "Osservazioni sui rapporti patrimoniali fra i fidanzati nel diritto classico:«dos» e «donatio»", en *Scritti Minori*, Napoli-Paris, 2000, pp. 299 ss.

— "Les remarques sur les statuliberi en Droit romain classique", en *Scritti minori*, Napoli-Paris, 2000, pp. 355 ss.

LABOULAYE, E.: *Essai sur les lois criminelles des romains*, Paris-Leipzig, 1845 (reimpresión Aalen, 1973).

LACEY, W.K.: "«Patria potestas»", en AA.VV., *The Family in ancient Rome. New perspectivas (B. Rawson ed.)*, London, 1992, p. 127.

LAFFI, U.: "I senati locali nell'Italia repubblicana", en AA.VV. (M. Cébeillac ed.), *Les «bourgeoisies» municipales italiennes aux IIe et Ier siècles av. J. C.*, Paris-Naples, 1983, p. 59 ss.

— "La morte nel procedimento «de repetundis»", en *Studi in onore di Albino Garzetti*, Brescia, 1996, pp. 231-256.

— "I senati locali nello stato municipale e nel I sec. d. C.", en AA.VV., *Il senato nella storia*, Roma, 1998, pp. 377 ss.

LAMBERTI, F.: *«Tabulae Irnitanae». Municipalitá e «ius romanorum»*, Napoli, 1993.

LAMBERTINI, R.: "Ancora sui legittimati a uccidere 'iure patris ex lege Iulia de adulteris'", en *S.D.H.I.*, 58, 1992, pp. 362-375.

LAMBRECHTS, P.: *La composition du Sénat romain de l'accession au trône d'Hadrien à la mort de Commode (117-192)*, Anveres, 1936.

— *La composition du Sénat romain de Septime-Sévère à Dioclétien*, Budapest, 1937.

LANATA, G.: *Legislazione e natura nelle novelle giustinianee*, Napoli, 1984.

LANÇON, B.: *Rome dans l'Antiquité tardive, 312-604 après J.-C.*, Florencia, 1995.

LANGHAMMER, W.: *Die rechtliche und soziale Stellung der Magistratus Municipales und der Decuriones in der Übergangsphase der Städte von sich selbstverwaltenden Gemeinden zu Vollzugsorganen des spätantiken Zwangsstaates (2.-4. Jahrhundert der römischen Kaiserzeit)*, Steiner-Wiesbaden, 1973.

LAST, H.: "The servian reforms", en *J.R.S.*, 35, 1945, pp. 36 ss.

LAURIA, M.: *Matrimonio-Dote in Diritto romano*, Napoli, 1952.

LAZO, P.: "Contribución al estudio de la «actio quod iussu»", en *R.E.H.J.*, 23, 2010, pp. 83-105.

LA ROSA, R.: *I peculi speciali in Diritto romano*, Milano, 1963.

— "Nota sulla «custodia» nel diritto criminale romano", en *Synteleya Arangio-Ruiz*, I, Napoli, 1964, pp. 310 ss.

LÉCRIVAIN, CH.: su voz «senatus municipalis», en *D.S.*, IV.2, Paris, 1877, pp. 1200 ss.

— *Le sénat romain depuis Dioclétien à Rome et à Constantinople*, Paris, 1888.

LEGRAS, H.: *La table latine d'Héraclée (la prétendue lex Iulia Municipalis)*, Paris, 1907.

LEIGHI, M.: *Comedy and the Rise of Rome*, Oxford, 2004.

LÉMONNIER, H.: *Étude historique sur la condition privée des affranchis aux trois primiers siècles de l'Empire romain*, Roma, 1971 (reimpresión de la edición de Paris,1887).

LEPELLEY, C.: *Les cités de l'Afrique romaine au Bas-Empire, Tome I, La permanence d'une civilisation municipale*, Paris, 1979.

— "Quot curiales, tot tyranni: l'image du décurion oppresseur au Bas-Empire", en AA.VV (Ed. Edmond Frézouls), *Crise et redressement dans les provinces européenes de l'Empire (milieu du IIIe-milieu du IVe siècle ap. J.-C)*, Strasbourg, 1983, pp. 143-156.

— "Un éloge nostalgique de la cité classique dans les «Variae» de Cassiodore", en AA.VV., *Haut Moyen Age. Études offertes à Pierre Richè*, Paris, 1990, pp. 33-47.

— "Permanences de la cité classique et archaïsmes municipaux en Ialie au Bas-Empire", en AA.VV., *Institutions, société et vie politique dans l'empire romain au IVe siècle ap. J.-C.*, Paris-Roma, 1992, pp. 353-371.

— "De la cité classique à la citè tardive: continuités et ruptures", en AA.VV., *La fin de la citè antique et le début de la cité médiévale. De la fin du IIIe siècle à l'avènement de Charlemagne,* Bari, 1996, pp. 5-13.

— "La survie de l'idée de cité républicaine en Italie au début du VIe siècle, dans un édit d'Athalaric rédigé par Cassiodore (*Variae*, IX, 2)", en AA.VV., *La fin de la cité antique et le début de la cité medievale. De la fin du IIIe siècle à l'avènement de Charlemagne*, Bari, 1996, pp. 71 ss.

LEVY, E.: "Die römische Kapitalstrafe", en *Kritische Vierteljahresschrift für Gesetzgeburng und Rechtswissenchaft*, 51, 1933, pp. 118 ss. (= *Gesammelte Schriften* 2, 1963).

— *Pauli Sententiae. A palingenesia of the opening titles as a specimen of research in west roman vulgar law*, New York, 1945 (reimpresión de 1969).

— "Libertas und Civitas", en *Z.S.S.*, 78, 1961, pp. 149 ss.

LEVY E.-E. RABEL, E.: *Index interpolationum quae in Iustiniani Digestis inesse dicuntur,* Weimar, 1931.

LEVY, I.: "Études sur la vie municipale de l'Asie Minore", en *Revue des Études Grecques*, 1895, pp. 206-250.

LEVY-BRUHL, H.: "L'affranchissement par la vindicta", en *Studi Riccobono*, III, 1974, pp. 3 ss.

LHUILLIER-MARTINETTI, D.: *L'individu dans la famille à Rome au IVe siècle d'après l'oeuvre d'Ambroise de Milan*, Rennes, 2008.

LICANDRO, O.: *Domicilium habere. Persona e territorio nella disciplina del domicilio romano*, Torino, 2004.

LIEBS, D.: *Hermogenians Iuris Epitomae. Zum Stand der römischen Jurisprudenz im Zeitalter Diokletians*, Göttingen, 1964.

— "Privilegien und Ständezwang in den Gesetzen Konstantins", en *R.I.D.A.*, 24, 1977, pp. 297 ss.

LINTOTT, A.: *Judicial Reform and Land Reform in the Roman Republic*, Cambridge, 1992.

— *Imperium Romanum. Politics and administration*, London-New York, 1993.

— *The Constitution of the Roman Republic*, Oxford, 1999.

LOBRANO, G.: *Pater et filius eadem persona -Per lo studio della patria potestas–, I*, 1984.

LÖHKEN, H.: *Ordines Dignitatum. Untersuchungen zur formalen Konstituierung der spätaniken Führungsschicht*, Köln-Wien, 1982.

LONGO, G.: su voz «patria potestà (Diritto romano)», en *N.N.D.I.*, XII, Torino, 1965, p. 576.

— "Sullo scioglimiento del matrimonio per voluntà del «paterfamilias»", en *Ricerche romanistiche*, Milano, 1966, pp. 281 ss.

— "«Affectio maritalis»", en *Ricerche romanistiche*, cit., pp. 301 ss.

— "Il requisito della convivenza nella nozione romana di matrimonio", en *Ricerche romanistiche*, Milano, 1966 pp. 323 ss.

— "«Actio exercitoria» - «actio institoria» - «actio quasi institoria»", en *Studi in onore di Gaetano Scherillo*, II, Milano, 1972.

— su voz «Lex Aelia Sentia», en *N.N.D.I.*, IX, Torino, 1973, p. 795.

— "Riflessioni critiche in tema di matrimonio", en *Sodalitas. Scritti in onore di Antonio Guarino*, V, Napoli, 1984, pp. 2357 ss.

— "Postille critiche in tema di «captivitas»", en *I.U.R.A.*, 8, 1987, pp. 29 ss.

LONGO, S.: *Filius familias se obligat? Il problema della capacità patrimoniale dei filii familias*, Milano, 2003.

LÓPEZ-AMOR, M.: "La mujer romana a través de la sátira VI de Juvenal", en AA.VV., *Estudios en homenaje al profesor Juan Iglesias*, vol. III, Madrid, 1988, pp. 1475 ss.

LÓPEZ HUGUET, M.L.: "*Pater et filius*: Breves notas sobre el foro territorial competente en las denominadas *actiones adiecticiae qualitatis*", en *R.E.D.U.R.*, nº 1, sección miscelánea, 2003, pp. 1 ss.

— *Régimen jurídico del domicilio en Derecho Romano*, Dykinson, Madrid, 2008.

LÓPEZ ROSA, R.: "Familia y Matrimonio: a propósito de la organización social y política en la Roma antigua", en AA.VV, *Libro homenaje in memoriam Carlos Díaz Rementería*, Huelva, 1998, pp. 411 ss.

LOVATO, A.: "Sul'*honor decurionatus* nel I libro delle *Disputationes* Ulpianee", en *S.D.H.I.*, 56, 1990, pp. 198 ss.

— "Poena sine provocatione?", en AA.VV., *Carcer. Prision et privation de libertè dans l'Antiquité classique* (a cura del prof. A. Burdese), Paris, 1999, pp.41 ss.

LOVISI, C.: *Contribution à l'étude de la peine de mort sous la République romaine (509-149 av. J.-C.)*, Paris, 1999.

LOZANO CORBÍ, E.: *La legitimación popular en el proceso romano clásico*, Barcelona, 1982.

LUCHETTI, G.: *La legittimazione dei figli naturali nelle fonti tardo imperiali e giustinianee*, Milano, 1990.

LURASCHI, G.: "Sulle 'leges de civitate' (Iulia, Calpurnia, Plautia Papiria), en *S.D.H.I.*, 44, 1978, pp. 342 ss.

— *Foedus Ius Latii Civitas. Aspetti costituzionali della romanizzazione in Transpadana*, Padova, 1979.

LUZZATTO, G.I.: *Rome e le Province*, Bologna, 1985.

LO CASCIO, E.: "Le professiones della Tabula Heracleensis e le procedure di census in età cesariana", en *Athenaeum*, 78, 1990, pp. 287-318.

MCCLINTON, A., *Servi della pena. Condannati a morte nella Roma imperiale*, Napoli, 2010.

MCGINN, T.A.J.: "Concubinage and the *Lex Iulia* on adultery", en *Transactions of the American Philological Association*, 121, 1991, pp. 335-375.

— *Prostitution, Sexuality, and the Law in Ancient Rome*, New York-Oxford, 1998.

— "The Law of Roman Marriage in Late Antiquity", en *Iura*, 62, 2014, pp. 208-250.

MACQUERON, J.: *Le travail des hommes libres dans l'Antiquité*, Aix en Provence, 1958.

MAESTRANZI, P.: "A proposito de una ricostruzione sistematica della legge Aelia Sentia", en *Atti del II Convengo sulla problematica contrattuale in diritto romano (Milano, 11-12 maggio 1995) in onore de A. Dell'Oro*, Milano, 1998, pp. 423 ss.

MAFFI, A.: *Ricerche sul postliminium*, Milano, 1992.

MAGDELAIN, A.: "Recensión a Crifò, *Richerche sull'exilium nel periodo repubblicano*", en *S.D.H.I.*, 28, 1962, pp. 466 ss.

— "De la coercition capitale du magistrat supérieur au tribunal du peuple", en *Labeo*, 33, 1987, pp. 139-166.

— "« Provocatio ad populum»", en *Ius imperium auctoritas. Études de droit romain*, Paris-Roma, 1990, pp. 567-588.

MANCINETTI SANTAMARIA, G.: "La concessione della cittadinanza a greci e orientali nell II e I sec. A.C.", en AA.VV. (M. Cébeillac ed.), *Les "bourgeoisies" municipales italiennes aux II e et Ier siècles av. J.-C.*, Paris-Naples, 1993, pp. 125-136.

MANCUSO, G.: su voz «senato (Diritto romano)», en *E.D.*, XLI, Milano, 1989, pp. 1137 ss.

MANFREDINI, A.D.: *Istituzioni di Diritto Romano*, Torino, 2000.

MANGAS, J.: *Leyes coloniales y municipales de la Hispania romana*, Madrid, 2001.

MANTOVANI, D.: "Sulle competenza penale del «praefectus urbi» attraverso il 'liber singularis' di Ulpiano", en AA.VV., *Idee vecchie e nuove sul diritto criminale romano* (a cura del prof. A. Burdese), Padova, 1988, pp. 200 ss.

— *Le formule del processo privato romano. Per la didattica delle Istitizioni di diritto romano*, Padova, 1999.

MARCONE, A.: *Il colonato tardoantico nella storiagrafia moderna*, Edizioni New Press, Como, 1988.

— *Storia dell'agricoltura romana*, Nuova Italia Scientifica, Roma, 1997.

MARÍN DÍAZ, Mª.A.: *Emigración, colonización y municipalización en la Hispania republicana*, Granado, 1988.

MARÍN GARCÍA, Mª.T.-MARTÍNEZ VELA, J.A.: "Claves para el estudio del colonato romano", en *III Congreso Iberoamericano de Derecho romano*, León, 1998, pp. 237-247.

MARLASCA MARTÍNEZ, O.: "Desigualdades legales en la imposición de las penas a través de los textos jurídicos", en *R.G.D.R.* (*www.iustel.com*), nº 8, 2007.

— "Estudio histórico del testamento militar", en *R.G.D.R.* (*www.iustel.com*), nº 18, 2012, págs. 1 ss

MARQUARDT, J.: *Römische Staatsverwaltung*, I, 2ª edición, Leipzig, 1881.

MARRONE, M.: "La rivendica contro i «filiusfamilias»", en *Studi in onore di Giuseppe Grosso*, Vol. VI, Torino, 1968, pp. 176 ss.

MARTIN, V.: "Recensement périodique et réintégration du domicile légal", en *Atti del IV Congresso Internazionale di Papirologia (Firenze, 28 aprile-2 maggio 1935)*, Milano, 1936, pp. 225-250.

MARTÍNEZ MONTERO, R.P.: "Hilvanando atributos femeninos en la antigua Roma", en *S.D.H.I.*, nº 79.1, 2013, pp. 305-324.

MARTÍNEZ-PINNA, J.: *Los orígenes de Roma*, Madrid, 1999.

MARTINI, R.: "Le «operae» dei liberti", en *Index*, 19, 1991.

— *Appunti di Diritto romano privato*, Padova, 2000.

MASI DORIA, C.: *Bona libertorum. Regimi giuridici e realtà sociali*, Napoli, 1996.

— *Civitas Operae Obsequium. Tre studi sulla condizione giuridica dei liberti*, Napoli, 1999 (reimpresión de la edición de 1993).

MAZZARINO, S.: *Aspetti sociali del quarto secolo. Ricerche di storia tardo romana*, Roma, 1951.

MENTXAKA, R.: *El Senado municipal en la Bética hispana a la luz de la Lex Irnitana*, Vitoria, 1993.

— "Descripción de la organización municipal a la luz de la *Tabula Irnitana*", en *Estudios dedicados a la memoria del profesor L.M. Díez de Salazar Fernández*, I, Bilbao, 1992, pp. 65-87.

MEYNIAL, E.: "Quelques réflections sur l'histoire de la noblesse romaine", en *Studi giuridici in onore di Fadda*, vol. II, 1906, pp. 140 ss.

MICELI, M.: *Studi sulla "rappresentanza" nel diritto romano*, Milano, 2008.

MILLAR, F.: "Empire and city, Augustus to Julian: Obligations, excuses and status", en *J.R.S.*, 73, 1983, pp. 80 ss.

MISPOULET, J.B.: *Études d'Institutions Romaines*, Paris, 1887.

— *La vie parlamentaire à Rome sous la République*, Paris, 1899.

MITTEIS, L.: *Römisches Privatrecht bis auf die Zeit Diokletians*, I, Leipzig, 1908 (reimpresión Aalen, 1994).

MOHINO MANRIQUE, A.: "Principales pactos desfavorables al esclavo en el comercio de esclavos", en *R.G.D.R.* (*www.iustel.com*), nº 10, 2008, págs. 1 ss

MOMIGLIANO, A.: "Ricerche sulle magistrature romane", en *Roma arcaica*, Firenze, 1989, pp. 277 ss.

MOMMSEN, T.: *Römisches Staatsrechts*, Leipzig, 1871-1887 (= *Le droit public romain*, (traducción francesa de P.F. Girard), Paris, 1889-1892 (reimpresión, Paris, 1985).

— *Römisches Straftrecht*, Leipzig, 1889 (= *Le Droit pénal romain*, traducción francesa de J. Duquesne, 3 vols., Paris, 1907.

MOMMSEN, T. – MARQUARDT, J.: *Manuel des Antiquités romaines. Le droit public romain*, Paris, 1892 1894, T. VIII.

MONTAÑA CASANI, A.: "«Postliminium receptum Gallus Aelius in libro significationum, quae ad ius pertinent...»", en *R.G.D.R.* (*www.iustel.com*), nº 17, 2011, págs. 1 ss.

MONTERO, S.-BRAVO, G.-MARTÍNEZ-PINA, J.: *El Imperio romano*, Madrid, 1982.

MORDECHAI RABELLO, A.: "Il 'ius occidendi iure patris' della 'lex Iulia de adulteriis coercendis' e la 'vitae necisque potestas' del 'paterfamilias'", en *Atti del Seminario Romanistico Internazionale Perugia-Todi-Spoleto*, Perugia, 1972, pp. 228-242.

— *Effetti personali della "patria potestas", I, Dalle origini al periodo degli Antonini*, Milano, 1979.

MOREAU, PH.: "La lex Clodia sur le bannissement de Cicéron", en *Athenaeum*, 1987, 65, p. 474.

MURONI, A.: "Sull'origine della *libertas* in Roma antica: storiografia annalistica ed elaborazioni giurisprudenziali", en *Diritto @ Storia*, nº 13, 2013.

NARDI, E.: *Schema delle Istituzioni di Giustiniano nel loro quadro finale*, Milano, 1978.

— "Poteva la donna, nell'Impero romano, adottare un figlio?", en *Studi in onore di Arnaldo Biscardi*, I, Milano, 1982, pp. 197 ss.

— "Sui divieti matrimoniali delle leggi Augustee", en *Scritti Minori*, I, Bologna, 1991, pp. 261 ss.

NEESEN, L.: "Die Entwicklung der Leitsteungen und Ämter (*munera et honores*) in römischen Kaiserreich des zweiten bis vierten Jahrhunderts", en *Historia*, XXX, 1981, pp. 203-235.

NEEVE, P.W.: "Colon et colon partiaire", en *Mnemosyne*, 37, 1984, pp. 125-142.

NERAUDAU, J.P.: *Être enfant à Rome*, Paris, 1984.

NICOLET, CL.: *Tributum. Recherches sur la fiscalité directe sous la République Romaine*, Bonn, 1976.

— *L'ordre équestre à la époque républicaine*, T. I, Paris, 1974.

— "Le cens sénatorial sous la république et sous Auguste", en *J.R.S.*, 66, 1976, pp. 20-38.

— *Le métier de citoyen dans la Rome républicaine*, 2ª edición, Paris, 1998.

NICOLET CL. (dir.): *Recherches sur les structures sociales dans l'Antiquté classique*, Paris, 1970.

— *Des ordres à Rome*, Paris, 1984.

NICOLETTI, A: su voz «senato (Diritto romano)», en *N.N.D.I.*, XVI, Torino, 1969, pp. 1009 ss.

NICOLS, J.: "On the Standard Size of the Ordo Decurionum", en *Z.S.S.*, 105, 1988, pp. 712 ss.

NICOSIA, G.: *Istitutiones. Profili di Diritto privato romano, II*, Catania, 1999.

NOCERA, G.: *Il potere del comizi e i suoi limiti*, Milano, 1940.

NÖRR, D.: "Origo. Studien zur Orts-, Stadt- und Reichszugehörigkeit in der Antike", en *R.H.D.*, 31, 1963, pp. 528 ss.

— su voz «origo», en *P.W.R.E.*, Suppl. Bnd. X, Stuttgart, 1965, cols. 433 ss.

NÚÑEZ MARTÍ, A.: "*Quaestiones Perpetuae*. Un paso haca el principio de legalidad", en *El Derecho Penal: de Roma al Derecho actual. VII Congreso Internacional y X Iberoamericano de Derecho romano*, Madrid, 2005, pp. 421-428.

NÚÑEZ PAZ, M.I.: *Consentimiento matrimonial y divorcio en Roma*, Salamanca, 1988.

NUYENS, M.: *Le statut obligatoire des décurions dans le droit constantinien*, Louvain, 1964.

OBARRIO, J.A.: *Estudios de tradición romanística: Tutela y curatela*, Dykinson, 2011.

OGILVIE, R.M.: *Roma antigua y los etruscos*, trad. A. Goldar, Madrid, 1982

OLÍS ROBLEDA, S.J.: *El matrimonio en derecho romano. Esencia, requisitos de validez, efectos, disolubilidad*, Roma, 1970.

OMBRETTA CUNEO, P.: *La legislazione de Costantino II, Costanzo II e Costante*, Milano, 1997.

ORESTANO, R.: "Dal *ius* al *fas*. Rapporti fra diritto divino e umano in Roma dall'età primitiva all'età classica", en *B.I.D.R.*, 46, 1939, pp. 194-273 (= *Scritti*, vol. II, Napoli, 1998, pp. 559 ss.).

— "Gli editti imperiali. Contributo alla teoria della loro validità ed efficacia nel diritto romano classico", *B.I.D.R.*, 44, 1936-1937, pp. 248 ss. (=*Scritti*, I, Napoli, 1998, pp. 130 ss).

— "La dote nei matrimoni 'contra mandata' "en *Studi di Storia e diritto di Guido Bonolis I a cura della Università di Macerata*, Milano, 1942, pp. 9-58 (= *Scritti*, vol. II, Napoli, 1998, pp. 727 ss.).

— "Alcune considerazioni sui rapporti fra matrimonio cristiano e matrimonio romano nell'età postclassica" en *Scritti di dirritto romano in onore di Contardo Ferrini*, Milano, 1946, pp. 345-382 (= *Scritti*, vol., II, Napoli, 1998, pp. 779 ss.).

— *La struttura giuridica del matrimonio romano. Dal diritto classico al diritto giustinianeo*, Milano, 1951.

— "Sul matrimonio presunto in diritto romano", en *Atti del Congresso Internazionale di Diritto Romano e di Storia del Diritto III, Verona, 27-28-29-IX-1948, a cura di G. Moschetti*, Milano, 1951, pp. 49-65 (= *Scritti*, vol., II, Napoli, 1998, pp. 1071 ss.).

— "Dietro la consuetudine", en *Scritti*, vol. III, Napoli, 1998, pp. 1583 ss.

ORMANNI, A.: su voz «curia, curiali», en *N.N.D.I.*, V, Torino, 1960, pp. 56-68.

ORTEGA CARRILLO DE ALBORNOZ, A.: *Dotis Dictio*, Bologna, 1975.

— "Precisiones terminológicas: Nupcias y Matrimonium", en *R.G.D.R.* (*www.iustel.com*), nº 5, 2005, pp. 1 ss.

— *Terminología, definiciones y ritos de las nupcias romanas. La trascendencia de su simbología en el matrimonio moderno*, Madrid, 2006.

OTERO VIDAL, M.: "«Casta fuit, lanam fecit»", en AA.VV. (Coord. M.D. Verdejo Sánchez), *La condición de la mujer a través de los textos latinos*, Málaga, 1992, p. 128.

PANERO ORIA, P.: *Ius occidendi et ius accusandi en la lex Iulia de adulteriis coercendis*, Valencia, 2001.

— "Lex Iulia de adulteriis", en *Lecciones de la asignatura de Derecho romano integradas en la Base de Conocimiento Jurídico de www.iustel.com*, 2002-2004, pp. 1 ss.

— "El concubinato romano como antecedente de las actuales parejas de hecho", en *R.I.D.R.O.M.*, 5, 2010, págs. 92-125.

— "El concubinato romano y las parejas de hecho actuales", en AA.VV. (Rosalía Rodríguez López y Mª José Bravo Bosch, ed.), *Experiencias jurídicas e identidades femeninas*, Dykinson, Madrid, 2010, pp. 475-494.

PARIBENI, R.: *La famiglia romana*, 4ª edición, Bologna, 1948.

PEDIO, T.: su voz «depotazione», en *E.D.*, XII, Milano, 1964, p. 211.

PENNITZ, M.: "«Statuliber» und «favor libertatis»", en *Index*, 38, 2010, pp. 253-260.

PEPPE, L.: *Posizione giuridica e ruolo sociale della donna romana in età repubblicana*, Milano, 1984.

PÉREZ ÁLVAREZ, M.P.: "Observaciones sobre el privilegium exigendi a favor de la mujer para la restitución de la dote", en *S.D.H.I.*, 59, 2003, pp. 611-622.

PERIÑÁN GÓMEZ, B.: *Antecedentes y consecuencias del SC. Macedoniano*, Valencia, 2000.

PEROZZI, S.: *Istituzioni di diritto romano*, 2 vols., 2ª edición, Roma, 1928.

— "«Confarreatio» e «coemptio matrimonii causa»", en *Scritti giuridici*, vol. III, Milano, 1948, pp. 528 ss.

PERUZZI, E.: *Origini di Roma, I. La famiglia*, Firenze, 1970.

PESCANI, P.: *Le «operae libertorum». Saggio storico-romanistico*, Trieste, 1967.

PETIT, P.: "Les sénateurs de Constatinople dans l'oeuvre de Libanius", en *L'Antiquité Classique*, XXVI, 1957, pp. 347 ss.

— *Histoire générale de l'empire romain*, Paris, 1974.

PETRUCCI, A.: "Colonie romane e latine nel V e IV sec. A.C. I problemi", en AA. VV. *Legge e Società nella Repubblica Romana (a cura di F. Serrao)*, II, Napoli, 2000, pp. 1 ss.

PIERI, G.: *L'histoire du cens jusqu'à la fin de la République romaine*, Paris, 1968.

PIETRI, CH.: "Aristocratie et société cléricales dans l'Italie chrétienne au temps d'Odoacre et de Théodosie", en *M.E.F.R.A.*, 93, 1981, pp. 417-467.

PIGANIOL, A.: "L'impôt foncier des clarissimes et des curiales au Bas-Empire romain", en *M.E.F.R.A.*, 27, 1907, pp. 125-137.

— "La signification de l'album municipal de Timgad", en *Mémoires de la Société nationale des antiquaires de France*, III, 1955, pp. 97-101.

— *L'Empire Chrétien (325-395)*, Paris, 1972.

— "Le statut augustéen de l'Égypte et sa destruction", en *Scripta varia*, Bruselas, 1973, T. III, pp. 26 ss.

PIRO, I.: *«Usu» in manum convenire*, Napoli, 1994.

PLESCIA, J.: "Conflict of Law in the Roman Empire", en *Labeo*, 1992, pp. 30 ss.

POLO ARÉVALO, E. Mª.: "El vínculo del parentesco como fundamento de incapacidades y prohibiciones para contraer matrimonio", en *R.I.D.R.O.M.*, nº 8, 2012, pp. 228 ss.

POLO TORIBIO, G., "Algunas puntualizaciones en torno a la figura jurídica del *incensus*", en *R.G.D.R.* (*www.iustel.com*), nº 12, 2009.

PONTENAY DE FONTETTE, F.: *Leges Repetundarum. Essai sur le répression des actes illicites commis par les magistrats romains au détriment de leurs administrés*, Paris, 1954.

PORTILLO MARTÍN, R.: *Incolae. Un análisis de la movilidad social en el mundo romano*, Córdoba, 1983.

PROVERA, G.: *Lezioni sul processo civile giustinianeo*, I-II, Torino, 1989.

PUGLIESE, G.: *Il processo civile romano, II, Il processo formulare*, 2 vols., Milano, 1963.

PULIATTI, S.: "Tipicità della pena e qualitas personarum", en AA.VV, *Nozione, formazione e interpretazione del diritto dall'età romana alle esperienza moderne. Ricerche dedicate al professor Filippo Gallo*, II, Napoli, 1997, pp. 168 ss.

— *Ricerche sulle Novelle di Giustino II. La legislazione imperiale de Giustiniano I a Giustino II. II, Problema di diritto privato e di legislazione e politica religiosa*, Milano, 1991.

— "Il Diritto Penale dell ultima legislazione Giustinianea", en *R.G.D.R.* (*www.iustel.com*), n° 10, 2008, págs. 1 ss. (= AA.VV., *Filia. Scritti per Gennaro Franciosi*, III, Napoli, 2008, págs. 2111 ss.)

QUADRATO, R.: "«Beneficium manumissionis» e «obsequium»", en *Index*, 24, 1996, pp. 341 ss.

— "«Maris atque feminae coniuctio»: «matrimonium» e unione de fatto", en Index, 38, 2010, pp. 223-252.

RAGE-BROCARD, M.: *Rites de mariage. La dedvctio in domvm mariti*, Paris, 1934.

RAGGI, L.: *La restitutio in integrum nella cognitio extra ordinem*, Milano, 1965.

RAVIZZA, M.: "Sui rapporti tra matrimonio e *deportatio* in età imperiale", en *Rivista di Diritto Romano* (*http://leonline.it/rivistadirittoromano*), n° 14, 2014, pp. 1 ss.

RAWSON, B.: "The roman Family", en AA.VV., *The Family in ancient Rome. New perspectivas (B. Rawson ed.)*, London, 1992, pp. 14 ss.

— "Children in the roman «Familia»", en AA.VV., *The Family in ancient Rome (B. Rawson ed.)*, London, 1992, pp. 170 ss.

— "Adult-Child Relationships in roman society", en AA.VV., *Marriage, divorce and children in ancient Rome (B. Rawson ed.)*, Oxford, 1996, pp. 12 ss.

REID, J.S.: *The municipalities of the Roman Empire*, Cambridge, 1913.

— "The so called Lex Iulia municipalis", en *J.R.S.*, 5, 1915, pp. 107-248.

REIN, W.: *Das Kriminalrecht der Römer von Romulus bis auf Justinian*, Leipzig, 1844 (reimpresión Aalen, 1962).

REINOSO-BARBERO, F.: "*Epistula epigrafica*: el segundo complemento de la Lex Irnitana", en *R.G.D.R.* (*www.iustel.com*), nº 16, 2011, págs. 1 ss.

RIBAS ALBA, J.M.: *Democracia en Roma. Introducción al derecho electoral romano*, Granada, 2008.

RICART-MARTÍ, E.: "La concepción del matrimonio en la época del derecho romano clásico. Puntos de contacto con las legislaciones autonómicas sobre uniones estables de pareja", en AA.VV. (Coord. B. Periñán Gómez), *Derecho, persona y ciudadanía. Una experiencia jurídica comparada*, Madrid, Barcelona, Buenos Aires, 2010.

RICHARDOT, P.: *La fin de l'armée romaine (284-476)*, Paris, 1998.

RICHLIN, A.: "Approaches to the sources on adultery at Rome", en AA.VV. *Women in Ancient Societies*, London, 1994, pp. 381 ss.

RIZZELLI, G.: *Lex Iulia de adulteriis. Studi sulla disciplina di adulteriun, lenicinium, struprum*, Lecce, 1997.

— *Le donne nell'esperienza giuridica di Roma antica. Il controllo dei comportamenti sessuali. Una raccolata di testi*, Lecce, 2000.

ROBINSON, O.F.: *The criminal law of ancient Rome*, Baltimore, Maryland, 1996.

RODA, S.: "Nobilità burocratica, aristocrazia senatoria, mobilità provinciali", en AA.VV. *Storia de Roma* (Dir. A Momigliano y A. Schiavone), *III, L'età tardoantica, Crisi e trasformazioni,* Torino, 1993, pp. 643-674.

— "Il senato nell'alto imperio romano", en AA.VV., *Il senato nella storia*, Roma, 1998, pp. 50 ss.

ROLDÁN HERVÁS, J.M.: *Ejército y sociedad en la Hispania romana*, Granada, 1989.

— *Los hispanos en el ejército de época republicana*, Salamanca, 1993.

— *El ejército de la República romana*, Madrid, 1996.

— "Catilina: un golpe de Estado abortado", en *Historia*, XVI, nº 256, 1997, pp. 68-91.
— "La administración municipal romana en época imperial", en *El proceso de municipalización en la hispania romana*, Valladolid, 1998, pp. 39-55.

RODRÍGUEZ-ENNES, L.: "La «provocatio ad populum» como garantía fundamental del ciudadano romano frente al poder coercitivo del magistrado en la época republicana", en *Studi in onore di Arnaldo Biscardi*, IV, Milano, 1983, pp. 104 ss.
— *Gallaecia: Romanización y ordenación del territorio*, Madrid, 2004.
— "Eclipse y renacimiento de la adopción en su devenir histórico", en *R.G.D.R.* (*www.iustel.com*), nº 13, 2009.
— "Algunas cuestiones en torno a la «verberatio»", en *R.G.D.R.* (*www.iustel.com*), nº 18, 2012, págs. 1 ss.

RODRÍGUEZ NEILA, J.F.: "La situación política de los «incolae» en el mundo romano", en *Memorias de Historia antigua*, II, 1978, pp. 147-169.
— "Las elecciones municipales en la Bética romana. Una aproximación a la «Lex Flavia Malacitana»", en *Revista de Estudios de la vida local*, 199, julio-septiembre, 1978, pp. 586 ss. (= *Actas del I Congreso de Historia de Andalucía*, T. I, Córdoba, 1978, pp. 165 ss.).
— "La estructura municipal de las comunidades béticas en el marco administrativo de la hispania romana. I. Los órganos de gobierno", en *Axerquia. Revista de Estudios Cordobeses*, 10, 1984, p. 133 ss.
— "Candidaturas «in absentia» y magistraturas municipales", en *Lucentum*, 5, 1986, pp. 95-117.

ROMANO, A.: "«Tollere liberos»: uomo, donna e potere", en *Sodalitas. Scritti in onore di Antonio Guarino*, II, Napoli, 1984, pp. 881 ss.
— *Matrimonium iustum. Valori economici e valori culturali nella storia giuridica del matrimonio*, Napoli, 1996.

ROPERTO, R.: "Matrimonio e diritto classico", en *Index*, nº 41, 2013, pp. 322-332.

ROSAFIO, P.: "Coloni imperiali e coloni privati nella legislazione del quarto secolo", en *Atti dell'Accademia Romanistica Costantinia-*

na. X Convegno Internazionale in onore de Arnaldo Biscardi, Perugia, 1991, pp. 447-459.

— *Studi sul colonato*, Bari, 2002: Edipuglia.

ROSS TAYLOR, L.: *The voting districs of the roman Republic*, Rome, 1960.

ROSSI, R.: "El abogado en el Derecho romano", en *Studi in onore di Giuseppe Grosso*, III, Torino, 1968, pp. 195.

ROSTOWZEW, M.I.: su voz «commeatus», en *P.W.R.E*, IV.1, Stuttgart, 1900, cols. 720 ss.

— s.v. «Kolonat», en *Handwörterbuch der Staatswissenschaften*, V, 1910, pp. 919-920.

ROTONDI, G.: *Leges publicae populi romani*, Milano, 1912, (reimpresión, Hildesheim-Zürich-New York, 1990).

ROUSSEL, F.: *Du domicile, en droit romain. De la formation des conventions, en droit international privé*, Paris, 1878.

RUGGINI, L.C.: "Il Senato fra due crisi", en AA.VV., *Il senato nella storia*, Roma, 1998, pp. 253 ss.

RUIZ PINO, S.: "La cuestión sobre las adopciones políticas en Roma", en *R.G.D.R.* (*www.iustel.com*), nº 16, julio, 2011, pp. 1 ss.

— "Algunas notas procedimentales en torno a la adopción romana", en *R.G.D.R.* (*www.iustel.com*), nº 17, 2011, pp. 1 ss.

— *La vertiente iuspublicista de la institución adoptiva en derecho romano y su proyección en el derecho español*, Dykinson, 2012.

RUPPRECHT, G.: *Untersuchungen zum Dekurionenstand in den nordwestlichen Provinzen des römischen Reiches*, Kallmünz, 1975.

RUSSO RUGGERI, C.: "Qualche osservazione in tema di 'ius occidendi ex lege Iulia de adulteriis coercendis'", en *B.I.D.R.*, 92-93, 1989-1990, pp. 93-120.

— "Ancora sul contenuto e sui destinatari della *lex Claudia de sociis*", en *S.D.H.I.*, 64, 1998, pp. 203 ss.

— *La datio in adoptionem, I, Origine, Regime giuridica e riflessi politico-sociali in età repubblicana ed imperiale*, Milano, 1990.

— *La datio in adoptionem, II, Dalla pretesa influenza elleno-cristiana alla riforma giustinianea*, Milano, 1995.

SACHERS, E.: su voz «tutela», en *P.W.R.E.*, VII A.2, Stuttgart, 1948, cols. 1512 ss.

SALAZAR REVUELTA, M.: "Estatuto jurídico y social de la materfamilias en el marco de la ciudadanía romana", en AA.VV. (Rosalía Rodríguez López y Mª José Bravo Bosch, ed.), *Mulier: Algunas historias e instituciones de derecho romano)*, Dykinson, Madrid, 2013, pp. 199-224.

SALGADO, J.: "Contribución al estudio del «domicilium» en el Derecho romano", en *R.D.P.*, LXIV (Enero-Diciembre 1980), Madrid, 1980, pp. 495 ss.

SALLER, R.P.: "«Familia», «domus», and the roman conception of the family", en *Phoenix*, 38, Toronto, 1984, pp. 342 ss.

SALMON, P.: *La limitation des naissances dans la société romaine*, Bruxelles, 1999.

SANDIROCCO, L.: "Non solum alimenta praestari debent", en *Rivista di Diritto Romano* (*http://www.ledonline.it/rivistadirittoromano*), nº 13, 2013.

SANNA. M.V., "Dal <ius vitae ac necis> di una <lex regia> al <ius occidendi> della <lex Iulia de adulteriis>. Note e interrogativi", en *Iuris Antiqui Historia*, 6, 2016, pp. 11-36.

SANSÓN RODÍGUEZ M.V.: "La posesión constante del estado de hijo legítimo", en Murillo Villar, A., (Coord.), *Estudios de Derecho romano en memoria de Benito Mª. Reimundo Yanes*, II, Burgos, 2000, págs. 465 ss.

SANTALUCIA, B.: *I «libri opinionum» di Ulpiano*, 2 vols., Milano, 1971.

— su voz «pena criminale (diritto romano)», en *E.D.*, XXXII, Milano, 1982, p. 737.

— *Diritto e processo penale nell'antica Roma*, 2ª edición, Milano, 1998.

— "La situazione patrimoniale dei deportati in insulam", en *Iuris Vincula. Studi in onore di Mario Talamanca*, VII, Napoli, 2001, pp. 176 ss.

SANZ MARTÍN, L.: "Fundamentos doctrinales en torno a la *tutela mulierum*. Naturaleza y esencia de la *tutela mulierum*", en *R.G.D.R.* (*www.iustel.com*), nº 12, 2009.

— "Análisis de las posiciones doctrinales sobre la naturaleza de la *familia* en el Derecho Romano arcaico", en *Anuario Jurídico y Económico Escurialense*, XLIII (2010), pp. 197-214.

— "Estudio y comentario de las diferentes clases de *tutela mulierum* a tenor de lo referido en las fuentes jurídicas romanas. Funciones y responsbilidad del *tutor mulierum*", en *R.G.D.R.* (*www.iustel.com*), nº 15, 2010.

SARGENTI, M.: "Studi sulla «restitutio in integrum»", en *B.I.D.R.*, 69, 1966, pp. 193 ss.

— *Il Diritto privato nella legislazione di Costantino, Persone e Famiglia*, Milano, 1938.

SAUMAGNE, CH.: "Du role de «l'origo» et du «census» dans la formation du colonat romain", en *Bizantion*, 12,1937, pp. 487-581.

— *Le droit latine et les cités romaines sous l'Empire*, Sirey, 1965.

SCAPINI, N.: *Diritto e procedura penale nell'esperienza guiridica romana*, Modena, 1992.

— "«Usus domus» e «Habitatio» nel diritto romano", en *Studi in onore di Giuseppe Grosso*, V, Torino, 1968, págs. 49 ss.

SCARANO USSANI, V.: *Le forme del privilegio. Beneficia e privilegia tra Cesare e gli Antonini*, Napoli, 1992.

SCARCELLA, A.S.: *La legislazione di Leone I*, Milano, 1997.

SCHERILLO, G.: su voz «Codex Hermogenianus», en *N.N.D.I.*, III, Torino, 1964, p. 380.

SCHIAVONE, A.: "«Matrimonium» e «deportatio»", en *Atti dell'Academia di scienze morali e politiche della Società Nazionale di Scienze*, Napoli, 78, 1967, pp. 424 ss.

SCHULZ, F.: *Derecho romano clásico*, trad. Santa Cruz Tejeiro, Barcelona, 1960.

— *Principios del Derecho Romano*, (trad. esp. de M. Abellán Velasco), 2ª edición, Madrid, 2000.

SCHWARTZ, J.: "In Oasin relegare", en *Mélanges d'Archeologie et d'Histoire offerts à Piganiol*, III, Paris, 1966, pp. 1481 ss.

SCIALOJA, V.: "Sulla garanzia patrimoniale richiesta ai Senatori romani durante la repubblica", en *B.I.D.R.*, 11, 1898, pp. 32 ss.

— "Le case dei decurioni de Tarento e dei senatori romani", en *Studi Giuridici*, II, 1934, pp. 99-105.

SEGRÉ, A.: "The Byzantine Colonate", en *Traditio*, nº 5, 1947, pp. 103-133.

SERRANO DELGADO, J.M.: *Status y promoción social de los libertos en Hispania Romana*, Sevilla, 1988.

SERRAO, F.: *Diritto privato. Economia e Società nella Storia di Roma*, 2ª edición, Napoli, 1999.

SERRIGNY, D.: *Droit public et administratif romain*, II, Paris, 1862.

SESTON, W.: "La lex Iulia de 90 av. J. C. et l'intégration de l'Italie dans la citoyenneté romaine", en *C.R.A.I*, 1978, pp. 52 ss.

— "La citoyenneté romaine", en *Scripta varia. Mélanges d'histoire romaine, de droit, d'épigraphie e d'histoire du christianisme*, Roma, 1980, pp. 14 ss.

SHERWIN-WHITE, A.N.: *The Roman Citizienship*, Oxford, 1996 (reedición especial de la 2ª edición de Oxford, 1973.

SIBER, H.: "Analogie, Amstrecht und Rückwirkung im Strafrecht des römischen Freistaates", en *Abhandlungen der philosophisch-historischen Klasse der sächsonischen Akademie der Wissensachaften*, Leipzig, 1936, pp. 55 ss.

— *Römsiches Recht in Grudzügen für die Vorlesung*, 2 vols., Darmstadt, 1968, (2ª edición inalterada).

SIRKS, A.J.B.: "Munera publica and exemptions (vacatio, excusatio and inmunitas)", en *Studies in Roman Law and Legal History in Honour of R. d'Abadal*, 1989, pp. 79 ss.

— "Reconsidering the Roman Colonate", en *ZSS*, 110, pp. 331-369.

SOLAZZI, S.: "Sulla capacità del «filius familias» di stare in giudizio", *B.I.D.R.*, 11, 1898, p. 172 (=*Scritti di Diritto romano* I (1899-1913), Napoli, 1955, pp. 1 ss.).

— "Il divorzio della «filiasfamilias»", en *B.I.D.R.*, 34, 1925, pp. 1-28.

— *Diritto ereditario romano*, I, Napoli, 1932.

— "Il concepto dell'«ius postliminii»", en *Scritti Ferriri*, II, Milano, 1947, pp. 288 ss.

— "Il «ius postlimini» in Gai. 1, 129", en *S.D.H.I.*, 20, 1954, pp. 318-320.

— "Studio sull'«actio de peculio»", en *Scritto di Diritto romano*, I, Napoli, 1955, pp. 109 ss.

— "Peculio e «in rem versio» nel diritto classico", en *Scritti di Diritto romano*, I, Napoli, 1955, pp. 247 ss.

— "«Condictio» e azioni adiettizie", en *Scritti di Diritto romano*, I, Napoli, 1955, pp. 269 ss.

— "Tutela e curatela", en *Scritti di Diritto romano*, vol. II, Napoli, 1955, pp. 27 ss.

— "Le nozze de la minorenne", en *Scritti di Diritto romano*, vol. II, Napoli, 1956, pp. 147 ss.

— "«Consortium omnis vitae»", en *Scritti di Diritto romano*, vol. III, Napoli, 1955, pp. 313 ss.

— "Il consenso del *tutor mulieris* alla sua nomina nei papiri e nei testi romani", en *Scritti di Diritto romano*, vol. II, Napoli, 1955, pp. 403-420.

— "Sul consenso al matrimonio della «filia familias»", en *Scritti di Diritto romano*, vol. III, Napoli, 1955, pp. 403 ss.

— Sui diveti matrimoniali delle leggi augustee", en *Scritti di Diritto romano*, vol. IV, Napoli, 1955, pp. 81 ss.

— "«Iustum matrimonium»", en *Scritti di Diritto romano*, vol. IV, Napoli, 1955, pp. 352 ss.

— "Per il matrimonio del «filius familias»", en *Scritti di Diritto romano*, vol. V Napoli, 1955, pp. 105 ss.

— "Le unioni di cristiani ed ebrei nelle leggi del basso impero", en *Scritti di Diritto romano*, vol. IV, Napoli, 1955, pp. 4 ss.

— "La condena ai «vincula perpetua» in CI. 9.47.6", en *S.D.H.I.*, 22, 1956, pp. 346 ss.

SOLIN, H.: *Die stadtrömischen Sklavennamen. Ein Namenbuch*, 3 vols., 3ª edición, Stuttgart, 1996.

SORACI, R.: "Il curialato nella legislazione di Onorio", en *Atti dell'Accademia Romanistica Costantiniana. XIII Convegno Internazionale in memoria di A. Chastagnol*, Napoli, 2001, pp. 537 ss.

SPAGNUOLO VIGORITA, T.: *Città e Impero. Un seminario sul pluralismo cittadino nell'Impero romano*, Napoli, 1996.

— *Casta domus. Un seminario sulla legislazione matrimoniale augustea*, Napoli, 1998.

STAERMAN, E.M. – TROFIMOVA, M.K.: *La esclavitud en la Italia Imperial*, (trad. por J.A. Pinestela), Madrid, 1979.

STAGL, J.F.: "Das testamentum militare in seiner Eigenschaft als ius singulare", en *Revista de Estudios Histórico-Jurídicos*, Valparaíso, nº 36, 2014, pp. 129-157.

STAVELEY, E.S.: "Provocatio During the Fifth and Fourth Centuries B.C.", en *Historia*, III, 1954/55, pp. 412 ss.

STEIN, E.: *Histoire du Bas-Empire, T. II: De la disparition de l''Empire d'Occident à la mort de Justinien (476-565)*, Paris, 1949.

— "La disparition du sénat de Rome", en *VI Congrès International d'Études Byzantines*, Nedeln-Liechtenstein, 1978, pp. 24-25.

STRACHAN-DAVIDSON, J.M.: *Problems of the roman criminal law*, 2 vols., Oxford, 1916 (reimpresión de Littleton-Colorado, 1991).

SUÁREZ BLÁZQUEZ, G.: *La dote de la mujer romana en el derecho de sucesiones*, Orense, 1997.

— "El peculio como ente jurídico autónomo y matriz de la «mex pecularis»", en *R.E.H.J.*, 32, 2010, págs. 119-125.

— "La patria potestad en el Derecho romano y en el derecho altomedieval visigodo", en *Revista de Estudios Histórico-Jurídicos*, Valparaíso, nº 36, 2014, pp. 159-187.

— "Naturaleza jurídica híbrida de la familia romana", en *R.G.D.R.* (*www.iustel.com*), nº 21, 2013.

SUOLAHTI, J.: *The Roman Censors. A study on social structure*, Helsinki, 1963.

SYME, R.: "Caersar, The Senate and Italy", en *Papers of the British School at Rome*, XIV, 1938, pp. 5 ss.

— "Missing senators", en *Historia*, IV, 1955, pp. 52-71.

— "Senators, tribes and Towns", en *Historia*, XIII, 1964, pp. 105 ss.
— *La revolución romana*, (trad. esp. de Blanco Freijeiro), Madrid, 1989.
— *The Augustan aristocracy*, Oxford, 1989.

TAFARO, S.: "La herencia de los *tribuni plebis*", en *R.G.D.R.* (*www.iustel.com*), nº 11, 2008.

TALAMANCA, M.: "Forme negoziali e illecito", en AA.VV., *Poteri negotia actiones nella esperienza romana arcaica. Atti del convegno di diritto romano Copanello 12-15 maggio 1982*, Napoli, 1984, pp. 132 ss.
— *Istituzioni di Diritto Romano*, Milano, 1990.
— "Cic. «De orat.» 1.176 ed i «bona liberti»", en *Index*, 27, 1999, pp. 187 ss.
— *Elementi di diritto privato romano*, Milano, 2001.

TALBERT, R.J.A.: "The decurions of colonia genetiva Iulia in session", en *Estudios sobre Urso, Colonia Iulia Genetiva* (J. González ed.), Sevilla, 1989, pp. 60 ss.
— *Le senate of the imperial Rome*, Pricenton, 1984.

TASSI SCANDONE, E.: *Leges Valeriae de provocatione: repressione criminale e garanzie costituzionali nella Roma repubblicana*, Napoli, 2008.

TEDESCHI, V.: "Contributo allo studio del domicilio in diritto romano", en *R.I.S.G.*, 7, Milano, 1932, pp. 213 ss.
— *Del Domicilio*, Padova, 1936.
— su voz « domicilio, residenza e dimora», en *N.N.D.I.*, VI, Torino, 1960, pp. 189 ss.

TELLEGEN-COUPERUS, O.: "Tutela mulierum", en AA.VV. (Rosalía Rodríguez López y Mª José Bravo Bosch, ed.), *Mulier: Algunas historias e instituciones de derecho romano)*, Dykinson, Madrid, 2013, pp. 407-420.

THOMAS, J.A.C.: "La lex Iulia de adulteriis", en *Études Macqueron*, Aix-en-Provence, 1970, pp. 637 ss.

THOMAS, Y.: *«Origine» et «Commune Patrie». Étude de Droit public romain (89 av. J.-C. - 212 ap. J.-C.)*, Paris-Rome, 1996.

TIBILETTI, G.: "The 'comitia' during the decline of the roman Republic", en *S.D.H.I.*, 25, 1959, pp. 94-127.

TOMULESCU, C.S.: "Justinen et le concubinat", en *Studi in onore di Gaetano Scherillo*, I, Milano, 1972, pp. 299 ss.

TONDO, S.: *Aspetti simbolici e magici nella struttura giuridica della manumissio vindicta*, Milano, 1967.

TREGGIARI, S.: *Roman freedmen during the late Republic*, Oxford, 1969.

— *Roman marriage. Iusti Coniuges from the Time of Cicero to the Time of Ulpian*, Oxford, 1993.

VALIÑO, E.: "Las «actiones adiecticiae qualitatis» y sus relaciones básicas en Derecho romano", en *A.H.D.E.*, 37, 1967, pp. 339 ss.

— "Las relaciones básicas de las acciones adyecticias", en *A.H.D.E.*, 38, 1968, pp. 377 ss.

VALIÑO ARCOS, A.: "«Filius in potestate», «castrense peculium» y «furtum»: notas a propósito de la incapacidad patrimonial de los sometidos", en *R.G.D.R.* (*www.iustel.com*), nº 11, 2008, pp. 1 ss.

VALMAÑA OCHAITA, A.: *Las reformas políticas del censor Apio Claudio Ciego*, Universidad Castilla-La Mancha, 1995.

VALPUESTA BERMÚDEZ, M.: "El *civis* frente al proceso criminal romano: una reflexión sobre las garantías procesales en la *cognitio extra ordinem*", en AA.VV. (Coord. B. Periñán Gómez), *Derecho, persona y ciudadanía. Una experiencia jurídica comparada*, Madrid, Barcelona, Buenos Aires, 2010.

VAN BERCHEM, D.: *Les distributions de blé et d'argent à la plebe romaine sous l'Empire*, Genéve, 1939.

VAN DER WAL, N.: *Manuale Novellarum Justiniani. Aperçu systématique du contenu des Novelles de Justinien*, Amsterdam, 1964.

VAN SICKLE, CL.: "Diocletian and the decline of the roman municipalites", en *J.R.S.*, 28, 1938, pp. 12 ss.

VARELA MATEOS, E.: "Los derechos hereditarios de las mujeres en los bienes de los libertos", en *R.G.D.R.* (*www.iustel.com*), nº 4, 2005, pp. 1 ss.

VARELA GIL, C.: "Los administradores de Roma", en *R.G.D.R.* (*www.iustel.com*), nº 7, 2006, pp. 1 ss.

VENTURA SILVA, S.: *Derecho romano*, México, 2000.

VENTURINI, C.: *Studi sul «crimen repetundarum» nell'età repubblicana*, Milano, 1979.

— "Legislación de Augusto en materia de Manumisiones", en *Sodalitas. Scritti in onore di Antonio Guarino*, V, Napoli, 1984, pp. 2455 ss.

— *Processo penale e società politica nella Roma repubblicana*, Pisa, 1996.

— "Pomponio, Cicerone e la «provocatio»", en AA.VV, *Nozione, formazione e interpretazione del diritto dall'età romana alle esperienze moderne. Ricerche dedicate al professor Filippo Gallo*, II, Napoli, 1997, pp. 527 ss.

— "Quaestio ex senatus consulto", en AA. VV. *Legge e Società nella Repubblica Romana (a cura di F. Serrao)*, II, Napoli, 2000, pp. 211 ss.

— "Nota introductoria: la jurisdicción criminal en Italia y en las provincias en el primer siglo del Imperio", en *El proceso contra Jesús (a cargo de F. Amarelli y F. Lucrezi)*, traducción castellana de Antonio Fernández de Buján, Madrid, 2002, pp. 1 ss.

VILLALBA, M., "Sobre los orígenes bajo-romanos de las actuales comunidades universales de bienes en el matrimonio", en *R.G.D.R.* (*www.iustel.com*), 14, 2010, págs. 1 ss.

VIÑAS OTERO, A.: *Instituciones políticas y sociales de Roma: Monarquía y República*, Madrid, 2007.

VISCONTI, A.: "Note preliminari sull'«origo» nelli fonti imperiali romane", en *Studi di Storia e Diritto in onore di C. Calisse*, I, Milano, 1939, pp. 87 ss.

— "Note preliminari sul «domicilium» nelle fonti romane", en *Studi in onore di C. Ferrini in occasione della sua beatificazione*, I, 1947, pp. 429 ss.

VITALI, E.G.: "Premesse romanistiche a uno studio sull'«impedimentum criminis» (adulterio e divieti matrimoniali), en *Studi in onore di Gaetano Scherillo*, I, Milano, 1972, pp. 292 ss.

VITTINGHOFF, F.: *Civitas Romana. Stadt und politisch-soziale Integration im Imperium Romanum der Kaiserzeit*, Stuttgart, 1994.

VITUCCI, G.: su voz «Latium», en E. DE RUGGIERO, *Dizionario Epigrafico di Antichità Romane*, IV.43.2, Roma, 1984, pp. 430-448.

VOCI, P.: *Diritto Ereditario, I*, Milano, 1960.

— "Diritto sacro romano in età arcaica", en *S.D.H.I.*, 19, 1953, pp. 38 ss. (= *Studi di Diritto romano*, 1, 1985, pp. 211 ss.

— *Istituzioni di diritto romano*, 5ª edición, Milano, 1996.

VOIGT, M.: *Römische Rechtsgeschichte*, I, Leipzig, 1892 (reimpresión Aalen, 1963).

VOLTERRA, E.: "Per la storia del delito de bigamia in diritto romano", *en Studi in memoria di U. Ratti*, Milano, 1934, pp. 389 ss.

— "Sull'uso delle «Sententiae» di Paolo presso i compilatori del «Breviarium» e presso i compilatori giustinianei", en *Atti del Congresso Internazionale di Diritto Romano, Roma I*, Pavia, 1934, pp. 113 ss.

— "L'efficacia delle costituzioni imperiali emanate per le provincie e l'istituto dell'expositio", en *Studi in onore di Besta*, 1, 1939, pp. 449 ss.

— *La conception du mariage d'aprés les juristes romains*, Padua, 1940, pp. 2 ss. (Síntesis en *Scritti giuridici*, vol. II, Napoli-Paris, 1991-1992, pp. 3 ss.).

— "Quelques observations sur le mariage des «filiifamilias»", en *R.I.D.A.*, 1, 1948, pp. 212 ss.

— "Ancora sulla *manus* e sul matrimonio", en *Studi Solazzi*, Milano, 1948, pp. 675-688 (= *Scritti giuridici*, vol. II, Napoli-Paris, 1991-1992, pp. 83 ss.).

— "Il preteso tribunale domestico in Diritto romano", en *R.I.S.G.*, 23, 1948, pp. 103 ss.

— "Processi penali contro i difunti in Diritto romano", en *R.I.D.A.*, 3, 1949, pp. 485-489.

— "Nuove osservazioni sulla *conventio in manum*", en *Atti del Congresso Internazionale di Diritto romano di Verona*, vol. III, Milano, 1951, pp. 27-45 (= *Scritti giuridici*, vol. II, Napoli-Paris, 1991-1992, pp. 199 ss.).

— "L'acquisto della cittadinanza romana e il matrimonio del peregrino", en *Studi in onore Redenti*, II, Milano, 1951, pp. 403-422.
— "Sulla condizione dei figli dei peregrini cui veniva concessa la cittadinanza romana", en *Studi in onore Cicu*, II, Milano, 1951, pp. 615-672.
— "La nozione giuridica del conubium", en *Studi Albertario*, II, Milano, 1953, pp. 347-384.
— "La concepción du marriage á Rome", en *R.I.D.A.*, 2, 1955, pp. 365-379.
— "Manomissione e cittadinanza", en *Studi Paoli*, Firenze 1955, pp. 697 ss. (= *Scritti giuridici, II*, Napoli-Paris, 1991-1992, pp. 363 ss.)
— su voz «filiazione (Diritto romano)», en *N.N.D.I.*, VII, Torino, 1961, pp. 308 ss.
— "Nuove ricerche sulla *conventio in manum*", *Atti dell'accadamia nazarina dei Lincei*, 1966, II, pp. 251-355 (= *Scritti giuridici*, vol. III, Napoli-Paris, 1991-1992, pp. 3 ss.).
— "La *conventio in manum* e il matrimonio romano", en *R.I.S.G.*, 12, 1968, pp. 205 ss. (= *Scritti giuridici*, vol. III, Napoli-Paris, 1991-1992, pp. 155 ss.).
— su voz, «matrimonio (diritto romano)», en *E.D.*, XXV, Milano, 1975, pp. 726 ss.
— "Ancora sulla legislazione imperiale in tema di divorzio", en *Studi in onore di Arnaldo Biscardi*, vol. V, Milano, 1984, pp. 199 ss.
— *Instituciones de derecho privado romano*, (trad. esp. de J. Daza Martínez), Madrid, 1986.
— "Un osservazione in tema di «tollere liberos»", en *Scritti Giuridici, II, Famiglia e Successioni*, Napoli-Paris, 1991, pp. 217 ss.

VON HOLTZENDORFF, F.: *Die Deportationsstrafe im römischen Altertum, Hinsichtlich ihrer Entstehung und rechtsgeschichtlichen Entwicklung dargestellt*, Leipzig, 1859 (reimpresión Aalen, 1975).

VON IHERING, R.: *El Espíritu del Derecho romano en las diversas fases de su desarrollo*, versión española de Enrique Príncipe y Satorres, Granada, 1998.

WALDE, A. – HOFMANN, J.B.: *Lateinisches Etymologisches Wörterbuch*, 2 vols., 5ª edición, Heidelberg, 1982 (reimpresión de la edición de Heidelberg, 1822)

WALDSTEIN, W.: *Operae libertorum. Untersuchungen zur Dienstpflicht freigelassener Sklaven*, Stuttgart, 1986.

— *El derecho de gracia en Roma. Abolitio. Indulgentia. Venia* (trad. esp. de la edición de Innsbruck, 1964 por Björn Arp), Oviedo, 2000.

WATSON, A.: *The Law of the Later Roman Republic*, Oxford, 1965.

— "The Divorce of Carvilius Ruga", en *R.H.D.*, 33, 1965, pp. 38 ss.

— *The Law of Property in the Later Roman Republic*, Oxford, 1968.

— "The development of the praetor's edict", en *J.R.S.*, 60, 1970, pp. 112 ss.

— *Roman Slave Law*, Baltimore-London, 1987.

— *The Spirit of Roman Law*, 1995.

WATSON, G.R.: *The roman soldier*, New York, 1995.

WESTRUP, C.W.: *Quelques observations sur les origines du mariage par "usus" et du mariage sans "manus", dans l'ancien droit romain*, Paris, 1926.

— *Recherches sur les formes antiques de mariage dans l'ancien droit romain*, København, 1943.

— *Introduction to early roman Law*, IV, London-Copenhagen, 1950.

— *Some notes on the roman slave in early times. A comparative sociological study*, København, 1956,

WIEACKER, F.: "Textufen Klassischer Juristen", en *Abhandlungen der Akademie der Wissenschaften in Göttingen*, 1975, pp. 35 ss.

WILLEMS, P.: *Le sénat de la république romain*, 2 vols., Louvain, 1878-1885 (reimpresión Darmstadt, 1968).

— *Le droit public romain*, Louvain, 1910.

WISEMAN, T.P.: "The Census in the first Century B.C.", en *J.R.S.*, 59, 1969, pp. 67 ss.

— *New men in the Roman Senate 139 B.C.-14 D.C.*, Oxford, 1971.

WOLF, J.G.: "Irni vor der Irnitana", en *Iura*, 58, 2010, pp. 197-218.

— "Die lex Iulia de adulteriis coercendis", en *Iura*, 62, 2014, pp. 47-66.

ZAMORA MANZANO, J.L.: "Algunas reflexiones sobre el derecho administrativo penitenciario: la cárcer como medida de contención de los deudores fiscales", en *R.G.D.R.* (*www.iustel.com*), nº 16, julio, 2011, págs. 1 ss.

— *La administración penitenciaria en el Derecho romano. Gestión, tratamiento de los reclusos y mejora de la custodia carcelaria*, Madrid, 2015.

ZUMPT, A.W.: *Das Kriminalrecht der römischen Republik*, 2 vols., Berlin, 1865 (reimpresión Aalen, 1993).

ÍNDICE DE FUENTES

I. FUENTES JURÍDICAS

A) Prejustinianeas

Pauli Sententiae

Collatio legum mosaicorum et romanorum

II. FUENTES LITERARIAS

CAESAR

Bellum civile

CASSIUS DIO

Historiae Romanae

LIVIUS TITUS

Ab urbe condita

Periodichae

III.FUENTES LITERARIAS Y PAPIROLÓGICAS

Made in the USA
Monee, IL
05 November 2026

67806913R10364